L'Invention de la démocratie
1789-1914

HISTOIRE DE LA FRANCE POLITIQUE
DIRIGÉE PAR SERGE BERSTEIN, PHILIPPE CONTAMINE,
MICHEL WINOCK

sous la direction de Philippe Contamine
Le Moyen Âge
Le roi, l'Église, les grands, le peuple
481-1514
« Points Histoire » n° 367, 2006

sous la direction de Joël Cornette
La Monarchie
Entre Renaissance et Révolution
1515-1792
« Points Histoire » n° 368, 2006

sous la direction de Serge Berstein et Michel Winock
La République recommencée
De 1914 à nos jours
« Points Histoire » n° 370, 2008

Histoire de la France politique
sous la direction de Serge Berstein,
Philippe Contamine et Michel Winock

L'Invention de la démocratie

1789-1914

VOLUME DIRIGÉ PAR SERGE BERSTEIN ET MICHEL WINOCK

par
SERGE BERSTEIN
RAYMOND HUARD
JEAN-CLÉMENT MARTIN
NICOLAS ROUSSELIER
MICHEL WINOCK

Éditions du Seuil

ISBN 978-2-7578-0226-7
(ISBN 978-2-7578-0228-3, édition complète en poche)
(ISBN 2-02-033250-7, 1re publication)

Introduction

Le 10 août 1792, le soulèvement du peuple de Paris met fin au régime multiséculaire de la monarchie française, lentement construit depuis le Moyen Âge et qui atteint au XVIIe siècle une forme d'apogée, tant au plan de la représentation de la personne royale qu'à celui des moyens dont dispose le souverain pour tenter, fût-ce imparfaitement, de faire passer dans les faits les principes tendanciels de la « monarchie absolue [1] ». Sans doute l'événement, pour formidable qu'il ait été, ne surgit-il pas comme un coup de tonnerre dans un ciel serein. Les effets différés de la révolution culturelle qu'a constituée l'humanisme, les conceptions nouvelles qui placent l'homme au sein de la construction sociale, la croyance dans le progrès d'une humanité régie par la raison et les avancées scientifiques, ont, en même temps que les mutations sociales qui transforment en profondeur les hiérarchies comme les modes de vie, sapé les fondements politiques, sociaux et culturels de l'édifice monarchique en France. Lorsque celui-ci s'effondre, c'est à la suite d'une longue crise qui mine tous les principes sur lesquels il s'appuie, crise qui culmine entre le printemps 1789 et l'été 1792.

Pour autant, la période qui s'ouvre alors apparaît à tous égards fondatrice, même si on peut déceler les origines des nouveaux principes dans la contestation de la monarchie française au XVIIIe siècle ou dans les convulsions révolutionnaires qui atteignent l'Angleterre au XVIIe ou l'Amérique du Nord au XVIIIe siècle. Les Anglais n'ont-ils pas, plus d'un siècle avant les Français, décapité leur roi, qui se réclamait lui aussi de

1. Voir Joël Cornette, dans Serge Berstein, Philippe Contamine, Michel Winock (dir.), *Histoire de la France politique*, II, *La Monarchie entre Renaissance et Révolution 1515-1792* (Joël Cornette, dir.), Seuil, 2000.

l'onction divine, et la Déclaration d'indépendance des États-Unis d'Amérique ne pose-t-elle pas des principes qui bouleversent les conceptions traditionnelles de l'Ancien Régime ? Il reste que la France révolutionnaire va, de manière encore plus radicale, poser les fondements d'une cité idéale au triple point de vue de la souveraineté, de la société politique et des cultures politiques.

En se proclamant, en juin 1789, Assemblée nationale, les députés du tiers mettent fin à la longue identification de la nation à la personne du souverain. Désormais, et la Déclaration des droits de l'homme et du citoyen le confirmera solennellement, c'est à la nation, composée de l'ensemble des individus adultes mâles, qu'appartient la souveraineté. Dès lors, que faire du roi ? Le simple chef d'une administration chargée d'appliquer les lois décidées par les représentants du peuple souverain ? Pour n'avoir pas accepté cette subordination, pour n'avoir pas voulu renoncer au fondement divin de son pouvoir, Louis XVI sera renversé, puis exécuté. La France nouvelle se bâtit sur le rejet du « despotisme monarchique ». Le régime adéquat au nouveau fondement de la souveraineté est bien la République dont la première expérience sera tentée, sans succès, entre 1792 et 1799.

En même temps que les fondements de la souveraineté, c'est la société politique qui se trouve transformée du tout au tout. Sans doute, le nombre de ceux qui peuvent prétendre participer au pouvoir, à quelque titre que ce soit, n'a-t-il cessé de croître durant l'époque moderne, dépassant le cadre des « Grands » pour englober progressivement des groupes de plus en plus larges de parlementaires, d'officiers royaux, de membres des municipalités urbaines, voire de représentants des communautés villageoises, ou, au XVIIIe siècle, d'avocats, écrivains, journalistes qui font naître une « opinion publique ». Il reste que, jusqu'en 1789, tous, quelle que soit leur influence, demeurent des « sujets » d'un roi qui décide souverainement. Or, en proclamant solennellement que « le principe de toute souveraineté réside essentiellement dans la nation », en transformant les sujets en citoyens, les révolutionnaires introduisent une révolution copernicienne dans la société politique. Du jour au lendemain, celle-ci inclut en théorie l'ensemble des citoyens qui, en vertu de la souveraineté qu'ils détiennent collectivement, ont vocation à participer aux diverses strates du pouvoir politique.

Que ces bouleversements de grande ampleur ne soient pas demeurés confinés au domaine des idées et des débats entre les élites politiques, mais aient pénétré dans la société sous forme de vulgate simplifiée, on en a la preuve dans le fait que la grande crise de légitimité des années 1789-1792 ait donné naissance à trois des grandes cultures politiques dont l'affrontement tisse largement l'histoire du XIXe siècle : le traditionalisme, le libéralisme et la démocratie [1]. La première rassemble tous ceux qui se reconnaissent dans le refus du monde nouveau-né de la grande explosion révolutionnaire. Convaincus qu'il n'est de société viable que fondée sur le droit divin, rejetant l'idée même de souveraineté nationale, repoussant l'égalité devant la loi substituée aux principes hiérarchiques, ils aspirent à une contre-révolution qui ramènerait la France à ses traditions séculaires et balaierait les abstractions de la Déclaration des droits de l'homme et du citoyen. C'est au contraire des grands principes proclamés par celle-ci que se réclament les libéraux qui jugent toutefois que leur application ne saurait être immédiate et totale, compte tenu de l'état réel de la société. S'ils acceptent l'idée que la souveraineté nationale réside dans l'ensemble des citoyens, ils considèrent que seuls ceux d'entre eux qui possèdent l'éducation nécessaire et des biens à défendre, autrement dit une élite de la nation définie par sa fortune, peuvent véritablement exercer de manière active la citoyenneté en assumant le pouvoir politique. C'est l'application intégrale du principe de la souveraineté nationale et de la conception de la citoyenneté que réclament au contraire les démocrates qui refusent la distinction entre citoyens actifs et citoyens passifs et qui exigent que tout citoyen soit électeur, avec l'idée que les législateurs, désignés par l'ensemble de la nation souveraine, rédigeront nécessairement des lois profitables à tous.

En d'autres termes, les nouvelles règles du jeu politique posées à la fin du XVIIIe siècle apparaissent susceptibles d'interprétations diverses, voire soumises à des possibilités de réaction brutales. L'histoire politique du long XIXe siècle, qui commence en 1789 pour s'achever en 1914, à la veille de la Première Guerre mondiale, est tissée par la lutte entre ces trois cultures politiques, mais aussi par les compromis que l'état de

1. Serge Berstein (dir.), *Les Cultures politiques en France*, Seuil, 1999.

la société contraint les gouvernants à accepter pour tenter de stabiliser un pays sans cesse déchiré entre des conceptions antinomiques et des principes qui s'excluent réciproquement. Compromis toujours instables entre souveraineté nationale et despotisme autoritaire sous le Premier Empire, entre libéralisme aristocratique et droit divin sous la Restauration, entre libéralisme et autorité sous la monarchie de Juillet, entre césarisme et démocratie sous le Second Empire. Parce que l'association des contraires est, à terme, intenable, l'histoire politique de la France au XIXe siècle est celle d'une suite de convulsions, révolutions ou coups d'État. Mais derrière cette façade se déroule une autre histoire, celle de l'évolution d'une société qui, peu à peu, tente de se couler dans les cadres nouveaux fixés par les hommes de la fin du XVIIIe siècle, dont la conscience politique croît avec les progrès de l'instruction, qui, en partie grâce aux progrès techniques et économiques, s'ouvre aux idées et aux débats. À partir de la seconde moitié du XIXe siècle se constitue ainsi progressivement un espace politique national que renforce la forte armature administrative héritée du Consulat. En même temps, la politique descend des sphères élitistes ou parlementaires où elle se trouvait confinée vers la masse de la population, gagnant les villages les plus reculés, donnant naissance à une profusion d'organisations qui, sans être toujours politiques, diffusent cependant une culture politique et servent de soubassement, au tournant du XXe siècle, à la naissance des partis. Ainsi, l'écho lointain, longtemps différé, du grand bouleversement des principes politiques intervenu à la fin du XVIIIe siècle préside-t-il, au XIXe siècle, à l'invention de la démocratie.

PREMIÈRE PARTIE

Le temps des fondations

par Jean-Clément Martin

Prologue

par Serge Berstein

De quelque manière qu'on envisage le problème, 1789 constitue bien une rupture fondamentale dans l'histoire de la France politique. Portant à son point culminant le processus de démythification du pouvoir royal dans sa conception du droit divin, à l'œuvre depuis au moins deux décennies, les États généraux, convoqués dans la pure tradition monarchique pour appuyer la volonté réformatrice du souverain, débouchent sur une contestation généralisée des structures socio-politiques du pays et des conceptions qui les légitiment. En proclamant que la souveraineté appartient désormais à la nation, en assignant à l'organisation sociale la protection des droits naturels et imprescriptibles de l'homme, en déclarant l'égalité juridique de tous les citoyens, c'est toute l'armature idéologique de la France monarchique qui vole en éclats, remplacée du jour au lendemain par de nouveaux principes puisés dans l'arsenal des spéculations abstraites des philosophes. Qu'un retournement aussi radical ait provoqué d'abord la stupeur, puis des résistances fortes de la part de ceux dont la prépondérance se trouve ainsi mise en cause, n'a rien qui puisse surprendre. Mais, du même coup, c'est par la multiplication des épreuves de force que les camps antagonistes de la révolution et de la contre-révolution entendent imposer leur loi. La France entre ainsi dans une ère de convulsions où la violence impose les solutions politiques, le 14 juillet 1789, événement fort mince en lui-même, prenant du coup valeur symbolique du *modus operandi* révolutionnaire, nourri ensuite par les « journées » où le peuple tente d'imposer ses vues aux gouvernants, les coups d'État ou les soulèvements populaires.

Dans ce contexte de radicalisation des extrêmes, entrecoupé d'aspirations à la stabilisation et à la capitalisation des avantages acquis de la part des bénéficiaires des nouveaux principes, les années 1789-1848 représentent la quête éperdue du système politique capable de préserver les conquêtes de la révolution tout en assurant à la société l'ordre et la prospérité. Quête qui débouche sur des échecs successifs tant la recherche de la synthèse paraît paradoxale. L'expérience de monarchie constitutionnelle tentée en 1791-1792 s'avère impossible tant le monarque juge insupportable la renonciation au droit divin. La dictature montagnarde foule aux pieds les droits naturels au nom de l'efficacité révolutionnaire. La tentative de réconciliation tentée par les thermidoriens et les hommes du Directoire fait long feu devant le caractère inconciliable des divisions qui affectent les Français, et la confusion qui en résulte fait de l'armée l'arbitre du jeu politique. En tentant de mettre fin au désordre tout en préservant les acquis sociaux et en organisant l'État-nation centralisé, Napoléon établit un régime moderne fondé sur la souveraineté nationale, mais en confisquant celle-ci à son profit et en sacrifiant la conquête essentielle de 1789, la liberté. La faiblesse de la Restauration est de fonder son système politique sur une contradiction qui se révélera intenable à terme : la proclamation des principes d'Ancien Régime accompagnée de la mise en œuvre pratique de la souveraineté nationale et du régime représentatif. En tentant de trouver un moyen terme entre le retour à l'Ancien Régime et le saut dans l'aventure révolutionnaire, en s'appuyant clairement sur la nouvelle bourgeoisie d'affaires plutôt que sur l'aristocratie, en acceptant le principe de la souveraineté nationale et le régime représentatif parlementaire, la monarchie de Juillet aurait peut-être pu réaliser la synthèse recherchée si ses dirigeants n'avaient opposé une brutale fin de non-recevoir aux aspirations à la réforme d'une société en pleine mutation au sein de laquelle se manifeste ardemment la poussée démocratique.

Mais derrière cette histoire faite de soubresauts permanents et de convulsions violentes, la période fondatrice des années 1789-1848 inscrit des mutations décisives des structures politiques de la France comme de la culture politique des Français. De la première approche relève la conception acceptée par les régimes successifs de l'État-nation centralisé, administré par une bureaucratie efficace, d'un État laïcisé où les religions tendent à relever de la sphère privée, de l'acculturation du régime représentatif et de l'élection comme mode de solution des débats de société, de la délibération parlementaire comme pratique de base du gouvernement. De la seconde, procède la naissance des grands systèmes d'explication et de vision de l'homme et de la société que sont le traditionalisme, le libéralisme et le républicanisme démocratique dont l'affrontement va dominer tout le XIXe siècle.

CHAPITRE 1

Le processus de la Révolution
1789-1791

Il est admis que la France entre en Révolution en 1789. En fait, le pouvoir royal a déjà perdu ses assises bien avant cette date, les parlementaires et les nobles attachés aux « libertés » du royaume ayant remis en cause les réformes lancées par la Cour et les ministres. François Furet soulignait la difficulté de dater la fin de la Révolution ; il est possible d'en dire autant de son début et de rechercher ce qui, dans l'esprit de la majorité des Français de l'époque, a été l'événement traumatique (ou la série d'événements) qui leur a fait prendre conscience qu'ils étaient entrés dans une nouvelle ère politique. Pratiquer ce « retour à l'événement » n'est ni sacrifier à une mode ni se contenter de la facilité du récit, c'est suivre le cours de la Révolution, progressivement formé au fil de situations imprévues qui réinterprètent les conflits antérieurs. Il faut donc rendre compte de ces chocs successifs ayant modifié durablement les structures politiques et sociales du pays. La description des grands épisodes qui ont fait l'histoire de France et l'importance accordée à la rupture révolutionnaire dans les chapitres qui suivent trouvent ainsi leur justification et leur nécessité pour exposer ce moment rare où l'on voit naître une structure historique exceptionnelle par son ampleur, ses conséquences et ses résonances, qui ensuite servira de modèle pendant deux siècles dans le monde entier. La difficulté est grande en effet de se déprendre de toute lecture téléologique, tant les exemples des révolutions ultérieures, d'Amérique latine d'abord, de Russie, puis de Chine, notamment, ont produit des catégories de pensée anachroniques et idéologiques.

Le pouvoir démythifié

Dans les années 1750, la France, comme les pays voisins, est impliquée dans les remises en cause politiques dues au débat philosophique européen et aux changements des mœurs. Ainsi, les critiques de l'absolutisme, l'intérêt pour le droit naturel, la naissance de l'opinion publique affectent toutes les sociétés européennes, provoquant cette vague de révolution qualifiée « d'atlantique » par Jacques Godechot[1], ce terme traduisant bien la généralisation du renouveau des idées politiques sur tout le continent et jusqu'en Amérique.

En France, la démythification du principe d'autorité, qui s'opère progressivement pendant tout le XVIIIe siècle, a des origines complexes et anciennes. S'y retrouvent pêle-mêle les retombées du cartésianisme et du mouvement « libertin » du XVIIe siècle, les traces profondes laissées par les guerres de religion, lourdes de souvenirs tragiques dans nombre de régions, mais aussi les querelles autour du jansénisme, qui participent du courant continu de sécularisation de la société française[2]. Que l'origine en réside dans les manifestations populaires ou dans la résistance obstinée des élites parlementaires contre le roi, l'autorité régalienne en sort affaiblie et permet la création de groupes s'estimant porteurs du destin du royaume. Enfin la publicité[3] donnée aux questions sociales et politiques à partir de 1750 a encouragé quelques milliers de « Rousseau du ruisseau[4] » à produire une littérature subversive, dite « philosophique », ce qui recouvre autant les libelles polémiques que les ouvrages pornographiques. Se créent alors des réseaux et des cénacles – salons chez les puissants, cercles de lecture dans les classes moyennes, qui font naître une « république des lettres[5] », grâce à leurs règles de démocratie internes, alors que la censure s'avoue elle-même inopérante.

1. Jacques Godechot, *Les Révolutions*, PUF, 1970.
2. Dale Van Kley, *The Religious Origins of the French Revolution*, Yale University Press, 1988 (trad. fr. Seuil, 2002).
3. Reinhart Koselleck, *Le Règne de la critique*, Minuit, 1978.
4. Expression de Robert Darnton.
5. Daniel Roche, *Les Républicains des Lettres*, Fayard, 1988.

Non seulement la culture s'est politisée [1], ce qui concerne les élites, mais elle s'est démocratisée, ce qui va affecter les masses. Ces mutations lentes et difficilement repérables touchent l'intégralité du pays, comme en atteste la liberté des jeunes paysans, tel Restif de La Bretonne, qui abandonnent leur campagne pour la ville où tout est possible, pour se livrer au libertinage [2], et même pour rêver de la mort du roi [3].

Louis XVI d'ailleurs n'échappe pas à l'air du temps. Jusque-là, dans l'agrégat des peuples désunis qui composent la France, le roi, homme-État, incarne la continuité et l'unité de l'État, dont il gère les biens inaliénables ; participant de la transcendance divine, possesseur de pouvoirs exceptionnels comme la guérison des écrouelles, il est le représentant de Dieu sur terre ; roi-Loi, il est en lui-même une condition de la loi ; toutes ces significations font de la vie royale une représentation permanente, réglée par l'étiquette, justifiée par des séries de symboles et constituent le centre même du royaume. La tradition veut que le roi, qui tient son pouvoir de Dieu, ne dépende ni des États ni des « nations » composant le royaume, mais que, père de « ses peuples », il soit le seul lien véritable entre toutes les provinces réunies pour former la France. Or cette conception se trouve tout à la fois critiquée par l'appareil d'État, par une partie de la noblesse (qui entend limiter la toute-puissance royale au nom d'un passé mythique) et par les physiocrates [4].

Les ministres de Louis XVI continuent ainsi l'œuvre de rationalisation et d'unification engagée par les deux rois précédents. En cela, ils se heurtent directement aux prétentions des nobles qui, afin de garantir les particularités des différentes parties du royaume et limiter les empiétements du roi (déjà qualifiés de « despotiques » dans les années 1780), excipent de l'histoire pour représenter les intérêts des provinces et peupler les corps intermédiaires. Au cours de cette querelle, qui traverse tout le XVIIIe siècle, les représentants de la noblesse traditionnelle font valoir qu'ils défendent les libertés contre

1. Françoise Mélonio, *Naissance et Affirmation d'une culture nationale*, Seuil, « Points », rééd. 2001, p. 13.

2. Lynn Hunt (dir.), *The History of Pornography*, New York, 1993.

3. Arlette Farge, *Dire et Mal-dire. L'opinion publique au XVIIIe siècle*, Seuil, 1988.

4. Georges Weulersse, *La Physiocratie à l'aube de la Révolution*, EHESS, 1985.

l'administration, l'héritage historique de la monarchie contre toute mutation aventurée, le droit divin lui-même contre les bureaux et les agents de l'administration royale. La dimension religieuse, mystique même, de la nation est bien vivace, opposée à la désacralisation purement politique que les réformateurs entreprennent. Cette noblesse rejoint les parlementaires qui estiment que leurs institutions sont aussi anciennes que la monarchie et constituent avec les États généraux le corps de la nation dans son union avec le roi. Mais, paradoxalement, la laïcisation du pouvoir et son entrée dans la compétition politique sont liées aux contestations sourdes, mais obstinées des jansénistes, puissants et organisés parmi les parlementaires. Tous, avec des préoccupations différentes et parfois contradictoires ne cessent cependant de rogner les prérogatives royales et d'insister sur le respect des règles d'une légalité juridique que la monarchie absolue mettrait elle-même à mal [1]. Des bibliothèques ont été remplies d'ouvrages sur la forme de l'État et ses rapports avec l'histoire de France, signe de la diffusion de ce débat dans l'opinion et de la mobilisation d'individus, prêts à ruiner leur carrière et leur vie personnelle pour leurs idées [2].

Cette évolution oblige les autorités à rendre des comptes, comme à participer aux débats, fussent-ils de médiocre portée, permettant aux innombrables penseurs et folliculaires de s'engager librement dans la recherche de principes fondamentaux, à la suite de Montesquieu, de Voltaire et de Rousseau. Comme rarement dans l'histoire de la France [3], cette époque autorise toutes les spéculations, même les plus utopiques, sur les formes de l'État et de la souveraineté. Si cette crise générale de légitimité trouve un écho considérable en France, c'est que ce pays, le plus peuplé de l'Europe, possède un dynamisme social qui a permis l'émergence d'une bourgeoisie active et d'une élite intellectuelle avides de trouver une place que l'organisation sociale traditionnelle n'a pas prévue et qu'il est gouverné par une monarchie engagée dans une voie réforma-

1. Dale Van Kley, « The jansenist constitutionnal legacy in the French Revolution », *in* Keith Baker, *The Political Culture of the Old Regime*, Oxford, Pergamon Press, 1987, p. 169-202.

2. Jean-Yves Guiomar, *La Nation entre l'Histoire et la Raison*, La Découverte, 1990.

3. Jean-Marie Goulemot, *Le Règne de l'Histoire*, Albin Michel, 1996.

trice. Le roi et ses conseillers, qui cherchent à rationaliser l'exercice du pouvoir, expérimentant des méthodes administratives qui affaiblissent les liens coutumiers, se heurtent aux soutiens traditionnels du royaume sans réussir à instaurer des équilibres économiques et financiers stables. Ainsi échouent-ils dans la rénovation des corporations qui, une fois la crise passée, se recomposent en revendiquant leur autonomie[1]. Enfin même si les critiques radicales de l'institution politique restent le fait de groupes marginaux, fruit de penseurs isolés et sans influence, si les idées de Rousseau bien que fort répandues entraînent peu de bouleversements dans les pensées, l'autorité monarchique est affaiblie d'autant plus que les personnalités du roi et de la reine sont contestées.

Louis XV mort dans la réprobation générale, Louis XVI et Marie-Antoinette avaient suscité beaucoup d'espoir à leur arrivée sur le trône ; pourtant rapidement l'opinion se détourne d'eux, jugeant le premier timoré et sans charisme, la seconde légère et lointaine. Les sentiments du petit peuple parisien, les rumeurs qui le parcourent attestent du discrédit du couple royal ; les libelles pornographiques l'aggravent, portant atteinte au respect des personnes du roi, de la reine et de leurs proches. Le roi et sa famille contribuent eux-mêmes à l'effacement progressif de la publicité de leur vie, en constituant un espace privé dans leurs appartements, à Marly ou au Trianon – dont la reine réserve l'accès à un cercle d'intimes. Leur image, enfin, est mise à mal par la campagne de dénigrement lancée par la noblesse dès les années 1780 ; elle popularise une iconographie du roi embarrassé de son corps, et laisse diffuser des scènes de remplacement du roi, allant jusqu'à utiliser les tableaux évoquant la mort de Charles Ier d'Angleterre[2] ; l'impuissance du roi et la débauche prêtée à la reine deviennent un phénomène public. L'échec successif de toutes les tentatives de réformes judiciaire et fiscale achève de saper l'autorité royale. Lorsque, en 1788, le roi engage la consultation des États généraux, assemblée déjà tombée en désuétude, il souligne la fragilité de sa position en ne fixant pas les modalités de la réunion et en laissant aux participants le soin d'y réfléchir. Les fondements, mythiques, de la royauté s'exposent

1. Steven Kaplan, *La Fin des corporations*, Fayard, 2000.
2. Claude Langlois, *Les Sept Morts du roi*, CNRS, 1993.

dans leur nudité pendant tout l'hiver 1788-1789, révélant qu'ils ne reposent plus que sur des exemples historiques, ouverts à la discussion. Les critiques à l'encontre des rois et de la royauté n'étaient certes pas inédites en 1789, les assassinats de Henri III et de Henri IV ou la Fronde en témoignent. Ce qui fait la spécificité de la période est que toutes les dimensions de la vie du pays sont remises en question simultanément et selon des questionnements diversifiés dans toutes les couches sociales.

L'aventure des États généraux

La réunion de cette assemblée clôture ainsi un bon siècle de réflexions et de luttes partisanes, auxquelles ont été mêlés des publicistes et de petits intellectuels qui s'engouffrent dans cette querelle, lui donnant un tour social ignoré des autres pays européens [1]. L'exemple du discrédit de la noblesse est éclairant. Se présentant d'abord comme garants « des libertés », les nobles et les parlementaires sont protégés par l'opinion populaire, lorsque le roi veut imposer par la force ses réformes unificatrices. Le retournement se fait lorsque le doublement du tiers est accordé par le roi dans les futurs États généraux. Le tiers se voit reconnaître une priorité politique dans la représentation nationale, ce qu'une majorité de membres de la noblesse refuse. En adoptant une définition très stricte de la qualité de noble qui rejette dans le tiers nombre de récents anoblis, les nobles altèrent alors leur image. Brocardés par des milliers de pamphlets et de brochures, ils cessent d'être les défenseurs des libertés du peuple pour devenir des « aristocrates » coupés de la Nation – à commencer par la noblesse réformatrice qui prend ses distances [2]. En même temps, ces nobles intransigeants achèvent un processus de « castification » (pour reprendre la formule de F. Furet) de leur ordre qui a commencé vers 1780 et qui permet d'opposer clairement

1. François Furet, *La Révolution, 1770-1880*, Hachette, 1988, chap. 2.
2. Jacques Guilhaumou, « Aristocrates/Aristocratie... », *Dictionnaire des usages sociaux-politiques,* Saint-Cloud, INaLF, 1995, p. 9-12.

nobles et non-nobles, ce qui ne s'était jamais réalisé de cette façon auparavant. Les frontières sociales ont perdu leur flou et l'avenir des bourgeois enrichis n'est plus l'entrée progressive dans la noblesse.

Le traditionnel jeu à deux, centralisation royale contre respect des corps intermédiaires, devient un jeu à trois, avec les publicistes du tiers, comme Volney, qui radicalisent le débat. Dans ce cadre, s'inspirant de Rousseau et de Mably, les porte-parole du tiers popularisent de nouvelles idées : la liberté nationale préférée aux libertés particulières, l'unité menacée par les partitions, l'unification administrative contre n'importe quel passé provincial... Le courant réformateur qui, auprès du roi, œuvrait pour le renforcement de l'efficacité des bureaux est dépassé par l'ardeur des réclamations du tiers qui, dans la ligne de Sieyès, disqualifient à l'avance les nostalgies de ceux qui sont dorénavant des « privilégiés ». L'État acquiert ainsi une priorité absolue sur tous les autres niveaux administratifs et politiques et sur la Nation qui reste encore constituée par contrat autour du roi. Le refus des nobles bretons et poitevins d'élire des délégués aux États généraux, leur volonté de maintenir coûte que coûte les droits de la Bretagne, deviennent alors une affaire certes exceptionnelle à ce point, mais inacceptable et exemplaire. C'est pourquoi les premières effusions de sang en 1789 pour des raisons politiques ont lieu à Rennes, lors d'affrontements entre « bourgeois » et nobles de Bretagne à l'occasion de la réunion des États de Bretagne [1].

Au repli des nobles correspond la forte mobilisation des membres du tiers ainsi défini, puis la création de « fédérations [2] » de « patriotes », qui se posent comme représentatives de la Nation et essaiment dans tout le pays. Contre l'histoire, mythique, de la monarchie née de l'aristocratie et tempérée par elle, deux conceptions du rôle de l'État s'affirment : d'une part, le renforcement de l'administration du royaume par une monarchie puissante, d'autre part, la recherche de nouveaux fondements institutionnels pour répondre à la réalité économique et sociale de la nation française. Dans ce qui devient

1. Roger Dupuy, *La Garde nationale et les Débuts de la Révolution en Ille-et-Vilaine*, Klincksieck, 1972.

2. Mona Ozouf, « Fédération », dans François Furet et Mona Ozouf, *Dictionnaire critique de la Révolution française*, Flammarion, 1988, p. 96-104.

un affrontement considérable, la « Nation », mot ancien, prend un sens nouveau, puisqu'il ne désigne plus les rassemblements, ratifiés par le temps, de populations spécifiques, mais l'unité revendiquée d'individus composant une société réglée par des lois librement décidées, les « patriotes » qui veulent régénérer le pays, en le débarrassant de tous ceux qui ne participent pas du contrat commun [1]. La refondation de l'État par les membres de la Nation passe dorénavant par l'exclusion de ceux qui ne veulent pas participer à l'entreprise commune. Au contraire du *gentleman agreement* adopté par l'Angleterre en 1688, ou de la réduction au minimum d'un appareil d'État pratiquée par les États-Unis, la Nation française s'affirme polémique et l'État régénéré devient conquérant. Polémique et conquête sont portées par des mouvements qui se sont forgés peu à peu dans les conflits d'opinion de 1788-1789 ; ils ont établi leur légitimité contre l'histoire et contre les « aristocrates », en invoquant la rationalité de leurs principes et en récusant les velléités royales. Dans la concurrence entre les diverses conceptions qui visent au contrôle de l'État, la force des patriotes relève de leur position à la jonction des idées de Montesquieu (dont nul n'ignore la leçon de relativité des institutions), et de Rousseau (qui insiste sur la supériorité de la volonté générale). Regroupés malgré eux en un seul ensemble sous l'effet de la maladresse du roi et du dédain de la majorité des nobles, ils peuvent se parer de la toute-puissance des principes et de l'urgence de l'unité. Non seulement ils sont dans le droit-fil des réformes engagées par le roi et ses ministres, mais ils peuvent prétendre incarner la Nation contre les groupes diviseurs et archaïques.

S'il est possible de penser abstraitement que la Révolution est accomplie dès 1788, puisque les liens mystiques entre le roi, ses peuples et « les nations » sont dénoués [2], aucune rupture ne s'est produite dans la conscience collective. C'est donc à la recherche de ces traumatismes qu'il faut aller en commençant par contester l'historiographie républicaine obstinée qui fait de l'ouverture des États généraux le début de la Révolution. La réunion des États, institution spécifique de la monarchie française, s'ouvre tout d'abord le 4 mai 1789 par la pro-

1. Jean-Yves Guiomar, *op. cit.*
2. François Furet, *op. cit.*

cession solennelle à laquelle tous les députés participent et par une messe du Saint-Esprit pendant laquelle l'évêque La Fare condamne dans son sermon à la fois les influences néfastes de la philosophie et le luxe scandaleux de la cour, rendue responsable de la misère des paysans. Le 5, date dotée à partir de 1889 de vertus républicaines et donc retenue par les histoires de France, est l'occasion des discours du roi et de Necker, limitant d'emblée les prétentions de l'assemblée aux moyens de renflouer le trésor. Même si, le 6 mai, les députés du tiers s'installent dans la salle de réunion générale pour vérifier les pouvoirs des trois ordres ensemble et revendiquent dès ce moment le titre de « Commune », il est difficile de voir dans ces trois jours des ruptures. Tous s'accordent à penser que les États généraux vont restaurer le royaume et lui donner des moyens politiques et financiers nouveaux. Cependant, impliqués dans les débats antérieurs ces hommes venus pour débattre de « la constitution » du royaume se sentent investis d'une mission et entendent l'accomplir. À l'absolu du pouvoir royal, ils opposent la force et l'intérêt de « la nation ».

Cette querelle perd tous ses aspects théoriques dans le courant du printemps 1789. Les conflits naissent à propos de la vérification des mandats des députés témoignant certes de mécontentements profonds, mais aussi du manque de préparation des États par le roi et ses ministres. Le roi a ainsi doublé la représentation du tiers pour trouver des alliés dans l'assemblée et contrebalancer les prétentions de la noblesse ancienne qui se veut seul interlocuteur du pouvoir royal et refuse le moindre changement dans la composition des États ; mais il reste lié à la noblesse par un attachement personnel et se révèle incapable d'adopter une ligne politique claire pour contenir toutes les demandes contradictoires nées de la composition de l'assemblée. L'indécision entre le vote par tête de député ou le vote par ordre fait s'affronter ceux qui privilégient le respect de l'organisation traditionnelle hiérarchique qui passe par le respect des ordres, et ceux qui attendent du vote individuel des alliances entre nobles réformateurs, curés et représentants du tiers souhaitant notamment l'égalité fiscale. Or, Louis XVI ne rompt pas avec le courant nobiliaire qui pourtant le conteste, il refuse que les élus du tiers puissent vérifier l'ensemble des mandats, comme il s'oppose à leur vœu de constituer les États généraux en Chambre des Communes, dotées d'un pouvoir concurrent du sien. Malgré son souci réformateur, il se retrouve donc du côté de la légitimité monarchique et des prétentions « aristocratiques » [1].

Le 17 juin 1789, quand les membres du tiers état se proclament Assemblée nationale (qui devient constituante le 9 juillet), ils font entrer le pays dans une nouvelle phase de l'histoire. L'incapacité du roi à trancher entraîne des affrontements, notamment lorsque les députés du tiers chassés de leur salle envahissent le 20 juin la salle du jeu de paume, dans laquelle ils proclament, tous sauf un, leur volonté de donner une constitution écrite au royaume. Le ralliement des curés poitevins puis des nobles libéraux montre qu'il y a la possibilité de réaliser une large union autour de la « régénération » du royaume ; l'opposition du roi à ce que les ordres délibèrent ensemble va involontairement dans le même sens, entraînant les répliques célèbres, notamment celle de Bailly assurant que « la Nation assemblée n'a pas à recevoir d'ordre ». Le coup de force est avalisé, de mauvaise grâce, par le roi, qui finit par ordonner le 23 juin à tous les députés, même ceux de sa « fidèle noblesse », de se rallier au tiers dans une assemblée devenue « nationale ». Il ne s'agit pas d'une révolution pour autant, tout juste d'une révolte, puisque l'autorité royale n'est pas contestée et que des réajustements dans les équilibres sociaux semblent être suffisants pour assurer le retour à l'ordre. Ils prolongent aussi le débat entamé quelques mois plus tôt et illustré par le pamphlet de l'abbé Sieyès, *Qu'est-ce-que le tiers-état ?* [2]. Il y avait des nations composant un royaume ; il n'y a plus qu'une Nation qui fonde la souveraineté du royaume. Les nobles en tant qu'ordre sont exclus de la Nation française [3], exprimée tout entière dans le tiers état désormais source de la souveraineté. Le mot Nation se voit doté d'une ambiguïté importante : il désigne le rassemblement d'individus ayant décidé de nouer un contrat ensemble ; pour un certain nombre de députés sa vocation est universaliste et même si, initialement, il s'applique aux Français, il s'adresse à une communauté à venir. Or, pour Sieyès qui représente un courant

1. Jean-Clément Martin, *Contre-Révolution, Révolution et Nation*, Seuil, 1998.
2. Timothy Tackett, *Par la volonté du peuple*, Albin Michel, 1997.
3. Voir l'analyse radicale de Patrice Higonnet, *Class Ideology and the Rights of the Nobles*, Oxford, Clarendon Press, 1981.

important dans l'assemblée, la Nation est symbolisée par ses représentants qui en expriment la volonté générale : les députés organisent la vie du pays autour de nouveaux principes d'unification qui renforcent et appuient le mouvement de centralisation de l'État orchestré par la royauté depuis un siècle.

Les événements fondateurs

La prise de la Bastille précipite le transfert de légitimité

Le 14 juillet marque alors sans doute la première phase de la Révolution [1]. Tout a été dit de cette journée qui peut passer pourtant pour un « non-événement » comme la littérature d'inspiration contre-révolutionnaire entend le démontrer : une manifestation née de la peur devant la présence de troupes dans Paris et du renvoi de Necker par le roi, la foule passant la nuit à la recherche d'armes et à l'incendie des octrois, avant d'échouer devant la forteresse de la Bastille où son mouvement se transforme en insurrection ; l'hésitation initiale des protagonistes, celle du gouverneur de Launay, résistant par principe mais invitant à sa table les représentants de la foule venus lui porter des revendications imprécises, l'absence de mots d'ordre et de visée politique, prélude à la sauvagerie ordinaire des journées d'émeutes qui explique la décapitation de De Launay ; la médiocrité du bilan enfin, puisque les sept prisonniers libérés n'incarnent en rien les persécutions imputées à la monarchie. Cette journée bouleverse cependant, par les résonances qu'elle entraîne, tout l'équilibre précédent et ouvre véritablement la période révolutionnaire. Les princes du sang, Artois et Condé, décident aussitôt de quitter un pays dans lequel ils n'estiment plus avoir de place, tandis que le roi vient à Paris recevoir les clés de la ville et accepte que sa couleur, le blanc, soit mêlée au bleu et au rouge parisiens pour former une cocarde promise à un avenir encore imprévisible. L'État est mis en question, mon-

1. Jacques Godechot, *La Prise de la Bastille*, Gallimard, 1969, reste l'ouvrage classique.

trant que les institutions les plus vénérables ne sont pas immuables ; de fait, l'organisation de la Nation est, à son tour, corrigée par l'acceptation de l'intrusion de la violence populaire.

Une onde de choc suit la journée parisienne. De nombreuses villes connaissent leur « révolution municipale » : les partisans des réformes, soutiens du tiers état, s'emparent du pouvoir municipal, investissent les enceintes militaires locales, leurs « bastilles », comme à Nantes, voire détruisent les symboles de l'autorité nobiliaire traditionnelle, comme à Strasbourg. Les partisans des réformes, au nom de leur appartenance à la Nation, s'emparent des instruments du pouvoir, se constituent en gardes nationales promues force militaire relevant de la Nation, et créent des clubs chargés tout à la fois de conduire les événements et d'édifier l'opinion. Ces faits, imprévus, changent radicalement la vie des individus, instaurant des rapports sociaux en rupture avec les liens verticaux d'autrefois et ouvrant également la carrière des honneurs (les « vainqueurs de la Bastille » deviennent un groupe reconnu). Dans les campagnes, de façon encore plus étonnante, des rumeurs se répandent annonçant soit des dévastations de récoltes, soit le passage de forçats, ou d'Anglais, enfin d'ennemis mal identifiés, ceci provoquant une « grande peur » qui mobilise les ruraux, et les jette en bande contre les châteaux locaux, dans lesquels ils brûlent les titres de propriété, molestent les propriétaires ou détruisent les pigeonniers. Sans préméditation ni plan, les Français s'affrontent aux symboles et aux signes d'une hiérarchie devenue insupportable. Dans l'Assemblée désarçonnée, la recherche d'un nouvel équilibre se traduit, pendant la nuit fameuse du 4 août, par la proposition de l'abolition de tous les « privilèges » et des « droits féodaux », soit l'expression d'une radicalité nouvelle qui unit tous les députés dans un élan d'autant plus rassembleur que ses modalités ne sont pas définies.

Dans la foulée, mais au prix de discussions beaucoup plus serrées, les députés adoptent une Déclaration des droits de l'homme qui, au nom des événements récents, invente de nouveaux principes d'organisation sociale. Dès son préambule, cette Déclaration (« le plus court chemin entre le chaos révolutionnaire et la légitimité de la Révolution[1] ») place la France sous l'égide de l'Être suprême, mettant fin à la position de

1. Selon le mot d'Élisabeth Guibert-Sledziewski.

religion officielle accordée au catholicisme. Sont proclamés des principes universels (ils ne visent déjà plus la seule nation française mais bien le sort de l'humanité) fondés sur la seule raison, dont les formes de l'État et le lien social devront découler. Ainsi le processus de constitution de l'État et de la société est-il inversé, ne procédant plus du droit divin, de la volonté royale ou du droit positif mais de la nécessité rationnelle et de la volonté générale, et se situe à l'horizon du droit naturel. La monarchie française ne relève que de la Nation, seule garante de la Loi ; Louis XVI devient roi des Français, représentant de la Nation et co-législateur. Le dosage est subtil (la Déclaration des droits est considérée comme supérieure à la Constitution, parce que rattachée aux traditions du droit naturel) et contradictoire (quand, après d'âpres discussions, le roi est doté d'un *veto* suspensif, qui lui permet seulement de faire appel à l'opinion, sans remettre en cause le pouvoir de l'Assemblée). Les conflits de souveraineté deviennent donc prévisibles. Cependant les adversaires de ce processus ne pourront invoquer ni les justifications de l'histoire, rejetées d'emblée, ni les intérêts particuliers, disqualifiés d'avance. Se dégage dès lors une minorité active à l'Assemblée, décidée à accélérer les mutations, qui entraîne la masse des députés, face à un groupe plus réduit, hostile à ces changements et désireux de revenir à une situation préservant les droits des nobles comme élite intermédiaire. Dans la lutte d'influence qui oppose ces deux courants aux contours flous, les patriotes possèdent l'avantage, dénonçant leurs opposants comme les partisans d'un retour à l'archaïsme et à la sujétion. Les fractures sont grandes, pourtant le roi demeure toujours « le père des peuples » pendant l'été, malgré son penchant pour la cour et les « aristocrates » ; son autorité n'est contestée par personne et il sert encore de clé de voûte à l'ensemble de l'édifice.

Les journées d'octobre bousculent l'équilibre des pouvoirs

Le deuxième tournant qui inaugure la Révolution a lieu au moment des journées d'octobre, les 5 et 6, lorsqu'une foule de Parisiens, beaucoup de femmes mais aussi des hommes, partent pour Versailles en voulant ramener « le boulanger, la boulangère et le petit mitron », la famille royale dont on attend la baisse du prix du pain, mais aussi l'assentiment à la Déclaration des droits de l'homme, après que la reine a été accusée d'avoir dénigré la cocarde tricolore. Ces journées sont aussi célèbres que confuses. Des revendications clairement politiques se mêlent aux protestations contre le pain cher ; des meneurs côtoient les nouvelles notabilités du courant patriote, comme le général La Fayette manifestement dépassé par les événements. Tout se précipite à Versailles. Gardes mis à mort et décapités, foule envahissant le palais et chassant la reine de ses appartements, mais aussi réception par le roi de représentants des manifestants et acceptation de sa part de se rendre à Paris : en deux jours étonnants, l'équilibre des pouvoirs a basculé sans que personne ait pu ni le prévoir ni le comprendre. Le roi, réticent jusque-là, paraphe la Déclaration des droits, l'Assemblée suit la famille royale à Paris et se met, avec elle, sous la surveillance des militants parisiens.

L'an I de la Liberté, comme certains se mettent aussitôt à l'écrire, est entamé et les camps se forment en France comme à l'étranger autour de ce qui apparaît comme une innovation française dépassant de loin les « révolutions » américaine ou belge des années précédentes. Les nombreux « réformateurs » anglais, allemands, italiens exaltent dans leurs pays respectifs les changements provoqués par les Français, quand ils ne viennent pas séjourner en France pour en être des témoins directs et des propagandistes. Les mois de juillet à octobre 1789 ont ainsi bouleversé les équilibres et créé une configuration politique inédite qui est en soi une Révolution. Les événements que constituent, au sens le plus fort du terme, la prise de la Bastille et la marche sur Versailles [1], donnent donc une dimension inattendue et proprement révolutionnaire à tous les éléments qui existaient auparavant mais qui ne se trouvaient pas dotés de significations rassemblées dans un système unique. Que la Révolution s'accroche à des épisodes finalement assez minces ne doit pas faire illusion : le destin de la monarchie et du pays était en débat depuis une vingtaine d'années, des

1. Jean-Clément Martin, « Für eine Typologie des "Ereignisse" ; das Beispiel des Vendéeskriegs », *in* A. Suter et M. Hetting, *Struktur und Ereignis, Geschichte und Gesellschaft*, 19, Göttingen, Vandenhoeck et Ruprecht, 2001, p. 208-223.

cultures politiques différentes étaient formées, les idées examinées depuis des années sont dorénavant liées à des oppositions sociales requalifiées par des affrontements. Les 14 juillet, 5 et 6 octobre ont ainsi moins inventé qu'ils n'ont entraîné des reclassements : les députés ont cessé de s'identifier à leur province d'origine pour se ranger peu à peu dans les camps antagonistes des opposants ou des partisans des réformes [1]. Désormais tous sont fascinés et apeurés par la puissance des masses dont les aspirations sont contradictoires, mêlant nostalgie d'un âge d'or perdu et principes novateurs, peur de l'autre et générosité des élans. Enfin, et c'est certainement la principale innovation, ces délégués trouvent leur légitimité dans les échanges qu'ils nouent entre eux au sein de sociétés et de clubs, vite rivaux au nom de la légitimité à représenter la Nation.

L'intégration de la violence dans le débat politique

Octobre, coup d'équinoxe, marque les consciences. Marat adopte désormais les positions radicales qui le rendront célèbre ; l'Anglais Edmund Burke rédige ses *Réflexions sur la Révolution française* [2], voyant dans ces journées les prémices d'un bouleversement universel des valeurs politiques, mais aussi sociales, religieuses, monétaires et culturelles. La critique est justifiée par sa dénonciation du vertige rationnel et communautaire, qui saisit les membres de l'Assemblée porteurs d'une révolution totale ramenant aux origines et refondant l'humanité ; mais elle oublie que, loin d'être créé *ex nihilo*, le processus a pris la suite des révolutions anglaise et américaine tout en s'inscrivant dans la conjoncture propre à la France qui est marquée par la violence des conflits religieux antérieurs. La conjonction qui conduit aux journées d'octobre 1789, balayant d'un seul coup les réticences des monarchiens et du roi à accepter franchement une monarchie constitutionnelle [3], imposant une seule assemblée, montrant la force des éléments populaires, illustre cette façon par laquelle la Révolution fran-

1. Timothy Tackett, *op. cit.*
2. Edmund Burke, *Réflexions sur la Révolution française*, Hachette, « Pluriel », 1989.
3. Robert Griffiths, *Le Centre perdu*, Presses universitaires de Grenoble, 1988.

çaise trouve ses spécificités : elle procède par bonds, tiraillée entre horizon d'attente philosophique – qui impose un vocabulaire et une morale –, luttes politiciennes héritées et mouvements populaires, dont la violence est acceptée par les élites.

Deux exemples permettent d'appréhender cette situation. L'Assemblée doit statuer sur la mort du boulanger parisien François, au cours d'une émotion populaire le 21 octobre. Contrairement à ce qui s'est passé pour les journées d'octobre, les revendications à l'encontre de François ne sont pas reconnues comme politiques et ne sont pas soutenues par les députés. Si bien que la mort de François est qualifiée comme crime de droit commun par l'Assemblée qui laisse la justice punir les coupables et instaure la loi martiale pour limiter les débordements. Dans cette redéfinition des relations sociales, le crime de lèse-nation est institué, par ailleurs, par l'Assemblée pour juger les « aristocrates » qui ont voulu entraver la marche de la Révolution. Les députés semblent donner ici raison aux masses et entrent dans une logique de terreur envers les ennemis de la Révolution. Cependant, s'il ne convient pas d'oublier la gravité de cette décision qui participe de cette acclimatation de la violence dans la vie politique française et dont les conséquences seront redoutables dans les années suivantes, reste qu'il faut insister sur le fait que la procédure n'est utilisée de fait qu'avec circonspection, le but étant d'endiguer les manifestations au profit des groupes dirigeants de l'Assemblée[1].

S'ensuit, logiquement, une nouvelle émigration, qui touche autant les nobles traditionnels opposants à toute mutation, que les « modérés » qui avaient voulu protéger le pouvoir royal de toute atteinte et avaient essayé de conjuguer les principes de la Révolution avec le respect de la hiérarchie sociale. Les hommes désignés par le vocable vaguement injurieux de « monarchiens » deviennent la cible de toutes les attaques ; Mounier, qui avait été la tête de file incontestée des réformes depuis 1788, est couvert d'opprobre et quitte le pays. Cette évolution brutale doit être comprise dans toute sa complexité. Elle témoigne d'abord de la virulence des conflits et de

1. B. M. Shapiro, « Revolutionary justice in 1789-1790 : the Comité des recherches, the Châtelet and the Fayettist coalition », *French Historical Studies*, 17, 3, p. 656-669. Contre Patrice Guéniffey, *La Politique de la Terreur*, Fayard, 2000.

l'absence de volonté de gouverner au centre dans la suite des conflits des années précédentes. Elle est à l'origine, ensuite, du discrédit dans lequel sont tenus les modérés par l'historiographie française, présentés soit comme ceux qui ont étouffé l'élan révolutionnaire pour les uns, ou qui ont introduit les terroristes pour les autres [1]. Octobre 1789 met ainsi en lumière ce que la Révolution française porte au plus haut point : l'intégration de la violence dans le discours politique.

La voie spécifique de la Révolution en France est confirmée avec les mesures prises par l'Assemblée, en octobre également, à propos des biens du clergé donnés à la « Nation » pour combler le déficit du trésor. Cette nationalisation prolonge les habitudes de la royauté gestionnaire des établissements religieux et s'inscrit exactement dans les traditions de l'Église gallicane, mais elle trouve dans le contexte créé des répercussions considérables et, là encore, imprévues. Le geste se comprend soit comme une revanche des protestants sur les catholiques, soit comme une menace sur la catholicité, tandis qu'une partie des curés « patriotes » trouve la mesure trop radicale et regrette la perte de leur jardin, garantie de leur indépendance. Les divisions s'accentuent lorsque l'Assemblée à la suite de cette décision imagine la Constitution civile du clergé : l'État salarie les clercs, ceux-ci devant en contrepartie prêter serment à la Nation. En 1787-1788, l'empereur d'Autriche, Joseph II, avait imposé ce genre de mesures dans ses possessions belges et avait échoué face à de véritables insurrections. Dans la France ainsi révolutionnée, la Constitution civile provoque une scission entre les clercs qui prêtent serment et ceux qui refusent, les premiers sont assimilés aux défenseurs de la Révolution, les autres à ses ennemis. Ces derniers, qui plus est, sont soutenus par le pape qui condamne au printemps 1791 l'organisation de l'Église de France. Le débat politique autour de la Révolution se double ainsi d'un schisme religieux qui aggrave encore les oppositions.

1. Robert Griffiths, *op. cit.*

L'aggravation des déséquilibres

Tensions administratives, religieuses, linguistiques

Parallèlement les députés s'engagent dans la création des institutions administratives autour du découpage départemental, structurant toutes les activités politiques, administratives, judiciaires et militaires du pays, jusqu'à aujourd'hui. L'opération n'est pas tombée dans le découpage abstrait du pays (reproche stupide et infondé, mais récurrent), mais elle entraîne des rivalités locales aux retombées mal contrôlées et durables et des bouleversements dans la vie quotidienne des Français, poussant les uns à la défense du régime et d'autres à la rébellion [1]. Les contentieux coutumiers entre voisins, ou entre communautés, se teintent de significations politiques au travers des rivalités urbaines lorsqu'il s'agit de choisir les chefs-lieux des départements ou des districts, destinés à accueillir les administrations donc à bénéficier du prestige et de l'animation qui en résulteront. La fête de la Fédération qui réunit au Champ de Mars à Paris le 14 juillet 1790 les délégués des gardes nationaux de tout le pays autour du roi, de Talleyrand, qui célèbre la messe solennelle, et du général La Fayette, n'arrive pas à rassembler les Français dans un élan unanime. Le mauvais gré du roi, présent mais affichant ses réticences, est évident, comme les réserves de nombre de clercs et de nobles amenés à participer.

La question religieuse joue un rôle central dans ces tensions. Dans le Sud-Est, protestants et catholiques, devenus, les premiers, partisans de la Révolution, les seconds de ce qui commence à s'appeler la Contre-Révolution s'affrontent dans des « bagarres » qui font par exemple plusieurs centaines de morts à Nîmes en juin 1790 (l'écho national reste étonnamment faible). Presque partout la prestation de serment des prêtres est devenue un véritable référendum sur la Révolution [2], les popu-

1. Maria-Vic Ozouf-Marignier, *La Formation des départements*, EHESS, 1989.
2. Timothy Tackett, *La Révolution, l'Église et la France*, Cerf, 1986.

lations prenant fait et cause dans le choix opéré par leurs curés. Si une légère majorité de curés « jureurs » par rapport aux « réfractaires » se dégage nationalement, la répartition géographique est très marquée : le centre du pays est largement favorable à la Constitution civile, donc à la Révolution, en revanche les bordures occidentales, notamment Bretagne et Poitou, orientales, Alsace et vallée du Rhône, sont au contraire opposées à la Constitution et à la Révolution. Rares sont les communautés qui échappent à l'air du temps et privilégient l'unité communautaire sur les engagements nationaux : la division politique affecte tous les habitants, toutes les activités sociales ou religieuses, introduisant des clivages au sein même des familles. Dans le même temps, l'unité est recherchée au travers d'une « politique de la langue » qui vise à répandre le français considéré comme langue de la Révolution en lutte contre les « patois » estimés porteurs de la réaction, politique qui aura des effets non moins pervers que les mesures religieuses [1].

Le principe unificateur aboutissant au postulat qu'il ne faut qu'« une nation, une loi, une messe [2] », contenu dans la départementalisation, provoque des réactions en chaîne. La condamnation de la Constitution civile par le pape – celui-ci étant en outre mécontent du rattachement d'Avignon à la France –, connue enfin au printemps 1791, donne un poids considérable aux partisans du refus et scelle la division entre les deux France qui viennent de se créer. Les révolutionnaires les plus déterminés s'engagent dans un anticléricalisme destiné à identifier la gauche ; les contre-révolutionnaires oublient éventuellement leurs sentiments voltairiens pour se regrouper autour des curés persécutés et des populations fidèles. Les opinions s'affichent de plus en plus, le port de cocardes se généralise, toutes les localités sont affectées par les débats connus par les journaux et les courriers échangés entre les milliers de militants des clubs qui couvrent de plus en plus le pays d'un maillage serré. Les insultes politiques deviennent monnaie courante, « aristocrate » désignant désormais tous les opposants à la Révolution, y compris des ruraux les plus humbles. Les régiments étrangers

1. Michel de Certeau, Jacques Revel, Dominique Julia, *Une politique de la langue*, Gallimard, 1975.

2. Philippe Goujard, « La rumeur de Thiouville », *Cahiers des études normandes*, 1983, n° 1.

eux-mêmes sont concernés par les remises en cause des principes politiques : les Suisses du régiment de Châteauvieux, appuyés par des révolutionnaires locaux, se révoltent ainsi à Nancy, voulant bénéficier de plus de considération ; ils subissent une violente répression en retour qui émeut et divise toute la France. La marche de la Révolution est en train de tout emporter sur son passage.

Les prodromes de la guerre civile

L'équilibre maintenu à grand-peine par les révolutionnaires au pouvoir s'effondre lorsque le roi s'enfuit avec sa famille le 20 juin 1791, pour tenter de gagner la frontière allemande et retrouver des forces armées qui lui sont attachées. Son départ provoque un véritable séisme dans le pays, qui voit là les prémices de la guerre civile et de l'arrivée des troupes étrangères pour rétablir la royauté d'Ancien Régime. Alors que son frère, Provence, qui lui succédera sous le nom de Louis XVIII, réussit à atteindre sans encombre la frontière belge et à rejoindre les émigrés fixés autour du frère cadet, Artois, chef de la Contre-Révolution, Louis XVI est arrêté à Varennes et reconduit à Paris dans une berline sous surveillance (on sait que pendant ce trajet la reine fit une très forte impression sur les envoyés de l'Assemblée).

Lorsque le 21 juin 1791, Drouet, maître de poste, identifie Louis XVI grâce à une pièce de monnaie, sait-il qu'il participe d'une évolution essentielle ? Sans doute puisqu'il entamera par la suite, dans les rangs de l'ultra-gauche, une carrière politique nationale, encore que modeste. Dans cet épisode, le roi a perdu de son mystère et la royauté de sa dignité, tandis que la France a changé de principes. Le pays sort ébranlé de cette nouvelle crise. La majorité de l'Assemblée ne veut pas donner prétexte à la poursuite de la Révolution, et, contre l'évidence, accrédite la thèse de son enlèvement. Les nobles contre-révolutionnaires qui n'avaient pas encore voulu émigrer se sentent déliés de toute obligation et quittent le pays désorganisant l'armée qui perd une grande partie de ses officiers ; une minorité de révolutionnaires animant les clubs les plus radicaux, club des Jacobins et surtout des Cordeliers, demandent la destitution du roi. Le 17 juillet 1791, une manifestation venue au Champ de Mars pétitionner en ce sens est maladroitement mitraillée par les troupes commandées par La Fayette et le maire Bailly. La fusillade fait une cinquantaine de morts, rompant à jamais l'unité des « patriotes ». L'aile gauche se maintient dans le club des Jacobins qui devient le centre nerveux d'un réseau de correspondance particulièrement actif et efficace ; l'aile droite, provisoirement majoritaire, qui estime que les alliances avec le roi sont préférables aux risques représentés par les extrémismes des deux bords (contre-révolutionnaires et ultra-révolutionnaires), se retrouve dans un nouveau club, celui des Feuillants, qui est désormais pris entre deux feux.

Les assises du système politique français ont donc été ébranlées de fond en comble. La mise sous surveillance du roi montre que le trône est sinon vide, du moins susceptible d'être pourvu selon les résultats des compétitions politiques ; Louis XVI (et son entourage), désormais mêlé comme chacun à la lutte, se voit obligé d'élaborer des tactiques. Sa présence au sommet de l'édifice n'a empêché ni sa laïcisation définitive, ni l'autonomisation du politique, ni même l'inscription de la légitimité du pouvoir dans la Nation souveraine. Enfin la représentation du roi et de la reine dans le corps social est totalement dégradée au cours d'une campagne de caricatures et de pamphlets d'une extrême violence [1]. Sur un autre plan, la fusillade du Champ de Mars affaiblit les modérés et permet la création d'une opposition autour de ceux qui retournent à leur avantage la qualification injurieuse de « sans-culottes » ; ils sont rejoints par les Jacobins déterminés, conscients de l'impossibilité d'arrêter la spirale des revendications égalitaires. Ultime conséquence : gouvernement et militants peuvent s'affronter au nom du respect des principes révolutionnaires si bien que les militants sont apparus parfois comme les meilleurs garants de la légalité [2].

À la recherche du souverain

Comment exprimer la « volonté générale » ?

Au fil des événements, l'idée de la communauté nationale s'impose mettant la question des institutions au cœur des préoc-

1. Annie Duprat, *Le Roi décapité*, Cerf, 1993, parallèlement, Chantal Thomas, *La Reine scélérate*, Seuil, 1989.
2. Marcel Reinhard, *La Chute de la royauté*, Gallimard, 1969.

cupations. Tout dépendant du peuple souverain, il ne peut y avoir que des fonctions électives (tout l'appareil judiciaire et administratif, et par extension ensuite l'Église constitutionnelle), rarement déléguées (la fonction royale en étant le meilleur exemple) si bien que la notion même d'équilibre des pouvoirs n'a pas de sens puisqu'il ne saurait exister d'écart entre membres du même corps, le peuple. Il convient de recueillir la « volonté générale » du « peuple » identifié à la Nation[1]. Les « patriotes » sont amenés à considérer l'Assemblée comme l'émanation pure de la « volonté générale », contre la volonté de la majorité qui pourrait résulter de compromis entre des intérêts particuliers. La taille de la France excluant le vote direct, il s'agit bien de réaliser une alchimie subtile. S'il est nécessaire de désigner des représentants, l'émergence de l'expression générale exige alors qu'il n'y ait pas de candidature aux élections mais la reconnaissance, au sein du groupe des électeurs, des personnalités dans lesquelles les représentés se retrouvent le mieux.

Cette conception, issue de principes qui ne peuvent souffrir la moindre altération, va avoir des conséquences pratiques redoutables. Elle interdit d'abord qu'une deuxième chambre puisse altérer la volonté générale : une « chambre haute » (à l'imitation de la chambre des Lords) ne représenterait qu'une fraction de la Nation. Le monocamérisme est érigé en système, ce qui se comprend dans les luttes des années 1789-1791 pendant lesquelles les affrontements théoriques recoupent les oppositions brutales entre nobles et roturiers ; cependant la radicalité qui s'exprimera ainsi au sein des débats politiques ne trouvera aucun autre contrepoids et pourra se prolonger jusqu'à l'élimination de toute opposition. Le discours d'assemblée envahit et accapare l'espace politique dans sa grandeur (puisqu'il ne s'agit rien de moins que de statuer philosophiquement), comme dans ses travers (les manœuvres se parent du langage le plus élevé). En assurant que la volonté générale se dégage publiquement dans l'Assemblée, l'existence des conflits politiciens et personnels est niée ; les cas particuliers ne sont pas pris en considération autrement que comme des privilèges ou des archaïsmes ; les effets pervers des mesures les plus généreuses

1. Pierre Rosanvallon, *Le Peuple introuvable. Histoire de la représentation démocratique en France*, Gallimard, 1998.

sont ignorés ; enfin les pressions des tribunes sont tolérées, puis sollicitées, laissant la violence occuper une place dans le débat politique. Il faudra attendre 1795 pour que cette logique perde son attrait et que les législateurs cherchent à équilibrer les institutions entre elles en ayant abandonné cet horizon politique. La brutalité des relations politiques qui s'instaure en France découle manifestement pour une part (à côté des héritages d'intolérance et d'exclusion légués par la monarchie absolue) de cette incapacité fondamentale à accepter l'incertitude pragmatique et l'équilibre obtenu par la partition des pouvoirs, que Rousseau condamnait vigoureusement au nom de la recherche d'une volonté commune, garante de l'intégrité de la Nation. Cette conception de la représentation considérée comme l'expression d'un Peuple idéal conduit, après 1792, à des formes d'exclusion brutales de personnes jugées indignes d'être citoyens – et donc électeurs – ainsi qu'à la confiscation du pouvoir par les sociétés populaires tenues pour être les représentants authentiques de la Nation.

Le difficile problème de la représentation

Cet horizon de pensée conduit aussi paradoxalement à ne pas accorder le droit de suffrage à tous les Français, même si tous sont des citoyens : les « passifs » ne peuvent pas voter, tandis que les « actifs » prennent part aux délibérations dans les « assemblées primaires » ; enfin les « électeurs » désignés par les actifs élisent entre eux les députés. Le paiement d'impôt permet de faire la distinction entre ces statuts, la vraie barrière résidant cependant entre actifs et « électeurs », ces derniers devant justifier le paiement d'une imposition élevée, le fameux « marc d'argent ». En 1791, il faut payer un impôt d'au moins 50 livres et posséder un bien foncier. Mais le critère de la richesse est secondaire par rapport à celui de la liberté ; même si les passifs sont plus nombreux dans les villes (il y en a peu), les actifs regroupent la quasi-totalité des résidants dans les campagnes. En revanche, la crainte que des pressions n'entravent la libre expression des volontés exclut les errants, les domestiques, les hommes de moins de 25 ans et ceux qui vivent chez leur père après cet âge, ainsi que l'ensemble des femmes. Ces exclusions reposent sur des principes complexes. L'insertion familiale constitue un des critères essentiels, visant les enfants majeurs non établis, les domestiques et les femmes, puisque les veuves payant une imposition au-delà du cens, peuvent déléguer à leur fils le droit d'être électeur – mais aucune femme ne paraît pouvoir disposer d'un libre exercice de pensée. L'universalisme proclamé est logiquement réclamé par les urbains exclus – qui le refuseront toujours aux femmes, peut-être pour ne pas être confondus avec elles. Dès 1789, Robespierre fait de cette inégalité un cheval de bataille, rejoignant là-dessus les sans-culottes – qui affichent en outre des positions radicales contre le roi après juin 1791. (Leur part dans la journée du 10 août 1792 conduit à ouvrir le suffrage à tous les hommes de plus de 21 ans – domestiques toujours exceptés. Cette clause tombe dans la Constitution de 1793 – qui ne sera pas appliquée –, tandis que des étrangers vivant en France accèdent au vote.)

Pendant ces années, toutes les élections se déroulent selon deux degrés, les assemblées primaires déléguant des électeurs réunis au chef-lieu (de canton ou de département) pour désigner les députés. Cette organisation donne un pouvoir délibératif aux assemblées primaires, et justifie la part considérable qu'elles prennent dans la vie politique. Ceci entraîne cependant un séjour plus ou moins prolongé dans les lieux où se déroulent les scrutins – parfois plus d'une semaine – ce qui interdit aux plus démunis et aux analphabètes, mais aussi aux citoyens ordinaires, de prendre part aux délibérations, ainsi qu'aux électeurs réservés face à la Révolution (les adversaires n'ayant aucune place dans ces assemblées). Ce jeu électoral entre la gauche et la droite provoque une polarisation de la vie politique française, mais, rapidement, la disparition de la droite rend illisible la topographie de l'Assemblée. Les élections se déroulent dans de grandes tensions, si bien que le corps électoral est réduit aux adeptes du régime, les opposants préférant l'abstention qui ne les désigne pas à la vindicte, ce qui fera qu'en 1792 environ un dixième des électeurs se présentera.

Une contestation généralisée des structures socio-politiques

Alors que la Glorieuse Révolution britannique (en 1688) avait pu être circonscrite aux élites, que la guerre d'Indépendance américaine avait pu éviter de poser le problème des Indiens, des Noirs esclaves et même des colons pauvres, la Révolution française entraîne toutes les catégories et toutes les communautés sociales dans l'intervention politique. Ainsi, comme la légitimité du pouvoir relève du contrat social, les Avignonnais [1] revendiquent – et obtiennent – leur rattachement à la France ; de la même façon, des courants populaires réclament l'égalité sociale et le libre accès aux fonctions électives et politiques ; les opposants à ces mutations eux-mêmes excipent de la liberté individuelle proclamée dans la Déclaration des droits de l'homme pour affirmer leur droit à la religion traditionnelle, alors que les Constituants s'emploient, majoritairement, à empêcher toute application de la Déclaration à Saint-Domingue. De la Nation au Peuple, le passage d'un principe de légitimité à l'autre est devenu périlleux. Les élections ne garantissent pas la légitimité du pouvoir [2] ; enfin la question religieuse devient dès 1791 une pierre d'achoppement, qui oblige les catholiques à choisir entre la légitimité du pape et de l'Église établie, et celle de l'Assemblée et de l'Église constitutionnelle. L'ampleur des choix est vertigineuse, chacun étant sommé pourtant de se prononcer, en conscience et en suivant son groupe d'appartenance. Au blanc du roi, se sont ajoutés le bleu et le rouge de Paris pour créer un drapeau « national » ; l'Hercule gaulois [3], revanche sur les Francs conquérants, incarne la Nation, avant d'être progressivement supplanté par l'image de Marianne, qui s'impose au début du XIXe siècle à la fois comme symbole d'union et comme pomme de discorde. Tout devient signe distinctif. Les campagnes les plus reculées se partagent ainsi en « aristocrates » et en « patriotes », reconnaissables dès 1791 aux emblèmes qu'ils arborent : bleu des uniformes des gardes nationaux, cocardes tricolores ou blanches, Sacré-Cœur... Le pays, soumis à ces plébiscites quotidiens, éclate. Face à une Contre-Révolution active, le recours à la force devient pour les Constituants le

1. René Moulinas, *Journées révolutionnaires à Avignon*, Nîmes, J. Chambon, 1988.
2. Voir notamment Patrice Guéniffey, *Le Nombre et la Raison*, EHESS, 1993.
3. Lynn Hunt, *Politics, Culture and Class in the French Revolution*, California University Press, 1984.

seul moyen de conserver l'apparence du contrôle du pays en s'appuyant sur des citoyens avides de reconnaissance.

La spécificité de la Révolution française serait alors d'avoir ouvert les voies de la contestation sociale comme aucun autre pays ne l'avait fait. Le mouvement initial ne concernait que le milieu restreint des élites (nobiliaires ou « bourgeoises ») qui entendait régénérer le royaume et qui participait, d'une façon ou d'une autre, à la modernité des Lumières. La profondeur des désaccords a permis qu'entrent dans ce jeu politique des catégories porteuses de rancunes, attachées à des demandes archaïques, prêtes à exercer des violences : les couches urbaines modestes et pauvres, les nobles provinciaux avides de reconnaissances, les ruraux ancrés dans des relations intercommunautaires conflictuelles. La contradiction est inévitable entre les aspirations à la rationalisation, à la sécularisation et à la centralisation, portées de fait par l'ensemble des élites, même si les modalités d'application peuvent différer, face aux revendications communautaires des sans-culottes, des ruraux et des groupes réactionnaires. Mais pour des raisons tactiques, les membres du cercle des élites se sont appuyés sur ces autres groupes sociaux, ont à plusieurs reprises avalisé les manifestations violentes que ceux-ci ont pu commettre et ont essayé d'introduire dans le champ politique leurs revendications. Alors que les demandes des niveleurs anglais ou des shayssites américains sont maintenues hors des révolutions anglaise ou américaine, les exigences populaires trouvent des échos auprès des élites françaises, même si celles-ci, à gauche comme à droite, entendent bien conserver la direction des opérations. Reste que cette rencontre contrôlée ailleurs entraîne la France dans une radicalisation qu'aucune organisation ne peut encadrer.

Un contre-exemple doit être évoqué, celui des colonies, notamment de Saint-Domingue, qui paraissent échapper à la Révolution, le lobby colonial réussissant à empêcher l'application de la Déclaration des droits de l'homme. Cette exception montre paradoxalement qu'il n'est pas possible de penser que les révolutionnaires se seraient contentés d'imiter la royauté, d'accaparer ses attributs ou ses pouvoirs, ou encore d'opérer un transfert de sacralité à leur profit. Ils créent un espace politique inédit, qui n'a d'autres justifications que par lui-même et par les principes qu'il se reconnaît, mais dont ils ne bornent pas exactement les limites – les colonies en apportent rapidement la confirmation. Le monde d'avant ne se concevait pas sans le roi, ancré dans une tradition longue, les institutions et les représentations rayonnant littéralement autour de ce centre ; il est devenu une structure pyramidale rationnelle, dont la cohésion est due à la place que chacun peut obtenir, et qui est dorénavant ouvert à toutes les compétitions. Ainsi en un peu plus d'une année, toute la vie politique et sociale du pays a-t-elle été véritablement inventée au fur et à mesure de la radicalisation des contradictions et de la profondeur des désaccords. La brutalité des événements a pris de court le roi, la Cour, les députés et l'opinion, entraînant des prises de position en chaîne et instituant des courants et des camps. En 1791, sans l'avoir ni voulu ni compris, la France a accompli une véritable révolution de toutes ses structures, que personne ne peut penser selon les critères possédés par les élites et qui va aller jusqu'au bout de sa logique.

CHAPITRE 2

Violences et politique
1791-1794

Lorsque, en septembre 1791, les députés de l'Assemblée constituante se séparent après avoir donné une constitution à la France, la majorité d'entre eux espère avoir arrêté la Révolution ; celle-ci va pourtant se remettre en marche sous l'effet des oppositions politiques, sociales et religieuses qui sont devenues irréductibles. Seuls les électeurs acquis aux changements participent aux élections qui envoient les députés de l'Assemblée législative à Paris ; les opposants, mus par des motifs religieux ou politiques, refusent de prêter serment aux institutions. Les hommes élus ne sont pas connus nationalement, aucun des députés de la précédente chambre ne pouvant être réélu ; ils ne sont pourtant pas sans expérience, puisque la plus grande part a exercé des charges électives dans les années précédentes. Surtout ils sont, pour l'essentiel, déterminés à continuer dans la voie ouverte jusque-là pour donner au pays une unité et le constituer véritablement en Nation autour d'un projet unique, d'une part en limitant les interventions royales, de l'autre en contrôlant les réclamations populaires et ultra-révolutionnaires. Ce souci, hérité pour partie des traditions monarchiques rassemblant les Français autour du roi, ainsi que des réflexions antérieures sur la « régénération », va se révéler lourd de conséquences dans la conjoncture de l'époque.

Guerres civiles

Des factions antagonistes

Sous l'effet des événements récents, les opinions se sont formées et les divisions politiques ramifiées en un spectre complexe. À droite, les contre-révolutionnaires décidés – le mot Contre-Révolution naît à partir de 1790 –, qui se reconnaissent dans les positions du comte d'Artois, s'organisent à l'intérieur du pays en liaison avec les émigrés, s'opposant à tous ceux qui acceptent la moindre concession aux nouvelles institutions. La gauche de l'Assemblée – les « Jacobins » – éclate de son côté en regroupements autour d'orientations différentes incarnées par des personnalités comme Brissot, les époux Roland ou Robespierre, donnant lieu à ce qui devient peu à peu la division consacrée – un siècle plus tard par Lamartine – entre « Girondins » (rassemblant les « buzotins » et les « rollandistes ») et « Montagnards » ; ces regroupements sont clairement engagés dans la voie révolutionnaire, tous partisans de la représentation politique, les premiers plus attachés au libéralisme économique que les seconds et ceux-ci plus prêts que ceux-là à s'allier avec les mouvements populaires. Ces courants populaires ont obtenu leur autonomie dans les villes, notamment à Paris, et sont eux aussi traversés de sensibilités différentes, mais unis dans une recherche de démocratie directe. Rassemblés autour de Danton dans le club des Cordeliers, ou adoptant le point de vue de Marat exprimé dans son journal *L'Ami du peuple* ou dans *Le Père Duchesne* de Hébert, au langage volontiers ordurier, les « sans-culottes » revendiquent une révolution sociale égalisatrice. Ils sont cependant dépassés dans leur radicalisme par quelques extrémistes, les Enragés, réclamant notamment l'égalité entre les hommes et les femmes. Au centre, les modérés, prêts à négocier avec le roi et soucieux du maintien de l'ordre social, sont également divisés en clubs rivaux, Feuillants, Impartiaux... Ils ne possèdent qu'une majorité instable dans l'Assemblée, parcourue de questions sur la nature même de la Révolution, pour lesquelles ces groupes se révèlent peu armés théoriquement. De plus ils sont affaiblis par des rivalités personnelles, par exemple autour de La Fayette qui entend jouer un rôle de premier plan. Leurs positions sont d'autant plus difficilement comprises, qu'ils tentent de trouver des compromis avec le roi, qui, de son côté, mène une politique secrète, avec un noyau de fidèles, en se défiant autant des partisans de la Révolution que des contre-révolutionnaires émigrés ou comploteurs dans les provinces. Aucun groupe ne possède un poids déterminant et durable, tous doivent nouer des alliances et essayer inlassablement de séduire l'opinion. Ces divisions et ces débats sont traduits dans chaque région et dans chaque ville selon leurs propres traditions, les critères religieux jouant beaucoup dans le Sud-Est, les situations économiques davantage dans le Bassin parisien par exemple. Enfin, la désillusion qui affecte les populations noires dans l'île de Saint-Domingue devant la résistance des colons soutenus par l'Assemblée provoque une insurrection d'une grande violence qui commence dans la nuit du 22 au 23 août 1791 [1].

Une violence omniprésente

On comprend alors que de véritables guerres civiles secouent les villes et les campagnes autour de la taxation des prix et de la question religieuse. Dans les campagnes, les convois de grains sont souvent arrêtés et pillés ; dans le Centre, des groupes de manifestants réclament la « taxation » des denrées, provoquant ainsi la mort du maire d'Etampes, Simonneau, qui devient un martyr aux yeux des modérés de l'Assemblée. Dans la vallée du Rhône, Avignon et Arles, notamment, sont déchirées par des affrontements meurtriers entre révolutionnaires et contre-révolutionnaires. Dans tous les cas, les autorités élues sont débordées par les exigences des groupes rivaux. L'Ouest voit la répression s'abattre violemment sur les réfractaires et leurs défenseurs, les premiers pourchassés et emprisonnés, les seconds réprimés par la force lorsqu'ils manifestent ; des morts d'hommes s'ensuivent. Des bourgeoises nantaises vont fouetter des religieuses réfractaires au serment constitutionnel, tandis que les femmes des Mauges pourchassent les curés jureurs considérés comme des « intrus » et les gardes nationaux qui les protègent. Révolution et Contre-Révolution se font face. Jusque-là les opposants catégoriques à la Révolution étaient demeurés peu nombreux et peu organisés. « Noirs » de l'Assemblée ou nobles réticents dans leurs châteaux n'avaient pas encore beaucoup d'audience. La vente des biens nationaux a mécontenté de nombreux paysans ; la Constitution civile du clergé donne une unité à ces mécontents qui passent progressi-

1. Laënnec Hurbon (dir.), *L'Insurrection des esclaves de Saint-Domingue, 22-23 août 1791*, Karthala, 2000.

vement à l'opposition ouverte, rencontrant nobles et curés [1]. Rancunes, ambitions ou déceptions, querelles traditionnelles locales et familiales trouvent des occasions pour s'exprimer dans tous ces courants d'opinion, entraînant la formation de masses de manœuvres que les leaders mobilisent par leurs discours, si bien qu'il reste difficile (et peut-être impossible) de savoir si les individus ainsi lancés dans les querelles politiques sont véritablement inscrits dans une culture politique, et si les symboles qu'ils revendiquent et qui les identifient correspondent à un état de connaissance ou seulement à des signes de reconnaissance entre groupes adverses. Reste cependant que la lecture politique aimante, si l'on peut dire, tous les actes et toutes les relations sociales, créant une situation nouvelle et destinée à durer.

À partir de la fin 1791, se nouent de véritables complots : certains facilement éventés et dénoncés par la presse qui en exagère les dangers ; d'autres, autour de Froment dans la vallée du Rhône ou de La Rouérie en Bretagne, plus discrets, mais qui représentent de véritables risques pour l'État. Des batailles rangées se livrent entre partisans des deux camps dans le sud du Massif central, autour de Jalès où, en octobre 1790 et en février 1792, se rassemblent des gardes nationaux catholiques acquis à la Contre-Révolution. Autour d'un trône désormais accessible, les luttes deviennent sans merci, les contre-révolutionnaires sont dorénavant appelés « brigands », éventuellement « cannibales » avant d'être qualifiés d'« ennemis du genre humain » ; leurs adversaires les plus radicaux ne sont pas en reste, dénigrant systématiquement les entreprises des révolutionnaires modérés et annonçant des châtiments exemplaires. Les femmes, depuis toujours associées aux mouvements sociaux, participent désormais en nombre aux manifestations, révolutionnaires ou contre-révolutionnaires, jouant parfois des rôles de premier plan. Cependant lorsque des femmes révolutionnaires souhaitent accéder à une égalité politique avec les hommes dans les clubs ou les armées, voire dans l'organisation politique et sociale [2], elles se heurtent à un refus systématique – le soutien que Condorcet ou les Enragés leur accordent reste exceptionnel.

1. Voir notamment Roger Dupuy, *De la Révolution à la chouannerie*, Flammarion, 1988.
2. Dominique Godineau, *Citoyennes tricoteuses*, Alinéa, 1988.

Croisade révolutionnaire

Dans ce contexte difficile, au printemps 1792, le roi s'engage dans la politique du pire, en donnant le pouvoir à la minorité jacobine et en poussant le pays dans la guerre contre les souverains étrangers. Par cela, il cherche tout à la fois à discréditer les réformateurs les plus radicaux de l'Assemblée législative, à reprendre par contrecoup le pouvoir perdu – les armées désorganisées par l'émigration ne peuvent pas tenir une campagne et il attend un revirement de l'opinion en sa faveur –, tout en évitant de passer sous le contrôle des émigrés, notamment son frère Artois qui n'a de cesse de se forger une légitimité auprès des souverains étrangers au nom des principes monarchiques, au détriment de Louis XVI.

La « paix au monde »

C'est parce que la guerre s'inscrit dans le prolongement de la réception de la Révolution en Europe, qu'elle va relancer le processus révolutionnaire et le radicaliser. Depuis juillet 1789, la France incarne l'espoir de tous les réformateurs, déçus par ailleurs et qui voient dans la Déclaration des droits de l'homme les principes qui peuvent changer le monde. Ceci explique l'afflux de réfugiés « patriotes » venant de toute l'Europe – cinq mille Hollandais (dont un futur président de la Législative), des Belges (dont un futur ministre des Affaires étrangères et les soldats d'une légion), des Suisses (dont un futur ministre des Finances) – et légitime cette prétention des révolutionnaires français à l'universalité consacrée également par les voyageurs qui, comme le jeune Humboldt parmi tant d'autres, viennent voir avec curiosité les changements opérés par la France. L'Anglo-Américain Paine incarne à merveille ce courant, puisque révolutionnaire chassé d'Angleterre et un moment en difficulté aux États-Unis, il sera député à la Convention sans parler la langue française – cas semblable à celui du futur libérateur vénézuélien Miranda. Au nom de la défense de la Liberté, les législateurs français accordent la citoyenneté française, considérée comme supérieure à toute autre identité, à des figures illustres du mouvement des Lumières, parfois contre le gré même de ceux qui sont ainsi distingués, ainsi Bentham ou Wilberforce en Angleterre. Bien plus que les pays qui ont connu des révolutions, comme la Hollande, la Belgique autrichienne ou Genève, la France des « patriotes » se considère comme l'« Eldorado des opprimés », le « pays de la liberté », soit une nation qui n'a plus de frontières. Cette conviction partagée justifie que le « nous » des Français patriotes puisse être revendiqué par les « patriotes » vivant ailleurs, comme Forster et Rebman en Allemagne.

Cette conjonction de pensée trouve un enracinement dans un événement capital mais souvent mal compris : le 22 mai 1790, l'Assemblée constituante, sommée de prendre parti pour l'Espagne, se démarque significativement des pratiques ordinaires des monarchies par une déclaration de « paix au monde », à l'occasion d'un affrontement diplomatique à propos d'un territoire américain entre l'Angleterre et l'Espagne, celle-ci était unie à la France par le « pacte de famille », puisque depuis le début du XVIIIe siècle son souverain est un Bourbon. Comme dans le cas de la Déclaration des droits de l'homme, cette proclamation, imprévue et peu précise, répondant par des principes généraux à une question particulière, a pourtant une résonance et des conséquences encore plus inattendues et plus larges, même si pour beaucoup de députés la déclaration était destinée à rester théorique. En renonçant à la guerre d'expansion, le courant des patriotes de l'Assemblée mené par Brissot essaie ainsi de mettre en place un nouveau type de relations entre les États fondé sur une « cosmopolitique du droit des gens » dont l'idée (le droit des individus prime sur celui des États) avait été agitée pendant tout le siècle[1]. Surtout cette déclaration rompt théoriquement avec l'horizon de pensée qui, à l'époque, fait de la guerre un élément consubstantiel des relations diplomatiques et une source de gloire pour les souverains. Il ne s'agit pas d'accuser les révolutionnaires d'être des rêveurs ou des hypocrites, mais de comprendre qu'après deux siècles de projets voulant établir les bases d'une

1. Marc Bélissa, *Fraternité universelle et Intérêt national (1713-1795). Les cosmopolitiques du droit des gens*, Kimé, 1998.

paix perpétuelle, ce texte émanant d'un État reçoive un écho symbolique fort.

L'application se révèle complexe du simple fait des contradictions entre les visées de ce texte et le contexte dans lequel il est énoncé. En récusant le système diplomatique qui oppose les souverains entre eux au détriment de leurs populations, l'Assemblée abolit les distinctions entre « nations » et « nationalités » et supprime même la notion d'étranger [1], puisque par définition les « peuples libres » peuvent désormais entrer dans la « Nation française ». Celle-ci ne trouve son unité que dans le respect des principes universels de la Déclaration des droits de l'homme, dissociant les États des peuples, posant que chacun d'entre eux peut choisir ses institutions. L'affaire d'Avignon illustre concrètement les difficultés que cette position entraîne. La demande d'un groupe d'Avignonnais « patriotes » de rattacher les États pontificaux à la France est présentée par Robespierre en octobre 1790 comme « la cause... de l'univers, celle de la liberté ». Hors de toute autre considération, c'est au nom de l'universalisme des principes que le soutien de la France leur est accordé et qu'Avignon est ainsi réuni à la France. Ceci ne manque pas d'inquiéter les souverains et princes voisins susceptibles de perdre des droits immémoriaux – ce qui se produit pour les seigneurs vivant sur la rive droite du Rhin mais possédant des droits sur des terres en Alsace. Dans une déclaration, signée dans la ville de Pillnitz, où ils se retrouvent entre les 25 et 27 août 1791, l'empereur d'Autriche, Léopold II, et le roi de Prusse, Frédéric-Guillaume, marquent publiquement leur désaccord ; mais la rédaction est confiée à un émigré français, qui menace les Français d'une intervention armée, au-delà des intentions des deux souverains préoccupés davantage par le partage de la Pologne ! La publication du texte soulève les passions en France, renforçant les positions des extrêmes et discréditant encore une fois les modérés au pouvoir, accusés de faiblesse devant les menées des émigrés et de la reine.

1. Sophie Wahnich, *L'Impossible citoyen*, Albin Michel, 1997.

Une guerre au nom des principes, et pour des intérêts

Le décret du 22 mai 1790 n'est aucunement iréniste, il n'est pas en contradiction (comme on l'a souvent hâtivement dit) avec la guerre dans laquelle la France se lance en avril 1792 ; il en est tout au contraire une justification essentielle. Même si d'autres considérations plus pragmatiques ont joué dans cette décision, pour les « patriotes » qui soutiennent l'entrée en guerre, le pays fait ainsi le don de la liberté aux peuples opprimés et combat les êtres malfaisants qui s'y opposent. La partie de l'Assemblée la plus révolutionnaire obtient de « dénationaliser » la guerre[1] : les armées françaises ne luttent que contre les opposants politiques, les riches égoïstes, et leur objectif est la victoire de l'idéal révolutionnaire. La guerre est assimilée à une « croisade » : elle se fait contre les châteaux pour que la paix soit apportée aux chaumières. Le premier couplet de la chanson de marche de l'armée du Rhin, future *Marseillaise*, chantée pour la première fois le 26 avril 1792, résumera cette position dans des formules célèbres (et aujourd'hui mal comprises) : qu'un « sang impur abreuve nos sillons » et « contre nous de la tyrannie, l'étendard sanglant est levé »[2]. L'appel n'exprime aucun sentiment xénophobe et ne vise aucun ennemi géographique, aucun « étranger » proche, mais les « tyrans » – à savoir les souverains – et leurs « suppôts », ces soldats et ces populations qui les soutiennent abusivement contre la lutte libératrice menée par les Français au nom de l'Humanité. (En 1793, lors de son procès, Louis XVI sera présenté de la même façon comme un « étranger » dans la cité !)

Or la guerre voulue par tous les groupes politiques pour des raisons opposées (à l'exception notable de Robespierre qui craint qu'elle ne profite à un général qui confisquerait l'État) ne produit pas les résultats escomptés. Après une avancée rapide dans les provinces belges de l'Empire autrichien, les armées, divisées par les querelles politiques, se méfiant des

1. Jean-Yves Guiomar, *op.cit.*
2. Michel Vovelle, « *La Marseillaise* », dans Pierre Nora, *Les Lieux de mémoire*, I, *La République*, Gallimard, 1984, p. 85-135.

officiers de ligne suspectés de trahison, reculent devant les troupes autrichiennes, prussiennes et les émigrés qui rétablissent les règles de l'Ancien Régime dans les régions conquises. À côté de la panique engendrée par ces événements, une vague de mobilisation imprévue envoie les jeunes patriotes aux frontières et traque les ennemis de l'intérieur, nobles connus pour leurs opinions contre-révolutionnaires, prêtres réfractaires, modérés partisans d'un pouvoir royal fort... Au nom de la Nation identifiée à l'État, les « patriotes », notamment les militants des clubs radicaux, habitués à considérer que les députés et les ministres peuvent être des obstacles au salut du pays, se mettent à exclure ceux qui sont défavorables à la Révolution. Comme les défaites initiales de l'armée sont annoncées – et amplifiées – par les nombreux journaux et pamphlets contre-révolutionnaires qui insistent sur la force que représentent les émigrés alliés aux souverains étrangers [1], la guerre radicalise les opinions, puisqu'il ne s'agit plus de se rallier à des idées mais de prendre part concrètement aux mesures destinées à assurer la victoire de la Révolution ou de la Contre-Révolution, chargées l'une comme l'autre de l'avenir de l'Humanité. Chaque groupe peut dorénavant se sentir dépositaire du destin national au nom du droit de Dieu ou des traditions historiques, des droits de l'homme ou encore du droit naturel.

La violence, recours du politique

La guerre provoque la chute de la monarchie

La guerre menée ainsi par un gouvernement jacobin mis en place par un roi qui refuse de prendre les mesures militaires demandées par les ministres, modifie la compréhension de la Révolution : son sort s'identifie à celui du territoire national ; ses opposants sont des ennemis ou pire des traîtres ; les questions religieuse ou sociale sont dépassées, donnant une légitimité nouvelle aux défenseurs des frontières. Les Jacobins se

1. Jean-Paul Bertaud, *Les Amis du roi*, Perrin, 1984 ; Laurence Coudart, *La Gazette de Paris*, L'Harmattan, 1995.

heurtent au roi, qui refuse d'accroître la répression contre les émigrés et les réfractaires ainsi que le renforcement de la défense de Paris, et qui finit par remplacer les ministres jacobins par des Feuillants, libérant du même coup la contestation politique des militants populaires et des Jacobins. La tension est accentuée par l'envoi d'un manifeste signé du commandant des armées autrichiennes et prussiennes, Brunswick, annonçant une répression militaire, qui paraît inéluctable devant l'effondrement des armées françaises. Alors que les institutions légales, le roi, les ministres et l'Assemblée, semblent être paralysées par leurs rivalités ou par leurs manœuvres, seuls les groupes activistes (sans-culottes, jacobins, mais sans oublier les contre-révolutionnaires pour l'importance des effets pervers de leur propagande) paraissent en mesure de proposer des solutions pour faire face à l'urgence de la situation. La Nation va sortir soudée de l'épreuve, le prix à payer sera terrible : l'élimination de ceux qui seront considérés comme des traîtres.

L'été est ainsi marqué par une série de coups de force qui tourne au profit des Jacobins. Le 20 juin, une manifestation encadrée par les Cordeliers investit les Tuileries, mais ne peut faire accepter les mesures prises contre les réfractaires par le roi, qui reçoit même des adresses de soutien pour sa résistance. Le 11 juillet, les Jacobins proclament « la patrie en danger », cristallisant la mobilisation nationale autour d'eux tandis que les Feuillants, au pouvoir, n'arrivent pas à convaincre le roi de quitter Paris pour arrêter la spirale révolutionnaire. Le général La Fayette échoue dans une tentative de coup d'État appuyée par ses troupes. Enfin, le 10 août, au terme d'une préparation par les Cordeliers et les sections parisiennes dirigées par les sans-culottes, les Tuileries sont envahies, les Suisses et les partisans du roi venus de tout le pays sont tués, éventuellement leurs corps dépecés et brûlés, le roi et sa famille amenés à se réfugier dans l'enceinte de l'Assemblée. Le rapport des forces a été finalement favorable aux révolutionnaires les plus déterminés, si bien que la majorité des députés, pourtant modérée, mais ébranlée par la perspective d'un retour brutal à l'Ancien Régime telle que la victoire possible des troupes étrangères le promet, suit la loi des armes, suspend la monarchie, et décide de se dissoudre en provoquant l'élection d'une Convention chargée de redonner de nouvelles bases institutionnelles au pays ! Le succès des révolutionnaires n'est pas discutable après qu'un « camp » de contre-révolutionnaires a été à nouveau dispersé très violemment à Jalès, et que, dans l'Ouest, les « émotions » en Mayenne et dans les Deux-Sèvres, liées à des complots nobiliaires, furent férocement réprimées.

Peurs communautaires et faiblesse de l'État

Une période étonnante, d'un peu plus d'un mois, s'ouvre qui voit les autorités légitimes être concurrencées par toutes les instances liées aux mouvements sans-culotte et jacobin ; un comité provisoire est à la tête de l'État, face à la Commune insurrectionnelle qui a joué le rôle essentiel le 10 août et qui s'appuie sur les sections parisiennes. Les rivalités institutionnelles sont aggravées par le chaos administratif entraîné par le désarroi suivant la fin de la monarchie et par la peur devant l'avancée apparemment irrésistible des troupes de Brunswick. Cette situation permet de comprendre que des groupes de sans-culottes s'érigent en justiciers, dans la suite des émotions populaires bien connues, et s'en prennent aux « ennemis de l'intérieur », nobles, prêtres réfractaires. Entre le 2 et le 6 septembre, ces militants commettent des massacres surtout à Paris mais aussi dans quelques villes de province, qui font plus de 1 000 victimes, et devant lesquels les députés demeurent pratiquement muets (Brissot les condamne dans les jours suivants). Ces jours de terreur prennent la suite des mises à mort de 1789 et des mesures répressives d'octobre ; cependant il n'est pas possible de les comprendre dans cette seule logique, car ils s'apparentent aussi aux violences populaires commises pendant les guerres de religion par exemple. Ils produisent enfin une telle stupeur dans le pays (à l'étranger ils contribuent à éloigner de la Révolution beaucoup de sympathisants) que, contrairement à des légendes tenaces, leurs principaux acteurs sont exclus, passés quelques jours, des premiers cercles de la vie politique et que les Jacobins contrôlent les mouvements populaires pour éviter de nouveaux débordements. Le renforcement de l'État sous la conduite des représentants élus est l'objectif des élites jacobines, mais il faudra plus d'une année pour que les hommes d'assemblée réussissent à imposer leur autorité sur les forces révolutionnaires.

La République, ou l'entrée ambiguë dans une ère nouvelle

Cette réussite ne va pas sans contreparties ni contradictions. Paradoxalement la nouvelle assemblée confrontée à la nécessité d'établir un nouveau régime constitutionnel instaure la République le 22 septembre 1792, lendemain de son installation. Il s'agit bien là d'un renversement étonnant qui se produit alors et qui fait qu'encore aujourd'hui, si l'on veut bien examiner l'indécision dans laquelle se trouve le lien entre Révolution et République, la définition même de République demeure constamment en question. Jusque dans les années 1790-1791, nul ne pensait possible que la France puisse devenir une république. Le mot était toujours employé pour parler de la « chose publique » (la *res publica*), sans désigner une forme particulière de gouvernement à condition qu'il soit régi par des lois, fondé sur la justice, même si le débat du XVIIIe siècle avait conduit à user couramment du mot pour parler de toute forme de gouvernement « populaire », à l'opposé des monarchies, que cela désigne une démocratie, possible seulement dans les petites nations, ou une aristocratie. Le terme « républicain » évoquait ainsi une contestation possible des monarchies, mais ne semblait pas pouvoir rassembler un courant politique organisé ni porter un idéal applicable à un grand pays comme la France, où l'exercice de la politique ne semblait pas pouvoir se réaliser sans intermédiaires. L'édification progressive de la République des Lettres par les lettrés s'inscrit elle aussi à la rencontre de courants contradictoires, diffusant des pratiques de débat à l'intérieur d'une sociabilité hétérogène, créant un espace de liberté dans le respect d'un pouvoir fort. La République renvoyait donc à la démocratie antique, à l'anarchie ou même à l'oligarchie, selon les points de vue, jusqu'en 1792. Il ne convient donc pas de chercher une continuité immédiate entre les usages du mot et la proclamation du 21 septembre 1792 qui se produit dans la nécessité de rompre avec la tradition condamnée.

La République remplace dans l'urgence la monarchie et consacre la relégation de l'Ancien Régime dans l'enfer des traditions rejetées ; elle affirme « l'unité et l'indivisibilité » de la Nation au moment où les contre-révolutionnaires et les ennemis marchent vers Paris, mais elle ne repose pas sur un socle constitutionnel, puisqu'il faudra attendre mai pour que Condorcet en propose une qui sera rejetée par la Convention, puis juin pour que celle que les Montagnards rédigent soit acceptée, sans être jamais appliquée puisque son application sera différée jusqu'à « la paix » laissant la Convention à la tête du gouvernement révolutionnaire. Cette République, première du nom, a donc des aspects fantomatiques, d'autant que la succession des constitutions (1793, 1795, 1799) ne l'abolit pas tout en modifiant radicalement le fonctionnement d'institutions différentes – jusqu'à demeurer comme la coquille du Consulat même devenu à vie, jusqu'en 1804.

Ce lien indécis entre République et Révolution va marquer le pays, puisque la IIIe République sera amenée à prendre position contre la violence et à chercher dans les traditions ce qui peut unir les Français, plutôt qu'à exclure des opposants [1]. La grandeur nationale et le souvenir des soldats seront d'un grand secours alors, mais il convient de voir que l'idée républicaine se pare de la beauté de « l'utopie [2] » par la coïncidence proprement miraculeuse qui fait que le 20 septembre les armées de la Révolution résistent aux troupes ennemies devant Valmy. Les nouvelles de la canonnade n'arrivent à Paris que le 22, tandis que la proclamation de la République n'est connue dans l'Est de la France que le 27, mais la bataille fait « voir que les soldats de la liberté valent mieux que ceux des despotes », pour reprendre la formule du *Moniteur* du 1er octobre. Les discours des représentants en mission entourant l'armée, de Danton recevant Dumouriez à la Convention le 16 octobre consacrent le lien entre le combat et la naissance de la nouvelle France [3].

Au-delà de toutes les indécisions qui affectent le sens même de la République, cette conjonction rappelle qu'à côté des traditions idéologiques et des luttes politiciennes qui sont, certes, essentielles pour comprendre l'évolution politique, l'élan populaire est indéniable pour donner à la République, indépendamment des constitutions et des régimes élaborés par les élites rivales, une assise profonde et durable. Cette victoire

1. Mona Ozouf, « L'idée républicaine et l'interprétation du passé national », *Annales, Histoire, Sciences sociales*, 1998, p. 1075-1088.
2. Maurice Agulhon, « République », dans Jean-François Sirinelli, Daniel Couty (dir.), *La France et les Français*, IV, Bordas, p. 1721.
3. Louis Bergès, *Valmy. Le Mythe de la République*, Privat, 2001.

change véritablement la face du monde, comme le comprend Goethe, car précipitant la retraite des ennemis bientôt chassés de l'Est de la France, elle donne une légitimité au régime qui s'installe tout en liant son destin à celui de ses armes : la Nation politique va se confondre avec la Nation armée. Cette réussite s'accompagne de la disparition de l'opposition contre-révolutionnaire ouverte. Les opposants s'exilent ou se cachent, les réfractaires sont poursuivis. Si les résistances à la Révolution demeurent profondes et continuent sourdement, l'opinion passe sous le contrôle exclusif des partisans de la Révolution. Enfin, l'identification de la Nation et de la République à la centralité parisienne disqualifie à l'avance tous ceux qui donneront l'impression de vouloir toucher à l'unité nationale ; les partisans du maintien des corps intermédiaires sont assimilés aux contre-révolutionnaires, donnant à la France un de ses caractères politiques durables, que les régimes suivants ne remettront pas en cause, pour leur propre intérêt.

Principes politiques et rivalités politiciennes

Ces événements, prise des Tuileries, massacres de septembre et naissance de la République, entraînent encore une autre conséquence, dans l'immédiat plus inquiétante, c'est le fait que les idées sont légitimées par la force : leçon que les politiques les plus conséquents n'oublieront pas. Faute de l'avoir assimilée, et de se risquer à l'appliquer, les Girondins perdent progressivement leur prépondérance. Alors que la majorité de l'opinion se maintient dans une réserve prudente en attendant une stabilisation militaire, les rivalités entre révolutionnaires redeviennent essentielles. Les demandes de l'extrême gauche populaire ne cessent de se préciser, concernant la mise en place d'une démocratie directe, la distribution des biens nationaux, la suppression de toutes les redevances sur les terres, le contrôle des prix et, pour une partie, l'engagement dans une politique antireligieuse. Les Girondins, disposant d'une majorité solide, n'entendent pas céder à cette surenchère politique. Mais les Montagnards répercutent les exigences ultra-révolutionnaires et les harcèlent dans une course au pouvoir qui va durer tout l'hiver 1792. Leur meilleur représentant, Robespierre, élabore progressivement au fil de ses discours une véritable doctrine politique à la recherche de nouveaux équilibres entre égalité et liberté, loin du libéralisme économique girondin comme du nivellement sans-culotte. Le procès du roi est la première occasion d'exercer cette concurrence dangereuse. Alors que Louis XVI, accusé de trahison, se défend avec courage, l'Assemblée, instituée tribunal, passe sous l'influence de Robespierre et du jeune Saint-Just qui insistent sur la culpabilité du roi et sur la nécessité de l'exécuter. Dans ce procès, les Girondins sont soupçonnés de faiblesse face au « despote » et l'Assemblée suit les Montagnards en votant à une faible majorité la mort de Louis XVI, guillotiné le 21 janvier 1793. Dans le pays les réactions ne sont pas inexistantes mais restent limitées ; l'idée monarchique ne meurt pas avec Louis XVI, désormais martyr dans l'imitation de Jésus-Christ, mais elle n'est plus que nostalgie et ne pourra plus se rétablir après 1814 sur les mêmes bases. Les pays étrangers sont frappés de stupeur et la plupart des défenseurs de la Révolution n'osent plus soutenir une politique qui commet autant d'actes de terreur (le philosophe Kant en est un bon exemple). Cette condamnation donne un nouveau sens à la guerre dans laquelle entre l'Angleterre, mue autant par des raisons économiques que politiques, faisant basculer les équilibres entre adversaires.

Devant cette coalition européenne qui encercle littéralement la France, puisque l'Espagne et le Piémont se joignent aux Autrichiens, Prussiens et Russes, la Convention réagit en renforçant la défense nationale. Une levée de 300 000 hommes est décidée, qui oblige chaque département à envoyer un contingent assez nombreux aux frontières. Cet effort, bien accueilli dans un certain nombre de régions, notamment dans le centre du pays, est refusé en Alsace, ici et là dans le Massif central et surtout dans l'Ouest breton et ligérien. Les mouvements de résistance qui se font jour dans ces différentes régions sont rapidement écrasés dans le courant de mars et d'avril 1793, sauf au sud de la Loire où, à la suite d'une défaite imprévue, les armées des insurgés, qualifiées de catholiques et royales, contrôlent une zone étendue. La localisation de la défaite fixe le nom de « guerre de Vendée » qui incarne, à la fin mars, la Contre-Révolution intérieure [1]. Face à ces contestations régionales, les Montagnards se posent en défenseurs

1. Jean-Clément Martin, *La Vendée et la France*, Seuil, 1987.

plus efficaces que les Girondins, obtenant la création du Tribunal révolutionnaire, l'envoi de représentants en mission et enfin la mise en place du Comité de salut public. Après deux années pendant lesquelles la Révolution s'est traduite par une décentralisation complète, en conformité avec l'élan initial, conflits et rivalités entraînent une centralisation inédite ; la Révolution se cristallise dans la détention du pouvoir central et dans l'unité de l'État.

Sous cet aspect, Girondins et Montagnards ne sont guère différents, recherchant les uns et les autres le soutien de la majorité des députés, réputés de « la Plaine ». Si les premiers peuvent compter davantage sur les administrations départementales, les seconds, puissamment aidés par un réseau de clubs, s'allient plus fréquemment avec les sans-culottes, mais, hors la question sociale, ils défendent les mêmes idéaux avec les mêmes pratiques politiques. Dans le printemps 1793, les Girondins tentent, en vain, de mater le mouvement populaire en faisant traduire devant des tribunaux ses dirigeants, Marat, puis Hébert notamment. Mais ils sont affaiblis par les nouveaux reculs de l'armée devant la coalition européenne comme devant les succès des « vendéens[1] » qui prennent des villes comme Angers ou Saumur. Les exigences de la défense de la Révolution passent par une mobilisation populaire de plus en plus grande, rendant la part des sans-culottes prépondérante dans les armées, où ils font passer des mots d'ordre d'égalitarisme radical, souvent catastrophiques pour la discipline militaire. La manœuvre échoue et provoque en retour un coup de force des sans-culottes, contraignant les Montagnards à arrêter les principaux chefs girondins, les 31 mai et 2 juin.

Ces journées révolutionnaires provoquent une réaction embarrassée dans les départements, où les administrations dénoncent les « anarchistes ». Une dizaine de départements se lance dans des levées d'hommes, vite défaites, en Normandie, dans le Bordelais, à Marseille, à Lyon ou à Toulon. Si quelques rares Girondins prônent la décentralisation politique, la plupart d'entre eux ne veulent pas prendre le risque de donner des armes à la Contre-Révolution, notamment dans l'Ouest.

1. Par convention, la graphie « vendéen » distingue les insurgés des habitants du département de la Vendée (les Vendéens) et s'aligne sur l'écriture des « chouans ».

Cependant les sans-culottes et les Montagnards instituent le crime de « fédéralisme » pour poursuivre leurs opposants, accréditant ainsi une légende, toujours tenace, associant modération et fédéralisme avec Girondins, contre la centralisation et la radicalisation prêtées aux Montagnards. Lyon illustre bien cet épisode compliqué ; les Girondins locaux ont réussi, le 2 juin, à faire tomber la municipalité sans-culotte et à exécuter ses meneurs, ils incarnent l'exemple de ces Girondins traîtres, voués à la destruction, infiltrés par les royalistes qui essaient de faire de la ville la tête de pont de la reconquête militaire. Lyon est assiégée puis envahie le 9 octobre, les représentants en mission sont chargés de la « détruire » ; l'un d'eux, Couthon, procède à quelques destructions symboliques tout en proférant des discours terrifiants, deux autres, Collot d'Herbois et surtout Fouché, se rendent, en revanche, responsables d'exécutions en masse. Le camp révolutionnaire est ainsi définitivement éclaté.

Luttes pour le pouvoir

Surenchères et paroxysmes

De l'été 1793 à l'été 1794 se déroule une des périodes les plus complexes et les plus décisives de l'histoire nationale. Les Montagnards arrivés au pouvoir à la Convention ne contrôlent pas tous les comités de gouvernement, à commencer par celui de salut public et sont toujours soumis à la surenchère de la part des mouvements sans-culottes, tandis que nombre de leurs soutiens ne les appuient que pour préserver le territoire national – Carnot est militaire avant d'être Montagnard. Si à la fin du XIXe siècle, Clemenceau a pu affirmer que la Révolution était un bloc pour faire pièce à ses adversaires et invoquer un front républicain – inexistant en fait –, la division et les rivalités prévalent à l'époque, et expliquent pour une large part les discours témoignant des convictions révolutionnaires.

Les dangers sont bien réels. Outre les insurrections qualifiées de fédéralistes qui ne sont écrasées qu'en juillet (Lyon le sera plus tard), la Vendée est puissante et d'autant plus que les troupes républicaines se nuisent entre elles au nom de leurs positions politiques, girondines, montagnardes, sans-culottes, allant jusqu'à provoquer une série de défaites à la fin de septembre 1793. Toutes les frontières sont franchies par les troupes étrangères, les Anglais tiennent la mer, s'emparant de la Corse et assiégeant Toulon. Fait exceptionnel, une jeune fille, Charlotte Corday, assassine Marat, ce qui provoque une extraordinaire manifestation cultuelle, où une religiosité révolutionnaire se déploie au moment où des groupes de sans-culottes se livrent à des actes de déchristianisation. La mobilisation devient totale, l'État fusionne avec la Nation des patriotes, elle-même identifiée à la Nation armée [1]. Cette situation, qui résulte plus d'une conjoncture que d'une politique délibérée, conduit la France à mener une guerre nouvelle, sans autre perspective que de vaincre ou de mourir, puisque par avance il ne peut pas y avoir de négociations avec les ennemis de l'Humanité : ce qu'il faut voir comme une guerre civile mondiale éclate ainsi ; les conséquences s'étendront sur les deux siècles suivants [2]. À l'intérieur, les opposants ne sauraient accéder aux commandes de l'État, ni même vivre sur le territoire national. Les contre-révolutionnaires – mais la définition n'a plus de limites fixes – ne sont plus seulement des adversaires politiques ou des traîtres, mais, pire, des ennemis du progrès universel. Les Montagnards n'ont de cesse de récupérer les mots d'ordre les plus durs, pour conserver leur légitimité populaire face aux groupes concurrents, Enragés et hébertistes, qui ne peuvent pas, de leur côté, revendiquer un statut d'élus.

Dans ce jeu complexe, la déchristianisation dont le paroxysme est atteint dans l'automne 1793 correspond à la sensibilité d'un petit groupe militant et rencontre la volonté des Montagnards de créer un « homme nouveau », entraînant l'invention d'un calendrier républicain pour rompre avec toutes les traditions chrétiennes. Mais l'athéisme est rapidement assimilé à la Contre-Révolution et la liberté des cultes est réaffirmée dès le 8 décembre 1793, montrant les limites posées par Robespierre au courant déchristianisateur, même si sur le terrain les choses ne sont pas aussi tranchées. Sur le plan éco-

1. Jacques Godechot, *La Grande Nation*, Aubier, 1983.
2. Jean-Clément Martin, « La guerre civile, une notion explicative en histoire », *Espaces Temps*, 1999, n° 71/72/73, p. 84-99.

nomique, les Montagnards acceptent le principe du « maximum » des prix et des salaires, comme la vente des biens nationaux en petits lots et la suppression de tous les droits sur les terres ; ces revendications populaires sont cependant satisfaites inégalement en réalité, car les ventes sont lentes, le respect du maximum des prix moins grand que celui sur les salaires alors que toute revendication de la « loi agraire » instaurant le partage des terres demeure illégale. Politiquement, la « terreur » est mise à l'ordre du jour le 5 septembre et la loi des « suspects » promulguée le 17, instituant le contrôle des opinions, ce qui dans un premier temps donne un pouvoir considérable aux autorités locales. Dans ce contexte, la reine et les principaux chefs girondins encore emprisonnés sont jugés (au cours d'un procès particulièrement odieux pour la reine, accusée de perversions sexuelles) et exécutés, sans cependant que tout le personnel politique girondin soit poursuivi (nombre d'entre eux traversent ainsi la terreur). Militairement, les sans-culottes obtiennent des levées en masse et la création d'une « armée révolutionnaire » au sens strict, cependant ses échecs et l'hostilité qu'elle rencontre au sein même de l'armée représentée par Carnot font que ces initiatives tournent court rapidement. Les stigmatisations qui frappent les « fédéralistes », les « brigands de la Vendée », puis les Basques, suspects de complicité avec l'Espagne, s'abattent ensuite sur les différents groupes de révolutionnaires eux-mêmes, Enragés, hébertistes et pour finir les robespierristes en juillet 1794.

L'État montagnard

La lutte, sourde d'abord puis ouverte, est menée par Robespierre et ses amis proches pour unifier les sources du pouvoir révolutionnaire et interdire que des individus sans « vertu » en détournent le sens. Faute de pouvoir compter sur la force armée, cette conquête de la légitimité passe par le contrôle de la Convention. Le combat qui s'engage entre l'été 1793 et le printemps 1794 vise à décourager les groupes révolutionnaires d'intervenir au nom de l'État, alors qu'ils se disent dépositaires de la souveraineté populaire. Les Enragés et les femmes militantes révolutionnaires sont, les premiers, sacrifiés à cette politique dès l'automne 1793. Les délégués élus à l'été 1793 dans la France entière pour promouvoir la nouvelle Constitution sont fêtés mais aussitôt soigneusement tenus à l'écart et la Constitution placée « dans une arche » sous le siège du président de la Convention, « jusqu'à la paix ». Saint-Just déclarant que le « gouvernement provisoire... est révolutionnaire jusqu'à la paix » garantit *de facto* la mainmise des Conventionnels sur les institutions [1]. Les hébertistes, puissants dans l'armée et dans les innombrables comités de surveillance qui quadrillent le pays, sont ensuite la cible des accusations des Montagnards. Il leur est reproché d'être athées, de vouloir détruire la religion et la remplacer par un culte à la déesse Raison et aux « martyrs de la Révolution ». Ils sont également amalgamés aux aventuriers cosmopolites, permettant à Robespierre de dénoncer le complot de l'étranger, qui limite la Nation révolutionnaire au peuple français. Enfin la violence dont les représentants en mission et les généraux qui sont proches de ce courant sont responsables, à Lyon, à Saint-Étienne, à Nantes et dans les environs, devient de plus en plus insupportable, ne serait-ce que parce qu'elle est à l'évidence contre-productive. Une fraction des députés, baptisés « Indulgents », menée par Desmoulins et Danton se signale par cette critique.

Après trois mois de conflits larvés, les Montagnards autour de Robespierre réussissent à mettre en minorité les hébertistes, à les faire juger comme contre-révolutionnaires et à faire exécuter les principaux chefs, le 24 mars 1794. Dans le même temps, les représentants en mission sont rappelés à l'obéissance. Ils n'ont plus ce pouvoir sans limites, voire cette impunité dont quelques-uns, comme Carrier, ont joui lorsqu'ils instauraient la Terreur en province. Les clubs et les assemblées primaires de citoyens perdent également leur autonomie et leurs prérogatives locales au bénéfice des institutions dépendantes de la Convention. Un mois plus tard, les Indulgents sont amalgamés eux aussi à des affairistes, mis hors-la-loi, jugés et exécutés à leur tour, laissant les Montagnards gouverner le pays, Robespierre en tête avec Couthon et Saint-Just, mais aussi Carnot. L'armée redevient peu à peu une institution soumise au ministre et au gouvernement, et perd ses rivalités

1. Travaux de Serge Aberdam.

internes. Après ces épurations, Robespierre et ses amis sont eux-mêmes victimes de la logique politique qu'ils ont mise en œuvre et qui dépend du contrôle des instances les plus élevées du pays. Voulant fonder la politique sur la morale et la vertu, ils rendent l'exercice de la politique incertain, puisqu'il devient difficile de statuer sur la pureté révolutionnaire. Ils donnent surtout l'impression de vouloir personnaliser le pouvoir en lançant le culte de l'Être suprême dont Robespierre apparaît comme le grand prêtre. Ils commettent enfin quelques erreurs tactiques en laissant des rivaux comme Carnot conserver le pouvoir sur l'armée ou comme Vadier sur d'autres comités de gouvernement, et en ne paraissant pas devant l'Assemblée. Des menaces maladroites achèvent de les déconsidérer ; si bien que les différentes fractions mécontentes de cette évolution ou inquiètes pour leur sort composent une majorité qui exclut les robespierristes de la Convention, les juge et les envoie à la mort le 26 juillet 1794 (le 9 thermidor)[1].

La formule « la Révolution a dévoré ses enfants » est consacrée, elle n'explique rien ; il n'y a eu aucune fatalité spécifique. L'agrégation dans un but politique de groupes venant d'horizons divers (élites intellectuelles disposant de plus ou moins de reconnaissance, masses populaires) au moment de pareilles convulsions provoque des complémentarités temporaires sur fond de compétitions permanentes dès qu'un camp a obtenu la victoire. L'exemple de la Révolution anglaise du XVIIe siècle (l'émergence de Cromwell, la marginalisation des *levellers*) n'est pas différent dans son processus de celui de la Révolution française ; mais Robespierre n'est pas Cromwell, il ne réussit pas à arrêter la Révolution. Peut-on encore invoquer l'exemple de Saint-Domingue pour montrer que le lobby colonial utilise les poursuites contre les Girondins pour faire juger, et parfois condamner à mort, certains révolutionnaires partisans de l'abolition de l'esclavage, mais estimés proches des Girondins !

1. Sur Robespierre, Jean-Pierre Jessenne *et al.*, *Robespierre, de la Nation artésienne à la République et aux Nations*, Lille, Université de Lille-III CRENHO, 1993.

L'individu et l'État

La confusion entre la société civile et l'État

Entre 1792 et 1794 (et à nouveau entre 1796 et 1799 sous d'autres modalités), les luttes politiques ont habitué le pays aux pratiques de la guerre civile idéologique, et enraciné l'idée que l'État est à la merci des factions politiciennes et que sa conquête est naturelle par les militants, si bien qu'aucune institution, même parmi les plus modestes, n'a échappé à cette lecture. Les Jacobins, puis les Montagnards et les hébertistes, ont, en outre doublé l'Assemblée par leurs clubs et leurs réseaux, ont encadré les municipalités par des comités de surveillance et ont concurrencé les tribunaux par des commissions militaires ou des tribunaux d'exception, ils ont enfin investi l'armée et l'ont copiée en créant des « armées révolutionnaires » [1].

La Révolution abat aussi le système scolaire, largement décentralisé, tenu par les clercs et jugé obsolète. Après 1792, il s'agit de transmettre le sens des droits et des devoirs, de propager les vertus républicaines, *via* les associations politiques, les assemblées et les fêtes populaires, qui encadrent toutes les tranches d'âge et toutes les catégories sociales [2]. Tous les projets d'éducation, notamment celui de Bouquier, assujettissent l'éducation aux besoins de la société et de l'État et soumettent la liberté à l'endoctrinement ; l'enfant doit être retiré de sa famille pour apprendre l'égalité, les connaissances élémentaires (lecture, écriture), les savoirs techniques, scientifiques minimaux et les disciplines porteuses d'une morale, dont l'histoire, restreinte à l'étude de la période immédiate et à la biographie « des hommes libres », ceci contre l'idéal de Condorcet qui faisait de l'École la source de progrès et le lieu où s'apprennent et s'expérimentent la citoyenneté et l'engagement dans l'histoire [3]. Les réticences envers l'emprise de l'État

1. Howard G. Brown, *War, Revolution and the Bureaucratic State*, Oxford, Clarendon Press, 1955.
2. Voir le livre classique de Mona Ozouf, *La Fête révolutionnaire, 1789-1799*, Gallimard, 1976.
3. Jacques Billard, *De l'école à la République*, PUF, 1998.

et l'urgence des besoins altèrent ces plans et obligent à des mesures pragmatiques. Dès 1794, des hommes sont instruits à Paris des rudiments de la chimie afin d'aller apprendre aux autres à fabriquer de la poudre ; sur le même modèle, l'École de Mars accueille 3 000 jeunes gens destinés à devenir les cadres de l'armée ; l'École centrale des travaux publics (École polytechnique en 1795) et l'École normale sont créées dans la foulée [1]. Ces deux dernières écoles, appelées à durer, rejoignent l'École des ponts et chaussées et l'École du génie militaire de Metz, léguées par l'Ancien Régime, puis trois Écoles de santé et le Conservatoire national des arts et métiers.

La Terreur, arme de l'unité communautaire

La Terreur, dont le nom est à lui seul redoutable, mérite une attention particulière. Pourtant, elle n'est pas une invention révolutionnaire au sens strict. Les pratiques monarchiques à l'encontre des protestants au XVIIe et au début du XVIIIe siècle n'ont rien à envier aux dévastations des zones déclarées contre-révolutionnaires. En 1815, La Bourdonnaye, député royaliste, réclame à son tour « des fers, des bourreaux, des supplices », donc « une salutaire terreur », contre « les ennemis de la monarchie » [2]. La mise à l'ordre du jour de la Terreur est incontestablement la suite de l'acceptation de fait de la violence populaire dans le jeu politique depuis juillet 1789 ; mais elle est aussi le moyen par lequel l'État essaie d'en encadrer l'application. Robespierre vise ce but ; l'instauration de la « grande terreur » de juin 1794 est à la fois le paroxysme du processus, puisque les procédures sont simplifiées à l'extrême (l'intention contre-révolutionnaire est devenue un crime punissable), et la fin de la violence perpétrée par certains représentants en mission et des militants sans-culottes. Le rappel de Carrier à Paris dès février 1794 doit être compris dans cette optique.

Il convient alors de distinguer violences d'État et violences

1. Dominique Julia, *Les Trois Couleurs du tableau noir*, Belin, 1981, et du même, *Atlas de la Révolution française*, EHESS, II, 1987.

2. David Pinkney, *La Révolution de 1830 en France*, PUF, rééd. 1988, p. 19.

populaires (comme pour « la terreur blanche[1] » de 1815 dont nous reparlerons ou l'Épuration en 1944-1945) pour comprendre les difficultés rencontrées dans certaines régions par les représentants de l'État, qui n'étaient pas tous des « proconsuls » assoiffés de sang[2], lorsqu'ils devaient lutter contre les menaces contre-révolutionnaires réelles en s'appuyant sur des groupes de militants locaux impliqués dans des conflits complexes. La violence d'État aura évité la déshumanisation des adversaires – pratiquée par des groupes terroristes et dénoncés pour cela dès le début de 1794 –, mais elle aura été incapable d'encadrer rapidement les massacres commis dans la Vendée et elle s'est perdue dans une logique implacable mais inutile lorsque le décret de juin 1794 ordonne que les armées françaises ne fassent plus prisonniers les Anglais et les Hanovriens. La mise « hors de l'Humanité » des Anglais et des Hanovriens[3] est justifiée par le fait qu'ils furent les premiers à s'engager dans la voie des Lumières, avant de devenir les complices de l'activité contre-révolutionnaire de Pitt. Au nom du devenir de l'Humanité, cette attitude les rejette dans les ténèbres contre-révolutionnaires. Même si ce décret n'est pas pratiquement mis à exécution, il représente le point ultime de cette interprétation du monde qui place la Révolution française au cœur de l'avenir du monde.

Manque surtout une vraie machine d'État ; les organismes répressifs, qui broient tant de vies, sont d'autant plus actifs qu'ils sont en rivalité entre eux ; cette effervescence répressive, au nom de l'État, correspond plus au « manque » d'institutions qu'à leur trop-plein. C'est la vacuité du trône, les concurrences de légitimité qui entraînent cette répression sans limites et sans ordre et permet ce pullulement de métastases institutionnelles indépendantes les unes des autres, qui affectent surtout les zones dans lesquelles les autorités traditionnelles ont été disqualifiées, comme en Vendée ou dans la vallée du Rhône. *A contrario*, la cohésion sociale normande semble bien interdire l'intrusion des « horsains » parisiens incapables de séparer

1. Notion contestée par G. Bertier de Sauvigny qui refuse précisément cette comparaison jugée défavorable au régime de Louis XVIII.
2. Jean-Pierre Gross, *Égalitarisme jacobin et Droits de l'homme*, Arcantères, 2000.
3. Sophie Wahnich, « Anglais, des ennemis extraordinaires », *Dictionnaire des usages sociaux-politiques*, 4, 1992-1993.

les « modérés » du bloc des élites. Reste que cette situation est l'une des conséquences imprévues de la définition de la Nation, bâtie sur l'exclusion des indésirables. La frustration des révolutionnaires marginalisés et leur désir de revanche débouchent sur la chute de Robespierre, péripétie politicienne qui n'abolit pas cependant cette dynamique mobilisatrice que les gouvernements suivants emploieront sans scrupules. Est légitime celui qui agit au nom du Peuple-Un, incarnant le devenir de l'Humanité. Dans cette optique, il n'existe plus de place pour les divergences ; les adversaires politiques, « les indifférents mêmes » pour reprendre la phrase de Saint-Just, ou les anciens alliés ne peuvent être que des individus et des groupes à éliminer. Ce qui est illégitime est devenu illégal – la violence déchaînée contre les Vendéens, les Basques, les Toulonnais, l'atteste – et la communauté revendiquée est universelle[1].

La radicalité révolutionnaire s'accompagne paradoxalement de la recherche de l'unité communautariste, puisque l'État libéral, admettant la diversité des conditions sociales et des opinions, la liberté des convictions et le libre débat politique, est refusé à la fois par les révolutionnaires radicaux obsédés par la trahison et par les sans-culottes qui veulent instaurer une Nation organiciste, égalisatrice, quasi autarcique[2]. Cet objectif simpliste (compris à partir du XIXe siècle dans une tout autre perspective) porte les rêves d'un retour à une communauté idéale de petits propriétaires indépendants. Espérance sans objet compte tenu de l'économie et de la société françaises de cette époque, mais conforme aux principes d'une révolution vertueuse – et dans le fond apolitique – prônés par Robespierre et ses amis. La conjoncture obsidionale et les tensions internes entre groupes rivaux expliquent le succès provisoire de ces espoirs archaïques et de ces aspirations morales, mais également l'échec de 1794. L'espace public est assujetti aux exigences de l'État, mais ne tolère pas qu'un espace privé subsiste. L'imposition d'une vision monolithique de la politique contredit ce qui constitue l'essence du politique : l'invention du monde dans la confrontation des opinions. Dans cette

1. Jean-Clément Martin, *Contre-Révolution...*, *op. cit.*
2. Voir la description classique d'Albert Soboul, *Les Sans-Culottes*, Seuil, 1972.

situation les militants se sentent investis de l'avenir du pays et porteurs de la légitimité de l'État, ce qui explique toutes ces éliminations entre ce qui est devenu un ensemble de factions rivales ainsi que leur emprise considérable sur la société civile. Cette multiplication d'agents de l'État « auto-proclamés » pour une grande partie d'entre eux, puisqu'ils se sentent des porte-parole inspirés par leur groupe d'appartenance, permet de comprendre la prolifération des instances de pouvoir, sans pour autant que l'on puisse parler d'« État totalitaire ». Si l'espace public se dilate et s'empare de toutes les dimensions de la vie, faisant disparaître la sphère privée, il manque cependant la détermination politique centrale qui donnerait sens à cette emprise. Les types mêmes d'État espérés par les groupes qui se déchirent à Paris comme dans beaucoup de communes françaises sont en concurrence. En outre, comme auparavant, le poids de la conjoncture prime toujours : il a manifestement entraîné nombre de militants dans une logique qu'ils ne maîtrisent plus et qu'ils abandonneront, étonnés eux-mêmes par ses conséquences. Les coalitions formées dans les différentes régions entre les artisans locaux de la Terreur, les représentants en mission et les armées se défont pratiquement partout passé les mois de l'automne et de l'hiver 1793-1794, lorsque les plus extrémistes sont stigmatisés, Carrier à Nantes, Javogues à Saint-Étienne, Fouché à Lyon...

La fin de l'universalisme cosmopolitique

Il est possible de penser que l'élément le plus important de cette période vient de l'envolée patriotique et nationaliste (au sens que ces mots prendront au XIXe siècle) illustrée par les soldats de l'an II, qui unifie le pays, jetant dans l'armée des milliers de volontaires. Ceux-ci identifient leur sort à celui de la Nation, d'autant plus que les carrières s'ouvrent à tous les jeunes gens méritants, rompant les barrières sociales antérieures [1]. La Nation honore les sacrifices faits pour elle et distingue les meilleurs de ses fils par la distribution de titres et de grades (et la création plus tard d'une noblesse impériale). Elle bouleverse aussi le Panthéon mental des Français : les

1. Jean-Paul Bertaud, *La Révolution armée*, Laffont, 1978.

saints et les rois cèdent la place aux héros de la Liberté (de Guillaume Tell à Joseph Bara), laïcisant les récompenses et créant un paradis républicain où Caton, Voltaire et Marceau peuvent se retrouver. Chacun – chaque homme – peut prétendre dorénavant lier sa destinée et sa gloire à celles du pays, les femmes sont exclues du champ politique, ne sont pas objets de l'esthétique monumentale et ne sont représentées que sous la forme d'allégories de la Nation ou de la Contre-Révolution [1]. Amorcé en 1791, culminant en 1793 alors que le pays est mobilisé dans son intégralité, ce mouvement s'appuie certainement sur des formes de nationalisme très anciennes, mais la conjoncture (notamment la politisation du langage) lui donne une coloration particulière. L'engagement populaire dépasse les hommes politiques, à commencer par les contre-révolutionnaires français, les souverains étrangers et le roi lui-même, qui en sont les premières victimes. Personne ne s'attendait ni à une telle mobilisation lors de la déclaration de guerre, ni à une telle furie après que la victoire de Valmy eut aguerri les Français et fait perdre leur arrogance aux Austro-Prussiens. Personne n'imaginait que les Français puissent envisager de conquérir l'Europe à partir de l'invasion de la Belgique et de la rive gauche du Rhin.

La Nation fusionne d'autant plus avec la Patrie et l'État, qu'elle revendique le droit à porter la bonne parole aux peuples voisins, devenus des frères qu'il faut aider, au besoin malgré eux. L'universalité du langage politique bute pourtant sur sa traduction dans des mesures précises et les déconvenues abondent puisque les peuples libérés, vite lassés des prétentions françaises à régenter leur vie, reviennent à leurs libertés initiales. Dès 1792 et les premières entrées des troupes françaises en Belgique, puis en Rhénanie, les désillusions sont grandes, la Liberté définie et imposée révolutionnairement ne correspond pas aux aspirations locales de maintien des libertés coutumières [2]. Les révolutionnaires européens et américains

1. Annie Jourdan, *Les Monuments de la Révolution, 1780-1804*, Honoré Champion, 1997, et Joan Landes, *Vizualizing the Nation, Gender, Representation, and Revolution in Eighteenth Century France*, Cornell University Press, 2001.

2. Suzanne Tassier, *Histoire de la Belgique sous l'occupation française*, Bruxelles, 1934 ; Hervé Leuwers, « Révolution et guerre de conquête », *Revue du Nord*, 1993, p. 21-40.

réfugiés en France, dont l'exemple caricatural pourrait être le baron allemand Clootz, devenu Anarchasis Clootz, citoyen du monde, sont peu à peu exclus de la vie politique. Les idées révolutionnaires inspirées de la France se propageront désormais ainsi malgré – voire contre – la réalité politique imposée par les Français, car l'adhésion à la Nation se fait aussi par exclusion des autres, mettant fin aux rêves cosmopolitiques [1] des années précédentes, et inaugurant une attitude qui se généralise ensuite chez tous les administrateurs au contact des peuples soumis. En France même des mesures sont prises pour empêcher les contre-révolutionnaires avérés, ou supposés, de vivre dans les ports ou à proximité des frontières. La supériorité que s'attribuent les Français, inventeurs de la « Grande Nation », débouche sur un nationalisme condescendant et xénophobe. Ainsi renoue-t-on avec les théories des « frontières naturelles » en vigueur sous l'Ancien Régime [2], logique qui débouche sur l'État-nation. La France acquiert pourtant ainsi une dimension prophétique, réalisant l'union d'un contrat entre hommes libres et un système politique représentatif de tous les individus : cette image d'un pays phare de l'humanité entre dans les consciences et légitimera ensuite aussi bien la conquête napoléonienne que la colonisation.

La Contre-Révolution marginale

Un fossé sépare les princes regroupés autour du comte d'Artois acharnés à revenir aux institutions de l'Ancien Régime, fidèles au droit divin, et les royalistes modérés, qui fuient la Révolution radicale, après avoir échoué dans l'instauration d'une monarchie parlementaire [3]. La ligne la plus contre-révolutionnaire réussit à donner le ton à l'ensemble de l'émigration, sans s'imposer en Europe : la politique menée par Louis XVI limite la crédibilité politique de ses frères auprès des souverains étrangers et leur conduite à Coblence

1. Marc Bélissa, *op.cit.*
2. Albert Sorel, *L'Europe et la Révolution française*, Plon, 1906.
3. Duc de Castries, *Les Hommes de l'émigration*, Tallandier, 1979.

ruine leur crédit moral [1]. Enfin lorsque les émigrés tentent de pousser Autrichiens et Prussiens contre la France révolutionnaire, ils se heurtent aux objectifs purement nationaux des souverains peu décidés à s'engager dans la reconquête idéologique. En Angleterre [2], Burke lui-même ne réussit pas à infléchir la politique du gouvernement de Pitt. Même quand le comte de Provence devient régent du royaume, puis roi sous le nom de Louis XVIII, les cours européennes privilégient la raison d'État sur l'idéologie. Les deux frères Artois et Provence en font la rude expérience, lorsqu'ils sont obligés de fuir leurs créanciers, d'implorer des aides, et de trouver refuge en Écosse ou en Courlande, devant l'avancée des Français, tandis que les émigrés se livrent à des travaux alimentaires ou louent leurs services aux princes étrangers. La guerre menée contre la France doit rapporter aux coalisés, notamment à l'Angleterre qui ne souhaite pas le retour des Bourbons jugés trop absolutistes et qui entend profiter des conflits pour agrandir ses possessions coloniales. De plus, les populations françaises, délivrées du joug révolutionnaire par l'avancée des troupes austro-prussiennes en 1792, se retournent contre leurs libérateurs, qui se conduisent en envahisseurs.

L'incapacité des princes émigrés à obtenir une victoire militaire et une reconnaissance politique est patente, mais ils sont déconsidérés par leur sujétion envers les étrangers, alors que la Nation s'identifie à la Révolution et que le nationalisme soulève une grande partie de la population. Certes les réseaux clandestins contre-révolutionnaires restent actifs, mais ils n'arrivent pas à mobiliser autour d'eux assez d'énergies, catalysant souvent des mécontentements plus que des engagements véritables ; même dans l'Ouest, il est impossible de parler d'un camp contre-révolutionnaire uni et organisé tant les attentes sont diverses et les rencontres hasardeuses. L'exemple de la chouannerie est éclatant, rassemblant des bandes de ruraux rejetés du système et déçus par les mesures sociales et religieuses, de petits nobles et des paysans aisés mus par des raisons idéologiques, des aventuriers comme Puisaye qui

1. Études en cours de Karine Rance et Christian Henke, *Coblentz, Symbol für die Gegenrevolution*, Stuttgart, Thorbecke Verlag, 2000.
2. Michael Wagner, *Gegenrevolution und England*, Munich, Oldenbourg, 1994.

s'impose comme général chouan après avoir échoué dans l'administration révolutionnaire, et des émigrés venus pour assurer le retour à l'Ancien Régime et qui n'envisagent qu'avec répugnance leur collaboration avec des paysans ne parlant pas français [1]. Reste cependant que dans les campagnes, de véritables armées clandestines se forment dès 1792, qui dans certains cas vont durer jusque dans les années 1840. Des hiérarchies secrètes s'établissent autour de « capitaines de paroisse » dans l'Ouest ou l'extrême Sud-Est tandis que des réseaux de correspondance et d'espionnage se nouent dans les villes autour de militants décidés, mais dans des configurations toujours fragiles et pour des résultats bien peu efficaces.

1. Roger Dupuy, *Les Chouans*, Hachette, 1997.

CHAPITRE 3

Administration, gestion et manipulation 1794-1814

Thermidor marque une rupture indéniable dans la vie politique française. Une autre période s'ouvre dans la Révolution, qu'il convient de comprendre. Que les Jacobins soient dénoncés et la Terreur rejetée au profit d'une république à la recherche d'un équilibre instable n'implique pas pourtant que la Révolution entre dans l'exténuation qu'il est courant de postuler. Cette interprétation s'inscrit, en effet, dans une histoire téléologique : qu'il y ait un retour aux principes de 1789 et réapparition d'hommes qui en sont les porteurs ne veut pas dire pour autant que la Terreur n'a été qu'une « parenthèse » malencontreuse. Cette autre interprétation se situe dans une histoire des idées, oublieuse des acteurs agissant et souffrant. Qu'il y ait après 1794 – jusqu'en 1799 ou 1814 – la recherche de compromis et de solutions politiciennes n'est pas non plus une décadence après ce qui a été une exploration de grands systèmes. Les jugements portés sur cette période ont tant dépendu de manipulations d'opinion, commises dès cette date et continuées ensuite dans des objectifs différents, qu'il est nécessaire, dans le fil de réexamens récents des traditions historiographiques, de brosser un tableau plus nuancé du Directoire comme du Consulat et de l'Empire pour voir sous les apparences d'instabilité, d'une part, ou de pouvoir absolu, de l'autre, comment les courants politiques sont restés diversifiés et actifs, et ont préparé le renouveau politique du XIXe siècle. La politique s'efforce pendant cette période de gérer pragmatiquement les tensions héritées, pour bâtir la Nation sur de nouveaux modèles.

Réconciliation et dénonciation

La réaction thermidorienne

Conduit par une coalition très hétérogène, dont l'opposition à Robespierre qui s'alimente à des sources diverses, voire opposées, le coup d'État de Thermidor est autant stratégique qu'idéologique et mêle aussi bien des oppositions personnelles que politiques. Des Montagnards authentiques, écartés des organes essentiels de gouvernement et qui rejettent la concentration du pouvoir comme l'orientation déiste donnée par la fête de l'Être suprême, se retrouvent avec d'anciens terroristes soucieux de faire oublier leurs actes ou animés par des vengeances, ainsi qu'avec des Girondins soucieux de sauvegarder la Révolution de l'emprise des sans-culottes. Robespierre incarne la Terreur parce qu'il en a radicalisé le discours pour la contrôler et qu'il a échoué tactiquement, mais surtout parce que ce rassemblement hétéroclite d'opposants tire tout le profit des contradictions dans lesquelles il s'est ainsi enfermé, le rendant responsable des événements écoulés[1].

L'unité de ce qu'il est convenu d'appeler la Convention thermidorienne éclate rapidement devant le bilan de la Terreur. Dans l'immédiat, Robespierre et ses amis, puis l'ensemble des Jacobins, décontenancés par la soudaineté du coup de Thermidor, sont chargés de tous les maux, tandis que les prisons s'ouvrent et que les langues se délient. Pendant plusieurs mois, de l'été et de l'automne 1794, la France connaît une période de flou pendant laquelle les Conventionnels tentent de rassembler au centre toutes les élites désireuses de se protéger de l'arbitraire, du retour à l'Ancien Régime, de l'excessive inégalité des positions sociales, tout autant que des revendications égalitaristes d'un peuple violent[2] ; dans le même temps, les administrateurs départementaux qui ont souvent traversé la

1. Françoise Brunel, *Thermidor*, Gallimard, « Archives », 1988.
2. Bronislaw Baczko, *Comment sortir de la Terreur*, Gallimard, 1989 ; Christine Le Bozec, *Boissy d'Anglas*, Privas, Les Presses de la Fédération des œuvres laïques de l'Ardèche, 1995.

Terreur en gardant des opinions girondines, reprennent de l'importance et consolident leur puissance locale en essayant de stabiliser les acquis de 1789. Dans cette entreprise, tous participent à une exposition passionnée des « crimes de la Terreur » qui marque tout le pays. Des publicistes, comme Prudhomme, accumulent les récits les plus atroces, et les moins vérifiés, créant des légendes, qui vont se révéler durables : Robespierre est décrit comme un monstre, voulant accéder à la royauté ou ayant programmé la « dépopulation » du pays et de la Vendée. Babeuf, manipulé par Fouché, se fait le propagandiste de cette hypothèse. Les accusations contre les sans-culottes « vandales » reprennent de plus belle ; les listes sont dressées des dévastations et des crimes commis, assimilant le « vandalisme » au « tyrannisme », oubliant que la Convention avait eu sa part de responsabilité dans ces pratiques et que le premier coup d'arrêt du vandalisme avait été effectué par Robespierre lui-même. Si l'objectif des Conventionnels était de rompre l'unité révolutionnaire en isolant la période proprement terroriste de l'ensemble de la Révolution, le résultat est paradoxal car les dénonciations se retournent rapidement contre l'ensemble du personnel politique et entraînent par une sorte de critique régressive une remise en cause des événements fondateurs de la Révolution, incluant à la fois le 10 août 1792 et le 14 juillet 1789. La littérature qui se constitue ainsi accuse les thermidoriens eux-mêmes, avant de devenir le fonds inépuisable de la contestation antirévolutionnaire des siècles suivants.

L'exemple en est donné par le procès Carrier. Lors de son séjour à Nantes, comme représentant en mission, il avait envoyé des notables nantais à Paris pour comparaître devant le Tribunal révolutionnaire. Leur procès, qui n'a lieu qu'après le 9-Thermidor, s'achève par leur acquittement et devient l'occasion d'une description minutieuse et effrayante de la Terreur subie par la ville pendant l'hiver 1793-1794. Femmes violées et noyées, enfants et hommes fusillés : les récits relancent la campagne d'accusation, qui, après avoir provoqué la comparution du Comité révolutionnaire de Nantes devant le tribunal, se concentre sur Carrier et sur deux Nantais. Ces trois hommes sont poursuivis devant la Convention, érigée en tribunal pour la circonstance. Les audiences déchargent l'Assemblée de la responsabilité des errements de cette terreur pour l'imputer à Carrier qui a outrepassé les ordres, tout en le liant à Robespierre. L'argument relève du jeu politique, puisque Robespierre a lui-même contribué à l'arrêt de la mission de Carrier ! La Convention est aidée dans cette entreprise par le caractère même du personnage qui ne cherche aucun compromis avec ses accusateurs, mais elle a beau jeu de rappeler que ses débats de l'hiver 1793-1794 ne comportaient pas de décision de destruction systématique de population (les femmes et les enfants étant même protégés explicitement par des décrets). Carrier est condamné à mort et exécuté en décembre 1794, donnant l'impression que la Terreur est liquidée, d'autant mieux que la minorité terroriste s'est désolidarisée de lui et que la majorité des représentants en mission joue un rôle essentiel dans la réconciliation nationale sur le terrain.

Réconciliation et reprise des luttes politiques

Dans les mois de l'hiver 1794-1795, cette politique d'équilibrisme permet la rencontre des adversaires de la veille, autour du projet de reconstruction de la nation. L'exemple le plus extrême (et le plus fugace) de cette tentative est la paix établie avec les chefs vendéens et chouans (Charette en tête dès février 1795). Dans tout le pays les églises rouvrent, les réfractaires ne sont plus systématiquement poursuivis et les royalistes modérés reviennent au grand jour sur la scène politique. Au nom de la Nation française, soumise à la menace des voisins étrangers, se noue une alliance autour des libertés politiques et de l'équilibre des pouvoirs. La situation extérieure facilite cet état, puisque les armées françaises sont victorieuses sur tous les fronts ; aussi l'Angleterre exceptée, les adversaires signent-ils les uns après les autres des traités de paix dans le courant de 1795.

Cette embellie ne dure pas. Les royalistes, rejoints par tous ceux qui ont des revanches à prendre et des rancunes à assouvir, empêchent cette réconciliation trop précoce. Les souvenirs des guerres civiles dans le Midi et dans l'Ouest sont trop vifs pour que l'oubli puisse faire son œuvre. En Vendée, la paix armée est incertaine et les incidents nombreux ; la Bretagne est pour une large part en proie aux bandes chouannes, mêlant revendication politique et brigandage, les républicains contrôlant difficilement les villes et les grandes routes. Un grand nombre d'administrateurs et d'acheteurs de biens nationaux sont assassinés. La vallée du Rhône est tout entière livrée à la « terreur blanche », c'est-à-dire aux vengeances exercées par les royalistes et les catholiques contre les révolutionnaires détenteurs du pouvoir dans les années précédentes ; ceux-ci sont emprisonnés, mis à mort par centaines au cours d'épurations tolérées par les administrations investies par des républicains modérés et par des partisans de la monarchie. La « jeunesse dorée » des grandes villes et principalement de Paris, les Muscadins et les Merveilleuses, marque par de nouveaux mots d'ordre et des attitudes vestimentaires le rejet de la terreur et de la Révolution, et participe activement à cette répression contre ceux qui sont désignés comme des « buveurs de sang » et des « anarchistes ». Les groupes politiques s'identifient par leurs vêtements, leurs chansons et leurs coiffures (peignes des Muscadins contre cheveux flottants des Jacobins) ; on se bat – on se tue parfois – pour ces distinctions (dans le Midi, le brin de thym, la farigoule, identifie ainsi les révolutionnaires) [1]. La « dépanthéonisation » de Marat peut apparaître comme le symbole de cette mutation de l'opinion.

Cette reprise des luttes politiques témoigne de la force des débats d'opinion. Si la droite fait ainsi à nouveau parler d'elle, la gauche, dans sa diversité, essaie d'intervenir politiquement en réclamant contre la vie chère et pour l'application de la Constitution de 1793, ni appliquée ni abolie. Les 1er avril et 20 mai 1795, deux manifestations sans-culottes soutenues par des militants montagnards qualifiés de « crétois », car siégeant tout en haut de l'Assemblée, échouent après avoir envahi la Convention. Elles sont violemment réprimées et les militants montagnards sont contraints au silence, à l'exil ou au suicide pour éviter la prison ou la déportation. De leur côté, en juin et juillet, les émigrés aidés par la flotte anglaise organisent un débarquement à Quiberon en s'appuyant sur quelques milliers de chouans. L'expédition tourne court faute d'unité et de cohésion, et subit, elle aussi, une répression militaire féroce, montrant la faiblesse tactique des royalistes durs. Les élites poli-

1. François Gendron, *La Jeunesse dorée sous Thermidor*, PUF, 1983. Entre autres, Colin Lucas et Gwynne Lewis (dir.), *Beyond the Terror*, Cambridge University Press, 1983.

tiques qui tiennent les destinées du pays se retrouvent réunies autour d'une révolution limitée aux réformes politiques introduites en 1789 en se gardant autant à gauche qu'à droite, tout en recourant au bras armé pour contrer les extrémistes des deux bords. Toute la période qui suivra oscillera à la recherche du point d'équilibre pour maintenir la République, sans renier la Révolution ni la relancer.

La consolidation de la classe politique

La stabilisation du régime

Le nouveau régime, le Directoire, qui naît pendant l'été 1795, doit résoudre cette aporie, ses dirigeants devant mêler d'une façon problématique le souci du légalisme et les pratiques révolutionnaires. On comprend que les figures de Boissy d'Anglas, de Carnot ou de Barras, aux contours mal définis, soient devenues emblématiques du personnel politique qui va jouer le premier rôle pendant cette période. La légitimité du régime ne repose pas sur un appui populaire mais tient à la prolongation, imposée, des principaux acquis de la Révolution.

La décision de maintenir l'usage du calendrier révolutionnaire est exemplaire des contradictions à résoudre. Les Conventionnels le critiquent fortement mais n'osent pas revenir au calendrier grégorien de peur d'une remise en cause plus globale. C'est également dans le fil de la Constitution de 1793 que les nouvelles institutions sont imaginées, tout en s'en démarquant. La complexité institutionnelle inventée – deux chambres, les Cinq-Cents et les Anciens qui s'équilibrent, cinq Directeurs renouvelables et des ministres – est censée éviter le retour du radicalisme révolutionnaire ; la pérennité politique est assurée plus prosaïquement par le décret dit des deux-tiers, qui oblige à choisir les deux tiers des députés élus dans ces nouvelles assemblées parmi ceux de la Convention. Le régime est doté dorénavant d'un véritable exécutif, capable de tenir tête à ses opposants. Les élections s'inspirent des modèles de 1789 et de 1793, les mandats ne sont pas impératifs et la démocratie directe toujours interdite ; elles sont à la fois établies sur le suffrage universel pour les assemblées primaires et le suffrage censitaire, seuls les propriétaires votant au deuxième degré, pour choisir les représentants. La question de savoir si ce système institutionnel est l'aboutissement de ce qui avait été ébauché en 1789 et laissé en suspens ou s'il s'agit de la conclusion tirée des enseignements de la Terreur n'est pas tranchée [1] ; il suffit ici de souligner que le Directoire entend rester fidèle à ce qu'on pourrait appeler le « réformisme radical » de 1789, en récusant à la fois les inventions démocratiques que les conflits antérieurs avaient suscitées et le retour à l'Ancien Régime. Il montre surtout à quel point il est en butte à une double opposition en permanence, celle d'une droite rassemblant des républicains modérés et des royalistes partisans d'un régime constitutionnel (outre les royalistes les plus durs agissant pour le retour des Bourbons) et celle d'une gauche comprenant de façon aussi floue des républicains radicaux plus ou moins proches des sensibilités sans-culottes, que l'on appelle aujourd'hui « républicains démocrates » ou « néo-jacobins ». Les conflits politiques sont en quelque sorte sous-jacents à cette construction institutionnelle polémique par essence.

Les premiers à en faire les frais sont les royalistes modérés, députés libéraux et monarchistes constitutionnels, qui obtiennent la majorité aux élections en 1795. Leur succès illustre pourtant *a contrario* le consensus réalisé dans le pays *de facto* autour du régime représentatif, ce qui récuse en même temps les prétentions absolutistes émises par Louis XVIII depuis Vérone, ainsi que les pratiques terroristes [2]. Le décret des deux-tiers qui garantit la pérennité des Conventionnels en place et limite la remise en cause du régime empêche les vainqueurs de profiter de leur succès, et les pousse vers les royalistes plus extrémistes. Les protestations s'enflent jusqu'à un coup de force à Paris, le 5 octobre, qui unit alors tous les courants royalistes – dont les radicaux. La tentative est réduite par l'armée, le jeune général Bonaparte s'illustrant particulièrement dans l'opération soutenue par la gauche républicaine. Par

1. Roger Dupuy et Marcel Morabito (dir.), *1795. Pour une République sans révolution*, Presses universitaires de Rennes, 1995.

2. Roger Dupuy et Marcel Morabito (dir.), *Le Tournant de l'an III*, Presses universitaires de Rennes, 1996.

la suite, dans un milieu où chacun se connaît, les jeux compliqués se déroulent entre compromis et rivalités, parfois mortelles, provoquant une série de révolutions de palais et de coups d'État. Ces pratiques interdisent de classer schématiquement les différents protagonistes selon des catégories trop strictes, puisque, sauf pour les réactionnaires les plus déterminés, le régime est à conquérir plutôt qu'à détruire, alors que la grande majorité du personnel politique entend défendre la nation française et les résultats de la Révolution de 1789. Les oppositions se cristallisent sur les conceptions de la hiérarchie sociale et la démocratisation des institutions, mais aucun groupe politique n'est suffisamment organisé ni puissant pour emporter seul une décision.

Naissance d'une « classe politique »

La politique est conduite par un ensemble d'individus, qui ne composent pas un groupe homogène, ni socialement ni politiquement, mais qui sont liés par des connivences et des relations, mêlant les opinions, les fraternités anciennes, les trajectoires, les appartenances locales, si bien qu'en définitive se trouve constituée une « classe » politique au sens où elle se distingue de la société civile comme des groupes extrémistes et qui rassemble – malgré les luttes internes – des républicains convaincus, « conservateurs » au sens où ils entendent protéger les hiérarchies existantes, comme La Revellière-Lépeaux, des modérés qui se rapprochent des royalistes constitutionnels, comme Carnot, des « démocrates », néo-jacobins, comme Antonelle, qui est tout à la fois proche de Barras, démocrate mais affairiste, tout en étant lié à Babeuf, qui de son côté s'engage imprudemment dans une aventure mal préparée. Il ne faut pas oublier les fortes personnalités à la recherche d'un équilibre politique, peut-être emprunté aux idées jansénistes, comme Sieyès. Dans ce groupe d'interconnaissances, les lignes de clivage sont complexes, entre héritages et recherches de nouveaux équilibres politiques. La réflexion politique l'atteste, illustrée par des auteurs comme Constant ou Lezay-Marnésia proposant des solutions inédites.

L'apparat, dont s'entourent dorénavant les représentants de la Nation, participe de cette captation de pouvoirs et de richesse, au moment où le pays peine à sortir de la crise économique et des tensions sociales – le faste et le décor n'empêchent cependant pas les foules de se conduire parfois très irrespectueusement envers les dirigeants. L'écart redevient considérable entre, d'une part, les populations les plus pauvres, affrontant en ville des conditions de vie très difficiles (le nombre de suicides augmente considérablement), tandis que les ruraux doivent faire face à des actes de brigandage facilités par l'effacement de l'État, et, de l'autre, les couches qui profitent ostensiblement de la fin de la Terreur d'autant que l'effondrement de l'assignat, son échange avec le mandat territorial, lui-même liquidé trois mois après sa création, entraîne une banqueroute officielle qui voit l'État ne reconnaître que le tiers de ses dettes. L'opération ruine les épargnants et enrichit les spéculateurs proches du pouvoir. Le divorce entre peuple et classe politique, recrutant parmi les administrateurs locaux et départementaux, et qui sera par la suite une des critiques adressées aux régimes représentatifs, est particulièrement marqué pendant le Directoire [1].

Cette évolution, qui doit être comprise aussi comme un retour au professionnalisme, se généralise dans toutes les institutions. Contre le « sinistre culturel » de la Terreur, le Directoire condamne le vandalisme, l'ignorance et le trop grand volontarisme des Montagnards et rétablit la confiance avec les élites culturelles. Dans cet esprit, un musée national est maintenu contre les destructions, deux cents savants reçoivent des aides et des encouragements, tandis que la connaissance de la lecture et de l'écriture devient indispensable pour être membre d'un comité révolutionnaire. Un plan d'éducation réaménage les écoles en réintroduisant le contrôle des capacités professionnelles des enseignants salariés par l'État et en voulant un enseignement laïque, distribué de façon égale aux filles et aux garçons, avec un programme audacieux. Ce plan rompt avec les idéaux égalisateurs et contraignants du plan Bouquier. Devant l'ampleur des dépenses et les difficultés économiques, et faute de moyens, ce plan ne sera pas appliqué ; un autre lui succède sacrifiant toute application dans le primaire, mais organisant la hiérarchie scolaire. Avec l'appui du groupe des Idéologues, naissent des écoles spéciales et centrales, qui

1. Georges Lefebvre, *La France sous le Directoire*, Éd. sociales, 1984.

reçoivent les élèves de chaque département, un Institut national, le tout consacrant la volonté de lier la République à la culture des élites et le souci de redonner à « l'esprit public » son rôle dans la fondation du lien social. Pour régénérer la société, le temps de l'apprentissage est donc réinstitué, contre la fulgurance pédagogique des sans-culottes. C'est également en abandonnant les principes antérieurs que l'hôpital est réorganisé, devenant une institution spécialisée distincte des hospices et soumise au marché. Les échecs des systèmes précédents expliquent ces expérimentations dans un horizon intellectuel réformateur.

Coups d'État et compromis

Le compromis avec les royalistes modérés

De 1795 à 1799, les politiques se déchirent et se partagent le pouvoir. En 1796 le club du Panthéon, fondé par Babeuf, veut rétablir une société démocratique abolissant la propriété. Ce faisant il se coupe des républicains démocrates soucieux de se maintenir dans la légalité institutionnelle et devient la cible des directeurs modérés comme Carnot. La police infiltre le club, alors qu'il prépare la « conspiration des Égaux », arrête Babeuf et un certain nombre des affidés, avant de provoquer un complot militaire au camp de Grenelle, ce qui entraîne l'arrestation et l'exécution de militants compromis. À l'issue d'un procès mené à Vendôme au début de 1797, Babeuf et deux autres accusés sont condamnés à mort, tandis que les autres sont emprisonnés ou déportés, comme Vadier, ou acquittés, comme Antonelle, attestant que des arrangements ont été trouvés. Drouet, qui a été également emprisonné, s'évade d'une façon mystérieuse. Une politique tout aussi complexe est menée sur la droite. Dans l'Ouest, Hoche, devenu général en chef commandant des armées, adopte une double démarche. Il réprime les mouvements armés, réussissant à capturer les chefs vendéens Charette et Stofflet qui sont fusillés, mais négocie un retour à la paix religieuse et noue des contacts avec les chouans et les vendéens conciliants, désormais convaincus que la conquête militaire est devenue impossible. Même si les réseaux royalistes clandestins se développent, notamment autour de D'Antraigues, à Paris, le club de Clichy devient un lieu de rencontre entre royalistes modérés, comme d'André, généraux déçus, comme Pichegru, et Conventionnels menés par Carnot. Alors que nombre de régions vivent un « catholicisme tranquille », que des royalistes masqués ont été élus dans les municipalités, les réseaux royalistes soutenus par l'Angleterre sont efficaces, Mallet du Pan défend une ligne politique conciliatrice et même le pape se laisse tenter par une reconnaissance de la République française [1]. Les élections de mars 1797, au moment du procès de Vendôme, leur sont favorables et ils obtiennent la majorité dans les chambres et l'arrivée d'un Directeur acquis à leurs idées, l'ancien diplomate Barthélémy.

L'armée et la reprise en main républicaine

Mais eux aussi se heurtent à une nouvelle coalition entre les républicains conservateurs et démocrates à nouveau réunis, et l'armée d'Italie, commandée par Bonaparte, général républicain qui a le privilège d'être brillamment vainqueur des Autrichiens et des Russes au point d'imposer la suspension des combats dès avril 1797 (avant de conclure la paix en octobre.) Ces royalistes sont également affaiblis par leurs propres divisions. Les modérés sont contestés par la surenchère venant de Louis XVIII, qui soutient une ligne dure, jusqu'à provoquer un soulèvement vite écrasé en janvier 1797, ainsi que des militants (et des jeunes aristocrates) qui tiennent de véritables « maquis » dans l'Ouest ou dans la région de Nice. La répression « républicaine » est conduite sur tous les fronts et va concerner tout le spectre royaliste. La répression reprend contre les prêtres réfractaires et s'étend même aux Constitutionnels, tandis que La Revellière-Lépeaux soutient une religion civique, la théophilanthropie, et que les républicains les plus radicaux introduisent un culte décadaire qui va devenir le culte officiel, interdisant toutes les autres manifestations publiques (dans les départements belges épargnés jusque-là,

1. Pour tout cela, Jean-Clément Martin, *Contre-Révolution...*, *op. cit.*, p. 265-280.

les prêtres sont alors particulièrement touchés). Un complot se noue entre ces courants républicains et les milieux financiers qui débouche sur le coup d'État du 18 fructidor an IV (4 septembre 1797), cassant les élections dans 49 départements, déportant des personnalités politiques comme Pichegru et Barthélémy, mais les solidarités souterraines permettent à Carnot, prévenu, de s'enfuir et de ne pas subir le sort de ses amis politiques. Reste que l'équilibre du régime est repassé à gauche et s'établit autour de l'armée qui incarne à nouveau la nation pacifiée et unifiée. Les royalistes n'ont pas réussi à conserver les mécontents pour les organiser politiquement autour d'eux.

L'armée joue un rôle central dans la vie politique. Ce sont les généraux Hoche, Jourdan et Bonaparte qui ont permis le coup de fructidor, appuyés sur le sentiment républicain de la plupart des hommes. L'unité des Français se réalise par la loi Jourdan-Delbreil qui met en place la conscription, selon des principes qui resteront inchangés jusqu'en 1872. La nation née de la Révolution trouve ainsi son accomplissement dans l'armée née de la guerre révolutionnaire. Les conquêtes italiennes, après avoir arrêté la guerre avec l'Autriche, permettent la constitution d'États satellites qui, de la République batave à la République parthénopéenne, assurent les rentrées d'argent indispensables à la vie quotidienne de la France et prétendent conforter la prééminence des idées républicaines. Belges, Hollandais, Suisses et surtout Italiens se retrouvent rapidement soumis à une exploitation des richesses et à un contrôle politique qui s'applique autant aux néo-jacobins qu'aux opposants au régime français, les administrateurs en place privilégiant l'administration au prosélytisme politique et se méfiant des démocrates étrangers, comme Buonarroti (qui a créé, entre 1794 et 1795, la république égalisatrice d'Oneille, aussi utopique qu'éphémère) ou Foscolo. Lors de l'entrée de Bonaparte, ces individus apportent leur soutien aux entreprises françaises, avant d'en être exclus. Certains sont même désavoués, comme Manin à Venise, quand ils essaient de créer des États révolutionnaires, dangereux et inutiles selon les perspectives de la diplomatie sans scrupule de Bonaparte et du Directoire [1]. La

1. Jean-Paul Barbe et Roland Bernecker, *Les Intellectuels européens et la Campagne d'Italie*, Münster, Nodus publikationen, 1999 ; Anna-Maria Rao (dir.), *Folle Contro-rivoluzionarie*, Rome, Carocci, 1999.

France n'est plus un modèle politique à imiter et les minorités révolutionnaires doivent rechercher des solutions adaptées à leur propre pays. Enfin, continuant des pratiques anciennes, des coalitions de mécontents et de contre-révolutionnaires avérés se nouent avec l'aide de l'Angleterre et donnent naissance à des mouvements de résistance armés qui s'affrontent aux troupes françaises et les vaincront en Italie en 1799. Un autre exemple est apporté par Saint-Domingue où Toussaint Louverture, après s'être rallié à la France, s'en détache et fonde une république pour son propre compte.

De la confusion politique au coup d'État militaire

Dans cette période de grande confusion, les néo-jacobins retrouvent une audience en France et insufflent une politique anticléricale et sociale, contre les émigrés, les prêtres, les « rebelles » (chouans et autres contre-révolutionnaires) ralliés, et les nobles, ce qui réveille les peurs d'un retour à la terreur. Les contre-révolutionnaires les plus radicaux se préparent de leur côté à une opération de grande envergure, alliant l'arrivée de troupes sur les frontières à des soulèvements prévus dans le Sud-Ouest, l'Ouest et la région lyonnaise. La droite, qui dispose dans le pays de réseaux de renseignements camouflés dans les Instituts philanthropiques et qui est soutenue par des bandes de jeunes hommes habitués à la clandestinité aventureuse, peut ainsi contrôler des régions entières comme l'Ouest de la Bretagne ou le Sud de la Normandie[1]. Le personnel dirigeant se déchire à nouveau, à la recherche de nouvelles assises politiques qui garantiraient l'ordre social contre toute dictature populaire – et satisferaient des ambitions personnelles. Les intellectuels, notamment les Idéologues, et les généraux participent aux débats et sont également pris dans ces rivalités et ces complots. Bonaparte, qui se ménage une carrière scientifique, politique autant que militaire, se signale particulièrement en obtenant la possibilité de conduire une expédition en Égypte, composée de soldats et de savants, ce qui lui conférera ensuite une légitimité nouvelle.

1. Georges Lefebvre, *op. cit.*

Les élections d'avril 1798 se déroulent dans cette confusion, les royalistes pratiquant parfois la politique du pire appelant à voter avec les plus radicaux, les modérés provoquant des scissions dans les assemblées primaires, les Directeurs pratiquant une répression préventive contre les néo-Jacobins. Une centaine d'entre eux est cependant élue, marquant le basculement apparent vers la gauche et légitimant les dénonciations d'un retour des terroristes. Les élections sont aussitôt « rectifiées », c'est-à-dire cassées, le 11 mai 1798, le 22 floréal an VI. La poussée de gauche est pourtant confirmée et au-delà, un an plus tard, si bien que les Directeurs décident d'affronter directement cette menace. Sieyès élu directeur en juin 1799 se met à la recherche du général susceptible de soutenir une réforme des institutions. Bonaparte, revenu d'Égypte couvert de gloire malgré l'échec militaire, est le « sabre » choisi.

Le coup d'État du 18 brumaire an VIII (9 novembre 1799), monté par un petit groupe d'initiés appuyés par les banques, n'est pas un modèle du genre. Les Directeurs démissionnaires, de gré ou de force, libèrent la voie aux conspirateurs, qui butent maladroitement sur la méfiance des députés qu'il faut contraindre par la force à accepter la fin du régime et l'instauration d'un Consulat le 19 brumaire. Mais c'est dans les semaines qui suivent que le coup d'État trouve enfin son accomplissement par l'envoi d'émissaires dans les départements, dont les administrateurs n'ont pas toujours compris le sens des événements survenus, tant l'opération n'a touché qu'un milieu limité aux politiques et aux généraux, pour qu'ils acceptent l'idée que la République est stabilisée autour de principes d'autorité et d'ordre [1]. Une élite a progressivement accaparé la vie politique ; cette tendance se renforcera au cours des régimes suivants jusqu'à recréer une noblesse mêlant la nouvelle et l'ancienne [2]. Brumaire et la confiscation totale du pouvoir par un exécutif tout-puissant accélèrent le processus :

1. Thierry Lentz, *Le Grand Consulat, 1799-1804*, Fayard, 1999 ; Martin Lyons, *Napoleon Bonaparte and the Legacy of the French Revolution*, Londres, Macmillan, 1994 ; Jean-Pierre Jessenne *et al.*, *Du Directoire au Consulat, Brumaire dans l'histoire du lien politique et de l'État-Nation,* Universités de Lille-III CRENHO et de Rouen GRHIS, 2001.

2. Voir notamment Claude-Isabelle Brelot, *La Noblesse réinventée*, Les Belles Lettres, 1992 ; Natalie Petiteau, *Napoléon de la Mythologie à l'Histoire*, Seuil, 1999, p. 380.

la représentation nationale, éclatée en diverses instances, perd tout pouvoir d'intervention [1].

Stabilisation et confiscation du pouvoir

Souveraineté du peuple et régime héréditaire

Avec un passé révolutionnaire et des victoires éclatantes en Italie, Bonaparte peut créer un nouveau régime, le Consulat ; il peut s'appuyer sur un réseau patiemment construit de propagandistes et de chefs militaires, sur l'appui des savants qu'il côtoie à l'Académie et qu'il a, pour partie, entraînés en Égypte. S'il a désavoué les politiques religieuses de la Révolution intransigeante, il a protégé les acheteurs de biens nationaux et il n'hésite pas à prendre des mesures brutales envers tous ceux qui entravent sa route, qu'ils soient royalistes supposés récalcitrants ou républicains militants. La répression pratiquée autant contre la gauche que contre la droite, après l'attentat de la rue Saint-Nicaise, illustre l'emploi cynique de la violence qui se poursuivra tout au long du Consulat et de l'Empire. Dès qu'il peut, il se débarrasse des Idéologues ou de Sieyès, placés hors des instances de pouvoir, n'hésitant pas à purger le Tribunat de possibles opposants. Enfin, il profite de la lassitude de beaucoup, qui à l'image de ces hommes ordinaires, Simon et Ménétra, étudiés par D. Roche, sont opposés à la fois à Robespierre et aux chouans et rêvent d'un retour à la paix [2]. Toutes ces raisons, sur lesquelles insistent plus ou moins les nombreux historiens intéressés par la prise de pouvoir, convergent autour de la personne du Premier Consul, garante d'une stabilisation calculée de la Révolution ; dans l'immédiat, comme dans la décennie suivante, cette coïncidence miraculeuse va être la seule vraie légitimité d'un régime politique lié à l'extraordinaire succès d'un « aventurier de génie » [3].

1. Louis Bergeron, Guy Chaussinand-Nogaret, *Les Masses de granit*, EHESS, 1979.
2. Daniel Roche, *op. cit.*
3. Natalie Petiteau, *op. cit.*

Son souci de la légitimité a poussé Bonaparte à fonder un régime héréditaire, l'Empire, pour tenter de trouver une solution durable[1]. Cependant, même inscrits dans la suite de la Révolution de 1789, même portés par le maintien des avantages acquis par les couches qui en ont profité (notamment les propriétaires des biens nationaux), le Consulat et l'Empire lui-même ne remettent pas en cause le principe de la souveraineté du peuple. L'Empire n'abolit pas la République, ce dont témoigne le calendrier républicain qui reste en vigueur jusqu'en 1806. La Révolution se poursuit et s'achève dans la promulgation des différents codes, civil, pénal, commencés des années plus tôt mais terminés sous l'autorité de Napoléon. Elle se survit dans les hommes qui poursuivent leur carrière militaire, politique ou administrative, sous un nouveau maître, jusqu'en 1815, rappelant à l'occasion les principes initiaux qui les avaient jetés dans la vie publique. En même temps, la souveraineté du peuple est liquidée par toutes les mesures prises pour clore la période de guerre civile et faire oublier les divisions. C'est au nom de l'oubli que Bonaparte récuse les rêves de Restauration dont Louis XVIII lui fait part depuis son exil de Mittau, qu'il contrôle et censure les ouvrages publiés sur la Révolution et notamment sur les guerres de l'Ouest. C'est dans un souci d'ordre qu'il reconnaît la religion catholique comme religion de la majorité des Français, avant de reconnaître les cultes protestant et juif, et qu'il bâtit une nouvelle structure religieuse catholique au mépris des divisions internes du clergé et des pratiques des fidèles (qui ont pourtant su résister aux mesures antérieures) en obtenant du pape, par la force et la ruse, un Concordat, doublé par des articles organiques et le catéchisme impérial qui lui donnent le contrôle de l'Église. Pour les mêmes raisons il intègre par la menace, la persuasion ou la séduction, nombre de membres de la vieille noblesse dans les rangs de l'élite notabilaire, rempart de son trône. Reste que cette Cour, cette nouvelle noblesse, ces héros décorés de la Légion d'honneur, ne doivent rien aux traditions et aux héritages, et tiennent tout de lui qui distingue, dote et

1. Jacques Julliard, « Le conflit politique », dans André Burguière, Jacques Revel (dir.), *Histoire de la France*, III, *L'État et les Conflits* (Jacques Julliard, dir.), Seuil, 1990, p. 271-294.

veille à lier la symbolique des titres à des biens fonciers et immobiliers qui en sont les garants [1].

La confiscation de la souveraineté nationale

L'invention du régime est donc totale et continuelle ; elle repose sur des institutions inédites : Consulat à vie, Empire héréditaire, sur des rituels théâtralisés, dont le sacre impérial, qui a transformé le pape en caution involontaire et spectateur obligé, est une des plus grandes réussites. Elle met en œuvre une machine politique efficace, bien pensée et déterminée, comme en témoignent l'enlèvement et la mise à mort du duc d'Enghien. La souveraineté populaire, encadrée dans des votes censitaires de fait et sous surveillance, est judicieusement éclatée dans des Assemblées rivales, complémentaires (Sénat, Tribunat, Corps législatif) aux pouvoirs rognés notamment par le Conseil d'État. Lorsque cette souveraineté peut s'exprimer au travers des plébiscites de l'an X et de l'an XII, c'est pour rendre compte de l'attachement à un seul homme. En principe, les sénateurs sont nommés directement, tandis que les citoyens réunis en assemblées primaires élisent des « notabilités communales », d'où sont dégagées des « notabilités départementales », lesquelles permettent de faire émerger des « notabilités nationales », qui peuvent entrer au Tribunat et au Corps législatif sur nomination. L'explication donnée par Roederer assurant que le système permet d'allier les bienfaits de la démocratie et de l'aristocratie, en faisant ressortir les hommes éminents, est un peu courte. Dans les faits, les assemblées cantonales, sans que le cens ne soit requis, élisent une élite d'à peu près 70 000 notables, « grands électeurs », parmi lesquels sont choisis les membres des deux assemblées mettant fin à l'exercice du contrôle populaire sur la représentation nationale. À partir de 1807, la pérennité des notables, parmi lesquels les détenteurs de pouvoir sont désignés, supprime de fait l'exercice de la représentation nationale. Les critiques ne peuvent se réaliser qu'en dehors des institutions, malgré la répression policière et le contrôle administratif.

1. Isser Woloch, *Napoleon and his Collaborators. The Making of a Dictatorship,* New York-Londres, Norton et Cie, 2001.

Ainsi avec moins de prétentions philosophiques que ses prédécesseurs, mais avec beaucoup moins de naïveté, Napoléon manipule le passé. S'il impose un oubli strict des événements de la Révolution, certains comme le débarquement de Quiberon sont cependant requis pour mobiliser l'opinion contre les nobles alliés des Anglais ; s'il revient aux pratiques calendaires traditionnelles, il inscrit sa propre fête parmi les fêtes catholiques se rattachant à un saint patron opportunément célébré le 15 août, enfin il s'inspire des récits attribués au barde Ossian, tradition inventée s'il en est, pour imaginer son propre apparat. L'aspect sombre du régime ne doit pas faire oublier que l'éclat de la propagande rencontre des demandes collectives de pouvoir fort, d'homme charismatique. On peut comprendre ainsi l'accueil fait aux nouveaux symboles (les abeilles, les aigles), usant habilement de réminiscences anciennes pour rallier l'opinion au maître du pays [1].

L'administration, que les révolutionnaires avaient progressivement créée tout en s'en défiant, quadrille dorénavant le pays, chaque domaine étant sous la coupe d'une hiérarchie de pouvoirs que l'Empereur contrôle dans sa totalité – ses préfets jouent le même rôle que lui vis-à-vis des notables locaux destinés à assurer la pérennité du régime. Empruntant à la monarchie et à la république, sans rien devoir aux traditions ni aux engagements de l'une et de l'autre, le système se met en place rapidement. Après s'être déchargé de l'enseignement primaire sur les localités suivant le Directoire, avoir autorisé la reconstitution d'écoles privées tenues par des religieux, les Écoles centrales, qui laissaient les élèves libres du choix des cours, sont transformées en lycées, aux règles rigides autant pour les enseignants que pour les enfants. Le cadre général de l'Université unifie tout le système en 1808, en laissant cependant en dehors les nombreuses écoles militaires tout comme les petits séminaires dans lesquels iront les enfants des classes moyennes et supérieures pour échapper au contrôle étatique. L'objectif est clair : l'Instruction publique est « une question de commandement, une source de pouvoir et une garantie du régime » pour Napoléon. Ce monopole accordé à l'Université, notamment dans le contrôle des écoles primaires et des collèges,

1. Annie Jourdan, *Napoléon, imperator, mécène, libérateur*, Flammarion, « Champs », 2000.

heurte directement l'Église (même si nombre de ses membres retrouvent une carrière enseignante et si le premier grand maître est un catholique de bonne compagnie, Fontanes), l'aristocratie et même la bourgeoisie d'affaires.

Raisons du succès, raisons de l'échec

L'Empire, un colosse aux pieds d'argile ?

La fragilité de l'ensemble est indéniable, tout repose sur les victoires extérieures qui obligent à des conquêtes continuelles, si bien que l'Empire est, pour reprendre une formule de J. Julliard, « la fuite en avant » d'un aventurier. Même son mariage avec la fille de l'empereur d'Autriche, même le fils qui naît de cette union, ne font pas rentrer Napoléon dans le cercle restreint des princes assurés de leurs assises. Ses relations avec les souverains européens ne sont régies que par les rapports de force. Or, au fil du temps, l'organisation de l'armée, l'armement, les tactiques de combat, qui avaient donné le succès au jeune général Bonaparte, sont copiées par les vaincus, alors que l'enthousiasme national s'émousse devant la poursuite apparemment interminable de la guerre et que l'extension des théâtres d'opérations rend toute entreprise militaire plus problématique. Le soutien populaire et le sacre ne pèseraient guère sans le charisme constamment renouvelé par les victoires au combat. Que celles-ci se raréfient, comme cela se produit après 1808, et c'est le vacillement des fidélités. Car d'autres faiblesses se manifestent dans l'entourage même du maître. Celui-ci dépend de plus en plus de généraux, de politiques, inaptes – ou réticents – à mettre en place sa politique. Si la plupart des ministres restent en place pendant tout l'Empire, les personnalités les plus fortes finissent par démissionner de leur poste ou par être remplacées, quand leurs attributions ne sont pas démultipliées en ministères, fractionnées en directions générales, confiées à des conseillers d'État dépendant directement de l'empereur. Sauf rares exceptions, leur obéissance est totale, parfois jusqu'à la servilité. Les propres frères et sœurs de Napoléon sont surveillés et, le cas échéant, contraints d'obéir. Condamné à veiller sans cesse au salut de l'Empire, l'empereur doit demeurer un général victorieux, un propagandiste infatigable, un administrateur inventif, un manager cynique des équipes antagonistes qui l'entourent, sans que nul autre, ni son fils ni ses frères, puisse profiter du système qui ne vit que de son énergie incroyable. La preuve en est administrée, lorsqu'en 1812, profitant de l'une de ses absences, le général Malet fait croire à la mort de l'empereur et échoue de peu à détruire le régime. La réponse à toutes ces menaces, qui planent sur l'aventure napoléonienne depuis 1800, est le renforcement continuel de la centralisation, de la censure, du contrôle policier, de la surveillance de l'opinion et des déplacements, l'éviction des opposants, enfin des mesures de basse police. Encore une fois, l'exécution hâtive du duc d'Enghien, pour prévenir un complot annoncé, illustre bien cette méthode de gouvernement en même temps que la hantise permanente de la disparition des assises du régime [1].

L'Empire, ferment de modernisation en Europe

Le destin de l'Empire est lié, en effet, aux mutations qu'il entraîne dans la conscience française et européenne. La conquête de l'Europe [2] est bien plus que le contrôle établi par un vainqueur sur des territoires soumis, elle provoque un bouleversement global dans tous les pays concernés, à commencer par la France. La poursuite de la guerre a changé la nature du régime ; non seulement l'armée vit sur les pays soumis depuis 1794, consolide le pouvoir depuis 1796, mais elle constitue après 1800 l'armature autour de laquelle la société se recompose. Jusqu'en 1808-1809, la guerre offre des chances à saisir pour les pauvres ou pour les ambitieux, elle ne réclame pas les jeunes hommes des classes les plus favorisées avant 1812, et jusqu'en 1813 elle est maintenue hors des frontières. L'expansion française représente aussi l'occasion d'une modernisation administrative et culturelle pour les espaces allemand et italien administrés directement ou indirectement après 1801-

1. Jean-Paul Bertaud, *Le Duc d'Enghien*, Fayard, 2000.
2. Stuart Woolf, *Napoléon et la Conquête de l'Europe*, Flammarion, trad. fr., 1990.

1803. Les administrateurs français, sûrs de leur expérience et de leurs principes, s'assujettissent les élites locales, anciens Jacobins déçus, partisans des Lumières trouvant une occasion pour faire passer leurs idées, élites intermédiaires ayant des revanches à prendre, notables comprenant l'intérêt de la rationalisation. Le code civil est copié dans toutes les régions conquises, des concordats sont signés avec le pape, sur le modèle français, la sécularisation de la vie quotidienne menée partout.

La mutation est telle que des préfets ou des gouverneurs, même le vice-roi Eugène de Beauharnais, s'interposent parfois entre leurs administrés et l'armée de la répression au nom du respect des lois et de la sphère privée. Le respect des personnes et des biens devient ainsi une notion nouvelle dans des régions soumises depuis des siècles au brigandage et à la vendetta. Un peu partout, en Italie, dans les Pays-Bas, dans les petits États allemands, l'élite cultivée, modérée, s'installe et, en nouant des compromis avec les occupants, réforme son pays, lance des études d'histoire nationale, accomplit des réformes fiscales. Les carrières s'ouvrent aux partisans des Lumières, *illuministi* italiens, *afrancesados* espagnols, aux plus cyniques comme aux plus idéalistes, qui entourent les grands commis français qui tiennent les clés majeures. De nombreux administrateurs français sont assurés de représenter l'universalité en marche, donc d'être supérieurs aux autres ; ils ne cessent de juger leurs assujettis selon des stéréotypes nationaux simplistes (la docilité des Toscans en est le moindre exemple). Des jeunes gens, francophiles, comme Foscolo ou Manzoni, en tirent des conclusions amères en se détachant de la France ou des Lumières, tandis que d'autres, comme von Stein en Allemagne, s'inspirent des méthodes françaises pour opérer une « révolution par le haut » dans leur pays.

Toutes ces réticences restent incomprises par Napoléon, à tort. L'invasion des États du pape et sa mise sous surveillance à partir de 1809 provoque un séisme négligé par l'empereur. Les dignitaires de l'Église, même le cardinal-oncle Fesch, préfèrent subir les foudres impériales, finalement éphémères, et continuer à soutenir Pie VII, apparemment sans force et sans pouvoir. Napoléon échoue à partir de 1811 dans sa tentative d'asservissement de la religion catholique, d'autant plus que des résistances populaires se mènent ouvertement sur les marches de l'Empire en son nom et qu'à l'intérieur de la France l'influence des anciens jésuites continue de se faire sentir. Dans le même temps, l'Acte de médiation imposé à la Suisse, l'édification de la République puis du royaume d'Italie, le découpage de la péninsule en départements et en principautés dévolues aux proches de Napoléon, comme les réorganisations brutales de l'Allemagne qui vont jusqu'à la suppression du Saint-Empire romain germanique en 1806, illustrent le peu de cas que le maître de l'Europe accorde à ses sujets, même ses alliés. Aussi la répression militaire devient-elle féroce à de nombreuses reprises, contre les bandes armées alliant banditisme d'honneur et revendications catholiques, notamment en Italie du sud, en Suisse et au Tyrol. Les pires exactions se déroulent en Espagne où les partisans des Français se retrouvent rapidement isolés face à la guérilla populaire, à la réaction royaliste et même au courant libéral nationaliste qui s'exprime dans les Cortès de Cadix. Ces guerres interminables comptent parmi les causes de l'échec impérial[1].

Les demandes exorbitantes en soldats (plus d'un million d'hommes peuplent la Grande Armée en 1813), la brutalisation croissante des combats, les conséquences désastreuses et inutiles du blocus continental, l'enlèvement du pape en 1809, donnent finalement des arguments à tous ceux qui se détachent de l'Empire, mais il faut bien comprendre que le régime a trouvé des soutiens durables, même s'ils étaient critiques sur certains points, dans toutes les catégories de la population française et européenne. Les raisons de cet état de fait sont nombreuses, touchant à des domaines variés. L'expérience napoléonienne permet que l'État s'autonomise, développe l'administration, s'appuie sur des couches nouvelles qui peuplent des institutions particulières comme les grandes écoles ou le Conseil d'État. Ainsi la société est à la fois sous surveillance et garantie tandis que la Nation est fondée sur la gloire et l'expansion militaire. Le pays trouve ainsi un équilibre après avoir rompu avec les liens traditionnels communautaristes de l'Ancien Régime, avoir vu ensuite la naissance d'une société d'individus en 1789-1790, puis d'une Nation porteuse d'un projet unique entre 1792 et 1794, et avoir subi les aléas des

1. Richard Hocquellet, *Résistance et Révolution durant l'occupation napoléonienne en Espagne, 1808-1812*, La Boutique de l'histoire, 2001.

compromis des années suivantes. Cette stabilisation est favorisée par le mélange décidé entre pratiques politiques, propagande, contrôle policier et attention aux questions sociales et économiques. Napoléon a su créer, entretenir sa légende, en même temps qu'il attire les jeunes gens avides de gloire, encourage l'industrie, réprime férocement les opposants et sollicite les avis des milieux cultivés.

La synthèse napoléonienne, aux fondations de la France contemporaine

On comprend dès lors que les institutions créées pendant le Consulat puissent durer, le pays – et tous les régimes suivants – trouvant son compte dans la centralisation, la hiérarchisation administrative comme dans le règlement des rapports juridiques et commerciaux. Au-delà de cet acquiescement opportuniste, l'élan populaire n'est pas négligeable, qu'il s'exprime, d'une part, dans les plébiscites de 1802 ou de 1814, puisque plus de 3,6 millions d'électeurs se déplacent (indépendamment des manipulations administratives qui ne sont pas niables), d'autre part, dans l'acceptation de l'effort de guerre, au moins jusque dans les années 1811-1812, enfin dans l'accueil réservé à l'empereur traversant la France du Midi et du Sud-Est en 1815, après l'épisode de l'île d'Elbe. On ne saurait imputer ces marques d'intérêt à la seule propagande, même si les attentes sont contradictoires autour de la personne de Napoléon, qui reste à la fois l'héritier et le fossoyeur de la Révolution. Aux demandes d'un État fort émanant d'une grande partie de la population, Napoléon a donné une réponse convenable, garantissant la puissance nationale, les hiérarchies intérieures et la tranquillité économique : autant de réussites qui ne seront oubliées ni en 1840 par Louis-Philippe, ni en 1851-1852 par son neveu, qui s'approprieront leur part d'héritage en rappelant les souvenirs de l'empereur.

Plus sûrement, l'empereur incarne un moment fort dans le développement de la France, si bien qu'il offre aux talents une occasion de s'investir dans la vie politique française, de faire carrière tout en servant le bien public, ce que tous les régimes précédents avaient échoué à faire. Le rassemblement d'hommes venus de la gauche et de la droite modérées, pour gouverner rationnellement, selon des principes libéraux [1], ne relève pas d'une possible trahison mais bien de la volonté d'accompagner un mouvement amorcé épisodiquement en 1789 et en 1795, demeuré sans suite tangible. Le Consulat – plus que l'Empire – donne une permanence à ce courant, dont l'autonomie est à la fois la clé de la réussite (et de l'échec) de l'ensemble. Tant que ces hommes, respectueux d'abord de la pérennité de l'État et d'institutions stables, estiment nécessaire le lien entre le régime personnel de Napoléon et la bonne marche de la nation, ils demeurent insensibles aux critiques des libéraux, des néo-jacobins ou des royalistes ; lorsque la conjoncture change, que l'aventure personnelle menace la communauté, alors ils grippent les institutions pour les retourner contre leur auteur et négocient le maintien de l'essentiel de leurs valeurs auprès d'un autre monarque. La légitimité de Napoléon aura certainement été d'abord cette réussite conjoncturelle, cette réponse adaptée à un grand désarroi, aux demandes multiformes d'une nation ébranlée par les événements dont elle venait de sortir avec peine. Cela n'enlève rien à son génie, ni aux résonances – voire à la légende – d'un régime qui constitue une des particularités durables de notre univers politique, mais cela permet de comprendre à la fois cet extraordinaire succès et son arrêt brutal, une fois la conjoncture modifiée [2].

La réussite de Napoléon a tenu enfin à sa compréhension pragmatique de l'originalité de la vie politique française alliant intimement questions sociales, horizons culturels, traditions et débat intellectuel. Car, à la différence de tous les pays proches qui ont vu les élites contenir ou utiliser les mouvements populaires, les Français ont conjugué les dimensions les plus éloignées les unes des autres : la réflexion philosophique, la demande de reconnaissance sociale, les envies de revanche violentes, mais aussi le mysticisme religieux ou la superstition la plus ignorante, comme le goût des grands exemples tirés du passé ou encore l'acceptation des mythes les plus incroyables, sans qu'aucune distinction hiérarchise ces pensées, ces passions et ces pulsions. On comprend ainsi que la violence ait été légitime auprès des révolutionnaires comme des contre-

1. Lucien Jaume, *L'Individu effacé ou le Paradoxe du libéralisme français*, Fayard, 1997.
2. Natalie Petiteau, *op. cit.*

révolutionnaires, que la propagande et la captation des foules aient eu une importance considérable, que l'Empire exacerbe. Tout fait a acquis une portée inédite, parce que, chaque fois, le moindre phénomène trouvait une lecture politique, évoquait un écho mémoriel, ouvrait un débat ou entraînait des réactions imprévues qui touchaient l'ensemble de la société. Aussi, passé l'Empire et son mélange flamboyant, les régimes suivants essaieront de se cantonner dans le respect des genres pour ne pas être emportés à leur tour dans les soubresauts des révolutions incontrôlables, ce qui se produira pourtant : ce que la vie politique gagnera en autonomie sera perdu en passion, entraînant un « mal du siècle » favorable au romantisme mais désespérant la politique. Les deux décennies suivantes seront donc grâce à l'attention des souverains désireux d'ordre dans l'équilibre comme dans la conservation, le moment pendant lequel la France tournera la page exubérante, religieuse, voire mystique, de la Révolution et de l'Empire.

CHAPITRE 4

Les solutions impossibles

De 1815 aux années 1840, différentes logiques politiques s'affrontent jusqu'à opérer une transformation radicale des équilibres politiques dans le pays : royalisme et ultra-royalisme (légitimisme), libéralisme, républicanisme et socialisme, les unes prenant de plus en plus de place et de force, au fur et à mesure de l'effacement des autres. Cette image, qu'il ne faut pas prendre au pied de la lettre, permet cependant de comprendre qu'aucune de ces doctrines n'ait jamais complètement disparu, ni n'ait été parfaitement isolée, mais que toutes ont été composées de dimensions disparates – notamment religieuses – et qu'elles ont été défendues par des individus et des groupes impliqués pour des raisons diverses, allant de la conviction individuelle au respect de traditions familiales. À la fin du XIXe siècle, toutes ces doctrines sont encore si vivantes dans le champ politique français, que la « persistance de l'Ancien Régime » est attestée même pendant la IIIe République triomphante [1].

Cette vie politique, culturelle et religieuse, créatrice d'un symbolisme vivant, reste dans ce début de siècle polarisée autour du binôme Révolution/Contre-Révolution, qui classe vaille que vaille tous ces courants en deux camps hétérogènes, opposés l'un à l'autre à l'occasion d'affrontements épisodiques. Les convictions des ultras s'affichent par leurs chapeaux vernis, celles des paysans par des rubans verts, tous communient autour des châteaux restaurés et des inventions agronomiques. Les nostalgiques se contentent de garder leurs culottes et leurs perruques poudrées. Les révolutionnaires – ou leurs enfants – cultivent la mémoire des grands événements auxquels ils ont participé et se retrouvent derrière la figure de

1. Arno Mayer, *La Persistance de l'Ancien Régime*, Flammarion, 1982.

Marianne[1]. Les soldats de l'Empire propagent leur gloire et celle de la nation[2]. Emblématiquement, les barricades de 1830 rassembleront la veste du bourgeois, le bourgeron du prolétaire et la cravate de l'étudiant, avant que la casquette de l'ouvrier ne supplante brièvement le chapeau du notable en février 1848 ! Reste à apprécier sous la visibilité des symboles, les forces en marche, leurs complexités et la profondeur de la politisation.

La Restauration improbable

La tentative de la monarchie constitutionnelle et les principes de l'Ancien Régime

Contrairement à ce qu'on pourrait croire en jugeant inévitable le rejet de la Révolution violente et inutile, et de l'Empire policier et prodigue du sang français, les Bourbons ne bénéficient d'aucun appui populaire ou politique en 1814. Ils n'ont alors plus de légitimité. Oubliés de fait par les Français après vingt-cinq ans d'absence, hormis par une minorité royaliste activiste, soumis aux calculs des dignitaires impériaux, Talleyrand en tête, ils ne disposent que du soutien mesuré de l'Angleterre mais se heurtent à l'indifférence voire à l'hostilité des autres puissances. C'est dans ce jeu compliqué qu'ils opèrent, pourtant, leur prise du pouvoir.

L'accueil que Bordeaux, ville tenue par les réseaux royalistes clandestins, réserve au duc d'Angoulême le 12 mars 1814, leur donne un espoir, alors que rien n'est joué militairement dans le Nord du pays, où Napoléon renoue avec son génie tacticien[3]. Mais si l'empereur essaie de provoquer un revirement militaire, toujours possible, en sa faveur, les élites sont lasses de la guerre et craignent de voir le pays envahi, à commencer par Paris. Du 30 mars au 3 avril 1814, l'édifice impérial s'écroule

1. Sergio Luzzato, *Il Terrore ricordato,* Turin, Einaudi, 2000, nouvelle édition. Maurice Agulhon, *Marianne au combat*, Flammarion, 1979.

2. Gérard de Puymège, *Chauvin, le soldat-laboureur*, Gallimard, 1992.

3. Emmanuel de Waresquiel, Benoît Yvert, *Histoire de la Restauration*, Perrin, 1996.

à la suite de quelques manœuvres habiles des sénateurs et de Talleyrand ; le Corps législatif donne un air de légalité à la déchéance de l'empereur, tandis que les grands corps de l'État se joignent à la démarche et demandent le retour de Louis XVIII. La France connaît alors une situation inattendue : un empereur déchu mais à la tête d'une force militaire encore dangereuse, des souverains alliés à demi assurés de leur victoire mais désunis, les héritiers du trône réclamant leurs droits appuyés par des mouvements isolés, un gouvernement provisoire enfin, cherchant à bâtir un régime inédit qui ne remettrait pas l'histoire du pays en cause ! Une série d'intrigues conduit finalement à l'abdication de Napoléon, donnant au Sénat l'apparence du pouvoir constituant, ce que Louis XVIII balaie d'un revers de main en s'instituant, dans sa déclaration de Saint-Ouen du 2 mai, « Louis, par la grâce de Dieu, roi de France et de Navarre ».

La France est-elle revenue à l'Ancien Régime, comme cela se dit parfois ? Sans doute au sens strict[1], puisque le roi, qui affirme être dans la dix-neuvième année de son règne, renoue la chaîne des temps, revendiquant toute sa légitimité, s'inscrivant dans la continuité de la monarchie de droit divin et assurant que les Français sont ses « sujets ». Dans la Charte qu'il octroie au pays et dont le préambule s'inscrit dans la perspective des principes de l'Ancien Régime, les deux Chambres prévues ne dépendent que de sa volonté. Cependant, la Constitution est beaucoup plus libérale que les précédentes – et que celle de nombre de pays européens. L'égalité civile devant la loi est maintenue, mais aussi le code civil, les principales libertés et l'organisation administrative ; surtout, les acquis de la période révolutionnaire – des achats fonciers aux titres nobiliaires récents – sont avalisés. Il s'agit finalement d'une « monarchie limitée », qui garantit la souveraineté royale et son mystère, mais qui permet des interprétations contradictoires, au point que les royalistes condamnent le principe même de toute constitution et voient dans la déclaration de Saint-Ouen une abdication devant des exigences nouvelles jugées inacceptables. La religion catholique redevient sans doute religion officielle, mais la liberté religieuse est reconnue et, pire, le roi conserve le Concordat de 1801. De leur côté, les libéraux

1. Jean-Pierre Chaline, *La Restauration*, PUF, « Que sais-je ? », 1998.

se félicitent des ambiguïtés du texte constitutionnel qu'ils vont exploiter ; ils peuvent alors se réjouir d'être débarrassés des excès de la souveraineté populaire et de voir ce régime laisser la liberté à la vie civile ; bref, ils s'accommodent d'une monarchie qui respecte les principes de la raison. La suite de l'Histoire dénoncera les illusions des uns et des autres.

Dans l'immédiat, en 1814, nul ne dispose des principes intangibles d'une légitimité reconnue. La Révolution a ruiné définitivement les droits historiques de quelque dynastie que ce soit et a légué un espace politique ouvert. Même si le roi s'acharne à nier cette perte de légitimité, allant jusqu'à rabaisser l'hommage dû à Louis XVI pour n'en faire qu'un rituel de pure forme, minimisant ainsi l'impact du régicide, le besoin de la paix – et de l'oubli – prévaut sur les convictions et les souvenirs, même les plus légitimes et les plus douloureux. Les royalistes « ultras », reprochant cependant à Louis XVIII de n'accorder ni place ni récompense à ceux qui ont combattu pour la monarchie dans les décennies précédentes, et de laisser les grands corps peuplés de fidèles de l'Empire – voire d'anciens Conventionnels –, font de l'épuration des administrations une priorité, ce que ne permet pas la Charte. À l'inverse, les mesures prises en faveur du souvenir des « martyrs » de la Révolution et de l'Église sont ressenties par les défenseurs des idées républicaines comme autant de menaces, malgré leurs limites [1]. De leur côté, les officiers en demi-solde et les soldats démobilisés alimentent les rancœurs populaires contre la royauté rabaissant la nation.

L'équilibre ruiné par les Cent-Jours et par la terreur blanche

Dans cette situation instable, le retour de Napoléon provoque un choc, car le « vol de l'Aigle » ne recourt pas à la force, mais séduit ses fidèles et ceux qui espèrent un retour à un système proche de celui de la Révolution : paysanneries, élites urbaines, anciens militaires, enfin généraux pourtant apparemment ralliés à la monarchie – Ney en est l'exemple emblémа-

1. Jean-Clément Martin, *La Vendée de la Mémoire, 1800-1980*, Seuil, 1989, premier chapitre.

tique – qui passent dans le camp de « l'usurpateur ». À l'inverse, les royalistes tentent de reconstituer quelques môles de résistance, notamment dans les régions de l'Ouest, sans pouvoir mobiliser des foules.

Ces quelques mois de 1815 vont peser lourd dans la suite de l'histoire. La fiction de la légalité de l'État tissée par les mains habiles de quelques politiques est ainsi brutalement déchirée laissant voir la vigueur des enracinements idéologiques et politiques, la profondeur du chauvinisme né de la guerre, les ressentiments des anticléricaux. Même si les individus se retrouvent incertains et désarçonnés – thème qu'Aragon exploitera ensuite dans *La Semaine sainte* [1] –, les grands courants de pensée qui ont été structurés pendant la période révolutionnaire et impériale orientent les réactions collectives. Une minorité d'administrateurs et de politiques reçoit le qualificatif injurieux de « girouettes » parce qu'ils renient au fur et à mesure les opinions déclassées par la succession des régimes. Exemple anecdotique mais révélateur des prudences édilitaires, les Calaisiens, qui ont fait ériger une colonne pour commémorer l'arrivée de Louis XVIII dans leur ville en avril 1814, la transforment en phare, attendant le retour de Gand pour la couronner des lys initialement prévus [2]. Il faudrait distinguer cependant parmi eux les opportunistes qui ne cherchent qu'à sauver leur tête et leur fortune, de ceux qui, au nom de l'intérêt national et de la pérennité de l'administration, acceptent les changements de drapeaux en maintenant les principes généraux prônés depuis 1789 par les élites modérées. L'État prime ainsi sur les régimes et sur la nation – ce que contesteront fermement les ultra-royalistes.

L'intermède des Cent-Jours est l'occasion pour Napoléon de renouer de façon ambiguë avec les héritages révolutionnaires, réussissant volontairement à donner une dimension populiste à son aventure et involontairement à consacrer le système représentatif, puisqu'il doit passer sous les fourches caudines des libéraux, qui, comme Constant, tentent d'infléchir la nature du régime. Son échec interdit de rechercher de

1. Gallimard, 1969.
2. Michel Biard, « Terminer la Contre-Révolution ? La colonne Louis XVIII à Calais, symbolique et enjeux », dans Jean-Clément Martin (dir.), *La Contre-Révolution en Europe, XVIIIe-XXe siècle*, Presses universitaires de Rennes, 2001, p. 241-254.

nouveaux accommodements, les positions ayant été tranchées autour de l'opposition Révolution/Contre-Révolution. Louis XVIII, reparti hors des frontières, ne peut revenir qu'après Waterloo, qui reste la victoire des coalitions alliées, même si la diversion créée dans l'Ouest par le soulèvement des vendéens et des chouans n'a pas été inutile. Le retour se fait cette fois-ci grâce aux manœuvres de Fouché, dont la toute-puissance atteste, bien au-delà de son caractère éphémère, à quel point le pouvoir royal est coupé du peuple, et que celui-ci est dorénavant sous l'œil des puissances européennes. Elles punissent le pays en l'envahissant de façon très violente, tandis que les ultras renouent avec la Terreur blanche dans le Midi et investissent la Chambre « introuvable » – selon le mot de Louis XVIII – qui obtient des épurations et des bannissements, dont ceux des « régicides ». Pendant quelques mois les anciens révolutionnaires ou impériaux sont, surtout dans le Sud, soumis à une très violente campagne qui s'accompagne parfois de meurtres – le général Brune est tué ainsi en Avignon –, tandis que les armées d'occupation se comportent comme en pays conquis, provoquant parfois des réactions de défense, même chez des fonctionnaires royalistes. Ce bref épisode demeure encore largement méconnu, si bien que l'on peut estimer paradoxalement que les règlements de comptes et les exactions qui se produisent à ce moment attestent, involontairement, de la profondeur des sentiments républicains et bonapartistes dans la masse populaire.

La Contre-Révolution aurait-elle enfin extirpé le virus révolutionnaire ? L'excès de cette répression entraîne la dissolution de l'Assemblée et la défaite logique des ultras, redonnant une autonomie à Louis XVIII et à son ministre Decazes, qui renouent avec une politique de conciliation ferme. Pendant quelques années, le pays est gouverné selon les principes du parlementarisme qui est le seul cadre possible pour répondre aux affrontements politiciens qui ont lieu. L'embellie est de courte durée, car l'assassinat du duc de Berry, en 1820, replonge la France dans ses déchirements politiques et les calculs manichéens, la politique libérale apparaissant coupable de cet attentat (qui se produit au moment où, en Prusse, le ministre Kotzebue est assassiné par un étudiant libéral, Sand). L'ouverture politique n'est plus possible si bien que l'envoi en 1823 des « cent mille fils de Saint Louis », les armées françaises chargées de réprimer l'expérience libérale espagnole pour le compte de la Sainte Alliance, puis la mort de Louis XVIII et son remplacement par son frère, Charles X, paladin infatigable de la Contre-Révolution depuis 1789, marquent un tournant capital arrêtant la recherche d'un équilibre entre les forces antagonistes léguées par la Révolution et l'Empire, pour essayer de réinstaller une monarchie chrétienne et absolue.

Charles X et l'endiguement inutile

L'échec du retour à l'Ancien Régime

L'arrivée au pouvoir de Charles X et son sacre dans la cathédrale de Reims mettent les deux France face à face, avec leurs militants, leurs réseaux et même de véritables armées clandestines. Les idéaux et les pratiques politiques sont ainsi diffractés au plus près de la société française, parmi les médecins, avocats, professeurs (les détenteurs de « capacités », selon Guizot), comme chez les ouvriers instruits, mais aussi, dans une autre optique et selon des modalités moins intellectuelles, chez les nobles entourés de leurs paysans. Les ultras, forts de leurs soutiens populaires, remplissent les ministères et obtiennent enfin les récompenses tangibles de leurs efforts passés, pensions et titres, ce qui devient le fameux « milliard des émigrés ». Le temps de l'exaltation du martyre de la France royaliste et chrétienne paraît venu, marqué par les monuments commémoratifs, par les visites princières, par les condamnations des penseurs et des journalistes de l'opposition – Guizot n'y échappe pas –, et par l'application de la Charte pour consacrer les liens de l'aristocratie avec les populations rurales. Point culminant de cette réaction, la loi rétablit, en 1825, la peine de mort pour sacrilège, ce dont les Chevaliers de la Foi [1] se réjouissent discrètement, satisfaits d'avoir atteint leur but en arrivant au pouvoir. La Restauration redonne le contrôle de

1. Guillaume Bertier de Sauvigny, *Ferdinand de Bertier et l'Énigme de la Congrégation*, Paris, 1948.

l'enseignement à l'Église. Les curés président les comités communaux de surveillance, les évêques, les comités accordant l'autorisation d'enseigner ; les Affaires ecclésiastiques et l'Instruction publique sont confondues dans le même ministère, tenu par Mgr Frayssinous, avant que Polignac ne promulgue, parmi les ordonnances qui provoquent la chute du régime, l'obligation d'appartenir à une congrégation accréditée pour enseigner ! L'Église, dans un mouvement revanchard, se lie alors au trône, voulant recevoir de lui les moyens d'exercer son ordre moral. Cette espèce de rechristianisation politique du pays, effectuée au travers d'innombrables missions présentées comme autant d'expiations des erreurs passées, mais qui retrouvent des accents gallicans, produit des réactions complexes et défavorables.

En témoigne d'abord l'échec dans l'opinion du sacre de Charles X, puis la montée de l'anticléricalisme qui se déploiera dans les premières années de la monarchie de Juillet, enfin l'essor d'un ultramontanisme chez de jeunes intellectuels catholiques, qui, déchirés entre fidélité au pape et au roi, privilégient la première. La trajectoire la plus extrême ira pour certains, comme Lamennais, qui défend une religion du Peuple, jusqu'à basculer dans la contestation sociale. L'échec de la politique gallicane de la monarchie est vite patent ; devant les défis posés par le monde moderne et la Révolution, la défense des intérêts de l'Église entraîne des revirements, refusant notamment les mesures libérales du ministère Martignac, si bien que l'Église acquiert peu à peu une autonomie qui la fera se dresser contre l'État – fût-il monarchique –, puis faire valoir ses droits auprès de la République. Lamennais fait scandale en étant le premier à proposer cette idée, qui ne sera appliquée avec difficulté qu'à la fin du siècle. La médiocre participation du clergé, pourtant majoritairement légitimiste, au soulèvement orchestré par la duchesse de Berry en 1832, trouve là son explication : pour les clercs, le contrôle des âmes passe d'abord par les œuvres, à commencer par l'action sur l'École, au détriment du politique.

La montée en puissance du libéralisme

En même temps que Charles X mécontente ceux qui sont ses alliés naturels, un camp se constitue qui rassemble, provisoirement, les différentes familles libérales avec les républicains plus radicaux, en passant par les anticléricaux révulsés par les prétentions théocratiques. La société française est agitée par leurs mouvements plus ou moins secrets : ouvertement, l'association *Aide-toi le Ciel t'aidera* soutient activement et efficacement les libéraux au moment des élections. La Charbonnerie, implantée dans tout le pays, a tenté des coups de force dès 1821-1822 qui ont été sévèrement réprimés, continue son action mais elle n'est qu'un courant parmi tous ceux qui, au même moment, rassemblent des jeunes gens désireux d'imaginer de nouveaux cadres de vie [1]. Une recherche tumultueuse mêle toutes les aspirations et ose tous les rapprochements : messianisme révolutionnaire devant se réaliser dans des communautés, inventions de relations personnelles tout à la fois mystiques et économiques des saint-simoniens, critique sociale issue du catholicisme, vision fouriériste d'un univers organisé jusque dans les concordances psychologiques, les rénovations sociales les plus inédites sont envisagées pour trouver une issue à la crise ouverte depuis 1789, débouchant sur des solutions qualifiées plus tard d'utopiques. Naissent ainsi des sociétés industrielles, mâtinées de mysticisme, des phalanstères réunissant des contractants représentatifs des types humains, ou des familistères, toutes organisations qui associent les dimensions humaines et spirituelles aux considérations politiques et sociales pour réussir là où la Révolution a échoué. Il faut examiner ces projets avec indulgence puisqu'ils essaient de résoudre les tensions apparues précisément entre l'État et la Nation, qu'ils engendreront ici et là des organismes durables actifs localement et qu'ils diffusent une culture politique parmi les classes populaires qui abandonnent peu à peu des pratiques violentes traditionnelles [2]. Dans l'immédiat, ces courants instables contribuent davantage à alourdir

1. Jeanne Gilmore, *La République clandestine, 1818-1848*, Aubier, 1997.
2. Voir notamment Jacques Rancière, *La Nuit des prolétaires*, Fayard, 1981.

le climat qu'à impulser une ligne politique. 1848 leur devra beaucoup, dans sa réussite initiale comme dans ses échecs. Bien plus tard, ils inspireront des situations « alternatives » aux sociétés occidentales ou soviétiques. Grâce à eux, l'héritage révolutionnaire est réinterprété et trouve une seconde jeunesse.

Les libéraux, qu'ils insistent sur le recours aux notables détenteurs de la raison d'État, sur les libertés individuelles ou sur un catholicisme considéré comme garant de la démocratie, forment toujours l'aile marchante de la critique du régime et regroupent derrière eux tous ceux, toujours plus nombreux, qui se sentent bridés par les lois toujours plus réactionnaires. Les mouvements culturels renforcent la tendance, puisque les romantiques français (même si le mot recouvre une réalité complexe, voire contradictoire) qui avaient enraciné initialement leur esthétique dans la défense de la catholicité et de la monarchie, contre la raison et la Révolution, glissent peu à peu vers un libéralisme artistique qui se combine avec le libéralisme politique et qui attire les jeunes générations[1]. L'évolution de Victor Hugo, qui devient précisément en 1830, l'un des chefs de cette sensibilité est significative. La préface d'*Hernani* affirmant, en mars 1830, que « le romantisme n'est, à tout prendre, que le libéralisme en littérature », illustre l'effritement de la position de la monarchie traditionnelle dans tous les domaines. Hugo incarne l'une des « voix de la liberté », selon la formule de M. Winock, qui s'élève contre le régime avec d'autant plus d'éclat qu'il en avait été un des soutiens remarqués dix ans plus tôt.

L'isolement des royalistes de stricte obédience est alors irrémédiable, annonçant la marginalisation du courant traditionaliste monarchique dans l'univers politique du pays. Le poids de l'histoire récente empêche de trouver des compromis entre des camps dorénavant irréconciliables au nom du passé. Les étudiants, qui apparaissent véritablement comme groupe social, réclament la liberté au nom des principes de la Révolution que de jeunes gens, Mignet et Thiers, exposent avec nuances et conviction, justifiant par l'histoire inéluctable les aspirations des nouvelles couches sociales. Les premiers suc-

1. Jean-Claude Caron, *Générations romantiques. Les étudiants de Paris et le quartier Latin (1814-1851)*, Armand Colin, 1991.

cès de la conquête algérienne ne rallient pas la Nation autour de Charles X, mais profiteront à son successeur. Le divorce est inévitable entre une opinion qui a basculé et un souverain réactionnaire, accumulant les maladresses et refusant les négociations. Les Journées de juillet 1830 amenées par la radicalisation progressive des positions dénouent brutalement la situation. Les forces vives du pays ont abandonné la monarchie traditionnelle. Après 1830, les légitimistes français participeront à une internationale « noire », qui luttera au Portugal, en Espagne, puis en Italie contre les libéraux et les États qui les soutiennent, la France et l'Angleterre. Les carlistes espagnols, fidèles à leur roi déchu, se réfugient en France où ils trouvent un soutien auprès des populations favorables à Charles X, le tout sous la surveillance des agents de Louis-Philippe pourchassant les réseaux clandestins des légitimistes français ! Ces minorités resteront longtemps porteuses de nostalgies ; mais elles ont échoué à rassembler autour d'elles des adhésions populaires, n'ayant pas pu contrebalancer par les rappels de la grandeur royale, la force des mythes de l'État et de la Nation unifiés par les souvenirs de 1789, de 1793 et des guerres impériales.

Les apprentissages paradoxaux

La pérennité de l'État-nation centralisé

La situation qui résulte de cette période est plus complexe que les *a priori* idéologiques pourraient le laisser supposer. Dès 1815, l'unité nationale s'affirme paradoxalement contre les troupes étrangères : elles ont permis aux Bourbons de revenir sur le trône, mais elles se heurtent à la méfiance, voire à l'hostilité des chouans de l'Ouest qui, par exemple, vont jusqu'à se rapprocher des troupes « bonapartistes » pour éviter toute intrusion des étrangers dans l'administration de la vie quotidienne. Dans ces années de monarchie parlementaire, la France a continué certes d'attribuer la responsabilité de l'échec national au régime en place, mais elle a accepté de donner un autre sens aux expériences révolutionnaire et impériale : les gains politiques et symboliques que celles-ci ont accordés à de nombreuses catégories sociales sont devenus des acquis indiscutables, au nom desquels la violence est progressivement minimisée. Les leçons des Maistre, Bonald et Ballanche, les mémoires de la marquise de La Rochejaquelein, best-seller européen dès 1814, perdent de leur influence passé 1820, alors que l'esprit voltairien continue de régner dans les salons des classes moyennes. Les souvenirs de la Révolution et de l'Empire cessent d'être des objets de scandale pour entrer dans la constitution même de l'histoire nationale [1]. L'État est devenu une entité durable même si on peut en débattre la forme. L'unification du pays et la centralisation administrative, accentuée par Napoléon, ne sont pas remises en cause par les rois qui lui succèdent : ceux-ci ont – même Charles X – bien compris les avantages qu'ils pouvaient tirer de ces principes, pourtant contraires aux leurs, en ne rétablissant ni les provinces ni les corps intermédiaires.

La défense de l'unité nationale, adoptée par les rois de la Restauration, se réalise alors au grand dam de nombre de leurs partisans, porteurs d'un idéal provincial voulant affaiblir le pouvoir de l'État ou promoteurs d'une Nation unifiée par l'adhésion aux principes chrétiens. Réformateurs sociaux et nostalgiques de la France provinciale et décentralisée sont ainsi cantonnés aux marges de la nouvelle organisation politique du pays. Non seulement la Restauration ne récompense ni les vendéens ni les soutiens de la cause monarchique des souffrances endurées avant 1823 (Chateaubriand stigmatisera « l'ingratitude des Bourbons »), mais les ultras sont rapidement encadrés et surveillés, même désarmés. Seul l'ordre social sorti de la Révolution et de l'Empire est accepté : la noblesse a vu sa place dans l'État et son rang dans la Nation rabaissés, les particularités provinciales sont abolies et l'unité du pays affirmée indépendamment des convictions religieuses [2]. La désacralisation de l'État est prolongée et l'enracinement dans l'histoire oublié ; les formes nouvelles de l'État se passent de ces justifications [3]. La conception d'une Nation organique, fondée sur des provinces, unifiée mystiquement

1. Natalie Petiteau, *op. cit.*, chap. 2.
2. Jean-Yves Guiomar, *op. cit.*
3. Jean-Pierre Chaline, *op. cit.*

pour composer un peuple particulier, continuera pourtant à se diffuser sourdement dans les groupes attachés à la monarchie qu'ils jugent légitime, mais qui ne sont plus que des cercles militants fort réduits.

Laïcisation de l'État

Le relâchement irrémédiable du rapport entre l'Église et la monarchie française en découle, selon des modalités imprévues. Pour la première fois, la France évolue dans un univers politique laïque, invention totale pour l'époque. En 1814, Louis XVIII, dont la personne est « sacrée », reçoit certes son autorité de la « divine Providence », mais la vie parlementaire prime. Le duc de Richelieu, qui avait pourtant montré ses qualités d'homme d'État en Crimée, ne peut s'adapter à ces nouvelles mœurs sécularisées après 1815. Charles X, malgré tous ses efforts, ne pourra rétablir la religion royale qui a disparu à la fin du siècle précédent. Ainsi quand il prend le deuil des rois de France à la mort de son frère en se vêtant de violet, une partie de l'opinion, oublieuse de cette pratique, pense que le roi s'est fait évêque ! La légitimité de l'État repose bien sur l'adhésion de la Nation et se réalise dès lors selon des procédures démocratiques. L'histoire récente explique cette évolution depuis qu'en 1795-1796, la papauté avait envisagé de reconnaître le Directoire pour, rendant à César ce qui lui revenait, préserver la possible renaissance de l'Église. Les destins de la monarchie et de l'Église avaient été disjoints totalement avec le Concordat de 1801 : le Consulat et l'Empire avaient bénéficié de la reconnaissance pontificale dans un rapport de forces entre puissances ayant besoin l'une de l'autre. Louis XVIII, pressé par les difficultés financières et incapable de trouver un compromis avec le pape comme avec les ultras, renonce à la fois au sacre et à la dénonciation du Concordat. Il s'oppose ainsi aux catholiques dissidents, qui demandent la restitution du Concordat de 1516 et le retour à l'Église d'avant la Révolution pour laquelle ils ont combattu ou ont été persécutés. Paradoxalement, ceux-ci se retrouvent schismatiques dans la Petite Église [1]. Cette dissidence, qui se révélera durable

1. Auguste Billaud, *La Petite Église*, Nouvelles Éditions latines, 1962.

encore que limitée, témoigne des courants apocalyptiques qui traversent les populations rurales à la suite de la Révolution et de l'Empire. Ce climat favorise la naissance d'une sensibilité nouvelle, autour de communautés religieuses et de clercs (comme Jean-Marie Vianney, le curé d'Ars) appartenant à la « religion populaire », demandeuse de missions et de cérémonies pénitentielles, désormais acceptée, bon gré mal gré par la hiérarchie.

L'acculturation du régime représentatif et parlementaire

Ces années de conflits se révèlent involontairement favorables à l'enracinement de pratiques démocratiques. Dès 1815, les ultras, pour s'opposer au roi, se réclament de la légitimité de la Chambre, tandis que les libéraux soutiennent l'initiative du roi : la Restauration restitue ainsi un rôle effectif à la représentation nationale. Elle acclimate notamment l'idée qu'un débat contradictoire est possible, puisque aucun principe ne peut être appliqué sans limites ni précautions et que la politique nécessite compromis et invention. La Chambre accueille ainsi, non sans difficulté, des députés hostiles au régime, dès lors qu'ils en respectent les formes, malgré l'éviction du député Manuel ou l'élection cassée de Grégoire. Entre 1815 et 1829, le classement droite/gauche (« royalistes purs » contre « indépendants ») se fixe, permettant qu'un centre, le parti constitutionnel, se constitue et mène une politique de bascule. Chacune de ces trois composantes importantes du jeu politique possède ses chefs – respectivement le comte d'Artois, La Fayette, Decazes –, ses journaux – respectivement *La Gazette de France*, *Le Constitutionnel*, *Le National*.

La polarité de la vie politique repose ainsi sur des principes élémentaires : révolution contre retour à la tradition, cléricalisme contre laïcisme, même si chaque camp est fragmenté. Le libéralisme pose ainsi la question de la place de l'individu, en tant que sujet moral, politique et économique, face au pouvoir. L'émancipation de l'individu est essentielle dans un État, tout à la fois garant de la légitimité sociale, protecteur de l'autonomie individuelle et pivot de l'organisation nationale. Il doit être lui-même protégé des tentations, qu'elles soient révolutionnaires, autoritaires ou réactionnaires – ces dernières aiguillonnées par la reconquête catholique. Cet équilibre, dont l'instabilité n'est plus à prouver après 1814, se conjugue de façon différente, selon qu'avec Guizot on refuse la théorie du contrat, l'égalité entre les hommes et la tyrannie du nombre, ou qu'avec Constant on se défie et se défende à la fois des empiétements de l'État et de l'irresponsabilité des personnes, ou qu'avec Montalembert on assure que l'interaction sociale est facilitée par la doctrine catholique, inspiratrice des libertés contre l'État. Ces différences de sensibilités ne sont pas vécues de façon aussi nette par les Français de l'époque, comme le montrent les positions variées des tenants des idées libérales en économie, acceptant généralement la régulation de l'État, voire participant aux orientations politiques.

Raison et politique, le système censitaire

Les libéraux français, Constant et Guizot en tête, tirent donc, avec des divergences d'appréciation, les leçons de l'histoire récente en essayant, d'une part, de prévenir les retours de la violence, qu'elle vienne du peuple ou de l'État, de l'autre, de limiter les pouvoirs personnels des souverains [1]. Pour esquiver ces deux écueils, déjà expérimentés, ils élaborent une doctrine retenant le principe d'une citoyenneté équitablement distribuée, mais aux capacités d'intervention politique restreintes. Au nom de la Raison, les citoyens « raisonnables », essentiellement les classes moyennes et supérieures, auront voix au chapitre. Les classes moyennes, directement intéressées par les novations politiques introduites depuis 1789, sont censées décourager les aristocrates d'exploiter à leur profit les fidélités qu'ils ont gardées dans les campagnes, et donner à l'État les cadres administratifs indispensables. Reste à comprendre la restriction apportée par le cens, qui est désormais une barrière difficile à franchir pour accéder au vote.

Sur ce point, voulant éviter toute violence politique, libéraux et monarchistes constitutionnels se retrouvent pour éliminer ceux qui, selon eux, ne peuvent pas exercer leur raison. Les

1. Pierre Rosanvallon, *Le Moment Guizot*, Gallimard, 1985.

premiers espèrent un progrès social collectif, via l'acceptation du vote censitaire, qui stabilise la société autour de gens responsables, voire de notables guidant l'État et guidés par lui, selon Guizot. L'âge (30 ans pour être électeur et 40 pour être élu) et le paiement d'impôts directs (300 F dans le premier cas, 1 000 pour le second) sont considérés comme les garanties indispensables. Ces exigences qui profitent de fait à la bourgeoisie des villes, et autorisent même l'élection de députés ouvertement opposés à la Charte (c'est le cas paradoxal des représentants vendéens élus par les bourgeois favorables aux idées républicaines ou impériales) sont modifiées en 1820 ; les plus imposés votant deux fois, le pouvoir revient aux propriétaires nobles. Les libéraux, qui essaient de réconcilier la Nation autour de la classe moyenne, échouent alors à cause de leurs propres divisions et du retour incessant des haines et des intolérances. Leur échec tient aussi certainement à leur myopie historique, posant le problème de la démocratie dans la suite des leçons thermidoriennes, en déformant toutes les revendications populaires et en simplifiant à l'extrême le processus révolutionnaire. Mais le ver est dans le fruit : la définition de la citoyenneté, cristallisée autour des critères électoraux et du suffrage universel, devient la pierre de touche des différents régimes, avant d'être résolue d'une façon démagogique par le Second Empire.

Le roi bourgeois : l'impossible compromis

Les ambiguïtés de la monarchie de Juillet

La monarchie de Juillet a dû sa naissance à un courant multiforme qui ne survit pas à sa victoire. Le régime allie les espoirs de 1789, le patriotisme de 1792, la liberté d'entreprendre de 1795, la centralisation de 1800, en même temps que le refus des dictatures de 1794, de 1804 et de 1825, et le rejet du cléricalisme et du populisme. La complexité de l'alliance explique la vigueur du courant des journées de Juillet, le mélange des générations, de La Fayette à Thiers en passant par Guizot, et des symboles, comme en témoigne le retour du drapeau tricolore. Les trois couleurs accueillent un roi des Français, issu de la branche cadette des Bourbons qui a trempé dans le régicide et tient dorénavant son pouvoir du « peuple », celui-ci ayant lourdement payé le prix du sang lors des affrontements à Paris et en province, notamment à Nantes. Le régime est bien né de la Révolution, mais son succès est aussi mitigé que ses origines. La titulature de Louis-Philippe Ier, roi des Français, atteste que si la fonction royale demeure inchangée dans les Chartes du 4 juin 1814 et du 14 août 1830, sa place dans la société a été totalement laïcisée ; sa distinction n'est plus que fonctionnelle ; la séparation entre personne privée et personnalité publique est l'objet d'une réglementation officielle. En prenant l'histoire par la fin, il est possible de souligner que même le départ en exil des deux derniers souverains atteste de cette évolution. Charles X, ayant quitté son trône, peut traverser la France par petites étapes, recevant les hommages de fidèles sur sa route, sa personne portant un symbolisme devenu incompatible avec les attentes de la majorité des Français. Louis-Philippe, qui a perdu toute protection après l'échec des tentatives policières de Bugeaud, fuit devant l'émeute, comme n'importe quel usurpateur démasqué susceptible de rendre des comptes à la communauté. La royauté et la Nation sont devenues deux entités sans lien et cette dernière établit sa représentation selon des voies nouvelles en Europe. La solution monarchique ne sera par la suite qu'une des voies dans l'éventail des possibles politiques.

La Révolution de juillet 1830[1] ne renoue pas vraiment avec les « journées » parisiennes des années 1790, elle est surtout la démonstration que la Nation unanime peut s'emparer du pouvoir, en rejetant un petit groupe d'aristocrates et d'évêques. La monarchie de Juillet semble, en revanche, retrouver des fondements anciens, si bien que le roi des Français dispose d'une légitimité historique et contractuelle. L'habileté personnelle de Louis-Philippe et de ses principaux ministres, Périer, et surtout Thiers et Guizot, donne ensuite une stabilité au régime. Celui-ci récupère autant qu'il peut les souvenirs de la Révolution liés aux souvenirs des « Trois Glorieuses », qui sont monumentalisées aussitôt ; il en fait autant avec la légende napoléonienne, le retour des cendres de l'empereur en repré-

1. David Pinkney, *op. cit.*

sentant le point culminant [1]. Les bénéfices politiques de l'enrichissement global du pays sont aussi, dans un premier temps, capitalisés par les dirigeants.

Enfin, dans le conflit inépuisable entre l'État et l'Église, le pendule repart au profit de l'État après 1830, ce qui rassure une grande partie de ses partisans. L'effort militant est alors mis sur l'enseignement primaire (qui bénéficie de la loi Guizot de 1833), sur la normalisation des diplômes et sur l'encouragement à la recherche, qui va profiter à l'histoire et notamment celle de la Révolution, promue matrice de toutes les réflexions politiques. L'École incarne le monde moderne, laïque et scientifique, où naissent de nouvelles élites et où l'État confirme son rôle dans le procès de civilisation des mœurs. À l'opposé, l'enseignement privé, à nouveau bien installé et soutenu par les châtelains, s'engage dans une défense de l'ordre traditionnel et de la famille, contre toute contagion révolutionnaire. Cependant le régime ne résout pas les litiges hérités du règne précédent, le vote censitaire, la place de l'Église dans la société ; il n'abolit pas la monarchie qu'il remplace, qui affirme se déplacer en Écosse et garde la fidélité de milliers d'émigrés de l'intérieur ; il ne veut rien céder aux aspirations sociales et démocratiques d'une partie importante des émeutiers qui ont construit ses barricades. D'emblée, la légitimité de Louis-Philippe Ier est ainsi déchirée par les contradictions qui avaient déjà emporté la monarchie constitutionnelle de 1791. La France mettra cette fois dix-huit ans pour éclaircir ses propres aspirations politiques et sociales et pour basculer dans un nouveau système de pensée, tout en restant fidèle aux espoirs de juillet 1830 qui finissent par être invoqués contre le roi lui-même. Les aléas de cette découverte scandent la vie de la monarchie de Juillet, achevée lorsque les attentes populaires s'opposent trop fortement aux résistances du roi et du gouvernement.

Le double rejet de la Révolution et de l'Ancien Régime

Dès août 1830, il est nécessaire de rompre publiquement avec l'idéal révolutionnaire qui avait internationalisé la défense

1. Jean Tulard, « Le retour des cendres », dans Pierre Nora (dir.), *Les Lieux de mémoire*, II, *La Nation*, vol. 3, *op. cit.*, p. 81-110.

de la liberté, en s'interdisant d'agir en Belgique (avant une intervention purement dynastique), en Pologne et en Italie. L'instrumentalisation de l'anticléricalisme montre ensuite ses limites et ses dangers, lorsque, dès 1831, le pouvoir doit faire face à la mise à sac de Saint-Germain-l'Auxerrois, où un service funèbre à la mémoire du duc de Berry fait resurgir des pratiques héritées du vandalisme révolutionnaire. L'installation du ministère Périer répond aux exigences de retour à l'ordre, mais l'opposition se radicalise d'autant et se diversifie, puisque, en 1832[1], les légitimistes conspirent et s'engagent, au moins pour une partie d'entre eux, dans le soulèvement romanesque de la duchesse de Berry dans l'Ouest, tandis que les républicains se soulèvent en même temps dans la région parisienne. Les défenseurs des uns et des autres évoquent les mêmes principes de liberté dans les procès intentés ultérieurement aux meneurs. Le régime doit frapper des deux côtés à la fois, et essayer d'asseoir sa légitimité sur des commémorations qui lui sont propres. La question sociale est réglée de la même manière forte, à Lyon où l'insurrection des canuts est réprimée ; les peurs de l'été 1832 sont contenues ; enfin les agitations d'inspiration révolutionnaire de Lyon et de Paris en 1834 sont écrasées, laissant des souvenirs tragiques. Le retour à 1792 hante les esprits et isole les groupes radicaux. La poétique de l'insurrection trouve en Blanqui son prophète infatigable, mais de plus en plus isolé. Cependant, dans le même mouvement, le régime se retrouve tel qu'en lui-même, dépouillé de ses soutiens initiaux devenus encombrants.

Le pouvoir doit se passer des aristocrates « légitimistes » repliés sur leurs terres, qui correspondent avec « le roi » en exil et contrôlent leurs paysans, ainsi que des jeunes diplômés désargentés, engagés dans des associations semi-politiques, semi-culturelles, et qui, par l'expertise professionnelle, deviennent les intermédiaires indispensables dans tous les domaines de l'action sociale au point d'investir progressivement l'espace public. Pourtant la force qui l'habite n'est pas niable. La masse des propriétaires et l'élite montante des entrepreneurs, bénéficiaires des dispositions électorales et de la conjoncture économique, composent les piliers du régime d'ordre qui est né

1. Hugues de Changy, *Le Soulèvement de la duchesse de Berry*, DUC-Albatros, 1986.

par décantation, en quelque sorte. Les doctrines politiques, républicanisme, socialisme d'un côté, légitimisme de l'autre, fixent alors progressivement leurs cadres. Les premiers mettent en balance les héritages de la Révolution, l'action révolutionnaire ou le recours au suffrage universel, et abandonnent peu à peu les tentations romantiques ou spirituelles[1]. Les seconds, passé l'échec de 1832, se lancent pour une partie d'entre eux dans une réflexion critique contre le monde moderne pour réinventer un monde hiérarchisé mais dégagé des rapports de classes. Les gauches se fractionnent et commencent à s'individualiser, les droites divergent davantage, le légitimisme se situant dans un univers éloigné des tentations bonapartistes ou de l'orléanisme[2]. Le libéralisme, aux contours flous, fait les frais de cette évolution et éclate. Le représentant de son courant le plus autoritaire, Guizot, arrivant au pouvoir, le transforme en mouvement conservateur, si bien que les autres branches, individualiste et catholique, trouvent difficilement leur place et s'imprègnent des aspirations républicaines ou sociales.

L'aspiration à la réforme

Les années qui suivent, marquées par les difficultés économiques, par le coût et la violence de la conquête de l'Algérie aggravent les tensions sans que le régime ne réussisse à proposer une doctrine rassembleuse. Le scrutin est étendu à l'élection des conseils municipaux dans les petites communes, avec un électorat élargi. Le cens est maintenu, mais réduit, les limites d'âge abaissées ; l'électorat finit par doubler, dépassant 200 000 personnes dans les années 1840. Si les propriétaires fonciers[3] se taillent toujours la part du lion, si les pressions ministérielles sont évidentes, et efficaces, la participation des électeurs est réelle et continue ; aussi la dynamique qui avait établi le régime se retourne-t-elle contre lui lorsque les demandes d'abaissement du cens sont rejetées systématiquement. L'opinion réclame une réforme électorale et manifeste sa

1. Claude Nicolet, *L'Idée républicaine en France*, Gallimard, 1982.
2. À côté des distinctions classiques établies par René Rémond, *La Droite en France de 1815 à nos jours*, Aubier, rééd. 1982, Stéphane Rials, *Révolution et Contre-Révolution au XIXe siècle*, DUC-Albatros, 1987.
3. André-Jean Tudesq, *Les Grands Notables en France*, PUF, 1964.

volonté de nouer un nouveau contrat entre la Nation et l'État. Le débat démocratique est devenu inévitable : Guizot, pour qui la fortune reste le seul critère sélectif, le reconnaît du bout des lèvres en incitant les populations à s'enrichir pour accéder aux urnes ; Tocqueville l'estime comme un avenir inéluctable ; tout un courant composite, des libéraux aux radicaux, en passant par les saint-simoniens et les socialistes, l'exige et lance la « campagne des banquets ». Cette revendication est d'autant plus fondée que la Nation se redéfinit sur de nouvelles bases, autour des biens mobiliers obtenus par des réussites individuelles. Les élites traditionnelles, détentrices de fortunes immobilières, sont dorénavant concurrencées par les entrepreneurs et les banquiers, voire par les « capacités », et risquent d'être marginalisées dans les campagnes. La fluidité sociale devient perceptible pour la majorité des Français, de plus en plus critiques envers les principes limitatifs du cens. Aiguillonnée par la gauche et par les légitimistes, la classe politique est amenée à se structurer de façon ouverte, achevant l'établissement de « l'espace public » en France. Dira-t-on pour autant que la question démocratique n'a comme solution que l'insurrection pour établir le suffrage universel ? Les réflexions politiques hésitent entre de multiples modèles et butent sur la multiplicité des interprétations de la Révolution française, tandis que les pratiques militantes acclimatent peu à peu l'idée républicaine au village, pour paraphraser l'ouvrage classique de M. Agulhon. Si les mutations se réalisent sur de longues durées et parfois selon des modalités imprévues, il serait dangereux de les réduire à une vision purement politiste ; elles se sont préparées dans l'épaisseur de la société, marquée par les souvenirs contradictoires de la Révolution et de l'Empire, dans les revanches et les rivalités des groupes sociaux, au gré des circonstances.

Les divisions parlementaires, parfois d'importance, n'ont donc pas d'écho simple dans les populations qui vivent à un autre rythme. Les aspirations de plus en plus appuyées à une réforme électorale qui se font jour dans la société sont incomprises par l'oligarchie au pouvoir, qui voit d'autant moins les raisons de changer l'ordre des choses, que le roi et son ministère, relayés dans les provinces par les « notables », grands et petits, tiennent fermement les rênes du pays, dirigé comme une société commerciale. La crise de 1846 qui, partant d'Irlande, balaie l'Europe et la France, est moins la cause de la Révolution de 1848 qui suit, que la mise au jour des incapacités des politiciens à saisir le changement survenu dans la société. Face aux « classes dangereuses » et aux « barbares » qui campent aux portes des villes, les discours efficaces et reçus par l'opinion sont tenus dorénavant par la petite méritocratie qui a fait ses preuves dans la santé, l'urbanisme, l'enseignement, la justice et qui a forgé des catégories sociales efficaces, changeant l'appréhension de la société hors du contrôle du pouvoir. Le défaut de légitimité de Louis-Philippe à partir de 1847 ne réside ni dans une nostalgie dynastique ni dans la trahison d'un idéal, mais dans cette incapacité à répondre aux aspirations collectives, dans ce désaccord avec les jeunes générations destinées à renouveler l'élite sociale [1]. Les faillites économiques, le dévoilement d'affaires de corruption, les émeutes populaires, l'immobilité face à la crise frumentaire donnent à la « campagne des banquets », qui réclame de façon pacifique la réforme électorale, l'allure d'une chance ultime à saisir. La raideur ministérielle sur ce point cristallise les attaques et révèle d'amples mécontentements. La monarchie de Juillet meurt de cette incompréhension de l'évolution, illustrée exemplairement par le maréchal Bugeaud, qui, dans une logique de guerre civile, conseille la guerre des maisons et des rues [2] comme réponse à l'agitation, sans comprendre que, non seulement l'opinion publique rassemble dorénavant trop d'individus et de groupes, mais qu'aucun coup de force ne saurait réussir sans un effort de propagande. La légitimité a cessé d'être dans l'évocation du passé ou dans la saisie brutale du présent, mais se trouve dans la manipulation de l'avenir. Paradoxalement ce sera l'héritier du bonapartisme qui le comprendra le mieux.

1. Christophe Charle, *Histoire économique et sociale de la France*, Seuil, « Points », 1991.

2. Maréchal Bugeaud, *La Guerre des rues et des maisons*, présenté par M. Bouyssy, Jean-Paul Rocher éd., 1997.

DEUXIÈME PARTIE

L'aube de la démocratie
1848-1880

Prologue

par Serge Berstein

Dans l'histoire de la France politique, les années 1848-1880, entendues au sens large, font entrer en jeu une dimension qui n'était certes pas absente des périodes antérieures, mais qui n'en figurait qu'un aspect secondaire, celle de la démocratie. Sans doute, dès la période révolutionnaire et jusqu'en 1848, le petit peuple des villes et des campagnes a-t-il tenté de faire entendre sa voix, de faire prévaloir ses intérêts, au besoin par la violence. Mais ses revendications et son action entraient en composition avec les tendances majeures du débat politique, celles qui opposaient les tenants de la souveraineté monarchique de droit divin aux champions du libéralisme, c'est-à-dire de la souveraineté nationale représentée par les élites. Le fait nouveau, à partir des années 1840, c'est la montée en puissance dans les enjeux du combat politique de la revendication démocratique. C'est que celle-ci est fonction directe de l'urbanisation de la France, de l'essor des activités artisanales, industrielles, commerciales introduites par l'industrialisation qui multiplie les catégories sociales intermédiaires entre la bourgeoisie possédante et la grande propriété foncière d'une part, le monde des journaliers agricoles et des ouvriers, en pleine croissance eux aussi, d'autre part. Désormais, l'histoire de la France politique s'inscrit de plus en plus clairement au sein d'un antagonisme fondamental entre le libéralisme élitiste et la revendication démocratique, à la fois politique avec l'exigence du suffrage universel, et sociale avec la demande insistante de réforme de la société par la protection des « petits », voire la transformation radicale de celle-ci par le socialisme. C'est cet antagonisme qui jette bas le libéralisme conservateur de la monarchie de Juillet, préside à l'éphémère tentative de République sociale née avec la révolution de février 1848, rend compte de la phase de république conservatrice qui suit l'écrasement des journées de juin 1848, sert enfin de levier à l'expérience de césarisme démocratique antilibéral de la première phase du Second Empire. Il appartiendra au régime impérial, à partir du grand tournant de 1860, de jeter les bases d'un compromis entre autorité politique, démocratie sociale contrôlée et retour aux pratiques du libéralisme parlementaire, plus porteur d'avenir que ne le laisse paraître l'effondrement du régime, dû à la défaite devant la Prusse en septembre 1870.

Au-delà des aléas de la vie politique quotidienne, un fait s'impose à l'observateur, l'impossibilité de plus en plus évidente de négliger les effets de cette poussée démocratique. C'est elle qui explique la campagne pour l'élargissement du droit de suffrage qui révèle le caractère obsolète du système politique de la monarchie de Juillet et rend compte de cette donnée majeure que constitue la décision de la Seconde République d'instaurer le suffrage universel masculin, une mesure qu'aucun régime politique français n'osera plus remettre en cause, même si la Seconde République dans sa phase conservatrice et le Second Empire en ont perverti l'application et si Vichy a songé à l'abolir. C'est bien entre 1848 et 1880 que s'acclimate en France la pratique du suffrage universel qui apparaît comme le grand moyen d'éducation politique du peuple des villes et des campagnes, le vecteur privilégié de la mise en œuvre de la démocratie politique, mais aussi la clé de voûte de l'État de droit, puisque le bulletin de vote permet désormais de trancher le conflit politique aux lieu et place du coup de force, comme le montre la solution de la crise du 16 mai 1877. Pour autant, la démocratie demeure incomplète : les débats sur le mode de scrutin, l'utilisation du suffrage à deux degrés et la surreprésentation rurale pour la désignation des sénateurs, l'exclusion des femmes, révèlent que les protagonistes de la vie politique française ne sont pas résolus à admettre, sans précautions ni contrepoids, les exigences démocratiques. Il reste que ces indéniables progrès de la démocratie ont également pour effet de modifier les conditions mêmes de la vie politique en poussant, de manière encore informelle, à l'organisation d'un semis d'associations de nature diverse, exprimant des cultures politiques diffuses et qui constituent des embryons de partis politiques. Toutefois, dans cette France des années 1840-1880, encore cloisonnée en régions entre lesquelles la communication est difficile, aux zones rurales largement enclavées, on ne saurait considérer l'espace national comme un tout homogène où la démocratie imposerait également sa loi. Sans doute peut-on considérer qu'à partir de ses bastions de l'Est et du Midi, le républicanisme a progressé vers le Centre, l'Ouest ou le Sud-Ouest au détriment des influences monarchistes et conservatrices. Mais l'explication de ce glissement ne saurait être globale et il faut descendre au niveau du département pour trouver les raisons, souvent liées aux données locales, de cette inscription sur le territoire national de l'évolution démocratique. Cependant, vers 1880, on peut considérer que se trouve constitué un espace politique national, consolidé par la poussée démocratique mise en œuvre par le suffrage universel, avec cette conséquence que Paris, la ville républicaine par excellence, où domine le radicalisme, cesse, dès lors que toute la France s'exprime politiquement, de donner à la vie politique nationale une impulsion exclusive. À partir de là, c'est une France profondément modifiée dans ses structures politiques que la Troisième République est amenée à gérer jusqu'en 1914.

CHAPITRE 5

La poussée démocratique 1840-1870

par Michel Winock

La résurrection de la République

Les Trois Glorieuses de 1830 ont été autant de journées de dupes pour le mouvement républicain : une révolution escamotée, le peuple dépossédé de sa victoire, le pouvoir politique capturé par une oligarchie. La révision de la Charte et la nouvelle loi électorale avaient élargi à peine les assises d'un régime toujours monarchique : l'abaissement du cens donnant le droit de voter de 300 à 200 F double le volume du pays légal, mais celui-ci n'atteint pas 170 000 électeurs en 1831 ; il passe, certes, à 240 000 en 1846, mais la France compte alors 35,4 millions d'habitants, soit environ un électeur pour 150 habitants. Dès la réforme électorale de 1832, la Grande-Bretagne comptait un électeur pour 30 habitants.

Le libéralisme conservateur

Les républicains revendiquent la souveraineté du peuple dans l'héritage de la Révolution. Les vainqueurs de Juillet, parmi lesquels s'imposent les libéraux doctrinaires derrière Guizot, la redoutent. Ils acceptent l'égalité civile comme un fait irréversible ; ils n'entendent nullement transformer la nation en « communauté de citoyens ». Sans nostalgie pour la monarchie de droit divin mais redoutant plus que tout le tumulte révolutionnaire, Guizot conçoit comme source de légitimité du pouvoir la « souveraineté de la raison ». Dès 1820, il en a énoncé le principe : « Je ne crois ni au droit divin ni à la souveraineté du peuple [...] Je ne puis voir là que les usurpations de la force. Je crois à la souveraineté de la raison, de la justice, du droit : c'est là le souverain légitime que cherche le monde et qu'il cherchera toujours ; car la raison, la vérité, la justice ne résident nulle part complètes et infaillibles. Nul homme, nulle réunion d'hommes ne les possède et ne peut les posséder sans lacune et sans limites [1]. » Cette raison, appelée à gouverner, il faut l'« extraire du sein de la société », où elle se trouve disséminée. Le système représentatif, pour Guizot et les doctrinaires, est cette opération d'extraction de la raison, qui sélectionne les *capacités*, c'est-à-dire les hommes les plus aptes à agir selon la raison. Voter n'est pas un droit, c'est une fonction qu'exercent les capacités. D'où résulte le régime censitaire, dans la mesure où la capacité politique n'est pas séparable de la qualité sociale des individus [2]. Finalement, ce sont les propriétaires, au premier chef les détenteurs de la terre, qui constitueront le pays légal, à partir d'un certain niveau de fortune. La monarchie de Juillet est, consciemment, un régime de classe – ces « classes moyennes », selon Guizot, en fait les fractions les plus huppées de la bourgeoisie. Non pas une caste : l'élargissement du pays légal en témoigne, mais une classe ouverte à laquelle chacun peut accéder en s'enrichissant « par le travail et par l'épargne ».

Cette conception du gouvernement représentatif, pour n'être pas fermée, n'en est pas moins profondément conservatrice. Elle met hors du jeu politique non seulement la plèbe, mais encore une bonne partie de ces classes moyennes censées constituer l'assise sociale du régime. Une fois encore, va se former contre la monarchie de Juillet cette alliance du peuple citadin – ouvriers, artisans, employés –, petite bourgeoisie exclue par le cens, professions intellectuelles aux rémunérations aléatoires.

1. François Guizot, *Du gouvernement de la France depuis la Restauration et du ministère actuel*, Ladvocat, 1820, p. 201.

2. Pierre Rosanvallon, *La Démocratie inachevée*, Gallimard, 2000, p. 95-126.

Révolutionnaires et socialistes

Jusqu'en 1835, le régime de Louis-Philippe a dû faire face à la frustration armée des lendemains de Juillet. Dans un climat de haute tension, où se combinent la protestation politique et la revendication sociale, les funérailles du général Lamarque, en 1832, sont l'occasion d'une émeute. Lyon connaît en 1831 la révolte des canuts, insurrection proprement sociale ; mais, en 1834, la même ville est le théâtre de nouveaux troubles, où les tisserands, tenant encore le haut du pavé, mêlent cette fois leur volonté combattante à celle des républicains : la conscience de classe nourrit la conscience politique. À la même date, le soulèvement d'une partie du peuple parisien est réprimé dans le sang, Daumier immortalisant de son fusain le drame de « la rue Transnonain ».

Une « culture de l'insurrection » (P. Rosanvallon), issue de la Révolution, ne cesse de motiver la formation des sociétés secrètes. L'insurrection n'est pas l'émeute, qui est aveugle. Elle est le soulèvement du peuple opprimé, interdit de souveraineté : « Le suffrage universel, écrira Victor Hugo dans *Les Misérables*, a cela d'admirable qu'il dissout l'émeute dans son principe, et qu'en donnant le vote à l'insurrection, il lui ôte l'arme[1]. » Pour des esprits plus avancés encore, l'insurrection est le peuple même, la grande voix du peuple portée sur les barricades. Nul mieux qu'Auguste Blanqui n'a incarné cette culture insurrectionnelle. Après l'échec de l'insurrection parisienne de 1834, Blanqui est l'un des fondateurs de la Société des Familles, dirigée par un comité secret, et qui compte un millier de recrues en 1836. L'organisation étant découverte, Blanqui et Barbès sont au nombre des 43 inculpés jugés en août 1836. Le premier est condamné à deux ans et le second à un an de prison. Une autre société prend la relève des *Familles*, celle des *Saisons*. Blanqui et Barbès en sont, après leur libération. Très cloisonnée, l'organisation secrète avait pour base la *Semaine*, dont le chef s'appelle *Dimanche* ; quatre semaines forment un *Mois*, dont le chef s'appelle *Printemps*. Quatre saisons forment une *Année*, avec pour chef un *Agent révolutionnaire*, ce qu'étaient Blanqui et Barbès. Mobilisés en per-

1. Victor Hugo, *Les Misérables*, Gallimard, « La Pléiade », 1951, p. 1104.

manence, les conjurés passèrent à l'action le 12 mai 1839. Blanqui avait tout prévu : les bâtiments à occuper, la localisation des barricades à construire ; les lieux de pouvoir à investir, l'Hôtel de Ville, la préfecture de police et la préfecture de la Seine. Les ordres furent envoyés aux conjurés pour le 12 mai ; des armes, tirées de leurs cachettes, furent distribuées. Sans trop de difficultés, les insurgés parvinrent à l'Hôtel de Ville, où Barbès lut une proclamation, donnant les noms d'un gouvernement provisoire, où figuraient Barbès, Voyer d'Argenson, Blanqui, Lamennais, Martin-Bernard, Dubosc, Laponneraye. En quelques heures, la garde municipale rétablit l'ordre ; Barbès fut arrêté après une ultime résistance, Blanqui put s'échapper. Le lendemain, quelques barricades furent encore construites, des coups de feu de nouveau échangés, mais sans suite : l'échec de l'insurrection était patent. Les conjurés avaient eu 66 tués et les forces de l'ordre 28 : la tentative des *Saisons* n'avait pas été une plaisanterie. La répression qui suivit ne le fut pas davantage. Il y eut 542 inculpations, qui touchaient en majorité des ouvriers qualifiés, jeunes pour la plupart. Barbès fut condamné à mort, avant que sa peine ne fût commuée en déportation. Blanqui, arrêté à son tour en octobre, subit la même peine. De nombreux condamnés avaient déjà été poursuivis pour leur activisme républicain, composant une sorte de réserve de révolutionnaires professionnels. Leur erreur et celle de leurs chefs avait été de croire que, à partir de la prise de l'Hôtel de Ville, ils parviendraient à mobiliser la population parisienne ; or, dans son ensemble, le « peuple » resta inactif [1].

Blanqui reste en prison jusqu'à la révolution de 1848, mais le blanquisme n'est pas mort. L'idée principale en est que la nouvelle révolution, décisive cette fois, se produira par un coup de force, mené par une avant-garde, capable de rallier l'ensemble du peuple. Une dictature parisienne suivra, qui établira un nouveau régime politique et social. Ce volontarisme est intrinsèquement guerrier. Hostile à l'armée permanente, considérée par lui comme une caste aux mains de l'État bourgeois, Blanqui n'en manifeste pas moins un patriotisme à tous crins, voire une certaine forme de militarisme qu'on retrouve au cœur de

1. Claude Latta, « L'insurrection de 1839 », dans *Blanqui et les Blanquistes*, Société d'histoire de la révolution de 1848 et des révolutions du XIXe siècle, SEDES, 1986.

son projet insurrectionnel : « En présence des prolétaires armés, obstacles, résistances, impossibilités, tout disparaîtra[1]. » Mais il s'agit d'un prolétariat *guidé* : c'est « l'intelligence » qui doit diriger les masses : « Le travail, c'est le peuple ; l'intelligence, ce sont les hommes de dévouement qui les conduisent. » Conception singulièrement élitiste de la révolution, dont la préparation échoit à une avant-garde éclairée qui ne se laisse pas abuser par le mirage de la démocratie, du suffrage universel. De même, Blanqui est hostile à l'association ouvrière, parce qu'elle détourne de la vraie révolution les ouvriers les plus intelligents. Héritier spirituel de Hébert, le rédacteur du *Père Duchêne*, Blanqui pose l'action radicale en catégorie morale, en exaltant le thème romantique de l'énergie. Antiparlementaire, peu soucieux de rédiger un programme socialiste élaboré, fort peu doctrinaire donc, Blanqui et le blanquisme ont diffusé le mythe du révolutionnarisme, la révolution trouvant sa finalité dans l'insurrection même.

Le blanquisme se distingue donc nettement des autres courants socialistes qui prennent force dans les années 1840. Louis Blanc, qui a publié son *Organisation du travail*, verse aussi dans le principe d'autorité, puisque, pour lui, c'est l'État qui doit garantir le nouvel ordre économique rationnel, en contrôlant les industries clés, en ouvrant des ateliers sociaux, en régulant la production économique générale. Mais l'État qu'il conçoit ne sera pas édifié à coups de fusil : le suffrage universel en sera la source légitime. À l'inverse, des courants socialistes entendent se passer de l'État en prônant l'association ouvrière de production qu'abhorre Blanqui. Buchez imagine créer à travers elle une sorte de socialisme chrétien, dont on rencontre l'écho dans *L'Atelier*, journal ouvrier rédigé par des ouvriers. Les buchéziens s'en prennent au socialisme installé par le haut ; les ouvriers doivent compter sur eux-mêmes pour s'émanciper, créer des entreprises autogestionnaires avant la lettre : « Nous voulons qu'il n'y ait plus, dans l'avenir, des maîtres et des ouvriers, mais seulement des associés travaillant tous en vue de la prospérité, sans rivalité les uns contre les autres. » Il y a dans ce courant ouvrier associatif, plus ou moins teinté de religiosité chrétienne, une modération qui ne peut

1. Le programme militaire de Blanqui sera donné sous le Second Empire, dans son *Instruction pour une prise d'armes*, La Tête de Feuilles, 1973.

que déplaire à Blanqui. De même, le socialisme utopique d'Étienne Cabet, auteur du *Voyage en Icarie* à grand succès. Opposé à la violence, il a foi dans une transformation progressive de la société, grâce à un régime démocratique transitoire, issu du suffrage universel, qui établira l'inégalité décroissante, le droit au travail, le salaire minimum, en attendant la socialisation générale de l'économie. Refus des conspirations, rejet de la violence, c'est aussi le parti pris de Proudhon, défenseur de l'anarchie, un temps admiré par Marx pour son essai sur la propriété [1], et qui développe une théorie de la banque du peuple. Tous ces mouvements de pensée, auxquels il faut joindre les noms de Pierre Leroux, de Constantin Pecqueur, et de tant d'autres, favoriseront un climat spécifique à la révolution de 1848, qui fut considérée comme la première révolution socialiste. Les deux méthodes, celle du socialisme insurrectionnel et celle du socialisme ouvrier s'y affronteront.

Les catholiques libéraux

Il convient aussi de noter dans la poussée démocratique qui précède les journées de Février l'existence du catholicisme libéral et social. La révolution de 1830 n'a pas ménagé l'Église, mais elle a donné un véritable élan aux tendances libérales qui se dessinaient au sein du catholicisme. *L'Avenir*, le journal de Lamennais, Lacordaire et Montalembert, affirme bien haut la nécessaire séparation entre le trône et l'autel, et appelle de ses vœux la liberté, liberté de conscience, liberté de la presse, liberté d'association, liberté de l'enseignement. L'aventure de *L'Avenir* est de courte durée, tombée sous les foudres du pape Grégoire XVI. Le catholicisme libéral n'en est pas mort pour autant. Il ne peut éviter néanmoins la scission. Félicité de Lamennais, après avoir accepté la condamnation romaine, se détache progressivement de l'Église, choisit carrément le camp de la démocratie, comme l'atteste ses *Paroles d'un croyant*, en 1834, livre enflammé, poétique, prophétique, dont le succès acclimate le religieux et le social. La condamnation pontificale consomme la rupture entre Lamennais et

1. Pierre-Joseph Proudhon, *Qu'est-ce que la propriété ?*, J.-F. Brocard, 1840. Sur le sujet, Proudhon publie trois mémoires en 1840-1841.

l'Église romaine, mais l'air du temps favorise l'émancipation des idées chrétiennes, leur pénétration dans les utopies sociales, lesquelles, inversement, s'approprient la personne du Christ, ami des pauvres et des opprimés.

Les anciens amis de Lamennais, qui ne l'ont pas suivi dans sa rupture, continuent à nourrir le catholicisme libéral. Lacordaire en défend les principes dans sa prédication à Notre-Dame de Paris et en province. Montalembert en porte les couleurs à la Chambre des pairs, où il représente un catholicisme séparé du légitimisme. Ces catholiques libéraux plaident notamment pour la liberté de l'enseignement, en vue de laquelle ils peuvent compter sur l'appui des catholiques intransigeants, tel Louis Veuillot, le tempétueux éditorialiste de *L'Univers* dans les années 1840. Le monopole universitaire, défendu notamment par Victor Cousin, est sauvé, lors du grand débat à la Chambre des pairs de 1844, malgré le talent d'orateur de Montalembert. Le monopole est sauvé, mais les partisans de la liberté de l'enseignement ont démontré leur force et leur progrès. Une sorte d'unanimité porte les catholiques militants qui, dans leur combat, n'épargnent pas le corps professoral de l'Université. La réplique est donnée du haut de la chaire du Collège de France, où Michelet et Quinet s'emploient à dénoncer l'œuvre des jésuites. Le roman-feuilleton d'Eugène Sue, *Le Juif errant*, diffuse sur le registre populaire un antijésuitisme qui atteint tout le milieu catholique. Un appel à la modération est jugé nécessaire : l'abbé Dupanloup le lance en faisant paraître une brochure en 1845 *De la pacification religieuse.* Les concessions déplaisent à certains comme Veuillot, tandis que Montalembert se rapproche de Dupanloup. Deux camps se dessinent au sein du catholicisme, qui s'affirmeront sous la Seconde République et le Second Empire : celui des libéraux et celui des intransigeants. Pour l'heure, au moment où Pie IX devient pape, en 1846, cette division est d'autant moins visible que le nouveau souverain pontife lui-même laisse espérer par ses premiers actes la réconciliation de l'Église et de la liberté.

La mémoire révolutionnaire

La poussée libérale et démocratique est observable, à la fin de la monarchie de Juillet, à travers la production des ouvrages consacrés à la Révolution française. L'année 1847 voit un véritable tir groupé, réalisé par trois auteurs de haute volée, Louis Blanc, Jules Michelet et Alphonse de Lamartine. En février, paraissent les premiers volumes de leur respective *Histoire de la Révolution française* de Louis Blanc et de Jules Michelet. La vision de Blanc, jacobine, robespierriste et socialiste, fait la critique de 1789, trop bourgeois et individualiste à ses yeux, pour mieux glorifier la Montagne, l'an II, la fraternité communautaire. Michelet, lui, donne une version populiste de la Révolution : « L'époque humaine et bienveillante de notre Révolution, écrit-il dans sa préface, a pour acteur le peuple même, le peuple entier, tout le monde. Et l'époque des violences, l'époque des actes sanguinaires où plus tard le danger la pousse n'a pour acteur qu'un nombre d'hommes minime, infiniment petit. »

Quelques semaines plus tard sort des presses l'*Histoire des Girondins* de Lamartine. Titre impropre, car la teneur du livre n'est nullement girondine ; grandiose apologie plutôt de la Révolution, depuis la convocation des États généraux jusqu'à Thermidor. Ancien légitimiste ayant acquis des aspirations démocratiques, Lamartine s'est lancé dans son entreprise historique pour des raisons financières, mais il est pris par son sujet, et son livre lui permet d'exprimer sa sympathie pour les idées de progrès qu'il défend parallèlement à la Chambre des députés. Chemin faisant, il réhabilite la figure de Robespierre, plus appréciée à l'extrême gauche (c'est aussi en 1847 qu'Esquiros publie son *Histoire des Montagnards*) que dans le camp libéral. L'*Histoire des Girondins* ne résiste pas à la critique moderne, mais elle compte plus, en son temps, comme acte politique que comme travail historique. L'éclat du style, ses portraits ciselés, ses descriptions haletantes, ses envolées lyriques expliquent largement l'extraordinaire succès du livre. Il répond aussi à une attente : l'ouvrage de Lamartine venge son lecteur de l'écrasant système antidémocratique de Guizot ; il rappelle les grands principes de la Révolution et de la démocratie. Mieux encore : le député de l'opposition n'avait jusqu'à présent jamais fait profession de républicanisme ; par son livre, il se découvre républicain. La presse royaliste se déchaîne contre l'*Histoire des Girondins*, tandis que les exemplaires du livre s'arrachent. La simultanéité de ces publications sur la Révolution n'est pas fortuite ; elle n'est pas sans conséquence.

Les récits révolutionnaires nourrissent l'imaginaire politique. Au-delà des divergences entre leurs auteurs, ceux-ci remettent au goût du jour la geste des grandes journées, le bronze des grandes déclarations, l'espérance des grands changements dans une société chloroformée par un système conservateur et immobile.

La crise

Lamartine a déjà trouvé la métaphore : le gouvernement de Guizot est « une borne ». C'était le 15 février 1842, dans un discours à la Chambre : « On dirait que le génie des hommes politiques ne consiste en une seule chose : à se poser là, sur une situation que le hasard ou une révolution leur a faite, et à y rester immobiles, inertes, implacables, oui, implacables à toute amélioration. Et si c'était là, en effet, tout le génie d'un homme d'État chargé de diriger un gouvernement, mais il n'y aurait pas besoin d'un homme d'État ; une borne suffirait. »

Au moment même où paraît l'*Histoire des Girondins*, la Chambre des députés débat de la réforme électorale. Élargir l'assiette électorale, en fixant le cens à 100 F pour les électeurs au lieu de 200 F, telle est la proposition de Duvergier de Hauranne, député de l'opposition modérée. Refus net de Guizot : « Notre système électoral est aussi bon, aussi légitime en principe qu'il a été, en pratique, utile et efficace. » Guizot réitère sa théorie de la capacité politique. Celle-ci n'est pas la capacité intellectuelle, « la loi a placé la capacité politique dans une certaine situation sociale fondée sur la propriété industrielle et territoriale ». L'intelligence qui flotte sans la boussole de la propriété est dangereuse. Le pays légal n'est pas une caste fermée ; il ne cesse de s'élargir grâce à l'enrichissement, tout le monde peut y accéder, au contraire de l'ancienne noblesse. Pour Guizot, la Révolution est terminée depuis 1830 ; l'égalité civile est un acquis irréversible, mais Guizot refuse l'égalité politique, autre dénomination de la souveraineté du peuple, qu'il récuse. Le régime de Juillet sorti des barricades est nécessairement conservateur.

Le tout-puissant Guizot limite son argumentation au débat d'idées. Il n'évoque pas un autre instrument de pouvoir qu'il pratique sans vergogne, lui, le protestant si attaché à la morale :

la corruption. L'art de gouverner doit sans doute, à ses yeux, s'y résoudre. Une autre demande était réitérée par le Mouvement : interdire aux fonctionnaires le Parlement. À la Chambre des députés, ils représentent environ 40 % des élus ; ils sont en majorité à la Chambre des pairs. Sans indemnité parlementaire, ces fonctionnaires dépendent d'un gouvernement, qu'ils sont amenés naturellement à ménager. Le 21 avril 1847, une proposition allant dans le sens de l'incompatibilité entre députation et fonction publique est encore repoussée. Le système Guizot est verrouillé.

Cependant, le régime conservateur de Juillet est sérieusement ébranlé au cours de cette année 1847. La crise économique d'abord. Ernest Labrousse a jadis montré les concomitances qu'on peut observer entre les crises économiques et les révolutions depuis l'été 1789. Les historiens qui ont suivi ont nuancé cette espèce de mécanisme qui faisait de la crise de production et de consommation la matrice de la crise révolutionnaire. Mais sans aller jusqu'à établir une loi de déterminisme, il est sûr que la crise économique ne peut que servir la cause de l'opposition politique, permettre la radicalisation des mots d'ordre et la mobilisation des foules. Or le pays connaît sa dernière grande crise de subsistance au cours de l'hiver 1846-1847. Dans une société encore largement agricole, la météorologie est une capricieuse actrice de l'histoire : tantôt la sécheresse, tantôt les pluies diluviennes, en ruinant les récoltes, font monter le prix du pain, et par un enchaînement implacable provoque la crise générale de l'économie. Le chômage, l'insécurité, la vieille peur réveillée des accapareurs, tout se prête aux attroupements et aux émeutes séculaires. Le 14 janvier 1847, à Buzançais, dans le Berry, le drame éclate : à la suite d'une altercation, un marchand de blé est mis à mort. Le préfet survient, accompagné de vingt-cinq dragons : trop peu pour impressionner une action populaire ! Le préfet doit fuir. Il revient, puissamment escorté cette fois, procède à une douzaine d'arrestations ; trois émeutiers sont condamnés à mort et exécutés le 16 avril 1847. Toutes les révoltes frumentaires ne deviennent pas des révolutions, mais il importe de souligner le fond de détresse économique et sociale qui prélude aux journées de février 1848 : la lutte des classes, l'opposition des Gros et des Petits se cristallise sur les marchés et dans les rues. Au cœur même de la France rurale, le régime de Juillet est mis en cause[1].

La crise économique agite la petite bourgeoisie, boutiquiers, artisans, modestes actionnaires, contre les spéculateurs, les agioteurs, les administrateurs des compagnies de chemin de fer. C'est sous ce climat chargé d'orages qu'éclate le scandale de l'affaire Teste-Cubières qui compromet les couches dirigeantes. Un pair de France, le général Cubières, ancien ministre, est accusé d'avoir corrompu son collègue Teste en 1842. Celui-ci, après une tentative de suicide manquée, est condamné par la Cour des pairs à trois ans de prison en juillet 1847. En août, nouveau scandale : un autre pair de France, le duc de Choiseul-Praslin, tue sa femme, fille du maréchal Sebastiani. Le meurtrier se suicide en prison. Ces affaires, et d'autres moindres, qui arrivent à la connaissance du public jettent un voile d'infamie sur le régime. « Le mal est profond », écrit Guizot lui-même, le 8 septembre 1847, à Mme Laure de Gasparin.

La campagne des banquets

C'est dans ce contexte alarmant qu'est lancée à Paris le 9 juillet 1847 la campagne des banquets pour la réforme électorale. À la suite de l'échec de la proposition de loi de Duvergier de Hauranne, celui-ci et ses amis de l'opposition dynastique décident une grande campagne d'opinion en faveur de la réforme. Faute de liberté de réunion, les protagonistes de la réforme tiennent un banquet – une réunion privée – qui doit être suivi en province. La première de ces manifestations, le banquet du Château-Rouge à Paris, réunit 1 200 convives. On formule des vœux pour abaisser le cens, on profère contre la corruption, on évoque la situation économique et sociale. Le début du mouvement, qui se propage à Arras, à Rouen, à Strasbourg, à Saint-Quentin, n'est pas le fait des révolutionnaires ; ce sont des notables qui souvent président ces agapes politiques. Mais les réunions font tache d'huile autour d'elles. Des foules se pressent. Certains banquets échappent aux léga-

1. Voir Philippe Vigier, *1848, les Français et la République*, Hachette, 1982, p. 35-53.

listes. Ainsi, le 7 novembre, à Lille, le député de gauche Ledru-Rollin radicalise le discours réformateur : c'est le suffrage universel qu'il fait applaudir ! Le même, le 19 décembre à Châlons-sur-Saône, porte un toast « À l'unité de la Révolution française, à l'indivisibilité de la Constituante, de la Législative, de la Convention ». Au total, une cinquantaine de banquets se succèdent dans 28 départements. La campagne n'ébranle en rien Guizot qui fait repousser le 12 février 1848 une nouvelle proposition de réforme.

Quinze jours auparavant, dans la même enceinte du Palais-Bourbon, Tocqueville, député de la Manche, avait pourtant averti le gouvernement des menaces qui pesaient sur lui : « Je crois que les mœurs publiques, l'esprit public sont dans un état dangereux ; je crois, de plus, que le gouvernement a contribué et contribue de la manière la plus grave à accroître ce péril. » Brossant un tableau sombre de la moralité de la classe gouvernante, trop attachée à ses intérêts, prêtant le flanc à la critique par ses mœurs privées, il n'hésite pas, malgré les protestations de la salle, à évoquer le désarroi des « classes ouvrières » qui risque d'ébranler les bases de la société : « je crois que nous nous endormons sur un volcan ». Et de demander à ses collègues s'ils ne sentent pas « le vent de révolutions qui est dans l'air ».

Tocqueville ne croyait pas si bien dire. La campagne des banquets n'avait eu qu'un succès relatif. Après tout, ce n'était qu'une part infime de la population qui y avait participé – moins de 20 000 convives au total sur un corps électoral plus de dix fois supérieur. Guizot a une majorité imprenable, le vieux roi Louis-Philippe qu'il sert se croit inamovible. Mais cet optimisme faisait fi de la situation particulière de Paris. La capitale de la France est une ville malade. Dans son ouvrage mémorable, *Classes laborieuses, Classes dangereuses*, Louis Chevalier a décrit la pathologie d'une ville qui a vu son nombre d'habitants doubler en un demi-siècle : de 500 000 à un million, en raison principalement d'une puissante immigration intérieure. Quartiers surpeuplés, eaux courantes nauséabondes, immeubles transformés en taudis, délinquance endémique, fièvres populaires... À côté de la ville traditionnelle, bourgeoise, coutumière, il y a une nouvelle ville, celle des déracinés, qui vivent dans les garnis. Le cœur de Paris, entre l'Hôtel de Ville, le Châtelet et la Cité, est congestionné ; les faubourgs voient s'entasser le surplein de population. Les mœurs quotidiennes y sont rudes, la violence est monnaie courante. Le Paris d'Eugène Sue fait peur. Or Paris donne le ton, Paris bat la mesure. Paris vote à gauche : 11 députés sur 14 élus aux élections de 1846 appartiennent à l'opposition. Creuset où viennent se fondre tous les départements, la capitale est aussi le siège du gouvernement et abrite le trône aux Tuileries. Il est bien là, entre les fortifications qui le cernent, ce volcan dont parlait Tocqueville. Un volcan mal éteint dont l'éruption est toujours possible.

Le 14 janvier 1848, le préfet de police interdit le banquet prévu rue Mouffetard, dans le XIIe arrondissement de l'époque, le plus mal loti de Paris. Les radicaux, c'est-à-dire les républicains, en ont pris l'initiative, sans l'appui de l'opposition dynastique. Les organisateurs, ne se tenant pas pour vaincus, décident de tenir un banquet dans un autre endroit, en plein Paris. Lamartine a protesté à la Chambre. L'auteur de l'*Histoire des Girondins*, auréolé par le succès de son livre, demande à la tribune, le 11 février, le vote d'une loi reconnaissant le droit de réunion. Prenant la défense de la campagne des banquets – il n'a participé qu'à l'un d'eux, dans sa ville de Mâcon, où il a été fêté –, il cause une profonde émotion dans les rangs de la Chambre, en évoquant le serment du Jeu de paume, prêté après la fermeture de la salle de réunion sur l'ordre du roi. Finalement, les organisateurs du banquet interdit fixent un nouveau lieu de rendez-vous, plus loin du centre, à Chaillot, pour le 22 février. Des concessions sont faites aux républicains modérés : un prix élevé de souscription, un nombre d'entrées limité pour les ouvriers et les étudiants, le choix d'un mardi et non d'un dimanche. Ces concessions arrachent l'accord d'une partie de la gauche dynastique, à commencer par Odilon Barrot. Lamartine est dans le comité d'organisation ; le banquet est soutenu par *Le National*, *La Réforme* et *La Démocratie pacifique* des fouriéristes. La population de Paris a en main le sort du régime. En principe, celui-ci compte sur la garde nationale, la milice bourgeoise. Mais tous les gardes nationaux n'ont pas le droit de vote : pourquoi les exclus des urnes seraient-ils défavorables au mouvement réformiste, et partant au banquet prévu ?

Ce n'est pas une tablée de convives qui peut inquiéter la préfecture de police, mais bien le cortège qui entourera les participants. Marrast, dans *Le National* du 21 février, en arrête le déroulement, sous l'escorte de gardes nationaux « sans armes ». Aussitôt Guizot interdit le banquet et le cortège. Barrot étant pris à partie à la Chambre, la gauche dynastique renonce. Au soir du 21 février, il ne reste plus que sept députés (sur une centaine au départ), dont Lamartine, qui se déclarent favorables au banquet. Le roi et son gouvernement, qui ont divisé l'opposition réformiste, sont rassurés. Ils disposent, du reste, outre la garde nationale, de 30 000 hommes, soldats, gardes municipaux, gendarmes, de quoi balayer un soulèvement populaire. C'était sans compter sur le fait que, sur un refus de la garde nationale de marcher, l'armée pouvait elle-même lâcher le roi.

La révolution de Février

Le 22 février, une foule qui ignore l'interdiction du banquet s'assemble place de la Madeleine, point de départ du cortège prévu jusqu'à Chaillot. Une manifestation s'ensuit, des heurts avec les municipaux et des soldats. Le lendemain, Louis-Philippe, sans perdre trop de temps comme Charles X en 1830, demande sa démission à Guizot, qu'il remplace par Molé. Ce n'est qu'une solution parlementaire, au moment où le pouvoir est au bout des fusils. Le fait majeur de cette journée d'affrontement est l'attitude de la garde nationale. On a battu le rappel, mais elle refuse de soutenir l'armée et s'interpose entre les soldats et les manifestants. Signe d'une alliance renouvelée entre le peuple et la bourgeoisie parisienne, nullement décidée à soutenir le ministère. Molé cherche une majorité au centre de la Chambre, pendant que des centaines de barricades s'élèvent dans les rues. Le soir, le drame à éviter se produit. Une fusillade, boulevard des Capucines, fait une vingtaine de morts et une cinquantaine de blessés dans les rangs des manifestants. Point de non-retour dans les convulsions populaires : le pouvoir a perdu tout ce qui pouvait lui rester de crédit. Dans la nuit, la capitale est en proie à l'insurrection générale. Sur la recommandation de Molé, Louis-Philippe appelle Thiers aux Tuileries vers 1 heure du matin, et confie à 2 heures le commandement des troupes au maréchal Bugeaud, très impopulaire depuis l'épisode sanglant de la rue Transnonain. Thiers et Bugeaud ont l'idée d'opérer un retrait stratégique des troupes de la ligne, pour « inonder Paris de garde nationale », confiant ainsi à la bourgeoisie le soin de réfréner et d'encadrer les classes populaires. Peine perdue ! On assiste alors à une débandade, l'armée est démoralisée, des soldats abandonnent leurs armes, pendant que les gardes nationaux en grand nombre fraternisent avec les manifestants.

Louis-Philippe est désemparé. Prisonnier du Paris insurgé, l'idée ne lui vient pas de fuir la capitale, comme le fera peu après le maréchal de Windischgraetz à Vienne, et Thiers en 1871. Le roi joue sa dernière carte dans la matinée du 24, en faisant appel à Odilon Barrot, chef de la gauche dynastique. Trop tard ! Le roi doit abdiquer, la rue est en feu. Otant son uniforme de général, en chapeau rond et en redingote, il quitte Paris avec la reine pour Versailles, via Saint-Cloud, avant de gagner Le Havre et l'Angleterre, laissant derrière lui son fils le duc de Nemours, régent légal, la duchesse d'Orléans et ses enfants. La continuité dynastique ne pouvait être assurée que par une décision de la Chambre – une Chambre hier à la botte du gouvernement Guizot, complètement discréditée dans l'opinion. Nemours, avec lucidité, ayant abdiqué son droit à la régence, celle-ci revenait à sa belle-sœur, la duchesse d'Orléans. Barrot défend cette idée de régence à la Chambre. Ce n'est pas l'avis des républicains qui encadrent l'insurrection : les noms d'un gouvernement provisoire sont alignés sur le papier dans les bureaux du *National* et ceux de *La Réforme*. Pour imposer leur solution, ils rencontrent à la Chambre l'appui de Lamartine qui se prononce à la tribune pour un gouvernement provisoire, tandis que la salle des séances est envahie par les insurgés et que la duchesse d'Orléans, protégée par Nemours, peut s'enfuir par une porte dérobée.

Lamartine et sept députés républicains sont portés au pouvoir dans l'enceinte fuie par la majorité des députés. Mais ils ne reçoivent vraiment leur mandat qu'à l'Hôtel de Ville, des mains du « peuple ». Sous la présidence du vieux conventionnel Dupont de l'Eure, le gouvernement provisoire, complété, se met en place. L'homme fort est Lamartine, célèbre, éloquent, depuis longtemps dans l'opposition, converti à la République. La gauche démocrate et socialiste est représentée par l'avocat Ledru-Rollin, l'historien et journaliste Louis Blanc, et l'ouvrier mécanicien Albert, homme des sociétés secrètes.

Un symbole que celui-là : sa présence annonce la république sociale. Une tâche immense attend ce gouvernement de circonstance : rétablir la paix civile, donner au pays des institutions républicaines, réconcilier le pays légal et le pays réel.

La province suit Paris bon gré mal gré. Plus vite à Lyon, qui proclame la République, dès que les nouvelles des événements parisiens arrivent (c'est-à-dire au bout de 48 heures), qu'à Marseille, où il faut attendre le 1er mars pour voir le maire s'aligner. La capitale continue à faire et à défaire les régimes et les gouvernements. Mais peut-être plus pour longtemps, car la Seconde République accouche d'une arme qui va permettre aux départements de prendre leur revanche : le suffrage universel.

Le gouvernement provisoire prend, en effet, quelques décisions majeures, attendues, renouant avec la tradition de la Grande Révolution : le droit au travail (25 février), l'abolition de la peine de mort en matière politique (26 février), l'adoption du suffrage universel (2 mars), la liberté de la presse et la liberté de réunion (4 mars). Sans contrôle parlementaire, le gouvernement provisoire exerce une dictature temporaire qui permet de trancher, d'aller plus loin. Deux tendances s'affrontent alors au sein des vainqueurs. Les républicains modérés, en majorité derrière Lamartine, entendent abréger leur « dictature » et faire légitimer la révolution de Février et la République par l'élection d'une Assemblée constituante. Au contraire, les plus révolutionnaires, l'extrême gauche des sociétés secrètes, ceux qui, le 25 et le 26 février, voulaient faire adopter le drapeau rouge par la République (c'est Lamartine qui, grâce à son éloquence, réussit à sauver le drapeau tricolore), entendent prolonger la durée du gouvernement provisoire qui, pressé par la rue, accomplira la révolution sociale qu'ils attendent.

Ce conflit politique ne doit pas cacher l'espèce d'ivresse collective qui a suivi les journées de Février, où la joie de la victoire populaire se mêle à l'esprit de fraternité. Ces quelques semaines de fin d'hiver sont baignées d'« illusion lyrique ». La réconciliation entre les hommes, entre les classes, entre l'Église et la République, la réconciliation générale et la promesse du bonheur sont à l'ordre du jour. L'avènement du peuple est célébré : « Chapeau bas devant la casquette, à genoux devant l'ouvrier... », chante-t-on dans les clubs, qui se multiplient à l'instar de 1789. Blanqui, libéré de prison le 25 février, ouvre sa Société républicaine centrale, qui, par sa violence, ne peut donner le ton. L'esprit de 48 se trouve plutôt au Club des Amis du peuple de Raspail, à la Société fraternelle centrale de Cabet, et dans les quelque deux cent cinquante autres clubs répertoriés dans la capitale. Y font écho les journaux surgis de partout, dont certains titres mettent en évidence le mimétisme des révolutions françaises toujours retournées vers la « Grande Révolution », celle qu'on rêve d'achever : *Le Père Duchêne* ou *Le Vieux Cordelier*. La démocratie directe reprend ses droits, à travers les multiples pétitions et délégations que reçoit le gouvernement provisoire : la place de l'Hôtel de Ville est en permanence occupée par une foule colorée et pressante.

Populaire, voire populiste, l'esprit de 48 est également empreint de cette religiosité qui colore le mouvement social des années précédentes. L'« alliance de Dieu et du peuple », l'alliance de la liberté et de la religion sont au programme. Lacordaire, l'abbé Maret, Ozanam, Buchez, sœur Rosalie, sans compter Lamennais et son *Peuple constituant* colorent la révolution d'un spiritualisme, que d'autres, plus frustes, accommodent dans la célébration d'un Christ ouvrier et socialiste, d'un « prolétaire de Nazareth » qui annonce une ère nouvelle : « L'ouvrier est prêtre, s'écrie un personnage de *L'Éducation sentimentale*, comme l'était le fondateur du socialisme, notre Maître à tous, Jésus-Christ ! Le moment était venu d'inaugurer le règne de Dieu ! L'Évangile conduisait tout droit à 89 ! Après l'abolition de l'esclavage, l'abolition du prolétariat. On avait eu l'âge de haine, allait commencer l'âge d'amour. » Un peu partout, le clergé bénit les arbres de la liberté qu'on vient de planter.

La fraternisation est surtout visible à Paris. La province connaît des manifestations parfois violentes contre les patrons et contre les prêtres. À Lyon les canuts détruisent les métiers dans les couvents, à Rouen on brise des machines, des troubles agraires sont constatés en province, où les notables sont pris à partie par le petit peuple des campagnes. Ces troubles qui suivent la révolution de Février relancent la crise économique, à partir d'une crise monétaire et bancaire, suivie de la crise industrielle et commerciale. Le gouvernement doit parer à ces difficultés. Il charge des commissaires du gouvernement provisoire, en remplacement des préfets, d'y œuvrer au mieux. Mais le retour à l'ordre exige l'avènement d'un régime légal : seules des élections peuvent y pourvoir. Sur ce point, le conflit devient inévitable entre le gouvernement et l'extrême gauche.

L'échec de la monarchie constitutionnelle

Pour la troisième fois depuis la Révolution de 1789, les Français rejetaient la monarchie constitutionnelle. Cette fois, définitivement. Les circonstances avaient eu leur part. La fuite de Louis XVI et son arrestation à Varennes avaient sapé la Constitution de 1791 avant même qu'elle ne fût votée, le roi ayant perdu la confiance de ses sujets. La promulgation des ordonnances par Charles X en 1830, à la suite de la victoire de l'opposition libérale aux élections consécutives à la dissolution de la Chambre des députés, avait allumé la mèche de l'insurrection. Cette fois, en 1848, le manque de souplesse politique de Guizot, arc-bouté sur ses principes et ses certitudes, incapable de répondre à la demande démocratique, avait été le détonateur, dans une situation économique et sociale des plus tendues.

Malgré tout, l'échec répété de la monarchie constitutionnelle tendait à démontrer son inadaptation à la culture politique des Français. Ses défenseurs savaient-ils eux-mêmes définir avec précision ce régime, imité plus ou moins du modèle anglais [1] ? Le rôle et la fonction du monarque étaient régulièrement discutés. Était-il le chef de l'exécutif ou un arbitre ? Certains théoriciens libéraux comme Benjamin Constant avaient avancé la notion d'un « pouvoir préservateur », c'est-à-dire un pouvoir neutre entre le législatif et l'exécutif. Dans ce cas, il n'appartenait pas au roi de gouverner mais d'arbitrer. C'était aussi l'avis d'un Chateaubriand, dans sa *Monarchie selon la Charte* : « Que rien ne procède directement du roi dans les actes du gouvernement ; que tout est l'œuvre du ministère, même la chose qui se fait au nom du roi et avec sa signature, projets de loi, ordonnances, choix des hommes. » Une autre théorie voulait que la monarchie constitutionnelle fût le régime du

1. Voir Pierre Rosanvallon, *La Monarchie impossible. Les Chartes de 1814 et de 1830*, Fayard, 1994.

gouvernement mixte, ainsi que l'avait défini Montesquieu à propos de la Constitution anglaise – autrement dit un partage du pouvoir entre le roi et les représentants de la nation. Restait à savoir comment réaliser l'équilibre du partage, le compromis nécessaire. Or, tout au long de son histoire, la monarchie constitutionnelle est ballottée entre les tenants de la prérogative royale et les tenants du régime parlementaire ; entre l'aspiration du roi à gouverner et les défenseurs de la prééminence des élus. Tout se passe comme si les Français, fort peu pénétrés de culture libérale, ne concevaient que deux sortes de régime légitime : la monarchie absolue de droit divin ou la république fondée sur la souveraineté populaire.

La notion de souveraineté est au cœur de la culture politique des Français. Les Constituants de 1789, comme le fait remarquer Pierre Rosanvallon, n'avaient pas eu pour but de *limiter* la souveraineté, mais de la *transférer*. C'était l'une ou l'autre – celle du roi ou celle du peuple. Dès lors que le peuple était proclamé souverain, que faire d'un roi ? Les légitimistes et les républicains s'apparentaient sur cette alternative nécessaire. Les premiers, une fois mis hors du jeu, la République s'imposait. C'est pourquoi les insurgés de 1830 ont jugé la révolution de Juillet « escamotée ». Les libéraux doctrinaires parvenus au pouvoir tentèrent bien, Guizot en tête, de donner une assise intellectuelle au régime de l'entre-deux, à cette monarchie constitutionnelle que les Bourbons avaient, par leurs préjugés, rendue impossible. Ce fut sans doute leur mérite d'établir un régime qui dura près de dix-huit ans. Jamais, cependant, ils ne purent enraciner leur choix dans l'esprit public.

La culture politique des Français prend sa source dans le drame de la Révolution, qui inaugure une guerre civile intermittente, devenue structurelle. Entre les deux pôles clairement identifiés – les partisans de la tradition royale et les défenseurs du peuple souverain –, le tiers-parti libéral dispose de forces trop incertaines, et se heurte à la radicalité de deux France inconciliables. Le sens du compromis, qui devrait les inspirer, n'effleure guère les doctrinaires au pouvoir eux-mêmes. La rigidité d'un Guizot, son refus d'élargir l'assiette électorale en abaissant le cens, dénotent chez les dirigeants de la monarchie de Juillet une inaptitude aux concessions qu'expliquent là encore une mémoire et une culture foncièrement éloignées d'un authentique libéralisme. La modération, le sens de l'évolution, le goût de la réforme, c'est leur absence que l'on constate le plus souvent chez ceux-là mêmes qui devraient les incarner. La monarchie constitutionnelle n'est pas morte en France de la main de ses seuls adversaires, elle a été affaiblie et ébranlée par ses propres partisans.

La République a donc triomphé. Mais quelle République ? Celle des socialistes, celle des radicaux, celle des modérés ? Cette fois, le suffrage universel allait en décider. Jusque-là, la question du régime se posait dans le cadre étroit d'un pays légal défini par la loi censitaire. Désormais, toutes les couches sociales avaient voix au chapitre : la complexité d'une société à la fois bourgeoise et paysanne, quelque peu apeurée par la montée en puissance de la minorité ouvrière, se ferait sentir, à côté des oppositions religieuses et des diversités régionales. La République pouvait-elle répondre à tant de vœux divergents : concilier l'ordre et le droit au travail, les faubourgs et les beaux quartiers, la liberté et l'égalité, la souveraineté populaire et la stabilité gouvernementale ? Aucune grande nation européenne n'avait encore expérimenté les effets du suffrage universel.

Le coup d'arrêt

L'Assemblée constituante

Les élections sont fixées au 9 avril, elles se feront au scrutin de liste au chef-lieu du département. Le suffrage universel exclut encore les femmes, mais non plus les domestiques : électeur à 21 ans moyennant six mois de résidence, on est éligible à 25 ans. L'enjeu de ces élections n'est plus de trancher entre république et monarchie, mais de donner une couleur au nouveau régime dont les deux pôles sont la république conservatrice et la république démocratique et sociale. Les partisans de la première comptent sur la province ; les partisans de la seconde, sur Paris et les grandes villes. Affrontement inégal, puisque le pays est encore largement celui des bourgs et des villages, dominés par les notables et les conservateurs. Pour bien des démocrates, le suffrage universel n'est pas mûr ; le gouvernement provisoire doit continuer son œuvre de transition, appuyé sur le peuple de Paris. La contradiction entre la démocratie (mettre en œuvre et respecter le suffrage universel) et la révolution permanente (la dictature parisienne) devient évidente.

Le gouvernement, à l'exemple de Lamartine, est composé en majorité de républicains modérés, disposés à passer le relais après la consultation populaire. Les anciens membres des sociétés secrètes, les clubs parisiens, les journaux de gauche, réclament, eux, un ajournement du scrutin. Ils trouvent, le 16 mars, un mot d'ordre pour lancer une grande manifestation. Ce jour-là, 30 000 gardes nationaux font entendre dans les rues de la capitale leur volonté de défendre leur milice contre les projets du ministre de l'Intérieur Ledru-Rollin. Le lendemain de la démonstration des « bonnets à poil », l'extrême gauche, qui en attendait l'occasion, lance une manifestation populaire, de l'Étoile aux Tuileries, pour « défendre la République » et acclamer le gouvernement provisoire. Seul résultat obtenu par les manifestants : le report des élections du 9 au 23 avril. Un mois plus tard, le dimanche 16 avril, une nouvelle manifestation est lancée pour repousser la date des élections. Mais les manifestants sont finalement moins nombreux que les gardes nationaux mobilisés, qui scandent : « À bas les communistes ! À bas Blanqui ! À bas Louis Blanc ! Vive Lamartine ! » Le fiasco est évident, les élections peuvent avoir lieu.

Le 23 avril, dimanche de Pâques, les Français élisent 900 députés. Le dépouillement prend plusieurs jours, les résultats ne sont proclamés que le dimanche suivant, 28 avril. Lamartine, élu dans dix départements, en est le grand vainqueur. Paris lui donne le premier rang, ne plaçant les trois ministres de gauche, Albert, Ledru-Rollin et Louis Blanc, qu'en vingt et unième, vingt-quatrième et vingt-septième position (sur 34 élus). La République modérée, incarnée par Lamartine, est largement approuvée dans la capitale. Les chefs de la république sociale, Blanqui, Cabet, Raspail, ont échoué, à l'exception de Barbès ; ils peuvent, au total, avoir néanmoins l'appui d'environ 150 élus à la Constituante. Les grands vainqueurs sont les modérés qui comptent environ 500 élus. À droite, plus de 250 « républicains du lendemain » représentent les ex-monarchistes. Le suffrage universel en a donc décidé :

la République triomphe, mais la république des trois couleurs l'emporte massivement sur la république rouge.

Dans le nouveau gouvernement (la « Commission exécutive »), les anciens ministres de Février retrouvent leur place, à l'exception de Louis Blanc et d'Albert. Le coup de barre à droite est patent. Le mouvement révolutionnaire des clubs n'a pas pour autant désarmé. Décidé à la démonstration, il lance une manifestation prévue pour le 15 mai, en vue de déposer une pétition à l'Assemblée pour soutenir les Polonais en lutte contre les Prussiens. Une délégation imposante parvient à pénétrer dans la salle des séances, où Blanqui prend la parole. Un des meneurs, Huber (qu'on soupçonnera d'être un provocateur), annonce la dissolution de l'Assemblée, tandis qu'une liste de noms d'un futur gouvernement est préparée : Blanqui, Barbès, Albert, Louis Blanc... Force reste finalement à la loi, quand les gardes mobiles et les gardes nationaux font irruption. La journée du 15 mai entraîne la répression et encourage la réaction. Les principaux meneurs de l'extrême gauche – Blanqui, Barbès, Raspail – sont arrêtés ; Louis Blanc doit s'exiler en Angleterre ; la garde nationale (qui n'était pas intervenue immédiatement) est épurée. En même temps, la Commission exécutive est discréditée, à commencer par Lamartine, dont la politique de conciliation a échoué. Un homme fort entre au gouvernement, le général Cavaignac, de retour d'Alger, nouveau ministre de la Guerre.

Les journées de Juin

L'échec répété des manifestations de l'extrême gauche ne règle pas pour autant la situation économique et sociale. Dès le 25 février, Louis Blanc avait rédigé un décret prometteur : « Le gouvernement provisoire de la République française s'engage à garantir l'existence de l'ouvrier par le travail. Il s'engage à garantir du travail à tous les citoyens. Il reconnaît que les ouvriers doivent s'associer entre eux pour jouir du bénéfice légitime de leur travail. » Deux initiatives ont suivi : l'installation d'une commission du gouvernement pour les travailleurs – la Commission du Luxembourg –, assemblée consultative, composée par les délégués des divers corps de métier (231 représentants patronaux, 699 délégués ouvriers), présidée par Louis Blanc, et destinée à mettre en route un plan d'organisation du travail. Cette Commission, qui a eu un rôle positif d'arbitrage en certains conflits du travail, qui a encouragé le mouvement coopératif, a été aussi la tribune des orateurs socialistes les plus virulents, est dissoute au lendemain du 15 mai. D'autre part, pour répondre au chômage, le gouvernement avait décidé l'ouverture d'Ateliers nationaux, dont l'organisation était confiée à Marie, ministre des Travaux publics. L'ingénieur Émile Thomas, nommé directeur, est chargé de la mise en œuvre. Il ne peut guère offrir aux ouvriers qui s'enrôlent que des travaux de terrassement ; du moins ont-ils au départ un salaire de 2 F par jour qui leur épargne la misère. Mais cette aubaine attire de plus en plus de monde, y compris des chômeurs de province. À la fin de mars, les ouvriers des Ateliers nationaux sont 40 000. Le gouvernement doit diminuer leur rémunération, qui passe à 1,50 F puis à 1 F après le 15 mars. Après le 15 mai et la défaite des rouges, l'opposition conservatrice grandit. À l'élection complémentaire du 4 juin, qui voit le succès de Thiers, un certain nombre de candidats démocrates et socialistes sont élus, dont Pierre Leroux et Pierre-Joseph Proudhon, qui, depuis son essai sur la propriété, passe pour un dangereux révolutionnaire aux yeux des conservateurs. Ces élections inquiétantes se déroulent alors que le nombre des ouvriers inscrits dans les Ateliers nationaux atteint 115 000. Le plus souvent désœuvrés, ces ouvriers sont perméables à la propagande socialiste, en même temps qu'à une propagande bonapartiste (Louis-Napoléon Bonaparte résidant en Angleterre a été élu le 4 juin par quatre départements). Coûteux et dangereux, les Ateliers nationaux deviennent la cible des critiques de la droite. La majorité des députés se convainc de la nécessité de leur dissolution. Le 21 juin, la Commission exécutive décide que tous les ouvriers des Ateliers nationaux âgés de 17 à 25 ans seront enrôlés dans l'armée ; les autres seront répartis dans les chantiers de province. Cette dissolution de fait des Ateliers nationaux provoque l'insurrection des ouvriers parisiens. Paris devient le théâtre d'une guerre de classe entre prolétaires et ordre bourgeois. L'état de siège est proclamé ; tous les pouvoirs sont confiés au général Cavaignac. Le 26 juin, l'insurrection est écrasée. Une répression sans pitié : plusieurs milliers de morts (près d'un millier du côté des forces de l'ordre), 1 500 fusillés sans jugement, 11 000 condamnés à la prison ou à la déportation.

Le prolétariat vaincu est sans doute composite, sociologiquement éloigné d'une classe ouvrière d'industrie moderne. Reste que la lutte entre les insurgés et les forces de l'ordre a révélé, au cœur même de la capitale, que les luttes politiques sont désormais liées aux luttes sociales. Tocqueville, dans ses *Souvenirs*, définit la nouveauté de cette lutte : « Ce qui la distingua encore parmi tous les événements de ce genre qui se sont succédé depuis soixante ans parmi nous, c'est qu'elle n'eut pas pour but de changer la forme du gouvernement, mais d'altérer l'ordre de la société. Elle ne fut pas, à vrai dire, une lutte politique [...] mais un combat de classe, une sorte de guerre servile. »

Moment décisif dans l'histoire politique de la France. À l'antagonisme qui opposait les républicains et les royalistes, se superpose cet antagonisme de classes. Certes, nous ne sommes pas devant le schéma marxiste d'une opposition entre deux classes, bourgeoise et prolétaire, car la société est trop complexe (voir la part pondéreuse de la paysannerie), mais l'antagonisme de classe tel que le révèle le sang versé des journées de Juin gît désormais au sein du camp républicain. Dans *L'Éducation sentimentale*, Flaubert montre le déchirement d'un républicain sincère dans la personne de Dussardier. Ce brave commis a pris le parti du gouvernement contre les insurgés, mais la défaite de ceux-ci le trouble : « Peut-être qu'il aurait dû se mettre de l'autre bord, avec les blouses ; car enfin on leur avait promis un tas de choses qu'on n'avait pas tenues. [...] Ils avaient tort, sans doute, pas tout à fait cependant ; et le brave garçon était torturé par cette idée qu'il pouvait avoir combattu la justice. » Premier acte d'une longue histoire, où éclate la contradiction entre les républicains modérés, certes disposés au progrès social, mais non résolus au socialisme, et les républicains de la Sociale, impatients d'égalité. Sans compter, au-delà de ces deux branches de républicains sincères, tous les ralliés, les républicains du lendemain, opportunistes, pour lesquels la République n'est qu'un pis-aller, une solution provisoire, ou, à tout prendre, un régime acceptable à condition d'encadrement, d'autorité, de mise en condition d'un peuple qui fait peur. Après juin 1848, les modérés eux-mêmes sont emportés dans la défaite des insurgés. Lamartine, un moment prophète d'une République fraternelle, est déjugé. Le vote de la Constitution qui suivra confirmera la victoire du parti des propriétaires, unis par la peur.

La Constitution du 4 novembre

La Commission de Constitution, élue par l'Assemblée, est présidée par Louis-Marie de Cormenin, ancien député de la monarchie censitaire, qui a acquis une certaine réputation par ses pamphlets républicains écrits sous le pseudonyme transparent de Timon. Élu par quatre départements à la Constituante, devenu vice-président de celle-ci, son élection à la Commission de Constitution n'avait pas fait un pli. Parmi les autres membres, notons les noms de Lamennais, ancien prêtre devenu républicain, vite démissionnaire faute d'avoir pu imposer ses vues ; Tocqueville, célèbre par sa *Démocratie en Amérique* et ancien député de la gauche dynastique sous la monarchie de Juillet ; son ami Gustave de Beaumont, avec lequel il avait fait le fameux voyage aux États-Unis, à l'origine de son grand livre ; Armand Marrast, fondateur du *National*, à l'origine de la campagne des banquets de 1848, maire de Paris ; Odilon Barrot, chef de la gauche dynastique sous Louis-Philippe, dont il fut l'ultime et inutile recours lors de l'insurrection de Février ; Victor Considérant, polytechnicien et disciple modéré de Fourier. L'esprit de modération, du reste, domine cette Commission, à l'image de la majorité de la Constituante. Ses travaux et débats, nous sont connus grâce aux comptes rendus rédigés par son secrétaire, Charles-François Woirhaye, député de la Moselle [1].

La première séance de la Commission a lieu le 19 mai 1848. La vingt-quatrième et dernière séance et mise au point définitive du projet constitutionnel le 17 juin, quatre jours avant la dissolution des Ateliers nationaux. Les travaux de la Commission de Constitution se sont déroulés dans un climat de crise économique et sociale. C'est après les journées de Juin, et sous

1. Les procès-verbaux de la Commission de Constitution ont été déposés aux Archives nationales (cote C 918) ; ils sont publiés en partie dans Alexis de Tocqueville, *Œuvres complètes*, III, *Écrits et Discours politiques*, texte établi par André Jardin, Gallimard, 1990, p. 55-164.

l'état de siège prolongé, que le projet est examiné par les quinze bureaux de l'Assemblée, entre lesquels se répartissent les députés par tirage au sort. Les observations des bureaux sont prises en compte, le projet est remanié au mois d'août. Définitif, il est présenté le 30 de ce même mois par Marrast à l'Assemblée, qui en discute au long de trente-six séances, à partir du 4 septembre. Les députés ratifient une déclaration préalable des droits et devoirs (mais en laissant à la loi leur force d'application). Ils substituent au « droit du travail » une « assistance fraternelle » due aux nécessiteux. Une forte majorité entérine, avec des arrière-pensées diverses, l'élection du président au suffrage populaire, sans imaginer devoir instaurer une instance d'arbitrage entre l'Assemblée (unique) et le président, en cas de conflit. Le 4 novembre, la Constitution est votée par 739 voix contre 30 ; elle est proclamée le 19 par les maires de chaque commune.

Les articles sur le pouvoir exécutif ont été les plus débattus. Les membres de la Commission s'étaient déclarés « à l'unanimité » pour le confier à une seule personne, qui aura au moins 35 ans (la Constitution dira 30 ans), et qui portera le nom de président de la République. En revanche, tous ne sont pas d'accord sur la question de la rééligibilité. Beaumont juge que la perspective d'une réélection est dangereuse : le président passerait son temps et userait de son immense pouvoir vers un but unique, se faire réélire. Tocqueville opine dans le même sens, tout en faisant remarquer, non sans prescience, que « si le président n'est pas rééligible, on peut jeter un énorme mécontentement dans l'esprit d'un homme éminent qui ne peut prolonger son pouvoir et accomplir les grands desseins qu'il médite, on ne lui laisse que l'ambition du désespoir et on lui inspire l'idée de briser la Constitution ».

Les commissaires, devant ce dilemme, tranchent finalement à une forte majorité contre la rééligibilité (immédiate), et fixent la durée du mandat présidentiel à quatre ans. Mais qui l'élira ? La réponse est rapide : la Nation tout entière, au suffrage direct. Qui pourra être candidat ? Marrast propose que le peuple souverain ait à choisir entre cinq candidats présentés par l'Assemblée nationale. L'objection est aisée : la majorité désignerait les candidats dans ses rangs exclusivement, ou bien elle ferait un choix tactique en désignant un homme éminent à côté de quatre tocards. C'est entendu : il n'y aura pas de présentation, pas de patronage parlementaire officiel. Mais, pour l'emporter, faudra-t-il la majorité absolue ? Les commissaires, dans un premier temps, s'arrêtent à un seuil minimal de 2 millions de suffrages. Plus tard, la Commission adoptera une proposition de Tocqueville : outre les 2 millions de voix minimales imposées, le président ne sera élu d'emblée qu'à la majorité absolue, faute de laquelle c'est l'Assemblée nationale qui choisira, au vote secret et à la majorité absolue, entre les trois candidats arrivés en tête (l'article 47 définitif dira : « parmi les cinq candidats éligibles qui ont obtenu le plus de voix »).

Le mode de désignation défini, reste à préciser les pouvoirs du président. Deux écueils sont à éviter, que le chef de l'exécutif soit à la merci de l'Assemblée ou, au contraire, qu'il dispose de pouvoirs trop grands. Marrast est le plus favorable à la prépondérance du pouvoir législatif ; pour lui, il faut que le président ne soit que « l'instrument de l'Assemblée, l'exécuteur de ses volontés ». Mais l'ombre de la Convention, c'est-à-dire le régime d'assemblée, inquiète ses collègues. Non ! il faut repousser l'idée que le chef de l'exécutif ne soit qu'un « agent inerte ». Soit ! mais comment éviter l'abus de pouvoir ? Certains imaginent diviser l'exécutif entre le président et le conseil des ministres. Attention, dit alors Tocqueville : « Ce qu'il y a de pire, c'est de constituer l'antagonisme dans les diverses branches de l'exécutif, d'organiser entre le président et le ministère une lutte qui deviendrait une véritable anarchie. » Marrast défend son idée : le ministère dépendrait de l'Assemblée, et non du président. Mais alors, si l'on réduit le rôle du président à la simple exécution de la volonté parlementaire, à quoi bon le faire élire au suffrage universel ? La majorité de la Commission refuse donc d'enlever l'initiative des lois au président (l'article 49 dira son droit « de faire présenter des projets de loi » par les ministres). En revanche, pour préserver le principe de la séparation des pouvoirs, il n'aura pas le droit de dissolution, et ne communiquera avec l'Assemblée que par message, au moins une fois par an.

Après un aller-retour entre la Commission et les bureaux de l'Assemblée, la discussion du projet constitutionnel est ouverte devant les députés. Marrast donne lecture du projet, au lieu de Cormenin, car celui-ci a été « démissionné » par ses collègues, à la suite d'un écrit signé Timon où il faisait état de son propre projet constitutionnel contre celui de la Commission. Les députés de 1789 n'avaient voté leur Constitution qu'en 1791. Quelques mois auront suffi aux députés de 1848. Travail trop rapide ? Impatience coupable ? Après tout, la première Constitution française, lentement élaborée, avait fait long feu ! Et puis, le va-et-vient du projet constitutionnel entre la Commission et les bureaux, suivi par une mise au point du projet largement discuté plaide en faveur du sérieux des constituants de 1848. Un sérieux qui ne s'accompagnait pas forcément d'une grande lucidité.

Le 5 octobre, c'est à Tocqueville que revient le soin de défendre les articles sur le pouvoir exécutif. Les bureaux de l'Assemblée se sont prononcés déjà en leur faveur, mais, entretemps, les élections partielles du 17 septembre ont vu dans 5 départements sur 13 la victoire de Louis-Napoléon Bonaparte. Ce nom-là est dans tous les esprits au moment de la discussion sur l'élection et les pouvoirs du président de la République. Félix Pyat, journaliste, républicain à tous crins, a précédé Tocqueville à la tribune et défendu la prépondérance de l'Assemblée, qui a la faveur de la gauche : « Un pouvoir exécutif indépendant du pouvoir législatif, ce n'est pas une séparation, c'est une division du pouvoir ; c'est la monarchie [...] Mais dans une république, il n'y a plus qu'un droit, le droit du peuple, qu'un roi, le peuple même représenté par une assemblée élue, l'Assemblée nationale. » Le pouvoir est « un », et l'Assemblée résume tous les pouvoirs.

Pour apaiser les craintes de ses collègues troublés par la montée du courant bonapartiste, Tocqueville prononce un discours habile, non sans minimiser à l'excès les pouvoirs du président et le danger qu'ils représentent : « Non, messieurs [Tocqueville a du mal à employer le « citoyens » d'usage], la République n'a qu'une tête ; c'est l'Assemblée nationale ; le chef du pouvoir exécutif n'est qu'un de ses agents... » Tout en ajoutant : « et il serait bientôt son esclave si vous le laissiez élire par elle ». Tocqueville prêche pour la séparation des pouvoirs, et c'est pourquoi, dit-il en substance, il faut donner au chef de l'exécutif un « certain poids », celui que lui offrira le suffrage national. L'orateur insiste sur le caractère proprement républicain de cette élection du président au suffrage universel, alors que le roi « tire son droit de Dieu ou de sa naissance ». La légitimité, en république, a pour source la volonté populaire. Refusez-la et vous aurez « une République sans républicains, une démocratie moins le peuple » ! Leçon de démocratie qui ne plaît pas à l'extrême gauche : le « peuple » ne risque-t-il pas de donner ses voix à un surgeon de la monarchie, à un neveu de Napoléon ? Tocqueville rétorque : « La France, dans les fibres de son cœur, est profondément républicaine. » Ce qui restait à démontrer[1].

Tocqueville est applaudi, mais la partie n'est pas encore jouée. On le voit bien, le lendemain, par l'attention accordée par les députés au républicain Jules Grévy, qui défend un amendement supprimant carrément la présidence de la République : le chef de l'exécutif serait le président du Conseil des ministres, élu par l'Assemblée, qui pourra toujours le révoquer. Grévy discerne le plus grand danger dans le despotisme, auquel pourrait conduire la « force excessive » d'un président élu au suffrage universel.

Fort bien, mais il y a un vice dans l'amendement Grévy : le président du Conseil, nommé un jour, révoqué le lendemain, sans aucune garantie de durée constitutionnelle, serait un chef de l'exécutif impuissant. C'est ce que fait valoir le député Leblond, qui propose, lui, qu'il y ait bien un président de la République, élu pour quatre ans, mais par l'Assemblée. Nous voilà donc loin de l'immense majorité prévue, après le travail des bureaux, en faveur d'une élection présidentielle au suffrage universel ! C'est alors que Lamartine prend la parole ; son intervention sera décisive.

Dans l'argumentaire du poète devenu l'un des plus éloquents orateurs parlementaires, retenons le principal, qui ressortit à la conjoncture politique. D'un côté, il y a ce danger d'un « fanatisme posthume », d'un nouveau « 18-Brumaire ». Lamartine n'en croit rien : « Pour arriver à un 18-Brumaire dans le temps où nous sommes, dit-il, il faut deux choses : de longues années de terreur en arrière, et des Marengo, des victoires en avant. » Ce n'est pas le cas aujourd'hui. D'un autre côté, et voici le vrai danger : c'est un « manque de foi », une « certaine indifférence de la République », la « désaffection ». Et Lamartine de brosser l'histoire immédiate de la République : d'abord, l'enthousiasme, l'espérance, les acclamations ; ensuite, « les tristes agitations d'avril, de mai, de juin, la crise financière, les difficultés de la circulation, et cette

1. *Ibid.*, p. 211-222.

faction involontaire de la misère publique sur laquelle nous essayons tous les jours d'attendrir, d'émouvoir l'âme de la République... ». Là-dessus s'est greffée une campagne menaçante ; on a fait croire au peuple que la République c'était le partage des terres, la fin de la liberté industrielle, la profanation des religions et des cultes, la violence faite à la famille, etc. Eh bien, déclare en substance Lamartine, la meilleure façon de réconcilier le peuple avec la République, c'est de lui permettre de choisir le « chef », le « modérateur », le « régulateur » des institutions de la République, son président, qui protégera la propriété et la famille.

À ses yeux, le danger qui court n'est pas l'excès de force attribué au pouvoir exécutif ; c'est la faiblesse de la République. Certes, il ne s'aveugle pas, il sait « qu'il y a des moments d'aberration dans les multitudes, qu'il y a des noms qui entraînent les foules... comme le lambeau de pourpre attire les animaux privés de raison ! », mais, malgré cela, il opine pour l'élection présidentielle au suffrage universel. Un risque, oui ! Mais il faut espérer dans la Providence : « Invoquons-la, prions-la d'éclairer le peuple et soumettons-nous à son décret [1]. »

Lamartine a des convictions ; il a aussi des intérêts. Si l'élection se fait à l'Assemblée, c'est Cavaignac, l'actuel président du Conseil, qui l'emportera. En revanche, il peut espérer qu'au suffrage universel Cavaignac n'atteindra pas la majorité requise. Il faudra alors en revenir devant l'Assemblée. Cette fois, face à un général amoindri par sa défaite électorale, Lamartine espère bien l'emporter grâce à son éloquence. Une éloquence qui, pour l'heure, provoque son triomphe. Longuement applaudi, congratulé sur les marches de la tribune, il emporte la résolution de ceux qui hésitaient encore. Le samedi 7 octobre, l'amendement Grévy est repoussé par 643 voix contre 158, avant que l'amendement Leblond ne le soit à son tour. L'article 46 du projet est voté par 627 voix contre 180 (« Le président est nommé, au scrutin secret et à la majorité absolue des votants, par le suffrage direct de tous les électeurs des départements français et de l'Algérie »).

En face d'une assemblée législative unique de 750 membres, la République de 1848 instaure un président, élu lui aussi au

1. *Le Moniteur universel*, 7 octobre 1848.

suffrage universel. Que prévoit la Constitution du 4 novembre en cas de conflit entre ces deux pouvoirs, également puissants ? Elle prévoit, certes, la réorganisation du Conseil d'État, aux multiples pouvoirs de contrôle sur l'administration, mais ses membres seront élus pour six ans par l'Assemblée : c'est un instrument de mainmise par l'Assemblée sur l'exécutif, un objet de discorde entre les deux pouvoirs. Au fond, rien de prévu pour arbitrer entre les deux pouvoirs.

Louis-Napoléon Bonaparte, président de la République

La campagne électorale est ouverte. Les républicains, en écrasante majorité à l'Assemblée constituante, sont en fait profondément divisés. La majorité de la famille modérée a son candidat désigné par l'événement. Nul autre que le général Cavaignac ne mérite à ses yeux son appui. La Réunion du Palais-Royal, sorte de groupe parlementaire qui se réunit à l'extérieur de l'Assemblée, en fait le candidat qui s'impose, à la fois par son républicanisme, ses antécédents familiaux qui remontent à la Convention, et aussi parce qu'il a su rétablir l'ordre à Paris, en proie à l'insurrection ouvrière de Juin. Le tout pour Cavaignac est de gagner le soutien des conservateurs. Il s'y applique en faisant notamment l'offre au pape d'un asile ou d'une aide, alors qu'il est menacé dans Rome par les patriotes italiens. *Le National* devient le journal quasi officiel de cette candidature.

Autre candidat modéré : Lamartine, dont le discours du 5 octobre était resté fameux. Mais l'homme si populaire en France au lendemain de la révolution de Février, élu triomphalement en avril, s'est perdu aux yeux de ses partisans après le 15 mai et les journées de Juin. Cavaignac était alors apparu comme l'homme fort, reprenant en main une situation compromise. L'auteur de l'*Histoire des Girondins* s'illusionne encore sur sa popularité.

Sur sa gauche, Cavaignac doit compter avec la candidature de Ledru-Rollin, qu'a proposée la Réunion de la Montagne, puis désigner un Congrès électoral national, représentant la tendance démocratique et sociale du parti républicain. Ancien député d'extrême gauche sous la monarchie de Juillet, collaborateur de *La Réforme* avec Louis Blanc désormais exilé, Ledru-Rollin a fait partie du gouvernement provisoire de Février, mais il a condamné la répression des insurgés de Juin. Le 3 décembre, est créée la Solidarité républicaine, association nationale destinée à soutenir sa candidature, dont le secrétariat à Paris est confié à un jeune homme, encore inconnu, le futur fondateur de la Ligue de l'enseignement, Jean Macé.

Les révolutionnaires, les socialistes, eux, pour faire entendre leur voix, choisissent François-Vincent Raspail, médecin des pauvres, biologiste et chimiste réputé, qui avait participé aux révolutions de 1830 et 1848, et qui est en prison, à Vincennes, comme Blanqui et Barbès, à la suite de la journée du 15 mai. Les divisions de l'extrême gauche – qui de Ledru-Rollin ou de Raspail ? – sont illustrées par la violente polémique qui oppose Charles Delescluze, fondateur de *La République démocratique et sociale*, et Pierre-Joseph Proudhon, fondateur du *Peuple*. Celui-ci soutient dans un premier temps Raspail, tandis que Delescluze milite pour Ledru. Le 4 décembre, revirement de Proudhon : dans un article intitulé « Cavaignac », il expose, au scandale de la Montagne, qu'à tout prendre, puisque la candidature de Raspail est « impossible », mieux vaut choisir Cavaignac, puisque, lui, du moins, est républicain, et le seul républicain à pouvoir battre Bonaparte : « Entre deux réactions, il faut choisir la moindre. Appuyons donc Cavaignac, il exprime après tout la République. Sauvons d'abord la forme, le fond viendra ensuite. » Louis Bonaparte renverra dos à dos les deux pamphlétaires [1].

L'incertitude vient des conservateurs, le parti de l'Ordre, anciens orléanistes et légitimistes réunis, appelés « républicains du lendemain », et dont le siège se trouve dans la Réunion (ou Comité) de la rue de Poitiers, qu'anime Thiers, toujours agité mais suffisamment lucide pour estimer n'avoir personnellement aucune chance d'être élu, non plus que le maréchal Bugeaud, dont le nom est évoqué. Le 5 novembre, Thiers dissuade ses collègues de présenter un candidat. Son idée, bientôt contagieuse chez les conservateurs, est de soutenir Louis-Napoléon.

L'allusion à une candidature de Louis Bonaparte ne paraît pas sérieuse, tant le neveu de l'empereur semble falot. Ses

1. Pierre Haubtmann, *Pierre-Joseph Proudhon, sa vie et sa pensée (1809-1849)*, Beauchesne, 1982, p. 958-976.

deux tentatives de coup de force, à Strasbourg et à Boulogne, toutes deux terminées piteusement, en faisaient un conspirateur de comédie. Ses élections répétées depuis l'instauration du suffrage universel ont jeté un moment quelque émoi, on l'a dit. Mais les insuffisances du personnage paraissent trop criantes. Il était monté une première fois à la tribune, pour en descendre aussitôt sans dire un mot. Le peu de paroles qu'on lui entendit prononcer par la suite semblait émis par un bafouilleur timide. Aux yeux de maint républicain, il est devenu un objet de dérision.

Toutefois, le 26 octobre, Louis-Napoléon, provoqué par Clément Thomas, a annoncé sa candidature : « Eh bien oui ! je l'accepte cette candidature qui m'honore, parce que trois élections successives [il avait démissionné deux fois] et le décret unanime de l'Assemblée nationale contre la proscription de ma famille m'autorisent à croire que la France regarde le nom que je porte comme pouvant servir à la consolidation de la société ébranlée jusque dans ses fondements... »

Thiers, toujours manœuvrier, juge qu'il sera aisé de souffler sa conduite à un président si peu inspiré. Un mot court, peut-être apocryphe, mais qui résume l'état d'esprit de Thiers sur le nouveau Bonaparte : « C'est un crétin qu'on mènera. » Le 15 novembre, *Le Constitutionnel*, journal conservateur le plus influent du pays, affiche sa préférence pour Louis-Napoléon. Les autres journaux conservateurs, à Paris et en province, enchaînent, y compris la légitimiste *Gazette de France*, et le catholique *Univers*. Le 3 décembre, Thiers déclare publiquement : « Le motif qui nous a fait repousser le général Cavaignac, ce sont ces liaisons connues avec la coterie, dite coterie du *National*, minorité incapable, désorganisatrice, antipathique à la France. Louis Bonaparte aura du moins l'avantage de nous affranchir du joug de cette minorité... Sans affirmer que la nomination de Monsieur Louis Bonaparte soit le bien, elle paraît à nous tous, hommes modérés, un moindre mal. »

L'élection présidentielle du 10 décembre est un triomphe pour Louis-Napoléon Bonaparte : 5 400 000 suffrages sur environ 7 300 000. Soutenu par la « rue de Poitiers » – c'est-à-dire par les anciens orléanistes et les conservateurs qui pensent pouvoir le mener –, il est largement investi par les couches populaires, en raison de son nom, de la légende napoléonienne. Les paysans voient en lui le protecteur de leurs propriétés contre le retour des « seigneurs » et contre les « partageux ». Les ouvriers votent contre le général Cavaignac, son rival, qui n'obtient que 1 450 000 voix, préférant au « boucher de Juin », l'auteur socialisant de *L'Extinction du paupérisme*, favorable à l'amnistie pour les condamnés de Juin. Suivent Ledru-Rollin (370 000 voix), Raspail (37 000) et Lamartine qui subit le pire des camouflets (moins de 18 000 voix). Avec habileté, le prince Louis s'est posé en réconciliateur des classes, en pacificateur de la société, en ami respectueux de la religion, en défenseur des pauvres et en protecteur des riches. Le 20 décembre, le prince est proclamé président de la République.

La Constituante ne se sépare pas dans l'immédiat ; elle a encore à voter les articles organiques. Son mandat est prolongé jusqu'en mai 1849. En attendant, un ministère Odilon Barrot est constitué, soutenu par le président, contre la majorité de l'Assemblée. Le remplacement au ministère de l'Instruction publique d'Hippolyte Carnot, républicain avéré, par le comte de Falloux, catholique ultramontain et légitimiste, donne la couleur du changement. Toutefois, les conservateurs doivent se résigner à la loi du 15 mars 1849 organisant le suffrage universel : l'incompatibilité entre la fonction publique et le mandat parlementaire était affirmée, ce qui laissait la porte grande ouverte aux journalistes et aux avocats. Cependant, pendant ces derniers mois de la Constituante, le président, fort de sa légitimité électorale, maintient, envers et contre la majorité républicaine de l'Assemblée, un ministère de droite : l'équilibre des pouvoirs n'est pas respecté, l'avenir pouvait en souffrir. Les élections législatives du 13 mai 1849 sont appelées à arbitrer entre le président et les républicains.

Ces élections, dans l'esprit des conservateurs, devaient être la grande revanche de la province sur Paris, de l'ordre sur la révolution. La droite réussit à rassembler ses divers courants – légitimistes, orléanistes, catholiques conservateurs – sous la bannière d'une « Union libérale », dont le siège est rue de Poitiers, et dont libelles et pamphlets, en langage simple, inondent les départements. En face, s'unissent les radicaux et les socialistes, qui s'intitulent démocrates-socialistes, en abrégé les « démocs-socs ». Appuyés principalement sur le petit peuple des villes, ils poussent leur recrutement dans les campagnes et dans les rangs de l'armée. La France a la particularité d'avoir une paysannerie de petits – et même de très petits – propriétaires (la « paysannerie parcellaire » de Marx), très souvent endettés, en rivalité avec la grande propriété, et à côté desquels vit encore un prolétariat rural de journaliers et de salariés agricoles. Cette France rurale est rien moins que « communiste », mais elle est sensible à la propagande des démocs-socs contre les excès de la fiscalité et contre l'usure. Dans les régions en voie de déchristianisation, la propagande anticléricale renforce la cause de la gauche, qui dénonce dans le curé l'allié du château. La grande surprise du scrutin de mai 1849 va être le relatif succès de ces démocs-socs dans les campagnes [1].

Sans doute les résultats des élections confirment-ils le mouvement de réaction entamé en juin 1848, et les républicains modérés en font les frais, mais la gauche fait une percée historique. Le parti de l'Ordre s'empare de 450 sièges sur 750 à pourvoir ; la gauche (qui reprendra à l'Assemblée le nom de Montagne – toujours le souvenir de la Révolution), distancée seulement de 900 000 voix par les vainqueurs, compte environ 200 élus. Le reste des sièges – moins d'une centaine – échoit aux républicains modérés, les grands perdants du scrutin. La nouveauté provient donc de l'audience obtenue par les démocs-socs dans les campagnes, là même où les conservateurs estimaient triompher. Le suffrage universel dessinait ainsi une carte politique inattendue.

L'événement a mis en lumière trois cultures politiques qui ne cesseront désormais de s'affronter. La droite, pour l'heure majoritaire à l'Assemblée, dont l'adhésion à la République est de pure circonstance, n'est certes pas une seule et même famille, puisqu'elle rassemble des royalistes les uns fidèles aux Bourbons, les autres à l'orléanisme (plus qu'aux Orléans), des conservateurs sans attache dynastique, surtout des catholiques, mais tous soucieux de défendre des valeurs communes, l'ordre en est le résumé, l'ordre matériel et l'ordre moral. La gauche républicaine et socialisante, qui se nourrit de la mémoire révolutionnaire, s'inspire de la Convention, revendique parfois la Constitution non appliquée de 93, et dont l'aile la plus avancée adhère aux principes du socialisme. Enfin, les républicains modérés, fils de 1789 et de février 1848, qui répugnent à l'extrémisme ; hostile aux insurgés de Juin, leur parti s'est

1. Maurice Agulhon, *La République au village*, Seuil, 1979.

démonétisé à gauche, sans pour autant gagner des compensations à droite.

Le parti de l'Ordre vainqueur, la Seconde République est, dès avant les années 1870, une république sans les républicains. La politique extérieure (notamment l'appui donné au pouvoir temporel du pape, et le rétablissement de celui-ci à Rome, contre les patriotes italiens, en 1849) comme la politique intérieure (la loi Falloux et la restriction du droit de suffrage, en 1850) sont aux antipodes de l'esprit républicain, favorable aux nationalités et adversaire de l'influence catholique. Cette république conservatrice sera d'autant moins défendue lors du coup d'État du 2 décembre 1851, lorsque le prince-président, échouant à faire modifier la Constitution pour faire admettre sa rééligibilité, décide d'employer la force armée pour se maintenir au pouvoir.

Le coup d'État et son retentissement prolongé

Le 2-Décembre avait une cause relevant de la Constitution ; il en avait d'autres, plus profondes, politique et sociale. La première avait été entrevue par Tocqueville, on l'a vu, lors même qu'il élaborait avec ses collègues les articles de la Constitution de 1848. À son argument du moment, selon lequel la non-rééligibilité du président risquait de créer chez celui-ci une frustration dangereuse, il fallait ajouter l'ambition propre du président en place, de rétablir l'Empire. Ses vues ont été favorisées par la mésentente des droites, légitimiste et orléaniste, incapables de s'accorder sur la restauration monarchique, mais aussi d'assurer au prince-président cette majorité des trois quarts nécessaires à la révision. Le coup d'État répondait aussi à une demande d'ordre social de la part d'une France propriétaire inquiète des progrès électoraux accomplis par les « rouges ». L'Église aussi bénissait l'opération (« Le ciel vient de payer à la France la dette de l'Église », déclare Pie IX) : avant la fin de décembre 1851, le nouveau Bonaparte témoignait de sa reconnaissance envers elle en rendant le Panthéon au culte religieux.

L'exécution du coup d'État fut habile, puisque d'un même élan le président en place assurait son maintien au pouvoir, tout en rétablissant la plénitude du suffrage universel. Les déceptions causées par la République rendirent la résistance très inégale. En province, des manifestations et des soulèvements se produisent en plusieurs villes et départements, particulièrement dans le sud-est du pays (surtout Var et Basses-Alpes), à partir du 5 décembre. Au bout de plusieurs jours, l'insurrection sporadique est réduite, mais elle a attesté les progrès de la République dans les couches paysannes. À Paris, une minorité de députés s'emploie à défendre la légalité, à soulever le peuple parisien. C'est au cours de cette tentative que le député Baudin est tué, le 3, sur une barricade. La journée du lendemain, décisive, achève de donner au 2-Décembre son caractère de violence sanglante par « la fusillade des Boulevards » à laquelle se livre la troupe contre les insurgés, et souvent contre des badauds désarmés. Les arrestations, les condamnations, les proscriptions qui suivent complètent cette violence qui qualifie à jamais, dans la mémoire républicaine, le coup d'État de Louis Bonaparte d'acte scélérat.

Victor Hugo, exilé à Bruxelles, à Jersey, enfin à Guernesey, incarna et exprima le refus républicain de tout ralliement au bonapartisme. Coup sur coup, il publie *Napoléon le Petit*, en prose, et *Les Châtiments*, en vers, qui, clandestins, circulent et circuleront, donnant aux nouvelles générations républicaines les formules de leur intransigeance. Plus tard, sous la IIIe République, au moment même de la crise du 16 mai 1877, Hugo fait paraître son *Histoire d'un crime*, troisième volet de l'imprécation : « À pire que Brumaire, il fallait pire que Waterloo. »

Le coup d'État du 2 décembre devient le pôle négatif de l'idéologie républicaine [1]. Ceux qui s'y étaient opposés furent traités en héros après la victoire des républicains. Une loi de 1881 leur réserva indemnités et pensions. La mémoire d'Alphonse Baudin fut entretenue dans la pierre, à Nantua, sa ville natale, et dans le faubourg Saint-Antoine, à Paris, où il avait été tué. La dépouille mortelle du martyr fut transférée au Panthéon en 1889.

L'horreur de tout pouvoir personnel forgera une défiance sourcilleuse, non seulement contre Mac-Mahon, Boulanger ou les chefs des ligues nationalistes, mais aussi contre les prési-

1. Maurice Agulhon, *Coup d'État et République*, Presses de Sciences Po, 1997.

dents de la République s'ils montrent des velléités de gouverner (Casimir-Perier en 1894, Alexandre Millerand en 1924). Les principes républicains de la IIIe République donnèrent la prépondérance au Parlement, tandis que les personnalités trop fortes, à l'instar d'un Jules Ferry en 1887 ou d'un Clemenceau en 1920, seront écartées de l'Élysée, au profit d'hommes politiques sans danger. On retrouvera jusqu'en 1962 un écho du coup d'État du 2 décembre, lorsque la majorité des députés refusa la réforme du général de Gaulle visant à instaurer l'élection du président de la République au suffrage universel, avant que, peu après, François Mitterrand ne donne à sa critique des institutions et de la pratique politique sous le général de Gaulle le titre de *Coup d'État permanent*.

Le bonapartisme, une autre démocratie ?

Louis-Napoléon Bonaparte

Louis-Napoléon Bonaparte a 43 ans quand il entreprend le coup d'État du 2 décembre. Fils de Louis Bonaparte et d'Hortense de Beauharnais, filleul de Napoléon et de Marie-Louise, il a dû suivre sa mère en exil, après Waterloo. Louis-Napoléon passe ainsi une bonne partie de son enfance et de sa jeunesse en terre suisse, au bord du lac de Constance, où Hortense l'initie à la grandeur napoléonienne. Instruit dans le métier des armes au camp helvétique de Thoune, il s'enthousiasme pour la révolution de 1830, mais déchante vite, en apprenant le maintien de la proscription des Bonaparte. Louis-Philippe est désormais l'ennemi. Le jeune homme entame alors une carrière de conspirateur et d'écrivain politique et militaire. Jugeant de loin la puissance de la « légende napoléonienne » sur l'opinion française, il se convainc d'un retour en force des Bonaparte sur le devant de la scène. En octobre 1836, il fait une première tentative de coup de force à Strasbourg, en tentant d'y soulever la garnison, avant de marcher sur Paris. Le pronunciamiento échoue, après un court défilé d'artilleurs derrière l'aigle impérial dans les rues de la ville. Arrêté, le prince est libéré grâce aux bons soins d'Hortense, contre l'assurance d'un départ du comploteur pour les États-Unis. Dès juillet 1837, il est de retour en Europe, et s'installe à Londres, à la tête d'un petit état-major que dirige son fidèle Persigny. Il y écrit une brochure, *Des idées napoléoniennes*, profession de foi parue en 1839. Plusieurs manifestes suivent, diffusés en France, aux fins de créer un climat favorable à une nouvelle tentative de coup de force. Celui-ci, décidé pour le 5 août 1840, à Boulogne-sur-Mer, échoue, plus piteux encore que le précédent. Cette fois, Louis-Napoléon ne peut éviter une condamnation à la prison à perpétuité. Enfermé au fort de Ham, dans le département de la Somme, il parfait ses connaissances, rédige plusieurs ouvrages, écrit des articles pour la presse régionale. Il s'attelle notamment à la lecture des économistes et des socialistes, s'intéresse à la « question sociale » surgie de la révolution industrielle, et rédige une *Extinction du paupérisme*, inspirée en partie de Louis Blanc. Il en tirera une réputation « sociale » qui servira ses desseins. Il réussit, cependant, à s'échapper de la forteresse de Ham, sous un déguisement d'ouvrier, en mai 1846. C'est à Londres qu'il apprend la nouvelle de la révolution de février 1848. Élu dans quatre départements à l'Assemblée constituante, en juin, son nom provoque à Paris des manifestations de sympathie, notamment chez les ouvriers. Il juge adroit de démissionner le 16 juin. De nouveau candidat aux élections partielles de septembre, il est élu par 5 départements, et prend place à l'Assemblée le 25 septembre. Moins de trois mois plus tard, il est élu président de la République au suffrage universel.

Le césarisme démocratique

Les idées politiques du prince-président sont déjà celles du futur Napoléon III. On a pris l'habitude de les désigner sous le mot de *bonapartisme*, traduction moderne du *césarisme*, ou, pour être précis, du césarisme démocratique[1]. Dans sa brochure de 1840, il écrit : « L'idée napoléonienne consiste à reconstituer la société française bouleversée par cinquante ans

1. Ou « démocratie illibérale », comme l'appelle Pierre Rosanvallon, *La Démocratie inachevée*, *op. cit.*, p. 185.

de révolution, à concilier l'ordre et la liberté, les droits du peuple et les principes d'autorité. » Dans un autre ouvrage, *Histoire de Jules César*, dont les deux volumes sont publiés sous son nom en 1865 et 1866, Napoléon III complète l'expression de sa pensée politique. En retraçant l'histoire de César, il rappelle le modèle du grand homme et fixe ses idées.

Le régime bonapartiste a pour source légitime la souveraineté populaire, mais s'il s'agit d'un gouvernement pour le peuple, il n'est pas un gouvernement du peuple. Pour être maintenue, la démocratie doit échapper aux luttes des factions et reposer sur le principe d'autorité, s'incarner dans un chef, un grand homme, un « conducteur d'âmes ». Louis-Napoléon, la nuit même de son coup d'État, rétablit le suffrage universel, que la République conservatrice avait restreint (le nombre des électeurs était passé de 9 600 000 à 6 800 000 par la loi du 31 mai 1850). Comme son oncle qui avait fait appel au peuple, il assoit son pouvoir par deux plébiscites en moins d'une année. Les 21 et 22 décembre 1851, il fait approuver son coup d'État sur la question : « Le peuple français veut le maintien de Louis-Napoléon Bonaparte et lui délègue les pouvoirs pour établir une constitution sur les bases proposées par sa proclamation » – plébiscite qui donne 7 339 000 oui et 647 000 non. À la suite de quoi, il prolonge le pouvoir du président de la République de dix ans par la Constitution du 14 janvier 1852. Dans un second temps, il fait ratifier le rétablissement de l'Empire – par le plébiscite des 20 et 21 novembre 1852, obtenant 7 824 000 oui contre 253 000 non. Ainsi, alors que la République conservatrice reposait sur un suffrage tronqué, le régime impérial s'appuie sur l'assentiment populaire universel. « Aujourd'hui, écrivait le prisonnier du fort de Ham, le règne des castes est fini : on ne peut gouverner qu'avec les masses ; il faut donc les organiser pour qu'elles puissent formuler leurs volontés et les discipliner pour qu'elles puissent être dirigées et éclairées sur leurs propres intérêts. »

Cette conception paternaliste de la démocratie implique la nécessité de canaliser le suffrage populaire. Le régime napoléonien use donc de la candidature officielle, sans compter les truquages électoraux toujours possibles. Il limite les libertés d'expression et de réunion, rétablit la censure dramatique, soumet les individus à l'arbitraire administratif, contrôle l'Université. Le pouvoir exécutif, appuyé sur une administration aux ordres, a seul l'initiative des lois. Les assemblées, Corps législatif, Sénat et Conseil d'État, ne sont que des instruments du chef de l'État. Le Corps législatif, élu au suffrage universel, « discute et vote les projets de loi et l'impôt », sans aucune initiative et sans la faculté de renverser le gouvernement. C'est au nom de l'empereur que la justice est rendue. C'est encore lui qui dispose du droit d'amendement de la Constitution. L'unité du peuple précède sa liberté, telle est la maxime impériale : « À ceux qui regrettent qu'une part plus large n'ait pas été faite à la liberté, déclare l'empereur en 1853, je répondrai : la liberté n'a jamais aidé à fonder d'édifice durable, elle le couronne quand le temps l'a consolidé [1]. »

L'exemple de Jules César est rappelé pour dénoncer les « rivalités mesquines » qui se font jour dans les assemblées et entravent la direction politique du pays : les intérêts de classe, les jalousies individuelles fomentent les complots ordinaires des régimes d'assemblée, au détriment de l'intérêt général. César, lui, n'était pas l'homme d'une faction, il était « l'homme de son siècle ». Napoléon III se déclare « national » envers et contre le système des partis qui divisent la nation. Il incarne proprement le peuple – ce peuple qu'il visite régulièrement dans les départements, un genre de démocratie directe ou, comme on l'a dit, de « plébiscites continus ». Le prince-président avait proclamé dans sa déclaration du 2 décembre qu'il entendait « fermer l'ère des révolutions en satisfaisant aux besoins légitimes du peuple ».

Le bonapartisme a aussi, en effet, des velléités sociales. La politique des grands travaux (construction des chemins de fer, modernisation de la capitale par Haussmann), encouragée par l'entourage saint-simonien de Napoléon III, a eu pour effet de stimuler l'emploi et d'élever les salaires. Il est vrai que la hausse des prix a relativisé la hausse des salaires réels. L'amélioration d'ensemble de la condition ouvrière semble cependant avérée, malgré des poches de grande pauvreté. Mérimée, écrivain favorable au régime, écrit le 28 novembre 1856 : « Les ouvriers se plaignent de la cherté des vivres et des logements, mais ils ne disent pas qu'ils ont autant d'ouvrage qu'ils en veulent et que leur journée se paie le double juste de ce qu'elle

1. Cité par Alain Plessis, « Napoléon III, un dictateur ? », dans Maurice Duverger (dir.), *Dictatures et Légitimité*, PUF, 1982, p. 204.

valait il y a dix ans. Le renchérissement de la vie matérielle n'est pas en proportion avec celui de la main-d'œuvre. Les gens très malheureux, ce sont les employés et les ouvrières qui font des chemises. Je n'ai guère de pitié que pour les femmes, mais j'en vois de pauvres vieilles qui me fendent le cœur. » C'est surtout dans les années 1860 que Napoléon III s'intéresse à la question sociale proprement dite. Il s'en soucie d'autant plus que plusieurs éléments de sa politique détachent de lui une partie des classes aisées : sa politique italienne mal vue des catholiques et son adhésion au libre-échange (on parle du « coup d'État douanier » de 1860) qui lui vaut l'opposition de bon nombre d'industriels. En 1862, encouragé par le groupe dit du Palais-Royal (sorte de bonapartisme de gauche dominé par le prince Napoléon et le saint-simonien Michel Chevalier), il favorise et subventionne en partie l'envoi d'une délégation de 200 ouvriers à l'Exposition universelle de Londres. Napoléon III décide aussi de légaliser le droit de grève, malgré l'avis du Conseil d'État et la résistance du Corps législatif. Les membres de celui-ci qui sont en majorité des anciens candidats officiels doivent s'exécuter à la demande de l'empereur : la loi sur les coalitions est ainsi votée par 222 voix contre 36, le 25 mai 1864. Le droit de réunion et d'association, sans être formellement reconnu, s'installe de fait ; l'Association internationale des travailleurs, issue des conversations entre ouvriers anglais et ouvriers français à l'Exposition de 1862, est tolérée. D'autre part, l'article du code civil établissant l'inégalité du maître et de l'ouvrier est aboli (1866). Malgré ces tentatives de séduction, le régime ne parvient pas à rallier l'opinion ouvrière, gagnée de plus en plus par l'opposition républicaine. La véritable réussite sociale du régime est ailleurs : dans les villages.

La période du Second Empire a été marquée par la satisfaction globale de la paysannerie. Les prix agricoles se sont élevés en effet beaucoup plus vite que les prix des produits industriels, au profit des agriculteurs entrés dans l'économie de marché. L'exode rural, ce long flux de population terrienne en direction des villes qui s'industrialisent, est un fait, mais la population rurale reste prédominante. Encore en 1866, elle représente près de 70 % de la population totale, tandis que la majorité des Français (51,5 %) vit encore de l'agriculture. Les salariés agricoles sont toujours nombreux, mais leur importance décroît, le nombre de jours chômés diminue, leurs salaires s'élèvent, certains accèdent au statut de propriétaires-exploitants. Ceux-ci, qui augmentent leur production (série de belles récoltes) dans une conjoncture de forte demande, connaissent une augmentation sensible de leurs profits. C'est cette masse sociale et apolitique qui forme la base du régime impérial, de manière continue.

Le bonapartisme est aussi une politique extérieure : celle de la grandeur. Au printemps 1852, le prince-président, en tournée de propagande en faveur du rétablissement de l'Empire, déclare à Bordeaux : « Certaines personnes disent : l'Empire, c'est la guerre ; moi je dis : l'Empire, c'est la paix. » Les événements qui suivent vont vite démontrer le contraire. À l'opposé de Louis-Philippe, résolument attaché à une politique de non-intervention ou d'intervention minimale dans les affaires de l'Europe, au grand dam des patriotes, Napoléon III a voulu reprendre l'initiative, et se voit entraîné dans une série de conflits successifs qui finiront par causer sa perte. Guerre de Crimée en 1855, intervention anglo-française en Chine en 1857, expédition de Saigon en 1859, déclaration de guerre à l'Autriche et bataille de Magenta en cette même année 1859, bataille de Solferino en 1860 (l'alliance franco-sarde et la guerre d'Italie valent finalement à la France Nice et la Savoie), échec de l'expédition au Mexique en 1862 (effondrement de la « grande idée du règne » : équilibrer la puissance nord-américaine par une grande puissance latino-catholique en Amérique du Sud ; les troupes françaises doivent quitter le Mexique en 1867, peu avant l'exécution de Maximilien, empereur du Mexique), défense du pape contre les entreprises garibaldiennes et victoire de Mentana en novembre 1867, enfin déclaration de guerre à la Prusse le 19 juillet 1870 à la Prusse.

Cette politique active est empreinte de profondes contradictions. Décidé à favoriser le succès du principe de nationalité, et en cela fidèle à l'idéologie révolutionnaire, l'empereur s'allie à Cavour et au Piémont-Sardaigne contre l'Autriche, jusqu'au moment où les intérêts du pape sont trop menacés. Pour ne pas perdre la face, il se fera désormais défenseur du pouvoir pontifical, quitte à s'aliéner les patriotes italiens et les partisans français de l'unité italienne, dont il avait flatté les espérances. En même temps, le principe de nationalité favorise la constitution d'une unité allemande sous la direction de la

Prusse, qui creusera le tombeau du régime bonapartiste. Comme le Premier Empire, défait à la suite de deux campagnes militaires et Waterloo, le Second Empire s'effondre à la suite de la défaite de Sedan, le 2 septembre 1870. Aggravé par la débâcle de l'aventure mexicaine, le bilan de la politique extérieure de Napoléon III se révèle désastreux.

La République sous l'Empire

Les proscrits

La première opposition au coup d'État et au rétablissement de l'Empire est venue de l'exil. Le 2-Décembre a provoqué une certaine résistance à Paris ; il a surtout entraîné l'insurrection de nombreux départements du Centre, du Sud-Ouest et du Sud-Est, qui connurent plusieurs batailles rangées. 26 000 personnes furent arrêtées ou poursuivies [1], qui passèrent devant des commissions mixtes, composées dans chaque département du préfet, du général et d'un magistrat. 9 500 accusés furent condamnés à la déportation en Algérie (quelques-uns à Cayenne), 2 800 internés, et 5 100 placés sous la surveillance de la police. La proscription frappa les représentants emprisonnés ou déjà exilés, parmi lesquels 70 républicains (Hugo, Schœlcher, Raspail, Nadaud, Perdiguier, Quinet, Leroux...). Une grande partie des élites intellectuelles partirent pour la Suisse, l'Angleterre ou la Belgique, comme le philosophe Jules Barni, introducteur de Kant en France ; d'autres, comme Michelet, refusant de prêter serment au nouveau maître, choisirent l'exil intérieur, quittant leurs fonctions dans l'Université (Michelet déjà chassé du Collège de France perd la direction des Archives nationales).

La grande voix de la proscription qui s'impose d'emblée est celle de Victor Hugo qui, dès 1852, fait paraître *Napoléon le Petit*, pamphlet véhément, nourri d'émotion et de colère :

« Ce qui est plus navrant que les crânes fendus par le sabre,

1. Voir la statistique dans Maurice Agulhon, *1848 ou l'Apprentissage de la République*, Seuil, nouv. édit., 1992.

que les poitrines défoncées par les boulets, plus désastreux que les maisons violées, que le meurtre emplissant les rues, que le sang versé à ruisseaux, c'est de penser que maintenant on se dit parmi tous les peuples de la terre : Vous savez bien, cette nation des nations, ce peuple du 14 juillet, ce peuple du 10 août, ce peuple de 1830, ce peuple de 1848, cette race de géants qui écrasait les bastilles, cette race d'hommes dont le visage éclairait, cette patrie du genre humain qui produisait les héros et les penseurs, ces autres héros, qui faisait toutes les révolutions et enfantait tous les enfantements, cette France dont le nom voulait dire liberté, cette espèce d'âme du monde qui rayonnait en Europe, cette lumière, eh bien ! quelqu'un a marché dessus, et l'a éteinte. Il n'y a plus de France. C'est fini. Regardez, ténèbres partout. Le monde est à tâtons.

« Ah ! c'était si grand ! Où sont ces temps, ces beaux temps mêlés d'orages, mais splendides, où tout était vie, où tout était liberté, où tout était gloire ! Ces temps où le peuple français, réveillé avant tous et debout dans l'ombre, le front blanchi par l'aube de l'avenir déjà levé pour lui, disait aux autres peuples, encore assoupis et accablés et remuant à peine leurs chaînes dans leur sommeil : Soyez tranquilles, je fais la besogne de tous, je bêche la terre pour tous, je suis l'ouvrier de Dieu. »

Le « crime du 2-Décembre » sera imprescriptible : c'est contre lui, contre la dictature, contre le régime personnel, que se formera un nouveau parti républicain, irréconciliable, quelle que soit l'évolution du régime impérial.

En 1853, Hugo lance ses *Châtiments*, vers vengeurs que les collégiens apprendront par cœur : « Donc c'est fait. Dût rugir de honte le canon,/Te voilà, nain immonde, accroupi sur ce nom !/Cette gloire est ton trou, ta bauge, ta demeure !/Toi qui n'as jamais pris la fortune qu'à l'heure,/Te voilà presque assis sur ce hautain sommet !/Sur le chapeau d'Essling tu plantes ton plumet... » Lorsque, en 1859, Napoléon III, dont la popularité s'étend à gauche de l'opinion en raison de sa politique italienne, décrète l'amnistie, bien des proscrits reviendront en France. Victor Hugo refusera, prenant la figure, à Guernesey, du grand irrécupérable. « Et s'il n'en reste qu'un, je serai celui-là... » D'autres adoptent la même attitude : Edgar Quinet, Charras, Louis Blanc (exilé à la suite des journées de Juin), Félix Pyat...

En France même, l'opposition républicaine a beaucoup de mal à s'affirmer, jusqu'aux premières élections législatives du régime impérial, en 1857. Celui-ci s'emploie à contrôler l'opération électorale : surveillance de la presse, interdiction des réunions, candidatures officielles. Légitimistes et orléanistes préfèrent s'abstenir. Les républicains, après réflexion, se lancent dans la bataille, quitte à rejeter la question du serment (un élu républicain peut-il prêter serment à l'usurpateur ?) après élection. Finalement, à Paris, les républicains remportent 5 sièges sur 10 : Carnot, Goudchaux, Cavaignac, Ollivier et Darimon. Les deux premiers ayant refusé de prêter serment, et Cavaignac étant mort subitement, on doit procéder à trois élections complémentaires : Jules Favre et Ernest Picard sont les deux élus républicains. Ces quatre députés républicains vont former avec le Lyonnais Hénon le groupe des Cinq au Corps législatif. Cette opposition légale, parlementaire, modérée, forme le noyau d'un premier courant républicain, avant tout libéral, soucieux de réformes constitutionnelles, hostiles au pouvoir personnel. Jules Simon, professeur de philosophie à la Sorbonne, élu député en 1863, exprimera en 1868 dans *La Politique radicale* le sens de cette politique réaliste, contraire aux poses vaines de l'intransigeance, sans perdre de vue les buts républicains : séparation de l'Église et de l'État, liberté absolue de la presse, abolition des armées permanentes, instruction primaire obligatoire. Ce républicanisme parlementaire ne se refuse pas aux alliances à droite, comme on le voit lors des élections de 1863 par la formation de l'Union libérale où se rencontrent républicains modérés et orléanistes.

En face de ces modérés se constitue progressivement, surtout après le retour des déportés et des exilés, une petite galaxie révolutionnaire. On y rencontre en premier lieu les adeptes de l'école jacobine, Charles Delescluze, rentré de Cayenne en 1860, Charles Gambon, libéré après dix ans passés à Belle-Île. Delescluze lance un journal, *Le Réveil*, dont le premier numéro vaut à son directeur une amende et quinze jours de prison. Ledru-Rollin, autre figure de ces Jacobins, répand dans *La Voix du proscrit* l'idée de gouvernement direct du peuple, à laquelle adhèrent de nombreux républicains comme Jean-Baptiste Millière ou Félix Pyat. Plus radicaux et moins démocrates sont les blanquistes, groupés autour de celui qu'on appelle désormais Le Vieux, rapidement remis en prison. Mais à

Sainte-Pélagie, où il est enfermé, Auguste Blanqui continue sa propagande auprès des autres détenus. C'est là que naît le parti blanquiste, avec notamment Gustave Tridon, et qui recrutera dans la jeunesse des écoles et dans les faubourgs plus de 2 000 affiliés dans les dernières années de l'Empire. Les blanquistes sont communistes révolutionnaires, résolument hostiles à la « peste parlementaire » et pleins de mépris pour le suffrage universel ; leur but, on l'a dit, est de prendre le pouvoir par un coup de force, d'établir une dictature parisienne, à partir de laquelle ils engageront la société sur la voie du communisme. La nouveauté, cependant, est la mise en place d'un véritable parti ouvrier par des ouvriers.

L'origine de ce courant se situe en 1864, à l'occasion d'élections partielles. Un certain nombre d'ouvriers, d'inspiration proudhonienne, dont Henri Tolain, ouvrier ciseleur sur bronze, entendant promouvoir une représentation ouvrière, publient un Manifeste des soixante, le 17 février 1864 dans *L'Opinion nationale*. Proudhon y est attentif, quoique adversaire de la participation électorale, parce que s'y dégage l'idée force d'une identité ouvrière. Tolain, avec quelques autres militants ouvriers français, participent au meeting du 28 septembre 1864 à Londres, fondateur de l'Association internationale des travailleurs, la première Internationale. Le bureau parisien de celle-ci s'installe en janvier 1865, rue des Gravilliers. À partir du mois de mai paraît *Le Courrier français*, organe des Internationaux français, de tendance proudhonienne. Le caractère mutuelliste, anti-étatiste, de l'Internationale ne peut que déplaire aux blanquistes. Mais cette tendance laisse place peu à peu en France à une autre, néo-proudhonienne si l'on veut, dans la mesure où le socialisme revendiqué reste « anti-autoritaire », défiant face à l'État (et au Conseil général de Londres, où siège Marx), mais désormais favorable aux grèves et à la lutte politique. Le gouvernement, qui avait toléré dans un premier temps l'organisation ouvrière, sévit contre elle à la fin de 1867. Eugène Varlin, ouvrier relieur installé à son compte, est représentatif de cette évolution. Condamné à la prison en 1868, il est, une fois libéré, candidat aux élections de 1869, à la fois contre les bonapartistes et contre les « républicains bourgeois » : « Seule, déclare-t-il, la révolution politique ne serait rien ; mais nous sentons bien, par toutes les circonstances auxquelles nous nous heurtons, qu'il nous sera impossible d'organiser la révolution sociale tant que nous vivrons sous un gouvernement aussi arbitraire que celui sous lequel nous vivons... »

Les élections de 1869, après celles de 1863, marquent une forte avancée du parti républicain. Les progrès d'une nouvelle culture républicaine y président[1]. Diverses associations y concourent : les loges maçonniques, où l'on peut débattre avec une certaine liberté ; la Ligue de l'enseignement de Jean Macé, proche de la franc-maçonnerie, qui véhicule la libre-pensée contre la tutelle catholique ; le barreau, où certaines plaidoiries font mouche (qu'on songe à Léon Gambetta) ; les petites publications du quartier Latin, où de nombreux étudiants professent leur républicanisme, teinté de positivisme et d'anticléricalisme... bien des signes démontrent la résurgence d'un parti républicain. Ses candidats les plus notoires aux élections de 1869 se révèlent plus libéraux que révolutionnaires, même s'ils se déclarent « irréconciliables » avec le régime de Napoléon III. Mais le résultat de ces élections est la défaite massive des candidats du régime dans les villes[2]. Dans l'ensemble, les opposants passent de 25 % en 1863 à 40 % en 1869. La coupure milieux urbains/milieux ruraux est plus manifeste que jamais. Paris est acquise à l'opposition républicaine, grâce à ses arrondissements de l'Est, où Henri Rochefort, polémiste en exil, est élu, lors d'une élection partielle en novembre.

L'Empire libéral

Cette poussée républicaine amène l'empereur à faire des concessions notables. Depuis 1860, le régime a amorcé une évolution due aux circonstances. La politique italienne avait alors déplu aux catholiques : *L'Univers*, organe du catholicisme intransigeant dirigé par Louis Veuillot, avait été interdit. La politique douanière, on l'a dit, avait heurté de nombreux intérêts conservateurs. Dans ces conditions, l'empereur avait cherché de nouveaux appuis. En novembre 1860, un décret

1. Voir Ioura Tchernoff, *Le Parti Républicain au coup d'État et sous le Second Empire*, Pédone, 1906.
2. *Les Élections de 1869*, Société d'histoire de la révolution de 1848, 1960.

rétablit le droit d'adresse, qui autorise l'opposition, chaque année, à répondre au discours du trône. Les débats des assemblées sont désormais publiés intégralement dans le *Journal officiel*. Un sénatus-consulte du 31 décembre 1861 permet la discussion du budget, non plus en bloc, mais par section. Autant de décisions qui favorisent un plus grand pouvoir parlementaire. Ces réformes entraînent la formation d'un tiers-parti, une opposition libérale dynastique, dont le chef devient Émile Ollivier. À droite, l'opposition orléaniste s'affirme sous la direction de Thiers, qui réclame dans un discours resté célèbre les « libertés nécessaires ». Les échecs mêmes du régime, surtout en politique extérieure, l'entraînent à lâcher un peu plus de lest. Le 31 janvier 1867, un décret remplace le droit d'adresse par un droit d'interpellation, qui redonne force à l'opposition parlementaire. En 1868, une loi sur la presse libéralise le régime des journaux, dispensés de l'autorisation préalable et délivrés de l'avertissement ; elle est suivie par une loi sur les réunions qui, entre autres, autorise les réunions électorales. Cette dernière loi entraîne la multiplication des conférences, en principe sans objet religieux ou politique, mais en fait détournées de leur sujet déclaré. Les élections de 1869 accélèrent le processus de libéralisation, offrant au Corps législatif l'initiative des lois. Pour concrétiser cette politique libérale, Napoléon III, qui s'est débarrassé de Rouher, symbole de l'Empire autoritaire, confie à Émile Ollivier, républicain rallié, la direction du ministère, en janvier 1870. Enfin, par le sénatus-consulte du 20 avril 1870, le Sénat se voit ôter le pouvoir constituant : c'est au peuple qu'il appartiendra désormais de modifier la Constitution sur proposition de l'empereur. Le régime parlementaire n'est pas officiellement reconnu, mais on raye des textes la formule selon laquelle les ministres « ne dépendent que de l'empereur ». Conseillé par Rouher, devenu président du Sénat, Napoléon III décide d'engranger les dividendes de ses réformes et de faire pièce à l'opposition républicaine, en appelant le peuple à ratifier par plébiscite les transformations constitutionnelles. Le 8 mai, l'empereur gagne son pari en remportant une victoire écrasante. À la question : « Le peuple approuve les réformes libérales opérées dans la Constitution depuis 1860 et ratifie le sénatus-consulte », 7 350 000 électeurs répondent oui, contre 1 572 000 non. Le commentaire de Gambetta exprime le désarroi des républicains : « L'Empire est plus fort que jamais. »

Du Capitole à la roche Tarpéienne

Renforcé, le régime impérial a aussi sensiblement changé depuis sa fondation, évoluant vers un césarisme libéral et parlementaire, ce qui est contradictoire dans les termes. En perdant progressivement ses attributs arbitraires, en réinstaurant les libertés publiques, en redonnant ses droits à l'opposition et son autonomie au pouvoir législatif, le régime bonapartiste suit la pente d'une monarchie constitutionnelle entraînée vers une démocratie libérale. Cette évolution désarme une partie des républicains libéraux. Émile Ollivier, ancien du groupe des Cinq, le plus en vue des ralliés, s'en explique : « Quand on a obtenu les trois quarts de ce qu'on désire, renoncer aux moyens qui vous ont réussi jusque-là serait, en vérité, le comble de la déraison[1]. » Qui plus est, la division même des républicains fait redouter une république qui, pour la troisième fois, serait un échec : « Une république sagement organisée, respectant les conditions permanentes de l'ordre social, ce qu'on appelle les lois traditionnelles, libérale sans devenir anarchique, amie du peuple sans verser dans la démagogie, serait la forme la plus belle et la plus honorable pour la dignité de l'espèce humaine. Mais pouvait-on alors espérer un tel bienfait ? [...] Même les meilleurs étaient imbus d'idées fausses sur les principaux problèmes de l'organisation sociale et politique : impôt, relations de l'Église et de l'État, rapports du capital et du travail, etc. Assagis par l'exercice du pouvoir, peut-être renonceraient-ils à leurs erreurs ; réussiraient-ils à assagir également et à redresser dans l'esprit du peuple tant d'idées fausses qu'ils lui avaient si longtemps inculquées[2] ? »

Même dans le camp des « irréconciliables », un Gambetta, auréolé par sa plaidoirie au procès Baudin en 1868, rallié au radical « programme de Belleville » pour les élections de 1869, peut affirmer dans un banquet d'étudiants : « Tant que le champ reste ouvert à la discussion, à la controverse, au pro-

1. Émile Ollivier, *L'Empire libéral*, Garnier Frères, 1907, t. XI, p. 113.
2. *Ibid.*, p. 114.

sélytisme, à la propagande, tant que l'homme peut aborder l'homme, le citoyen, le citoyen... il faut proclamer hautement que l'on méprise la force entre ses mains, comme on la méprise entre les mains des usurpateurs [1]. »

Comme Gambetta, Jules Ferry ne préconise pas la révolution, mais l'extinction progressive du pouvoir impérial, comme le donnent à espérer les élections. Plus tard, dans un discours prononcé à Bordeaux, le 30 août 1885, Jules Ferry s'en souviendra : « Le programme de 1869 était avant tout sous une forme législative la négation du pouvoir impérial, de lui enlever pièce à pièce toute l'autorité dont il pesait sur le suffrage universel par la candidature officielle, sur la presse et sur les réunions par les lois répressives que vous connaissez, sur la justice, sur l'armée, sur le clergé, c'était, en définitive, sous une forme légale, la déchéance de l'Empire par le désarmement progressif, continu, du pouvoir impérial. »

Ces républicains modérés sont toutefois la cible des révolutionnaires, particulièrement à Paris. Minoritaires, certes, mais capables de faire peur, comme on le voit lors des obsèques de Victor Noir, en février 1870. Ce journaliste avait été tué d'un coup de pistolet par un cousin de l'empereur. Il en résulte une puissante manifestation à Neuilly, où les autorités ont voulu consigner le cortège. Les blanquistes et autres « rouges » veulent entraîner celui-ci dans la capitale. C'est l'autorité du pamphlétaire Henri Rochefort, prédicateur de la révolution dans *La Marseillaise*, mais désireux d'éviter le pire, jugeant que « l'heure n'a pas sonné », qui maintient la manifestation hors les murs. Un peu plus tard, la condamnation de Rochefort, son arrestation, deviennent prétexte à nouvelles manifestations. Charles Delescluze peut proclamer dans *Le Réveil* : « La victoire est certaine maintenant. Elle ne se fera pas attendre. »

Quelques semaines plus tard, en mai, le plébiscite fait déchanter les plus ardents. Encore que deux départements se prononcent pour le non, ceux de la Seine et des Bouches-du-Rhône. Paris et Marseille résistent au raz-de-marée bonapartiste. La capitale compte encore, surtout dans ses arrondissements de l'est, une force subversive avec laquelle tout pouvoir établi devra compter.

1. Cité par Ioura Tchernoff, *op. cit.*, p. 573.

Le renforcement du pouvoir impérial par le plébiscite n'est qu'une étape dans l'esprit d'un Rouher, pour ceux du « clan Eugénie ». Ceux-ci ont observé l'évolution libérale du régime sans enthousiasme. Eugénie de Montijo, épouse de Napoléon III depuis 1853, restée fidèle au catholicisme intransigeant, est désireuse d'assurer la succession de l'empereur par son fils, le prince impérial. Nous touchons là à une contradiction centrale du régime bonapartiste. Celui-ci, en effet, se réclame de la légitimation populaire : le suffrage universel en est la source. En même temps, cet empire supposé électif entend pérenniser les droits héréditaires. Le peuple, appelé en 1851 et 1852, à ratifier l'avènement de Louis-Napoléon, sera-t-il convoqué pour choisir son successeur ? Dans *L'Adresse* précédant la publication de la Constitution du 14 janvier 1852, le prince-président écrivait : « Le chef que vous avez élu est responsable devant vous : il a toujours le droit de faire appel à votre jugement souverain, afin que, dans les circonstances solennelles, vous puissiez lui continuer ou lui retirer votre confiance. » Le principe dynastique est en pleine contradiction avec le principe démocratique et plébiscitaire. Pour imposer le premier contre le second, il y a nécessité de rétablir l'autorité perdue. Une occasion se présente : la guerre avec la Prusse.

La guerre franco-prussienne qui éclate en juillet 1870 a été le fruit de deux volontés : celle de Bismarck, attaché à l'achèvement de l'unité allemande, et celle de Napoléon III (ou de son entourage), soucieux de reprendre en main la direction des affaires. Une guerre qui aurait pu être cent fois évitée, n'était cette volonté de part et d'autre de refuser les concessions nécessaires, de saisir le premier prétexte pour en découdre.

Les républicains saisissent la portée du conflit : en cas de victoire, le régime de Napoléon III reprendrait toute sa puissance ; en cas de défaite, ce serait l'invasion étrangère. Mais ce dilemme est dépassé lorsque, le 19 juillet 1870, la France déclare la guerre à la Prusse. Il est notable cependant que, lors du vote des crédits militaires au Corps législatif, le parti républicain se divise. La majorité, conduite par Jules Favre et Jules Grévy, refuse de voter les crédits, à l'instar de Thiers : à leurs yeux, le danger prussien n'est qu'un mythe ; le véritable danger est le caporalisme napoléonien, le césarisme militaire. Et quand Jules Favre retracera l'histoire de « l'année terrible », il parlera des manifestants qui, sur les boulevards de Paris, crient : « À Berlin ! » comme des « bandes stipendiées » par le gouvernement. Gambetta, lui, tribun de Belleville qui avait fustigé les armées permanentes, ne pense pas moins qu'en cas de danger national le Corps législatif, la Chambre quelle qu'elle soit, ne peut refuser les crédits nécessaires à la défense du territoire. L'événement confirme sa lucidité en même temps qu'elle reforme l'unité de tout le camp républicain, qui retrouve les accents du patriotisme révolutionnaire.

Le 2 septembre, la défaite de Sedan livre Napoléon III aux Allemands. Deux jours plus tard, la rue parisienne abolit l'Empire et applaudit à la formation d'un gouvernement de la Défense nationale, sous l'autorité du gouverneur militaire de Paris, le général Trochu. Le 6 septembre, Blanqui fait placarder dans les rues de la capitale une affiche annonçant son nouveau journal, *La Patrie en danger* : « En présence de l'ennemi, plus de partis ni de nuances ! Avec un pouvoir qui trahissait la Nation, le concours était impossible. Le gouvernement sorti du grand mouvement du 4 septembre représente la pensée républicaine et la défense nationale. Cela suffit. Toute opposition, toute contradiction doit disparaître devant le salut commun. Il n'existe plus qu'un ennemi, le Prussien et son complice, le partisan de la dynastie déchue qui voudrait faire de l'ordre dans Paris avec des baïonnettes prussiennes. »

Les bellicistes du régime ont perdu leur pari. La guerre, loin de renforcer le pouvoir impérial, a provoqué son effondrement. Simultanément, elle rassemble les républicains de toutes tendances dans le même objectif de défense nationale.

Pour peu de temps, il est vrai.

Dès le 19 septembre, Blanqui, dans son journal, attaque le gouvernement provisoire comme « une pâle contrefaçon de l'Empire ». C'est que la guerre, aux yeux mêmes de ceux qui ont été chargés de sa conduite, risque, comme en 1793, de radicaliser la République. Les membres du gouvernement provisoire redoutent de voir rééditer ce chapitre d'une histoire qu'ils connaissent bien. Ils ne veulent pas entendre parler de salut public, de gouvernement révolutionnaire, de nouveaux sans-culottes. Mais la population de Paris, encerclée par les Allemands à partir du 19 septembre 1870, exige – du moins ses couches populaires, les bataillons de la garde nationale des quartiers de l'est – la « guerre à outrance ». Léon Gambetta échappe, en partie, à cette crainte du peuple en armes, dans la mesure où il a gagné Tours avec la délégation gouvernementale ; il s'efforce de lever des armées, afin de débloquer Paris, repousser l'envahisseur. À Paris, au contraire, ses collègues du gouvernement, animés par la volonté de légaliser le régime et de faire pièce aux rouges, vont être tentés de capituler. Dès les premiers jours du Siège de Paris, le grand drame s'ébauche, qui s'appellera, en mars 1871, Commune de Paris.

CHAPITRE 6

L'affirmation du suffrage universel masculin 1848-1880

par Raymond Huard

L'avènement du suffrage universel masculin le 2 mars 1848 introduit dans l'histoire politique de la France une mutation radicale. La résurrection de la République (24-25 février 1848) a sans doute retenu davantage l'attention. Mais si les deux événements sont intimement liés, et dans leur genèse et dans leurs effets immédiats, ils ont des aboutissements opposés : la République est anéantie de fait par le coup d'État louis-napoléonien le 2 décembre 1851, alors que le suffrage universel, fortement altéré par la majorité conservatrice en mai 1850, est au contraire restauré à cette occasion. Il se consolide ensuite et, au travers de nombreuses consultations électorales, de tout un faisceau de pratiques mises en œuvre lors des campagnes et des débats répétés sur sa légitimité, devient la chair de la démocratie française et l'instrument principal d'une politique de masse [1]. De ce fait, de nouveaux enjeux politiques apparaissent qui marquent toute la période. Comment maîtriser d'abord la nationalisation de la vie politique qu'apporte l'universalité (masculine) du suffrage, cette irruption de toutes les classes de la nation dans la vie politique ? Comment inscrire le suffrage universel dans un système représentatif en évitant à la fois les dérives plébisci-

1. Pour une approche dans une plus longue durée de l'histoire du suffrage universel en France, voir Raymond Huard, *Le Suffrage universel en France 1848-1946*, Aubier, 1991 ; Pierre Rosanvallon, *Le Sacre du citoyen. Histoire du suffrage universel en France*, Gallimard, 1992 ; Michel Offerlé, *Un homme, une voix. Histoire du suffrage universel*, Gallimard, 1993.

taires et les aspirations à la démocratie directe ? Apprivoiser le suffrage universel, le contrôler, cette préoccupation devient un souci primordial chez les élites, tandis qu'à l'opposé, l'extrême gauche ouvrière, qui a imposé cette conquête, doute encore que le suffrage puisse vraiment constituer une arme pour ses combats. Dans l'autre moitié de l'humanité, les femmes privées du droit de vote perçoivent sans doute encore mieux leur exclusion et élaborent, durant ces années, l'argumentation qui fondera leur revendication égalitaire. Le cheminement vers ces objectifs n'a pas été linéaire. Pendant cette période, trois phases se distinguent assez nettement. La première correspond aux premières expériences du suffrage universel entre 1848 et 1851 : elle consacre l'adhésion de la nation à cette nouveauté radicale, sans dissiper toutes les craintes qu'elle a fait naître, permet une mise au point de la législation, s'accompagne d'un effort d'adaptation considérable de la part des forces politiques et fait aussi apercevoir l'ambivalence du suffrage de masse et ses périls. La seconde phase entre la fin de 1851 et 1869 est dominée par ce que Thiers appellera le 2 avril 1869 « le suffrage universel dirigé », la forte pesée que le pouvoir exerce sur le processus électoral. Ses effets sont contradictoires : elle altère assurément l'expression de la volonté nationale, mais en même temps valorise le scrutin comme un moment clé de la vie politique, et habitue, force même, le cas échéant, les Français à voter. Les abus constatés permettent aux républicains et aux libéraux de définir plus rigoureusement les conditions d'un exercice régulier et honnête du vote. La troisième phase enfin de 1869 à 1880 est celle où, désormais bien enraciné, le suffrage universel est reconnu comme inévitable, non sans réticences certes, même par ses adversaires de naguère, acquis que sanctionne la loi électorale du 30 novembre 1875. Et c'est celle aussi où les pratiques modernes du vote apparaissent durablement. Pour la première fois enfin, en 1877, un conflit entre l'exécutif et le législatif est réglé pacifiquement, sans révolution, ni coup d'État, grâce au recours au suffrage de la nation. Épisode décisif dans l'affirmation progressive d'un État de droit. Vers 1880, le suffrage universel, la forme la plus simple, mais aussi la plus répandue de la participation des Français à la vie politique, est devenu une réalité inexpugnable. Mais une question reste posée et le sera encore longtemps : dans quelle mesure et selon quels rythmes la pratique du suffrage a-t-elle permis la politisation de la grande majorité des Français ?

L'innovation quarante-huitarde[1]

Février-mars 1848 : le suffrage universel masculin

Le 24 février 1848, alors que les troupes de Louis-Philippe sont disloquées et battues, des groupes d'insurgés envahissent le Palais-Bourbon, au moment où les députés s'apprêtent à proclamer une régence. L'intervention populaire décide de la victoire de la République. Un gouvernement provisoire est institué. Le même jour, Lamartine, membre du gouvernement, s'adressant aux insurgés, précise que la République ne sera confirmée qu'après la consultation des « 36 millions d'âmes[2] » du pays, au « suffrage universel », « première vérité et seule base de toute République nationale ». Cette déclaration est la première annonce officielle du suffrage universel en France. Les décisions légales viennent ensuite. Le gouvernement provisoire précise le 2 mars que le suffrage sera « direct et universel » sans condition de cens. Le décret du 5 mars et l'instruction du 8 mars fixent les conditions de la prochaine consultation, prévue alors pour le 9 avril.

L'ensemble de ces textes, bientôt complétés par des circulaires, dessine un nouveau mode d'exercice de la souveraineté populaire et constitue une véritable révolution. Alors que les monarchies parlementaires réservaient le droit de vote, pour l'élection des députés, à une petite minorité d'électeurs choisis pour l'essentiel en fonction de leur fortune, minorité dont on

1. Sur le suffrage universel en 1848, outre l'ouvrage classique de Paul Bastid, *L'Avènement du suffrage universel*, PUF, 1948, voir notre mise au point « Le suffrage universel sous la Seconde République, état des travaux, questions en attente », dans *Revue d'histoire du XIXe siècle*, n° 14, 1997, p. 51-72, ainsi que les communications de Maurice Agulhon, Raymond Huard, Pierre Lévêque et Michèle Riot-Sarcey dans les *Actes du Colloque du cent cinquantenaire de 1848*, Assemblée nationale, 1998, à paraître.

2. Notons que Lamartine prend en compte ici l'ensemble de la population française et non pas les seuls électeurs potentiels âgés de plus de 21 ans (10 millions d'hommes environ et autant de femmes adultes).

pouvait au mieux espérer une extension limitée et progressive, voici qu'à un électorat soudain étendu de façon immense on confie la responsabilité d'élire directement les représentants chargés de faire une nouvelle Constitution, et, bientôt, le président de la République. L'aspect le plus visible, c'est l'énorme augmentation du corps électoral chargé de choisir les députés puisqu'il passe de 240 000 personnes à plus de 9 millions, chiffre approximatif car le nombre d'inscrits en avril 1848 n'est pas connu avec précision. Cette augmentation résulte d'abord de la suppression du cens électoral, et c'est pourquoi l'expression « suffrage universel » à l'époque signifie d'abord que le droit de vote est accordé sans conditions financières. Elle a été amplifiée par l'abaissement de l'âge électoral à 21 ans (au lieu de 25 pour l'élection des députés), par l'octroi du droit de vote aux militaires sous les drapeaux, et la fixation au minimum (six mois) de la durée de résidence exigée. Même par rapport au corps électoral municipal, réglementé par la loi du 21 mars 1831, et qui comptait à la veille de 1848 environ 2 900 000 électeurs de 21 ans et plus, l'augmentation dépasse le triplement ; elle bénéficie en outre aux plus pauvres, ouvriers des villes, couches inférieures de la paysannerie, désormais appelés à participer à la vie politique nationale, et elle efface ainsi les inégalités flagrantes de représentation qui étaient dues sous la monarchie de Juillet à la différence de richesse entre les départements [1]. Ajoutons que les colonies reçoivent le droit d'élire des députés. Ce droit qui s'exercera selon des conditions différenciées entre en vigueur dès 1848 pour l'Algérie, les Antilles, les établissements de l'Inde et les comptoirs du Sénégal, en 1849 seulement pour La Réunion. Dans ces colonies, les esclaves libérés par la République grâce au décret du 27 avril, obtiennent, au moins pour une partie d'entre eux, le droit de vote. Ainsi s'achève un processus commencé à l'époque de la Révolution française, mais qui n'avait jamais pu connaître un développement vraiment complet. En revanche l'exclusion des femmes de la vie politique est consacrée. On ne négligera pas d'examiner ultérieurement le point de vue de celles-ci. Le gigantesque pas en avant du printemps 1848, dont la limite majeure, signalée dès cette époque, ne sera largement

1. Le nombre d'électeurs législatifs est multiplié par 38 ou 39 dans toute la France, mais par 77 en Ardèche et 80 dans les Hautes-Alpes.

perçue que plus tard, permet de comprendre que le terme de « suffrage universel », déjà courant sous la monarchie de Juillet, se soit imposé naturellement à l'époque dans le vocabulaire politique pour désigner le suffrage universel masculin. Pour mettre ce dernier en œuvre, un scrutin plurinominal départemental remplace le scrutin de circonscription antérieur, trop favorable aux coteries locales et à la corruption. Enfin, pour garantir la liberté du vote et le protéger des influences locales (le châtelain, le curé) présumées peu favorables à la République, le lieu du vote est fixé au chef-lieu de canton, vers lequel convergeront, par une sorte de procession à caractère festif, les électeurs des villages.

La mise au point progressive de la législation

Élaborés par la Constituante, toute une série de textes vont préciser ces dispositions initiales. Les principaux sont la Constitution elle-même définitivement votée le 4 novembre 1848, la loi sur l'élection présidentielle du 28 octobre 1848, la loi électorale du 15 mars 1849. Dans ses articles 24 et 25, la Constitution confirme de façon parfaitement nette « le suffrage direct et universel », ainsi que le mode de scrutin. Les modifications de la législation ont visé à rapprocher le lieu du vote de l'électeur, en autorisant le sectionnement des cantons ruraux (quatre sections au plus)[1], à préciser les caractères du bulletin valide (il doit être écrit sur du papier blanc et n'être pas « inconstitutionnel » par son contenu)[2], à garantir une participation suffisante en portant la durée du vote à deux jours et en élevant le quorum de voix nécessaire pour être élu au premier tour (de 2 000 voix seulement en avril 1848, il passe à un huitième des inscrits)[3], à réglementer les incompatibilités et inéligibilités et à prévoir les pénalités en cas de fraude ou de perturbation du scrutin qui relevaient plutôt jusqu'ici du droit commun. Même si certaines de ces dispositions traduisaient une certaine méfiance envers le suffrage universel, déjà perceptible chez les modérés et dans la droite, leurs objectifs

1. Décret du 28 octobre 1848, article 1er.
2. *Id.*
3. Loi du 15 mars 1849, article 64.

avouables (régulariser le vote, empêcher son détournement vers des manifestations contestataires, combattre l'abstention) pouvaient apparaître légitimes.

Plus originale est la réglementation de l'élection présidentielle [1], assez différente de celle d'aujourd'hui. Le vote ne comprend qu'un seul tour. Pour être élu, il faut avoir obtenu la majorité absolue des suffrages exprimés et au moins 2 millions de voix. Si aucun candidat ne réunit ces conditions assez exigeantes (car si le taux de participation était de 75 %, il fallait avoir obtenu 3 700 000 voix environ), l'Assemblée choisit le président parmi les cinq candidats éligibles ayant obtenu le plus de voix. Le système était donc mixte et il y avait, au moins en théorie, des chances assez fortes pour que l'Assemblée eût son mot à dire dans la nomination du président. Aucune disposition ne réglementait les candidatures, mais le président devait avoir au moins 30 ans, être né français et n'avoir jamais perdu cette qualité. La discussion sur l'opportunité de confier au peuple l'élection du président montra que les dangers qu'elle présentait – et dans l'immédiat, celui de déséquilibrer les institutions – étaient perçus. Mais l'aspiration largement partagée à un pouvoir exécutif fort de l'appui populaire et conservateur l'emporta sur les craintes. L'invocation romantique de Lamartine, appelant à « laisser quelque chose à la Providence [2] », masqua la menace bien réelle du recours à un homme providentiel.

L'acclimatation du suffrage universel : cinq grandes consultations électorales et de nombreuses élections partielles

Cinq consultations électorales nationales ont eu lieu sous la Seconde République, l'élection de l'Assemblée constituante le 23 avril 1848, celle des conseils municipaux et celle des conseils généraux en août, l'élection présidentielle du 10 décembre 1848, celle de l'Assemblée législative le 13 mai 1849. Chacun de ces scrutins a sa spécificité et traduit des rapports

1. Voir la Constitution de 1848, articles 45 à 47, et le décret du 28 octobre 1848.
2. Discours à la Chambre, *Moniteur universel*, 7 octobre 1848, p. 2739.

de force particuliers. De nombreuses élections partielles s'y sont ajoutées pour 71 sièges entre avril 1848 et mai 1849 et pour 95 sièges entre juillet 1849 et décembre 1851. Ces nombres élevés, qui dépassent très largement ceux qui résulteraient du renouvellement normal d'une Assemblée lié aux décès et démissions, sont dus à la fois à la possibilité de candidatures multiples, à la tactique plébiscitaire, nouvelle en son temps, adoptée par Louis-Napoléon entre juin et octobre 1848 (elle consistait à se faire élire, à démissionner, puis à être à nouveau candidat), enfin au nécessaire remplacement des représentants déchus à la suite des événements insurrectionnels du 13 juin 1849. L'on peut donc observer le fonctionnement du suffrage universel avec une certaine continuité du début à la fin de la Seconde République.

Malgré l'existence de nombreux illettrés, la participation des électeurs, au départ massive, est restée ensuite à un niveau élevé sauf pour les scrutins les moins motivants (l'élection des conseillers généraux notamment). Le 23 avril 1848, 83 % des électeurs environ participent au vote, chiffre record qui peut s'expliquer par la nouveauté du suffrage universel masculin, la mobilisation politique liée à une situation inédite et ouverte, et peut-être l'apprentissage politique opéré grâce aux élections municipales sous la monarchie de Juillet. Dans l'histoire du suffrage de masse, cette fréquentation importante des urnes est un fait nouveau car à l'époque révolutionnaire et impériale, la participation n'avait presque jamais dépassé 50 % et avait même été le plus souvent très inférieure à ce chiffre. Même si les pourcentages de votants baissent ensuite, ce qui ne peut étonner (63 % en moyenne pour les élections municipales d'août 1848, 75 % environ en décembre 1848, 68,1 % en mai 1849), ils confirment l'adhésion de masse des Français au suffrage universel. Les élections partielles elles-mêmes, d'abord délaissées surtout en 1848 et 1849, sont beaucoup mieux fréquentées au début de 1850 quand la bataille politique se fait plus âpre (66,9 % pour 22 scrutins entre le 13 janvier et le 9 juin 1850).

Ces grandes consultations se sont déroulées de façon à peu près régulière. La date de l'élection à l'Assemblée constituante fixée d'abord au 9 avril ne pouvait convenir aux éléments les plus avancés de la classe ouvrière parisienne alertés par Blanqui, qui craignaient que les masses rurales, encore dominées par les notables, ne fassent par leurs votes rétrograder la révolution. Ils manifestèrent le 17 mars pour obtenir le report des élections, mais le gouvernement provisoire, qui leur concéda un report de quinze jours, au 23 avril, ne pouvait guère aller plus loin sous peine de se couper de l'opinion modérée, elle aussi vigilante. On a assisté à quelques incidents, en avril 1848, moins au moment même du scrutin (un mort à Castelsarrasin, dans le Tarn-et-Garonne) qu'à l'annonce des premiers résultats des votes : ce fut le cas à Limoges où les ouvriers, déçus par l'échec de leurs candidats, s'emparèrent momentanément de la ville, à Rouen et Elbeuf du 27 au 29 avril [1], où des affrontements avec la troupe firent 30 morts, et aussi à Nîmes où les légitimistes triomphants affrontèrent dans les rues le 27 les « patriotes » désappointés. Dans la métropole, les scrutins suivants ont été plus paisibles. Un grave incident en revanche s'est produit à la Guadeloupe en juin 1849 lors des élections législatives : au Grand-Bourg, une distribution de bulletins contestée provoque l'intervention de la troupe (plusieurs dizaines de morts et de sévères condamnations ultérieures) [2].

D'une consultation à l'autre, les pratiques d'une politique de masse se sont progressivement mises en place et le suffrage universel révèle ses différentes potentialités. Les forces politiques ont dû s'adapter très vite à un suffrage considérablement élargi et à un mode de scrutin qui exigeait une coordination départementale des forces [3]. Si d'innombrables candidats potentiels ont vanté leurs propres mérites par tracts ou affiches, ce qui donna un aspect pittoresque au débat électoral, c'est au stade de l'élaboration des listes que l'élection s'est jouée. Des influences diverses y ont contribué. De Paris viennent celles des organisations nationales déjà existantes (le comité pour la liberté religieuse formé en 1846) ou hâtivement mises en place (le comité central des élections générales pour l'Assemblée nationale, républicain modéré), celles des journaux pari-

1. Voir Yannick Marec, « Entre répression et conciliation sociale, les réactions aux émeutes rouennaises d'avril 1848 », dans *Actes du Colloque du cent cinquantenaire*, *op. cit.*

2. Nelly Schmidt, « Procès et condamnés politiques en Guadeloupe, 1848-1871 », dans *Répression et Prisons politiques en France et en Europe au XIXe siècle*, Paris, 1990, p. 77-91.

3. Sur l'élection du 23 avril 1848, voir Raymond Huard, « Les pratiques électorales sous la Seconde République », dans *Actes du Colloque du cent cinquantenaire*, *op. cit.*

siens (*Le National*), des groupes de provinciaux (creusois par exemple) dans la capitale ou du Club des clubs. Plus efficaces sont, dans chaque département, les activités des commissaires extraordinaires, que le gouvernement avait incités à participer à la campagne (Émile Ollivier à Marseille, Trélat en Limousin), des congrès ou comités centraux républicains issus des groupes locaux (dans l'Isère ou en Moselle), des journaux locaux, le plus souvent modérés ou conservateurs (*L'Union de l'Ouest* à Angers, *Le Patriote des Alpes* à Grenoble), des principaux notables et des anciens députés, notamment ceux de l'opposition dynastique (Marion de Faverges dans l'Isère) ou légitimiste (Berryer à Marseille). La campagne ayant été courte, les réunions publiques et les tournées électorales – celles des commissaires surtout – n'y occupèrent qu'une place assez faible, et la distribution de bulletins imprimés ou manuscrits, imposés parfois plus qu'acceptés, se révéla essentielle. Les républicains tentèrent de faire agir les maires et les instituteurs qui leur étaient favorables. Les curés, surtout dans les fiefs conservateurs (Ouest, Centre), guidèrent les votes paysans. Dans les villes, en Avignon, à Grenoble, le rôle des sociétés politiques légitimistes ou républicaines fut plus important. La liberté du vote et la garantie du secret n'ont été que relatifs. La victoire d'une majorité républicaine modérée montra que le suffrage universel était plus conservateur que ne l'avaient pensé au départ les notables. Elle était grosse d'un conflit potentiel avec la fraction la plus avancée de la classe ouvrière, qui n'acceptait pas de voir son influence réduite seulement à son poids électoral encore très faible. L'échec du mouvement populaire du 15 mai 1848 et la défaite de la révolte ouvrière de juin 1848 à Paris consacrèrent le triomphe du suffrage universel sur l'insurrection.

L'élection présidentielle (10 décembre 1848)[1], en regroupant les suffrages de tous les Français sur quelques personnalités de premier plan, donna plus que jamais au vote de chaque électeur une portée nationale. La vocation plébiscitaire, inévitable à l'époque, de ce type d'élection se conjugua avec l'influence d'un phénomène historiquement daté, la tradition

1. André-Jean Tudesq, *L'Élection présidentielle de Louis-Napoléon Bonaparte, 10 décembre 1848*, Armand Colin, 1965 ; Bernard Ménager, *Les Napoléon du peuple*, Aubier, 1988, notamment p. 102-104.

napoléonienne, qui se manifesta comme un raz-de-marée politique et déborda aussi bien les autorités que les militants. Le ralliement à Louis-Napoléon d'une grande partie de la droite, le dynamisme de ses partisans dans la campagne électorale, notamment en ville grâce à un flot de brochures, de chansons et au travail de propagandistes salariés, favorisèrent en outre son succès triomphal (5 587 759 voix, 74,1 %). L'élection présidentielle révéla également la puissance électorale de la paysannerie, déçue par les débuts de la République modérée et l'impôt des 45 centimes. Elle fut, selon le mot de Marx, « l'insurrection des paysans[1] » qui vinrent parfois au scrutin de façon festive et ostentatoire, portant leur bulletin à l'extrémité, fendue en deux, d'une baguette de bois. Ne négligeons pas les résultats des autres candidats, porteurs plutôt quant à eux de la tradition de la Révolution française que Cavaignac, fils de régicide, illustrait plutôt par sa personne que par son programme, tandis que Ledru-Rollin s'en réclamait plus ouvertement. Les appuis du général Cavaignac, chef du pouvoir exécutif (1 474 687 voix, soit 19 % des exprimés), venaient des républicains modérés et même parfois démocrates, d'orléanistes et de certains légitimistes. Ils préfiguraient ceux d'une république du centre qui s'imposera plus tard. Ses voix, assez massives, malgré l'échec relatif, étaient obtenues en particulier dans les régions périphériques, parfois protestantes (36,1 % dans le Gard). Il ne devança Louis-Napoléon que dans 4 départements, le Morbihan, le Finistère, les Bouches-du-Rhône et le Var. Quant à Ledru-Rollin, ses 381 026 suffrages (5 %) issus des villes et des bourgs, ne reflétaient pas l'importance réelle du courant démocrate-socialiste, il est vrai en cours de formation. Ils annonçaient, au-delà de la Montagne de 1849, le radicalisme des années 1870. L'élection présidentielle de 1848 est donc porteuse de significations foisonnantes.

Les élections législatives du 13 mai 1849, soigneusement préparées tant à gauche qu'à droite par la formation de comités locaux ou départementaux des diverses tendances politiques, révélèrent encore un autre aspect des comportements électoraux, une nette polarisation de l'électorat autour de la gauche et de la droite. Des partis d'opinion se dessinèrent alors net-

1. Karl Marx, *Les Luttes de classes en France 1848-1850*, Éditions sociales, 1984, p. 125.

tement, le parti de l'Ordre, les républicains modérés bien affaiblis, les démocrates-socialistes. Un dualisme politique autour de la gauche et de la droite était certes déjà apparu en d'autres circonstances, ainsi à la veille de la révolution de 1830 où s'opposaient les libéraux et les ultras, mais cette fois la division s'enracinait beaucoup plus profondément dans le pays grâce au suffrage universel. Le contenu de l'antagonisme s'était d'autre part modifié car en 1849 la question sociale tendait à prendre le pas sur celle des libertés politiques. La campagne, sans incidents majeurs certes, mais tendue, marquée par les interventions du pouvoir contre la presse et les réunions démocratiques, et par une manœuvre de dernière heure du ministre de l'Intérieur Léon Faucher, montrait que les craintes de la droite à l'égard du suffrage universel étaient toujours vivaces. Le rapport de force que les élections dégagèrent – 53 % des voix environ et 450 élus pour la droite, 35 % et un peu plus de 200 sièges pour la gauche démocrate-socialiste – ne rassura pas suffisamment la droite et donna à la gauche des espoirs sans doute démesurés. L'échec de la protestation à la fois populaire et parlementaire du 13 juin 1849 contre le renversement par les troupes françaises de la République romaine modifia de façon assez sensible au détriment de la gauche ce rapport de force : les démocrates-socialistes perdirent une douzaine de sièges dès les élections partielles de juillet 1849 et 30 parlementaires montagnards, impliqués dans le mouvement du 13 juin, furent en 1850 déchus de leur mandat.

Le tournant de 1850, le choc des élections partielles et la loi du 31 mai 1850[1]

Alors que le parti de l'Ordre paraissait avoir triomphé, le remplacement des représentants condamnés, en mars et avril 1850, donna lieu à une lutte particulièrement ardente, que ce soit en Saône-et-Loire, dans le Bas-Rhin, dans la Loire et surtout dans la Seine, et les élections partielles, interprétées

1. R. Balland, « De l'organisation à la restriction du suffrage universel en France 1848-1850 », dans Jacques Droz (dir.), *Réaction et Suffrage universel en France et en Europe*, Société d'histoire de la révolution de 1848, 1963, p. 67-180.

comme un test d'opinion, revêtirent dès lors une importance politique exceptionnelle. Les démocrates-socialistes perdirent certes 10 sièges, mais ils en conservèrent 20, ce qui surexcita l'inquiétude de la droite. L'élection à Paris, le 10 mars 1850 de trois démocrates, Hippolyte Carnot, ancien ministre de l'Instruction publique, François Vidal qui avait activement collaboré avec Louis Blanc à la Commission du Luxembourg en 1848, et Paul de Flotte, un ancien insurgé de Juin 1848, apparut, à tort sans doute, comme le signe que le suffrage universel favorisait désormais l'extrême gauche. L'émotion de la droite fut redoublée par l'élection, à Paris encore, le 28 avril, du romancier populaire Eugène Sue, rallié aux démocrates-socialistes. La droite de l'Assemblée menée par ceux que l'on appela par dérision les « Burgraves » (Thiers, Molé, Léon Faucher, Montalembert, de Broglie) fit voter en un mois une loi amputant le suffrage universel. Il s'agissait selon les propos de Thiers d'éliminer du scrutin « la vile multitude » et plus précisément, « la partie dangereuse des grandes populations agglomérées ». La loi du 31 mai 1850, évidemment contraire à la Constitution, exigea de l'électeur trois ans de résidence dans le canton, attestée par le paiement de la taxe personnelle que bien souvent les plus pauvres ne payaient pas, et multiplia les causes de radiation (notamment les condamnations pour motif politique). Elle priva ainsi du droit de vote 2 900 000 électeurs, 30 % de l'électorat en moyenne[1], et affecta non seulement les grandes villes où le nombre d'électeurs s'effondra (moins 56,5 % à Paris, moins 69,5 % à Lille), mais aussi des département ruraux comme la Mayenne (moins 42 %), ou la Sarthe, ce qui inquiéta d'ailleurs des parlementaires légitimistes. Une pétition contre la loi qui obtint en quelques jours 527 000 signatures venant de toute la France manifesta, en vain, l'indignation des républicains. Les tentatives, qui suivirent, d'abstention électorale protestataire, à l'occasion des élections partielles, n'eurent que des résultats limités.

Dans l'histoire du suffrage universel comme dans celle de la Seconde République, la loi du 31 mai 1850 représente un moment décisif. Elle révéla d'abord que le ralliement des conservateurs au suffrage universel en 1848 ne procédait pas

1. Raymond Huard, *Le Suffrage universel en France*, *op. cit.* p. 53-67.

d'une adhésion sincère, et que la droite était prête à revenir sur cet acquis dès que les circonstances le permettraient. Elle justifia aussi les démocrates les plus avancés, que ce soient les exilés (Ledru-Rollin, Considérant) ou ceux qui figuraient à l'extrême gauche de l'Assemblée législative, dans leur opposition à la République parlementaire et représentative. La reconquête du suffrage universel devint un thème de propagande des démocrates-socialistes. Fleurirent aussi, dans cette mouvance, les projets institutionnels récusant le régime représentatif et revendiquant « le gouvernement direct du peuple », inspiré de 1793 (Rittinghausen, Ledru-Rollin) ou proposant de refonder la République sur une commune élargie et disposant d'une large autonomie (Renouvier). Mais la loi du 31 mai donna aussi une arme puissante à Louis-Napoléon Bonaparte contre la majorité conservatrice de l'Assemblée. Bien qu'il eût laissé passer la loi, le président s'en désolidarisa bientôt. En proposant le 4 novembre 1851 de rétablir le suffrage universel, il sapa l'autorité de l'Assemblée, qui refusa de le suivre, et prépara l'adhésion populaire au coup d'État. La droite parlementaire se rendit compte trop tard qu'elle s'était fait ainsi prendre dans un piège entre la gauche et le président. À la fin de l'année 1851, les craintes, excessives sans doute, qu'engendrait chez les conservateurs la perspective des élections présidentielles et législatives de 1852, les espoirs que nourrissaient les démocrates de reconquérir, pacifiquement ou par les armes, le suffrage universel à cette occasion, comme la proposition de Louis-Napoléon d'abroger la loi du 31 mai confirment que, jusqu'aux derniers instants, la question du suffrage universel s'est inscrite de façon centrale dans l'histoire de la Seconde République.

Le suffrage universel dirigé

Le coup d'État louis-napoléonien du 2 décembre 1851 transforme de façon décisive la fonction même du suffrage. Il tranche d'abord de façon autoritaire le débat qui s'amplifiait à la fin de la Seconde République pour savoir qui, de l'exécutif ou du législatif, devait avoir la prééminence. Désormais dominant, l'exécutif confie au suffrage la tâche de lui donner périodiquement l'assentiment nécessaire à la poursuite de son action, que ce soit par le moyen du plébiscite ou des élections législatives, et il n'hésite pas pour cela à peser sur le processus électoral. On est bien entré dans l'ère du « suffrage universel dirigé » (Thiers).

La rupture n'est cependant pas totale avec la Seconde République puisque Louis-Napoléon rétablit le suffrage universel à l'occasion du coup d'État et continue à se réclamer de l'investiture donnée par le vote du 10 décembre 1848, que, d'autre part, la prise en main du suffrage, certes systématisée et même théorisée après décembre 1851, prolonge une tendance perceptible antérieurement : en avril-mai 1849 en particulier, et dans les élections partielles qui avaient suivi, le pouvoir n'avait pas hésité à mobiliser ses agents contre la gauche, le préfet des Landes, par exemple, en faveur du général Durrieu, contre le républicain Duclerc, lors de l'élection partielle du 11 mai 1851.

Rétabli le 2 décembre 1851, le suffrage universel est accordé un peu moins libéralement qu'en 1848 puisque les colonies n'ont plus de représentation et que les militaires ne votent que s'ils sont présents dans leur commune d'appartenance le jour du scrutin, cas peu fréquent. Les exclusions pour condamnation politique prévues par la loi du 31 mai 1850 et dont la répression postérieure au 2 décembre 1851 a accentué les effets sont maintenues. Le nombre d'inscrits, en baisse légère (moins 100 000 environ pour la métropole par rapport à 1849), reste cependant très important : 9 836 000 en février 1852 auxquels vont s'ajouter en 1860 les électeurs de la Savoie et de Nice.

Deux instruments de pouvoir, le plébiscite et la candidature officielle

Les deux instruments essentiels de la prise en main du suffrage sont le plébiscite et la candidature officielle. De l'an VIII aux Cent-Jours, Napoléon Bonaparte n'avait usé du plébiscite que pour faire approuver des textes constitutionnels, conservant ainsi à ce type de consultation la fonction que lui avait attribuée la Convention. Plus contestable en revanche était la manipulation des résultats que le gouvernement avait opérée de façon répétée. Tout en s'inscrivant officiellement dans la tradition napoléonienne, les plébiscites du second Bonaparte s'en distinguent assez nettement. Ils ont d'ailleurs chacun des caractères particuliers. Celui des 20 et 21 décembre 1851 est destiné à faire approuver le coup d'État du 2 décembre, la prolongation des pouvoirs du président en même temps que les principes généraux d'un projet institutionnel nouveau (qui sera un peu plus tard mis au point en petit comité). Il a lieu alors que les libertés sont suspendues, que 32 départements sont en état de siège, et dans l'atmosphère politique troublée qui a accompagné le coup d'État et ses suites. Par ses origines, par son contenu et les conditions de son déroulement, il pouvait susciter les plus grandes réserves. De l'exil, les républicains ne se sont pas privés de stigmatiser un vote « ni libre ni éclairé » (V. Hugo). Mais on peut suivre sans doute G. Sand ou Proudhon qui estimèrent que le résultat du vote aurait été un peu moins favorable peut-être, mais sûrement positif, si la consultation s'était déroulée dans des conditions plus normales. Le plébiscite des 21 et 22 novembre 1852 se situe plus nettement dans la lignée des plébiscites napoléoniens puisque son objectif est de sanctionner une modification constitutionnelle, le passage à l'Empire. Il se déroule de façon beaucoup plus régulière et obtient d'ailleurs l'assentiment le plus large et sans doute le plus sincère (96,8 % de oui). Celui du 8 mai 1870, souhaité par les bonapartistes intransigeants et dont la nécessité constitutionnelle ne s'imposait pas avec évidence, apparaît plutôt comme une habile manœuvre politique destinée à ressaisir et ressouder une majorité fuyante, ce qui a justifié les critiques des républicains, Gambetta ou Ferry. Les opposants ont été effectivement déconcertés (82,4 % de oui). S'il appartient à Louis-Napoléon d'avoir, plus nettement encore que son prédécesseur, utilisé le plébiscite comme instrument de pouvoir, il est évident malgré tout qu'après les plébiscites initiaux, le régime bonapartiste n'a pas envisagé de recourir fréquemment à cette forme de consultation et que celle-ci a gardé dans l'esprit de ses initiateurs un caractère exceptionnel.

Tout au long de l'Empire, les élections législatives qui devaient avoir lieu tous les six ans, et qui se sont effectivement tenues en février 1852, juin 1857, mai 1863, et mai 1869, ont donc été le principal moyen pour le gouvernement de vérifier son audience dans l'opinion. Elles ont été réglementées par la

Constitution du 14 janvier 1852 (art. 34 à 36) et surtout par les deux décrets, organique et réglementaire, du 2 février 1852, qui innovent sur quelques points essentiels par rapport à la législation de la Seconde République. Le gouvernement bonapartiste a renoncé au scrutin plurinominal départemental, jugé trop politique, en faveur d'un scrutin uninominal de circonscription centré sur la personne du candidat : « Le peuple choisissant isolément chaque candidat peut plus facilement apprécier le mérite de chacun d'eux[1]. » Ce système permet au gouvernement de découper habilement les circonscriptions. Ajoutons que le nombre des députés est fortement réduit. « Trop souvent, on a vu, dans les Assemblées, la mobilité et l'ardeur des passions croître en raison du nombre[2]. » On comptera 261 députés en 1852 au lieu de 750 en 1849, réduction qui aboutit à noyer dans l'électorat rural les habitants des villes dont l'opinion est moins contrôlable. 27 départements n'ont plus que 2 députés, la Seine passe de 28 représentants à 9, le Rhône de 11 à 4.

Le scrutin peut comprendre deux tours si le candidat le plus favorisé n'obtient pas au premier tour la majorité absolue des suffrages exprimés et au moins un quart des inscrits[3]. Ces deux conditions, plus contraignantes que les dispositions antérieures, et sans doute prévues pour empêcher une élection surprise d'opposants, impliquent que le pouvoir mobilise les électeurs s'il veut emporter le résultat au premier tour. La lutte contre l'abstention devient une préoccupation majeure des administrateurs locaux. La possibilité de candidatures multiples qui se révélera plutôt favorable aux opposants est en revanche maintenue. En 1857, le général Cavaignac se présentera dans 10 circonscriptions[4], candidatures symboliques le plus souvent, sauf dans la Seine, où il fut élu. Enfin le vote a lieu à la commune, sous la présidence du maire et des adjoints nommés par le gouvernement ou ses représentants. On s'acheminait certes déjà sous la Seconde République vers le vote à la commune, désiré d'ailleurs par les paysans, mais il prend une autre signification dès lors que celle-ci est sous la tutelle étroite du pouvoir.

1. Proclamation du 14 janvier 1852.
2. *Id.*
3. Cette dernière disposition est conservée de la loi du 31 mai 1850.
4. Parmi celles-ci, trois circonscriptions de la Meurthe, une du Morbihan, une du Vaucluse.

C'est dans ce contexte légal déjà fortement biaisé que s'insère la candidature officielle dont il faut préciser l'exacte originalité, car on ne saurait la confondre avec la simple intervention du gouvernement dans les élections, pratiquée par tous les gouvernements précédents, avec plus ou moins d'hypocrisie. Dès les premiers mois de 1852, Morny, ministre de l'Intérieur, puis Persigny au même poste, en définissent les caractères à partir de trois constats perspicaces. Le suffrage universel « élément nouveau et inconnu », s'il est « facile à conquérir à un nom glorieux [...] », apparaît en revanche « très difficile à fixer sur des individualités secondaires [1] ». Face à un électorat très élargi, les méthodes occultes de la monarchie de Juillet, la promesse de « quelques croix peu méritées, quelques places [2] », seraient inopérantes. Enfin le système des comités électoraux, pratiqué sous la Seconde République, moins justifié puisque le scrutin est désormais uninominal, entraverait la liberté même du gouvernement et ferait renaître les luttes de partis. C'est donc vers une action « au plus grand jour [3] » que le pouvoir s'oriente. Elle permettra au peuple « de discerner quels sont les amis et les ennemis du gouvernement qu'il vient de fonder [4] », étant bien entendu que le peuple ne peut vouloir autre chose que confirmer son vote du 20 et 21 décembre 1851, fondateur du régime. Si la liberté des candidatures est proclamée, elle se borne à la faculté de les produire, non à celle de faire campagne. Le 17 février 1858, en outre, pour éviter la démission d'élus refusant le serment de fidélité au régime, un sénatus-consulte oblige les candidats à prêter un serment anticipé, ce qui crée de fait la déclaration de candidature. De toute façon, la liberté de la presse et celle des réunions sont sévèrement bridées. En revanche, par voie d'affiches officielles et avec le concours de tous les fonctionnaires dès lors mobilisés, le gouvernement s'emploie à faire connaître les candidats qui bénéficient de son aval. Le vote lui-même demeure libre, au moins en théorie. Mais quelle tentation, pour le maire nommé, de peser par tous les moyens, y compris la fraude parfois, sur un scrutin dont le résultat met

1. Circulaire publiée au *Mòniteur universel* du 20 février 1852.
2. *Id.*
3. *Id.*
4. *Id.*

en jeu son avenir de magistrat local ! Si la mise en marche de l'appareil administratif et judiciaire en faveur du candidat officiel ne suscita que des réserves modérées dans ses rangs, le choix des candidats était plus délicat et fit l'objet de maintes tractations. Dès le début du régime – comme Patrick Lagoueyte l'a montré[1] –, les préfets suivant les recommandations de Morny s'efforcèrent de sélectionner des candidats assez représentatifs, de bons propriétaires, des maires de grandes villes (le comte de Chanterac à Marseille), des chefs d'entreprises industrielles (Schneider, de Wendel, Richemont, directeur de la compagnie de chemin de fer d'Orléans à Bordeaux), ayant au moins quelques liens antérieurs avec leur circonscription, et susceptibles de drainer des voix par leur prestige personnel ou leur fonction sociale. Près de 40 % des candidats officiels en 1852 étaient d'anciens députés.

Pratiques du vote et consolidation du suffrage universel

Dans ce cadre politique très contraignant, le régime impérial contribua objectivement à consolider le suffrage universel en France. Les scrutins variés et relativement nombreux qu'ils soient législatifs, municipaux, cantonaux, familiarisèrent l'électorat avec le vote. Sans doute les pouvoirs publics durent-ils, en permanence, lutter contre l'abstention. Abstention d'indifférence d'abord, surtout pour les législatives, où l'enjeu national était peu sensible. Pourquoi se déranger d'ailleurs dans nombre de circonscriptions où il n'y avait pas de candidat en face de l'officiel (128 sur 267 en 1857, soit 47,9 %) et où le résultat paraissait donc acquis d'avance ? Chez les républicains ou les légitimistes, l'abstention fut protestataire en l'absence de candidats à soutenir. S'il s'en trouvait d'ailleurs, ils étaient privés des moyens normaux de propagande, et voués dans la quasi-totalité des cas à la défaite : en 1857, dans la première circonscription de Marseille, la plus favorable aux républicains, Taxile Delord n'obtint que 4 777 voix contre 10 260 à l'officiel et ce n'était pas un des résultats les moins bons. La présence, au

1. Patrick Lagoueyte, *Candidature officielle et Pratiques électorales sous le Second Empire, 1852-1870*, thèse, sous la direction de Maurice Agulhon, Université Paris-I, 1990, 3 vol. plus annexes.

Corps législatif, à partir de 1857, des Cinq, opposants républicains, fort modérés d'ailleurs, élus à Paris et à Lyon, doit précisément sa notoriété à son caractère exceptionnel.

Dans les campagnes, les maires s'employèrent à amener les électeurs au scrutin, en leur faisant valoir les avantages concrets qu'un bon vote pourrait leur apporter. « Toute commune est une mineure. [...] toute commune est une mendiante[1] », constatera Jules Ferry en 1863. C'est dans les plus petits villages que le vote fut à la fois le plus massif et le plus unanime. Toutes sortes d'intermédiaires, gardes champêtres, entrepreneurs de travaux locaux, contremaîtres des chemins de fer ou des compagnies industrielles, s'emploient ailleurs à rabattre l'électeur vers les urnes. Malgré tout les abstentions furent nombreuses lors des premiers scrutins législatifs, 36,7 % le 1er février 1852 et encore 35,5 % le 21 juin 1857. Avec le renouveau de la vie politique que favorisa la libéralisation du régime, les opposants retrouvèrent le chemin du vote. Le pourcentage d'abstentions baissa à 27,1 % en 1863, à 21,9 % en 1869, et les voix récupérées le furent pour l'essentiel par l'opposition. Celle-ci remporta ses meilleurs résultats dans les villes – à l'exception toutefois des villes-usines dominées par une ou plusieurs compagnies industrielles –, car le vote ne pouvait y être aussi étroitement encadré : « la portion [des populations] que vous renoncez à diriger, déclare Thiers le 2 avril 1869, en s'adressant au gouvernement, elle est dans les populations agglomérées, dans les villes grandes ou petites où il y a de l'aisance pour payer les écoles, du loisir pour s'y rendre, et où il y a aussi, ce qui est la meilleure des écoles, ce vaste échange d'idées qui se rencontre dans les grands centres populeux ». Le contraste entre les villes et les campagnes s'accentua : en 1864, Ferdinand Hérold montra que 17 des 22 villes de plus de 40 000 habitants avaient en mai 1863 voté majoritairement pour l'opposition[2]. Parmi elles, Paris, Marseille, Bordeaux, Toulouse, Nancy. Ce n'est qu'à partir de 1868 qu'on vit resurgir, sous l'impulsion d'anciens quarante-huitards bien souvent, dans le Gard ou dans le Morvan, une opposition paysanne républicaine qui marchait dans les traces de

1. Jules Ferry, *La Lutte électorale en 1863*, Paris, 1863, p. 40.
2. Ferdinand Hérold, *Le Vote des villes, étude de statistique électorale*, Paris, 1863, p. 16 *sq.*

1849. Dans l'ensemble, cependant, les campagnes restèrent fidèles à l'Empire, comme on le vit lors du plébiscite de mai 1870. Le mépris des « ruraux » qui s'exprime chez les républicains, surtout à partir de 1869, en termes parfois insultants, trouve là son origine.

On ne peut juger ces expériences uniquement du point de vue critique qu'adoptèrent les républicains, car l'essentiel est que la pratique du suffrage s'y est rodée. Le vote dure toujours deux jours. Dans les campagnes, cette exigence est perçue comme une désagréable contrainte, car le vote y est encore collectif et l'on a souvent terminé les opérations électorales dès le premier jour. En ville, les ouvriers, à Lyon dès 1852, à Agen, Limoges, Marseille, Nancy, Saint-Étienne en 1857, vont voter le second jour pour déjouer la fraude, possible pendant la nuit où les urnes sont gardées à la mairie. Ces urnes sont d'ailleurs bien rustiques et ne protègent guère les votes qu'elles abritent. Les mentalités évoluent. Le préfet d'Indre-et-Loire le constate en 1863 en milieu rural : « Il est certain que la pratique du suffrage universel entre de plus en plus dans les habitudes des populations rurales ; mais, en même temps, les électeurs des campagnes commencent à avoir le sentiment de leur valeur et de la prépondérance que leur donne le nombre. Dans toutes mes tournées... j'ai trouvé une réserve, une susceptibilité, un désir d'apprécier et de juger que je n'avais pas rencontré précédemment[1]. » Dans un ouvrage posthume, *De la capacité politique des classes ouvrières* (1865), Proudhon, à partir d'une analyse minutieuse des résultats des élections de 1863 dans la Seine, croit pouvoir, lui aussi, déceler une mutation de la conscience politique ouvrière. Voici, constate-t-il, que le peuple urbain exprime par ses votes « des idées et des intérêts de classe[2] ». Le manifeste des Soixante (17 février 1864), rédigé par des ouvriers parisiens, réclame d'ailleurs une représentation proprement ouvrière. Les résultats des scrutins font l'objet d'analyses plus détaillées et les administrateurs commencent à affiner leurs principes de classement pour rendre

1. Archives départementales, Indre-et-Loire, 3 M 94, cité dans Éric Phélippeau, « La fabrication administrative des opinions politiques », *Revue française de science politique*, n° 4, août 1993, p. 610.

2. Pierre-Joseph Proudhon, *De la capacité politique des classes ouvrières*, Paris, p. 61.

compte des opinions des candidats et des élus [1]. Les contestations électorales donnent lieu plus fréquemment à débat au Corps législatif et contribuent à l'émergence d'une éthique du vote. En dénonçant les pressions du gouvernement, comme le fait Jules Ferry dans *La Lutte électorale en 1863*, les républicains travaillent au même résultat. Sur un plan pratique, dans un *Manuel électoral* [2] publié en 1861, ils donnent des conseils aux électeurs pour faire respecter la liberté du vote. Confrontés à la pratique bonapartiste du suffrage, ils s'interrogent et leur position est loin d'être unanime. Ils s'irritent de voir un régime autoritaire se réclamer de l'appui que lui donne le suffrage universel. E. Vacherot propose de différer l'application de celui-ci tant que le peuple n'est pas suffisamment éclairé [3]. Défiance jugée dans l'ensemble excessive. Les républicains préfèrent privilégier l'éducation du peuple et définir les conditions propres à assurer la légitimité du vote. Relayant Thiers qui, au Corps législatif, a demandé « les libertés nécessaires » le 11 janvier 1864, Prévost-Paradol en donne la liste dans *La France nouvelle* [4] (1868) : une presse libre, le droit de réunion, la liberté du vote pour les fonctionnaires, un découpage électoral qui respecte les agglomérations, l'instruction primaire accessible à tous, un vote vraiment personnel, et donc écrit par l'électeur sur la table même du scrutin. Le plébiscite – qui peut avantageusement être remplacé par une dissolution du Corps législatif – n'a pas lieu d'exister. Le pouvoir doit cesser d'en appeler pour gagner des votes à la « cupidité » des communes. Ces conditions peuvent réunir un large accord, des libéraux jusqu'aux démocrates, du moins ceux qui admettent le régime représentatif. En fin de compte le gouvernement impérial, par la pratique répétée du suffrage, a fait des citoyens des électeurs, soit en réclamant leur soutien de façon un peu forcée, soit en les amenant à riposter à ses propres excès. Par contagion aussi, dans les groupes confessionnels (juifs, protestants) ou professionnels, l'usage du suffrage se répand pour

1. Éric Phélippeau, *op. cit.*, p. 587-612.
2. Il est rédigé par un groupe d'avocats parisiens, Clamageran, Dréo, Durier, Ferry, Floquet, Hamel et Hérold.
3. Étienne Vacherot, *La Démocratie*, Paris, 1860, XXXII, 460 p.
4. Lucien Anatole Prévost-Paradol, *La France nouvelle*, Paris, 1868, XVI, 424 p.

arbitrer les conflits ou donner aux responsables une autorité plus légitime [1].

« La politique tirée du suffrage universel » [2] (1869-1880)

Si nous reprenons, non sans en élargir le sens, la célèbre formule de Gambetta qui date de 1870, c'est qu'exprimant au départ un souhait, elle correspond aussi à une réalité. Entre 1869 et 1880, le suffrage devient le fondement durable – et le seul légitime – de la vie politique française.

Affaibli par ses échecs extérieurs et ses difficultés intérieures, le gouvernement impérial doit à partir de 1868, procéder à de nouvelles réformes et laisser la bride un peu plus large à l'expression de l'opinion. La loi sur la presse du 11 mai 1868, la libéralisation du régime des réunions publiques et des réunions électorales desserrent les contraintes étatiques pesant sur le suffrage, même si la candidature officielle n'est pas supprimée. Ainsi s'ouvre une nouvelle période qui, bien que troublée par l'épisode de la guerre de 1870-1871 et de la Commune, forme un tout. La légitimité du « vote universel » est définitivement consacrée. Fondement théorique de la vie politique, le suffrage en devient l'arbitre reconnu. Les formes modernes de la « campagne électorale » apparaissent et se consolident durablement.

Cinq grandes consultations nationales ont eu lieu entre 1869 et 1877 et plusieurs élections municipales et cantonales s'y ajoutent, ainsi que de très nombreuses élections partielles. À nouveau, les Français ont voté de façon répétée et fréquente, scrutins décisifs pour l'affermissement du suffrage universel masculin. Le corps électoral a été un peu amoindri par la perte de l'Alsace-Lorraine en 1871. Les objectifs de ces scrutins sont divers, mais loin d'affaiblir la légitimité du suffrage uni-

1. Voir les exemples donnés par Philip Nord, *The Republican Moment*, Cambridge, 1995.
2. Léon Gambetta, « Discours du 5 avril 1870 », dans *Discours et Plaidoyers*, t. I, 1881, p. 223.

versel, cette diversité la renforce en montrant qu'il peut répondre à des situations différentes, qu'elles soient de caractère normal ou exceptionnel. Deux consultations, les élections législatives de 1869 et 1876, correspondent à la consultation normale du pays au terme du mandat d'une assemblée. Par le plébiscite de 1870, le gouvernement a tenté, on l'a vu, de ressaisir la confiance de l'opinion, et remporté une victoire éclatante en apparence, en réalité superficielle et fragile. Le scrutin du 8 février 1871, qui s'est déroulé à l'issue de la guerre de 1870-1871, dans les formes prévues par la loi du 15 mars 1849, visait à donner à la France dans les plus brefs délais un pouvoir légitime afin d'approuver les conditions de la paix. Consultation hâtive, dans une conjoncture exceptionnelle, et de signification ambiguë puisqu'on a pu soutenir ensuite qu'elle permettait à l'Assemblée élue de voter des lois constitutionnelles. Enfin l'élection générale du 14 octobre 1877, qui fait suite à une dissolution, a pour objet de résoudre une crise politique résultant du conflit entre le président Mac-Mahon et l'Assemblée. Ne négligeons pas les 120 élections partielles qui se sont déroulées entre juillet 1871 et la fin de 1875 dans les départements. Elles ont joué le rôle de sondages répétés, et révélé la conquête progressive de l'opinion par les républicains. Quant aux élections municipales successives d'août 1870, avril 1871, novembre 1874, janvier 1878, elles se sont, elles aussi, politisées dans un tel environnement. Et l'élection de la Commune de Paris, pouvoir révolutionnaire pourtant, par le suffrage universel des Parisiens, le 26 mars 1871, a pu montrer que le suffrage universel pouvait être, dans une certaine mesure, compatible avec l'insurrection, considérée pourtant communément comme son contraire.

Un débat d'idées ininterrompu

Un débat ininterrompu sur la légitimité et les conditions d'exercice du suffrage a accompagné ces consultations entre 1869 et 1875. Il a connu des inflexions successives. Avant la chute de l'Empire, ce sont les restes de la candidature officielle, l'influence politique excessive des paysans, trop facilement mobilisés en faveur du pouvoir, le plébiscite lui-même en tant que forme de consultation de la nation, qui font l'objet de critiques de la part de l'opposition libérale et républicaine. Écrasée par le mode de scrutin, l'opposition commence à défendre l'idée d'une représentation des minorités ou proportionnelle[1], idée déjà ancienne, mais qui prend une nouvelle actualité. Pour les bonapartistes au contraire, le dialogue direct que le gouvernement entretient avec la nation atteste suffisamment ses intentions démocratiques pour justifier par contrecoup le refus de libertés plus étendues, notamment d'association.

Après la chute de l'Empire, alors que l'on commence à élaborer les futures institutions, le débat porte davantage sur le fond : le suffrage universel est-il souhaitable, est-il légitime ? Il se déroule tant à l'Assemblée que dans des centaines de brochures et articles de journaux, et n'oppose pas seulement les adversaires et les partisans du suffrage universel. À l'intérieur de chaque camp, il existe des nuances et des clivages, secondaires sans doute, mais révélateurs. Une fraction de la droite royaliste, légitimiste en particulier, reste hostile au principe même parce qu'elle condamne « la souveraineté du nombre », hostile aux supériorités naturelles ou intellectuelles et facilement portée à la démagogie. Les bonapartistes les plus intransigeants adhèrent au suffrage universel, mais veulent en étendre l'application jusqu'à l'appel au peuple et donc donner à ce dernier un pouvoir constituant. Au centre, les orléanistes se sont résignés progressivement à l'existence d'un suffrage très élargi, jugé désormais incontournable. Ils cherchent les moyens d'en limiter l'extension et les pouvoirs. Tâche difficile car les moyens envisagés, l'élévation de l'âge électoral ou de la durée de résidence, le vote à deux degrés, le vote familial apparaissent inopérants ou même dangereux. Le souvenir de la loi du 31 mai 1850 et de ses effets désastreux sert de garde-fou. Chez les républicains, le débat a un autre objet : l'adhésion de principe au suffrage universel s'accompagne parfois de réserves. Ne doit-on pas, comme le suggère E. Quinet[2], placer la République au-dessus du suffrage universel, considérer qu'en tant que valeur supérieure et fondatrice elle ne peut être

1. Voir sur ce point Raymond Huard, *Le Suffrage universel en France*, *op. cit.*, p. 95-100, et Pierre Rosanvallon, *Le Peuple introuvable*, *op. cit.*, p. 137-164.

2. Edgar Quinet, *La République, conditions de la régénération de la France*, Paris, 1872.

soumise aux aléas d'un vote populaire ? Faut-il au contraire avec Gambetta proclamer l'avènement d'« une politique tirée du suffrage universel », en se donnant les moyens d'éclairer celui-ci par une activité militante inlassable ? Cette seconde option prévaudra finalement.

Le compromis qui s'élabore au cours de l'année 1875 et aboutira à la fois au vote des lois constitutionnelles et de la loi électorale du 30 novembre 1875 porte la marque des expériences vécues depuis 1851. Tout en confirmant le suffrage universel, il reflète une double méfiance à l'égard des pratiques autoritaires du Second Empire et de la démocratie urbaine. L'âge électoral reste fixé à 21 ans et la durée de résidence exigée pour l'inscription sur la liste électorale, à six mois. Mais les militaires sous les drapeaux, jeunes adultes pour la plupart, sont depuis la loi militaire de 1872 exclus du vote. Les électeurs votent dans leur commune, acquis irréversible, d'autant plus justifié qu'il y a désormais dans les villages de plus en plus d'hommes sachant lire et écrire, capables de tenir un bureau de vote. Le vote ne dure qu'un jour, ce qui répond sans nul doute au vœu des électeurs ruraux. Le scrutin uninominal de circonscription, choisi par le gouvernement louis-napoléonien, est conservé, bien qu'on soit revenu au scrutin plurinominal départemental pour l'élection du 8 février 1871 et pour les partielles qui ont suivi. Le lien direct entre le député et l'électeur en est renforcé et il engendre une dépendance qui paraîtra parfois bien lourde. Bien que ce mode de scrutin ait été choisi en 1852 et aussi sans doute en 1875, pour atténuer la politisation du scrutin, l'élection des députés sous la IIIe République n'en aura pas moins un enjeu politique affirmé. Afin d'éviter des découpages arbitraires, des règles strictes sont fixées pour la définition des circonscriptions à l'intérieur du département. L'arrondissement administratif est la circonscription électorale de base ; il peut être subdivisé si la population dépasse 100 000 habitants. Cette disposition avantage les départements les moins peuplés parce qu'ils ont néanmoins plusieurs arrondissements : le nombre des sièges dans le Nord passe de 28 en 1871 à 9 en 1876, tandis que les Basses-Alpes obtiennent 5 députés au lieu de 2. La représentativité de la Chambre est néanmoins réelle car elle retrouve un nombre élevé de membres (533 pour la métropole en 1876) et les colonies ont à nouveau des députés.

Désespérant de pouvoir faire l'économie du recours au suffrage universel, la majorité conservatrice a prévu un pouvoir compensateur, le Sénat, qui équilibrera celui qui est issu du « nombre ». Ici encore, on a assisté à un compromis. Le Sénat n'est plus une chambre composée de membres nommés ou de droit, comme sous le Second Empire, mais les conditions de son élection, au suffrage indirect par les députés, les conseillers généraux et d'arrondissement et un délégué de chaque conseil municipal, assurent une surreprésentation écrasante des campagnes, renforcée encore par la répartition des sièges entre les départements (de 2 à 5 sénateurs) qui ne tient compte que faiblement des différences de population. « Le grand conseil des communes de France » comme l'appela Gambetta pour rallier les républicains, très rétifs au départ à l'égard de cette institution, se révèle d'ailleurs immédiatement conservateur lors de la crise du 16 mai 1877, lorsqu'il appuie, avec une certaine prudence cependant, la politique de Mac-Mahon. Quant au chef de l'État, il est élu par les deux assemblées. L'élection du président au suffrage universel adoptée en 1848 a eu des conséquences trop graves pour qu'on la reconduise.

Mentionnons enfin l'acceptation difficile, tardive et incomplète de l'élection des maires par le conseil municipal. La Seconde République n'avait pas eu le temps d'élaborer une loi municipale détaillée et s'était contentée d'adapter celle de 1831 à l'existence du suffrage universel, mais elle avait permis l'élection, par le conseil municipal, des maires des communes de 6 000 habitants et moins (loi du 3 juillet 1848). Les deux lois municipales votées sous le Second Empire en mai 1855 et juillet 1867 préservèrent, conformément à la nature du régime, l'autorité du gouvernement sur les communes, affirmée dès 1852, en maintenant la nomination de tous les maires, pris éventuellement hors du conseil, par le pouvoir central ou ses agents locaux. À la fin de l'Empire, par la loi du 17 juillet 1870, le gouvernement n'admit qu'une concession, la nomination du maire parmi les conseillers municipaux. Par son existence même, pendant trois mois, de mars à mai 1871, la Commune de Paris plaça la question du pouvoir municipal au premier plan des préoccupations politiques. À travers des décisions successives et contradictoires, très liées à la conjoncture politique, on s'achemina vers l'élection de la grande majorité des maires par les conseils municipaux, décision qui fut élargie le 28 mars 1882 et confirmée par la loi municipale du 5 avril 1884 qui exclut cependant Paris de la loi commune. Même si la vivacité des luttes politiques, le souhait de pouvoir agir directement sur les communes expliquent ce retard, notons combien il était difficile à des hommes habitués à un pouvoir centralisé d'admettre que le même homme pût être à la fois l'élu de ses concitoyens et un agent du gouvernement chargé de faire exécuter des lois.

La crise du 16 mai 1877 montra enfin que face à une nation mûrie politiquement, en majorité républicaine, décidée à faire respecter légalement son choix, le retour à la candidature officielle, les méthodes autoritaires (révocation de maires et suspension de conseils municipaux) ne pouvaient conduire au succès. L'échec de la tentative de Mac-Mahon aboutit à diminuer de fait les pouvoirs du président de la République qui dut renoncer à dissoudre et laisser la priorité au président du Conseil dans la conduite des affaires, mais il n'affecta pas les prérogatives du Sénat dont cependant le mode d'élection sera un peu – bien peu – démocratisé par la réforme de 1884. L'existence du Sénat répondait en effet à un souci profond, partagé par les républicains modérés, celui d'équilibrer par une assemblée plus conservatrice, la Chambre issue du « nombre ».

La campagne électorale et le vote. La démocratie représentative en action

Pendant cette période où la primauté du suffrage universel est ainsi confirmée, on a vu s'instaurer progressivement les formes de la campagne électorale et les pratiques du vote jugées plus tard caractéristiques de la IIIe République. Le terme même de « campagne électorale », lancé par le publiciste J. Albiot en 1869[1] et issu sans doute d'une comparaison ironique avec les campagnes militaires, commence à se répandre. Dès 1869, les quatre instruments essentiels de toute campagne électorale à l'époque, la presse, les comités, les réunions et les

1. Jules Albiot, *Annales du Second Empire, les campagnes électorales*, Paris, 1869, III, 294 p.

tournées des candidats sont en place. La loi du 11 mai 1868 a permis la création de nouveaux journaux. Il en existait 19 à Paris avant la loi. On en comptera 33 nouveaux en septembre 1869. En 1862, il n'y avait en province que 13 journaux républicains comptant à peine 8 % de tous les abonnés aux journaux départementaux (Seine exceptée). On en comptera 124 (dont 58 radicaux) [1] en 1873. Les bureaux des journaux, celui du *Peuple* à Marseille par exemple, servent de quartier général pour les candidats d'opposition et leurs amis. À l'occasion des élections paraissent en plus grand nombre brochures, tracts et bientôt affiches. Celles-ci fleuriront en particulier pendant la crise de 1870-1871. Les comités réapparus en 1863, mais alors encore à moitié clandestins et menacés de poursuites, se multiplient en 1869 à Paris et en province. Celui de Belleville, qui soutiendra la candidature de Gambetta, est le plus connu. Formé à partir d'un comité d'initiative dès janvier 1869, il est élu en février dans une réunion publique d'électeurs, se réunit deux fois par semaine et dépensera en faveur du candidat 1382,20 F [2], somme modeste. À l'occasion du plébiscite de 1870, apparaissent, à côté des comités des opposants, les comités plébiscitaires des partisans du gouvernement. On en connaît 67 au moins dont 25 de localité et 15 d'arrondissement [3]. En 1873 dans la Seine, pour soutenir le radical Barodet, un Congrès républicain démocratique est formé qui réunit 8 délégués par arrondissement de Paris, 12 pour ceux de banlieue. Il déléguera ses pouvoirs à une commission d'initiative de cinq membres, état-major de la campagne [4]. Les républicains imagineront un moment de bâtir sur ces organisations électorales temporaires une véritable organisation de parti. Les réunions publiques, préparées par une vague de réunions non politiques permises par la loi de 1868, deviennent courantes en 1869.

1. P. Albert *et al.*, *Documents pour l'histoire de la presse de province dans la seconde moitié du XIXe siècle*, CNRS, s.d., p. 39 et 133. En 1873 seuls 5 départements, le Cantal, la Lozère, les Côtes-du-Nord, la Mayenne, le Loiret et la Haute-Vienne ne possèdent pas à cette date de journal républicain.

2. A. Tourneur, *Gambetta en 1869, Belleville et Marseille*, Paris, 1904, p. 48-54 et 205.

3. Raymond Huard, *La Naissance du parti politique en France*, Presses de Science Po, 1996, p.133.

4. Jean-Claude Wartelle, « L'élection Barodet, avril 1873 », *Revue d'histoire moderne et contemporaine*, octobre-décembre 1980, p. 609-612.

« Les assemblées électorales se sont multipliées à l'infini », observe André Cochut à cette date. « On en comptait 218 à Paris pendant les quinze jours de tolérance [*sic*] que la loi accorde avant le scrutin [1]. » En 1873 lors de l'élection de Barodet, plusieurs dizaines de réunions publiques sont organisées à Paris par les radicaux, mais le candidat modéré, C. de Rémusat, en tient aussi qui rassemblent parfois plusieurs milliers de personnes. Enfin, en particulier en province, les tournées électorales deviennent indispensables au succès d'une élection. De la part des candidats officiels ou de certains de leurs adversaires fortunés, elles s'accompagnent de dons aux communes ou à des groupes locaux (sapeurs-pompiers, sociétés de bienfaisance), de promesses diverses et de libations gratuites qui font de l'élection un moment festif et apprécié par la population. Ces « rastells » (rateliers), comme on les appelle dans le Midi, suscitent des condamnations morales, mais seuls les excès les plus criants – ceux du « Nabab » Bravay dans le Gard en 1869 – sont sanctionnés par le Corps législatif. Ces pratiques ne disparaîtront pas sous la IIIe République, mais les républicains s'efforceront d'inculquer aux jeunes enfants et aux adultes une éthique du suffrage grâce à un effort de formation républicaine et civique. Les campagnes électorales devenant plus longues, plus disputées, leur coût s'accroît. S'il reste modeste à Paris, A. Cochut, en 1869, évalue le minimum de dépenses pour une campagne en province de 10 000 à 12 000 F pour les frais incompressibles, l'impression des professions de foi et des bulletins, l'affichage, la distribution d'imprimés, les correspondances, la location de salles de réunion, les voyages, tournées et « stations » dans des collèges qui comptent 150 communes ou plus [2]. Ces sommes, considérables, et qui tendront à augmenter, sont fournies par les candidats eux-mêmes et leurs amis, quelques souscriptions, des emprunts. Les comités électoraux auront aussi pour objet de drainer des fonds. La nécessaire présence des candidats sur le terrain au premier comme au second tour – car celui-ci devient plus fréquent (59 cas en 1869, 105 en 1876) – condamnait à terme les candidatures multiples. Le drame national de

1. André Cochut, « Histoire du suffrage universel », *Revue des Deux Mondes*, t. 4, 15 juillet 1869, p. 466.
2. *Ibid.*, p. 462.

1870-1871 et le retour momentané au scrutin de liste leur redonnèrent une vogue éphémère : Thiers fut élu dans 26 départements en 1871, Trochu dans 10, Garibaldi, Faidherbe, Denfert-Rochereau dans 3. Mais l'adoption du scrutin uninominal en 1875 en ruinait pratiquement les chances et il fallut la réintroduction momentanée du scrutin de liste départemental en 1885 pour qu'on voie réapparaître les candidatures multiples de Boulanger (1888-1889), devenues désormais l'arme d'une stratégie plébiscitaire.

Le vote lui-même devient aussi plus régulier. Si, dans les communes, on a utilisé parfois des objets bien hétéroclites (tiroir, boisseau, toupine) comme « boîte du scrutin », le gouvernement, dans les dernières années de l'Empire, s'efforce d'équiper les communes en urnes de type classique[1]. Bien que le vote garde un aspect collectif surtout dans les petites communes, ou dans quelques régions rurales (Bretagne, Corse), il tend lentement à s'individualiser et les conditions du vote à la campagne se rapprochent ainsi de celles de la ville. Le suffrage universel contribue donc à une certaine homogénéisation des comportements politiques. Enfin, dans les grandes villes en particulier, le dépouillement du scrutin, attendu par la foule, l'annonce des premiers résultats font du « soir d'élection » un moment un peu électrique. Les agitations ou troubles postélectoraux reparaissent à la fin de l'Empire, à Nantes par exemple, en 1869.

Exclus et exclues

On ne doit pas oublier cependant que le suffrage ne rallie pas toute la population masculine et qu'il exclut d'autre part la moitié féminine de l'humanité. 12,8 % environ de la population française masculine adulte, 1 472 000 individus environ, ne figurent pas en 1877 sur les listes électorales[2]. D'autre part, l'abstention, bien qu'elle ait beaucoup reculé, n'est pas négli-

1. Patrick Lagoueyte, *op. cit.*, t. 3, p. 753-757.
2. Alain Lancelot, *L'Abstentionnisme électoral en France*, Paris, 1968, p. 32-33.

geable : 26 % en 1876, mais 19,4 % seulement en octobre 1877, car le scrutin fut très disputé. Abstention d'indifférence le plus souvent, abstention politique parfois de la part d'une extrême gauche contestataire qui considère encore le suffrage universel comme « le mode d'escamotage périodique de la révolution[1] » ou venant de la droite monarchiste qui répugne à s'insérer dans le système républicain.

Reste enfin le cas, massif, des femmes. Certaines d'entre elles, Antonine Andrée de Saint-Gilles, Eugénie Niboyet, ont réclamé dès le printemps 1848 la reconnaissance des droits civiques de la femme et au moins l'admission au scrutin des femmes majeures veuves ou célibataires. « Si nous réclamons nos droits, écrit Eugénie Niboyet, en réponse à George Sand qui a refusé très sèchement la proposition d'une candidature, c'est comme femmes et non comme hommes, c'est au nom des saintes obligations de la famille, au nom des tendres servitudes de la Mère que nous venons vous dire : oui, nous avons comme vous le droit de nous dévouer au monde[2]. » Remarquons avec Joan Scott que c'est en faisant valoir, non pas leur identité avec les hommes en tant qu'individus raisonnables, mais leur différence et leur complémentarité par rapport au sexe masculin que ces femmes revendiquaient leurs droits[3]. Soutenues par Considérant, Cabet, Jean Macé, elles n'obtiendront aucun résultat. Faut-il incriminer un machisme sous-jacent de l'idéologie républicaine ? Ou faire valoir – ce qui peut servir d'excuse aux républicains – que la nouveauté du suffrage universel masculin en 1848 était déjà si considérable qu'il eût sans doute été difficile d'y superposer celle du suffrage féminin. Incontestablement, la généralisation du suffrage masculin a accentué le caractère arbitraire d'une conception des droits politiques qui reposait désormais uniquement sur une distinction entre les sexes. Si elle l'a en un sens cristallisée, elle l'a aussi révélée dans toute sa clarté et l'a peut-être ainsi

1. Déclaration de la Commune révolutionnaire (Eudes, Da Costa, Granger), 1874, citée dans Alexandre Zévaès, *Le Socialisme en France depuis 1871*, Paris, 1908, p. 234

2. Cité par Édith Thomas, *Les Femmes de 1848*, Paris, 1948, p. 42-43. Voir aussi Michèle Riot-Sarcey, *La Démocratie à l'épreuve des femmes. Trois figures critiques du pouvoir, 1830-1848*, Albin Michel, 1994, et de Maïté Bouyssy et Christine Fauré, « En 1848 à Paris », dans *Encyclopédie politique et historique des femmes*, Paris, 1997, p. 341-360.

3. Joan Scott, *La Citoyenne paradoxale*, Albin Michel, 1998, p. 87-126.

rendue plus vulnérable aux critiques ultérieures. En 1849, Jeanne Deroin tente sans succès de faire admettre sa candidature par les démocrates-socialistes de la Seine et fait campagne parfois sous les quolibets. En mai 1850, avec une belle abnégation, elle propage des pétitions contre la loi restreignant le suffrage universel masculin. Celles-ci sont signées à Paris par plusieurs centaines de femmes, dans le centre et le nord de Paris. Privées du droit de vote, les femmes ont-elles malgré tout joué un rôle dans les élections de 1848 et 1849 ? Si l'on voit des femmes, assez rares il est vrai, participer à des réunions politiques entre 1848 et 1851, elles paraissent absentes du processus électoral. Le coup d'État napoléonien anéantit momentanément toutes les organisations, y compris celles des féministes. Mais les femmes ne disparaissent pas totalement de la scène électorale : dans le cadre du vote à la commune, au caractère plus familier, il arrive que les femmes participent aux opérations électorales dans des localités rurales, soit en distribuant des bulletins en tant que femme du maire ou de l'instituteur (Saint-Gildas, Côtes-du-Nord, 1869), soit en votant à la place d'un mari retenu par ses occupations (Marne, 1865)[1]. L'exclusion n'était donc pas absolue. Plus importante que ces traces, encore ténues, d'une intervention féminine dans le processus électoral est la réapparition, à partir de 1865, d'un mouvement féministe. Maria Deraisme, écrivaine et oratrice, multiplie alors les conférences et dénonce « un universel de poche laissant de côté la moitié de l'humanité[2] ». Paule Minck, la romancière André Léo (Léodile Champseix) participent aux réunions publiques parisiennes en 1868 et 1869. Dans le journal *L'Opinion nationale*, en 1868 une vingtaine de femmes diffusent un manifeste revendiquant le droit de vote, en prenant argument du grand mouvement d'émancipation qui semblait affecter les sociétés européennes et américaines. Pourtant, les premiers mouvements qui apparaissent à cette époque, avec l'appui de francs-maçons, de saint-simoniens, d'héritiers du fouriérisme, la Ligue en faveur du droit des femmes (André Léo, 1868), la Société pour l'amélioration du sort de la femme,

1. Patrick Lagoueyte, *op. cit.*, t. III, p. 878 et 901.
2. Raymond Huard, *Le Suffrage universel en France*, *op. cit.*, p. 189, et Jacques Rougerie, « La Commune de Paris », dans *Encyclopédie politique et historique des femmes*, PUF, 1997, p. 405-431.

fondée en 1869 par Léon Richer et Maria Deraisme, se contentaient en général de revendiquer la pleine égalité civile pour les femmes. Pendant la Commune, les femmes manifestent dans l'action leur citoyenneté. En 1876, apparaît, avec Hubertine Auclert, un suffragisme plus militant et socialisant qui considère l'égalité politique des femmes comme la condition première de l'égalité civile. H. Auclert intervint au congrès socialiste de Marseille (1879) et y réclama le droit de vote au nom de « 9 millions d'esclaves », « la moitié déshéritée du genre humain »[1]. La diversité du mouvement féministe et de ses revendications, qui allait marquer la période suivante, se révélait ainsi plus clairement.

Au début des années 1880, le suffrage universel masculin a bien triomphé en France. Le peuple français dans sa masse est désormais acquis à cette conquête. La pratique répétée du suffrage universel a probablement renforcé le sentiment d'unité nationale, elle a en tout cas enraciné la démocratie dans la moindre commune. Le suffrage universel et la République que Louis-Napoléon avait pu opposer l'un à l'autre ont fini par faire bon ménage. Au sein des couches populaires, c'est la paysannerie qui a le plus gagné à cette conquête. Les milieux ouvriers encore trop peu nombreux et insuffisamment organisés pour peser de façon décisive dans le corps électoral restent marginalisés et une fraction du mouvement ouvrier organisé, à la lumière des expériences récentes, celle de la Commune en particulier, doute de pouvoir faire du suffrage une arme pour imposer la transformation sociale. La pratique du suffrage de masse a favorisé l'affirmation politique de nouveaux notables républicains issus de la petite entreprise, ou des classes moyennes cultivées, réalisant ainsi la promotion de ces « nouvelles couches sociales » dont Gambetta avait annoncé l'avènement. Celles-ci serviront d'intermédiaires entre le peuple et l'État à la place des grands notables d'autrefois. Les adversaires du suffrage universel se sont résignés à l'existence de ce dernier, mais s'interrogent encore sur la façon d'utiliser cette innovation dérangeante.

De 1848 à 1880, les pratiques du vote se sont rodées, le vote est devenu plus régulier, plus individuel, tout en gardant des aspects collectifs et festifs. Le vote politique, qui passe encore

1. Raymond Huard, *op. cit.*, p. 191.

parfois par un « patronage démocratique », celui du manufacturier Dorian dans la Loire par exemple, tend à croître en importance au détriment du vote d'assentiment. Bien des problèmes demeurent, le secret du vote insuffisamment garanti, les pressions qui persistent sur certaines fractions du corps électoral, la surreprésentation rurale notamment au Sénat, enfin le fait massif qu'est l'exclusion des femmes. C'est moins de ces questions pourtant qu'on discutera que du mode de scrutin, car celui-ci a des effets plus directement attendus sur la majorité politique. Pendant ces années enfin, d'autres pays d'Europe, l'Allemagne, l'Angleterre, bientôt l'Italie ont aussi élargi la participation au suffrage, sans forcément aller jusqu'au suffrage universel. L'exemple français a perdu un peu de son exceptionnalité, mais demeure encore attractif et mobilisateur.

Diminution en pourcentage du nombre des électeurs inscrits résultant de la loi du 31 mai 1850

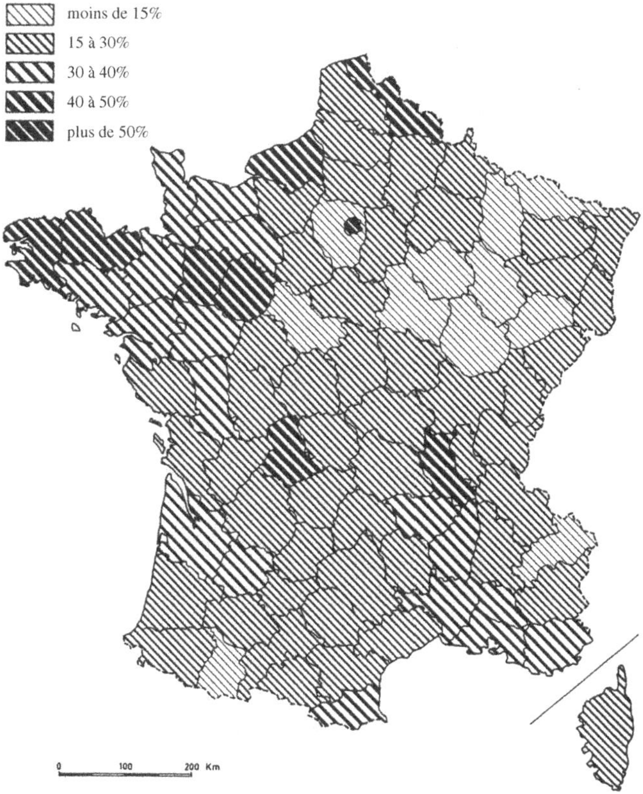

cart. J.-L. Lacan, Laboratoire d'histoire, Montpellier-III.

D'après R. Huard, *Le Suffrage universel en France 1848-1946*, 1991.

Répartition départementale des contestations en 1869

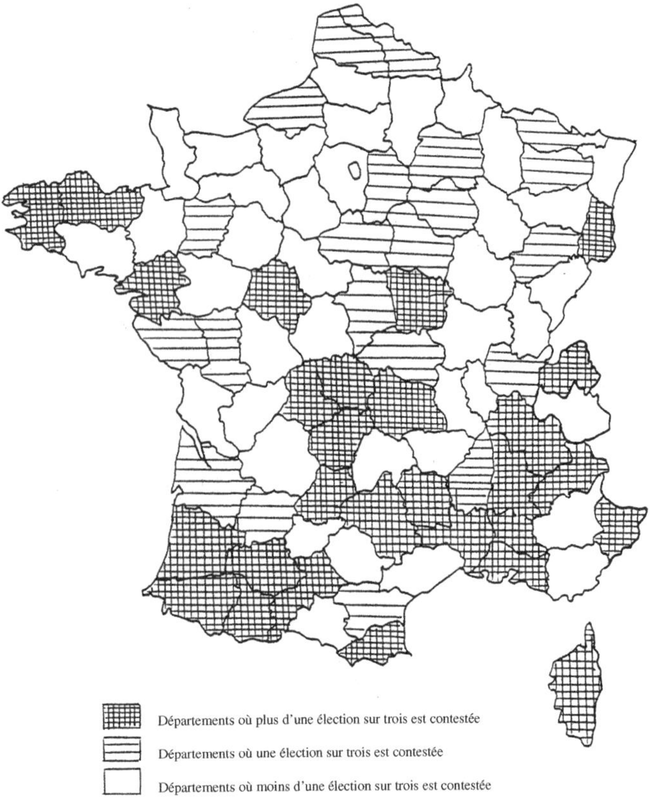

D'après P. Lagoueyte,
Candidatures officielles et Pratiques électorales sous le Second Empire 1852-1870.

Circonscriptions abstentionnistes en 1869

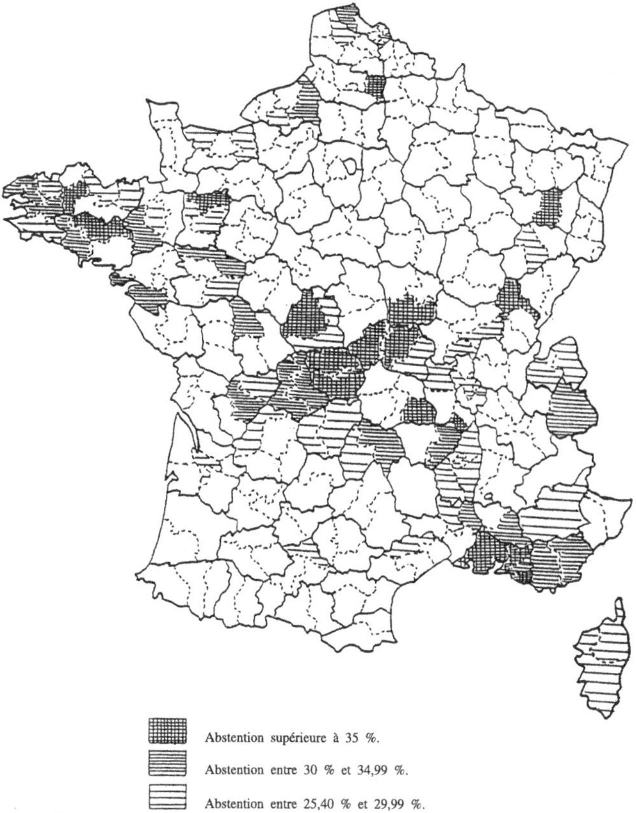

D'après P. Lagoueyte,
Candidatures et Pratiques électorales sous le Second Empire 1852-1870.

Le redécoupage des circonscriptions parisiennes de 1863 à 1869

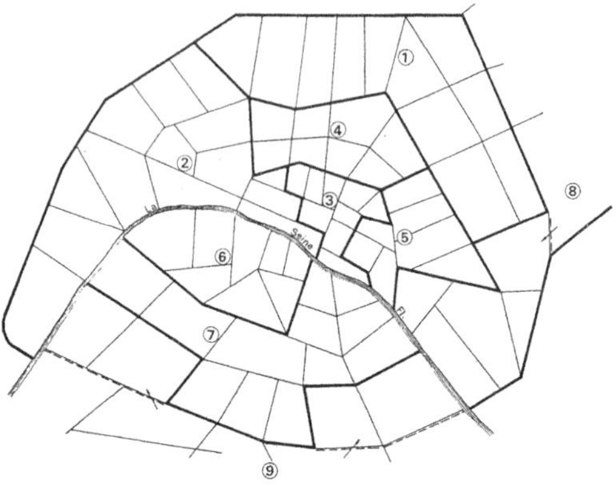

D'après L. Girard, *Nouvelle Histoire de Paris. La Seconde République et le Second Empire*, 1981.

En 1869, la deuxième circonscription (Thiers) est privée de Saint-Georges et de Chaussée d'Antin.
La troisième (Ollivier) est réduite aux quartiers du Centre.
La sixième est privée du quartier Sorbonne (réuni à la septième).

CHAPITRE 7

Aux origines d'une structure nouvelle, le parti vers 1830-vers 1880

par Raymond Huard

Avant 1848, des efforts tâtonnants d'organisation

« Il ne faut pas croire que l'existence de plusieurs partis dans l'État soit une chose désirable et qu'il faille se réjouir de leurs dissensions. Les factions sont les maladies du corps politique[1]. » Ce propos, véritable idée reçue, paru en 1842 dans l'article « Parti » du *Dictionnaire politique* de Pagnerre, révèle un des obstacles idéologiques majeurs qui s'opposèrent pendant longtemps en France à l'émergence de la structure politique partisane, la nostalgie de l'unité, l'assimilation du parti à la division. En dépit de cette affirmation théorique, à partir des années 1830 surtout, de multiples efforts, souvent inaboutis, furent tentés pour construire des organisations politiques, jusqu'à la création des partis à la fin du siècle. On a pu qualifier de « protopartis » ces structures embryonnaires et parfois sans avenir[2]. Pour comprendre à la fois leur émergence et leur succession, il faut percevoir l'ensemble des contraintes matérielles ou mentales qui pesaient sur les militants, mais aussi les incitations qui les poussaient à créer des organisations, situer dans

1. Laurent Antoine Pagnerre, *Dictionnaire politique*, Paris, 1842, p. 690.
2. Sur l'ensemble de cette question, voir Jean Charlot, *Les Partis politiques*, Armand Colin, 1971 ; Raymond Huard, *La Naissance du parti politique en France*, *op. cit.* ; Pierre Lévêque, *Histoire des forces politiques en France, 1789-1880*, t. 1, Armand Colin, 1992.

une périodisation les différents essais qui furent entrepris. Malgré les limites et l'inachèvement des structures mises en place, on pourra mesurer à la fin de la période les progrès réalisés.

L'émergence d'organisations partisanes : obstacles et contraintes

Le mot « parti » pendant la majeure partie du XIXe siècle désigne d'abord un groupe informel qui s'agglomère autour d'une opinion, voire autour d'une personne. Le « parti libéral » ou le « parti républicain » au milieu du siècle sont des partis d'opinion, non des appareils au sens actuel du mot. Dans les années 1840 et 1850, un « parti Lamartine » groupe, dans le Mâconnais, de petits notables intéressés aux succès du poète-homme d'État[1]. Ce n'est qu'à la fin du siècle, à l'époque où naissent les partis modernes qu'on s'habituera à associer dans le mot *parti* l'opinion et l'organisation. Pour évoquer celle-ci, au cours des années 1830 ou 1840, ce sont les termes de « société », s'il s'agit d'une société d'adhérents politisés (la Société des Amis du peuple et celle des droits de l'homme en 1830-1831), de « comité » quand on pense à une force d'impulsion (les comités réformistes des années 1840), de « club », « cercle », « casino » ou « chambrée », lorsqu'on veut mentionner un lieu convivial de réunion ou même de débat politique, qui s'imposent aux acteurs ou aux militants. C'est le terme de « société » que retiennent aussi bien le code pénal de 1810 que la loi de 1834 pour désigner ce que nous appelons aujourd'hui les associations, politiques ou non. Ce vocabulaire se complexifiera à partir de 1848, sans pourtant subir encore de transformation majeure. Il n'empêche que sous d'autres noms que celui de *parti* des organisations politiques à vocation nationale, comme la Société des droits de l'homme au début des années 1830 ou la Solidarité républicaine à la fin de 1848, se sont créées. Le sens encore flou du mot n'a donc pas empêché l'émergence de la chose.

La contrainte primordiale, c'est l'état de la législation. Le code pénal de 1810 qui réglemente les associations ne laisse

1. Pierre Lévêque, « "Le parti Lamartine" en Mâconnais (1831-1857) », dans *Travaux de l'Institut de recherche du Val de Saône-Mâconnais*, n° 3, 1997, p. 43-55.

une totale liberté qu'aux groupes de moins de vingt personnes[1]. Toute autre société doit être autorisée par le gouvernement. Cette disposition extrêmement restrictive (même si les pénalités prévues en cas d'infraction sont modérées), permet au pouvoir d'empêcher la formation des associations politiques. Elle sera maintenue pendant la plus grande partie du siècle. Le 10 avril 1834, une disposition supplémentaire est même introduite dans le code, soumettant à autorisation les sociétés de plus de vingt personnes fragmentées en unités inférieures à ce nombre. Pendant la brève période de la Seconde République, le décret sur les clubs, un peu plus libéral, adopté le 28 juillet 1848, autorise l'existence de sociétés politiques publiques sans limitation d'effectifs, mais sans permettre les rapports entre elles. C'est dire qu'il exclut toute construction d'une organisation politique nationale. On sait enfin que le Second Empire, surtout dans sa première période, anéantira à peu près totalement le droit d'association.

Cet interdit durable reflète d'abord une caractéristique de la situation politique française, dont les gouvernements ont une conscience aiguë : pendant la majeure partie du XIXe siècle, il n'existe pas en France de consensus suffisamment large sur la nature du régime. De ce fait les forces d'opposition ne se proposent pas le plus souvent de modifier les orientations politiques du régime existant, mais bien de renverser ce dernier pour le remplacer par un autre. De la part du gouvernement, les laisser s'organiser serait donc suicidaire. Quelques idées forces, héritées pour l'essentiel de la Révolution française, dominent d'autre part durablement les conceptions politiques des élites. Elles ont été explicitées par Le Chapelier dès 1791 et par Roederer en l'an VII. Dans un régime représentatif, l'existence de sociétés politiques vouées inévitablement à peser sur les délibérations des représentants ne pourrait qu'altérer le libre fonctionnement des institutions, en suscitant en outre des passions populaires perturbatrices. Le souvenir de la Société des Jacobins, des sociétés populaires de la Révolution, toujours vivant, est ambivalent. Si le grand exemple de la Société des Jacobins de Paris inspire sans doute les militants républicains dans leur effort pour bâtir des organisations, en

1. Articles 290 et 291 du code pénal de 1810 ; sur ce point voir Raymond Huard, *op. cit.*, p. 42-45.

revanche dans les débats parlementaires qui traitent des associations entre 1830 et 1868, les députés témoignent plutôt de l'effroi que suscitent encore ces sociétés dont l'existence a été associée *a posteriori* à la Terreur[1]. Les défenseurs de l'association politique sont rares et timides. Chez les libéraux, pourtant mieux préparés par leur bagage théorique à admettre une pluralité de courants politiques, lorsqu'à la fin de la Restauration, Duvergier de Hauranne plaide éloquemment en faveur du droit d'association, « droit naturel », « le plus imprescriptible de tous », il n'imagine pourtant que des sociétés à caractère privé, sans activité publique[2]. Même parmi les républicains, qui valoriseront pourtant bientôt l'association, qu'elle soit mutualiste ou de production, l'existence de sociétés politiques n'est pas envisagée sans réserves. On se souvient des critiques de Rousseau à l'égard des « factions » et des « brigues » qui pourraient altérer la formation de la volonté nationale. Aussi ces sociétés, jugées nécessaires dans la phase de lutte contre un pouvoir oppresseur, perdraient – pense-t-on – leur utilité avec le fonctionnement régulier du suffrage universel au sein de la République.

Trois matrices de l'organisation politique moderne à l'époque de la monarchie censitaire

Malgré ces obstacles matériels ou idéologiques considérables, on a vu surgir dès l'époque de la monarchie constitutionnelle trois types d'organisations qui répondent à des besoins spécifiques. Les premières sont liées à l'activité électorale et parlementaire. Celle-ci a favorisé la formation à la Chambre de groupes politiques encore informels certes, mais individualisés, libéraux ou indépendants, constitutionnels, ultras. Sans doute dans un régime censitaire, le petit nombre des électeurs rendait la communication plus facile avec les candidats au plan local, mais, à Paris, les leaders parlementaires, ceux de l'opposition surtout, ressentaient le besoin d'un contact avec les départements pour envisager les candidatures de notables parisiens en pro-

1. Raymond Huard, « Le souvenir des sociétés politiques de la Révolution dans les débats parlementaires du XIXe siècle », dans *Mélanges Michel Vovelle*, Paris, 1997, p. 537-544.
2. *Le Globe*, 5 et 16 avril 1828.

vince et, de façon plus générale, dynamiser l'activité de l'opposition. C'est à quoi pourvut le comité électoral des indépendants dit aussi « comité directeur » formé en 1819. En 1827, la Société Aide-toi, le ciel t'aidera, formée par de jeunes rédacteurs du *Globe* et présidée par Guizot [1], se fixa aussi pour tâche d'encourager l'inscription des électeurs sur les listes et de consolider l'opposition. Elle s'étendit sur au moins 35 départements. Malgré les protestations des ultras, qui, on le verra, ne négligeaient pas non plus de s'appuyer sur des organisations, et après un simulacre de résistance, le gouvernement toléra ces sociétés dont l'activité était trop liée aux institutions existantes pour qu'elle pût être jugée répréhensible. Après la révolution de Juillet, la Société Aide-toi, le ciel t'aidera, désormais dominée par des républicains Garnier-Pagès, Barthélémy-Saint-Hilaire, tenta de se structurer plus solidement à l'échelle nationale, fixa des conditions d'adhésion, forma des comités cantonaux, diffusa des brochures. Elle s'apparentait ainsi à un parti moderne. La loi d'avril 1834, et la répression qui s'ensuivit mit fin à ses activités. Mais elles devaient renaître par la logique même de l'action électorale et la dynamique de l'action parlementaire. Un comité central de l'opposition constitutionnelle se forma dès 1837 pour préparer les élections et rayonna sur environ 250 groupes plus ou moins structurés. Comment, d'autre part, les députés, ceux de l'opposition surtout, n'auraient-ils pas été tentés d'utiliser le droit de pétition pour en appeler au pays et renforcer leur position encore faible à la Chambre ? Le mouvement de pétition pour la réforme électorale, surtout à partir de 1839, fut dirigé par un comité central de la réforme et un comité de correspondance plus restreint et s'appuya sur plus de 300 comités locaux. Ainsi l'activité électorale sous ses divers aspects avait-elle favorisé la naissance d'organisations nationales structurant un courant politique, la gauche constitutionnelle en 1837 et la gauche avancée en 1839. Ces structures, en principe provisoires, désarmaient la répression. La répétition des tentatives, à de brefs intervalles de temps, donnait malgré tout une certaine continuité à l'action.

Plus limitées dans leur objectif, les sociétés de soutien à la

1. Sur l'association Aide-toi, le ciel t'aidera et les comités réformistes, voir Sherman Kent, *The Election of 1827 in France*, Cambridge, Harvard University Press, 1975, et, du même auteur, *Electoral Procedure under Louis-Philippe*, Cambridge, Harvard University Press, 1937.

presse et les autres formes de coordination nées de l'activité journalistique ont aussi contribué à la centralisation politique à l'échelle nationale ou départementale. Les premières visaient surtout à défendre les journalistes, à aider les journaux d'opposition à payer les amendes qui leur étaient infligées, à fonder de nouveaux journaux ou même à éditer des brochures. Après un premier essai sous la Restauration en 1817, les tentatives les plus élaborées eurent lieu au début de la monarchie de Juillet. Une Association en faveur de la presse patriote, dirigée par des républicains E. Arago, Lasteyrie, A. Marchais, fut créée en septembre 1832, ainsi que plusieurs associations locales à Strasbourg, Tulle, Bourg et dans la Sarthe. En 1833, 67 associations locales étaient connues dont une trentaine étaient en relation avec l'Association nationale. L'initiative, brisée par la loi répressive de 1834, n'eut pas de suite en tant que telle. Mais elle fut relayée à la fin de la monarchie de Juillet par les Congrès de la presse qui réunirent séparément les représentants des organes légitimistes (33 journaux) et ceux de la gauche constitutionnelle et avancée (54) en décembre 1845-janvier 1846, puis en 1847, et aboutirent à la formation de commissions permanentes. On soulignera que la presse de province avait activement participé à la préparation et à la tenue de ces congrès et affirmé ses prétentions : « La presse de province s'est émancipée [de la tutelle parisienne]. Qu'on le sache bien [...]. Elle existe par elle-même et le moment n'est pas éloigné où elle prendra la direction des affaires publiques [1]. » Ces initiatives illustraient une voie possible de l'organisation politique, celle qui s'appuierait sur la presse en prolongeant et en élargissant le rôle que jouaient déjà les journaux au plan local dans l'organisation des forces politiques [2].

Après Gabriel Perreux, nous avons dénommé « sociétés d'action politique [3] » une troisième forme d'organisation dont l'extension coïncide avec la monarchie censitaire. Elle avait des précédents dès l'époque révolutionnaire, comme la conju-

1. *L'Impartial du Nord* cité par *La Réforme* du 25 novembre 1845.
2. André-Jean Tudesq, « Les comportements électoraux sous le régime censitaire », dans Daniel Gaxie (dir.), *Explication du vote*, Presses de Science Po, 1989, p. 106-125 (et surtout p. 116).
3. Gabriel Perreux, *Au temps des sociétés secrètes. La propagande républicaine au début de la monarchie de Juillet, 1830-1835*, Hachette, 1931.

ration pour l'Égalité dirigée par Babeuf en 1796. Ces sociétés ont d'abord des objectifs plus diversifiés que les précédentes, la propagande, et pour cela la collecte de fonds, l'éducation civique et politique de leurs membres, la préparation d'un changement de régime par la voie d'une insurrection ou au moins d'un mouvement populaire. Elles se distinguent fortement des précédentes en ce qu'elles situent délibérément leur action en dehors du fonctionnement normal des institutions. Tant par suite des contraintes législatives que pour des commodités d'organisation, elles sont groupées en petites unités hiérarchisées formant un réseau sur le territoire. La Charbonnerie au début des années 1820, la Société des droits de l'homme entre 1831 et 1834 ont incarné ce type d'organisation. La première adopta la forme conspirative qui impliquait le recours aux procédures du secret (initiation, serment)[1]. La seconde admit ses membres par un système assez simple de cooptation. Le recrutement de la Société des droits de l'homme qui rayonna surtout dans la France de l'Est et du Sud-Est était nettement plus populaire et ouvrier que celui de la Charbonnerie où dominaient les militaires et les jeunes de milieux sociaux variés. Si les méthodes conspiratives s'avérèrent sous la Restauration peu efficaces pour atteindre l'objectif immédiat de renversement du régime, en même temps que peu propices à une action à moyen terme, l'organisation plus patiente de la Société des droits de l'homme aurait pu porter ses fruits si elle n'avait été anéantie par la répression qui suivit les mouvements insurrectionnels de 1834 et 1835.

Ce serait une erreur de penser que ces sociétés caractérisent uniquement ce qu'on appellera par commodité la gauche. Les légitimistes aussi bien au début de la Restauration – pour regrouper les forces contre-révolutionnaires et peser sur la politique de Louis XVIII – qu'au début de la monarchie de Juillet, pour combattre le régime, ont bâti des organisations du même ordre, comme la Société des francs régénérés en 1815, les Amis de l'ordre, de la légitimité ou de la fidélité après 1830. Dans certains départements du Sud-Est, comme le Gard, ils ont constitué sous la Restauration de véritables réseaux,

1. Sur la Charbonnerie, voir P.A. Lambert, *La Charbonnerie française, 1821-1823. Du secret en politique*, Presses universitaires de Lyon, 1995.

doublant à l'occasion l'organisation de la garde nationale[1]. Mais ces sociétés légitimistes sont restées plus élitistes que les républicaines et leur direction, soumise en dernier ressort au comte d'Artois sous la Restauration, au prétendant sous la monarchie de Juillet, était de caractère très nettement hiérarchique.

Des partis modernes, les différentes sociétés que nous venons d'examiner préfigurent certains caractères, mais le contexte dans lequel elles s'inscrivent, les schémas idéologiques qui les sous-tendent leur imposent des limites spécifiques. Ces sociétés sont d'abord précaires, soit à cause de leur caractère clandestin, soit parce qu'elles sont au mieux tolérées. Les conditions restrictives du régime électoral censitaire privent en outre la plus grande partie de ceux qui agissent en leur sein de tout exutoire légal à leur action autre que la pétition, nécessairement circonstancielle, ou le manifeste, sauf si des élus bénéficiant d'une position plus avantageuse peuvent relayer leurs revendications. On s'explique que ces sociétés aient de fortes tendances à préférer l'intervention insurrectionnelle à l'action légale. En outre, si elles sont des structures d'organisation et, au besoin, d'action, elles ne contribuent pas vraiment à l'élaboration d'une politique, ni d'une idéologie. Celles-ci se forment ailleurs dans les débats parlementaires, la presse, les revues. Au mieux, les sociétés les diffusent. Enfin on constate que l'organisme directeur de ces sociétés, en général parisien, ne peut pas dépendre vraiment de la base, soit à cause des difficultés de communication propres à l'époque, soit que l'organisation vive dans une clandestinité plus ou moins poussée. Des efforts ont cependant été faits en ce sens au sein de la Société en faveur de la presse et, au plan strictement parisien dans la Société des droits de l'homme. Mais, le plus souvent, la structure de la société est plutôt fédérative, et aussi bien les groupements formés dans les provinces que ceux qui à Paris assurent la direction de l'ensemble disposent chacun de la plus large autonomie. Le modèle de la Société des Jacobins, celui d'une société parisienne, tête pensante et directrice, aux décisions de laquelle adhèrent des groupes fédérés de province, reste donc, en dépit de quelques aménagements, très

1. Brian Fitzpatrick, *Catholic Royalism in the Department of Gard, 1814-1852*, Cambridge University Press, 1983.

prégnant. Malgré tout, l'organisation politique moderne est bien en germe dans ces tentatives auxquelles le suffrage universel instauré le 2 mars 1848 devait donner une dimension nouvelle.

L'impact de la démocratie de masse

Les effets du suffrage universel masculin : un processus inachevé[1]

Les incidences du suffrage universel sur les transformations de l'organisation politique en 1848 sollicitent naturellement l'attention. Elles sont encore limitées et ne réduisent pas à néant les formes antérieures qui, même, se diversifient. L'augmentation considérable du nombre d'électeurs en mars 1848, au profit essentiellement des milieux populaires, incitait à créer des structures propres à diffuser la propagande politique et à assurer le contact avec le simple citoyen. En choisissant un scrutin de liste départemental pour l'élection de l'Assemblée, les membres du gouvernement provisoire avaient rendu encore plus nécessaire une certaine centralisation des efforts que la fréquence des campagnes électorales dans les deux premières années de la Seconde République était de nature à entretenir. Enfin, si la législation sur les organisations politiques a été, on l'a vu, peu libéralisée, la liberté réelle qui régna pendant les campagnes électorales, même si elle tendit à s'étioler à partir de 1849, favorisa l'essor des initiatives.

Vues dans leur globalité, les transformations qui ont affecté les organisations électorales pendant la Seconde République sont sensibles mais inachevées. Au plan départemental tout d'abord, le comité électoral appelé parfois « comité central », s'il fédère des cercles ou des groupes locaux, est devenu courant. Si, en avril 1848, on s'est efforcé sans toujours y parvenir, en particulier chez les républicains, de regrouper en son sein toutes les tendances d'une même opinion, en 1849, il se spé-

1. Sur ce point, voir Raymond Huard, *La Naissance du parti politique*, *op. cit.*, chap. 3, p. 83-119.

cifie par tendance politique (républicains modérés, Montagnards). Dans la Seine, en 1850, le comité démocrate-socialiste des élections, qui regroupe des représentants des organisations d'arrondissement, devient une sorte de parlement électoral des Montagnards. Vers la même époque, également dans la Seine, l'Union électorale, qui rassemble dans une alliance d'ailleurs fragile les forces de droite, s'efforce de créer une structure représentative destinée à préparer les candidatures et mener les campagnes. On a vu naître aussi dès le printemps 1848 des organisations à vocation nationale comme le comité central des élections générales pour l'Assemblée nationale (républicain modéré). Elles se sont multipliées lors de l'élection présidentielle : « Association républicaine des Amis de la Constitution » soutenant Cavaignac, « Congrès national électoral » favorable à Ledru-Rollin, « Comité central électoral » louis-napoléonien, flanqué d'ailleurs d'autres organismes comme le « Comité napoléonien » du général Piat. Les groupes parlementaires, ne limitant plus leur rayonnement au Parlement, tendent à être les noyaux d'organisations à plus vaste portée. La mutation est nette du côté de la droite où le Comité de la rue de Poitiers qui rassemble les élus conservateurs s'élargit en parti de l'Ordre sous l'impulsion du maréchal Bugeaud, de Léon Faucher et de Changarnier. Lors de la campagne de 1849, il diffuse de multiples brochures à l'intention du peuple. Mais les liens entre ces organismes nationaux et les comités départementaux ou locaux ne sont pas formalisés, restent le plus souvent à l'état de pratiques spontanées. Du côté des démocrates, la situation est plus complexe car la Solidarité républicaine, fondée en novembre 1848 pour soutenir la candidature de Ledru-Rollin, et dont on reparlera plus loin, a des ambitions beaucoup plus diversifiées que la seule lutte électorale, et la Montagne parlementaire ne devient pas en tant que telle le noyau d'une organisation plus vaste. Même si le processus n'est pas achevé, l'impulsion du suffrage universel a favorisé une structuration plus solide des organisations électorales.

Le bilan est plus mince et n'est qu'en partie neuf, lorsqu'on examine le domaine de la presse. La floraison des journaux au printemps 1848 donna à la presse une influence plus grande, mais rendit plus difficile une coordination des efforts. Si, à gauche, les congrès de la presse qui se tinrent sous la Seconde République en novembre 1848 et août 1851 n'eurent guère d'aboutissements, la droite utilisa davantage la formule. Deux congrès, l'un à dominante orléaniste en septembre 1848, l'autre légitimiste en novembre 1848, soutinrent la candidature de Louis-Napoléon. En janvier-février 1849, un congrès de la presse légitimiste donna l'occasion à une des tendances de ce parti, les partisans du Droit national de remporter un succès public. Rien de nouveau pourtant par rapport à la période antérieure. En revanche, dans un domaine voisin, on observe deux tentatives plus originales, toutes deux à gauche. La première fut la fondation d'une association nationale consacrée à la propagande politique, la Propagande démocratique et sociale européenne créée en octobre 1848 et qui survécut jusqu'au coup d'État. Plus dispersées, mais neuves aussi, furent, à partir de 1850 surtout, les tentatives, visibles dans bien des départements, le Var, le Gard, l'Hérault, la Nièvre, le Rhône, de donner aux journaux démocratiques départementaux, dont la vie était très précaire, une assise de tout petits actionnaires constituant localement le « parti républicain ». Ces tentatives, inachevées le plus souvent, montraient que le souci de l'organisation gagnait de plus en plus les militants.

Si les mutations n'ont pas été plus nettes dans les deux domaines que nous venons d'examiner, c'est sans doute que le temps a manqué, et surtout que les libertés initiales ont été bientôt rognées, ce qui a mis les démocrates sur la défensive. Dans ce contexte, et même à droite, l'attraction des « sociétés d'action » est demeurée grande. La plus neuve de celles-ci est la Solidarité républicaine fondée en novembre 1848 sous l'impulsion de C. Delescluze et de Martin-Bernard, représentant de la Loire. Ses objectifs étaient à la fois électoraux, propagandistes, solidaristes, humanitaires, regroupant ceux d'un parti, d'un syndicat, d'une mutuelle. Son organisation était nationale et descendait jusqu'au canton. Une assemblée générale annuelle élisait la direction. Les parlementaires ne formaient que la moitié du conseil général, organe directeur de l'association, ce qui permettait d'y introduire des membres de la société civile aux professions variées, journalistes, médecins, industriels, ouvriers. À la fin de janvier 1849, elle affirmait être implantée dans 62 départements où elle aurait compté 353 filiales, qui étaient sans doute pour une part des groupes existants antérieurement qui s'étaient intégrés à l'organisation nouvelle. La Solidarité s'inscrivait officiellement dans les cadres légaux, mais ses objectifs étaient de conquérir le pouvoir : « Avec cette association, écrivait Martin-Bernard, nous pouvons relier les tronçons épars de la démocratie, nous pouvons former une armée redoutable, d'autant plus redoutable qu'elle sera plus pacifique et plus légale dans l'acception la plus stricte de leur constitution. Il faut en un mot que notre Solidarité couvre la France, que pas une commune de la République ne soit privée de son action centralisatrice, pour qu'au jour prochain où la France, pour se sauver, sera obligée de se jeter dans les bras de la vraie démocratie, nous trouvions un personnel tout créé [1]. » Il n'est pas étonnant que le gouvernement l'ait perçue comme un sérieux danger, une sorte d'État dans l'État, au moins en puissance, et que, dès janvier 1849, il ait utilisé contre elle la législation existante. Les organisations locales de la Solidarité subsistèrent parfois en se camouflant sous d'autres appellations, mais la constitution d'une organisation nationale du parti républicain fut stoppée.

Constatant la restriction progressive des libertés, la menace très tôt perceptible d'un coup d'État, les militants démocrates les plus déterminés, se retournèrent vers les sociétés secrètes qu'ils n'avaient jamais totalement délaissées. Sous l'impulsion d'un avocat avignonnais, Alphonse Gent, aidé par des députés du Rhône, Faure et Fond, une organisation secrète, la Nouvelle Montagne [2], se constitua dans le Sud-Est et toucha 17 départements au moins. Ses membres, recrutés par une affiliation secrète, prêtaient serment d'« armer leur bras contre la tyrannie politique et sociale » et de défendre la République. Ils étaient groupés en dizaines et centaines, communiquaient par des mots de passe et des signes de reconnaissance. La société développait à peu près le même programme politique et social que la Montagne parlementaire, mais n'avait pas l'aval de la majorité de celle-ci, attachée à la lutte légale et méfiante à l'égard des sociétés secrètes. La limitation du suffrage universel en mai 1850 lui donna un nouvel élan. Elle recruta surtout dans les milieux populaires, ouvriers des petites villes groupés déjà parfois dans des « cercles des travailleurs », paysans pauvres, et compta entre 50 000 et 100 000 membres. L'arrestation, en

1. Lettre de Martin-Bernard à Dusserger, 27 décembre 1848, *Le Moniteur universel*, 14 août 1849, p. 3099.
2. Voir la carte publiée dans ce même chapitre, p. 212.

octobre 1850, d'une partie de ses chefs, Alphonse Gent ancien représentant à la Constituante, l'avocat Albert Ode du Gard, Louis Langomazino, ouvrier de l'arsenal de Toulon devenu journaliste et propagandiste, qui furent déportés aux îles Marquises, ne fit que freiner son expansion. La Nouvelle Montagne joua un rôle essentiel dans la mobilisation des républicains au moment du coup d'État dans les départements du Midi, le Gard, l'Hérault, autour de Béziers, les Basses-Alpes où l'insurrection s'empara du chef-lieu, Digne, ou dans l'Yonne. L'échec du soulèvement orienta la répression contre les sociétés secrètes : leurs participants furent menacés de la déportation par le décret du 8 décembre 1851. Les arrestations et condamnations qui suivirent le coup d'État démantelèrent la Nouvelle Montagne, sans mettre fin tout à fait à l'existence de sociétés clandestines.

Face à ces tentatives venant de la gauche, des motivations variées et parfois contradictoires incitaient les diverses forces de droite à se structurer plus solidement. Les bonapartistes s'appuyaient sur la Société du 10 Décembre présidée par le général Piat, société surtout parisienne, groupant quelques milliers d'agents bonapartistes bruyants et parfois violents. Devant les protestations des parlementaires, le président en décida la dissolution qui fut sans doute incomplète. La fraction populiste du parti légitimiste dirigée par de Lourdoueix, directeur de *La Gazette de France*, désirant se renforcer face aux légitimistes orthodoxes, multiplia à la fin de 1849 et au début de 1850 les cercles du Droit national, de clientèle populaire, en particulier en Languedoc et Provence, et tendit à les constituer en réseau [1]. Leur activité parfois ostentatoire indisposait le gouvernement qui fit fermer certains d'entre eux dans l'été 1850. Le désaveu de ce courant par le prétendant Henri V, formulé à l'automne, arrêta l'expansion de ce mouvement. Plus œcuméniques, du moins au sein des forces de droite, furent les cercles des Amis de l'ordre, qui se constituèrent en 1851, en particulier dans le Midi, pour contrer l'influence de la Nouvelle Montagne et préparer l'échéance redoutable de 1852. Mais ils n'eurent guère le temps de se développer.

1. Raymond Huard, « Montagne blanche et Montagne rouge en Languedoc-Roussillon sous la Deuxième République », *Droite et Gauche en Languedoc-Roussillon de 1789 à nos jours*, Montpellier, 1975, p. 139-160.

Ainsi, au cours de la Seconde République, de multiples formes de structuration politique ont été mises en place de façon plus ou moins durable. Cette prolifération est évidemment liée à l'existence d'une vie politique de masse. Les incertitudes qui pèsent sur l'avenir du régime la stimulent. Les tentatives demeurent toutes inabouties car elles ne peuvent survivre qu'avec la tolérance, rarement accordée, du pouvoir. Une réflexion sur l'organisation des forces politiques commence à émerger dans tous les secteurs de l'opinion, mais elle n'est guère systématisée. La pensée politique républicaine – et ce n'est pas une nouveauté – reste dominée par les préoccupations institutionnelles, qui donnent matière à de grands débats dans la presse démocratique ou, plus concrètement, par les perspectives électorales. Quant aux menaces pesant sur la République, on pense encore y faire face grâce au soulèvement spontané de la « sentinelle invisible [1] », du peuple. À droite, les organisations sont vues avec méfiance parce qu'elles ne peuvent prospérer que si le peuple s'y implique. Dans ce secteur de l'opinion, la tentative entreprise par Louis-Napoléon d'anéantir complètement à l'occasion du coup d'État du 2 décembre 1851 toutes les formes d'organisation est accueillie avec plus de soulagement que de réserves.

Par-delà l'Empire autoritaire, l'apparition de nouvelles impulsions associatives (1851-fin 1871)

La conséquence immédiate du coup d'État, c'est une table rase en matière associative. La France recule à cet égard jusqu'à l'époque du Consulat. Pourtant, le bouillonnement social qui marque l'époque du Second Empire porte en lui les conditions d'une renaissance et d'une rénovation du système associatif français. Profitant du pouvoir sans partage dont il dispose à la suite du 2 Décembre, le gouvernement bonapartiste a non seulement interdit les sociétés secrètes, mais rétabli les dispositions du code pénal de 1810 assorties des dispositions restrictives de 1834. Le 26 mars 1852, il modifie aussi

1. L'expression est employée par Michel de Bourges à l'Assemblée le 17 novembre 1851, *Moniteur universel*, 18 novembre, p. 2873.

la loi sur les mutuelles qu'il soumet à une étroite surveillance du pouvoir et des notables. La plupart des sociétés, loges maçonniques comprises, ferment momentanément leurs portes. Même pour les élections, le gouvernement n'admet ni de la part de ses adversaires, ni – ce qui est plus remarquable – de ses partisans, aucune coordination préalable des forces. Sans doute ne parvient-il pas à éradiquer toute vie associative : l'on constate la survivance de sociétés secrètes républicaines, comme la Marianne en Anjou (1855), et d'organisations ouvrières, à Paris, Toulouse ou Lyon, mais les groupements qui demeurent sont contraints à une semi-clandestinité et vouées à l'isolement. À un niveau plus élevé, la vie politique se réfugie dans les salons des opposants.

Mais en même temps que le gouvernement prétend ainsi museler toute vie politique organisée indépendante du pouvoir, le dynamisme économique, l'essor urbain, l'enrichissement des campagnes, la diversification des activités sociales, créent de nouvelles incitations à une renaissance associative, très sensible au cours des années 1860 et fournissent les moyens concrets d'une coordination et d'une centralisation des initiatives : le chemin de fer rapproche de Paris les grands centres urbains, les voyages des leaders politiques sont plus faciles, la presse propage plus vite les nouvelles. La libéralisation, même relative, du régime après 1860 permet, par simple tolérance, à un nouveau système associatif de se constituer. Les organisations politiques, qui y occupent pourtant encore une place très faible, devront tenir compte de ses spécificités.

On retiendra en priorité quatre de celles-ci. La première est la spécialisation croissante des associations locales. À la société polyvalente qui dominait encore en 1848, c'est-à dire le cercle à la fois politique, mutualiste et de sociabilité, tend à se substituer une association à but spécifique, bibliothèque populaire, orphéon, coopérative, chambre syndicale. Complétant l'évolution précédente, des organisations nationales de structure parfois floue, mais au service d'un objectif précis apparaissent. Sur la voie tracée dès 1846 par l'Association pour la liberté des échanges de F. Bastiat, se forment la Ligue de l'enseignement (1866) qui fédère des bibliothèques populaires et des sociétés de lecture, les deux Ligues de la paix, fondées en 1867, la Ligue de la décentralisation qui apparaît en 1870. Toutes manifestent la volonté d'agir à l'échelle nationale et même parfois internationale.

Une seconde nouveauté est liée au développement de la conscience de classe dans le monde ouvrier. Alors que les espoirs placés en 1848 dans la constitution d'associations ouvrières de production sont plutôt retombés, il devient plus attractif de constituer des organisations revendicatives de la classe ouvrière, ayant aussi pour but une transformation sociale plus fondamentale. La création des chambres syndicales à la fin des années 1860, celle de la section française de la première Internationale donneront corps à cette aspiration. C'est bien « le parti ouvrier » qui commence à s'esquisser pendant ces années. Enfin la franc-maçonnerie se transforme à cette époque. Étroitement contrôlée par le gouvernement au début de l'Empire, elle devient de plus en plus une « société politico-philosophique »[1] moins dépendante du pouvoir. Elle tend aussi à se laïciser. Les républicains, en investissant certaines loges, *Le Parfait Silence* à Lyon, *La Réforme* à Marseille, y trouvent la possibilité de se concerter, mais sans pouvoir donner à leurs initiatives un large rayonnement.

Sur le plan politique, les obstacles restent énormes. Le gouvernement ne desserre le carcan administratif et législatif que de façon lente et très partielle. Pourtant des initiatives surgissent dans les trois domaines que nous avons déjà distingués, organisations électorales, formes de coordination de la presse, sociétés d'action.

Le gouvernement impérial n'entendait pas laisser se constituer, même à l'état d'embryon, une coordination nationale entre républicains à l'occasion des élections. Le procès qu'il intente en 1864 aux militants parisiens, les Treize[2], qui, en 1863, avaient commencé à nouer des contacts en ce sens, met fin à cette première tentative. Dans le domaine législatif, il n'accorde – et encore est-ce bien tard, en 1868 – qu'une libéralisation du droit de réunion. Malgré tout, lors des élections de 1863 et surtout de 1869, les comités électoraux locaux ou par circonscrip-

1. Nous empruntons cette expression à Pierre Chevallier, *Histoire de la franc-maçonnerie française*, Fayard, 1974, t. 2, p. 438.

2. Parmi ces treize inculpés, on comptait deux membres du Corps législatif, Garnier-Pagès et Hippolyte Carnot, plusieurs avocats (Dréo, Hérold, Jules Ferry, Clamageran), ainsi que deux militants provinciaux de Sélestat et de Marseille.

tion se multiplient, en particulier du côté des républicains. La création de ces comités visait d'abord à empêcher que le choix des candidats ne soit laissé aux mains d'une coterie, à lui donner une assise plus démocratique et populaire. Ce souci persistera dans les tentatives d'« organisation électorale » qui se multiplieront après 1870. Lors du plébiscite de 1870, les nombreux comités plébiscitaires ou antiplébiscitaires, formés dans les principales villes, ont pour but, plus simplement, d'influer sur le vote des électeurs grâce à l'ascendant de personnalités connues. Pour la première fois alors, les bonapartistes forment un « comité central plébiscitaire » national. Même chez les partisans du pouvoir, l'idée de constituer une organisation politique à l'échelle du territoire était donc présente. Si ce type d'initiative ne se développa pas par la suite, c'est que la chute de l'Empire interrompit le processus, que la hâte qui présida à la consultation de février 1871 ne laissa pas le temps de s'organiser et qu'il n'y eut ensuite que des élections partielles jusqu'en février 1876. Mais on verra que l'idée subsistait et nourrit la réflexion des républicains au cours des années 1870.

Les congrès de la presse revivent également à la fin de l'Empire et au début de la IIIe République. Sous l'Empire, ils émanent de la presse de province. Celui de 1867 à Paris a un objectif plutôt corporatif : défendre les intérêts de la presse provinciale lors de l'élaboration de la loi de 1868. Le but du congrès de Lyon en 1869 est plus politique, puisque, réuni à l'initiative de *La Gazette du Midi*, organe légitimiste, il prolonge la campagne en faveur de la décentralisation lancée à Nancy en 1865[1]. Les républicains, qui avaient un peu délaissé les congrès de la presse à la fin du Second Empire, relancent la formule à l'époque de la guerre de 1870 et de la Commune à un moment où la presse républicaine de province s'efforce de dynamiser l'effort de guerre (Congrès de Toulouse, 21 janvier 1871), puis de promouvoir une médiation entre Paris et Versailles (Congrès de Moulins 18 mai 1871). Mais, une fois passé ces circonstances exceptionnelles, on assiste sauf chez les légitimistes à un effacement de ce type de coordination.

Enfin les sociétés d'action traversent une mutation. Les sociétés secrètes n'ont pas disparu : l'activité des groupements

1. Jocelyne George, *Paris-Province. De la Révolution à la mondialisation*, Fayard, 1998, p. 110.

blanquistes à la fin du Second Empire témoigne de leur persistance. Mais elles ne jouent plus qu'un rôle mineur dans la vie politique. Quant aux organisations sinon légales, du moins agissant au grand jour, deux voies s'esquissent pour leur devenir. L'une, c'est celle de l'Internationale ouvrière. Des sociétés d'action première manière, l'Internationale conserve l'objectif révolutionnaire, mais donne à la question sociale la priorité sur la revendication politique. Comme elles, l'Internationale recrute en milieu populaire, mais alors que la Nouvelle Montagne avait rallié surtout des paysans, c'est dans les grandes villes, dans les centres ouvriers, à Lyon, à Marseille, à Rouen que l'Internationale s'implante [1]. Elle répudie enfin les affiliations secrètes de type maçonnique ou carbonari. À mi-chemin entre le syndicat et le parti ouvrier, l'Internationale renouvelle donc la forme de la société d'action. Mais si la première Internationale réussit à rassembler quelques dizaines de milliers de membres, surtout à Paris et dans la partie Est de la France, les procès qui lui furent intentés dans les dernières années de l'Empire l'affaiblirent et elle aborda dans des conditions difficiles la période décisive de 1870-1871. D'autres formes d'organisation, apparues après le 4 septembre 1870 dans le climat de liberté que la Révolution engendra, prolongent au contraire la Solidarité républicaine de 1848-1849. L'Alliance républicaine qui se fonde en octobre 1870 à l'initiative de Louis Blanc, Cournet, Floquet, et qui a des filiales en province, à Saint-Étienne, à Montpellier et dans le Var, est une société politique, dont l'objectif est au sens large la défense de la République et dont le programme est proche de celui de la Montagne de 1849. Les Ligues du Midi et du Sud-Ouest, créées en septembre et novembre 1870 en Provence et en Languedoc, sont des sociétés républicaines destinées à animer localement la défense nationale et à impulser l'esprit républicain. Malgré leur titre, elles n'ont pas de visée régionaliste. La Ligue d'union républicaine des droits de Paris, fondée au tout début de la Commune et qui tenta de promouvoir la conciliation entre Paris et Versailles, revendique pour Paris des institutions municipales, mais son objectif est plus largement

1. Sur ce point, voir *La Première Internationale, l'institution, l'implantation, le rayonnement*, CNRS, 1968.

d'affirmer les valeurs républicaines. Toutes ces sociétés n'eurent qu'une existence assez brève.

Malgré les très fortes réserves qui demeurent, en particulier chez les conservateurs, contre les groupements politiques, il apparaît assez clairement dans ces années qu'une vie politique fondée sur le suffrage universel ne peut être dirigée trop étroitement par le pouvoir, que les forces politiques doivent pouvoir se structurer et se manifester publiquement. Des pays voisins donnent l'exemple : en Angleterre après la réforme électorale de 1867, le parti conservateur et le parti libéral perfectionnent leur organisation, en Allemagne naissent entre 1863 et 1871 deux partis socialistes et le Zentrum, catholique. En 1869, dans la *Revue des Deux Mondes*, un libéral, Ernest Duvergier de Hauranne, rompant de façon spectaculaire avec l'idéologie dominante concernant les partis, déclare y voir au contraire des « cadres qui enveloppent et soutiennent les citoyens dans la vie publique », les protègent contre les tendances oppressives de l'État, et appelle à la formation de « grands partis politiques » qui réguleraient l'exercice du suffrage universel et seraient une garantie de paix civile [1]. Sans doute est-il encore isolé dans la radicalité de ses propos, mais il est le prophète d'une évolution qui gagnera plus tard les esprits. Dans l'immédiat, la peur sociale née de la Commune a pour résultat un nouveau durcissement de la législation : la loi sur l'Internationale du 14 mars 1872 sans interdire dans le principe toute organisation internationale, élargit les motifs d'inculpation et fixa pour les participants ou même les simples propagandistes des peines très sévères pouvant aller jusqu'à deux ou cinq ans de prison.

La marche vers l'organisation partisane. Efforts, premières réalisations, impasses (1871-1890)

De l'été 1871 à la fin des années 1880, multiples sont, au sein des différentes forces politiques, les démarches qui visent

1. Ernest Duvergier de Hauranne, « La démocratie et le droit de suffrage », *Revue des Deux Mondes* 15 avril 1868, p. 791 et 798.

à perfectionner leur organisation. Chacune d'elles aborde cette recherche de façon particulière avec les incitations qui viennent de la lutte politique, les pistes d'accès que lui fournit son idéologie, les blocages qu'elle oppose. Les conditions générales ne sont pas très favorables. Sans doute, la France est en paix avec ses voisins et à l'intérieur le régime républicain fonctionne sans crise grave si l'on excepte le conflit de 1877 entre le président et l'Assemblée. Jusqu'en 1881, l'enjeu institutionnel, république ou monarchie, reste suffisamment présent pour dynamiser la vie politique. Mais pendant la majeure partie de la période, les libertés sont mal assurées : avant 1881, ni la liberté de presse ni celle de réunion ne sont entières. Elles sont même sévèrement bridées juste après la Commune, à l'époque de l'Ordre moral de 1873 à 1875 et au cours de l'année 1877. Quant à la liberté d'association, malgré la pression de l'extrême gauche (Tolain, Lockroy, Louis Blanc, Barodet), elle n'est pas reconnue. Aucun des projets législatifs qui visent à desserrer le carcan légal, celui de Bertauld, déposé en 1871, de Dufaure en 1880, de Waldeck-Rousseau en 1883, ne parvient à terme [1]. Une double crainte, à gauche de favoriser les congrégations, à droite de permettre l'essor des organisations politiques, paralyse les Assemblées. Cependant, à travers ces projets successifs, une évolution de l'état d'esprit se dessine. La valeur de l'association qui permet aux individus par une action solidaire d'être plus efficaces, de remédier le cas échéant aux misères sociales, est désormais largement reconnue. Les méfiances à son égard s'atténuent. Les exigences imposées aux associations ordinaires, même politiques, diminuent progressivement. Une simple déclaration remplace l'autorisation antérieure. On hésite cependant à accorder automatiquement aux associations la personnalité civile qui leur permettrait d'étendre leurs activités.

Vers une organisation du « parti républicain »

Dans les années 1870, les adversaires du parti républicain l'estiment bien organisé, et le jugent pour cela redoutable.

1. Sur les projets successifs, voir Raymond Huard, *La Naissance du parti politique*, *op. cit.*, chap. 7, p. 208-220.

L'organisation du parti reste pourtant informelle et pour l'essentiel spontanée. En revanche, pendant la première décennie de la IIIe République, les réflexions et les tentatives visant à donner au « parti » une structure plus solide deviennent plus conscientes, plus systématiques.

Si l'on observe l'état tout empirique de l'organisation du « parti » républicain entre 1870 et 1880, on constate que celle-ci se compose d'éléments indépendants les uns des autres, mais unis par l'idéologie et coopérant spontanément. À la base, dans les départements, une multitude de cercles de types divers (cercles, comités républicains, loges maçonniques, sociétés d'instruction populaire, etc.) dont on reparlera plus loin. À côté d'eux, des journaux départementaux ou déjà régionaux, *Le Progrès* (de Lyon), *Le Petit Méridional* (Montpellier). Au sommet, des groupes parlementaires, la Gauche républicaine, l'Union républicaine. Ces groupes commencent à opérer autour d'eux et de leur principal leader une coalescence d'instruments et de moyens d'influence. À l'Union républicaine en particulier [1], Gambetta et ses principaux lieutenants, Spuller, Challemel-Lacour, Freycinet, Scheurer-Kestner, Cazot forment une équipe dynamique et soudée. L'influence de celle-ci rayonne dans le monde grâce aux salons (ceux de Mme Scheurer-Kestner ou de Mme Adam), s'exprime à l'échelle nationale par des journaux, *La République française*, plutôt doctrinale (1871) auquel s'ajoutera en 1876 *La Petite République française*, plus populaire, organes dont les articles sont repris dans la presse provinciale. Gambetta et ses lieutenants correspondent de façon suivie avec les militants de province, tissant ainsi un réseau qui fournit des informations et diffuse des consignes.

À côté de ces moyens d'influence proprement politiques, de multiples sociétés nationales aux activités spécifiques [2] (groupes de la Ligue de l'enseignement sous la direction du Cercle parisien, Société philotechnique, Société Franklin, Association d'Alsace-Lorraine, Ligue des patriotes, à ses débuts, sociétés sportives paramilitaires comme l'Association

1. Voir Jérôme Grévy, *La République des opportunistes*, Perrin, 1998, notamment chap. 7 (« La nébuleuse gambettiste ») et chap. 9 (« Les journaux de Gambetta »).

2. *Ibid.*, chap. 10 (« Cafés cercles et salons républicains »).

française de topographie, de gymnastique et de tir, Fédération de la libre-pensée parisienne [1]), sans même parler des associations professionnelles, font rayonner de façon plus diffuse les idées forces des républicains et contribuent ainsi à leur donner une hégémonie idéologique dans le pays. La multiplicité des moyens d'influence du parti républicain fait encore mieux ressortir l'absence de toute organisation formalisée.

Un objectif intermédiaire : l'organisation électorale

Pendant ces années aussi, une réflexion approfondie apparaît chez les républicains sur l'organisation politique et plus précisément électorale. Elle avait été précédée sur le terrain par la pratique des comités centraux électoraux qui à partir de 1871, à Lyon, à Marseille, avaient centralisé l'action de groupes républicains d'arrondissement, et préparé ainsi les élections municipales, cantonales, voire législatives en cas de partielles. Un comité de permanence formé de délégués des arrondissements (18 personnes à Lyon, soit 3 par arrondissement) assurait la continuité de l'action. Des poursuites judiciaires et des condamnations n'avaient pas réussi à les faire complètement disparaître. Dans diverses régions, Gironde, Savoie, Cher, Haute-Loire, surgissent entre 1871 et 1875 des projets d'« organisation », de « ligues » électorales. Les Bordelais en définissent clairement les finalités : « La nécessité pour un parti politique sérieux de se donner une puissante organisation en vue des luttes électorales pourrait se passer de démonstration. Il n'y a pas de succès assuré et fécond sans plan préconçu, sans préparation préalable, sans unité d'action, sans concours intelligent et discipliné des volontés de tous. Le parti le plus nombreux peut être vaincu s'il est divisé, éparpillé en coteries incapables de s'entendre, de se concerter, de s'unir et de présenter à l'adversaire un faisceau compact [2]. » Pour *grouper* et *discipliner* les forces des républicains, il faut d'abord donner

1. Jacqueline Lalouette, *La Libre Pensée en France 1848-1940*, Albin Michel, 1997, notamment p. 53-57.

2. *Projet de règlement de la Ligue électorale de la Gironde*, Bordeaux, 1872.

un fondement démocratique incontestable aux candidatures. Plus uni, le parti républicain pourra aussi rendre plus systématique sa propagande électorale. Le modèle étranger, lorsqu'on l'évoque, c'est le caucus américain. On imagine donc un comité électoral par circonscription, composé de représentants élus des cercles ou comités locaux et qui procéderait à une consultation des électeurs républicains par une sorte de primaires. Une fois le ou les candidats choisis, le comité électoral assurerait le suivi de la campagne. Quelques points de détail font cependant problème : quelle place réserver – faut-il même en accorder une ? – aux élus locaux ou aux représentants des journaux dans cette organisation ? Celle-ci entrerait en sommeil après l'élection, mais en laissant subsister au moins à l'état latent, un comité de permanence qui le moment venu pourrait réanimer l'ensemble. Ces projets tentaient de faire entrer l'existence d'une organisation politique semi-permanente dans les cadres d'une législation très contraignante. Ils témoignent de la passion de l'organisation qui s'empare des républicains pendant ces années, mais ils ne concernent que le cadre départemental et l'on n'envisage pas de fédérer les ligues ou organisations électorales départementales ainsi formées en un ensemble national. Le vocabulaire employé montre d'ailleurs que le « parti » et « l'organisation électorale » sont encore conçus comme deux réalités distinctes. Le « parti » dans le langage de l'époque, c'est toujours l'ensemble de ceux qui déclarent leurs sentiments républicains. C'est seulement en 1887 que Jules Steeg proclamera à propos du parti républicain : « un parti qui n'est pas organisé n'est pas un parti[1] », et introduira ainsi un nouveau sens du mot parti dans le vocabulaire politique.

À partir de 1878, le gouvernement pratique une politique de large tolérance à l'égard des organisations politiques locales : celles-ci se multiplient en adoptant soit la forme de cercles républicains (Tours, Carmaux), de cercles démocratiques (Sanary, dans le Var) au rayonnement plus ou moins large, de sociétés de propagande républicaine (Nantes), de sociétés d'originaires, de la Sarthe ou de l'Yonne, à Paris, ou des départements environnant le Rhône, à Lyon. Leurs activités faisaient

1. *Congrès national républicain. Compte rendu du Congrès tenu à Paris, le 17 février 1887*, Paris, 1887, p. 7.

une large part à la sociabilité dans le Var ou le Gard[1], se cantonnaient de façon plus stricte à la préparation des élections (Clermont-sur-Oise) ou la propagande républicaine et laïque (Nantes). Cette floraison rend plus difficile une coordination que les cercles, attachés à leur indépendance, n'envisageaient d'ailleurs pas sans réticences. Le retour au scrutin d'arrondissement par la loi électorale du 30 novembre 1875 restreint le champ de la lutte électorale et avive les compétitions personnelles au lieu de favoriser l'option entre de grandes orientations politiques. Enfin, la division croissante entre les tendances républicaines (opportuniste et radicale) mine l'unité du parti républicain. Cette division se transcrit au plan des cercles locaux dont le nom se complète par un qualificatif plus précis. Les anciens cercles de l'*Union* devenus souvent ensuite cercles de l'*Union républicaine* pouvaient paraître rester œcuméniques bien que le terme *Union républicaine* fût devenu propre à une tendance politique, celle des Gambettistes. L'apparition de cercles *radicaux* au seuil des années 1880 montre que l'union du parti républicain est fragilisée : dans le Gard le premier est créé au Vigan en août 1881, initiative bientôt imitée à Sauve et Alès en 1883. Le retour au scrutin de liste pour les élections de 1885 encourage même la naissance de fédérations départementalcs : à Nîmes, la fédération départementale radicale apparue en 1883 et qui se limitait aux cercles nîmois s'étendit au reste du département en 1885. Dans l'Isère, une fédération des comités républicains radicaux très minutieusement organisée (trois délégués par canton eux-mêmes élus par des comités communaux) est formée en 1885.

La création du comité national républicain (1887)

Allait-on passer à l'échelon supérieur, celui d'une organisation nationale ? Les républicains de gouvernement y songèrent après 1885 car les élections avaient fait apparaître, face à l'union déterminée de la droite, les dangers de la division républicaine

1. Pour deux exemples de développement des organisations républicaines à la fin des années 1870 et au début des années 1880, voir Y. Rinaudo, *Les Vendanges de la République. Les paysans du Var à la fin du XIXe siècle*, Presses universitaires de Lyon, 1982, et Raymond Huard, *Le Mouvement républicain en Bas-Languedoc*, Presses de Science Po, 1982.

et d'une confiance excessive des militants en l'action des pouvoirs publics. La proximité du centenaire de 1789 incitait aussi les républicains à jeter un regard à la fois rétrospectif et prospectif sur les destinées de leur mouvement, à développer son rayonnement et sa propagande. Deux initiatives de caractère différent se succédèrent de très près. En 1886, l'Union des gauches, qui rassemblait à l'Assemblée les deux fractions opportunistes réunies après la mort de Gambetta, confia à Jules Steeg, ancien pasteur, député de la Gironde, le soin d'explorer les possibilités d'une organisation plus systématique. Le rapport qu'il présenta peu après en avril 1886 [1] fit d'abord état de la situation réelle des organisations républicaines dans le pays, c'est-à-dire un grand nombre de sociétés de types divers (Steeg en sous-estimait même le nombre parce qu'il ne tenait pas compte des cercles) demandant à leurs membres une faible cotisation, partagées entre l'attachement à leur indépendance et le désir d'une coordination nationale plus poussée. J. Steeg proposait de créer une organisation nationale du parti républicain (en réalité des opportunistes et de leur mouvance), aux buts strictement politiques, fondée sur une pyramide de comités cantonaux et départementaux. L'organisme central aurait un rôle assez réduit d'information et de renseignement, mais une caisse nationale serait créée qui permettrait d'aider les républicains des départements encore dominés par les réactionnaires. Le 17 février 1887, un congrès des comités républicains se tint à Paris et mit en place une structure nationale plus souple encore puisqu'elle consistait simplement à faire élire par une assemblée de tous les groupements républicains un comité national républicain qui aurait des responsabilités limitées, la propagande et le rassemblement de fonds. 240 comités (un tiers de ceux qu'on avait pu recenser) adhérèrent à cette organisation. Les 75 membres du comité national étaient, à une exception près, tous des élus, députés, sénateurs, conseillers généraux, maires. Le comité national républicain de 1887 est donc, dans le temps, après la Solidarité républicaine de 1848, la seconde organisation nationale des républicains. Celle-ci est beaucoup moins ambitieuse que sa devancière puisque ses objectifs se limitent en fait à la propagande et qu'elle n'a même pas la plénitude de l'action

1. Jules Steeg, *Rapport présenté à l'Union des gauches dans sa séance du 24 avril 1886*, Paris, 1886, p. 7.

électorale laissée pour l'essentiel aux comités locaux. Elle regroupait par le biais de ceux-ci quelques dizaines de milliers d'adhérents au plus. Succès très modeste pour une tendance qui tenait les rênes du gouvernement.

La même année 1887, une autre organisation, également d'inspiration opportuniste, vit le jour : l'Association républicaine du centenaire de 1789. Celle-ci ne se proposait qu'une activité éducative et de propagande, consacrée moins à la commémoration ou la recherche historiques qu'à l'actualisation de la doctrine républicaine. Parmi ses dirigeants figuraient peu de parlementaires ou d'élus, mais des représentants de la société civile, éditeurs (Armand Colin), industriels (joailliers, bijoutiers), professeurs d'universités (Lyon-Caen, Friedel), journalistes (Hébrard), artistes (Bartholdi) parisiens le plus souvent. Bien qu'elle ait prévu des adhésions directes, la société fut amenée à solliciter les groupes républicains de province, concurrençant ainsi le comité national. Pour éviter un double emploi, les deux organisations fusionnèrent en février 1888, sous le titre « Association nationale républicaine. Centenaire de 1789 », mais la nouvelle association, qui s'efforça d'équilibrer les apports des deux précédentes, ne répondit pas à l'attente de structuration politique venant du parti républicain dans les départements et se limita à une action de propagande par l'édition de brochures sur des sujets d'actualité. Maigre résultat si l'on pense aux ambitions initiales.

Du côté des radicaux, on constate la même impulsion initiale assortie du même enlisement. Plusieurs tentatives avaient été faites sans grand succès pour fédérer les groupes radicaux au cours des années 1880, comme le regroupement des cercles républicains rassemblant à Paris les originaires des divers départements, que réalisa Jules Allix en 1881 ou, plus prématurée, la Fédération des comités radicaux permanents lancée par une quarantaine de députés radicaux (Barodet, Courmeaux, etc.) en 1883. Le centenaire de 1789 suscita un effort plus soutenu. En juillet 1887, trois personnalités, Jean-Claude Colfavru, député de Seine-et-Oise, Auguste Dide, ancien pasteur et sénateur du Gard, et Anatole de la Forge, fondèrent la Fédération de 1889. Celle-ci devait primitivement fédérer les sociétés créées pour commémorer l'anniversaire de la Révolution, mais, en même temps, elle se proposait de populariser, à la lumière du passé révolutionnaire, le programme républicain, c'est-à-dire en fait le programme radical et de « donner au parti radical – selon le propos d'Anatole de la Forge – la cohésion qui lui fait souvent défaut [1] ». Appuyée par 162 députés radicaux ou socialisants, 17 sénateurs, les conseillers municipaux de Paris, une dizaine de journaux, elle prit un bon départ. Certes, son activité se limita à la propagande, mais elle reçut l'adhésion de 103 groupes, comités républicains, loges maçonniques ou sociétés de libre-pensée, situés surtout dans la région parisienne et la partie est de la France. Elle s'efforça aussi d'ouvrir sa direction à d'autres personnalités que des élus nationaux (journalistes, conseillers municipaux de Paris) et, encore faiblement d'ailleurs, à des représentants des groupes de base. Mais outre que la jeune Fédération ne faisait pas l'unanimité chez les radicaux, la conjoncture de 1889 (la poussée du boulangisme qui rapprocha les tendances républicaines, le retour au scrutin d'arrondissement qui donna la primauté aux notables installés sur les organisations de parti) la priva de ses motivations essentielles. Vers 1890, la structuration des tendances du parti républicain, dont on ne proclamait plus l'unité que de façon incantatoire, avait bien commencé à se dessiner, mais elle n'avait pas abouti à la constitution d'organisations durables et efficaces. À droite ou à gauche, les adversaires des républicains n'étaient pas beaucoup plus avancés.

Royalistes, bonapartistes et catholiques : quel objectif, quelles structures ?

Exclus du pouvoir, royalistes et bonapartistes pensent encore le reconquérir au début des années 1870 par le moyen d'une restauration à peu près légale. C'est pour la préparer, voire la consolider après le succès, qu'ils songent alors à renforcer leurs structures. Après 1879, cette perspective s'éloigne, mais il reste l'espoir d'une victoire électorale et, surtout, après 1885, d'une divine surprise, d'un coup de force. Ces optiques successives expliquent que les efforts menés de ce côté soient discontinus et en fin de compte peu opératoires. En outre, royalistes et bonapartistes doivent surmonter des obstacles sérieux, la relative faiblesse de la tradition d'organisation dans leurs rangs, la soumis-

1. Discours au comité de la Fédération dans *La Justice*, 25 juillet 1887.

sion aux directives d'un prétendant vivant à l'étranger, et parmi les royalistes en particulier, la réticence des notables à se soumettre aux servitudes du suffrage universel.

Du côté royaliste, une tentative assez systématique fut dirigée par le marquis de Dreux-Brézé à partir de mai 1872[1]. Elle visait à créer des comités centraux départementaux et, par-delà, d'arrondissement, ayant pour tâche de renforcer l'opinion légitimiste, de susciter et appuyer des candidatures aux élections, de soutenir la presse du parti. Institués d'en haut, avec l'aide des notables locaux et sans concours réel de la base populaire, pourtant encore vivante en particulier dans le Midi, ces comités furent formés surtout dans 21 départements où les royalistes étaient déjà puissants. Dans le domaine de la presse, où les royalistes avaient déjà une expérience diversifiée, les résultats furent meilleurs : 49 journaux furent fondés entre 1872 et 1883, deux congrès de la presse royaliste se tinrent en 1873 et 1874 et une association de la presse monarchiste et catholique des départements fut fondée en 1882 par Chesnelong, Buffet, le comte de Biré. Enfin les Correspondances de presse royalistes furent réorganisées. Nouveauté plus remarquable, les royalistes créèrent, grâce à des souscriptions rétribuées, une caisse du parti. Les fonds furent confiés à l'Union générale de Bontoux. Même si le krach de cette entreprise en 1882 épargna la caisse royaliste, il affecta les donateurs à titre privé et donc les sources de financement ultérieur. La mort du comte de Chambord en 1883, les difficultés qui en résultèrent pour le mouvement royaliste privèrent ces tentatives d'un aboutissement durable.

Les bonapartistes, profitant de l'échec de la restauration monarchique, et de l'arrivée sur la scène d'un nouveau prétendant, le prince impérial, après la mort de Napoléon III, le 9 janvier 1873, s'efforcèrent en 1874-1875 de bâtir une organisation nationale ayant à sa tête un comité directeur composé d'anciens ministres, Rouher, Piétri, Forcade-La Roquette, Pinard, et dans les départements, des correspondants locaux, anciens préfets parfois, ainsi que des « inspecteurs » du parti en tournée. Cette organisation, dont l'importance fut peut-être surévaluée, alarma les républicains, mais ne prit pas plus

1. Marquis de Dreux-Brézé, *Notes et Souvenirs pour servir à l'histoire du parti royaliste, 1872-1883*, Perrin, 1895.

d'ampleur. Après la mort du prince impérial en 1879, les bonapartistes comptèrent surtout sur le comité central de l'appel au peuple que dirigeait Victor-Napoléon et les comités napoléoniens impérialistes présents en particulier à Paris. Ceux-ci devaient obéissance en dernier ressort à « Son Altesse impériale » qui avait auprès d'eux un « délégué », mais par ailleurs ils s'administraient librement. Composés d'adhérents individuels, ils n'excluaient pas les femmes. Autoritaire dans son principe, l'organisation de ces mouvements était hiérarchique et procédait de haut en bas alors que celle des républicains, plutôt fédérative, admettait une direction collective.

Divisées par les préoccupations dynastiques, les forces de droite étaient contraintes à s'unir à l'occasion des élections. Elles le firent de façon efficace en 1885 grâce à une Union des droites impulsée par le baron de Mackau. Le succès qu'elle remporta au premier tour mobilisa les républicains et inspira peut-être par contrecoup les tentatives d'organisation républicaines qui suivirent. Mais ce type d'union ne pouvait être que temporaire.

Les catholiques sont également affectés par la fièvre d'organisation qui marque ces années. Au départ, c'est plutôt la recherche de la conciliation sociale ou la défense religieuse qui les mobilisent. Les cercles ouvriers fondés par Albert de Mun et Léon Harmel, à partir de 1871, comme les comités catholiques qui se multiplient pendant les années 1870 au niveau du département (Loiret, Morbihan, Haute-Saône, Indre), du diocèse (Évreux, Aix) ou de la ville (Nîmes, Versailles), ne se fixent pas un objectif directement politique. Il est significatif que lorsque Albert de Mun voulut aller plus loin et envisagea en 1885 la création d'un parti catholique, le pape Léon XIII découragea l'initiative, que boudaient d'ailleurs les royalistes. Dans les années suivantes, la fondation de l'Association catholique de la jeunesse française en 1886, les débuts du syndicalisme chrétien en 1887, la mobilisation des catholiques pour commémorer de façon critique le centenaire de la Révolution par une série d'Assemblées provinciales traduisent ce même souci d'organisation sans aboutir vraiment sur le terrain politique[1]. Plus au fait des exigences politiques,

1. Voir sur ces aspects, Jean-Marie Mayeur, *Des partis catholiques à la démocratie chrétienne, XIXe-XXe siècle*, Armand Colin, 1980.

des publicistes comme Rémy de Simony[1] envisageaient déjà la fondation d'un parti conservateur à l'imitation de ceux d'Angleterre ou de Belgique, un parti qui serait de fait catholique et qui agirait dans les cadres de la République. Mais leurs propositions ne sont pas suivies d'effet. À la veille du Ralliement, on sent donc que les catholiques éprouvent la tentation de l'action politique sans vouloir encore y céder.

À droite, à la fin des années 1880, on a donc exploré beaucoup de pistes avec peu de résultats. Le boulangisme vint en outre dévoyer ces premiers efforts, détourner les droites d'un travail patient d'organisation en offrant la perspective trompeuse d'une victoire plus facile, en les incitant à se mobiliser dans les ligues (Ligue des patriotes, passée à la droite en même temps que Paul Déroulède, Ligue de la consultation nationale, dirigée par Jules Auffray), organismes apparemment dynamiques certes, mais dont la vitalité était beaucoup trop liée à une conjoncture politique temporaire.

Du parti ouvrier aux partis socialistes

On a vu plus haut avec la première Internationale les premiers pas d'un « parti ouvrier ». À la différence des formations républicaines ou de la droite, dont la cohésion est d'abord idéologique, celui-ci prétend aussi représenter la classe ouvrière en tant que groupe social, assumer ainsi une fonction d'« incarnation sociale[2] ». Les conditions dans lesquelles cet effort est repris vers la fin des années 1870 sont difficiles. La classe ouvrière grandit en nombre certes, mais elle reste très hétérogène. Là où elle est la plus concentrée, dans les mines ou la sidérurgie par exemple, la domination patronale reste écrasante. La répression consécutive à la Commune a décimé les militants et, jusqu'en 1878, ceux-ci doivent être très prudents. Ajoutons que les combats pour la République – dont on attend toujours l'émancipation populaire – mobilisent aussi l'opinion ouvrière et que, parmi les républicains, les radicaux

1. Rémy de Simony, *Le Parti conservateur et son avenir*, Lille, 1885, 84 p.

2. Nous empruntons cette formule à Pierre Rosanvallon, *Le Peuple introuvable*, *op. cit.*, p. 191.

affichent un programme social pouvant séduire de larges fractions du monde ouvrier.

C'est la formule du Congrès ouvrier, réunion temporaire rassemblant des délégués de chambres syndicales, de coopératives ou d'autres groupes qui, à partir de 1876, sert de cadre aux efforts de reconstitution d'une organisation ouvrière. L'on y examine d'abord les problèmes du travail et l'on s'y méfie des « faiseurs de systèmes bourgeois[1] ». En 1878, le congrès recommande à nouveau des candidatures exclusivement ouvrières. Mais de 1876 à 1879, les débats au sein des congrès ouvriers se diversifient, et l'appartenance sociale des délégués également. Plus significatif encore est le fait que le Congrès de 1879, réuni à Marseille, décide de travailler à l'organisation politique de la classe ouvrière en fondant la Fédération du parti des travailleurs socialistes de France. Tout est dit dans ce titre : le mot parti n'a pas encore pris son sens actuel puisqu'il désigne ici non une organisation mais une communauté à la fois sociale et de pensée. La structure, c'est la Fédération, structure d'ailleurs très souple. Elle réunit des « travailleurs socialistes », expression bien plus complexe que le terme « ouvriers ». L'explication du terme est donnée par une organisation marseillaise dès 1880 : « tous les prolétaires des deux sexes, à quelque profession qu'ils appartiennent pourvu qu'ils ne prélèvent aucun bénéfice sur le salaire d'autres travailleurs et que leur salaire ne s'élève pas sensiblement au-dessus du taux de subsistance nécessaire à la vie ». Le prolétariat de l'esprit peut donc adhérer au même titre que celui de la fabrique et les femmes sont admises alors qu'elles ne l'étaient pas dans les organisations républicaines qui groupaient des électeurs. On adhérait au parti par l'intermédiaire d'une chambre syndicale, d'une coopérative, d'un cercle des travailleurs. Dans le parti des travailleurs socialistes, comme chez les républicains, se trouvaient donc des groupes de base divers qui pouvaient par ailleurs appartenir à d'autres structures (les loges, filiales de la maçonnerie chez les républicains, les chambres syndicales adhérentes à des fédérations syndicales au parti socialiste), ce qui ne facilitait pas une réelle homogénéisation. Les premières fédérations socialistes locales ou départementales apparaissent

1. *Séances du Congrès ouvrier de France, session de 1876, tenue à Paris du 2 au 10 octobre*, Paris, 1877, p. 42-43.

cependant en 1880 et 1881 à Marseille et dans le Nord. Enfin, le nouveau parti proposait une transformation sociale profonde, l'instauration d'une société collectiviste, mais pour cela il ne comptait guère sur le suffrage universel encore trop étroitement dominé par la bourgeoisie. Les élections devaient donc être avant tout une occasion d'agitation et de propagande. L'organisation socialiste se situe donc en marge des institutions. La division, l'éclatement des tendances socialistes après le congrès de Marseille ralentirent la progression et l'organisation des socialistes. L'unité du mouvement était cependant illustrée par le groupe ouvrier de la Chambre, 8 membres en 1885, 20 membres en 1885. Même si les organisations socialistes, très divisées, sont encore plutôt des sectes, l'idée d'un parti ouvrier et socialiste a commencé à pénétrer les esprits.

Vers 1890, les préventions idéologiques ou politiques contre l'organisation des partis ont beaucoup reculé dans tous les courants d'opinion. La République s'étant imposée, la tentation d'agir à l'intérieur du régime, dans la légalité, est plus forte. L'émergence des partis en sera facilitée. En revanche les forces politiques n'ont réussi encore à bâtir que des structures inachevées, souvent temporaires, aux effectifs peu nombreux, et dont les compétences sont en général restreintes. Des obstacles demeurent : l'esprit d'autonomie des cercles locaux supporte malaisément une centralisation effective. Les élus ne tiennent pas à perdre leur indépendance et tendent à opposer l'autorité que leur donne le suffrage universel à celle des comités, simples points d'appui pour une campagne. L'on peut déjà deviner les principales formes que prendront les futures organisations : la première prolongera « l'organisation électorale » attendue par les républicains, la seconde développera les potentialités du parti ouvrier, du parti de classe, en donnant un nouveau contenu aux vieilles sociétés d'action. Les catholiques n'ont pas encore choisi entre plusieurs possibilités, le vaste mouvement aux vocations multiples ou l'organisation essentiellement politique. Quant à la droite, pas encore vraiment ralliée au régime, elle préfère pour l'instant, à la perspective d'un grand parti conservateur, fatalement intégré au fonctionnement des institutions, la tentation des Ligues beaucoup plus combatives et offensives. À l'échelle européenne, les Français suivent ainsi, avec un certain retard, un chemin ouvert par les Anglais, les Allemands, les Belges dont, à divers égards, les exemples les inspirent.

Implantation de la Société des droits de l'homme (1834) et de la nouvelle Montagne (1851).

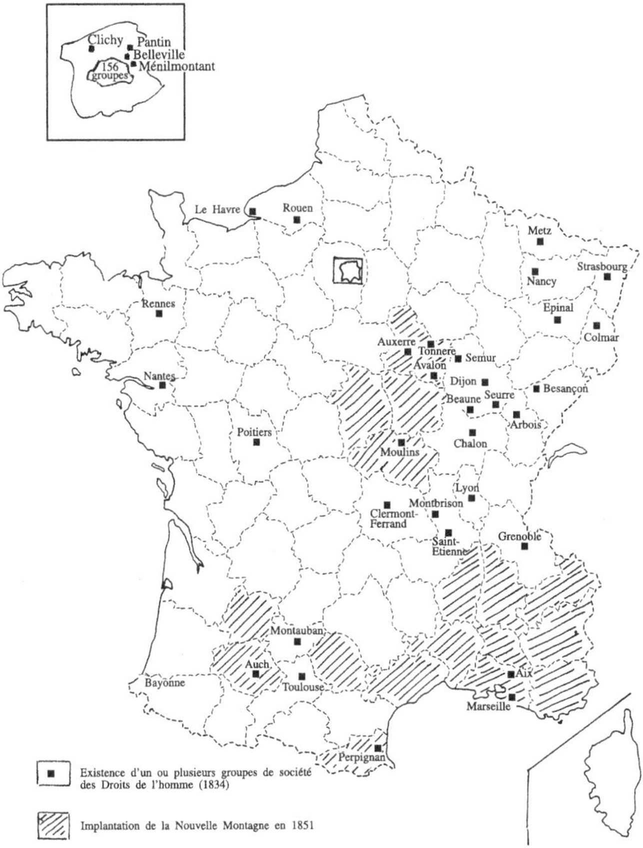

Formes de coordination de la presse de gauche et de droite au milieu du XIXe siècle

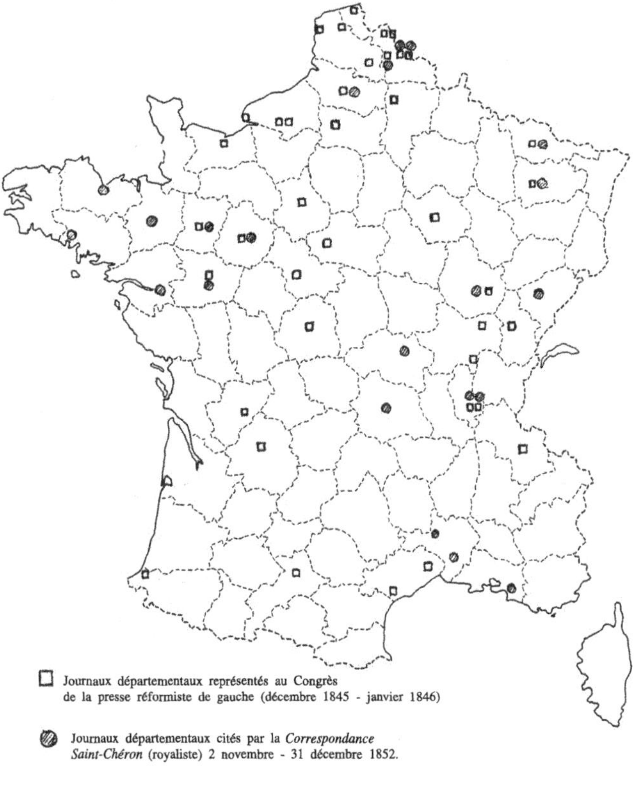

□ Journaux départementaux représentés au Congrès de la presse réformiste de gauche (décembre 1845 - janvier 1846)

● Journaux départementaux cités par la *Correspondance Saint-Chéron* (royaliste) 2 novembre - 31 décembre 1852.

P. Albert (dir.), *Documents pour l'histoire de la presse nationale aux XIXe et XXe siècles*, 1974.

Implantation de la Fédération de 1889 en décembre 1887

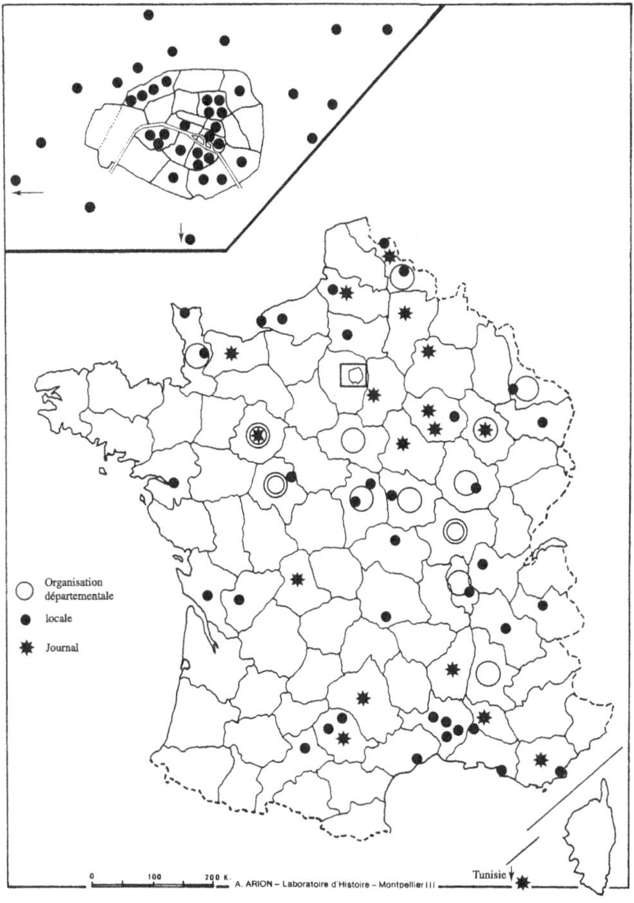

CHAPITRE 8

Une géographie politique évolutive 1848-1880

par Raymond Huard

De 1830 à 1871, une géographie politique instable

« J'ai remarqué souvent dans les élections que les opinions politiques sont sujettes à une répartition géographique[1]. » Cette phrase qui peut paraître aujourd'hui presque naïve ouvre le *Tableau politique de la France de l'Ouest* publié par André Siegfried en 1913. Même si avant lui, et dès le Second Empire, d'autres ont fait cette constatation et ont commencé à élaborer une géographie électorale ou au moins une cartographie de résultats électoraux, on s'accorde pour dire du travail d'André Siegfried qu'il est la première œuvre de géographie politique dont les conclusions, à défaut d'être toujours vraies, sont au moins « scientifiquement élaborées et exposées[2] ».

Le cadre temporel et géographique du *Tableau politique* offrait des conditions particulièrement favorables. Pendant la période qui s'étend entre 1871 et 1910, l'exercice régulier du suffrage universel masculin sans crise majeure, par le moyen d'élections législatives, presque toujours avec le même mode de scrutin et dans un climat de liberté, donne aux résultats électoraux une réelle validité. L'aire géographique choisie, l'Ouest au sens large (Bretagne, Normandie et marches de l'Ouest), où l'époque révolutionnaire a suscité la naissance de

1. André Siegfried, *Tableau politique de la France de l'Ouest*, Armand Colin, 1965, p. V.

2. Pierre Favre, *Naissances de la science politique en France*, Fayard, 1989, p. 254.

fortes traditions, n'est pas affectée pendant cette même période par de grands bouleversements socio-économiques. Toutes les conditions étaient réunies pour que, malgré un glissement de l'électorat vers la gauche, ce soit plutôt la stabilité des aires géographiques respectives de la droite et de la gauche qui ressorte de cette étude.

Depuis A. Siegfried, la géographie politique, ou la géopolitique comme on préfère l'appeler aujourd'hui, a connu une évolution considérable, s'est affrontée à l'ensemble de la France et à des périodes où les transformations politiques, économiques et sociales étaient beaucoup plus profondes [1]. Même si on cherche parfois à rattacher les comportements politiques contemporains à des structures de longue durée d'ordre anthropologique [2], on est plus sensible au mouvement qu'aux permanences. D'autre part, les sources utilisées pour bâtir une géographie politique se sont beaucoup diversifiées. Il suffit de lire *La Découverte de la politique. Géopolitique de la Révolution française* [3] de M. Vovelle pour voir que les résultats électoraux sont loin d'être la source unique ou à peu près unique des chercheurs. Les adresses et les pétitions, les mouvements populaires, la répartition des sociétés politiques entrent en ligne de compte au même titre que les résultats électoraux pour l'appréciation de la force d'un courant d'opinion.

Confronté à ces œuvres importantes, l'historien qui aborde la partie centrale du XIXe siècle se trouve relativement démuni. Sans doute dispose-t-il à partir de 1848 des résultats des élections au suffrage universel masculin. Source précieuse, mais à l'époque de l'apprentissage du suffrage universel par les masses, saisit-on grâce à eux une répartition des opinions ou plutôt la capacité qu'ont les notables d'imposer leurs choix au peuple ? De celui-ci ne mesure-t-on pas parfois tout autant l'esprit d'obéissance au gouvernement quel qu'il soit, que l'expression d'une opinion politique constituée ? D'autre part, les résultats émanent de consultations de type différent à la fois par le mode de scrutin, de liste ou uninominal, par la nature de la consultation (élection présidentielle, législatives, plébiscites), et

1. Voir notamment Yves Lacoste (dir.), *Géopolitiques des régions françaises*, 3 tomes, Fayard, 1986.
2. Voir Hervé Le Bras, *Les Trois France*, Odile Jacob, 1986.
3. La Découverte, 1992.

par leur contexte politique ou national, parfois déterminant pour l'orientation des votes comme en décembre 1851 ou en février 1871. Pendant la majeure partie du Second Empire, on ne peut parler de liberté des élections. Ajoutons que peu de ces scrutins ont fait l'objet d'une étude systématique à l'échelle nationale. Enfin, à la différence de la stabilité d'ensemble notée par A. Siegfried, on assiste pendant cette période à des fluctuations rapides et brutales de l'opinion : entre 1848 et 1851 se succèdent le raz de marée bonapartiste du 10 décembre, l'affirmation d'un clivage droite-gauche en mai 1849, l'adhésion à l'ordre bonapartiste en décembre 1851. Même mobilité entre 1869 et 1871 puisque l'on passe de la poussée de l'opposition en 1869 au triomphe bonapartiste de 1870, puis, le 8 février 1871, au ralliement des masses aux notables et à la paix. Sur 11 consultations nationales de 1848 à 1877, 4 seulement (1849, 1869, 1876 et 1877) s'inscrivent à peu près dans le schéma siegfriedien.

Quant aux autres sources qui pourraient contribuer à une géographie politique, elles sont loin d'être exploitées de façon aussi fouillée qu'à l'époque révolutionnaire. Si les mouvements politiques à caractère insurrectionnel sont connus et si l'on dispose de données sur la répartition de la presse, en revanche la géographie des sociétés politiques en France, que ce soit en 1848 ou au début de la IIIe République, n'a été faite que partiellement. Les pétitions, nombreuses pourtant, commencent seulement à faire l'objet d'études plus approfondies.

À quoi peut donc viser une tentative de géographie politique centrée sur cette période du XIXe siècle ? À profiter peut-être des difficultés que nous avons soulignées pour aborder d'une autre façon cette question. Ces fluctuations brutales, loin d'être seulement un élément perturbant, révèlent des facettes différentes, mais toutes instructives, de l'électorat qu'on s'efforcera de mettre en lumière. En outre à travers ces variations apparemment chaotiques, se bâtit, par des étapes à préciser, une géographie politique plus stable, celle qui caractérisera précisément la IIIe République dans sa première phase à partir de 1880. L'on commencera donc par restituer cette histoire globale de l'évolution géographique de l'opinion politique par une sorte de vue cavalière. L'examen de cas de figure départementaux répartis sur l'ensemble du territoire permettra ensuite de saisir des types d'évolution, d'apercevoir comment une force politique se construit une position dominante.

On se gardera de penser que le suffrage universel constitue une rupture absolue. S'il modifie parfois sensiblement les rapports de force, dans l'Ouest ou le Sud-Est par exemple au profit des légitimistes, ce n'est pas le cas partout, soit que les notables parviennent à en maîtriser les effets comme dans une grande partie du Centre de la France ou dans les Hautes-Alpes, soit au contraire que l'émancipation politique réalisée dès la monarchie de Juillet ou même auparavant trouve un prolongement naturel sous la Seconde République : dans les Pyrénées-Orientales, la popularité de François Arago, élu de tradition républicaine, opère aisément une jonction entre les deux régimes. De même dans l'Alsace contestataire, on passera facilement du libéralisme avancé à la République. On ne peut donc faire l'économie d'un aperçu de la France politique à l'époque de la monarchie de Juillet.

La France politique sous la monarchie de Juillet

Si l'on observe la géographie politique de la France pendant la Monarchie de Juillet, on constatera que tout en empruntant certains traits à celle que décrit M. Vovelle pour la Révolution française, elle en diffère assez sensiblement. La division dominante paraît bien être celle qui oppose l'Est de la France à l'Ouest. Dans un vaste ensemble qui va de l'Alsace au Midi languedocien et jusqu'aux Pyrénées-Orientales, on perçoit l'existence d'une aire d'activisme politique, d'opposition ou du moins de résistance affirmée à l'égard du régime. Les origines d'un tel clivage sont diverses. En Alsace, Bourgogne, dans le Nord des Alpes et le Lyonnais, où l'on avait profité à l'époque de l'Empire de l'ouverture vers l'Europe centrale et l'Italie, le régime impérial avait laissé des souvenirs plutôt favorables malgré la conscription et l'invasion. Celle-ci avait en outre renforcé le patriotisme. Ici, le libéralisme d'extrême gauche flirte avec le bonapartisme et le républicanisme. À Lyon et dans les environs, le mouvement ouvrier naissant ajoute son poids spécifique à cette contestation. Les influences parisiennes qui s'exercent par les vallées de la Seine et de ses affluents vers l'Yonne et la Champagne nourrissent des sentiments politiques analogues. Sans doute la bourgeoisie, volontiers frondeuse sous la Restauration, tend-elle à privilégier de plus en plus la défense de l'ordre, comme le montre le cas des Périer, passés de la Révolution à la « Résistance », mais le cheminement n'est encore ni général ni achevé. Dans le Midi provençal et languedocien au contraire, l'activisme politique procède d'une tradition d'affrontement, celle des antagonismes hérités de la Révolution française et parfois ancrés dans une histoire antérieure, celle des guerres de religion. Les conflits sanglants qui ont opposé les partis (la Bagarre de Nîmes en 1790, les troubles d'Avignon en 1791), les violences subies (la terreur blanche dans le Sud-Est à l'époque thermidorienne et en 1815) restent dans les mémoires. Dans chaque camp, le peuple est prompt à se mobiliser soit à l'appel des notables, soit au contraire pour radicaliser ceux-ci. Ici, malgré des spécificités locales, le rapport des forces est plutôt favorable aux légitimistes, influents dans l'Hérault, le Gard, le Vaucluse, les Bouches-du-Rhône. L'Empire qui a ruiné le commerce, affaibli les industries locales n'a pas bonne presse. Dans les Pyrénées-Orientales, la guerre avec l'Espagne a été source de clivages décisifs, mais ici, c'est plutôt la tradition de la Révolution française dont la famille Arago est le porteur, qui l'emporte, avec l'appui actif des masses populaires [1].

À ces terres d'activisme s'oppose une France plus calme politiquement et parfois même indifférente à la politique, centrée uniquement sur ses intérêts matériels. L'ensemble du Massif central est dans ce cas, comme la plus grande partie de la Normandie. Dans le Sud-Ouest aquitain, ce qui domine, c'est plutôt la propension au juste milieu, forme conformiste du libéralisme. Dans l'Ouest, après l'échec de l'équipée de la duchesse de Berry, la noblesse légitimiste, à de rares exceptions (La Rochejaquelein), modère son opposition et celle-ci prend davantage l'allure d'une « fidélité désabusée au passé [2] » que d'un principe actif de contestation. Notons cependant l'exception de la Sarthe où la gauche se manifeste avec une certaine agressivité en élisant des républicains et des radicaux, Garnier-Pagès puis Ledru-Rollin, originalité héritée elle aussi

1. Sur François Arago, outre Peter Mac Phee, *Les Semailles de la République dans les Pyrénées-Orientales, 1846-1852*, Publications de l'Olivier, 1995, voir « F. Arago, Actes du Colloque national des 20, 21 et 22 octobre 1986 », *Cahiers de l'Université de Perpignan*, n° 2, 1987.

2. André Jardin, André-Jean Tudesq, *La France des notables*, II, *La Vie de la nation*, Seuil, 1973, p. 35.

du moment fondateur de la Révolution et renforcée par des circonstances locales.

Entre ces deux situations contrastées, brossées à grands traits, le Nord et le Pas-de-Calais offrent un cas intermédiaire où la présence de forces politiques bien individualisées (légitimistes minoritaires, libéraux du mouvement, républicains) s'accompagne d'un comportement légaliste, de formes d'opposition modérée qui n'excluent pas un consensus sur quelques valeurs fortes, le protectionnisme et l'anglophobie.

Une autre caractéristique de la période censitaire, c'est qu'elle a privilégié les populations urbaines. La masse des paysans était exclue du suffrage législatif, les grands propriétaires, évidemment électeurs, ne résidaient pas toujours à la campagne. Les villes, les gros bourgs étaient, d'autre part, les centres d'initiative politique grâce aux journaux dont ils étaient le siège, aux comités, cercles et autres associations qu'ils abritaient. La vie municipale villageoise, fondée souvent sur des préoccupations étroitement locales, opposant des clans familiaux, ne donnait lieu à un débat politique que dans des cas assez rares (on le perçoit cependant dans quelques localités protestantes du Gard, ou dans quelques villages de Bourgogne). Il était donc malaisé de percevoir en quoi les opinions qui s'exprimaient dans les villes reflétaient ou non celle des villageois à supposer que celles-ci fussent suffisamment élaborées.

Le suffrage universel révélateur de l'opinion ? Les expériences quarante-huitardes

En 1848, comme l'écrit C. Seignobos, le suffrage universel « lève brusquement le voile qui couvrait la vie intérieure du pays[1] » et, plus précisément, appelle les paysans à l'expression politique. Dès 1921, le même auteur, tout en reconnaissant que l'état des recherches rendait difficile de donner un tableau complet et détaillé de l'opinion provinciale, avait néanmoins tenté d'en présenter un aperçu, à partir des rapports des préfets et procureurs généraux qui donnent un point de vue parfois impressionniste sur l'opinion de leur ressort. Il avait choisi de

1. Charles Seignobos, *La Seconde République et le Second Empire*, Paris, 1921, p. 158.

le dresser pour les années 1849-1850 comme le feront la plupart des auteurs écrivant sur la Seconde République, sans doute parce que le clivage droite/gauche qui se dessine alors correspondait mieux aux expériences vécues par les historiens. Aujourd'hui, on est plus attentif à utiliser les différentes approches de l'opinion données par les élections générales et partielles de toute la période quarante-huitarde. En outre, grâce au progrès des travaux sur la Seconde République, d'autres données sont disponibles que celles des élections et notamment celles de l'organisation des forces républicaines entre 1849 et 1851 (sociétés secrètes, etc.).

Sans doute l'élection d'avril 1848 demeure-t-elle malaisément utilisable. Si elle révèle localement, mais souvent seulement en filigrane, que ce soit dans l'Ouest, en Limousin ou dans le Sud-Est (Gard, Ardèche, Isère), des rapports de force qui apparaîtront avec plus de vigueur encore en 1849, l'interprétation globale des résultats est rendue difficile par les interférences entre les listes, la tactique politique des conservateurs qui abritèrent parfois leurs candidatures derrière celles de républicains modérés ou ralliés, le rayonnement national de quelques personnalités difficilement classables, comme Lamartine.

L'élection présidentielle du 10 décembre 1848 fournit quant à elle une approche très spécifique de l'opinion échappant au clivage droite/gauche. Le succès de Louis-Napoléon est massif presque partout, mais il n'en est pas moins inégal. Il est particulièrement fort dans deux grands ensembles géographiques. D'abord la France du Bassin parisien au sens large jusqu'à la Nièvre et l'Indre-et-Loire au sud, les marges armoricaines à l'ouest, la Seine-Inférieure, la Picardie et l'Aisne au nord. Ensuite le Sud-Ouest, en particulier deux groupes de départements encadrant la vallée de la Garonne, des Deux-Sèvres à l'Aveyron au nord, et la majorité des départements pyrénéens au sud. Ailleurs les zones de forte implantation bonapartiste sont plus discontinues (Isère et sud de l'Ain, Corse). Cette première géographie du courant bonapartiste correspond dans la plupart des cas à une France peu organisée politiquement qui désire l'ordre sans être réactionnaire (Normandie, majeure partie du Bassin parisien). Elle révèle parfois l'existence d'une tradition napoléonienne (Isère, Charentes, Corse). Elle peut avoir des aspects contestataires, en particulier dans le Massif central. Tranchant avec la coupure est-ouest que nous signalions antérieurement, cette géographie des votes du 10 décembre traduit une poussée vers l'ouest, depuis 1815, de l'influence bonapartiste, en partie due au ralliement de fractions de l'électorat de gauche. Deux zones de faiblesse apparaissent en revanche clairement, l'Ouest (Morbihan, Finistère, Loire-Inférieure) et le Sud-Est languedocien et méditerranéen (Gard, Bouches-du-Rhône, Var), où Cavaignac obtient ses meilleurs résultats. Ici l'opinion est déjà tenue en main par des milieux politiques organisés, légitimistes ou républicains dans le Gard et le Var, les Pyrénées-Orientales, bleus de l'Ouest et royalistes en Bretagne, conservateurs dans le Nord. Notons enfin que les pourcentages de votes bonapartistes baissent quand une grande ville est présente (Loire-Inférieure, Rhône, Nord, Alsace). Signe annonciateur d'un divorce qu'on observera bientôt. On retrouvera des éléments de cette géographie avec des zones de force à peu près identiques (mais le Sud-Ouest est alors plus réservé) dans les résultats du pétitionnement en faveur d'une révision de la constitution en 1851 [1].

Lors de l'élection législative de mai 1849, deux mouvements assez bien individualisés se partagent le gros des votes, les Montagnards ou démocrates-socialistes (parfois alliés aux républicains modérés) et le parti de l'ordre qui englobe les bonapartistes. C'est donc un clivage droite/gauche qui structure la répartition des votes. La géographie de celle-ci s'ordonne selon une division Sud-Est/Nord-Ouest. L'aire des votes montagnards s'étend sur une quinzaine de départements de l'Est et du Sud-Est, du Bas-Rhin au Rhône à la Drôme et au Var et aux Basses-Alpes. Plus original est le fait qu'elle s'étend assez sensiblement vers l'Ouest, le long de la frange nord du Massif central (Cher, Nièvre, Allier, Creuse, Haute-Vienne), pénètre même dans celui-ci (Corrèze, Haute-Loire), ainsi que vers le Sud-Ouest, notamment dans le Tarn, le Lot-et-Garonne et l'Aveyron. En revanche, de l'Est lorrain et meusien aux Charentes, en passant par la France de l'Ouest, 37 départements disposés en un vaste arc de cercle donnent moins de 25 % des voix aux démocrates-socialistes et ceux-ci n'y enlèvent que 14 sièges sur 314 à pourvoir. La France qui a voté à gauche est celle des paysans pauvres, à faible espérance

1. Bernard Ménager, *La Vie politique dans le département du Nord de 1851 à 1877*, 3 tomes, Lille, 1982, notamment p. 102-105.

de vie et à faible niveau d'instruction, une France mobilisée par les militants démocrates (l'ouvrier toulonnais Langomazino dans les Basses-Alpes). Mais si le retard économique est le terreau du vote de gauche, il peut être compensé au profit de la droite, en Bretagne par exemple, par une forte pratique catholique alors qu'au contraire l'anticléricalisme traditionnel de certaines régions (celle de Brioude en Haute-Loire) en amplifie les effets. L'influence des confessions minoritaires est indécise : le vote rouge des protestants des Cévennes lozériennes est un vote contre la droite sans doute plus qu'un vote à connotation sociale. Les protestants votent à droite dans les Deux-Sèvres et se divisent dans le Tarn-et-Garonne. Enfin les villes, en particulier les villes industrielles, ont voté pour les Montagnards, Lyon (68,1 % dans la ville et les faubourgs), Limoges (plus de 60 %), Lille (63,2 %), Toulouse, Bordeaux, Toulon, les faubourgs de Rouen et de petites villes industrielles Saint-Junien, Tulle, Vizille. À Paris, tout l'est de la ville – celui de l'insurrection de Juin – a donné plus de 40 % des voix aux montagnards ainsi que les localités industrielles de la banlieue [1].

Ces conquêtes des démocrates étaient-elles solides dans ce qu'elles avaient de plus neuf, c'est-à-dire la pénétration des idées de gauche dans des départements ruraux ? Les résultats des élections partielles, qui se déroulent après mai 1849 alors que le parti démocratique est en butte à une réaction gouvernementale de plus en plus offensive, incitent à penser que certaines conquêtes au moins étaient fragiles. Si l'on considère l'ensemble des élections partielles qui se déroulent jusqu'à mai 1850, époque à laquelle le suffrage universel est amputé, on observe que les montagnards perdent la majorité dans l'Allier, la Drôme, la Loire, le Cher, et s'affaiblissent dans le Var, le Haut-Rhin, l'Ariège, les Hautes-Pyrénées. S'ils conservent leurs positions dans les grands centres urbains (Rhône) et parfois même les améliorent (Seine), le fait est plus rare dans des départements ruraux (Haute-Loire, Loir-et-Cher, Nièvre).

Une autre approche de l'implantation de la gauche démocrate et socialiste, celle qui prend pour critère la répartition

1. Jacques Bouillon, « Les démocrates-socialistes aux élections de 1849 », *Revue française de science politique*, janvier-mars 1956, p. 70-95 ; Frédéric Salmon, « La "gauche avancée" aux élections de 1849 », *Communisme*, 1991, p. 69-82.

des sociétés secrètes montagnardes en 1850-1851 – mais rappelons que celles-ci ne faisaient pas l'unanimité dans la Montagne –, confirme globalement l'aire d'influence précédente en en réduisant l'ampleur : le Sud-Est languedocien et méditerranéen, de la Drôme et des Basses-Alpes, à l'Aveyron à l'Ouest, aux Pyrénées-Orientales au Sud, y apparaît comme un bastion des démocrates. Ailleurs la présence des sociétés caractérise des groupes de départements plus isolés dont certains ne figurent pas parmi les zones de plus grande force des montagnards (Lot-et-Garonne et Gers, d'une part, Yonne, Nièvre et Cher, d'autre part)[1]. Même si les aires de soulèvement sont plus réduites en étendue, la carte de la résistance armée au coup d'État en province, assez étroitement calquée sur celle des sociétés secrètes, confirme cette géographie.

Le Second Empire : l'opposition entre les villes et les campagnes

La répression massive qui suit le coup d'État a pour effet d'anéantir les forces républicaines bien au-delà des zones où les républicains étaient solidement implantés. C'est pourquoi sans doute, à partir du coup d'État, et en attendant le réveil du militantisme républicain, c'est une géographie politique plus étroitement dépendante de critères sociologiques qui s'affirme. Son caractère principal est le contraste entre les villes oppositionnelles ou au moins frondeuses et les campagnes, car les villes seules réunissent les conditions propres à une manifestation de l'opposition, des possibilités même réduites de concertation et de propagande électorale et surtout de vote indépendant. À un vote d'assentiment au pouvoir fondé sur la prise en compte des intérêts immédiats, vote prédominant dans les zones rurales, s'oppose un vote urbain qui passe par la médiation de courants politiques organisés. Jusqu'en 1869, cette distinction facilement observable entre les villes et les campagnes nourrira la réflexion et parfois l'aigreur des opposants. Dès 1863, 17 villes de plus de 40 000 habitants sur

1. Ted W. Margadant, *French Peasants in Revolt. The Insurrection of 1851*, Princeton University Press, 1979, notamment p. 121-137.

22 votent majoritairement pour des opposants à l'Empire[1]. C'est encore plus vrai en 1869. Il apparaît alors que « le régime a pratiquement perdu les villes, grandes et petites[2] ». En mai 1870, et malgré l'ambiguïté du plébiscite, dans la plupart des grandes villes, Paris, Lille, Lyon, Saint-Étienne, Marseille, Montpellier, Toulouse et Bordeaux, ainsi que dans nombre de villes moyennes et petites, le non obtient la majorité. On ajoutera, à ce contraste fondamental, une distinction moins nette entre le Nord et le Sud de la France, que l'on peut percevoir grâce à la carte des contestations électorales, plus fréquentes dans le Sud.

L'émergence d'une nouvelle géographie politique (1870-1881)

Lors des élections de la fin du Second Empire, les traits distinctifs d'une géographie politique sinon tout à fait nouvelle, du moins renouvelée, commencent à apparaître. À l'opposition toujours présente entre les villes et les campagnes, à l'influence plus active des opposants le long des grands axes de circulation se surajoute à nouveau lors du plébiscite de mai 1870 un net contraste entre l'Est et l'Ouest. De l'Alsace libérale à Marseille qui élit Gambetta en 1869 en passant par Lyon et la vallée du Rhône, on vote plus volontiers contre l'Empire. En revanche, à l'ouest d'une ligne Perpignan-Dunkerque, les suffrages conservateurs, en mai 1870, sont toujours supérieurs à 60 %, sauf dans quatre départements, la Creuse, la Gironde, la Seine et les Pyrénées-Orientales. Les semences déposées entre 1849 et 1851 dans le Sud-Est ont germé. En revanche l'opposition légitimiste à l'Empire, lorsqu'elle s'identifie seulement au conservatisme tend à se rallier. Soumise à la contre-épreuve du scrutin du 8 février 1871, et aussi des mouvements politiques populaires qui marquent la transition entre l'Empire et la République, que ce soient ceux qui sont liés à la Ligue du Midi, à Nîmes, Montpellier, Sète, Marseille ou les communes

1. Ferdinand Hérold, *Le Vote des villes*, *op. cit.* Il n'empêche que souvent, par suite du découpage électoral, c'est un candidat gouvernemental qui est élu dans ces circonscriptions.

2. Louis Girard (dir.), *Les Élections de 1869*, Paris, 1960, p. XII.

de province, à Lyon, Saint-Étienne, Marseille, Narbonne, cette géographie est confirmée dans l'ensemble mais aussi infléchie. Lors de l'élection du 8 février, on constate le ralliement aux républicains, pour des raisons patriotiques, de fractions de l'Est de la France, les Ardennes, la Meuse, la Marne, qui leur étaient jusque-là peu favorables, tandis que l'influence républicaine de Paris, circonscrite aux départements voisins avant 1871 s'étend désormais plus largement[1]. D'autre part, l'aire des mouvements de l'extrême gauche en 1870-1871, si elle présente une ressemblance globale notée par J. Gaillard[2] avec celle du mouvement insurrectionnel de 1851, s'en différencie quand on l'examine de façon plus détaillée. À l'exception de Lyon, les zones les plus actives en 1851, la Drôme, les Basses-Alpes, le Sud de l'Hérault ne bougent guère en 1870-1871 et ce sont au contraire les villes où la répression après le coup d'État a été assez bénigne qui s'engagent dans le combat (Marseille, Narbonne). L'essentiel est que l'influence républicaine est désormais solide en France orientale, et c'est à partir de là qu'elle s'étend progressivement vers l'Ouest, dans la décennie suivante.

Lors des élections de 1876, on assiste en effet à un net recul des conservateurs, qui sont refoulés vers l'Ouest. Ils ont perdu tous les départements du Centre et une bonne partie de ceux du Massif central, et ce n'est que dans le tiers Ouest du pays qu'ils gardent la prééminence. Même dans cette région d'ailleurs, il y a au moins un élu républicain dans chaque département. Sans doute la droite reconquiert une partie du terrain perdu, dans le Sud-Ouest et le Massif central en octobre 1877 grâce à la pression administrative, et elle gagne des voix dans l'Est, mais c'est un fait significatif que, même dans l'Ouest, une fraction du pays refusant l'aventure (l'Orne, la Mayenne, l'Ille-et-Vilaine, le Finistère) ne lui donne pas la majorité. Les républicains ont donc gagné l'électorat peu politisé, acquis spontanément à un gouvernement stable et modéré. Ces hésitations préparent la déroute de la droite en 1881 et la confir-

1. François Goguel, *Géographie des élections françaises sous la IIIe et la IVe République*, Paris, 1970, notamment p. 17 à 55, et Jacques Gouault, *Comment la France est devenue républicaine, 1870-1875*, Armand Colin, 1954, passim.

2. Jeanne Gaillard, *Communes de province, Commune de Paris, 1870-1871*, Flammarion, « Questions d'histoire », 1971, p. 37, 69, 154.

mation de la victoire républicaine – facilitée, le cas échéant, par l'abstention des opposants – sur l'ensemble du territoire. À l'opposé, l'extrême gauche confirme ses positions dans les grandes villes où elle était déjà influente (Paris, Lyon et ses environs, Marseille) et dans la quasi-totalité des départements méditerranéens, les « pays rouges ». Elle progresse dans de grandes cités industrielles ou de petite entreprise (Lille, Le Havre, Nantes, Toulouse), retrouve une implantation dans la France rurale du Centre et la Bourgogne (Yonne, Cher, Saône-et-Loire).

Ainsi s'affirme vers 1880 une géographie politique relativement durable puisqu'elle caractérisera la France jusqu'au début du XXe siècle. Les progrès du nationalisme, l'hostilité au Bloc des gauches inclineront alors vers la droite toute une partie de la France qui s'était ralliée à la République modérée (Normandie, Est lorrain et champenois, et un peu plus tard la Savoie et la Haute-Savoie). L'opposition entre la France de l'Est progressiste et celle de l'Ouest, conservatrice, cessera alors d'être pleinement pertinente.

Cas de figure locaux et types d'évolution

Cette géographie mouvante que nous avons dessinée à grands traits, on la complétera par un tour d'horizon des principales régions françaises, plus utile à nos yeux qu'une géographie des principales forces politiques qui aboutirait à des redites. N'oublions pas que la France évolue territorialement pendant cette période : à l'acquisition de la Savoie et de Nice en 1860 répond la perte de l'Alsace-Lorraine en 1871. Quant aux colonies, elles ne participent, faiblement d'ailleurs, à la vie politique française qu'entre 1848 et 1851 et après 1871. Dans ce cadre territorial évolutif, les recherches récentes ont montré qu'on ne saurait parler d'une « vie politique » ayant partout des caractères uniformes, qu'il faut au contraire en percevoir les formes particulières [1] ayant parfois leur source

1. Le débat sur les étapes et les voies de la politisation des Français est toujours ouvert à partir des travaux de Philippe Vigier, Maurice Agulhon, Eugen Weber, P.M. Jones, Peter Mc Phee, C. Guionnet et bien d'autres. Le

dans les affrontements de la période révolutionnaire. Sur une grande partie du territoire, l'approche de la politique se résume pendant la plus grande partie de la période à la préoccupation pour les intérêts matériels ou au mieux pour des questions locales ; les enjeux nationaux sont peu présents dans le combat politique, l'adhésion au gouvernement est l'ABC de la conduite des électeurs. Ce sont ces régions qui nourrissent la thèse du retard de la politisation des Français. On peut y placer l'essentiel de la Normandie, du Centre, la plus grande partie du Massif central, des fractions du Sud-Ouest. Autre configuration, celle des régions où la vie politique est prise en main par des forces conservatrices suffisamment assurées d'un soutien de masse pour réduire l'opposition démocratique à un rôle secondaire. Tels sont par exemple la Bretagne ou le Nord. Dans un troisième cas, on constate l'existence d'une vie politique pluraliste et d'affrontements politiques bien dessinés. En dehors de Paris et des plus grandes villes, c'est principalement l'Est et le Sud-Est de la France qui correspondent à cette situation. N'oublions pas que ce classement à grands traits doit être nuancé en fonction de multiples variations locales. La difficulté, présente encore aujourd'hui, à dresser un tableau complet de l'état politique des régions françaises pendant cette période, bien que les recherches locales et régionales aient beaucoup progressé, nous conduira à privilégier plutôt des cas de figure significatifs.

Les figures de l'Ouest

Depuis l'œuvre d'André Siegfried, on a mieux pris conscience de la diversité politique de l'Ouest. Deux sortes de régions s'y dessinent. Celles d'abord où l'emprise du clergé ou celle de la grande propriété foncière ou des deux forces réunies, à une époque où la cause de l'Église se confond largement avec celle de la monarchie traditionnelle, assure la primauté des notables royalistes et une influence exceptionnelle de la noblesse. On y rangera la plus grande partie de la Bretagne et notamment la Vendée, le Maine-et-Loire, l'Ille-et-

bilan le plus récent de ces controverses a été fait par Louis Hincker, *Revue d'histoire du XIXe siècle*, n° 14, 1997, p. 89-105.

Vilaine. Envisageons le cas de la Vendée[1]. Dès avril 1848, les conservateurs enlèvent 7 des 9 sièges à pourvoir grâce aux suffrages du haut bocage et du marais nord vendéen. Ils triomphent encore plus nettement en mai 1849 avec une liste composée aux trois quarts de nobles. Cette prépondérance des royalistes (légitimistes surtout) a pour contrepartie une tiédeur affirmée à l'égard du bonapartisme : l'abstention est très forte (plus de 40 %) tant en décembre 1848 qu'en décembre 1851 et en novembre 1852. Néanmoins, pendant le Second Empire, les légitimistes vendéens ne peuvent empêcher le succès des candidats officiels pris pour l'essentiel parmi les grands notables de la région. Dans le Sud vendéen, moins influencé par la grande propriété foncière (cantons de Maillezais et de Luçon), on voit naître à cette époque une opinion bonapartiste durable et, au plébiscite de 1870, la majorité de oui est écrasante (94,6 %). Si les élections du 8 février 1871 au scrutin de liste départemental réaffirment la puissance des royalistes, celles de février 1876 sont plus disputées (trois élus républicains, trois élus légitimistes dont l'impétueux Baudry d'Asson), situation confirmée après les invalidations qui suivent les élections de 1877. Mais en 1881, alors que le royalisme est en recul marqué dans toute la France, l'électorat vendéen mobilisé par la politique anticléricale des républicains élit à nouveau quatre légitimistes, un bonapartiste et un seul républicain (dans l'arrondissement de Fontenay). C'est dire la puissance conservée par les royalistes dans ce département.

À côté de ces pays où l'engagement des notables confère au choix politique une signification explicite, l'Ouest conservateur présente un autre cas de figure, celui d'un conservatisme non réactionnaire, étranger au cléricalisme, prêt à adhérer au pouvoir en place pourvu qu'il soit conservateur socialement et qu'il assure la prospérité des intérêts matériels. L'élu y est un médiateur qui dispose d'une marge de liberté substantielle pourvu qu'il rende à ses administrés les services demandés. Pour A. Siegfried, le bonapartisme répondait assez bien à cette attente politique. C'est en Normandie et en particulier dans le

1. Cf. la synthèse de Y. Hello et F. Regourd, « Un long XIXe siècle de 1793 à 1946 », dans *La Vendée des origines à nos jours*, Bordessoules, 1982 ; M. Faucheux, « La Vendée », dans Louis Girard (dir.), *op. cit.*, p. 127-162 ; Jean-Clément Martin, « La Vendée région-mémoire », dans Pierre Nora (dir.), *Les Lieux de mémoire*, I, *op. cit.*, p. 595-618.

pays de Caux ou le Calvados que ce cas de figure apparaît avec netteté. Le Calvados[1], conservateur en 1849, est bonapartiste sous l'Empire, il n'élit que des officiels en 1857 et 1863, trois candidats officiels et un gouvernemental libéral en 1869, un légitimiste, sept orléanistes (parmi lesquels Target et de Witt) et un seul républicain en février 1871. Plus intéressante encore est la permanence, plus rare ailleurs, du bonapartisme dans cette région, puisque le Calvados élit l'ancien préfet de l'Empire Le Provost Delaunay le 16 août 1874 et encore deux bonapartistes, A. Flandin (Pont-L'Evêque) et le comte de Colbert (Lisieux), en 1876. En 1877, 5 sièges sur 7 sont emportés par des bonapartistes. Ils en garderont encore deux, à Lisieux et à Vire en 1881. Sans doute ces cas de figure n'épuisent-ils pas la diversité politique de la Normandie et de la Bretagne. Sur la frange maritime, la moindre emprise de l'Église, une structure sociale plus égalitaire favorisent, en particulier dans les ports, l'émergence des idées démocratiques. Dans les grandes villes à la fois commerçantes et industrielles, comme Rouen, la vie politique revêt une complexité beaucoup plus grande. L'opposition républicaine, présente à Rouen dès 1857, progresse en 1863, l'emporte même en 1869 sur le candidat officiel Pouyer-Quertier[2]. Autre fait significatif, l'émergence dès 1848 et surtout à partir des années 1860 d'un mouvement ouvrier organisé. Influencées par le proudhonisme, les forces ouvrières tentent sans grand succès d'affirmer en 1869, avec le typographe Aubry, leur indépendance à l'égard des républicains. La radicalisation des opinions propre à la période 1869-1871 est insuffisante pour permettre à la gauche radicale et aux ouvriers socialisants d'acquérir une audience de masse et c'est un républicanisme libéral, mais soucieux de remédier aux misères sociales qui l'emporte. Louis Ricard[3],

1. Outre André Siegfried, *op. cit.*, p. 302-328 ; voir Jean Quellien, *Bleus, Blancs, Rouges, Politique et élections dans le Calvados, 1870-1939*, Caen, Cahier des Annales de Normandie, n° 18, 1986, notamment p. 1-48.

2. Sur la région rouennaise, voir Marcel Boivin, *Le Mouvement ouvrier dans la région de Rouen, 1851-1876*, Université de Rouen, 2 tomes, 1989 ; Jean-Pierre Chaline, *Les Bourgeois de Rouen. Une élite urbaine au XIXe siècle*, Presses de Sciences Po, 1982.

3. Yannick Marec, « Deux experts provinciaux en république sociale : Paul Guiesse et Louis Ricard (fin XIXe siècle-début XXe siècle) », dans Michel Vovelle (dir.), *Révolution et République, l'exception française*, Kimé, 1994, p. 676-695.

avocat protestant, premier maire élu de Rouen en 1882, plus tard rapporteur de la loi sur les accidents du travail (1898) en est un remarquable représentant.

Une version centriste du conservatisme, le Nord[1]

Le Nord offre une autre version du conservatisme, celle du centrisme. Dans une terre tardivement réunie à la France, fière de son riche passé municipal, où la structure sociale garde peu de traces de l'Ancien Régime, la bourgeoisie d'affaires et foncière, renforcée encore par l'essor industriel au XIXe siècle, s'est reconnue dans l'orléanisme. Thiers, les Périer sont actionnaires de mines d'Anzin. Les masses ouvrières venues de la campagne ou de Belgique sont encore, dans leur majorité, soumises aux notables ou au pouvoir, et ce n'est qu'à Lille que les républicains pourront y trouver dès 1848 de solides appuis. Si les paysans adhèrent volontiers au bonapartisme, la bourgeoisie urbaine balance entre le ralliement à un pouvoir fort par souci d'ordre social (l'adhésion au coup d'État de 1851, par 93,7 % des votants, est massive) et une opposition que dictent tout à la fois la méfiance envers le centralisme et l'autoritarisme gouvernementaux, la défense intransigeante du protectionnisme contre le traité de commerce de 1860, l'attachement à la religion catholique. Blessé par la politique italienne du régime, le catholicisme est ici le support du conservatisme plus que le légitimisme. Dès 1863, pour neuf sièges, le Nord envoie trois députés non officiels et un que le gouvernement renonce à combattre. Parmi eux figurent de puissantes personnalités, les Plichon et les Kolb-Bernard, catholiques convaincus dont la voix a du poids au Corps législatif. Même si le gouvernement réussit à rétablir ses positions en 1869 et à faire battre Thiers à Lille, succès notable, l'adhésion des députés du Nord demeure conditionnelle. Le département se situe donc parmi les fiefs du tiers-parti. On ne peut donc s'étonner que l'évolution libérale du régime satisfasse les élites bourgeoises. Aussi la conquête républicaine a-t-elle été plutôt tardive. La poussée démocrate-socialiste de 1849 (40,5 % des suffrages exprimés) ne s'est pas révélée durable. Malgré la

1. Voir la thèse de Bernard Ménager, *op. cit.*

proximité de la Belgique, fournisseur attitré de la propagande antinapoléonienne pendant le Second Empire, seule Lille demeure un bastion du mouvement républicain. Les républicains s'adaptent progressivement à la mentalité d'un département que l'effort de guerre en 1870 ne leur a pas rallié et qui répudie les extrêmes : Gambetta ne fait pas recette, la Commune a fort peu d'écho. C'est donc en se plaçant sur des positions très modérées, thiéristes, que les républicains réussiront à rallier la majorité de l'opinion à partir de 1872, un succès confirmé en 1876 mais qui reste fragile car une fraction de la bourgeoisie déjà alarmée par la revendication sociale et l'anticléricalisme républicain est tentée de se tourner vers un pouvoir fort, tandis que la paysannerie garde des sympathies bonapartistes. Ne négligeons pas les différences régionales qui sont importantes : c'est la partie nord du département, la Flandre, à l'exception de sa frange maritime, qui est la plus conservatrice, car la plus cléricale ; le bassin lillois, zone économique majeure, présente une vie politique diversifiée, plus favorable aux républicains à Lille, aux bonapartistes et aux légitimistes à Roubaix et à Tourcoing. Dans le bassin minier, les masses ouvrières ont vu dans le bonapartisme le gage de la prospérité économique et ont apprécié ses préoccupations sociales. Le Cambrésis, terre d'habitat groupé où la petite et la moyenne propriété sont plus importantes que dans le Nord du département, s'apparente aux pays bleus de l'Est et du Sud-Ouest, hésite entre Napoléon et une république modérée. Dans l'Avesnois, plus déchristianisé, plus instruit, les conditions d'une démocratie rurale républicaine sont présentes. Le centrisme global du Nord est donc le fruit d'équilibres internes, mais il est bien réel et individualise le département.

Du patriotisme au républicanisme dans l'Est de la France : la Côte d'Or[1]

S'acheminer vers l'est de la France, c'est aller à la rencontre de ces pays, bien représentés par la Côte d'Or, où l'héritage

1. Pierre Lévêque, *Une société en crise, la Bourgogne au milieu du XIXe siècle*, EHESS-Touzot, 1983, et du même auteur (dir.), *La Côte d'Or de la préhistoire à nos jours*, Bordessoules, 1996, notamment p. 345-368.

républicain de la Révolution est bien vivant. Le patriotisme revivifié par l'expérience des invasions, de 1814, de 1815 et de 1870, est une donnée essentielle de la vie politique. N'est-ce pas le pays du grand Carnot ? Les idées libérales dominent chez les notables sous la Restauration, et le républicanisme, diffusé par la Société des droits de l'homme, a pénétré dans le peuple des villes et la petite bourgeoisie dès la monarchie de Juillet. Un taux de pratique religieuse assez bas (44 % de pascalisants en 1839 dans le diocèse de Dijon) atteste la faible influence du cléricalisme alors qu'un niveau d'instruction supérieur à la moyenne peut favoriser l'éveil politique populaire. La conquête républicaine, résultat d'un combat politique soutenu, y est progressive, mais sûre. Le mouvement républicain, pourtant actif, n'y remporte pas de succès majeur entre 1848 et 1851 : cinq élus républicains sur dix en avril 1848, deux élus montagnards et seulement 36,7 % des voix en 1849. On ne constate pas ici, malgré la présence de militants particulièrement sensibles aux problèmes du monde paysan, comme l'agronome Pierre Joigneaux, de ralliement massif à la République rouge en 1849-1850, comparable à celui des paysans de Saône-et-Loire. Dans ce pays où l'Empire n'a pas laissé de souvenirs très défavorables, le centrisme autoritaire de Louis-Napoléon est accueilli favorablement, en particulier dans la paysannerie. Les républicains, relativement peu éprouvés lors du coup d'État, vont constituer la seule vraie opposition au Second Empire et marquer des points dès 1857 (21,6 % des voix), faire élire un des leurs, Joseph Magnin lors d'une élection partielle en décembre 1863, conquérir la municipalité de Dijon en 1865. En 1869, ils atteignent 42,9 % des voix. « La Côte d'Or est alors un des rares départements ruraux où les républicains très majoritaires dans l'ensemble des villes et des chefs-lieux de canton menacent sérieusement l'hégémonie bonapartiste[1]. » Lors du plébiscite de 1870, si la fidélité des paysans au régime n'est pas remise en cause, le pourcentage de oui (71 %) est inférieur de 13 points à la moyenne nationale. La défaite de Sedan, à nouveau l'invasion, et la politique de défense nationale scellent l'adhésion des côte-d'oriens à la République. À la différence de ce qui se passe dans la plus grande partie de la France, c'est en février 1871 que, pour la

1. Pierre Lévêque, *La Côte d'Or*, *op. cit.*, p. 357.

première fois, la victoire républicaine est sans appel, au profit d'une liste d'union républicaine qui va de Sadi Carnot à Tridon, futur communard, et où les quarante-huitards sont bien représentés. Désormais, la République est installée en Côte d'Or : cinq élus républicains sur six en 1876 (l'arrondissement de Châtillon plus isolé, plus rural, a choisi un bonapartiste), six sur six en 1877 : encore un record côte-d'orien. Il faudra attendre 1913 pour qu'un homme de droite soit élu à Dijon et qu'un changement d'orientation politique du département commence à s'esquisser.

Intégration à un nouvel État et recomposition des forces politiques : la Savoie

Si le patriotisme a joué en Côte d'Or un rôle décisif dans l'évolution vers la République, comme ce fut le cas dans la Marne et d'autres départements, il peut être intéressant d'observer en contre-épreuve une région tardivement intégrée à la nation, la Savoie[1], où des forces politiques, structurées dans un autre contexte, celui du royaume de Piémont-Sardaigne, ont dû, de façon assez inopinée, s'adapter aux cadres politiques français. Même si elle a connu les réformes révolutionnaires à partir de 1792, la Savoie a retrouvé après 1815 une monarchie absolue et ce n'est qu'à partir de 1848 qu'elle bénéficie du « Statut », c'est-à-dire de la constitution du royaume de Piémont-Sardaigne, inspirée du régime de la monarchie de Juillet. Ici, point de suffrage universel, un clergé et une noblesse très influents et attachés au régime, une bourgeoisie peu nombreuse de robins, de médecins, d'acheteurs de biens nationaux qui maintient la tradition du « réformisme éclairé du XVIIIe siècle » et du « libéralisme de la période française », une paysannerie à la vie difficile, condamnée pour une part à l'émigration, et encore peu motivée par la vie politique à laquelle d'ailleurs on ne l'associe que faiblement (51 000 électeurs seulement pour 583 000 habitants en 1848). Certes, rien dans tout cela qu'on ne puisse trouver dans un département français sous la monarchie de Juillet et qui ne

1. Paul Guichonnet (dir.), *Histoire de la Savoie*, Privat, 1973, p. 379 *sq.*

permette aux forces politiques savoyardes d'épouser les clivages politiques bien français, d'autant plus qu'ici la langue nationale est déjà pratiquée. Mais la marche vers l'unité italienne sous l'impulsion du Piémont engendre une curieuse inversion de tendances au sein des forces politiques. L'italianisation croissante du pouvoir politique piémontais qui résulte de l'unité en cours de l'Italie, l'évolution libérale et laïcisante du régime turinois mécontentent les conservateurs catholiques et le clergé. Le régime du Second Empire attire dès lors leurs sympathies et ce sont eux qui soutiennent la cause de l'annexion à la France, s'opposent à la campagne pour le rattachement à la Suisse de la Savoie du Nord. Les libéraux au contraire, jusqu'ici plutôt francophiles, se révèlent anti-annexionnistes. L'intégration de la Savoie à la France s'accompagne de l'introduction du suffrage universel (135 449 inscrits, au lieu de 58 000), ce qui renforce le poids politique de la paysannerie. Les conservateurs, ayant capté à leur profit le ralliement à la France, vainqueurs sans adversaires aux premières élections législatives en 1860, garderont jusqu'à la fin de l'Empire une nette majorité dans les deux départements savoyards [1]. Mais la chute de l'Empire les affaiblit d'autant plus qu'ils ne peuvent comme le reste de la droite française s'appuyer sur des traditions légitimistes ou orléanistes qui sont ici inexistantes. C'est ce qui explique peut-être que le 8 février 1871, la Savoie et la Haute-Savoie élisent neuf républicains et un seul conservateur. Ce choix est momentanément sans retour. La droite est totalement éliminée de la représentation politique dès le 16 mai 1877. Ainsi, les deux départements savoyards, où le parti conservateur paraissait bien placé pour l'emporter, ont élu des députés républicains, orientés à gauche, peut-être parce qu'ils représentaient désormais le gouvernement légal. La Savoie catholique et paysanne a accepté la politique de laïcisation qui allégeait la tutelle assez pesante du clergé. Le ralliement à la République s'opère donc ici par des voies particulières. Il n'en concourt pas moins à l'évolution générale de l'opinion en France.

1. Cependant la circonscription de Bonneville-Thonon élit de justesse en 1869 un candidat catholique d'union libérale, François d'Yvoire, contre l'officiel Bartholoni (il obtient 13 798 voix sur 26 899 votants).

Le Midi méditerranéen : l'affrontement des blancs et des rouges

Entrer dans le monde méditerranéen et rhodanien, c'est pénétrer dans des pays où l'affrontement politique a revêtu des formes passionnées et violentes, où les forces politiques sont bien dessinées : « blancs et rouges » (ces qualificatifs sont présents dans le Var dès 1843) [1] et occasionnellement « bleus », qualificatif qui désigne aussi bien le juste milieu orléaniste que le bonapartisme. Le Var, département dont l'histoire contemporaine a été scrutée de façon particulièrement attentive [2], est un bon témoin de ce Midi précocement politisé. On le confrontera au Gard pour prendre en compte la spécificité qu'introduit la présence d'une population protestante.

La Révolution terminée, le rapport de forces, dans le Var, a été plutôt favorable aux blancs jusqu'aux débuts de la monarchie de Juillet. À partir de 1830 et surtout entre 1848 et 1851, les rouges progressent jusqu'à paraître imposer une fugitive domination. Ce passage du blanc au rouge a été présenté comme une sorte de conversion (les fils des blancs devenant rouges) par le publiciste républicain E. Ténot en 1865 [3], hypothèse que les études récentes remettent plutôt en cause à partir d'une vision affinée de l'évolution du rapport des forces. M. Agulhon a montré, de façon très pénétrante, le rôle qu'ont pu jouer, dans l'émancipation et la politisation des esprits, les traditions communales de lutte antiseigneuriale, la sociabilité populaire et bourgeoise, la déchristianisation spontanée ou provoquée, puis le patronage démocratique dans la conquête électorale des masses [4]. On ne peut cependant parler de « révélation » républicaine en 1848 puisque l'étude des crises muni-

1. Jocelyne George, *Paris-province. De la Révolution à la mondialisation*, Fayard, 1998, p. 100.

2. Maurice Agulhon, *La République au village*, Plon, 1970 ; Émilien Constans, *Le Département du Var sous le Second Empire et au début de la Troisième République*, thèse DE, Aix, 1977 ; Jocelyne George, *Les Maires du Var de 1801 à 1940*, thèse DE, Université Paris-I, 1987 ; Y. Rinaudo, *Les Vendanges de la République*, *op. cit.* ; Tony Judt, *Socialism in Provence 1871-1914*, Cambridge University Press, 1979.

3. E. Ténot, *La Province en décembre 1851. Étude historique sur le coup d'État*, Paris, 1868, p. 145-146.

4. Maurice Agulhon, *La République au village*, *op. cit.*, passim.

cipales sous la monarchie de Juillet atteste un éveil républicain précoce[1], et que l'existence de sociétés secrètes républicaines au début des années 1830 est probable dans le centre du département. Quant au ralliement des Varois à la République, il est limité tant en 1848 qu'en 1849 par le soutien populaire que conservent modérés et conservateurs. En décembre 1848, Cavaignac devance Louis-Napoléon, fait rare à l'échelle nationale[2], et Ledru-Rollin obtient un score plus qu'honorable (17,8 %). Mais ce résultat, comme celui du département voisin des Bouches-du-Rhône, s'il montre l'existence d'une extrême gauche déjà influente, atteste surtout la méfiance héritée de l'Empire contre un Napoléon. Sous la Seconde République, jamais le Var n'a eu, comme la Saône-et-Loire par exemple, une députation exclusivement « rouge ». Au contraire, les législatives de 1849 comme la double élection partielle de 1850 sont extrêmement disputées et le résultat est, dans les deux cas, partagé. L'insurrection varoise contre le coup d'État du 2 décembre 1851 et surtout l'extrême dureté de la répression (4 000 emprisonnés de façon plus ou moins durable, plus de 400 inculpés envoyés en Algérie) donne à la tradition de gauche, née à l'époque de la Révolution, un nouvel enracinement. Malgré tout on rappellera que cette tradition n'affecte qu'une partie du peuple varois, qui restera minoritaire encore quelque temps, à côté de celle qui reste soumise aux notables, et de celle, assez nombreuse ici qui reste indifférente à la vie politique. Si la sociabilité reste très active (550 cercles et sociétés dans le Var vers 1865) et continue à favoriser l'éveil politique, deux phénomènes propres au Var limitent sans doute une affirmation plus rapide de la gauche dans le Var entre 1851 et 1875, les mutations économiques qui renforcent le littoral au détriment de l'intérieur et l'absence de notables républicains locaux capables d'entraîner les masses : le Var est le pays des candidatures importées. Malgré le progrès des républicains au plan municipal dès 1865, lors des législatives de 1869, les deux candidats soutenus ou agréés par le gouvernement sont élus. La percée républicaine, annoncée par un pourcentage élevé de

1. Jocelyne George, « Région, nation, traditions. Six thèses sur le Var de 1800 à 1945 », *Revue historique*, 5, 1991, p. 157-178.

2. Rappelons que seuls quatre départements sont dans ce cas, le Var, les Bouches-du-Rhône, le Morbihan et le Finistère.

non (39,2 % des votants) en 1870, s'opère cependant dès février 1871 avec l'élection de trois radicaux (dont Gambetta et Ledru-Rollin) et trois républicains modérés. Quant à l'extrême gauche, avertie peut-être par la répression de 1851, elle reste assez prudente en 1870-1871. Si l'on se mobilise un peu autour de la Ligue du Midi, il n'y a pas de Commune dans le Var. L'orientation à gauche est confirmée en juillet 1871 (cinq élus républicains) et en 1876 : quatre élus radicaux réélus sans difficulté en 1877 malgré une poussée conservatrice. Dès ce moment, le Var apparaît comme une terre radicale. Il le restera jusqu'en 1898.

Une situation de pluralité confessionnelle introduit-elle par rapport à ce schéma d'évolution méridional des différences majeures ? Dans le Gard[1], la rivalité confessionnelle sous-tend les affrontements politiques depuis la Révolution, opposant un camp « patriote » qui se reconnaît de façon diverse dans les acquis de 1789, éventuellement prolongés par ceux de la République ou de l'Empire, à un puissant parti légitimiste, solidement organisé et disposant de fortes assises populaires dans les principales villes (Nîmes, Alès, Uzès, le Vigan). Dès l'époque révolutionnaire pourtant, les patriotes ne s'identifient pas au seul camp protestant aisément repérable de part et d'autre d'une grande diagonale qui traverse le département du sud-est au nord-ouest. Le long du Rhône, en pays uniquement catholique, il existe aussi une aire d'influence patriote. La résistance à la puissance sociale de l'Église dans cette région, la communication plus facile des idées le long de la grande voie rhodanienne peuvent en rendre compte. Après le traumatisme de la terreur blanche, le système censitaire de la monarchie restaurée a plutôt contribué à l'apaisement des esprits en rapprochant les notables des deux camps et en confortant l'influence de la bourgeoisie protestante. L'avènement du suffrage universel en 1848 fait désormais régner la loi de la majorité numérique. Un écart de moins de 10 000 voix au profit des légitimistes, plus unis d'ailleurs que leurs adversaires, sépare les deux partis. Il permet aux partisans d'Henri V d'emporter une large majorité de sièges en 1848, et de dominer très nettement la députation élue en 1849. Le bonapartisme

1. Raymond Huard, *Le Mouvement républicain en Bas-Languedoc*, *op. cit.*

n'a introduit dans ce rapport de forces que des perturbations limitées car si la candidature de Louis-Napoléon à l'élection présidentielle a certainement drainé des voix d'électeurs patriotes et celle de Cavaignac, des voix légitimistes, la masse de ces derniers a néanmoins voté pour Louis-Napoléon à l'appel de ses leaders et la grande majorité des patriotes pour les deux autres candidats. Les résultats du Gard en décembre 1848 s'apparentent à ceux du Var. Moins de 50 % des voix pour Louis-Napoléon (47,6 %), des pourcentages nettement supérieurs à la moyenne nationale pour Cavaignac (36,1 %) et pour Ledru-Rollin (14,7 %). Autre similitude, la dureté de la répression qui a suivi le coup d'État, bien que, dans le Gard, l'insurrection se soit disloquée avant de donner lieu à des affrontements armés. Elle explique à la fois la persistance d'un esprit républicain et la lenteur du mouvement républicain à se réorganiser au cours des années 1850. Pourtant celui-ci réussit à constituer dans le département la seule opposition vraiment déterminée au Second Empire alors que le légitimisme est de plus en plus ébranlé à la fois par l'érosion de son assise sociale (les ouvriers du textile à Nîmes ou les portefaix beaucairois), par ses compromissions et ses volte-face politiques. Le gouvernement impérial qui adopte ici un profil centriste s'appuie efficacement sur la grande industrie minière et métallurgique en pleine expansion que représente ici Paulin Talabot, et tient en main le département jusqu'en 1870. Comme dans le Var, aucun député d'opposition n'est élu dans le Gard de 1857 à 1869, mais les 36,6 % de non au plébiscite de 1870 montrent que cette emprise n'est pas totale. La chute de Napoléon III déblaie le terrain politique. Ici le bonapartisme, qui ne s'est pas solidement implanté, ne peut refaire surface. Dans le conflit qui oppose désormais les républicains aux conservateurs monarchistes, les premiers perdent la partie en février 1871, mais reprennent l'avantage lors des élections partielles de juillet. L'extrême gauche gardoise comme celle du Var s'est mobilisée un temps à l'appui de la Ligue du Midi et a manifesté ses sympathies envers la Commune, mais elle a fait preuve de prudence et n'a pas rompu l'unité du camp républicain. La percée républicaine de juillet 1871 annonce la victoire définitive que consacreront la conquête de la majorité au Conseil général en octobre 1871, de la majorité des députés lors des élections de 1876, puis la résorption du bastion légitimiste nîmois en 1881. Les républicains l'ont emporté en ralliant moins des légitimistes convaincus (les « conversions » politiques sont rares) que des électeurs politiquement flottants que pouvait séduire un régime établi, modéré, libéral et décidé à résister aux influences cléricales. Dans le Gard, la présence des protestants, de tradition patriote, a donc fourni au républicanisme une assise de masse assez précoce par rapport à d'autres départements, mais elle a aussi cristallisé et dynamisé par réaction l'adversaire légitimiste longtemps majoritaire. C'est ce qui explique que la conquête républicaine ait demandé du temps. Le Gard rejoint ainsi le Var où les forces républicaines originelles s'étaient pourtant constituées dans un autre contexte.

Diversité du conservatisme dans le Sud-Ouest : le Tarn et le Gers

Abordant le Sud-Ouest haut-languedocien et aquitain, nous entrons dans un ensemble territorial où la République l'emportera plus difficilement, et souvent plus tardivement. Les cas du Tarn[1] et du Gers[2] ont été choisis parce qu'ils permettent de saisir comment se perpétue, sous deux formes distinctes, celle du cléricalisme et celle du bonapartisme, une domination conservatrice qui n'était pas acquise d'emblée, puisque, curieusement, ces deux départements ont élu majoritairement des républicains et parfois des rouges en 1849. Sans doute ces deux départements diffèrent-ils sur bien des points : la prépondérance agricole est nettement plus marquée dans le Gers que dans le Tarn, où une population ouvrière en rapide croissance travaille dans les industries textiles, la chapellerie, le travail du cuir et l'extraction de la houille à Albi, Castres, Mazamet, Graulhet. La structure de la propriété dans le Gers est globalement plus égalitaire que dans le Tarn. Enfin, l'emprise du clergé est plus affirmée dans le Tarn, notamment dans les deux

1. Jean Faury, *Cléricalisme et Anticléricalisme dans le Tarn*, Presses universitaires de Toulouse-Le Mirail, 1980.

2. J. Dagnan, *Le Gers sous la Seconde République, la réaction conservatrice, février 1848-2 décembre 1851*, Auch, 1928 ; J. Dagnan, *Le Coup d'État et la Répression dans le Gers, décembre 1851-décembre 1852*, Auch, 1929 ; G. Palmade, « Le Gers », dans Louis Girard (dir.), *op. cit.*, p. 185-214.

zones de ferveur catholique du Nord-Est – le Ségala – et du Sud-Est du département – la montagne castraise –, où la présence d'une petite communauté protestante (environ 5 % de la population) dynamise le zèle catholique.

Dans le Tarn, c'est le clergé associé aux légitimistes locaux qui domine la scène politique : sur neuf sièges à pourvoir, il fait élire en avril 1848 quatre propriétaires légitimistes, et l'abbé Moutou, supérieur du petit séminaire de Castres, soutient Louis-Napoléon en décembre 1848 et favorise son succès. Le score de Cavaignac (15 %) est ici inférieur à la moyenne nationale. Toutefois, en mai 1849, une liste d'union républicaine, qui s'étend même à un ancien orléaniste, remporte une victoire inattendue qui permettra au protestant Bernard Lavergne de commencer sa carrière politique. Rien ne confirme par la suite ce succès circonstanciel. Les sociétés secrètes républicaines ne font qu'effleurer le département et la résistance au coup d'État n'est qu'embryonnaire. À l'égard du pouvoir napoléonien, le clergé, majoritairement favorable aux légitimistes, affiche un soutien circonspect et conditionnel, bientôt compromis par les affaires d'Italie. En conflit avec le régime, il remporte deux succès marquants d'abord en faisant élire en 1868 un candidat d'union libérale dans la circonscription d'Albi, puis en assurant l'année suivante la victoire du baron Reille, conservateur et catholique, contre Pereire, banquier israélite et candidat importé. L'emprise du clergé conduit cependant à l'occasion les paysans non cléricaux à voter pour l'Empire, façon d'affirmer leur indépendance à l'égard du noble et du curé. L'on voit sourdre l'anticléricalisme, soit populaire, des ouvriers, soit plus politisé, des républicains. Si l'Empire avait au fond contenu le cléricalisme tarnais, sa chute le relance plutôt. C'est la droite – une droite d'ailleurs modérée – qui triomphe en février 1871. En juillet, l'affrontement électoral de deux généraux (l'ultra de Sonis contre le très modéré Benjamin-Constant Jaurès, lointainement apparenté au futur leader socialiste), tourne à l'avantage du second sans qu'on puisse en conclure à un véritable ralliement à la République. Les républicains resteront minoritaires en 1876 (2 sièges sur 5) et encore plus en 1877 (1 sur 5 seulement). Il faudra l'affaissement général de la droite en 1881 pour que le département soit conquis. Dans le Tarn, l'opposition entre les cléricaux (le plus souvent légitimistes) et les républicains a donc pris le pas sur celle qui oppose ces derniers aux bonapartistes.

Le Gers présente un cas inverse. Dans ce département, très majoritairement rural où aucune ville ne dépasse 15 000 habitants en 1866 (Auch la préfecture en a 12 500), de structure sociale égalitaire et peu clérical, sauf dans l'arrondissement de Lombez, la prédominance bonapartiste ne peut vraiment étonner. Ce qui surprend en revanche c'est qu'elle ait eu du mal à s'imposer et seulement après que les populations du Gers eurent manifesté des virtualités démocratiques. Sans doute le Gers vote à près de 80 % pour Louis-Napoléon Bonaparte en décembre 1848 (fait qui n'a rien malgré tout d'exceptionnel), mais, en 1849, l'électorat se partage assez nettement entre droite et gauche et le résultat est serré (trois républicains, quatre conservateurs). Équilibre fragile certes et remis en cause au profit de la droite dès juillet 1849. Pourtant la propagande républicaine marque des points entre 1849 et 1851, les sociétés secrètes républicaines se répandent. En décembre 1851, l'insurrection y connaît un développement assez exceptionnel dans le Sud-Ouest : Auch, Mirande, Fleurance, Condom sont momentanément aux mains des opposants au coup d'État. La répression en revanche est rude. La prépondérance bonapartiste, normale au début du Second Empire, menacée surtout en 1869 par le réveil des oppositions orléanistes et républicaines, doit son succès, plus durable qu'ailleurs, au travail d'implantation systématique mené par les Granier de Cassagnac, fougueux bonapartistes, dans la paysannerie. Si, au lendemain de la défaite, en 1871, il élit des hobereaux légitimistes et des bourgeois orléanistes, en 1876, pour cinq sièges, le Gers élit encore quatre bonapartistes. La liste de Cassagnac est élue au premier tour en 1885. Le conseil général ne sera majoritairement républicain qu'en 1889. S'il existait sans doute ici une « disposition plébiscitaire de l'opinion [1] », il a fallu qu'elle soit exploitée méthodiquement par un courant politique organisé pour résister durablement à un environnement politique devenu défavorable.

1. G. Palmade, *ibid.*, p. 213-214.

La naissance d'une tradition de gauche en haut-pays rural : la Creuse

On achèvera cet examen des diversités provinciales par le cas du Limousin, et en particulier de la Creuse [1], qui contraste avec les précédents par l'émergence plus précoce d'une tradition de gauche. Haut-pays rural, mosaïque de hameaux au sein desquels la sociabilité est active, région de petite propriété, où la paysannerie vit très difficilement, dans la hantise de la disette, cette région présente aussi une originalité, l'importance des migrations qui amènent les Creusois à Paris pour travailler dans le bâtiment. Et comment ne pas citer à ce propos le cas de Martin Nadaud, né en 1815 à la Martinèche, dans le canton de Bourganeuf, migrant creusois, bientôt député de son département en 1849 et après l'exil, à nouveau élu de 1876 à 1889 [2]. Le migrant creusois est un vecteur à la fois de la diffusion du français dans une région limousinophone et des idées nouvelles. Dans ce pays de toutes petites bourgades (la préfecture, Guéret, a 3 900 habitants, Aubusson, qui devance le chef-lieu grâce à sa population ouvrière, 4 500), la ville ne peut exercer sur son environnement une influence majeure, malgré la présence du socialiste P. Leroux à Boussac. Notons aussi la tiédeur religieuse, précoce, et le niveau d'instruction plus bas que la moyenne. On voit donc que, dans la Creuse, pèsent, de façon opposée dans la balance, les facteurs de retard, d'archaïsme qui restent dominants à la veille de 1848 et les incitations modernisatrices.

Avant 1848, un petit cercle de notables au premier rang desquels figurait Émile de Girardin, directeur du journal parisien *La Presse*, et député de Bourganeuf, faisait la pluie et le beau temps. En avril 1848, les notables réussissent à limiter le changement et font passer quatre conservateurs pour sept sièges à pourvoir. Les Creusois, exaspérés par l'impôt des 45 centimes, manifestent leur mécontentement en décembre

1. Alain Corbin, *Archaïsme et Modernité en Limousin au XIXe siècle, 1845-1880*, Rivière, 1975, t. II ; Muriel Le Roux-Calas, « Les origines complexes d'un singulier bastion de la gauche », dans Yves Lacoste (dir.), *Géopolitiques des régions françaises*, II, *La Façade occidentale*, Fayard, 1986, p. 869-888.

2. Martin Nadaud, *Mémoires de Léonard, ancien garçon maçon*, Maurice Agulhon (éd.), Hachette, 1976.

en votant à plus de 94 % pour Louis-Napoléon, soutenu d'ailleurs par Girardin. Ledru-Rollin dépasse à peine 1 % des voix. Pourtant, à la différence d'autres régions, ce vote contestataire n'annonce pas une orientation conservatrice. Dans ce pays pauvre et égalitaire, la propagande montagnarde, proche des soucis populaires, marque des points avec le concours actif des migrants et, en mai 1849, la Creuse élit une liste entièrement républicaine et montagnarde où figurent Nadaud et Jules Leroux, frère du théoricien socialiste. Victoire sans lendemain ? On pourrait le croire car les Creusois ne bougent pas en décembre 1851 et approuvent à 94,7 % le coup d'État. Aucun député républicain n'est élu sous l'Empire qui, par sa politique de grands travaux, favorise plutôt la promotion des travailleurs creusois du bâtiment. Pourtant à la fin de l'Empire, les Creusois tendent à bouder les élections (36,3 % d'abstentions en 1869) et à la même date, les suffrages des candidats officiels n'atteignent pas 40 % des inscrits. Si la Creuse élit comme bien d'autres départements des conservateurs monarchistes en 1871, la participation relativement très importante des migrants creusois à la Commune de Paris indique que le ferment de gauche est toujours présent. C'est donc en 1876 que la victoire républicaine est confirmée : tous les députés de la Creuse sont alors républicains et Martin Nadaud retrouve un siège. Le département manifeste dès lors une orientation à gauche durable.

Paris, la ville par excellence, porte-drapeau de la République[1]

L'on ne concevrait pas qu'un aperçu même rapide de la France politique s'achevât sans évoquer Paris. En tant qu'organisme urbain et milieu social, Paris pousse à l'extrême les caractéristiques que l'on peut rencontrer dans d'autres villes de province : la rapide croissance urbaine (la ville double de population entre 1801 et 1851, puis à nouveau entre 1851 et 1876), l'extension spatiale par l'annexion de communes péri-

1. Louis Girard, *La Seconde République et le Second Empire*, dans *Nouvelle Histoire de Paris*, Hachette, 1981 ; Jeanne Gaillard, *Paris, la Ville, 1852-1870*, L'Harmattan, 1997.

phériques en 1860, les transformations urbanistiques symbolisées par le nom d'Haussmann. La bourgeoisie parisienne dans ses strates complexes, mises en lumière par P. Vigier, A. Daumard, C. Charle[1], est un groupe social d'une puissance inégalée. La population ouvrière et artisanale, constamment nourrie d'apports extérieurs, venant d'abord du Bassin parisien, puis aussi du Massif central, repoussée progressivement du centre vers la périphérie par les restructurations urbaines, y reste puissante tout au long de la période étudiée. Paris n'a certes pas toujours l'initiative politique. Il arrive que d'autres grandes villes la devancent, Lyon ou Marseille par exemple en 1870-1871. Les initiatives qui y prennent leur source ne sont plus reçues par la province sans contestation. On le voit en décembre 1851 ou en mars 1871. Malgré tout, la ville, imprégnée par son passé révolutionnaire, reste le guide moral de la Nation. Elle est à l'origine des insurrections ou des mouvements populaires qui emportent les régimes, comme les journées de février 1848 ou le 4 septembre 1870. À Paris, se livrent aussi des luttes légales et électorales qui ont une importance historique : l'élection de Louis-Napoléon à Paris le 4 juin 1848, celle du romancier démocrate Eugène Sue le 28 avril 1850, les élections parisiennes des opposants à l'Empire dès 1852, celle de Barodet en avril 1873 sont des événements d'importance nationale. Enfin Paris est le lieu de sanglants affrontements de classe qui déciment les milieux ouvriers parisiens (juin 1848, la Commune[2]), mais entretiennent aussi la tradition contestataire de ceux-ci. Retenons sous l'angle qui nous intéresse, celui d'une géographie des opinions politiques, trois caractéristiques essentielles. D'abord, le mouvement républicain – sans qu'il soit forcément d'extrême gauche ni même dominant – se manifeste à Paris de façon plus continue que dans toute autre ville de province. En avril 1848, ce sont des républicains, pour la plupart modérés, qui triomphent dans la Seine. Dans le scrutin très serré de 1849, les montagnards obtiennent près de 40 % des voix et les républicains de diverses tendances remportent la moitié des sièges. En décembre 1851, le vote non, renforcé

1. Adeline Daumard, *Les Bourgeois de Paris au* XIX*e siècle*, Paris, 1970 ; Philippe Vigier, *La Monarchie de Juillet*, dans *Nouvelle Histoire de Paris*, Hachette, 1991 ; Christophe Charle, *Histoire sociale de la France au* XIX*e siècle*, Seuil, 1991.
2. Jacques Rougerie, *Paris libre, 1871*, Seuil, 1971.

il est vrai par des suffrages légitimistes ou orléanistes, atteint 37,5 % dans Paris-ville, ce qui place celle-ci au quatrième rang pour le vote non, des villes de plus de 35 000 habitants [1]. Lors des élections de 1852, 1857, 1863, les députés républicains ou d'opposition libérale sont pour la plupart élus à Paris. En 1869, tous les députés parisiens appartiennent à l'opposition à l'Empire. Belleville, pointe avancée de Paris républicain, qui élit Gambetta, fait alors figure de terre extrémiste [2]. Au plébiscite de 1870, la majorité de non, renforcée par des apports orléanistes et légitimistes, est imposante à Paris, 184 000 non contre 138 000 oui. Alors que la France bascule dans l'ensemble à droite en février 1871, Paris continue à élire des républicains et des radicaux. L'élection de l'ex-instituteur Barodet, ancien maire de Lyon, le 27 avril 1873, face à un conservateur modéré Rémusat, confirme l'orientation radicalisante de Paris au moment même où s'esquisse l'Ordre moral [3]. En 1876, les républicains peuvent affirmer, sans trop d'exagération [4], avoir conquis la totalité des sièges de Paris-ville. On s'explique que les conservateurs nourrissent à l'égard de Paris des sentiments d'inquiétude, voire de haine, la décrivent comme une grande Babylone abritant des populations désaxées, voudraient parfois la priver de sa fonction de capitale (l'Assemblée réunie à Bordeaux en février 1871 se transfère ensuite à Versailles où elle demeurera jusqu'en 1879). À l'inverse, le dynamisme parisien fait de Paris, pour les républicains de province, un phare, d'où rayonnent les idées avancées.

Une autre caractéristique de la répartition des opinions à Paris est l'opposition bien nette entre l'est et l'ouest de la ville, visible de façon répétée, aussi bien dans la géographie des insurrections que dans la géographie électorale. Pour autant les quartiers ne sont pas politiquement homogènes. Les quartiers conservateurs abritent des îlots populaires (La Monnaie et le Gros-Caillou dans le Xe arrondissement), les quartiers

1. Gisela Geywitz, *Das Plebiszit von 1851 in Frankreich*, Tübingen, 1965, p. 273. N'oublions pas cependant qu'une fraction des légitimistes et des orléanistes a également voté non.

2. G. Jacquemet, *Belleville au XIXe siècle*, EHESS, 1984.

3. Jean-Claude Wartelle, « L'élection Barodet (avril 1873) », *Revue d'histoire moderne et contemporaine*, octobre-décembre 1980, p. 601-630.

4. *Le Siècle*, 22 et 23 février 1876, 7 et 8 mars 1876. Les républicains annexent le duc Decazes, qualifié de « républicain constitutionnel », élu dans le VIIIe arrondissement contre le bonapartiste Raoul Duval.

avancés, des enclaves bourgeoises (Le Marais, l'île Saint-Louis dans les VIIIe et IX[e 1]).

Enfin la configuration d'ensemble des opinions politiques à Paris présente des caractères originaux. À droite, si les légitimistes cantonnés dans le noble faubourg ont perdu de leur influence, les orléanistes, avec l'appui des milieux d'affaires, de la bonne bourgeoisie parisienne, des milieux cultivés et savants, disposent à Paris d'une influence sociale qu'ils sont loin d'avoir conservé en province. À gauche où le débat est constamment vif entre républicains ainsi qu'entre républicains et socialistes, c'est finalement le radicalisme qui s'affirme comme la force dominante, surtout après que l'écrasement de la Commune a décapité ou dispersé l'extrême gauche parisienne. Les républicains opportunistes qui vont gouverner la France dans la décennie 1880-1890 n'ont donc pas réussi à acquérir à Paris une assise vraiment solide.

Vers 1880, la France est désormais majoritairement républicaine. On a vu ci-dessus quelques types d'évolution politique qui ont permis cette conquête. Depuis les premières épreuves du suffrage universel en 1848, la géographie politique du pays s'est modifiée. Le domaine du légitimisme s'est étiolé, le bonapartisme, après d'éclatants succès, n'a conservé que quelques bastions dispersés. Le courant orléaniste s'est fragmenté, rallié en partie à la République modérée, et apparaît plus difficilement localisable. Chez les républicains, l'héritage des démocrates-socialistes de 1849 est encore perceptible, mais, en particulier dans les départements ruraux, il est assumé aussi bien par les républicains opportunistes que par les radicaux. À la différence de la Montagne de 1849, le radicalisme des années 1876-1880 est devenu essentiellement urbain. Dans la pratique du suffrage universel, mais aussi grâce à des mouvements populaires et insurrectionnels plus ponctuels, une nouvelle France politique est née.

1. Il s'agit des anciens arrondissements antérieurs à la restructuration de 1860.

Aspects de l'influence de la gauche entre 1849 et 1851

- 40 à 50 % des suffrages exprimés pour les démocrates-socialistes en 1849
- Plus de 50 % des suffrages exprimés pour les démocrates-socialistes en 1849
- O Perte d'un ou plusieurs sièges par les républicains entre 1849 et 1851
- + Gain d'un siège par les républicains entre 1849 et 1851

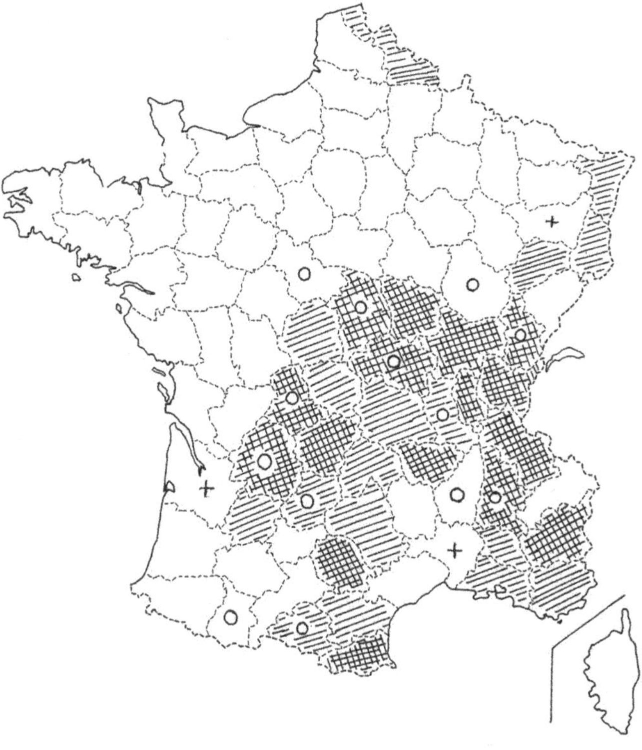

Résultats du plébiscite du 8 mai 1870

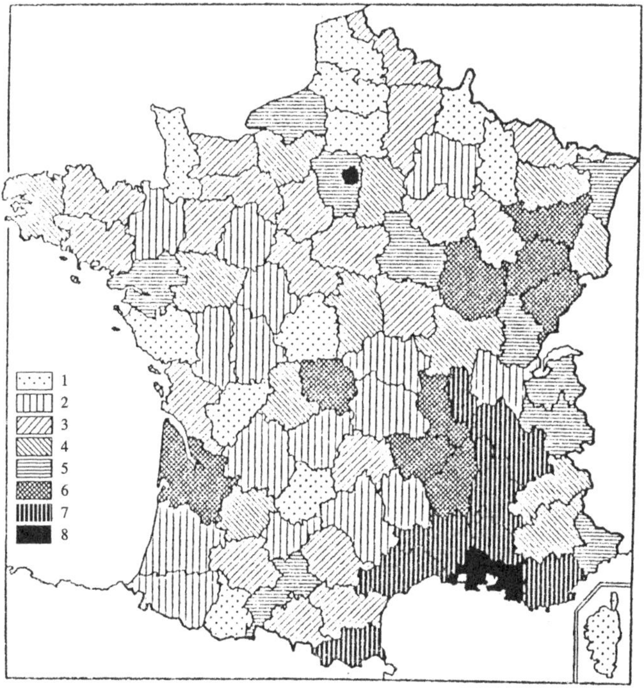

1 oui Plus de 80 % des électeurs inscrits
2 oui De 75 à 80 % " " "
3 oui De 70 à 75 % " " "
4 oui De 65 à 70 % " " "
5 oui De 60 à 65 % " " "
6 oui De 55 à 60 % " " "
7 oui Moins de 55 % " " "
8 Majorité de NON

D'après J. Gouault, *Comment la France est devenue républicaine*, 1954.

Aire d'influence des royalistes et des bonapartistes en 1876

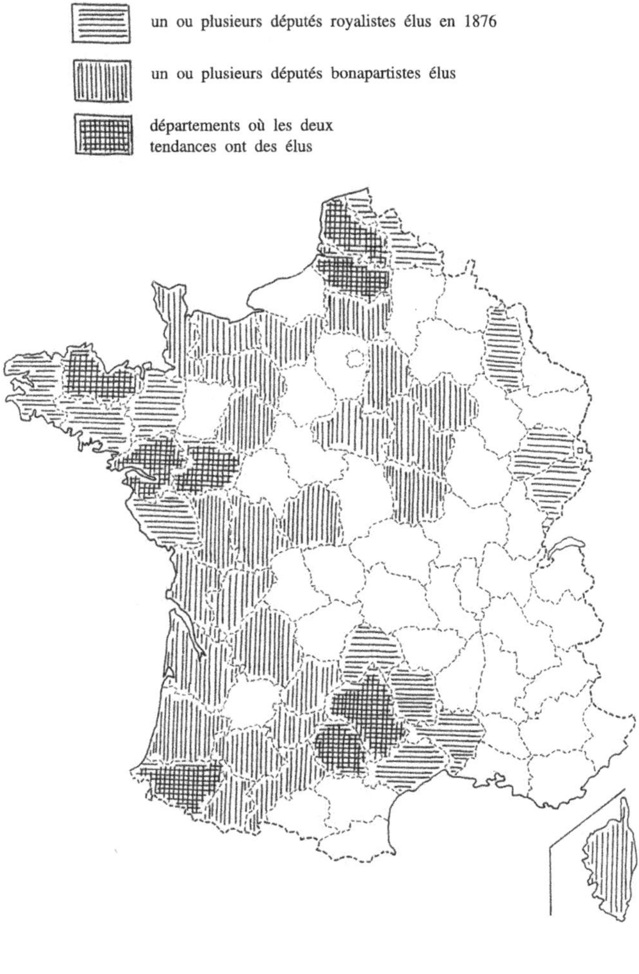

Source : *Le Temps*, 25 février-7 mars 1876, et S.D. Kale, *Legitimism and the Reconstruction of French Society 1852-1863*, Baton Rouge, 1992.

La conquête républicaine en Côte d'Or de 1849 à 1877

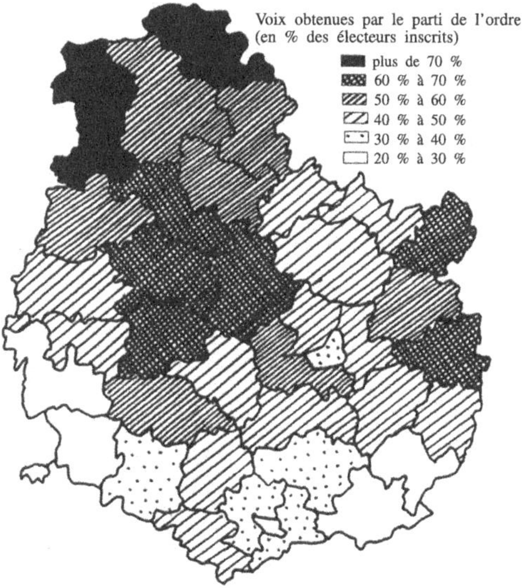

Élections législatives du 13 mai 1849

Valeur du quotient électoral (rapport de voix conservatrices aux voix républicaines)

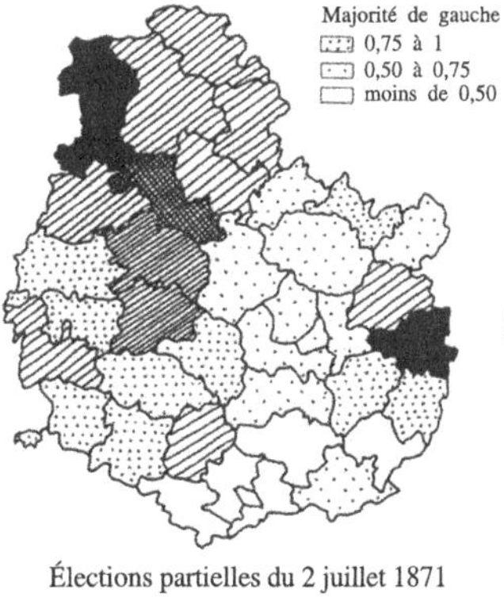

Élections partielles du 2 juillet 1871

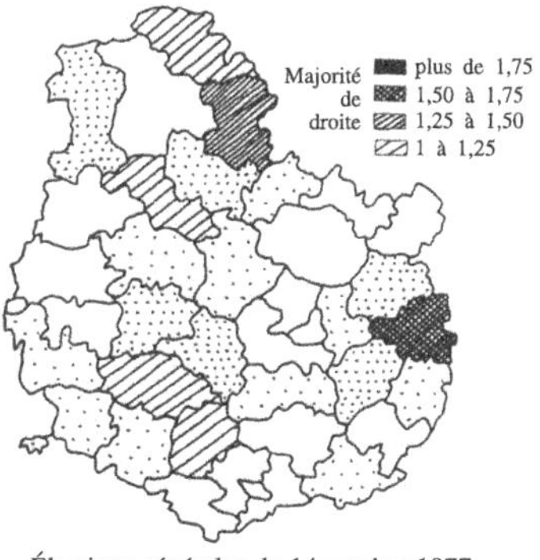

Élections générales du 14 octobre 1877

Source : P. Lévêque, *La Côte d'Or de la Préhistoire à nos jours*, 1996.

L’évolution politique des cantons du Nord de 1871 à 1877

1. Cantons à orientation à droite constante.
2. Cantons à orientation à droite presque constante. (un seul vote à gauche).
3. Cantons à orientation à droite incertaine (2 vote à gauche).
4. Cantons à orientation à gauche constante.
5. Cantons orientés à gauche depuis juillet 1871.
6. Cantons à orientation à gauche presque constante depuis juillet 1871.
7. Cantons orientés à gauche depuis juin 1872.
8. Cantons revenus à droite en 1876 après avoir été orientés à gauche depuis juillet 1871.
9. Cantons instables.

Source : B. Ménager,
La Vie politique dans le département du Nord de 1851 à 1877, 1982.

Élection complémentaire du 13 janvier 1850 dans le Gard

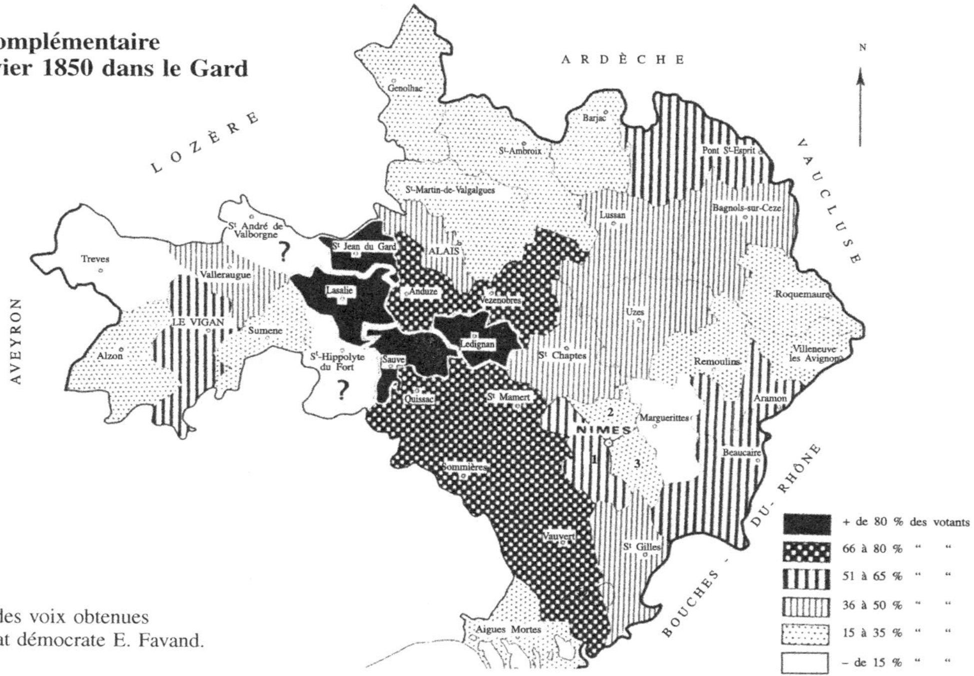

Pourcentage des voix obtenues par le candidat démocrate E. Favand.

Élections de 1877 dans le Gard

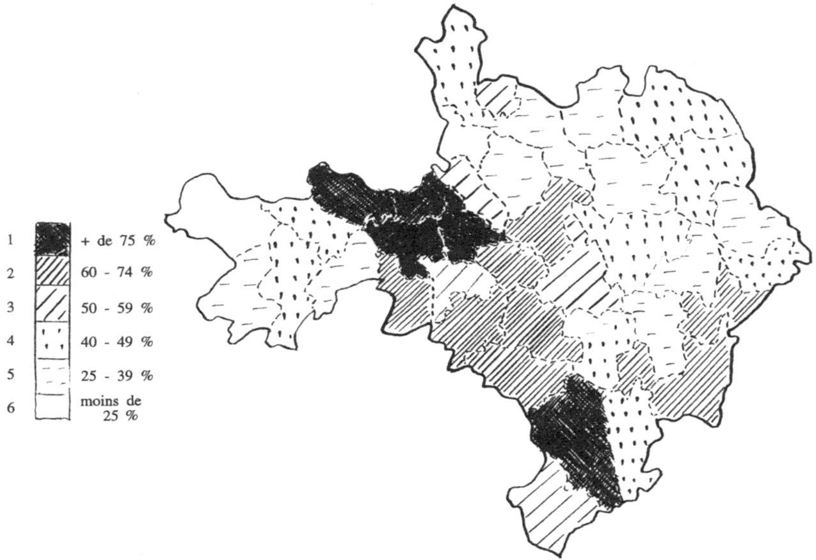

Pourcentage des voix de gauche par rapport aux suffrages exprimés (d'après S.R. Schram).

Aspects de la géographie sociale et politique de Paris au milieu du XIXe siècle

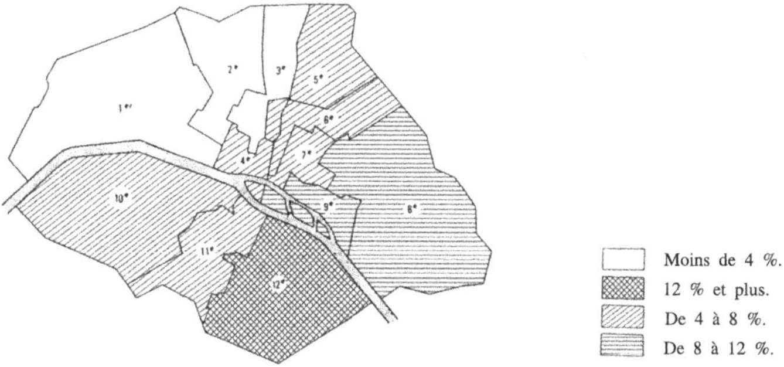

Pourcentage de la population indigente
par rapport à la population totale (1850)

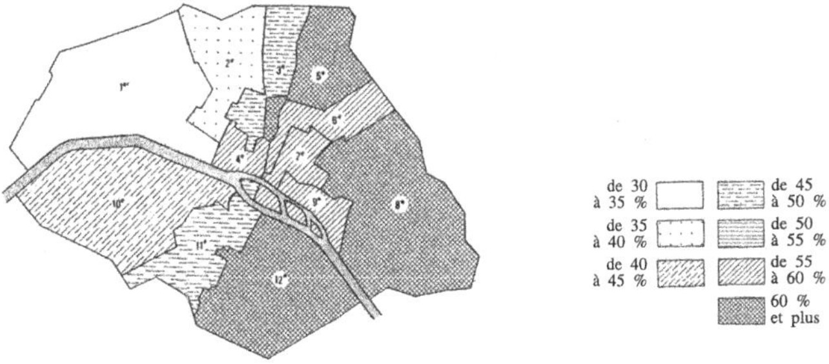

Suffrages obtenus par les démocrates-socialistes (% par rapport aux votants)
à l'élection partielle du 10 mars 1850

Source : L. Girard, *Nouvelle Histoire de Paris. La Seconde République et le Second Empire*, 1981.

TROISIÈME PARTIE

La naissance du modèle républicain 1870-1914

Prologue

par Serge Berstein

La chute du Second Empire, consécutive à la défaite de Sedan devant la Prusse redistribue brutalement les cartes du jeu politique français. L'évolution vers une synthèse entre autorité, libéralisme et démocratie qui se dessinait à la fin de l'Empire est remise en question et toutes les solutions politiques semblent désormais possibles durant quelques années. La double crainte d'un retour au césarisme et d'une restauration de l'Ancien Régime, après l'écrasement de la tentative de République démocratique de la Commune, va inciter les modérés des deux camps, monarchistes et républicains, à passer un compromis permettant l'instauration d'une République conservatrice, laissant la porte ouverte à la possibilité d'une future monarchie constitutionnelle. Mais les choix politiques sans ambiguïté du pays renforcent le camp républicain. À travers une série de crises politiques, le régime se consolide jusqu'à la fin du XIXe siècle, mais sur des bases bien différentes de celles du compromis initial. De cette évolution naît une République parlementaire affirmant la prépondérance des deux Chambres du Parlement sur un exécutif affaibli et subordonné, dont les dirigeants mettent en place un « modèle républicain » fondé sur la synthèse entre libéralisme et démocratie. Correspondant aux aspirations d'une classe moyenne en rapide émergence, ce modèle fait naître une culture politique républicaine qui trouve son accomplissement, à l'extrême fin du XIXe siècle avec l'affaire Dreyfus. Parce qu'elle est un conflit de valeurs, celle-ci joue un rôle véritablement fondateur, dressant, et pour longtemps, un clivage fondamental entre un camp qui se qualifie lui-même de « républicain », attaché à la laïcité de l'État et de la société, au parlementarisme, à la défense des droits de l'homme, à une politique sociale réformiste, partisan de la défense nationale, mais méfiant envers l'armée de métier et les généraux, camp auquel adhère désormais la majorité des socialistes, et ceux qui ne participent pas de ces valeurs, quand bien même ils acceptent la forme républicaine du régime, nationalistes, catholiques, antisémites, mais aussi anarchistes et syndicalistes révolutionnaires.

Victorieuse dans la crise de l'affaire Dreyfus, la gauche s'identifie désormais à la culture politique républicaine. C'est sous son égide que s'organisent et se structurent les traits majeurs de la vie politique des débuts du XXe siècle. Le premier de ces traits est l'appropriation par la République de l'État administratif, né sous l'Ancien Régime, consolidé par le Consulat et l'Empire, renforcé par les régimes successifs du XIXe siècle. Maintenu dans ses structures, il n'est que faiblement épuré, les Républicains acceptant qu'il constitue un instrument neutre au service du régime. Mais l'essentiel, dans ce domaine, est l'extension de ses champs d'intervention, du fait de la volonté des Républicains qui, sans rompre avec les principes du libéralisme, s'éloignent de la pratique du « laissez faire, laissez passer », assez modestement dans le domaine de l'économie, plus nettement en matière de protection sociale, mais surtout à travers la politique scolaire où ils imposent la construction d'une culture nationale commune.

En même temps, face à l'État administratif, le système politique dresse le pouvoir nouveau de la démocratie représentative, traduction concrète du principe de la souveraineté nationale. D'abord au niveau des pouvoirs locaux, municipalité ou Conseil général, qui apparaissent comme l'école de la démocratie et où émerge une classe de nouveaux notables issus de la classe moyenne, de la paysannerie, parfois du monde ouvrier. Ensuite, au stade du « gouvernement », dont la clé de voûte est le Parlement (le Conseil des ministres n'en étant que l'organe exécutif) et dont le mode de décision repose sur la délibération contradictoire des élus de la nation. Ce style de vie politique qui fait de l'indépendance de l'élu et de son libre choix le maître mot de la décision politique est favorisé par le recrutement majoritaire des parlementaires dans la classe moyenne cultivée. Toutefois, ce système fondé sur la « conjonction des centres » rencontre des adversaires aux deux extrémités de l'échiquier politique chez les radicaux et les socialistes, d'une part, les monarchistes et les bonapartistes, de l'autre, entretenant dans l'opinion un courant révisionniste et antiparlementaire qui sert de terreau au boulangisme et au mouvement antidreyfusard, nourrit la contestation nationaliste et maintient vivant, y compris dans les milieux républicains, le thème de la réforme de l'État.

Surtout, la vie politique des années 1880-1914 voit ses caractères se modifier en fonction des évolutions sociales, des progrès de l'alphabétisation, de la diffusion de la presse. La participation, de plus en plus marquée, de la population adulte masculine à l'acte politique entraîne le déclin ou l'obligation de reclassement des notables traditionnels et l'irrésistible poussée des multiples associations politiques ou parapolitiques qui font pénétrer les débats nationaux au cœur même de la société civile. C'est sur ce terreau associatif (que la loi légalise en 1901) que naissent les partis qui structurent désormais en organisations de plus en plus solides les grandes cultures politiques nationales, jusqu'alors limitées à des nébuleuses aux contours flous. Et cette structuration de la vie politique démocratique en France s'achève au début du XXe siècle autour des grands enjeux nationaux qui font débat dans les années qui précèdent la Première Guerre mondiale autour des problèmes de l'anticléricalisme, de la question sociale, de la paix ou de la guerre.

CHAPITRE 9

La synthèse démocrate-libérale en France 1870-1900

par Serge Berstein

Les années 1870-1900 apportent des solutions aux problèmes posés à la France depuis la Révolution française concernant la nature et la fonction du régime politique adapté aux évolutions sociales et aux mutations culturelles dont la fin du XVIIIe et le XIXe siècle ont été le théâtre. Dans la quinzaine d'années qui s'étend entre la chute du Second Empire et le milieu des années 1880, se trouvent en effet tranchées deux questions fondamentales. D'une part, le conflit de légitimité posé par le heurt entre le principe de légitimité monarchique et la souveraineté nationale se trouve définitivement résolu au bénéfice de la seconde. D'autre part, l'antagonisme entre les deux héritages issus de la période révolutionnaire, le libéralisme et la démocratie, reçoit une solution par le compromis et la synthèse, œuvre des républicains de gouvernement, maîtres du pouvoir depuis 1879. Et sur ce socle se construisent les bases d'une culture républicaine qui ne vise certes pas au consensus (et d'ailleurs ne l'obtient pas), mais qui va favoriser l'intégration au régime des couches nouvelles qui accèdent à la conscience politique et trouvent dans la République une réponse à leurs aspirations.

République ou monarchie ?

Une République fort peu républicaine

Le 4 septembre 1870, dans une France en guerre, envahie par les armées prussiennes, l'annonce de la capitulation de

Napoléon III à Sedan pousse les députés républicains de Paris à décréter la déchéance de l'Empire, puis à se rendre à l'Hôtel de Ville pour y proclamer la République. Acte solennel sans doute, mais de portée limitée, que ne ratifie aucune consultation populaire, ni aucune reconnaissance par les villes de province, à la seule exception de Lyon et de Marseille qui ont devancé Paris dans la proclamation de la République. Au demeurant, placés sous l'autorité autoproclamée du général Trochu, les élus républicains parisiens qui constituent un gouvernement de la Défense nationale, se fixent pour seul objectif de conduire la guerre. Mais, bientôt enfermés dans Paris, assiégée par les Prussiens, en proie à une agitation révolutionnaire, ils n'en ont ni la liberté ni les moyens, à telle enseigne qu'ils doivent transférer leurs pouvoirs dans les départements non occupés à une délégation dirigée par le garde des Sceaux Crémieux. Et ce faible gouvernement d'une République précaire laisse apparaître les divisions qui opposent ses membres, libéraux comme Arago, Jules Favre, Jules Grévy, Jules Ferry, Jules Simon, Adolphe Crémieux ou Eugène Pelletan, ou démocrates tels Gambetta ou Rochefort. Le conflit va bientôt se cristalliser sur la question de la poursuite de la guerre entre Gambetta, qui a quitté Paris en ballon dirigeable pour gagner la province où il lève inlassablement des troupes que les Prussiens défont tour à tour, et ses collègues du gouvernement. À Gambetta qui entend poursuivre celle-ci jusqu'à la victoire comme les conventionnels du Comité de salut public, les ministres enfermés à Paris opposent la voix du réalisme : la France est vaincue, l'Europe indifférente, il faut solliciter un armistice pour sauver ce qui peut l'être. C'est chose faite le 28 janvier 1871, le ministre des Affaires étrangères Jules Favre devant, en échange de l'arrêt des combats, s'engager à l'organisation d'élections, prévues le 8 février 1871. Le chancelier allemand Bismarck refuse en effet de négocier la paix avec un gouvernement autoproclamé à la légitimité douteuse. Encore faudra-t-il une forte pression du gouvernement de la Défense nationale pour contraindre Gambetta, ministre de l'Intérieur, à renoncer à son projet de déclarer inéligibles les anciens partisans de l'Empire. Remplacé par Jules Simon au ministère de l'Intérieur, Gambetta préfère quitter un gouvernement avec lequel il se sent en complet désaccord : les libéraux l'emportent sur les démocrates qui entendaient poursuivre le conflit et pratiquer l'épuration des bonapartistes. Une des lignes de clivage majeures des débuts de la IIIe République se trouve ainsi révélée [1].

Mais c'est une tout autre ligne de fracture que vont mettre en évidence les élections du 8 février 1871 qui se déroulent au scrutin de liste départemental. Curieusement, les listes en présence ne paraissent pas participer à un scrutin dont l'enjeu serait commun. Alors que les républicains insistent surtout sur leur volonté de pérenniser le régime provisoire né le 4 septembre, évitant de se prononcer trop nettement sur la question de la paix ou de la guerre pour ne pas révéler les dissensions entre libéraux et démocrates, c'est au contraire la paix qui constitue le thème essentiel des listes conservatrices, constituées de notables rassurants qui se présentent en défenseurs de la liberté contre la dictature césarienne ou l'autoritarisme jacobin d'un Gambetta. Le résultat est sans appel : les Français ont massivement voté pour la paix et, ce faisant, ils ont élu une Assemblée conservatrice où les 400 monarchistes détiennent près des deux tiers des sièges (dont 180 légitimistes, partisans du comte de Chambord et environ 220 orléanistes, fidèles du comte de Paris). Les républicains sont nettement vaincus : ils sont réduits à 150 députés dont seuls une quarantaine, autour de Gambetta, peuvent être tenus pour des démocrates. En position médiane, le groupe du centre gauche, fort de 80 députés, est constitué d'anciens orléanistes comme Thiers et Dufaure, prêts à devenir républicains si le régime s'avère libéral et parlementaire.

En fait, les événements qui se sont déroulés de septembre 1870 à février 1871 ont abouti à une situation paradoxale : les républicains ont fondé un régime que leurs résultats électoraux ne leur laissent guère d'espoir de pérenniser ; les monarchistes, maîtres du jeu grâce à la divine surprise d'une victoire électorale inattendue, sont déconcertés par celle-ci et bien incapables de l'exploiter en raison de leurs divisions. Celles-ci ne portent pas seulement en effet sur la personne du prétendant qu'ils soutiennent (faut-il porter sur le trône le comte de Chambord, héritier de la branche aînée des Bourbons, qui deviendrait Henri V ou couronner sous le nom de Philippe VI le descendant des Orléans, le comte de Paris ?), mais sur la signification

1. Jean-Marie Mayeur, *La Vie politique sous la IIIe République 1870-1940*, Seuil, « Points-Histoire », 1984, p. 14-22.

politique de la solution que chacun représenterait. Le premier terme de l'alternative conduirait à remettre en avant le principe de légitimité, c'est-à-dire le droit divin de l'Ancien Régime dont l'expérience a montré qu'il était difficilement compatible avec l'expression de la souveraineté nationale ; le second impliquerait l'accession au trône d'un « roi des Français » acceptant l'héritage des idées de 1789 et tenant son pouvoir de la volonté de la nation. Faute de pouvoir trancher un débat difficile, la majorité monarchiste choisit, avec l'accord de la majorité des républicains libéraux, une solution de transition, confier le pouvoir à Adolphe Thiers, homme politique expérimenté, adversaire déclaré (et alors honni) de la guerre désastreuse déclarée par le Second Empire, plébiscité par les Français qui l'ont élu dans 26 départements. Mais le titre confié à Thiers le 17 février 1871 par l'Assemblée nationale réunie à Bordeaux, « chef du pouvoir exécutif de la République française », comporte deux limites, l'une qui circonscrit étroitement son rôle de chef en précisant qu'il l'exerce « sous le contrôle de l'Assemblée », l'autre qui insiste sur le caractère provisoire de la nature du régime républicain en stipulant qu'il est pris comme un état de fait « en attendant qu'il soit statué sur les institutions définitives ». Au demeurant, Thiers, dont on ignore la position exacte sur la nature du régime, sauf son souhait qu'il soit politiquement libéral, donc parlementaire, et socialement conservateur, paraît vouloir jouer le jeu que lui propose la majorité, être l'artisan de la conclusion de la paix, du rétablissement de l'ordre et du relèvement du pays et ne pas trancher le débat constitutionnel. On dénommera « pacte de Bordeaux » cette promesse de neutralité sur les « questions réservées » qui se manifeste par la constitution d'un gouvernement d'union nationale où, aux côtés de trois légitimistes, de deux orléanistes, d'un bonapartiste, figurent trois républicains du 4 septembre, Jules Favre, Jules Simon et Ernest Picard[1].

1. René Rémond, *La Vie politique en France*, II, *1848-1879*, Armand Colin, « U », 1969, p. 248-264.

L'écrasement de la Commune, liquidation de l'hypothèque d'une République démocratique

À dire vrai, si les monarchistes sont divisés sur la nature du régime qu'ils entendent restaurer, les Républicains ne le sont pas moins. La tradition révolutionnaire a légué à la culture politique française deux versions de la République : celle de 1792-1794, marquée par l'image ineffaçable de la Terreur et de la guillotine, propre à épouvanter une grande partie de la population française, celle du Directoire, régime de corruption et d'impuissance, scandé par la litanie des coups d'État, et qui n'est guère de nature à provoquer l'enthousiasme de l'opinion. Mais la Seconde République, sous l'influence d'Adolphe Thiers précisément, a proposé une autre version du régime, plus rassurante pour la bourgeoisie et le monde rural, celle d'une République conservatrice qui a écrasé dans le sang le soulèvement des journées de Juin, « aménagé » le suffrage universel, pourchassé les démocrates et a fait du rétablissement de l'ordre sa priorité absolue. Or c'est visiblement à une réédition de cette formule que songe Thiers, par exemple dans une note publiée au *Journal officiel* où il définit la vision du régime qu'il est chargé de gérer :

« Le gouvernement met son honneur à fonder la République. Il la défendra énergiquement avec le ferme dessein de lui donner pour base le crédit, sans lequel la richesse publique ne peut renaître, le maintien de l'ordre et l'exécution des lois qui seuls lui permettent de préparer une ère de réparation et de paix [1]. »

Or la crédibilité de cette conception va se trouver en quelque sorte prouvée par un événement redouté depuis l'automne 1870, l'insurrection parisienne de mars 1871, qui donne naissance à la Commune de Paris, gagne par un effet de contagion plusieurs villes de province comme Lyon, Toulouse, Marseille, Saint-Étienne, Narbonne ou Le Creusot [2], où le mouvement n'aura guère d'avenir et entraîne entre Paris et Versailles, où

1. Dans Serge Berstein (dir.), *La Démocratie libérale*, PUF, « Histoire générale des systèmes politiques », 1998, p. 275.

2. Sur les communes de province, longtemps occultées par l'historiographie française, Jeanne Gaillard, *Communes de province*, *op. cit.*

se sont fixés le gouvernement et l'Assemblée nationale, une impitoyable guerre civile. Les travaux de Jacques Rougerie ont depuis longtemps fait justice de l'idée, soutenue par Marx, selon laquelle la Commune aurait été la première révolution prolétarienne de l'histoire de France [1]. Il est plus juste d'y voir la dernière des « journées » révolutionnaires d'une population exaspérée par un armistice rendant vains les sacrifices consentis à la défense nationale pendant le siège et déçue par le vote conservateur de la France lors des élections du 8 février 1871, alors qu'elle-même a voté avec enthousiasme pour les républicains démocrates Gambetta, Louis Blanc, Victor Hugo ou Edgar Quinet. Entre l'Assemblée nationale et le nouveau pouvoir dirigé par Thiers, d'une part, les représentants du Paris combattant qui siègent depuis le 10 mars dans le comité central de la garde nationale, de l'autre, l'antagonisme est, d'emblée, total. Il l'est au plan de la réalité sociologique, l'Assemblée des grands notables de Versailles apparaissant comme l'antithèse du Paris populaire de la petite bourgeoisie, des petits patrons, boutiquiers, employés qui siègent au comité central. Il l'est dans l'opposition totale sur la question de la paix ou de la poursuite de la guerre qui est le grand problème du moment. Il l'est enfin dans le domaine des conceptions politiques, Paris retrouvant les accents jacobins de la période montagnarde pour exiger la proclamation définitive de la République et la démocratie directe allant jusqu'au mandat impératif et à la révocabilité des élus, alors que nul n'ignore les sentiments monarchiques de la majorité des députés et les convictions libérales et parlementaires de la quasi-unanimité d'entre eux. Si on trouve là le heurt de deux mondes et de deux cultures politiques parfaitement antagonistes, il ne faudrait pas pousser l'opposition jusqu'à la caricature. Couronnement d'une longue période de troubles dans la capitale, l'émeute du 18 mars n'a la portée politique qu'elle revêt que parce que Thiers, appliquant le plan qu'il avait proposé à Louis-Philippe en 1848, décide l'évacuation de Paris par les pouvoirs publics, créant un vide du pouvoir dans la capitale. Dans ces conditions,

1. Voir les livres fondamentaux de Jacques Rougerie sur la question, *Procès des Communards*, Julliard, « Archives », 1965 ; *Paris libre 1871*, *op. cit.*, et *Paris insurgé, la Commune de 1871*, Gallimard, « Découvertes », 1995.

l'élection du conseil municipal de la Commune de Paris, intervenue le 26 mars et qui aboutit à la désignation d'une assemblée composite où les différentes tendances de la démocratie sont majoritaires, dote, par défaut, la capitale d'un véritable pouvoir politique. Transformant en projet politique national l'isolement qui lui est imposé, le nouveau pouvoir revendique la fin de la tutelle du pouvoir central sur Paris et la transformation de l'État en une fédération de communes autonomes, se plaçant dans le sillage de la phase jacobine de la Révolution française pour proposer un programme de République démocratique comportant le gouvernement direct, le mandat impératif, l'élection des fonctionnaires, l'instruction laïque, gratuite et obligatoire, l'impôt progressif et la fin des armées permanentes. La Commune fait d'ailleurs rejouer la mémoire révolutionnaire en reprenant le vocabulaire, le comportement, voire les institutions de la Commune insurrectionnelle de 1792, fondatrice de la Terreur et de la dictature jacobine. Le 15 mai, elle décide de créer un Comité de salut public. Journaux, clubs, réunions populaires rééditent les images de 1793 ou du premier semestre 1848.

Mais au-delà de cette scénographie révolutionnaire expliquée en partie par la fièvre dans laquelle vit la capitale depuis l'automne 1870 et le siège, la réalité est bien différente. La Commune, si elle prend quelques mesures démocratiques d'urgence, se montre soucieuse d'assurer l'ordre et un minimum de légalité. Le fait que, pour la première fois, une révolution parisienne n'ait pas entraîné d'emblée un changement de pouvoir à l'échelle nationale limite l'avenir du mouvement. Les communes de province échouent rapidement. Les grandes villes où les républicains trouvent l'essentiel de leur clientèle se montrent soucieuses de ne pas provoquer l'effroi des campagnes et de la bourgeoisie, qui rejetterait le pays dans les bras de la réaction comme en juin 1848, en ravivant les souvenirs de la Terreur. Leur attitude, rassemblant à la fois les libéraux et les démocrates, penche dans le sens d'une conciliation entre les insurgés parisiens et le pouvoir de Versailles : un Gambetta, un Louis Blanc, un Clemenceau, un Ferry tentent de se présenter en médiateurs pour éviter la guerre civile.

Leur tentative sera vouée à l'échec, en grande partie parce que Thiers juge que les chances de la République conservatrice exigent qu'il administre à l'Assemblée la preuve de sa détermination à éradiquer tout risque de retour à la Terreur. Il ne fera rien pour éviter la guerre civile, ni pour limiter l'ampleur de la répression qui s'ensuit. Au milieu des flammes des incendies et des exécutions d'otages par les Communards, l'armée reprend Paris par la force, procédant à la liquidation sommaire des insurgés pris les armes à la main, livrant les autres aux tribunaux qui les condamnent massivement à la déportation, contraignant à l'exil les responsables de la Commune qui réussissent à lui échapper. 30 000 morts, 36 000 prisonniers, 10 000 condamnés constituent le bilan d'une répression qui décapite pour dix ans l'extrême gauche révolutionnaire. Si le drame de la Commune constitue désormais une image forte dans la mémoire du mouvement populaire en France avec le pèlerinage annuel au « mur des Fédérés » du Père-Lachaise où furent exécutés les derniers combattants de la Commune, il lève l'hypothèque de la République démocratique et permet à Thiers de tenter d'imposer la République conservatrice comme solution à la question, toujours pendante, du régime politique du pays.

L'échec de la fondation par Thiers de la République conservatrice (1871-1873)

On ne saurait comprendre la partie décisive qui se joue durant les quatre années qui suivent l'écrasement de la Commune sans tenir compte de trois données fondamentales : l'ambiguïté des vues des députés à l'Assemblée nationale au-delà de leurs étiquettes politiques ; le blocage de toute possibilité de restauration monarchique par la profonde antinomie entre les vues affirmées par le comte de Chambord, prétendant légitimiste, et la très grande majorité des monarchistes ; enfin l'évolution de plus en plus nette du pays vers une solution républicaine. Ce sont ces données qui vont persuader Thiers de franchir le Rubicon et de tenter d'imposer la République.

La vie parlementaire qui reprend ses droits depuis 1871 après les vingt années d'interruption du Second Empire révèle l'extraordinaire complexité des cultures politiques françaises au-delà du grand clivage entre République et monarchie. Au sein du camp républicain, on ne saurait confondre l'extrême gauche démocratique marquée de préoccupations sociales, rassemblée autour de Louis Blanc, avec les amis de Gambetta regroupés dans la Gauche républicaine et dont le jacobinisme, avant tout politique, s'accommoderait volontiers d'un pouvoir fort exercé par leur chef de file. Républicains libéraux, attachés au parlementarisme, les membres de l'Union républicaine, conduits par Jules Grévy et Jules Ferry, se méfient de Gambetta. Mais tous les républicains se retrouvent dans la revendication des libertés publiques, l'anticléricalisme et la détermination à placer au centre du système politique la volonté de la nation. Au centre et à droite, le tableau est beaucoup plus flou, les frontières poreuses, les situations susceptibles d'évolutions. En simplifiant beaucoup et en négligeant les groupes intermédiaires, on peut admettre que le centre gauche qui suit Thiers est constitué de grands bourgeois orléanistes, attachés davantage au parlementarisme d'une monarchie constitutionnelle qu'à la personne du monarque et, par conséquent, prêts à se rallier à la République conservatrice. Regroupé autour de Saint-Marc Girardin, puis du duc d'Audiffret-Pasquier, le centre droit rassemble les orléanistes, mais ceux-ci subissent la double attraction du centre gauche crypto-républicain et des légitimistes qui refusent toute idée de ralliement à la République. Si on peut considérer comme négligeable la vingtaine de députés bonapartistes qui forment le groupe de l'Appel au peuple et dont Rouher prendra la tête en février 1872, c'est du côté des légitimistes que l'ambiguïté est la plus forte et les marges de manœuvre du jeu politique les plus grandes. Hormis une soixantaine de légitimistes fanatiques, baptisés les « chevau-légers » en raison du nom de la rue où ils se réunissent, attachés par un lien de fidélité personnelle au comte de Chambord, la majorité du courant est en fait prête à accepter l'héritage de la Révolution française, le régime parlementaire et se montre attachée avant tout aux grandes libertés publiques[1]. Derrière les étiquettes consacrées se profile donc une autre réalité, celle d'une Assemblée au sein de laquelle existe une écrasante majorité de parlementaires qui accepte la France moderne issue de la Révolution, les grands principes libéraux et trouve son idéal politique dans un régime parlementaire à l'anglaise, la seule

1. On trouvera une description plus approfondie et plus précise des groupes parlementaires dans Jean-Marie Mayeur, *op. cit.*, p. 39-42.

divergence réelle portant sur la présence ou l'absence d'un monarque à la tête de l'État.

Or, dans ces circonstances, c'est le prétendant légitimiste, le comte de Chambord, qui va se charger de rendre la Restauration impossible. Alors qu'il paraît tenir toutes les cartes en main, au prix d'une négociation avec le prétendant orléaniste, il pose le 5 juillet 1871 une condition à son accession au trône de France, l'adoption du drapeau blanc aux lieu et place du drapeau tricolore, incontesté depuis 1830. C'est affirmer clairement son refus de l'héritage révolutionnaire, prétention inacceptable, on l'a vu, pour la quasi-unanimité des députés, y compris les légitimistes dont une bonne partie publie le 7 juillet un message pour se désolidariser des vues du comte de Chambord. L'impasse est totale et la restauration monarchique impossible en l'état. Force est donc de consolider le pouvoir de Thiers en dépit de la méfiance sur ses intentions face au régime qu'il suscite désormais dans les rangs monarchistes. Le 31 août 1871, la loi Rivet lui donne le titre de président de la République française pour la durée de la législature, mais rappelle que le régime républicain est toujours provisoire et que le président, le gouvernement et les ministres sont responsables devant l'Assemblée nationale. Au passage, en dépit de l'opposition de Gambetta et des démocrates, l'Assemblée s'octroie le pouvoir constituant dont il n'était nullement évident qu'il lui ait été accordé par le vote du 8 février 1871.

Le blocage de la restauration monarchique et la relative fluidité des vues des députés doivent être mis en corrélation avec l'évolution politique du pays telle que permettent de la constater les consultations électorales. Les élections partielles de juillet 1871 destinées à pourvoir les sièges laissés vacants par les élections multiples, comme celles qui se déroulent en 1871 et 1872, les élections locales, cantonales ou municipales, marquent toutes de spectaculaires progrès des républicains, prouvant *a posteriori* le caractère exceptionnel du scrutin de février 1871 et le trompe-l'œil de ses résultats.

Dans ces conditions, Thiers, dont l'évolution vers la République se dissimule de moins en moins et dont les rapports avec la majorité de l'Assemblée nationale se détériorent, en grande partie en raison de son autoritarisme, se sent en mesure de forcer le destin. Préparant l'opinion et l'Assemblée au coup d'éclat qu'il médite, il distille des phrases assassines sur les divisions des monarchistes et des bonapartistes (« Il n'y a qu'un trône et on ne peut l'occuper à trois »), prononce des paroles rassurantes pour les républicains (« La République est le gouvernement qui nous divise le moins... ») et finit par jeter le masque dans un message adressé le 13 novembre 1872 à l'Assemblée nationale. S'appuyant sur l'œuvre de relèvement du pays et de maintien de l'ordre pratiquée par son gouvernement depuis 1871, il la porte au crédit de la République provisoire dont il affirme que le maintien permettrait la pérennisation du redressement national : « ...Avec l'ordre... nos ateliers se sont rouverts, les bras ont repris leur activité, les capitaux étrangers... sont revenus vers nous... et déjà la France relève la tête... Une forme de gouvernement qui, d'habitude, la troublait profondément commence à entrer peu à peu dans les habitudes... La République existe, elle est le gouvernement légal du pays : vouloir autre chose serait une nouvelle révolution et la plus redoutable de toutes. » Mais, comme il n'avait cessé de l'affirmer depuis 1848, c'est bien une République conservatrice qu'il s'agit de fonder : « Ne perdons pas notre temps à la proclamer ; mais employons-le à lui imprimer ses caractères désirables et nécessaires... Tout gouvernement doit être conservateur, et nulle société ne pourrait vivre sous un gouvernement qui ne le serait point... La République sera conservatrice ou elle ne sera pas [1]. »

Thiers, qui se juge indispensable, a surestimé son poids sur les députés. Le discours du 13 novembre 1872 scelle son destin. Les monarchistes sont résolus à se débarrasser de lui à la première occasion, et, pour préparer l'avenir, ils se réorganisent sous la direction du duc de Broglie, ancien ambassadeur à Londres. En attendant, ils réaffirment le caractère parlementaire du régime en votant la loi du 13 mars 1873 qui prive le président de la République d'une partie de son ascendant en stipulant que les interpellations ne s'adressent qu'aux ministres et que les messages du président ne sont pas suivis de discussion. Le 24 mai 1873, ils se saisissent de l'élection à Paris en avril du radical Barodet, qui bat dans une élection partielle le ministre des Affaires étrangères Rémusat, pour faire adopter par la majorité un ordre du jour du duc de Broglie invitant le gouvernement à faire prévaloir une politique « résolument

1. Cité dans Serge Berstein, *op. cit.*, p. 278-279.

conservatrice ». S'estimant désavoué, Thiers démissionne aussitôt. Le soir même, la majorité monarchiste lui donne pour successeur un officier réputé légitimiste, le maréchal de Mac-Mahon. La tentative de fondation d'une République conservatrice a échoué. La restauration monarchique revient à l'ordre du jour.

L'échec de la restauration monarchique (1873-1874)

Si la République souhaitée par Thiers s'est heurtée aux fidélités monarchistes, au demeurant confuses, de la majorité de l'Assemblée nationale, le conservatisme demeure plus que jamais la ligne directrice des gouvernants. Le maréchal de Mac-Mahon, élu président de la République, peu rompu aux débats politiques, paraît résolu à laisser gouverner les dirigeants de la majorité et le prouve en nommant vice-président du Conseil le duc de Broglie, chef de file des royalistes, qui constitue un gouvernement formé de monarchistes, orléanistes et légitimistes, et d'un bonapartiste. Son programme est fixé par Mac-Mahon dans son discours du 25 mai 1873 : « Avec l'aide de Dieu, le dévouement de notre armée qui sera toujours l'esclave de la Loi, l'appui de tous les honnêtes gens, nous continuerons l'œuvre de la libération du territoire et du rétablissement de l'Ordre moral dans notre pays, nous maintiendrons la paix intérieure et les principes sur lesquels repose notre Société. »

Le régime de l'Ordre moral s'applique à éradiquer dans le pays tout ce qui pourrait favoriser une démocratie qu'il s'agit de combattre à tout prix. La presse républicaine est l'objet de poursuites en vertu des lois de l'Empire et de l'état de siège instauré pour lutter contre la Commune, les bustes de Marianne sont interdits dans les mairies, les préfets, les sous-préfets, les maires soupçonnés de sympathies républicaines sont révoqués, les débits de boissons, centres de propagande républicaine, sont étroitement surveillés. Pour préparer la restauration monarchique, il s'agit de faire encadrer étroitement la population par les élites et de lui réinculquer des principes religieux. Sur le premier point, une loi du 20 janvier 1874 donne au président de la République pour les communes importantes, aux préfets pour les autres, la nomination des maires, qui peuvent être choisis hors du Conseil municipal élu. Sur le second, les légitimistes ultramontains multiplient les exigences qui apparaissent comme autant de provocations aux yeux des Républicains, mais suscitent également de fortes réserves chez les libéraux du centre gauche et chez une bonne partie des orléanistes, peu soucieux de paraître solidaires des manifestations de cléricalisme. C'est ainsi que l'aile intransigeante du légitimisme propose de consacrer la France au Sacré-Cœur, souhaite que l'Assemblée nationale s'associe à l'érection de la basilique érigée sur la butte Montmartre en hommage au Sacré-Cœur, obtient que soient interdits les enterrements civils organisés par les libres penseurs. La politique de l'Ordre moral se caractérise ainsi par la conjonction d'une pratique réactionnaire du pouvoir et du retour à l'alliance du trône et de l'autel, en d'autres termes elle renvoie à une culture politique qui apparaît comme profondément archaïque par rapport à la France moderne. Or elle va s'avérer vaine dans ses objectifs et provoquer un rejet de l'opinion publique qui condamne son projet institutionnel.

Préparer la France à la restauration monarchique est en effet une chose, la réaliser en fonction des divisions du parti monarchiste en est une autre. Or aucune restauration n'est possible sans un accord entre légitimistes et orléanistes dont on a vu que les divergences ne portaient pas tant sur la personne du prétendant que sur les principes politiques que le futur monarque entendait mettre en œuvre. Pour aplanir la voie de la restauration, les monarchistes vont se réfugier dans l'ambiguïté et le non-dit, feignant d'ignorer la déclaration sur le drapeau blanc du 5 juillet 1871 et se contentant de régler le problème de la dualité des prétendants. La solution apparaît simple : le comte de Paris se rend le 5 août 1873 à Frohsdorf en Autriche où réside le comte de Chambord et reconnaît celui-ci comme prétendant légitime au trône de France, tandis que ce dernier qui n'a pas d'enfant admet que les Orléans lui succéderont sur le trône. Mais, ni les envoyés orléanistes ni les députés monarchistes qui font le pèlerinage autrichien n'obtiennent du futur Henri V qu'il accepte le drapeau tricolore et promette de maintenir le régime parlementaire. Résolus à forcer la main du prétendant, les députés royalistes acceptent l'idée de restauration en l'assortissant d'engagements sur le drapeau et le régime. Mais Chambord refuse de se plier ainsi aux vues de ses partisans et publie fin octobre 1873 une lettre destinée à dissiper les malentendus. Refusant d'« inaugurer un règne réparateur par un acte de faiblesse », il affirme haut et fort sa volonté de défendre le principe de la monarchie de droit divin et de refuser tout compromis. Rejetant la France moderne issue de la Révolution, ignorant les sentiments d'un pays qui manifeste, d'élection partielle en élection partielle, son soutien à l'idée républicaine, le prétendant légitimiste enferme la monarchie dans l'impasse. L'Ancien Régime qu'il rêve de restaurer apparaît en totale discordance avec l'esprit public. Faute d'avoir su s'adapter aux aspirations de l'opinion, la culture politique traditionaliste est condamnée à un lent et inéluctable dépérissement qui la marginalise. Sur les ruines du projet de restauration monarchique, se met alors en place le régime parlementaire, libéral et socialement conservateur dont on a vu qu'il répondait aux vœux de la grande majorité de l'Assemblée nationale, et celui-ci, faute de mieux, sera, au moins provisoirement, une République.

La République par défaut (1874-1875)

L'échec de la restauration monarchique, du fait de l'absence de sens politique du comte de Chambord, laisse les légitimistes en plein désarroi et pousse le duc de Broglie à mettre en avant la solution de rechange qui a le soutien des orléanistes : faire durer le provisoire en attendant la disparition du comte de Chambord, de façon à permettre à un Orléans d'opérer la restauration sur la base de l'instauration d'une monarchie constitutionnelle, à fondement parlementaire, acceptant les principes libéraux. La solution passe par la prolongation pour une importante durée des pouvoirs du maréchal de Mac-Mahon. Faute d'obtenir du centre gauche, indispensable pour rassembler une majorité, que celle-ci soit de dix ans, Broglie fait voter la loi du 20 novembre 1873 qui instaure le septennat : « Le pouvoir exécutif est confié pour sept ans au maréchal de Mac-Mahon, duc de Magenta... ce pouvoir continuera à être exercé avec le titre de président de la République et dans les conditions actuelles jusqu'aux modifications qui pourraient y être apportées par les lois constitutionnelles. » Dans la République provisoire, le pouvoir présidentiel ne résulte donc pas d'une règle constitutionnelle, il appartient à un homme nommément désigné par la loi. Mais, en même temps, Broglie doit consentir au centre gauche la création d'une commission de trente membres, chargée d'examiner les lois constitutionnelles.

La question du régime se pose désormais en termes de course de lenteur. Aux monarchistes qui souhaitent retarder l'adoption de lois constitutionnelles, s'opposent les républicains, les hommes du centre gauche, voire une partie des orléanistes qui jugent venue l'heure de sortir du provisoire. Or trois faits vont jouer contre les premiers et en faveur des seconds. En premier lieu, la longévité du comte de Chambord (qui vit jusqu'en 1883) rendant impossible toute restauration monarchique. En second lieu, les élections partielles qui montrent des progrès permanents des républicains, lesquels apparaissent comme les grands vainqueurs des consultations et, en leur sein, des radicaux qui ne cessent de marquer des points sur les modérés. À la révélation du péril radical s'ajoute, à partir de 1874, le retour en force du bonapartisme dont les effectifs ne cessent de s'étoffer d'élection en élection, la mort de Napoléon III en janvier 1873 levant l'hypothèque que représentait le vaincu de Sedan. Entre la poussée des républicains démocrates et celle des partisans du césarisme, les libéraux se sentent doublement menacés et songent à un compromis constitutionnel. Celui-ci va être favorisé par un troisième facteur, la modération toute nouvelle dont font preuve Gambetta et ses amis de l'Union républicaine. Conscient que la République n'a de chance de s'instaurer que si la forme du régime rassure la société française dans ses profondeurs, Gambetta amorce en 1873-1874 un tournant politique qui le rapproche de Thiers et va pousser les républicains à accepter de passer avec les monarchistes libéraux le compromis qui permettrait de pérenniser le provisoire proclamé en 1870.

Longtemps réticent envers tout compromis, le duc de Broglie comprend le danger d'une situation d'atermoiements lorsqu'il est renversé en mai 1874 par la conjonction des légitimistes, des républicains et des bonapartistes. Convaincu par Decazes et le duc d'Audiffret-Pasquier des dangers d'une politique du pire qui favoriserait les extrêmes, il accepte l'idée de la rédaction d'une Constitution qui préserverait le caractère conservateur du régime grâce à l'institution d'un Sénat et laisserait ouverte la possibilité d'une future restauration monarchique. Mais il est débordé par le ralliement à l'idée républicaine de députés du centre droit qui se joignent, de plus en plus nombreux, au camp républicain formé du centre gauche, de la Gauche républicaine et de l'Union républicaine. Les votes des lois constitutionnelles qui voient, de jour en jour, s'accroître le nombre de voix favorables à des textes qui contiennent le terme de République témoignent de cette évolution. Le 30 janvier 1875, la majorité bascule en faveur des républicains : l'Assemblée adopte, par 353 voix contre 352, l'amendement Wallon qui stipule : « Le président de la République est élu à la majorité des suffrages par le Sénat et la Chambre des députés réunis en Assemblée nationale. » En faisant de la présidence une fonction du régime et non l'attribut personnel de Mac-Mahon (comme en novembre 1873), l'amendement fonde la République. Une nouvelle majorité est née qui va désormais se grossir de l'apport de nouveaux orléanistes dissidents. Entre février et juillet 1875 sont adoptées les trois lois constitutionnelles qui fondent la IIIe République.

Le régime qu'elles mettent en place se ressent du caractère de compromis d'un texte où les partisans de la monarchie constitutionnelle, les républicains libéraux et les démocrates ont, les uns et les autres, tenté de préserver l'avenir. Ainsi les républicains ont-ils obtenu que le président de la République soit élu par les deux Chambres, ce qui fonde l'existence de celles-ci et instaure la prépondérance du législatif sur l'exécutif, puisque celui-ci procède du premier, conformément au principe de la souveraineté nationale. En revanche, ils ont dû consentir à l'octroi au président de pouvoirs considérables, qui en font virtuellement un monarque constitutionnel. Comme lui, il est irresponsable et ses actes doivent être contresignés par un ministre. Mais c'est lui qui, comme chef du pouvoir exécutif, désigne les ministres. Et ses pouvoirs sont bien ceux d'un souverain : il peut dissoudre la Chambre après avis conforme du Sénat, il possède le droit de grâce, il préside le Conseil des ministres, il négocie les traités, il promulgue les lois dont il peut demander une seconde délibération aux Chambres. Il est clair que la République fondée par le compromis de 1875 a à sa tête un monarque, temporaire sans doute, mais qui pourrait, sans qu'un bouleversement constitutionnel soit nécessaire, céder un jour la place à un monarque héréditaire. Au demeurant, l'article 8 de la loi du 25 février 1875 relative à l'organisation des pouvoirs publics a prévu une procédure de révision aisée puisqu'il suffit, pour procéder à celle-ci, d'un vote majoritaire de l'Assemblée nationale (qui, selon la Constitution, est la réunion des deux Chambres), à l'initiative, soit des Chambres, soit du président de la République. Et lors de la discussion de l'article, le député Wallon a précisé que la révision pouvait s'appliquer « à la nature du régime ».

La seconde institution, le Sénat, a fait l'objet d'une loi spéciale, votée avant toute autre loi constitutionnelle, le 24 février 1875, en raison des exigences du duc de Broglie qui y voyait la clé de voûte du système politique, chargée de garantir le caractère conservateur du régime. S'il ne parvient pas totalement à en faire l'Assemblée franchement réactionnaire qu'il envisageait par sa constitution en trois catégories, les membres de droit (cardinaux, maréchaux, amiraux, hauts magistrats), les membres à vie choisis par le président parmi les anciens ministres, les hauts fonctionnaires, les membres de l'Institut, les évêques, enfin les membres élus pour sept ans par les électeurs les plus imposés des départements, il parvient néanmoins à la constituer en représentante de la France des notables, petits ou grands, désignés non par le suffrage universel direct, mais au second degré par des élus. Le Sénat de 1875 comprend en effet deux catégories de membres qui doivent avoir au moins 40 ans : 75 sénateurs à vie, désignés pour la première fois par l'Assemblée nationale, puis, à mesure des vacances, cooptés par le Sénat, 225 sénateurs élus pour neuf ans (et renouvelables par tiers) par des collèges électoraux comprenant dans chaque département députés, conseillers généraux, conseillers d'arrondissement et représentants des conseils municipaux.

Souhaitée par les républicains qui auraient préféré une assemblée unique, la Chambre basse, constituée des députés des départements, n'a pas posé moins de problèmes aux constituants. Orléanistes, hommes du centre gauche et même républicains libéraux se sont interrogés pour savoir s'il convenait d'instaurer le suffrage universel ou, du moins, de le laisser fonctionner sans l'encadrer. Finalement, il apparaît impossible de remettre en cause un droit acquis depuis 1848 et trop risqué de l'« aménager » comme en 1850 ou d'en pervertir le fonctionnement comme sous le Second Empire. Aussi la loi du

30 novembre 1875 donne-t-elle le droit de vote à tous les hommes âgés de 21 ans (il n'est évidemment pas question d'étendre ce droit aux femmes), à condition qu'ils aient accompli leur service militaire et qu'ils puissent prouver six mois de résidence. L'exclusion des militaires sous les drapeaux écarte du droit de suffrage une notable partie des classes d'âge les plus jeunes, supposées de sentiments politiques plus avancés, et la même préoccupation conduit à fixer à 25 ans l'âge de l'éligibilité. Enfin, l'adoption, voulue par les orléanistes du scrutin uninominal d'arrondissement qui joue en faveur des notables, au détriment du scrutin d'idées qu'est le scrutin de liste départemental constitue une autre précaution contre les risques du suffrage universel. En dépit de ces réserves, la Chambre des députés, élue au suffrage universel direct, est bien la pièce démocratique du mécanisme institutionnel mis en place par le compromis de 1875, avec cette réserve que le Sénat a les mêmes droits qu'elle en matière de vote des lois et du budget.

La République est donc stabilisée, sans qu'on puisse exclure qu'une révision future la transforme en monarchie constitutionnelle. Il est clair qu'entre la lecture orléaniste des institutions qui privilégie cette dernière option et la version républicaine qui fait des élus de la nation les véritables dépositaires de la souveraineté, la contradiction est flagrante. Comme sous la monarchie de Juillet, la question est de savoir qui, du chef de l'État, souverain potentiel, ou de la majorité des élus de la nation, doit inspirer la politique du gouvernement. C'est cette question qui occasionne la première grande crise subie par la IIIe République.

République présidentielle ou République parlementaire (1876-1879) ?

Au moins autant que la lettre des institutions, leur pratique détermine, on le sait, la véritable nature d'un régime politique. Or, entre 1876 et 1879, se joue celle de la IIIe République, l'événement se chargeant de trancher les ambiguïtés contenues dans le compromis institutionnel de 1875. Et, pour l'essentiel, la solution est conforme au principe qui veut que le peuple souverain soit l'arbitre des conflits politiques entre ses dirigeants.

La mise en place des institutions républicaines

Au niveau du pouvoir exécutif, la loi du septennat avait installé à l'Élysée le maréchal de Mac-Mahon jusqu'en 1880, terme théorique de son mandat. En revanche, lui-même avait implicitement admis qu'il appartenait à un membre de la majorité de l'Assemblée, désigné par lui, de former le gouvernement. Après Broglie, renversé en mai 1874, le général de Cissey, puis l'orléaniste Buffet en mars 1875, constituent des ministères, avec le titre, absent du texte constitutionnel, de vice-président du Conseil, puisque le Conseil des ministres, solidairement responsable devant les Chambres en vertu de l'article 6 de la loi constitutionnelle du 25 février 1875, est présidé par le chef de l'État, lui-même irresponsable (sauf en cas de haute trahison).

Dans ces conditions, on peut considérer que la formation et la ligne politique du nouveau gouvernement dépendront de la composition des deux assemblées élues en vertu des lois constitutionnelles. Or celle-ci ne répond pas totalement aux espoirs placés en elle par Broglie et les conservateurs. Sans doute, le Sénat définitivement constitué en janvier 1876 dispose-t-il d'une étroite majorité conservatrice (151 royalistes contre 149 républicains) en raison du système électoral qui donne la prépondérance aux notables ruraux, mais la désignation des 75 sénateurs inamovibles a vu, contre toute attente, la conjonction des légitimistes, des bonapartistes et des républicains pour mettre en échec les hommes du centre droit et du centre gauche qui ont mis en place la Constitution de 1875, si bien que 60 républicains figurent parmi les nommés. Et surtout, les élections législatives qui se déroulent les 20 février et 5 mars 1876 apportent la confirmation, perceptible dès le lendemain des élections de février 1871, du choix républicain du pays. Face aux 360 élus républicains, les conservateurs ne sont guère plus de 150 (dont une moitié de bonapartistes) : les royalistes, dominants dans l'Assemblée nationale, sont taillés en pièces.

La configuration politique de 1876 met donc en place un jeu politique où une assemblée nettement républicaine se trouve face à un président de la République nettement conservateur et à un Sénat de la même tendance. La question est donc de savoir quel gouvernement il est possible de former, compte tenu du fait que celui-ci doit à la fois jouir de la confiance du chef de l'État et de celle des deux assemblées. Le choix est entre l'épreuve de force qui verrait le président, appuyé par le Sénat, entrer en conflit avec les élus du suffrage universel, l'abdication devant la volonté exprimée par le peuple souverain en invitant l'un des chefs du parti républicain (en l'espèce Gambetta) à constituer le gouvernement, ou le compromis, par l'adoption d'une solution médiane, acceptable pour tous. C'est la voie que choisit Mac-Mahon en nommant le 9 mars 1876 président du Conseil (titre qui implique que le président de la République n'est plus directement le chef du gouvernement) un homme du centre gauche, proche de Thiers, Dufaure, ancien orléaniste rallié à la République. Celui-ci tente, tant bien que mal, de réaliser la quadrature du cercle consistant tout à la fois à conserver la confiance du président et de ses conseillers conservateurs et à préserver une majorité parlementaire dominée par les républicains et résolue à engager le combat contre ses adversaires cléricaux et contre le pouvoir du Sénat. À ce jeu, il s'use rapidement et se retire le 3 décembre devant le vote par la Chambre d'un ordre du jour défavorable au gouvernement. Jouant apparemment le jeu du système parlementaire, Mac-Mahon le remplace par le républicain modéré Jules Simon, adversaire de Gambetta. Il est clair que le conflit entre le président et la majorité de l'Assemblée n'est qu'ajourné.

L'épreuve de force : la crise du 16 mai 1877

Les manifestations des catholiques ultramontains en faveur du pouvoir temporel du pape vont constituer durant les premiers mois de 1877 le terrain choisi pour l'affrontement entre conservateurs et républicains, celui qui, il est vrai, permet avec le plus de pertinence de tracer la frontière entre les uns et les autres. Début mai, Jules Simon doit accepter un ordre du jour inspiré par Gambetta et invitant le gouvernement à réprimer les manifestations ultramontaines, à la grande colère de Mac-Mahon et de son entourage. Dans les jours qui suivent, l'Assemblée impose au gouvernement une série de décisions qui vont dans le sens des vues républicaines sur divers sujets. Devant ce qui lui apparaît comme une tentative de subordination du gouvernement à la Chambre, acceptée par le président du Conseil, Mac-Mahon décide de donner un coup d'arrêt. Le 16 mai 1877, il adresse au président du Conseil, qui dispose toujours de la confiance de la majorité des députés, une lettre qui lui reproche de ne plus disposer de l'autorité nécessaire pour faire prévaloir ses vues sur la Chambre et qu'il conclut par une phrase dont la portée constitutionnelle est lourde de conséquences : « Si je ne suis pas responsable, comme vous, devant le Parlement, j'ai une responsabilité envers la France, dont aujourd'hui, plus que jamais, je dois me préoccuper. » C'est opposer à la responsabilité du gouvernement devant le Parlement, qui figure effectivement dans la Constitution, une responsabilité supérieure, celle du chef de l'État devant le pays qui n'a, elle, aucune base juridique. Dans ces conditions, la crise de régime est inévitable. Jules Simon donne aussitôt sa démission. Mac-Mahon le remplace par Albert de Broglie, et, pour laisser au gouvernement le temps de prendre les affaires en main, il proroge le Parlement pour un mois. Mais dès la rentrée des Chambres, le 18 juin 1877, la majorité républicaine vote un ordre du jour de défiance au gouvernement par 363 voix contre 158. Le président décide aussitôt la dissolution de la Chambre après avis conforme du Sénat donné par 149 voix contre 130.

Dans le conflit, récurrent depuis 1789 entre le pouvoir exécutif et le pouvoir législatif, c'est, pour la première fois, le peuple souverain, consulté au suffrage universel qui est appelé à trancher, alors que les épisodes précédents, en 1792, en 1799, en 1830 ou en 1851, avaient été résolus par des coups de force ou des révolutions. On voit ainsi se mettre en place en ce troisième quart du XIXe siècle une forme évoluée de l'action politique qui remplace les affrontements physiques fondés sur la force, par la consultation dans les urnes qui permet à l'avis majoritaire en nombre de l'emporter. Toutefois, le véritable enjeu de la crise est assez largement biaisé. Ramené à ses données essentielles, il porte sur la question de savoir si la République sera présidentielle ou parlementaire. Mais, dans la pratique, comme le président et son entourage sont monarchistes et que leurs opposants sont républicains, l'opinion perçoit le conflit à la lumière des luttes passées et en fait un affrontement entre monarchie et république. La vigueur de la campagne électorale joue d'ailleurs son rôle pour conforter l'interprétation de la crise comme un choix entre deux régimes. Broglie et son ministre de l'Intérieur, Fourtou, proche des bonapartistes, déplacent les préfets, suspendent les conseils municipaux, révoquent les maires, poursuivent les journaux républicains, ferment les cabarets, dissolvent loges maçonniques et sociétés républicaines : l'Ordre moral est de retour. Et Mac-Mahon lui-même identifie sa cause à celle du parti de l'ordre en déclarant : « La lutte est entre l'ordre et le désordre. » De son côté, Gambetta, véritable organisateur du camp républicain, se dépense sans compter, parcourant la France en tous sens, en « commis-voyageur de la République », arguant, comme Thiers, promu chef du parti républicain, que l'ordre véritable est du côté des 363 et l'aventure dans le camp de leurs adversaires passéistes et cléricaux. Affirmant la primauté du suffrage universel, il considère qu'elle s'impose au président lui-même qui ne saurait en aucune manière s'y soustraire : « Ne croyez pas que, quand ces millions de Français, paysans, ouvriers, bourgeois, électeurs de libre terre française, auront fait leur choix, ne croyez pas que, quand ils auront indiqué leur préférence et fait connaître leur volonté, ne croyez pas que lorsque tant de millions de Français auront voté, il y ait personne, à quelque degré de l'échelle politique qu'il soit placé, qui puisse résister... Quand la France aura fait entendre sa voix souveraine, croyez-le bien, messieurs, il faudra se soumettre ou se démettre... » Alternative que rejette le président de la République dans son manifeste du 19 septembre : « Je ne saurais devenir l'instrument du radicalisme, ni abandonner le poste où la Constitution m'a placé. Je resterai pour défendre, avec l'appui du Sénat, les intérêts conservateurs. »

L'enjeu étant clairement posé, le peuple français tranche sans ambiguïté le 14 octobre 1877. Il renvoie à la Chambre une majorité, sans doute un peu amoindrie, mais très nette de 327 républicains contre 208 conservateurs (dont 104 bonapartistes qui affirment ainsi leur prépondérance sur la droite). Mac-Mahon songe à résister, mais le duc d'Audiffret-Pasquier, président du Sénat, refuse d'engager la Haute Assemblée dans l'aventure d'une seconde dissolution qui prendrait des allures de coup d'État. Il ne reste donc au président qu'à se soumettre. Il accepte la démission du duc de Broglie, et, après avoir nommé un éphémère gouvernement présidé par le général de Rochebouët avec lequel la Chambre refuse d'entrer en contact, se résigne à nommer Dufaure président du Conseil. À son corps défendant, le nouveau gouvernement contraint le président à faire amende honorable pour son comportement du 16 mai en envoyant aux Chambres un message qui tire la leçon des événements et reconnaît que c'est bien à la majorité parlementaire et non au président qu'il convient de fixer la ligne politique suivie par le gouvernement : « La Constitution de 1875 a fondé une République parlementaire en établissant mon irresponsabilité, tandis qu'elle a institué la responsabilité solidaire et individuelle des ministres. Ainsi sont donc déterminés nos devoirs et nos droits respectifs : l'indépendance des ministres est la condition de leur responsabilité. »

L'issue de la première grande crise du régime fondé par les lois constitutionnelles de 1875 tranche donc la question de la nature de la République. De l'aveu même du président, elle est parlementaire et non présidentielle. Mais les conséquences de la crise du 16 mai sur la culture politique française sont considérables. Dans la mesure où celle-ci a été perçue et demeure dans les mémoires comme l'affrontement entre la République et les forces monarchistes, cléricales et réactionnaires, son déroulement prend valeur normative : la dissolution, cependant parfaitement conforme à la Constitution, devient un coup de force contre la République et se trouve discréditée pour longtemps ; l'autorité du président, établie par l'article 3 de la loi du 25 février 1875, s'apparente à une tentative de pouvoir personnel ; la prépondérance du Parlement, mise en jeu le 16 mai, prend figure de dogme central du credo républicain. Les quelques mois qui suivent la victoire républicaine d'octobre 1877 vont consolider cette lecture du régime.

La seconde fondation de la IIIe République (1877-1879)

Les années qui suivent la solution de la crise du 16 mai 1877 aboutissent à dissiper toutes les ambiguïtés nées du compromis constitutionnel de 1875. Et, avec l'appui de la majorité du corps électoral qui confirme son choix républicain des années 1876-1877, se met en place un régime très différent de celui qu'avaient conçu les orléanistes en 1875.

Maîtres de la Chambre des députés où leur majorité s'accroît du fait des invalidations d'élus qui ont bénéficié de pressions administratives ou cléricales et de la désignation par le corps électoral de députés acquis au régime, les républicains procèdent à une épuration des préfets, sous-préfets et maires nommés par de Broglie et Fourtou. Ils abrogent les mesures antirépublicaines prises par les gouvernements conservateurs. Et, surtout, ils vont, en quelques mois, prendre en main l'ensemble des pouvoirs publics.

La première étape de cette conquête de la totalité du pouvoir se situe en janvier 1878 avec les élections aux conseils municipaux qui marquent une nette victoire des républicains, attestant que le règne des notables est révolu dans la plupart des régions françaises et qu'après les grandes villes les bourgades et une partie des campagnes, rassurées par la modération des républicains, n'hésitent plus à leur apporter leurs suffrages. Les conseils municipaux désignant le plus grand nombre des délégués sénatoriaux, cette avancée des républicains a ses répercussions en janvier 1879 lors du premier renouvellement triennal du Sénat : 66 républicains sont désignés par les collèges sénatoriaux contre 16 conservateurs. Ce renouvellement fait basculer la majorité sénatoriale où les républicains sont désormais 174 contre 126 conservateurs [1]. L'assemblée conçue pour être le bastion du conservatisme dans le pays échappe à ses initiateurs. Le président est désormais isolé, privé de l'atout que constituait pour lui un Sénat dont l'accord lui est indispensable pour dissoudre la Chambre.

Désarmé par le basculement de la majorité sénatoriale, il lui est désormais impossible de s'opposer au Parlement. Il est condamné, beaucoup plus sûrement qu'après son échec de 1877, à se soumettre ou à se démettre. Il fera successivement l'un et l'autre. Incapable de s'opposer aux mesures d'épuration administrative prises par le gouvernement, il doit acquiescer, de mauvais gré, aux révocations de conservateurs et aux nominations de républicains pour les remplacer. Mais lorsque le

1. René Rémond, *op. cit.*, p. 346.

gouvernement Dufaure soumet à la signature du président la mise à la retraite de dix généraux conservateurs ayant atteint la limite d'âge, le chef de l'État préfère remettre sa démission le 30 janvier 1879.

Le jour même les deux Chambres se réunissent en congrès à Versailles pour élire le nouveau président selon les formes prévues par l'article 2 de la loi constitutionnelle du 25 février 1875. Préalablement les groupes républicains tiennent une réunion préparatoire au cours de laquelle ils décident de présenter comme candidat le républicain très modéré Jules Grévy qui, en 1848, s'était prononcé contre l'idée d'un président de la République, lui préférant un exécutif collégial désigné par l'Assemblée législative. C'est donc un adversaire résolu du pouvoir présidentiel tel que l'avaient conçu Thiers ou Mac-Mahon qui est élu chef de l'État par 563 voix sur 705. Et le message qu'il adresse au Parlement est sans équivoque quant à sa conception des institutions : « Soumis avec sincérité à la grande loi du régime parlementaire, je n'entrerai jamais en lutte contre la volonté nationale, exprimée par ses organes institutionnels. »

De fait, la présidence de Jules Grévy, créatrice de la tradition républicaine en la matière, au point qu'on parlera d'une « Constitution Grévy », signifie en fait l'effacement du pouvoir exécutif devant le Parlement. Laissant l'initiative de la décision politique et de l'inspiration de la ligne gouvernementale aux élus de la nation, le président se cantonne dans l'exercice d'un magistère moral dans le meilleur des cas, dans un rôle strictement décoratif dans le pire. Ce faisant, il renonce aux armes politiques que lui fournissait la constitution de 1875 et qui tombent en désuétude : droit de dissolution, droit de demander aux Chambres une seconde délibération des lois.

L'effacement volontaire du président du jeu politique actif rompt le savant équilibre que les constituants de 1875 avaient tenté de faire régner dans les institutions, au détriment de l'exécutif. La IIIe République sera parlementaire, sans véritable contrepoids.

Cette seconde fondation du régime, proclamé par surprise en 1870, organisé dans l'attente d'une future monarchie en 1875, s'accompagne de toute une série d'actes symboliques qui marquent la filiation affirmée par les nouveaux gouvernants entre la Révolution française et la République nouvelle : révision de la Constitution le 19 juin 1879 afin d'abroger l'article 9 de la loi constitutionnelle du 25 février 1875 qui fixait à Versailles le siège des pouvoirs publics, lesquels regagnent Paris, haut lieu des révolutions populaires ; *La Marseillaise*, interdite sous l'Ordre moral, retrouve son statut d'hymne national ; en juillet 1880 une loi fixe au 14 juillet, anniversaire de la fête de la Fédération de 1790 qui symbolise l'union des Français de toute opinion, la fête nationale annuelle ; enfin, à la veille de la célébration de la première fête nationale, une amnistie est accordée aux condamnés de la Commune. Le 14 juillet 1880, les républicains célèbrent leur victoire par une vaste fête populaire dont le point d'orgue est le défilé de Longchamp au cours duquel le président de la République remet leurs drapeaux aux régiments présents.

Les dix années de lutte à l'issue desquelles la République l'emporte définitivement vont peser lourd dans la mémoire nationale et la culture politique des Français en ancrant dans les consciences les principes du régime victorieux. Sans doute peut-on remarquer, avec les nuances qui s'imposent, que la France entre tout simplement dans les voies d'un modèle politique libéral et évolutif comme le font au même moment le Royaume-Uni monarchique ou les États-Unis. Toutefois, le fait qu'en France la modernité politique ait été portée par les républicains, alors que leurs adversaires monarchistes conduisaient un combat d'arrière-garde politiquement réactionnaire, socialement conservateur et, de surcroît, marqué du sceau du cléricalisme, va faire pour longtemps de la République le symbole du progrès en matière politique. Ainsi, le modèle républicain s'identifie-t-il à la démocratie libérale à la française.

Il reste que l'échec des monarchistes et le succès des républicains s'expliquent très largement par l'évolution de la société politique française et par une profonde transformation de la culture politique des Français.

Les nouvelles conditions de la vie politique (1870-1900)

On ne saurait comprendre les raisons profondes qui président à la pérennisation de la République sans prendre en compte les mutations importantes que connaît la société politique française dans le dernier quart du XIXe siècle. Là où les monarchistes tentent de reconstituer le contexte politique de 1848, c'est-à-dire d'une société dominée par les grands propriétaires terriens et la grande bourgeoisie bancaire et industrielle, les républicains s'appuient sur une autre France, issue du développement industriel et urbain du Second Empire poursuivi par la IIIe République, une France constituée d'ouvriers manuels, de membres des classes moyennes et de petits propriétaires-exploitants agricoles en nombre croissant, qui jouent désormais un rôle majeur dans la vie politique et dont les aspirations diffèrent fortement de celles des grands notables conservateurs.

Les mutations de la société politique française

Le dernier quart du XIXe siècle voit en effet se produire un certain nombre de mutations de la société française dont les conséquences sur la vie politique sont capitales. La moindre n'est pas la révolution des transports, commencée sous la monarchie de Juillet, poursuivie sous le Second Empire, avec la construction d'un réseau de voies ferrées reliant les grandes villes à partir de Paris, mais aussi la multiplication des routes, des canaux qui décloisonnent la plupart des régions françaises, raccourcissent les distances et rendent les communications plus aisées et plus fréquentes. Prolongeant ce décloisonnement, la loi Freycinet, adoptée en 1879 et réalisée dans les années suivantes, prévoit la construction d'un important réseau de voies secondaires, reliant aux grands axes déjà construits la plupart des villages français et qui aboutit à un spectaculaire désenclavement des campagnes. Le résultat est que la France tend à devenir non pas la juxtaposition de provinces aux relations malaisées mais un véritable espace national qui, sans oblitérer les traditions politiques régionales décrites au chapitre 8, tend à les estomper en donnant une plus grande importance aux débats politiques nationaux. Or trois phénomènes accroissent les effets de cette mutation de l'espace français. Le premier est le brassage résultant de l'institution du service militaire qui conduit les jeunes gens des campagnes ou des petites bourgades à aller passer plusieurs mois dans les villes où se trouvent les casernes et à y fréquenter des conscrits venus d'autres milieux ou d'autres lieux au contact desquels ils acquièrent de nouvelles idées et élargissent leur horizon. Le second est lié aux effets de l'alphabétisation croissante de la population. Conséquence du développement économique et des progrès de l'implantation d'établissements scolaires depuis la monarchie de Juillet, 85 % des hommes et 77 % des femmes savent lire et écrire au début des années 1880. À cette même date, dans la plupart des départements, 90 % des enfants d'âge scolaire sont effectivement scolarisés. Si bien que, avant même que la République n'instaure l'obligation et la gratuité de l'enseignement primaire, le processus d'alphabétisation est très largement passé dans les faits [1]. Or cette évolution donne toute sa portée politique au troisième phénomène qui mérite d'être souligné dans cette prise en compte des transformations des conditions du politique, l'essor de la presse.

Grâce aux progrès techniques réalisés dès l'époque du Second Empire, en particulier à l'utilisation des rotatives, les prix de revient de la presse ont diminué. L'appel à la publicité pour financer le journal, la diffusion rapide de celui-ci par chemins de fer jouent dans le même sens. Si bien que le prix d'un journal est désormais à la portée de la majorité des Français dont la plupart sont maintenant capables de lire les informations ou l'expression des opinions. En même temps, les républicains au pouvoir font disparaître les obstacles légaux à la libre expression des idées par la presse. La loi de 1880 qui établit la liberté du colportage, celle du 29 juillet 1881 qui instaure un régime très libéral en soumettant les délits de presse au jury et en supprimant la plupart des entraves que le Second Empire ou le régime de l'Ordre moral lui avait imposées, vont favoriser la multiplication des journaux et permettre à ceux-ci de porter les grands débats à la connaissance du public. Presse d'information de large diffusion, presse d'opinion traduisant les vues des diverses tendances partisanes, presse locale qui reprend les informations ou les idées de la presse parisienne et y ajoute les nouvelles locales contribuent largement à la formation d'une opinion publique.

C'est à partir des années 1880 qui coïncident avec les années fondatrices de la IIIe République que se produit la transformation essentielle, celle de l'irruption dans le jeu politique de groupes sociaux ou de secteurs géographiques qui n'y parti-

1. François Furet, Jacques Ozouf, *Lire et Écrire*, Minuit, 1977.

cipaient que formellement. Le débat politique, souvent réduit jusqu'alors à l'approbation ou à la contestation du gouvernement, gagne en profondeur et en nuances. Des villes (et souvent des grandes villes) où il avait tendance à être confiné dans de nombreuses régions, il pénètre les bourgades et même les campagnes où la voix du grand notable n'est plus la seule à être entendue. Le suffrage universel ne se limite plus à glisser un bulletin dans l'urne lors des consultations électorales, à charge pour l'élu de gérer à sa guise le capital de confiance dont il bénéficie jusqu'à la prochaine élection. Paysans, ouvriers, membres des classes moyennes prennent conscience que les décisions politiques ne sont pas un simple jeu monopolisé par les élites qui siègent au Parlement ou au gouvernement, mais ont une incidence directe sur leur propre sort. En d'autres termes, la démocratie du suffrage universel cesse de revêtir le caractère souvent formel qui avait été le sien depuis 1848 pour prendre les traits d'une véritable expression du « peuple souverain » et les consultations de la période 1871-1879 sont à cet égard assez probantes. Or les résultats de cette prise de conscience sont considérables et aboutissent à modifier considérablement la nature même de l'acte politique.

De surcroît, les transformations de la société intègrent dans le débat politique des groupes qui, jusqu'alors, en étaient souvent les spectateurs passifs en dépit du suffrage universel. Et ces transformations jouent au niveau des électeurs comme à celui des élites politiques. La France demeure certes une nation paysanne dans les années 1880, ce qui ne constitue pas une originalité en Europe continentale. Mais l'originalité réside dans le nombre important de propriétaires fonciers, près de 8 millions en 1877, selon le géographe Élisée Reclus. Évaluation sans doute excessive, mais qui révèle un phénomène frappant pour les contemporains, celui de la possession de la terre par les paysans qui la cultivent et qui constituent ainsi la catégorie très symbolique des petits propriétaires-exploitants. Les historiens de la société ont souligné à l'envi que, pour caractéristique qu'il soit, ce phénomène ne doit pas masquer d'autres réalités : la moitié des paysans français n'ont pas de terre, une bonne partie des propriétés appartiennent à des rentiers du sol qui ne sont pas paysans, les petites exploitations de 1 à 10 hectares, cultivées par le paysan et sa famille, voire un domestique, ne représentent que 23 % de la superficie cultivée face à 30 % pour les propriétés moyennes de 10 à 40 hectares et 45 % pour les grandes propriétés supérieures à 40 hectares.

La France n'est donc pas, socialement, une démocratie de petits propriétaires-exploitants et la plupart des familles paysannes doivent exercer pour survivre une activité complémentaire. Mais elle aspire à le devenir et le petit propriétaire-exploitant, maître de son exploitation qui lui permet de vivre et de faire vivre sa famille, constitue l'archétype du modèle social que se fixe la République. Mais ce modèle est largement accepté dans le monde rural et constitue de ce fait une donnée politique fondamentale dont les républicains, de Ferry à Gambetta, prennent très vite conscience et qui explique la modération qu'ils s'imposent. Ferry l'affirme sans ambages : « N'oubliez jamais qu'il y a dans ce pays de France... une force qui fait et qui défait, qui lie et qui délie, et qui s'appelle le suffrage universel des campagnes [1]. » Et Gambetta justifie son passage du radicalisme à l'opportunisme par la volonté d'enraciner le régime dans la société française en insistant sur la nécessité de rallier « ces masses rurales, ces petits propriétaires, ces bourgeois, ces ouvriers sans lesquels vous ne pouvez ni vivre ni gouverner [2] ».

C'est qu'à côté des paysans qui participent désormais davantage à une vie politique longtemps dominée par les grands notables ruraux, ouvriers et membres des classes moyennes urbaines tendent à devenir, eux aussi, des acteurs réels du monde politique. La croissance du monde ouvrier qui atteint environ trois millions et demi de salariés au début de la IIIe République est un effet direct de la révolution industrielle, mais il serait erroné de se le représenter sous la forme des prolétaires des grandes concentrations industrielles décrites par Marx à partir de l'exemple anglais. Pour n'être pas absent de la réalité française de la fin du XIXe siècle, ce modèle social est très minoritaire et très concentré géographiquement dans quelques régions minières et manufacturières du nord ou du centre de la France. Majoritairement, l'ouvrier français reste

1. Jules Ferry, « Discours de Bordeaux du 30 août 1885 », *Discours et Opinions*, t. VII, Armand Colin, 1998.
2. Léon Gambetta, « Discours du Neubourg du 4 septembre 1881 », *Les Plus Beaux Discours de Léon Gambetta*, Éditions du Centaure, s.d.

proche du monde rural dont il est issu, pratiquant parfois conjointement l'exploitation de la terre et une activité industrielle. Même lorsqu'il est ouvrier à plein temps, il est employé dans de petites entreprises de quelques salariés, localisées dans les villes et appartenant à des corps de métier dont les traditions remontent parfois fort loin dans le temps [1]. En d'autres termes, on n'est pas en présence d'une « classe ouvrière » au sens marxiste du terme, mais d'un ensemble de groupes hétérogènes dont l'idéal politique réside moins dans la participation à la lutte des classes que dans l'accession à un statut d'indépendance en échappant au salariat, soit par la création d'entreprise qui permet de se « mettre à son compte », soit par l'organisation coopérative de la production que préconise le mutuellisme proudhonien. Aussi, politiquement, ce monde ouvrier balance-t-il entre le modèle intégrateur de la République par la création d'une démocratie de petits propriétaires et le modèle révolutionnaire de l'anarchisme qui rêve de remplacer la société bourgeoise par une fédération de petites cellules de producteurs indépendants.

Si la République a une solide assise, c'est bien ce monde des « classes moyennes », conséquence inattendue d'une révolution industrielle qui, selon les prophéties de Marx, devait aboutir à un antagonisme croissant entre une bourgeoisie de plus en plus puissante et de plus en plus minoritaire du fait de la concentration industrielle et un prolétariat paupérisé dans lequel viendrait progressivement se fondre la quasi-totalité de la population. En fait, le phénomène social majeur, dans la France des années 1870-1900, apparaît comme la multiplication des catégories intermédiaires entre ces deux groupes extrêmes qui semblent finalement des minorités [2]. Au début de la IIIe République, ces catégories rassemblent les quelque 3,5 millions de petits propriétaires-exploitants agricoles, la majorité des 1 100 000 patrons de l'industrie, les 3 millions de commerçants et artisans, les 800 000 employés de commerce ou de bureau, dont une partie sont fonctionnaires, auxquels il faudrait sans doute ajouter une partie des membres des

1. Alain Dewerpe, *Le Monde du travail en France 1800-1950*, Armand Colin, 1989.

2. Georges Lavau, Nonna Mayer, Gérard Grunberg, *L'Univers politique des classes moyennes*, Presses de la Fondation nationale des sciences politiques, 1983.

professions libérales, médecins, vétérinaires, avocats. On n'est certes pas en présence d'un groupe homogène, d'une « classe » au sens marxiste du terme, et le pluriel est de mise pour caractériser les « classes moyennes ». On ne trouve en effet entre elles ni homogénéité de statut (petits patrons, indépendants et salariés y coexistent), ni niveaux de revenus comparables (certains commerçants ou artisans ont un niveau de vie parfois inférieur à celui des ouvriers, alors que beaucoup d'avocats, de médecins ou de journalistes vivent en bourgeois). Sans doute peut-on admettre que les classes moyennes se distinguent du prolétariat urbain ou rural par la possession d'un patrimoine, si ténu soit-il, et de la bourgeoisie par le fait qu'elles ne disposent pas de ces moyens de production qui permettent de se constituer en puissance économique dans la société capitaliste[1]. Mais l'intérêt de l'étude des classes moyennes réside précisément dans cette hétérogénéité qui lui donne tout son sens au sein de la société politique française.

C'est qu'il existe une véritable conscience de classe moyenne qui s'accompagne d'une représentation de la société sur laquelle va s'appuyer la République naissante. Cette vision sociale repose sur l'idée d'un ensemble fluide au sein duquel il est possible de réaliser une promotion individuelle grâce au travail, à l'épargne, au mérite, les divers groupes des classes moyennes constituant le sas par lequel il est possible de s'élever, degré par degré, dans l'échelle sociale, dans un mouvement ascendant poursuivi de génération en génération. Sans doute, cette classe moyenne, qui estime avoir franchi les premiers degrés de l'ascension sociale, est-elle majoritairement constituée de « propriétaires-travailleurs » et se sent-elle plus proche du « peuple » dont elle est issue que des « féodalités » financières ou industrielles qui forment la bourgeoisie. Si elle réclame l'égalité, celle-ci ne saurait être le nivellement promis par le socialisme, mais la suppression des privilèges de naissance et l'égalité des droits et des chances. C'est ce groupe émergent, désormais central dans la société politique, qui s'impose à partir des années 1880 et au sein duquel la République va trouver ses soutiens les plus solides. C'est également

1. Serge Berstein, « Le parti radical-socialiste, de la défense du peuple à celle des classes moyennes », dans Georges Lavau, Nonna Mayer, Gérard Grunberg, *ibid.*

lui, en particulier dans ses strates intellectuelles d'avocats, d'enseignants, de journalistes, de médecins qui va fournir les cadres nouveaux de la vie politique. Aux grands notables ruraux régnant sur la clientèle paysanne, à la grande bourgeoisie d'affaires qui a gouverné la France pratiquement sans discontinuer jusqu'à la fin du Second Empire se substituent progressivement ces « couches nouvelles » annoncées par Gambetta dans son discours de Grenoble de 1872 et qui, d'élection en élection, s'affirment comme un groupe de nouveaux notables qui s'installent dans les conseils municipaux, les conseils généraux et les deux Chambres du Parlement.

Sans doute cette substitution, de même que les mutations de la société politique que nous venons d'évoquer, ne se produisent-elles pas brutalement. Mais elles marquent une évolution, commencée durant les années 1870 et qui aboutit vers la fin du siècle. Elle est certes inégale, la mutation étant plus rapide dans les villes que dans les campagnes, différant selon les régions et les cultures politiques locales, mais dessinant au total un mouvement permanent qui modifie profondément les règles du jeu politique. Or, la République propose à cette société politique en pleine transformation des réponses qui apparaissent adaptées à ses aspirations.

La culture politique républicaine, une réponse adaptée aux aspirations de la société politique

La politique conduite par les républicains, d'abord pour pérenniser une République menacée dans son avenir, puis pour la consolider après 1880, n'est pas simple réaction à la conjoncture du moment, mais tentative pour concrétiser dans la réalité sociale une vision du monde que tous partagent peu ou prou, avec quelques nuances [1]. On voit ainsi se mettre en place entre 1870 et 1900 une culture politique républicaine qui ne prendra ses traits définitifs qu'au début du XXe siècle avec le grand tournant que constitue l'affaire Dreyfus (voir chapitre 10). Elle forme un ensemble cohérent dont tous les éléments sont en étroite corrélation les uns avec les autres, constituant un écosystème socio-politique exprimant les aspirations, les

1. Serge Berstein (dir.), *Les Cultures politiques en France*, *op. cit.*

normes et les valeurs de la société politique que nous venons de décrire et répondant aux attentes des classes moyennes en rapide émergence[1].

À la base de cette culture politique républicaine, des références philosophiques puisées dans les courants de pensée qui conduisent à l'affirmation des idées nouvelles marquant l'avènement de la modernité en Europe aux XVIIe et XVIIIe siècles. L'héritage est triple. Il réside d'abord dans la philosophie du droit naturel affirmant la primauté absolue de l'individu sur l'organisation sociale et l'idée, consacrée par la Déclaration des droits de l'homme et du citoyen, que l'homme possède dès sa naissance des droits naturels et imprescriptibles. Corrélativement, l'organisation sociale n'est que seconde et résulte d'un « contrat social » selon lequel un régime politique a l'impérieux devoir d'offrir aux citoyens non seulement l'ordre et la protection de la vie et des biens, mais encore la mise en place des conditions qui permettront à chacun de réaliser la plénitude de ses droits. Tel est le contrat qui préside à la fondation de la République et qui définit ses obligations : assurer à chacun le maximum de liberté compatible avec la cohésion de la société, garantir l'égalité devant la loi et l'égalité des chances, mettre en place la fraternité sous la forme de la solidarité. Or cet objectif s'impose d'autant plus que la seconde source d'inspiration de la culture politique républicaine réside dans la pensée optimiste des encyclopédistes du XVIIIe siècle français avec sa croyance aux progrès indéfinis de l'humanité grâce au règne de la raison, capable de faire reculer l'ignorance et de répandre les lumières. Pour y parvenir, la science constitue le moyen par excellence et les républicains du XIXe siècle adhèrent avec enthousiasme aux principes philosophiques du positivisme comtiste, considérés non comme la religion globale et déterministe de la science que prônait Comte à la fin de sa vie mais comme la méthode scientifique préconisée par son disciple Littré. Ils sont convaincus que l'humanité, sortie depuis longtemps du stade théologique où l'explication des phénomènes est cherchée dans des forces supérieures douées d'une existence indépendante et personnelle (génies, dieux, esprits), est en train de se libérer du stade métaphysique où des entités abstraites, telles que Dieu, l'Être

1. Serge Berstein, *La République sur le fil. Entretiens avec Jean Lebrun*, Textuel, 1998.

ou l'Absolu sont tenues pour les causes des événements, pour parvenir au stade positif, c'est-à-dire scientifique, où la recherche des causes premières ou des causes finales importe peu, mais où l'essentiel réside dans la découverte des lois relatives qui régissent les phénomènes. Or cet esprit scientifique, qui est appliqué avec rigueur dans les sciences exactes, qui progresse au XIXe siècle dans les sciences naturelles, doit désormais s'appliquer à découvrir les lois, beaucoup plus complexes, qui rendent compte du fonctionnement des sociétés, cette « physique sociale », couronnement de l'édifice scientifique pour Auguste Comte, que nous dénommons sociologie. Sur le plan concret, cette imprégnation positiviste de la pensée républicaine comporte des conséquences fondamentales. Tout d'abord le primat absolu de l'éducation, considérée comme la clé de voûte du progrès de l'humanité, puisque c'est par son intermédiaire que se diffusent les lumières. Corrélativement, le rejet des religions révélées, facteurs d'obscurantisme aux yeux des républicains, puisqu'elles relèvent de l'âge métaphysique. Sans nécessairement déboucher sur un anticléricalisme virulent, cependant présent dans l'aile démocratique du courant républicain, il existe ainsi une incompatibilité naturelle entre la culture politique républicaine et la croyance religieuse qui conduit les plus modérés des républicains, un Ferry par exemple, à considérer que la religion, vestige d'une époque révolue de l'histoire humaine, est condamnée à une inéluctable disparition à mesure que s'imposera la connaissance scientifique. Enfin, la recherche d'une organisation politique et sociale capable de concilier l'ordre des choses (que les avancées de la science permettront de découvrir) avec le progrès qui constitue, depuis les origines, la loi même de l'humanité induit une démarche synthétique qui caractérise la pratique des républicains et qui part de l'examen des structures réelles de la société afin de la faire progresser sans bouleversement.

Il faut enfin faire la part, dans cette inspiration philosophique de la culture républicaine, de l'adaptation de la pensée kantienne aux fondements de la République par l'œuvre des néocriticistes que sont Charles Renouvier et Étienne Vacherot[1].

1. Sur Renouvier, on se référera au très intéressant ouvrage de Marie-Claude Blais, *Au principe de la République, le cas Renouvier*, Gallimard, « Bibliothèque des idées », 2000.

Du rationalisme critique de Kant, ses disciples français de la fin du XIXe siècle retiennent l'idée de la liberté nécessaire de l'homme, indispensable pour fonder une morale naturelle, dégagée de la métaphysique et fondée sur l'universalité des exigences de la conscience. Ces néo-kantiens affirment la liberté absolue de l'homme qui fixe lui-même, en se fondant sur sa raison, les règles morales qui conduisent son action et qui, du fait de l'universalité de la nature humaine, se trouvent être en même temps des lois universelles. « La loi morale n'est dans tous que parce qu'elle est dans chacun, écrit Renouvier, universelle parce qu'elle est éminemment particulière et tout à fait propre et constitutive de chaque conscience. » Mais le néo-criticisme ne vise pas seulement à dégager les fondements de la morale individuelle ; il se propose avant tout de définir une philosophie de la République, régime qui donne le maximum de garanties à la liberté individuelle. C'est pourquoi Renouvier dans sa *Science de la morale*, parue en 1869, puis dans la revue qu'il dirige à partir de 1872, *La Critique philosophique*, juge, comme Vacherot, que la forme républicaine de la Constitution est la traduction du principe moral de la liberté fondée sur la raison. « La liberté est le vrai, l'unique principe du droit », écrit Vacherot qui ajoute : « Le suffrage universel, appliqué partout et toujours à l'élection des pouvoirs publics, voilà le droit. »

En dépit de ces variantes, d'une inspiration tantôt positiviste, tantôt néo-kantienne, cet enracinement philosophique de la République est d'une grande cohérence. Fondée sur le rationalisme, la croyance dans les vertus infinies de la science, la recherche de la liberté individuelle, la foi dans les progrès indéfinis de l'humanité, elle constitue bien une vision du monde. Or si celle-ci est parfaitement maîtrisée par les dirigeants républicains les plus cultivés, son importance politique réside davantage dans la vulgate qu'en retient le plus grand nombre. Ce sont moins en effet les racines philosophiques que leurs applications concrètes qui structurent la politique républicaine et il est caractéristique qu'un philosophe comme Renouvier ait explicitement voulu faire de sa revue *La Critique philosophique* une sorte de manuel périodique des mesures pratiques à mettre en œuvre pour faire passer dans les faits les exigences intellectuelles de sa pensée philosophique [1]. Que ce magistère n'ait pas été reconnu importe peu à l'historien. En ce cas, comme dans beaucoup d'autres, l'intérêt réside sans doute moins dans le caractère pionnier ou non de l'œuvre, que dans le fait qu'elle articule des idées qui sont dans l'air du temps et déterminent les aspirations de l'opinion et l'action des gouvernants.

L'une des forces de ces racines philosophiques de la République, c'est qu'elles s'inscrivent dans l'histoire nationale depuis la fin du XVIIIe siècle. Pour les républicains, il est clair en effet que l'histoire a un sens : elle est la chronique du progrès de l'humanité et elle est structurée par l'événement capital que constitue la Révolution française. Celle-ci n'est pas vue comme un simple épisode parmi d'autres, mais comme le véritable tournant de l'histoire des hommes dans cette voie du progrès. Dans une perspective clairement manichéenne et une vision instrumentalisée de l'histoire, les républicains considèrent qu'il existe une véritable césure du développement des sociétés en 1789. Auparavant, c'est le temps des siècles obscurs où le peuple est opprimé par une minorité de puissants, où la monarchie étouffe toute liberté, où les petits vivent dans la misère et les grands dans l'opulence, l'ignorance et l'action du clergé lié à la monarchie maintenant la sujétion et les injustices. Face à cette situation, la Révolution représente l'affirmation du peuple qui renverse la monarchie, libère l'individu, permet l'accession de tous les citoyens au pouvoir et à l'instruction, proclame l'égalité devant la loi et promet aux plus méritants l'amélioration de leur condition. Toute l'histoire du XIXe siècle est ainsi lue comme la geste des républicains luttant contre les vestiges de la monarchie ou les tenants du césarisme pour faire triompher les principes nouveaux proclamés en 1789. Aussi l'avènement de la IIIe République est-il vu comme une sorte d'accomplissement de l'histoire, réalisant enfin les promesses, longtemps contrariées, de la Révolution française.

De ces présupposés philosophiques et de ces références historiques sont issues tout naturellement les conceptions institutionnelles des républicains qu'on a vu se déployer en particulier au moment de la crise du 16 mai. À la base, l'idée fondamentale selon laquelle la seule expression légitime de

1. *Ibid.*

l'ensemble des individus qui constituent le peuple souverain est l'assemblée de leurs représentants élus au suffrage universel. À partir de là, deux types de comportement se font jour. Celui des républicains libéraux, souvent imprégnés de philosophie positiviste et qui, au nom de la synthèse nécessaire entre l'ordre de la société et la volonté de progrès, acceptent le compromis de 1875, avec l'idée qu'il sera possible de le faire évoluer. Celui des intransigeants, les radicaux, qui le refusent, exigeant la suppression de la présidence de la République, d'essence monarchiste, et du Sénat, de caractère aristocratique. Mais les uns et les autres se retrouvent au moment de la crise du 16 mai pour imposer la prééminence de la Chambre basse, la seule réellement légitime à leurs yeux. À partir de cette donnée fondamentale, la faiblesse du pouvoir exécutif sous la IIIe République, déplorée par une partie des fondateurs du régime, Ferry aussi bien que Gambetta, ne constitue pas un dysfonctionnement, mais la conséquence logique des principes fondateurs : si l'essence de la République est de préserver la liberté du citoyen, celle-ci le sera d'autant mieux que le gouvernement, toujours porté à abuser de ses pouvoirs pour empiéter sur cette liberté, sera bridé, étroitement surveillé, encadré par les représentants du peuple et susceptible, à tout moment, d'être congédié par ceux-ci. C'est pourquoi, après le 16 mai, toute tentative de renforcement de l'exécutif est perçue comme un attentat contre la République, qui fait renaître la crainte de la monarchie ou du césarisme. Au fil des années, la synthèse républicaine s'établira dans les institutions elles-mêmes, sacralisant le compromis de circonstance instauré en 1875 et corrigé par le 16 mai et quelques aménagements ultérieurs sur lesquels nous reviendrons : si la Chambre des députés demeure l'institution fondamentale autour de laquelle s'organise la vie politique de la République, le gouvernement émanant de ses rangs et la présidence de la République étant réduite à un rôle secondaire, le Sénat, « grand conseil des communes de France » et rapidement conquis par les républicains, constitue le seul véritable contrepoids à la prépondérance de la Chambre.

On conçoit que la nouvelle société politique française de l'époque républicaine, gravitant autour des classes moyennes, ait largement adhéré à une culture politique fondée sur la protection de la liberté individuelle, l'idée de progrès graduel, les grands principes de 1789 et surtout l'égalité devant la loi et la dévolution du pouvoir politique à un suffrage universel dont elle est à la fois l'inspiratrice et la bénéficiaire puisqu'elle fournit désormais la plus grande partie des élus. Mais surtout, cette classe moyenne, qui aspire aux possibilités de promotion sociale, est particulièrement sensible à la vision républicaine de la société. Sans doute celle-ci, à la différence des théories socialistes, n'envisage-t-elle aucun bouleversement des structures sociales remettant en cause, par exemple, la propriété privée. De même, échaudés par les expériences quarante-huitardes entend-elle se garder de toute proclamation de grands principes tels que la proclamation du droit au travail ou la création des Ateliers nationaux qui se révéleraient impraticables dans la réalité. La méthode en la matière est fixée par Gambetta dans son discours du Havre du 18 avril 1872 et on y retrouve une fois de plus le pragmatisme positiviste qui entend réformer à partir des réalités plutôt que bouleverser la société de fond en comble : « Tenons-nous en garde contre les utopies de ceux qui, dupes de leur imagination ou attardés dans leur ignorance, croient à une panacée, à une formule qu'il s'agit de trouver pour faire le bonheur du monde. Croyez qu'il n'y a pas de remède social, car il n'y a pas une question sociale. Il y a une série de problèmes à résoudre, de difficultés à vaincre, variant avec les lieux, les climats, les habitudes, l'état sanitaire, les problèmes économiques qui changent à l'intérieur d'un même pays. Eh bien, les problèmes doivent être résolus un par un et non selon une formule unique. »

Il est vrai que cette méthode gradualiste et pragmatique caractérise davantage les républicains de gouvernement que les radicaux, décidés (tout au moins avant de parvenir au pouvoir) à brusquer davantage la société par la loi. S'il existe des divergences de méthode entre les uns et les autres, des désaccords sur le rythme des réformes à accomplir, le consensus est total sur le but à atteindre : il s'agit de créer les conditions favorables à la défense de leurs intérêts par les différents groupes sociaux, de fournir à chacun des chances égales de réaliser sa promotion, de supprimer les obstacles que la différence des statuts oppose au libre jeu des forces sociales, sans remettre en cause la liberté individuelle, l'initiative privée et la propriété. En d'autres termes, le projet social républicain consiste à réaliser dans le consensus général une promotion sociale généralisée par une politique de petits pas, bref d'adapter la loi à ce progrès général de l'humanité qui est au cœur de la culture politique républicaine. En 1896, le radical Léon Bourgeois s'efforce dans un ouvrage de grand retentissement, *Solidarité*, de fournir des bases théoriques à ce projet social timide et purement pragmatique. S'appuyant sur la thèse du sociologue Durkheim, publiée en 1893, *De la division du travail social*, sur les ouvrages de Charles Gide portant sur la coopération ou sur les conceptions exposées en 1880 par le philosophe Alfred Fouillée dans *La Science sociale contemporaine*, il s'applique à trouver un moyen terme entre libéralisme et marxisme. À ses yeux, la société est fondée sur un « quasi-contrat » qui lie chaque individu aux générations qui l'ont précédé et lui ont légué les progrès cumulés accomplis par elles, mais aussi à ses contemporains sans le travail desquels il ne pourrait vivre. Tout homme a donc contracté une dette sociale que l'État, garant de l'intérêt général, est fondé à lui demander d'acquitter. Mais, la dette soldée, l'État doit laisser l'individu absolument libre de ses actions, de l'usage de ses biens, de ses initiatives. Le solidarisme se présente donc comme un libéralisme, corrigé seulement à la marge par les interventions de l'État, qui intervient pour limiter les excès et protéger les plus faibles. Il n'accepte ni le libéralisme pur, l'« école du laissez-faire », qui sacrifie les humbles et les plus démunis, ni le marxisme dont la lutte des classes lui paraît incompatible avec les principes républicains et dont il répudie le collectivisme, attentatoire à la défense de la propriété privée [1].

Le projet social républicain, dans ses objectifs, repose ainsi sur deux volets décalés dans le temps. À court terme, il s'agit de faire jouer les mécanismes de la solidarité pour protéger les plus faibles, victimes désignées des mécanismes du marché, grâce à la fiscalité qui donne à l'État les moyens nécessaires à la création d'œuvres d'assistance et de protection sociale : maisons de retraite, hôpitaux, orphelinats, en même temps que naît une législation sociale protectrice. Le principal instrument de cette solidarité sera la substitution au vieux système fiscal des contributions instaurées par la Révolution française de l'impôt sur le revenu. Violemment contesté par les républicains libéraux qui le tiennent pour inquisitoire (en raison des décla-

1. Serge Berstein (dir.), *La Démocratie libérale*, *op. cit.*, p. 302-303.

rations qu'il suppose) et spoliateur, il est l'un des chevaux de bataille de leurs adversaires radicaux et c'est un président du Conseil issu des rangs de ces derniers, Léon Bourgeois, qui tente de l'instaurer lors de son passage à la présidence du Conseil en 1895, ce qui lui vaut d'ailleurs d'être renversé. Ce n'est qu'à l'issue de longues batailles qu'il sera finalement voté à la veille de la Première Guerre mondiale, pour être finalement appliqué en 1917. Mais l'essentiel du projet social républicain réside dans ses objectifs à long terme, totalement adéquats aux aspirations des classes moyennes. Il s'agit de l'abolition du salariat et de l'accession de tous à la propriété qui paraît réaliser l'idéal, propre aux principes philosophiques du républicanisme, d'une démocratie de petits propriétaires maîtres de leur instrument de travail, et jouissant ainsi de la dignité et de la liberté nécessaires à l'épanouissement de l'individu. On ne saurait sous-estimer l'attrait de ce modèle social sur une population pétrie de souvenirs historiques qui allient propriété, liberté, citoyenneté, mêlant dans une généalogie de circonstance le citoyen athénien, les Gracques ou les lois de Ventôse et faisant du « petit » propriétaire-travailleur l'archétype d'une cité idéale, fort éloignée des idéaux productivistes qui gagnent au même moment les États-Unis, le Royaume-Uni ou l'Empire allemand.

Cette culture politique républicaine comporte enfin un volet international qui concerne la place de la France dans le monde et les moyens de la préserver. La France vaincue de 1870-1871 porte à coup sûr le deuil des « provinces perdues » d'Alsace et de Lorraine, rêve d'une revanche lointaine, mais son gouvernement ne se sent pas le goût ni n'estime posséder les moyens de préparer efficacement celle-ci, du moins dans l'immédiat. Par ailleurs, les républicains au pouvoir ont trop critiqué les entreprises militaires du Second Empire pour être tentés de les reproduire et ils se méfient naturellement de la hiérarchie militaire dont ils n'ignorent pas que, si elle sert le pays, c'est sans aucune sympathie pour le régime. Aussi n'entendent-ils pas, dans un pays par ailleurs épris de paix, conduire une politique agressive qui donnerait influence et pouvoir aux généraux, formés dans les « jésuitières » et, pour la plupart, catholiques et monarchistes plus ou moins ouvertement déclarés. Si les républicains restent attachés à la grandeur de la France, ils voient davantage celle-ci dans son rôle de « phare de l'humanité », traçant la voie au reste du monde par le rayonnement de sa culture, de sa civilisation, de son système politique, jugé si parfait qu'il leur paraît devoir être adopté par tous les pays du monde, à mesure qu'ils parviendront à un stade de civilisation identique au sien. De ce même postulat résulte la politique d'expansion coloniale menée par les républicains au pouvoir. Sans doute ne peut-on ignorer que la volonté d'offrir à la France vaincue de 1871 une compensation outre-mer, de même que l'intérêt économique entrent pour beaucoup dans les motivations de la colonisation. Mais il ne faudrait pas sous-estimer la dimension civilisatrice qui fait considérer aux républicains de gouvernement que la France, bénéficiant d'une civilisation supérieure, possède un devoir d'éducation envers les peuples-enfants de l'Afrique ou de l'Asie.

Cette culture politique républicaine constitue donc une véritable vision du monde, parfaitement cohérente et qui va, pour plusieurs générations, apparaître comme dominante pour la majorité de la société politique française, avec laquelle, on l'a vu, elle est en parfaite corrélation. Elle s'exprime en outre par un discours spécifique, des mots clés codés, des rites qui lui sont propres (le banquet républicain, le conseil de révision, le comice agricole, le vote), des formes de sociabilité nouvelles qui tendent à se substituer à celles du réseau paroissial qui commence sa lente décomposition, telles que les partis politiques qui tendent peu à peu à s'organiser, les associations diverses comme la Ligue de l'enseignement ou le Sou des écoles. Il n'y manque même pas un substitut à la religion avec l'essor de la franc-maçonnerie, véritable Église de la République, à laquelle appartiennent la plupart des fondateurs du régime républicain.

C'est sur la base de cette culture politique que les républicains vont jeter les bases de la synthèse démocrate-libérale qui donne ses traits majeurs au nouveau régime entre 1880 et 1900.

La synthèse républicaine et sa contestation

Les républicains et leurs adversaires

La victoire de la République entre 1877 et 1879, dans la mesure où elle est arbitrée par des consultations électorales, exprime le choix de la majorité du peuple souverain. Pour autant, le régime qui s'installe n'est pas et ne se veut pas consensuel. Il ne considère comme faisant véritablement partie de la République que ceux qui acceptent la culture républicaine que nous venons de décrire. Quant aux autres, ils sont, en raison de leur foi catholique ou de leur attachement à la monarchie ou au bonapartisme, en marge du régime, soupçonnés d'en méditer la perte et, par conséquent, exclus de toute responsabilité. En fait l'opposition de droite a politiquement perdu la partie : les élections de 1881 qui ne lui donnent que 1 800 000 voix et 90 députés contre 5 millions de suffrages aux républicains marquent sa défaite. Celle-ci est aggravée par les divisions qui affectent les droites. Entre les légitimistes, catholiques, traditionalistes et contre-révolutionnaires, les orléanistes, attachés au libéralisme, au parlementarisme et au conservatisme social et les bonapartistes qui se réclament de la démocratie plébiscitaire et de l'autorité, le seul point commun est l'hostilité à la République telle qu'elle s'organise à partir de 1879. La mort du comte de Chambord en 1883 ne provoque nullement le ralliement de la totalité des légitimistes, une partie d'entre eux préférant faire allégeance à don Juan d'Espagne, lointain héritier du duc d'Anjou, petit-fils de Louis XIV. Celle du prince impérial, tué par les Zoulous en Afrique du Sud, divise les bonapartistes entre la reconnaissance comme prétendant du prince Jérôme-Napoléon, cousin de Napoléon III, qui pose à l'homme de gauche et fait profession d'anticléricalisme, et celle de son fils, le prince Victor, auxquels se rallient les plus autoritaires des bonapartistes qui suivent le député Paul Granier de Cassagnac, directeur du journal *L'Autorité*. Si l'évolution de l'opinion condamne la droite à une position minoritaire et qui le deviendra de plus en plus à mesure que les années passent, il s'en faut de beaucoup que, jusqu'à la fin du siècle, son influence soit négligeable. Elle reste importante dans les terres à tradition de droite de l'Ouest et du sud-est du Massif central ou dans les régions bonapartistes du Sud-Ouest ou de Normandie, en particulier dans les campagnes. Au début de la IIIe République, elle est dominante dans les cadres de l'armée, de l'administration, de la magistrature, de la diplomatie, autrement dit dans une grande part des élites traditionnelles, même si elle décline au rythme des épurations ou du renouvellement des générations.

Tout le problème est que la droite ne parvient pas à capitaliser cette influence en termes de poids politique réel au Parlement, en raison des divisions qui la minent. Et les efforts tentés pour constituer, à partir des divers courants qui la structurent, un grand parti conservateur français sont voués à l'échec qu'il s'agisse de celle du baron de Mackau, député de l'Orne, qui tente de rassembler les députés de droite dans une Union parlementaire qui ne fonctionne guère ou du projet de constitution par Albert de Mun d'un parti catholique qui se heurte aux réserves de Rome comme aux inquiétudes des bonapartistes et des orléanistes.

La droite confinée dans une opposition impuissante, la République s'identifie à la gauche. Encore est-il bon de souligner que toute la gauche n'est pas républicaine dans ces années 1880. Décapitée par la répression de la Commune en 1871, la gauche révolutionnaire ne se reconstitue que lentement à partir du début des années 1880 et elle ne forme pas à proprement parler une force politique, tant ses objectifs sont avant tout sociaux et tant elle ne rassemble que de faibles minorités. Adversaires de la société bourgeoise et capitaliste qu'ils entendent renverser, au besoin par la violence, les anarchistes qui connaissent une certaine audience dans les années 1880-1890, se fixent comme objectif la destruction de l'État, garant de cette société, et par conséquent, la forme du régime ne les intéresse guère [1]. On pourrait en dire autant d'une partie de ce courant socialiste qui se recompose à partir de l'amnistie des condamnés de la Commune, mais aussi au moment où l'organisation de la République la révèle comme un État bourgeois, peu propre à satisfaire les tenants d'une révolution sociale. Aussi existe-t-il à partir de 1880 une très forte ambiguïté dans les rapports des socialistes à la République. Si les plus modérés d'entre eux, « possibilistes » dans les années 1880 ou, plus tard, socialistes indépendants, acceptent la République comme un point de départ qu'il faudra faire évoluer sur le plan social, les révolutionnaires, guesdistes du « Parti ouvrier français », « allémanistes » ouvriéristes et syndicalistes, voire blanquistes manifestent envers la République une indifférence proche de

1. Gaetano Manfredonia, « Persistance et actualité de la culture politique libertaire », dans Serge Berstein (dir.), *Les Cultures politiques en France*, *op. cit.*

celle des anarchistes, à la différence près toutefois qu'au contraire de ces derniers, les guesdistes, par exemple, accepteront de jouer le jeu électoral. Il reste que jusqu'à la fin du XIXe siècle, une partie des socialistes considère que seule la réalité de classe ayant de l'importance, la République ne constitue pas nécessairement un régime à soutenir et à défendre [1].

Le régime s'incarne donc dans le « parti républicain », terme qui désigne non une organisation, mais les tenants des valeurs incluses dans la culture politique républicaine. D'accord sur les objectifs à promouvoir, ces républicains se divisent sur la méthode à employer pour les faire triompher. En fait, si on peut grossièrement opposer deux sensibilités au sein de ce parti républicain, celle des radicaux ou républicains intransigeants, celle des républicains de gouvernement, qualifiés d'« opportunistes », la réalité est plus nuancée et l'arc républicain va d'une extrême gauche proche des socialistes aux grands bourgeois orléanistes du centre gauche ralliés au régime.

Dès les élections de 1876, une partie des élus républicains avaient constitué le groupe de l'extrême gauche, opposé aux concessions que les républicains modérés avaient consenties aux orléanistes lors de la rédaction des lois constitutionnelles. Rassemblés autour de Désiré Barodet, Camille Pelletan, Georges Clemenceau, Louis Blanc, Alfred Naquet, ils entendent reprendre l'héritage (actualisé, il est vrai) du programme de la Montagne de 1849 et du programme de Belleville de 1869, abandonné par Gambetta, passé à l'opportunisme. À travers un certain nombre d'avatars, ce Groupe de l'extrême gauche se perpétue jusqu'à la fin du siècle, prenant le nom de Groupe radical-socialiste, afin de mieux marquer sa proximité avec les courants socialistes républicains. Ces intransigeants réclament la révision de la Constitution par la suppression de la présidence de la République et du Sénat, la séparation de l'Église et de l'État, le mandat impératif impliquant la révocabilité des élus. Après les élections de 1881, l'arrivée au pouvoir de Gambetta, dont nombre de radicaux sont proches, provoque une scission dans leurs rangs. Les plus modérés d'entre eux décident de soutenir l'expérience gouvernementale de Gambetta et

1. Alain Bergounioux, « Socialisme et République avant 1914 », dans Serge Berstein et Odile Rudelle (dir.), *Le Modèle républicain*, PUF, 1992.

quittent alors l'extrême gauche pour fonder la Gauche radicale sous la direction d'Allain-Targé, d'Henri Brisson, de Charles Floquet et de Joseph Lockroy, renforçant ainsi le camp des « républicains de gouvernement ». À la fin du siècle, la Gauche radicale a pris le nom de Gauche démocratique, présidée par Georges Dujardin-Beaumetz, se réclamant d'un radicalisme modéré, assez proche de celui de Gambetta.

Plus que les radicaux qui accordent aux gouvernements républicains un soutien très critique quand la République leur paraît en danger, ce sont les modérés, désormais appelés « républicains de gouvernement » ou « opportunistes » qui vont être les véritables fondateurs du régime. Or, ils ne constituent pas plus un bloc homogène que la droite ou les radicaux. Dirigeants de la République à ses origines, les hommes du centre gauche, venus de l'orléanisme, voient leur influence politique décroître avec la consolidation du régime. S'ils conservent quelques positions au Sénat, leur influence est surtout forte dans les milieux intellectuels et dans le monde des affaires. Après 1885, ils se fondent dans la nébuleuse des républicains modérés, soutenant Jules Ferry et sa Gauche républicaine. Le grand clivage au sein de la famille des républicains de gouvernement est en fait fondé sur des rivalités personnelles qui recouvrent secondairement des divergences sur les idées. Il oppose les deux personnalités majeures du camp républicain, Gambetta autour duquel s'organise le groupe parlementaire de l'Union républicaine avec des hommes comme Pierre Waldeck-Rousseau ou Paul Bert et Jules Ferry, chef de file de la Gauche républicaine où se retrouvent Jules Méline, Charles de Freycinet, Sadi Carnot ou Armand Fallières. Le premier préconise un rôle important de l'État qui contrôlerait les grands intérêts économiques (en particulier les compagnies de chemins de fer), un pouvoir fort disposant d'une réelle autorité et appuyé sur des partis organisés et une politique extérieure énergique affirmant la puissance de la France dans le monde. C'est plus l'opposition à la personne de Gambetta, d'ailleurs orchestrée par le président de la République Jules Grévy qui redoute de le voir exercer un pouvoir personnel et craint qu'il ne lance la France dans une guerre, que le rejet de ses idées, qui sépare Ferry de Gambetta.

Les élections de 1881, qui amènent à la Chambre environ 200 députés de l'Union républicaine contre 170 de la Gauche républicaine, contraignent Grévy à appeler Gambetta, qu'il avait jusqu'alors écarté, à la présidence du Conseil. Mais le « grand ministère » constitué par Gambetta en novembre 1881 et auquel aucun dirigeant d'importance du camp républicain n'accepte de participer ne dure que trois mois, jusqu'en janvier 1882, ne permettant pas au chef de file de l'Union républicaine de déployer la politique qu'il envisageait. Sa mort, quelques mois plus tard, interrompt brutalement sa carrière politique. C'est désormais autour de Ferry que se rassemble la cohorte indisciplinée du « parti républicain » dont il est l'axe plus que le chef. Du moins son discours du Havre du 14 octobre 1883 définit-il un programme de gouvernement qu'il ne parviendra qu'imparfaitement à mettre en œuvre. Préconisant (comme Gambetta, mais avec plus d'adresse) l'autorité de l'État républicain, il affirme : « La République peut être un gouvernement énergique sans être une réaction ; un gouvernement républicain peut être un gouvernement qui gouverne. » Par ailleurs, constatant que le danger monarchique s'est éloigné, il dénonce un autre péril, celui de l'intransigeance qui menace la stabilité de l'État. Aussi préconise-t-il, contre les extrêmes, la droite comme les radicaux, une « concentration républicaine », capable de mettre en œuvre, autour de la thématique positiviste de l'ordre et du progrès, la synthèse républicaine.

La mise en œuvre de la synthèse républicaine

La disparition de Gambetta fait qu'il revient à Jules Ferry de jouer le rôle principal dans la réalisation du programme politique qui va conduire à la républicanisation de la République autour des conceptions positivistes qu'il s'efforce de faire triompher. De février 1879 à mars 1885, Jules Ferry participe presque sans discontinuer au gouvernement, soit comme ministre de l'Instruction publique et des Beaux-Arts, soit comme président du Conseil de septembre 1880 à novembre 1881 et de février 1883 au 30 mars 1885[1]. À ce titre, il définit

1. Sur Jules Ferry, très étudié, on pourra se référer à Pierre Barral, *Jules Ferry, une volonté pour la République*, Nancy, Éditions Serpenoise, 1985 ; *Jules Ferry, fondateur de la République*, EHESS, 1985 ; Odile Rudelle, *La République absolue (1870-1889)*, Publications de la Sorbonne, 1982, ainsi

la méthode qui va constituer la pratique des gouvernants républicains des années 1880-1900 et il jette les bases de la synthèse républicaine entre ordre et progrès, libéralisme et démocratie. Sur le premier point, il partage avec les autres dirigeants « opportunistes » la volonté de ne rien imposer à la société qu'elle ne soit en mesure d'accepter, refusant les mesures brutales que suggèrent ses adversaires radicaux [1]. C'est dans son discours du Havre du 23 octobre 1883 qu'il présente la manière dont il faut gérer le progrès qu'il définit comme « un phénomène de croissance sociale, de transformation qui se produit d'abord dans les idées, puis descend dans les mœurs pour enfin passer dans la loi ».

Dans la pratique, son action, soutenue par les élus opportunistes, revêt un triple aspect : l'octroi des grandes libertés publiques corrigé par le poids maintenu de l'administration ; l'effort d'éducation du peuple qui implique à la fois la politique scolaire avec des objectifs idéologiques et sociaux et la lutte contre l'influence de l'Église dans l'enseignement ; enfin l'amorce d'une volonté sociale qui sera poursuivie jusqu'à la fin du siècle par ses successeurs. Mais, fidèles au mot d'ordre positiviste de contrebalancer le progrès par l'ordre, les républicains de gouvernement n'acceptent pas de remettre fondamentalement en cause le compromis institutionnel de 1875 et de bouleverser l'organisation administrative de la France comme le souhaitent les radicaux.

L'octroi des grandes libertés publiques s'imposait comme une nécessité pour les républicains qui les avaient revendiquées avec ardeur à l'époque de l'Empire comme à celle de l'Ordre moral. Comment, en effet, envisager un fonctionnement réel du suffrage universel, pierre angulaire de la démocratie républicaine, sans que puisse librement s'exprimer le débat d'idées entre lesquelles le peuple souverain sera appelé à choisir ? Aussi, dès 1879, voit-on les républicains de gouvernement abroger les dispositions restrictives de l'époque de l'Ordre

---

qu'à la biographie que lui a consacrée Jean-Michel Gaillard, *Jules Ferry*, Fayard, 1989.

1. Sur l'univers des opportunistes, Léo Hamon (dir.), *Les Opportunistes. Les débuts de la République aux républicains*, Maison des sciences de l'homme, « Les Entretiens d'Auxerre », 1991, et Jérôme Grévy, *La République des opportunistes*, *op. cit.* (l'auteur réserve le qualificatif d'opportunistes aux seuls fidèles de Gambetta).

moral concernant les débits de boissons, centres de la propagande républicaine dans les villages et les bourgs, et qui peuvent désormais se créer et se transférer sur simple déclaration à la mairie, sans qu'une autorisation administrative soit nécessaire. Dans le même esprit, la liberté du colportage est autorisée en 1880. Mais ce sont surtout les deux grandes lois du 30 mai 1881 sur la liberté de réunion et celle du 29 juillet 1881 sur la liberté de la presse qui créent des conditions favorables à la libre expression des idées, désormais dégagées des entraves imposées par les régimes autoritaires antérieurs. La première permet les réunions publiques sans autorisation, sous condition qu'elles ne bouleversent pas l'ordre public. La seconde supprime l'autorisation préalable pour la création d'un journal, le cautionnement et le droit de timbre et soumet les délits de presse au jury populaire, permettant un extraordinaire essor de la presse d'opinion.

Créer les conditions nécessaires à la libre expression des idées entre lesquelles le suffrage universel aura ensuite à trancher ne saurait suffire si, en même temps, le peuple souverain ne dispose pas des moyens de discerner clairement les enjeux du débat. C'est à créer une société de citoyens éclairés et responsables selon les vœux des positivistes que vise la politique scolaire de la IIIe République à laquelle Ferry a attaché son nom, et son corollaire, la politique anticléricale. La politique scolaire vise en effet un triple objectif : répandre les lumières dans l'ensemble de la société française en donnant à tous les jeunes Français une éducation marquée par l'objectivité scientifique qui les conduira tout naturellement à s'orienter vers le progrès ; fournir à tous les citoyens un moteur de promotion et d'ascension sociale qui constitue aux yeux des républicains une réponse pertinente aux inégalités de naissance, puisque l'école donnera à chacun des chances égales d'accéder aux sommets de la société par le diplôme, pourvu qu'un système de bourses distribuées par l'État vienne corriger les différences liées à la fortune et permettre l'émergence d'une élite républicaine qui soit celle de l'intelligence, du talent et du travail ; enfin, substituer à la lutte des classes une doctrine de fraternité grâce à « la fusion qui résulte du mélange des riches et des pauvres sur les bancs de l'école ». C'est de cette triple volonté que résultent les lois de 1881 et de 1882 qui instaurent la gratuité et l'obligation de l'enseignement primaire public, ainsi que les mesures qui, sous l'influence de Camille Sée, réorganisent l'enseignement secondaire des jeunes filles, ou celles qui prévoient la construction de locaux, le recrutement et la formation des maîtres dans les Écoles normales d'instituteurs et d'institutrices, etc. Mais en même temps que cette œuvre positive, il s'agit aussi pour les républicains de gouvernement de briser l'influence sur la jeunesse et la société d'une Église qui leur apparaît comme une force obscurantiste et qui a partie liée avec les adversaires de la République. Si Ferry professe que la diffusion des Lumières conduira au dépérissement de la foi religieuse, vestige des âges révolus de l'humanité, il ne s'interdit pas d'accélérer le processus au moyen des armes légales qui sont à sa disposition. C'est ainsi que, dès les années 1879-1880, des lois éliminent du Conseil supérieur de l'instruction publique les représentants des confessions religieuses, réservent aux Facultés d'État la collation des grades universitaires et interdisent l'enseignement aux membres des congrégations non autorisées. Par ailleurs un décret dissout la Compagnie de Jésus dont les membres sont expulsés de leurs locaux. Mais l'essentiel réside dans la loi de 1882, prise à l'initiative de Ferdinand Buisson, directeur de l'enseignement primaire, qui établit la laïcité de celui-ci et que complète un texte de 1886 laïcisant le personnel enseignant. La République se dote ainsi d'un système d'enseignement en parfaite corrélation avec les principes sur lesquels elle entend fonder son action et avec la société qu'elle ambitionne de modeler.

Enfin, la vision sociale des républicains de gouvernement s'inspire, elle aussi, de l'esprit de synthèse entre libéralisme et démocratie. Attachés au libéralisme économique, ils n'entendent remettre en cause ni la liberté individuelle, ni l'initiative privée, ni surtout la propriété, et demeurent fidèles aux conceptions individualistes érigées en dogmes fondamentaux par la Révolution de 1789 et la Déclaration des droits de l'homme et du citoyen. À leurs yeux, il n'est donc pas question que l'État intervienne dans les rapports sociaux qui doivent se régler sur une base contractuelle. Toutefois, ils sont sensibles à l'évolution qui, durant la seconde moitié du XIXe siècle, a vu le monde ouvrier tenter de s'organiser pour défendre ses intérêts face à la puissance patronale et qui a conduit le Second Empire à reconnaître le droit de grève en 1864 et à tolérer les Chambres syndicales à partir de 1867. Dans le même esprit, les républicains entendent donner au monde ouvrier les moyens de faire valoir ses droits. C'est à Waldeck-Rousseau, ministre de l'Intérieur de Ferry, que revient l'initiative du vote de la loi de 1884 donnant une existence légale aux syndicats, simplement tolérés jusque-là, de la même manière qu'il jouera un rôle essentiel dans l'adoption en 1898 de la charte de la mutualité, permettant l'essor des sociétés de secours mutuel[1].

Les républicains de gouvernement jettent ainsi, sur la base de la synthèse entre libéralisme et démocratie, les fondements d'un régime républicain représentant la version française de la démocratie libérale. Mais ils refusent aux radicaux intransigeants l'abandon de cette voie médiane pour imposer, comme le souhaitent ceux-ci, une démocratie radicale, faisant litière des concessions consenties en 1875. La prudence des « opportunistes » se manifeste d'abord par la loi municipale du 5 avril 1884 qui s'efforce de trouver un moyen terme entre les aspirations à la démocratie locale à laquelle les républicains sont attachés et la crainte d'un affaiblissement de l'autorité de l'État, avivée par le souvenir encore vif de l'épisode de la Commune. La loi décide que tous les citoyens résidant dans la commune sont électeurs et que le maire sera élu par son conseil municipal, preuve de confiance dans la démocratie, mais le ministre de l'Intérieur, les préfets, les sous-préfets exercent une tutelle, au nom de l'intérêt national, sur les décisions prises par les élus. Le même souci de ne mettre en œuvre des réformes que si elles sont acceptables pour la société rend compte de la révision constitutionnelle très modérée de mai 1884. Aussi Jules Ferry rejette-t-il les exigences des radicaux tendant à la suppression du Sénat ou de la présidence de la République, exigences d'ailleurs mises en sourdine en raison de la mainmise des républicains sur ces deux institutions, pas plus qu'il n'entend accepter l'idée d'élection des sénateurs au suffrage universel, ce qui ôterait toute signification au bicamérisme et priverait le Sénat de son rôle de contrepoids aux impulsions du suffrage universel. En revanche, il est disposé à remettre en cause les dispositions les plus conservatrices du compromis de 1875 en consentant à la disparition de la catégorie des sénateurs inamovibles, remplacés après leur décès

1. André Gueslin, *L'Invention de l'économie sociale, le XIXe siècle français*, Economica, 1987.

par des sénateurs élus et en acceptant de corriger la composition des collèges sénatoriaux au bénéfice des villes moyennes. À l'issue de la révision, le Sénat n'en demeure pas moins le représentant du monde rural et des petites bourgades dont les délégués restent prépondérants en nombre dans les collèges. Mais les républicains se satisfont de deux mesures, essentielles à leurs yeux, incluses dans la révision : la suppression des prières publiques à l'ouverture des sessions parlementaires et la modification de l'article 8 de la loi du 25 février 1875, complété par deux phrases qui stipulent : « La forme républicaine du gouvernement ne peut faire l'objet d'une proposition de révision. Les membres des familles ayant régné sur la France sont inéligibles à la présidence de la République », phrases qui paraissent enterrer définitivement les espoirs de restauration monarchique, implicites dans le compromis de 1875.

L'action des républicains de gouvernement qui dirigent la France dans les deux dernières décennies du XIXe siècle consolide incontestablement le régime en réalisant la difficile synthèse entre vision libérale de la société et aspirations démocratiques, par la voie de la politique prudente des réformes à petits pas. Il est vrai que cette prudence est commandée par les assauts que subit durant ces mêmes années le régime républicain.

La contestation de la synthèse républicaine

La volonté des républicains de mettre en place non seulement un régime politique original fondé sur la synthèse entre libéralisme et démocratie, mais aussi une société nouvelle, une démocratie des « petits », étayée sur une culture politique rationaliste, progressiste et scientifique interdit bien entendu au modèle républicain tout caractère consensuel en excluant par définition tous ceux qui ne se reconnaissent pas en lui[1]. Aussi la République doit-elle compter avec les adversaires naturels et irréconciliables qui ont été évoqués plus haut, à droite comme à gauche, prêts à guetter le moindre faux pas pour tenter de jeter bas le régime honni.

1. Odile Rudelle, *La République absolue. Aux origines de l'instabilité constitutionnelle de la France républicaine (1870-1889)*, Publications de la Sorbonne, 1982.

Or la France connaît entre 1873 et 1895, c'est-à-dire durant les années où s'installe le régime républicain, une succession de crises liées à une phase de conjoncture économique mondiale défavorable que les contemporains ont baptisée la Grande Dépression. Cette crise qui provoque la multiplication des faillites et la croissance du chômage entretient une atmosphère de pessimisme et de mécontentement généralisé qui rejaillit immanquablement sur le régime. Ainsi fragilisé, celui-ci connaît en outre quelques scandales, qui sont autant d'occasions pour ses adversaires de tenter d'en finir avec lui. Sans doute la République résiste-t-elle à ses adversaires, mais les épreuves qu'elle subit ne sont pas sans effet sur les traits du régime politique. Le premier choc survient en 1887-1889. Le mécontentement des Français devant la crise économique a abouti à priver les républicains de gouvernement de véritable majorité lors des élections de 1885, donnant aux « Conservateurs », c'est-à-dire aux royalistes, catholiques et bonapartistes, près du tiers des sièges, cependant qu'un autre tiers va aux radicaux, républicains sans doute, mais qui reprochent aux hommes au pouvoir la timidité de leur politique sociale. Dans cette conjoncture difficile, le scandale Wilson, du nom du gendre du président de la République qui, installé à l'Élysée, se livrait à de fructueux trafics d'influence, contraint le chef de l'État, Jules Grévy, à démissionner en 1887. C'est dans ce contexte que le général Boulanger, éphémère ministre de la Guerre protégé par les radicaux, et qui a su se rendre populaire par quelques réformes démagogiques de l'armée et en se faisant le champion d'une guerre de revanche contre l'Allemagne, entre en politique après son éviction du gouvernement. Rassemblant autour de lui une coalition hétérogène de socialistes blanquistes, de radicaux, de nationalistes, de monarchistes, de bonapartistes qui, tous, espèrent se servir de lui pour prendre le pouvoir, cependant que lui-même s'efforce d'instrumentaliser l'argent et les moyens dont ils disposent à son propre profit, il se lance dans une campagne plébiscitaire en se présentant systématiquement à toutes les élections partielles pour démissionner aussitôt, une fois élu [1]. Autour d'un mot d'ordre assez flou « Dissolution-Révision-Constituante », il prône une

1. Philippe Levillain, *Boulanger, fossoyeur de la monarchie*, Flammarion, 1982, et Jean Garrigues, *Le Général Boulanger*, Olivier Orban, 1991.

République consulaire à exécutif fort, qui rejoint les vœux d'une grande partie des conservateurs et de la droite, adversaires du régime parlementaire et il trouve des troupes pour soutenir sa cause dans la toute jeune Ligue des patriotes, fondée en 1883 par l'ex-gambettiste Déroulède qui, pour préparer la revanche contre l'Allemagne, souhaite que la France se dote d'un État fort à la tête duquel il verrait bien un général [1]. En fait, la volonté de résistance des républicains et le caractère velléitaire du général Boulanger qui recule devant la perspective d'un coup de force et s'enfuit en Belgique, de crainte d'être arrêté, feront retomber le mouvement. Mais, venant après la crise du 16 mai, le boulangisme fait rejouer la psychose du césarisme et conforte les républicains dans leur conviction qu'il existe une antinomie entre République et gouvernement fort. Mais elle a aussi pour résultat d'accroître l'attachement des partisans du régime, radicaux compris, aux institutions de 1875, y compris au Sénat, vilipendé par ces derniers jusque-là. À la veille des élections de 1889 dont on redoute qu'elles n'aboutissent à un raz-de-marée boulangiste (qui ne se produira pas), les républicains comptent en effet sur le Sénat pour jouer le rôle de brise-lames face à une impulsion irraisonnée du suffrage universel. Désormais, le « Sénat républicain » trouve grâce aux yeux de tous les défenseurs du régime qui découvrent les vertus des contrepoids susceptibles d'équilibrer les dérives possibles de la démocratie.

À peine retombés les derniers échos de la crise boulangiste, la République subit une nouvelle épreuve avec la révélation en 1892 du scandale de Panama. En 1888, la Compagnie du canal de Panama, qui connaît de grosses difficultés financières, corrompt un certain nombre de députés afin de les inciter à voter une loi lui permettant d'émettre des obligations à lots. Après la faillite de la Compagnie en 1889, le journal de l'antisémite Drumont *La Libre Parole* et l'organe boulangiste *La Cocarde* se lancent dans une violente campagne contre les « chéquards » qui débouche sur la mise en cause du régime parlementaire lui-même et sur un déchaînement d'antisémitisme. Il en résulte une phase de crise politique marquée par la chute de plusieurs gouvernements, la création d'une commission d'enquête et des poursuites judiciaires entamées

1. Bertrand Joly, *Déroulède, l'inventeur du nationalisme*, Perrin, 1998.

contre cinq députés (dont un seul sera condamné). Si les retombées judiciaires de l'affaire de Panama sont limitées, ses effets politiques sont dévastateurs. Une bonne partie du personnel politique, qui a fait preuve d'imprudence, est discréditée et l'opinion a le sentiment d'une collusion entre celui-ci et le monde des affaires, pour le plus grand profit des uns et des autres.

Une nouvelle génération politique parvient de ce fait au pouvoir, après 1893, dans un contexte bien différent de celui des années antérieures. Les hommes nouveaux qui s'affirment, un Charles Dupuy, un Raymond Poincaré, un Louis Barthou, un Georges Leygues, un Théophile Delcassé, n'appartiennent plus à la génération des fondateurs de la République qui, à chaque crise, avaient pour réflexe la reconstitution du « parti républicain ». Après le boulangisme, les « conservateurs » monarchistes, bonapartistes, nationalistes ne paraissent plus en mesure de mettre en cause la République. Or, deux faits vont provoquer une recomposition politique dont les républicains modérés sont la clé de voûte. C'est, d'une part, le ralliement d'une partie des catholiques à la République qui se produit en 1893. Conscient que les catholiques n'ont rien à gagner à lier leur cause à celle des monarchistes en perte de vitesse, le pape Léon XIII leur conseille d'accepter le régime qui est désormais celui de la France et d'agir de l'intérieur pour tenter d'infléchir la législation anticléricale. Dans cette perspective, le catholique Jacques Piou, chef de file du groupe parlementaire de la Droite constitutionnelle décide de suivre les directives pontificales et de transformer le nom de son groupe en Droite républicaine, qui implique l'idée de ralliement au régime. D'autre part, les républicains modérés au pouvoir s'inquiètent de la renaissance des courants socialistes et de l'agitation anarchiste qui leur paraît désormais la principale menace, pesant à la fois sur la République parlementaire et sur l'ordre social. Aussi, pour préserver la synthèse républicaine sont-ils prêts à se séparer des radicaux et à se rapprocher des « ralliés », infléchissant ainsi dans le sens libéral le syncrétisme réalisé durant les années 1880. Défini après les élections de 1893 par l'ancien gambettiste Eugène Spuller, « l'esprit nouveau » implique donc tout à la fois la défense sociale et l'apaisement religieux. Les républicains modérés qui le mettent en œuvre prennent le nom nouveau de « progressistes » et, dans un contexte politique de grande instabilité (car il n'existe pas de majorité nette et les « progressistes » doivent tenir compte du poids parlementaire important des radicaux), gouvernent la France, pour l'essentiel, jusqu'à la fin du siècle.

Ils doivent faire face à une vague d'attentats anarchistes qui menace la République d'une subversion terroriste. Lointains héritiers des socialistes utopiques de la première moitié du XIXe siècle, les anarchistes rêvent d'une société de petites cellules de production échangeant entre elles leurs produits et où l'homme pourra s'épanouir, libéré de toutes les structures qui l'aliènent, État, Église, famille, société. Pour tenter de réaliser cette utopie, que l'évolution de la société ne paraît guère promettre, certains anarchistes jugent qu'il est nécessaire de détruire l'État bourgeois par la violence, baptisée par eux « propagande par le fait ». Une série d'attentats terroristes destinée à épouvanter la bourgeoisie au pouvoir se produit à Paris et dans quelques grandes villes, où s'illustrent Ravachol et Auguste Vaillant qui jette une bombe dans l'hémicycle de la Chambre des députés, sans faire de victimes. Pour venger l'exécution de Vaillant que le président de la République, Sadi Carnot, a refusé de gracier, l'anarchiste italien Caserio assassine à Lyon le chef de l'État en juin 1894. Une série de lois, votées par la Chambre, malgré l'opposition des socialistes et des radicaux qui les qualifient de « lois scélérates », redoutant qu'elles ne soient appliquées à tous ceux qui réclament une réforme de la société et remettent en cause la propriété privée, vont permettre aux progressistes de briser la vague anarchiste. Elles punissent de cinq ans de prison la provocation au vol et au meurtre et transfèrent du jury d'assises au tribunal correctionnel les délits de presse, permettant au gouvernement de traquer les anarchistes. Il est clair que la République entend se défendre contre les assauts de l'extrême gauche de la même manière qu'elle s'applique à neutraliser ceux des conservateurs. Dans la synthèse républicaine, la démocratie politique reste primordiale et c'est par la loi que doit se produire le lent acheminement à la démocratie sociale.

Si force est restée à la République dans les contestations qui atteignent le régime, venant de la droite ou de la gauche, la République va tirer ses traits définitifs de la plus grave des crises qui la touchent, au tournant du XIXe et du XXe siècle, l'affaire Dreyfus.

CHAPITRE 10

Le moment Dreyfus et l'approfondissement d'une culture politique républicaine

par Michel Winock

L'Affaire

L'affaire Dreyfus éclate à la fin de l'année 1897, soit trois ans environ après que le capitaine Alfred Dreyfus a été condamné pour espionnage à la déportation à perpétuité. Pendant les deux années qui suivent, elle divise en profondeur l'opinion, entraîne l'affrontement politique, provoque l'émergence des « intellectuels », fixe les principes du nationalisme, et contribue à l'approfondissement d'une culture républicaine. Événement majeur de l'histoire politique contemporaine, l'Affaire deviendra une référence clé des attitudes idéologiques et politiques pour le XXe siècle.

L'affaire d'espionnage

Le point de départ en est une affaire d'espionnage expédiée rapidement par la justice militaire. En octobre 1894, un document issu de l'ambassade d'Allemagne à Paris et capté par la « voie ordinaire » – c'est-à-dire par une femme de ménage, Mme Bastian, diligentée par le service des renseignements français (la Section de statistique) – parvient au lieutenant-colonel Sandherr. Ce document, désigné tout au long des événements, comme le *bordereau*, est une note d'information à destination de l'attaché militaire Schwartzkoppen, et contient des renseignements sur le canon de 120, sur les troupes de couverture, une note sur une modification aux formations de l'artillerie, une autre relative à Madagascar, enfin le projet de manuel de tir de l'artillerie de campagne datant de mars 1894. Ce bordereau est attribué rapidement par les services de Sandherr au capitaine Dreyfus, pour avoir fait un stage à l'état-major général, être artilleur (trois notes sur cinq concernent l'artillerie), et avoir subi un examen graphologique succinct qui le met en cause. Arrêté, Dreyfus est écroué le 15 octobre à la prison du Cherche-Midi, où, pendant une quinzaine de jours, le commandant du Paty de Clam, chargé de l'instruction, se convainc de la culpabilité du prisonnier. Le nom d'Alfred Dreyfus est révélé au public par *Le Soir*, le 31 octobre. Le 2 novembre, le général Mercier, ministre de la Guerre, décide le gouvernement à entamer des poursuites. L'instruction judiciaire qui suit est menée par le commandant d'Omerscheville. Sur cinq experts en écriture, appelés à se prononcer, trois confirment que l'écriture du bordereau est celle de Dreyfus.

Celui-ci est traduit devant le premier Conseil de guerre de Paris, tenu à huis clos. Me Demange et son client Dreyfus n'ont pas connaissance d'un « dossier secret », préparé par les services de Sandherr et communiqué aux juges par Mercier. Le commandant Henry, subordonné de Sandherr, déclare qu'une personne honorable a affirmé à deux reprises, en mars et juin, qu'il y avait un traître au sein de l'état-major, et, désignant du doigt Dreyfus, s'écrie : « Le traître, le voici ! » L'accusé proteste. Me Demange somme Henry de révéler le nom de la personne honorable. Impossible : secret militaire !

Le 22 décembre 1894, Dreyfus est déclaré coupable à l'unanimité des sept juges. Il subit la dégradation militaire, le 5 janvier 1895, dans la cour de l'École militaire, et est embarqué, le 21 février, à La Rochelle, à destination de l'île du Diable, en Guyane, pour y purger sa condamnation à la déportation à vie. La condamnation et la déportation de Dreyfus ne provoquent la contestation que de l'intéressé et de sa famille. La presse se déchaîne contre l'espion. Déjà s'insurgent les journaux antisémites, notamment *La Libre Parole* d'Édouard Drumont. À gauche et à l'extrême gauche, Georges Clemenceau et Jean Jaurès notamment protestent contre le régime « de faveur » dont l'accusé a bénéficié au regard des peines habituelles infligées par les conseils de guerre : son rang, ses origines sociales, lui auraient épargné le pire. Clemenceau écrit ainsi dans *La Justice*, le 25 décembre 1894 : « Si, dans l'échelle des châtiments, la peine de mort est l'ultime degré, il me semble qu'elle doit être réservée pour le plus grand crime, qui est, à n'en pas douter, la trahison. » Jaurès, de son côté, intervient dans un débat à la Chambre, pour faire valoir que la peine de mort frappe les simples soldats convaincus de voies de fait envers leurs supérieurs pendant le service : Dreyfus aurait dû être condamné à mort selon l'article 76 du code de justice militaire.

Les outrances de la presse, les réactions passionnées à la suite du verdict qui condamne Dreyfus sont à replacer dans le contexte de « guerre froide » entre la France et l'Allemagne qu'expliquent la défaite de 1871, l'idéal de la Revanche longtemps entretenu, l'espionnage qui obsède les deux pays, la ferveur de la foule à l'égard de son armée. S'y ajoute une frénésie antisémite depuis le début des années 1880, qu'entretient une presse populiste, *La Croix*, suivie par *La Libre Parole* et *L'Intransigeant*, pour ne citer que des journaux parisiens. Pour beaucoup, la culpabilité de Dreyfus est d'autant plus vraisemblable qu'il est juif.

Cette première phase de l'Affaire, qui n'en est pas encore une, aurait pu rester sans suite, n'étaient, d'une part, l'acharnement d'une épouse, Lucie Dreyfus, et d'un frère, Mathieu, qui s'entêtent à démontrer l'innocence du capitaine, et d'autre part le départ à la retraite de Sandherr, remplacé à la tête du Service des renseignements par le lieutenant-colonel Georges Picquart, le 1er juillet 1895. Par deux voies parallèles et finalement convergentes, la cause de la révision du procès de 1894 s'impose progressivement.

Tandis que la famille Dreyfus confie au journaliste Bernard Lazare le soin de mener une enquête, Picquart en mars 1896 prend connaissance d'un télégramme – pièce désignée sous le nom de *petit bleu* – adressé par l'ambassade d'Allemagne à un commandant d'infanterie français du nom de Walsin-Esterhazy. Picquart enquête, rouvre le dossier Dreyfus, et se convainc que l'écriture du bordereau et celle d'Esterhazy sont identiques, ce qui innocenterait Dreyfus. Cependant, les généraux Boisdeffre et Gonse, chef et sous-chef de l'état-major général, se refusent à une révision du procès de 1894. Le général Billot, alors ministre de la Guerre, dans le même état d'esprit, décide, le 26 octobre 1896, d'éloigner Picquart en Tunisie.

L'opposition aux efforts de Picquart provient à son insu de ses propres services. En septembre, une lettre prétendument adressée à Dreyfus – le *faux Weyler* – confirme ses relations avec les services allemands. À la fin d'octobre, le commandant Henry remet au général Gonse, un nouveau document saisi, prétend-il, à l'ambassade d'Allemagne : une lettre adressée par l'attaché italien Panizzardi à Schwartzkoppen, et accablant Dreyfus dont le nom est écrit en toutes lettres. On saura plus tard qu'il s'agit d'un faux.

Parallèlement, Bernard Lazare mène son enquête. Pour éveiller l'esprit public, Mathieu Dreyfus fait courir la fausse nouvelle de l'évasion de son frère, par l'intermédiaire d'un article du *Daily Chronicle* du 3 septembre 1896. La nouvelle est démentie, mais la presse française reparle de Dreyfus. Le 14 septembre, *L'Éclair*, aux fins de ruiner toutes les supputations en faveur de Dreyfus, révèle l'existence du « dossier secret », et notamment une lettre chiffrée de l'attaché militaire allemand à l'attaché militaire italien, où l'on peut lire : « Décidément cet animal de Dreyfus devient trop exigeant » – traduction d'une pièce originale mentionnant « Ce canaille de D... », sans que le nom de Dreyfus figure. En pensant faire taire les partisans d'une révision, *L'Éclair* révèle en fait l'illégalité de la procédure, qui autorise Lucie Dreyfus à adresser une pétition à la Chambre des députés pour réclamer justice. Cette initiative échoue, mais Bernard Lazare peut faire diffuser hors commerce une brochure, imprimée à Bruxelles pour éviter la saisie, *Une erreur judiciaire. La vérité sur l'affaire Dreyfus*. « Vaine tentative de réhabilitation d'un traître », écrit *L'Intransigeant*, tandis que le gouvernement Méline reste sans réaction. L'auteur de la brochure tente de convaincre Émile Zola, s'adresse au vice-président du Sénat, l'alsacien Scheurer-Kestner, voit Jaurès... Sans succès. Mais un fait nouveau l'encourage : le 10 novembre 1896, *Le Matin*, publie le fac-similé du bordereau, qu'un des experts commis pour le procès Dreyfus lui a vendu : les recherches sur l'identité du scripteur deviennent possibles.

De son côté, Picquart ne reste pas inactif. Lors d'un congé passé à Paris, en juin 1897, il confie à un avocat ami, Me Leblois, le secret qu'il détient : l'innocence de Dreyfus, la culpabilité d'Esterhazy. Leblois, alsacien comme Picquart, et qui entretient des relations amicales avec cet autre Alsacien qu'est Scheurer-Kestner, apprend à celui-ci les révélations de Picquart. Commencent alors les démarches de Scheurer-Kestner auprès des autorités pour faire réviser le procès, mais il est tenu par Leblois, à la demande de Picquart, à une discrétion absolue sur ses sources d'information.

Alarmé par les menées de Scheurer-Kestner, le Service de renseignements, animé par Henry, et avec l'accord du général Gonse, fait prévenir Esterhazy du danger. Il lui est demandé d'écrire au ministre de la Guerre et au président de la République que sa mise en cause entraînerait de sa part des révélations les plus dommageables pour la France. Il déclare détenir, grâce à une mystérieuse « femme voilée » qui s'est faite sa protectrice, une photographie de la pièce du dossier secret – « Ce canaille de D... » – qui prouve la culpabilité de Dreyfus. On fournit aussi à Esterhazy des articles pour les journaux afin de discréditer Scheurer-Kestner. Tout paraît devoir être employé pour protéger Esterhazy et prévenir une révision du procès Dreyfus.

Un fait nouveau intervient dans la première quinzaine de novembre 1897 à l'avantage de Scheurer-Kestner : un coulissier, nommé De Castro, découvre dans le second mémoire de Bernard Lazare, sorti le 12 novembre, et contenant un fac-similé du bordereau, la similitude de l'écriture avec celle d'un de ses anciens clients, Esterhazy, dont il possède de nombreuses lettres. Mathieu Dreyfus se rend chez Scheurer-Kestner pour l'informer de cette découverte, qui confirme la révélation de Picquart *via* Leblois. Par deux voies différentes, on en arrive à la même conclusion.

Le 15 novembre, Mathieu Dreyfus porte plainte auprès du ministre de la Guerre Billot contre le commandant Esterhazy. Celui-ci, assuré du soutien de l'état-major, réclame lui-même une enquête, laquelle est confiée au général de Pellieux. Ce dernier, circonvenu par Henry, que protège le général de Boisdeffre, chef de l'état-major général, conclut le 20 novembre son rapport par la mise hors de cause d'Esterhazy, et au contraire la nécessité de traduire Picquart devant un conseil d'enquête.

« Qui protège Esterhazy ? » demande Clemenceau, dans *L'Aurore* du 27 novembre 1897. Cette question, restée sans réponse, amènera un certain nombre d'historiens de l'Affaire à risquer l'hypothèse selon laquelle Esterhazy avait rédigé le bordereau sous la dictée de Sandherr ou de son service, afin d'intoxiquer les services allemands, de détourner leur attention du canon de 75 que les Français mettent alors au point. Cette hypothèse innocente Esterhazy en même temps que Dreyfus : ni l'un ni l'autre n'auraient été des espions ; l'état-major sacrifiait un officier juif au bénéfice du silence patriotique. Aucune preuve décisive n'a confirmé cette interprétation[1]. Pour les partisans de la révision – les « révisionnistes » –, Esterhazy, rédacteur du bordereau, doit être jugé. Le personnage apparaît du reste sous un jour particulièrement défavorable, lorsque, le 28 novembre, *Le Figaro* publie des extraits de ses lettres à une de ses anciennes maîtresses, Mme de Boulancy, où l'officier affirmait qu'il ferait « tuer cent mille Français avec plaisir ». De quoi émouvoir l'opinion et agiter la Chambre. Mais le président du Conseil, Jules Méline, s'écrie : « Il n'y a pas d'affaire Dreyfus », devant des députés qui « affirment l'autorité de la chose jugée ». Au demeurant, Esterhazy passera devant le Conseil de guerre, ce que l'intéressé réclame lui-même en vue d'être disculpé. Ce Conseil de guerre, tenu à huis clos les 10 et 11 janvier 1898, acquitte Esterhazy, frénétiquement applaudi à sa sortie par une foule qui attendait le verdict. Picquart, accusé d'avoir fabriqué un faux – le petit bleu – est arrêté, et puni de soixante jours de forteresse, en attendant d'être renvoyé devant une commission d'enquête. Scheurer-Kestner n'est pas réélu à la vice-présidence du Sénat.

L'émergence des intellectuels

C'est à la fin de 1897 que commence donc proprement l'affaire Dreyfus, avec la mise en cause d'Esterhazy par Scheurer-Kestner et Mathieu Dreyfus. Dans les deux derniers mois de l'année commence à se former un noyau de révisionnistes. Un certain nombre d'écrivains, de journalistes, d'hommes politiques avaient été peu à peu convaincus par Bernard Lazare et par le vice-président du Sénat, tandis que l'ensemble de la presse restait persuadé de la trahison de Dreyfus. Le 17 novembre, *L'Écho de Paris* réaffirme « l'indéniable culpabilité du traître

1. Voir notamment Jean Doise, *Histoire militaire de l'affaire Dreyfus ou la Clé de l'énigme*, Seuil, 1994.

Dreyfus », en reprenant les prétendues confidences d'Esterhazy. Le 25 novembre, Émile Zola, désormais convaincu de l'innocence du capitaine juif, publie dans *Le Figaro* un premier article en faveur de M. Scheurer-Kestner : « La vérité est en marche, rien ne l'arrêtera plus. » On parle d'un « Syndicat Dreyfus », qui finance la campagne révisionniste. Zola réplique, dans *Le Figaro* du 1er décembre : « De ce syndicat, ah ! oui, j'en suis, et j'espère bien que tous les braves gens de France vont en être. »

Georges Clemenceau, encore sceptique en octobre, a été convaincu de l'erreur judiciaire chez Scheurer-Kestner, le 1er novembre. Il écrit son premier article favorable à la révision le lendemain dans *L'Aurore*. Jean Jaurès, lui, est initié à la question par son ami Lucien Herr, bibliothécaire à l'École normale de la rue d'Ulm, lui-même informé par Bernard Lazare et Lévy-Bruhl, proche des Dreyfus. Jaurès publie son premier article franchement révisionniste dans *La Petite République*, le 27 novembre.

À peu près à la même date, des jeunes gens, tels Charles Péguy ou Léon Blum, multiplient les démarches auprès des écrivains et des universitaires pour recueillir leurs signatures en faveur de la révision. L'acquittement d'Esterhazy, au milieu de la joie populaire, accable ces premiers « dreyfusards », ce terme injurieux que les révisionnistes reprennent à leur compte. C'est alors que *L'Aurore*, le 13 janvier 1898, lance, sous un titre énorme : « J'accuse... », une véritable bombe, la lettre ouverte de Zola au président de la République Félix Faure. De ce jour, l'affaire Dreyfus devient une affaire publique, où les passions s'affrontent, les familles se déchirent, où des carrières sont brisées, où la presse se déchaîne pour ou contre la révision, où des foules se mobilisent sous des slogans sommaires... Le « J'accuse... » de Zola révoque en doute l'affirmation récente de Méline : il y a bien une affaire Dreyfus, une terrible affaire d'erreur judiciaire, dont la victime se morfond en Guyane, alors que l'auteur de la pièce accusatrice vient d'être outrageusement protégé par les autorités militaires, appuyées par le gouvernement.

Le résumé de l'Affaire par Zola est approximatif, puisque l'écrivain fait de Du Paty de Clam « l'ouvrier diabolique de l'erreur judiciaire » en ignorant le rôle déterminant du commandant Henry, mais Zola établit qu'une chaîne de complicités a sauvé Esterhazy afin de ne pas remettre en cause le verdict de 1894 condamnant Dreyfus. La dénonciation est audacieuse, la conclusion décide la conversion de beaucoup qui hésitaient encore : « Je n'ai qu'une passion, celle de la lumière, au nom de l'humanité qui a tant souffert et qui a droit au bonheur. Ma protestation enflammée n'est que le cri de mon âme. Qu'on ose donc me traduire en Cour d'assises et que l'enquête ait lieu au grand jour ! J'attends... »

Tandis que les exemplaires de *L'Aurore* s'arrachent, à la Chambre Albert de Mun interpelle le gouvernement : « Pourra-t-on, impunément, venir encore jeter le trouble dans le pays et la suspicion sur nos chefs militaires ? » Le ministre de la Guerre, le général Billot, entend défendre « l'honneur de l'armée, le respect des décisions du conseil de guerre et les intérêts de la patrie ». Par 312 voix contre 122, les députés adoptent l'ordre du jour suivant : « La Chambre, approuvant les déclarations du gouvernement et comptant que le gouvernement saura prendre les mesures nécessaires pour mettre fin à la campagne entreprise contre l'honneur de l'armée, passe à l'ordre du jour. » Émile Zola sera poursuivi.

Cependant, le 15 janvier, divers journaux annoncent la publication d'une pétition en faveur de la révision du procès Dreyfus. Parmi les noms d'hommes de lettres, d'universitaires, de médecins, on note, derrière celui d'Émile Zola, ceux d'Anatole France, d'Émile Duclaux, directeur de l'Institut Pasteur, de Fernand Gregh, Jehan Rictus, Daniel Halévy, Pierre Quillard, Charles Rist, Fénéon, secrétaire de *La Revue blanche*, Robert de Flers, Marcel Proust, Victor Bérard, Lucien Herr, Charles Andler, Célestin Bouglé, Élie Halévy, François Simiand, Georges Sorel, Gabriel Séailles... Dans les jours suivants, la liste s'allonge : Claude Monet, Jules Renard, Théodore Monod, Émile Durkheim... C'est de ce mois de janvier 1898 que les Français se mettent à parler des « intellectuels ».

Qui a lancé ce mot qui, pris comme substantif, n'était que d'usage limité dans quelques revues d'avant-garde, quand bien même Saint-Simon l'avait déjà employé au début du siècle ? À en croire Maurice Paléologue, Ferdinand Brunetière y fait allusion dès le 15 janvier : « Et cette pétition que l'on fait circuler parmi les *Intellectuels* ! déclare-t-il. Le seul fait que l'on ait récemment créé ce mot d'*Intellectuels* pour désigner, comme une sorte de caste nobiliaire, les gens qui vivent dans les laboratoires et les bibliothèques, ce fait seul dénonce un des travers les plus ridicules de notre époque, je veux dire la prétention de hausser les écrivains, les savants, les professeurs, au rang de surhommes[1]. »

Selon Maurice Barrès, c'est Clemenceau qui lance le mot[2]. De fait, le 23 janvier, celui-ci écrit dans *L'Aurore* : « N'est-ce pas un signe, tous ces *intellectuels* [c'est lui qui souligne le mot], venus de tous les coins, qui se groupent sur une idée et s'y tiennent inébranlablement ? » Sans doute existait-il des « intellectuels » avant la lettre, si l'on entend par ce mot-là des hommes de plume et de pensée qui, sortis de leur métier proprement dit, mais usant du prestige acquis dans ce métier, ont fait entendre leur voix sur la place publique, soit sur les affaires de l'État, soit sur des sanctions de justice. De Voltaire à Victor Hugo, l'histoire de la France est riche de ces redresseurs de torts et de ces dénonciateurs de l'arbitraire gouvernemental. La nouveauté du moment Dreyfus est le caractère massif de la mobilisation de ceux qu'on appelle désormais les « intellectuels ». Zola, lui, avait agi avec une hardiesse encore classique : celle de l'homme de lettres renommé qui veut peser de toute sa gloire sur la raison d'État, en faveur d'un innocent châtié. Les noms qui s'alignent derrière les pétitions successives en faveur de la révision, constituent un « parti intellectuel » vite dénoncé par les adversaires de la révision : « Il faut, écrit Maurice Barrès, surveiller l'Université. Elle contribue à détruire les principes français, à nous décérébrer ; sous prétexte de nous faire citoyen de l'humanité elle nous déracine de notre sol, de notre idéal aussi[3]. »

Les écrivains antirévisionnistes, souvent nationalistes, rejettent l'appellation d'« intellectuels », et mettront sur pied à la fin de l'année 1898 une Ligue de la Patrie française, afin de démontrer que toute « l'intelligence » n'est pas du côté de Zola, que l'*establishment* littéraire et académique défend au contraire l'honneur de l'armée. La Sorbonne et les autres institutions universitaires ne sont pas pour autant toutes dreyfusardes, mais, « dans l'ensemble, comme écrit Léon Blum, dans ses *Souvenirs de l'Affaire*, l'Université, prise à tous les degrés,

1. Maurice Paléologue, *Journal de l'Affaire Dreyfus 1894-1899*, Plon, 1955.
2. Maurice Barrès, *Scènes et Doctrines du nationalisme*, Plon, 1925, t. 1, p. 48-49.
3. Maurice Barrès, *Mes cahiers*, Plon, 1963, p. 111.

fut la première catégorie sociale ou professionnelle sur laquelle le dreyfusisme put prendre appui. »

La véritable naissance de l'Université moderne en France date des débuts de la IIIe République. L'émergence des intellectuels est liée au développement et à l'organisation des études secondaires et supérieures. On a compté dans la pétition des intellectuels 261 professeurs du secondaire et du supérieur contre 230 hommes de lettres et journalistes [1].

Les pétitionnaires ont des motivations diverses, plus ou moins intéressées, plus ou moins conditionnées, mais ils partagent en commun l'esprit critique ; ils refusent de faire un absolu des institutions telles que l'armée. Comme le dit Duclaux, à propos du jugement de 1894 : « Il ne satisfait pas à mon désir de justice et de vérité [2]. » Ces deux exigences sont considérées comme des abstractions par leurs adversaires, ressortissant à un universalisme dangereux pour la survie de la nation, de la société, et des institutions qui la garantissent. Mais les intellectuels font valoir les droits de l'individu. À Ferdinand Brunetière, auteur d'une brochure, *Après le procès*, où il fustige l'individualisme des intellectuels, Alphonse Darlu répond dans sa *Revue de métaphysique et de morale* : « Cette lente émancipation de la personne humaine, n'est-ce donc pas toute l'histoire ? Et les étapes de la liberté ne sont-elles pas les dates les plus glorieuses du passé ? La cité grecque affranchit le citoyen ; le droit romain affranchit l'enfant et l'étranger ; le christianisme affranchit les âmes ; la Réforme affranchit la conscience religieuse ; le parlementarisme anglais affranchit le sujet ; la Révolution française achève toutes ces conquêtes et les consacre en déclarant les droits de l'homme. C'est à tout cela qu'on ferait bien de penser quand on veut établir une sorte de bilan de l'individualisme [3]. »

Le procès Zola en février cristallise les oppositions. Tout au long de ce procès, le président du tribunal Delegorgue répète au sujet du procès Dreyfus et d'Esterhazy : « La question ne sera pas posée. » Maints officiers supérieurs, à commencer par les généraux de Boisdeffre et Gonse, viennent pourtant réitérer

1. Christophe Charle, *Naissance des « intellectuels » 1880-1900*, Minuit, 1990, p. 70.
2. Déclaration au *Temps*, 18 janvier 1898.
3. Repris dans la brochure d'Alphonse Darlu, *M. Brunetière et l'Individualisme*, Armand Colin, 1898.

leur accusation contre le capitaine juif. D'autres, comme Henry, s'emploient à contester l'authenticité du « petit bleu », jetant sur le témoignage de Picquart une humiliante suspicion. Celui-ci sera mis en réforme le 26 février. Chaque jour, à la porte du palais de Justice, on conspue Zola. Le 18, jour où vient témoigner Esterhazy, celui-ci est l'objet d'une formidable ovation.

Le 23 février, Zola est condamné à 3 000 francs d'amende et à un an de prison, après avoir déclaré aux jurés : « Tout semble être contre moi, les deux Chambres, le pouvoir civil, le pouvoir militaire, les journaux à grand tirage, l'opinion publique qu'ils ont empoisonnée. Et je n'ai pour moi que l'idée, un idéal de vérité et de justice. Et je suis tranquille, je vaincrai. Je n'ai pas voulu que mon pays restât dans le mensonge et dans l'injustice. On peut me frapper ici. Un jour, la France me remerciera d'avoir aidé à sauver son honneur [1]. »

Le verdict est accueilli par une immense clameur de la part d'une foule qui idolâtre les uniformes et s'est livrée chaque jour du procès Zola à ce que *La Chronique* de Bruxelles appelle « d'inqualifiables manifestations ». Le lendemain du verdict, Jules Méline déclare à la Chambre : « Il n'y a plus, à l'heure actuelle, ni procès Zola, ni procès Esterhazy, ni procès Dreyfus ; il n'y a plus de procès du tout. »

Les défenseurs de la « chose jugée » paraissent avoir gagné sur toute la ligne. Certes, le procès Zola allait être cassé pour vice de forme (car ce n'était pas au ministre de la Guerre, mais au Conseil de guerre d'assigner Zola). L'écrivain, victime d'une agression à coups de pierres, près de Médan, le 10 avril, aurait encore à subir un second procès, qui s'ouvre le 18 juillet à Versailles : la même condamnation qu'en février le frappe, et il doit se réfugier en Angleterre pour sauvegarder sa liberté. En fait, l'heure de Zola est passée. Il avait donné, par son intrépidité, un coup de fouet décisif au mouvement dreyfusard. Celui-ci va bénéficier, soudain, d'une maladresse du nouveau ministre de la Guerre, Godefroy Cavaignac, dans le gouvernement Brisson, succédant le 28 juin au ministère Méline.

1. Émile Zola, *L'Affaire Dreyfus. La Vérité en marche*, Garnier-Flammarion, 1969.

Violences politiques

Le procès Zola a eu notamment le mérite de révéler officiellement l'existence du « dossier secret » qui, en toute illégalité, avait été fatal à Dreyfus. Son épouse se trouve donc fondée à demander la révision. Pour en finir, Cavaignac donne alors lecture à la Chambre, le 7 juillet, de trois pièces du dossier secret. La Chambre est quasiment unanime : elle vote l'affichage du discours de Cavaignac par 572 voix. Or le document « accablant » Dreyfus – la lettre de Panizzardi à Schwartzkoppen –, voici que le capitaine Cuignet, attaché au cabinet Cavaignac, découvre que c'est un faux, le 13 août. Le 30, le lieutenant-colonel Henry passe aux aveux. Oui, il avait commis un faux, dans l'intérêt de la France. Mis aux arrêts de rigueur le lendemain au Mont-Valérien, il est trouvé la gorge tranchée avec son rasoir.

Jusque-là, et malgré le tapage des manifestations et des meetings qui entourent le procès Zola, l'Affaire concerne avant tout des intellectuels, divisés à la fois sur le fond du procès Dreyfus et, à travers le débat sur la fonction des intellectuels, sur la nature du lien social, dont l'application concrète est le respect absolu ou non de l'armée et de la chose jugée. Les milieux parlementaires ne veulent pas remettre en cause le procès de 1894. L'Affaire n'occupe qu'une très faible place dans les professions de foi électorales du printemps 1898, au moment des élections législatives. Les parlementaires socialistes, le 19 janvier, ont signé, Jaurès compris, une déclaration qui, sous l'influence de Jules Guesde, proclame la neutralité ou l'indifférence des révolutionnaires à l'endroit d'une affaire qui met aux prises des factions rivales de la bourgeoisie. Néanmoins, depuis le procès Esterhazy et, plus nettement encore au quartier Latin, des manifestations se succèdent en ce mois de janvier ; on y conspue Scheurer-Kestner et Zola. L'Association générale des étudiants publie une lettre ouverte à l'auteur de « J'accuse » : « Nous mettons au-dessus de tout soupçon l'armée, qui est la plus noble expression de la patrie, et ses chefs qui sont les gardiens de l'honneur national. »

Le 15 janvier, à l'hôtel des Sociétés savantes, à l'occasion d'une conférence du Comité de défense et de progrès social, association visant à diffuser les idées libérales, un chahut monstre oppose les étudiants collectivistes révolutionnaires et les partisans de Zola aux étudiants antisémites et antidreyfusards. Les cris « À bas l'armée ! », « À bas les curés ! », « Vive Zola ! » croisent les injures contre l'écrivain et les mots d'ordre antisémites, sous la présidence d'un Anatole Leroy-Beaulieu, membre de l'Institut, essayant désespérément de ramener la salle au calme.

Tout ce mois de janvier est rempli des protestations publiques, des manifestations de rue, des réunions bruyantes que les deux camps qui se forment multiplient. Le 17, les antidreyfusards se retrouvent au Tivoli-Vauxhall, sous la présidence d'honneur de Jules Guérin, président de la Ligue antisémitique, aux côtés d'Édouard Drumont, et d'Henri Rochefort, l'ancien communard, l'ex-boulangiste, bientôt chef de file de l'antidreyfusisme populaire. Des opposants ont pu s'infiltrer, des anarchistes, des amis du socialiste Allemane, qui font entendre des « Vive Zola ! ». La bagarre devient générale. Les uns crient : « Vive l'anarchie ! À bas les jésuites ! » Les autres : « Vive l'armée ! Vive Rochefort ! »

« Les coups de canne pleuvent dru. Quelques lames de couteau scintillent à la lumière électrique. La mêlée est générale. Les anarchistes, quoiqu'en minorité, restent les maîtres du terrain. La tribune est enlevée d'assaut, et les organisateurs du meeting n'ont plus qu'à continuer dans la rue : "Conspuez Zola !"[1]. »

Paris n'est pas le seul théâtre des passions déchaînées. L'hostilité déclarée à Zola, à Dreyfus, aux juifs, se fait entendre bruyamment à Nantes, Rennes, Lyon, Bordeaux, Marseille, Nancy, Lille, Rouen, Angers, Perpignan, Avignon, Montpellier, Niort... À Alger, ont lieu les incidents les plus graves, on brise les devantures des magasins juifs, sous la direction d'un antisémite en chef, Max Régis[2].

La violence a fait son apparition jusqu'à la Chambre, où l'on voit, dans un tumulte inhabituel, Jaurès aux prises avec un député de droite, Bernis, lequel est frappé au visage par le socialiste Gérault-Richard, ce qui déclenche une bagarre entre des membres de la droite et des membres de l'extrême gauche, Bernis parvenant à frapper Jaurès entre les épaules. « Une rixe

1. *Le Temps*, 18 janvier 1898.
2. Pierre Birnbaum, *Le Moment antisémite*, Fayard, 1998.

sans précédent dans notre histoire parlementaire », écrit *Le Temps* du 24 janvier.

Portée de l'Affaire

Dreyfusards et antidreyfusards

Le suicide du lieutenant-colonel Henry remet tout en cause ; il marque le tournant de l'affaire judiciaire. Désormais, la révision du procès de 1894 devient inévitable. Boisdeffre, chef de l'État-major général, démissionne. Cavaignac, ministre de la Guerre, démissionne – remplacé bientôt par le général Zurlinden. Esterhazy quitte la France pour la Belgique, puis l'Angleterre. Il sera mis à la réforme et rayé des cadres de la Légion d'honneur. Du Paty de Clam est mis en non-activité. Le 29 octobre, la demande de révision déposée par Lucie Dreyfus est déclarée recevable par la Cour de cassation.

Le suicide d'Henry est un aveu pour les dreyfusards ; il ne désarme pas les antidreyfusards. Charles Maurras fait un vibrant éloge du faussaire dans *La Gazette de France* du 7 septembre. Le raisonnement est le suivant : Dreyfus est un traître, mais il a fallu pour le confondre nourrir un dossier d'accusation insuffisant. Henry, qui n'avait en tête que les intérêts supérieurs de la patrie, a fabriqué un faux comme dans son métier il avait l'habitude d'en faire. Il y allait de la nécessité d'empêcher un espion de nuire. Il y allait du salut des troupes françaises, dont les autorités ne peuvent pas être suspectées : question de vie ou de mort pour la Nation.

La Libre Parole lance alors une souscription pour aider la veuve d'Henry à mener une action judiciaire contre le dreyfusard Joseph Reinach, accusé d'avoir diffamé la mémoire de son mari par ses articles du *Siècle*. Du 14 décembre 1898 au 15 janvier 1899, dix-huit listes de souscriptions sont publiées, chaque obole étant accompagnée de professions de foi lapidaires, contre les traîtres, contre Reinach, contre les juifs, et pour l'honneur de l'armée. Quelques noms d'écrivains connus y figurent : François Coppée, Édouard Drumont, Gyp, Jean Lorrain, Pierre Louÿs, Paul Valéry... Paul Léautaud, qui affirme par ailleurs son dreyfusisme, y est allé d'une boutade qui résume bien l'enjeu de la bataille à ses yeux : « Pour l'ordre, contre la justice et la vérité. »

Les deux camps sont alors définitivement constitués. Si le suicide d'Henry ébranle une grande partie de l'opinion et retourne bien des esprits qui ont accordé spontanément leur confiance au tribunal militaire et aux gouvernements successifs entérinant son jugement, il reste face aux militants du révisionnisme un antidreyfusisme de combat.

Le 31 décembre 1898, la Ligue de la Patrie française, définitivement constituée, regroupe les membres de l'antidreyfusisme conservateur, largement recrutés dans les milieux de l'élite littéraire et politique reconnue. Jules Lemaître, son président, déclare lors de la première réunion de la Ligue, le 19 janvier 1899 :

« La question qui divise la France – en deux camps fort inégaux – n'est pas Dieu merci et quoi qu'on en ait dit, une question de morale : c'est une question de fait. Il ne s'agit pas de savoir s'il est permis de punir un innocent (la question est résolue et, pour ainsi dire, de toute éternité), mais de savoir si l'ex-capitaine est innocent ou coupable.

« Or, non seulement cette question de fait a été légalement tranchée par le tribunal compétent : mais, par sa nature même, ce fait échappe à l'appréciation des particuliers. »

Lemaître réclame une confiance totale dans l'armée et sa justice : « Notre âme n'est pas distincte de celle de l'armée. L'armée, c'est la nation ramassée et debout pour assurer sa propre durée. C'est peut-être, par la très grande majorité de ses chefs, le meilleur de la nation et c'est tour à tour, par ses soldats, la nation entière[1]. »

Plus violent, un antidreyfusisme subversif a pris forme à travers, non seulement la presse nationaliste, antisémite, populiste, mais des organisations telles que d'anciennes ligues reconstituées, surtout la Ligue des patriotes de Paul Déroulède et la Ligue antisémitique de Jules Guérin, rebaptisée Grand Occident de France, et diffusant *L'Antijuif.*

Le 16 février 1899, le président de la République Félix Faure meurt brusquement à l'Élysée. Il passait à juste titre pour

1. Jules Lemaître, *La Patrie française. Première Conférence*, brochure, 1899.

hostile à la révision ; il est remplacé, le 18, par Émile Loubet, au grand désespoir de la droite extrême qui espérait une élection de Méline. Lors des obsèques de Félix Faure, le 23, Paul Déroulède, qui préconise depuis longtemps une action conjointe du peuple et de l'armée en vue d'abattre la République parlementaire, décide une folle tentative de putsch en tentant d'entraîner sur l'Élysée les troupes du général Roget. Le coup de force échoue piteusement, mais Déroulède jugé en cours d'assises est acquitté, le 31 mai, par le jury populaire.

De leur côté, les dreyfusards ne sont pas restés inactifs. Depuis le 10 août 1898, Jaurès a publié une série d'articles dans *La Petite République* qu'il rassemble en livre, le 11 octobre : *Les Preuves*. Le leader du mouvement socialiste, divisé par l'Affaire, se révèle désormais, à la Chambre, dans la presse, dans les meetings, comme un des champions de la cause dreyfusiste, entraînant derrière lui nombre de socialistes. Parallèlement, Clemenceau écrit presque chaque jour pour la même cause dans *L'Aurore* : sept volumes en sortiront en trois ans, regroupant ses 665 articles dans l'ordre chronologique. À la mort de Félix Faure, suivie de l'élection de Loubet, il écrit : « Félix Faure vient de mourir. Cela ne fait pas un homme de moins en France [...] Sur l'affaire Dreyfus, j'ignore absolument l'opinion de monsieur Loubet [...] Ce que je sais, c'est qu'il n'est compromis à aucun degré avec les menteurs, les faussaires, les complices de trahison qui gravitaient autour de M. Félix Faure[1]. »

Les violences et les audaces de ceux qu'Anatole France appellera les « trublions », nationalistes et antisémites, sont portées à l'extrême au moment de la succession de Félix Faure. Au lendemain de l'arrêt de révision du 3 juin 1899 qui renvoie Alfred Dreyfus devant le Conseil de guerre de Rennes, le président Loubet, assistant aux courses d'Auteuil, est frappé d'un coup de canne. L'idée commence alors à se répandre qu'un complot est ourdi contre la République. Déroulède avait dit aux jurés, le 31 mai, avant son acquittement : « Citoyens jurés, si vous voulez que je recommence, acquittez-moi. » Acquitté, il avait été porté en triomphe. Le lendemain, le commandant Marchand, de retour de Fachoda, est entraîné à cri-

1. Cité par Jean-Baptiste Duroselle, *Clemenceau*, Fayard, 1988, p. 443-444.

tiquer le gouvernement dans une manifestation nationaliste. Tous ces faits paraissent convergents.

La contre-attaque républicaine

La Défense républicaine s'organise. Le 11 juin, a lieu à Longchamp une grande manifestation, à laquelle les socialistes participent en force. À la Chambre, le gouvernement Dupuy est renversé. Loubet pense d'abord à le remplacer par Poincaré, lequel se récuse. Il appelle alors le sénateur de la Loire Waldeck-Rousseau, qui a récemment manifesté ses inquiétudes devant « le sentiment d'insécurité croissante [qui] se répand ».

Waldeck-Rousseau, sénateur « progressiste », avocat d'affaires, ancien ministre, n'a pas pris parti dans l'affaire Dreyfus, n'ayant pas de lumières particulières sur le procès de 1894. C'est la menace que font peser sur le régime les nationalistes qui l'entraîne à déclarer sa résolution. Républicain modéré mais non modérément républicain, selon sa formule célèbre, il entend voir rétablir l'ordre dans la République. Payant d'audace, il décide de réunir dans son ministère le général Galliffet à la Guerre – celui qu'on surnomme « le bourreau de la Commune » – et, pour la première fois, un socialiste, Alexandre Millerand, soutenu par Jaurès. Ce dernier choix devait, du reste, provoquer une nouvelle crise au sein du mouvement socialiste encore désuni et dont le « cas Millerand » retardera encore l'unification.

Le 26 juin, Waldeck-Rousseau présente son ministère devant les Chambres. Grâce à un savant travail de couloir, le président du Conseil pressenti s'assure du soutien des radicaux et de la majorité des socialistes, que complètent les voix de 77 progressistes – ces modérés seront 120 à voter pour lui quatre jours plus tard[1]. Résolu à en finir avec la crise nationaliste, Waldeck-Rousseau, appuyé par Galliffet, entreprend de remettre au pas l'armée par une série de mises à la retraite ou en disponibilité qui bouleversent le haut commandement. Le nouveau ministre de la Guerre est-il dreyfusard ? Nul ne le sait. À dire vrai, le « gouvernement de Défense républicaine », comme on désignera le ministère Waldeck-Rousseau, est moins motivé par la cause dreyfusiste – bien des ministres sont

1. Voir Pierre Sorlin, *Waldeck-Rousseau*, Armand Colin, 1966.

réservés sur le fond – que par la volonté de rétablir l'ordre républicain. Néanmoins, s'informant du dossier Dreyfus, Waldeck-Rousseau acquiert vite la conviction de l'innocence du capitaine. Il entreprend même des démarches auprès de l'ambassade allemande pour qu'il éclaire le Conseil de guerre de Rennes, mais en vain.

Dreyfus, qui a débarqué en France le 1er juillet, subit donc un nouveau procès en Conseil de guerre à partir du 8 août 1899, au lycée de Rennes. La presse internationale rend compte jour après jour des débats. De Paris, des membres de la bonne société viennent passer – c'est de bon ton – quelques jours dans la capitale bretonne. Le 14 août, un des deux avocats de Dreyfus, Me Labori, est blessé, victime d'un attentat à coup de revolver dans la rue. Agitation inutile : chacun reste sur ses positions. Finalement, le 9 septembre, le nouveau verdict tombe : Dreyfus est de nouveau reconnu « coupable d'intelligences avec l'ennemi » mais, cette fois, « avec circonstances atténuantes » – celles-ci lui étant accordées en raison de la minorité du Conseil de guerre favorable à l'accusé (2 voix, dont celle du président, contre 5). Dreyfus est condamné à dix ans de détention.

Waldeck-Rousseau entend se pourvoir en cassation, souhaitant d'abord un troisième procès. Il se ravise, désirant avant tout l'apaisement. Pour y atteindre, il propose au président Loubet d'exercer son droit de grâce en faveur de Dreyfus. Joseph Reinach, une des têtes du mouvement dreyfusard, en accepte l'idée, mais se heurte à la position de Clemenceau et de Jaurès, partisans d'un nouveau pourvoi en cassation, pour obtenir une complète réhabilitation de Dreyfus. Reinach nous a laissé un récit détaillé et émouvant du grand débat qui s'est ouvert le 11 septembre, chez Millerand, entre lui-même, Mathieu Dreyfus, Jaurès, Clemenceau, l'éditeur Stock et le socialiste Gérault-Guichard. Le plus intransigeant est Clemenceau, mais il se laisse finalement fléchir par Mathieu, « le frère admirable », désireux de sauver la vie d'Alfred Dreyfus. Loubet signe la grâce le 19 septembre 1899.

Les antidreyfusards sont furieux de cette grâce, mais, pour beaucoup, elle ne change rien à leur victoire morale : Dreyfus a été reconnu coupable, une seconde fois. Cependant, le président du Conseil entend mettre à la raison les activistes, donner une leçon aux nationalistes, démontrer l'autorité de l'État républicain qu'on ne menace pas en vain. Il n'accepte pas les activités subversives des ligues, toujours suspectes à ses yeux de complot monarchiste. Le 10 août, peu après l'ouverture du procès de Rennes, Waldeck-Rousseau fait procéder à l'arrestation des principaux meneurs nationalistes. Mis au courant, Jules Guérin s'est enfermé le 12 août avec ses hommes dans l'hôtel du Grand Occident, rue de Chabrol. La police fait le blocus. Le soir du 20 août, une manifestation nationaliste destinée à libérer Guérin échoue. Le 20 septembre, le préfet de police Lépine arrête les forcenés du « Fort Chabrol », épuisés par leur enfermement de six semaines.

Par un décret du 4 septembre, le Sénat est constitué en Haute Cour, en vue de « statuer sur les faits d'attentat contre la sûreté de l'État et autres faits connexes relevés à la charge de MM. Déroulède, Habert, Buffet, Guérin et autres ».

L'action gouvernementale, dont la légalité est discutable (Déroulède n'avait-il pas été acquitté ?), est largement soutenue par les départements. Plus de cinquante conseils généraux, à l'occasion de leur session d'automne, adressent adhésion et encouragement au gouvernement. En novembre, quand s'ouvrent les débats de la Haute Cour, les passions sont nettement retombées ; le recul des nationalistes est sensible.

Le 19 novembre, un immense défilé déroule son fleuve dans Paris, à l'occasion de l'inauguration du *Triomphe de la République* du sculpteur Dalou. On y entend « Vive Zola ! », « Vive Jaurès ! » et même « Vive Dreyfus ! », « un cri, raconte Charles Péguy, qui n'a pas retenti souvent même dans les manifestations purement dreyfusardes. Ce fut extraordinaire. Vraiment la foule reçut un coup, eut un sursaut. Elle ne broncha pas, ayant raisonné que nous avions raison, que c'était bien cela. Même elle acquiesça [...] Ceux-là mêmes qui avaient lancé ce cri sentirent obscurément qu'ils l'avaient lancé comme un défi, comme une provocation. Puis nous continuâmes avec acharnement, voulant réagir, manifester, sentant brusquement comme l'acclamation publique, violente, provocante était la plus grande nouveauté de la journée, la plus grande révolution de cette crise, peut-être la plus grande rupture de sceaux de ce siècle. Aucun cri, aucun chant, aucune musique n'était chargée de révolte enfin libre comme ce *Vive Dreyfus* ! [1] ».

1. Charles Péguy, *Œuvres en prose complètes*, t. 1, Gallimard, « La Pléiade », 1987, p. 309.

Le 4 janvier 1900, après huit semaines d'audiences, la Haute Cour retenait l'accusation de complot contre Déroulède, Buffet, Lur-Saluces (contumace) et Guérin, condamnés à six ans de bannissement. Jules Guérin, reconnu coupable de plusieurs infractions connexes, est condamné à dix ans de détention. Force restait à la Défense républicaine.

Le sort d'Alfred Dreyfus ne sera définitivement scellé qu'en 1906 par la Cour de cassation, qui, le 12 juillet, casse sans renvoi le verdict de Rennes, prononcé *par erreur et à tort*. La Chambre vote la réintégration de Dreyfus dans l'armée avec le grade de commandant, et de Picquart, avec le grade de général. Le 26 octobre de la même année, Clemenceau, devenu président du Conseil, prend Picquart comme ministre de la Guerre. Le dreyfusisme a consommé sa victoire. L'antidreyfusisme continue néanmoins de nourrir l'idéologie nationaliste, et spécialement celle de l'Action française, dont l'inspirateur, Charles Maurras, pourra encore s'écrier, à l'issue de son procès en 1945 : « C'est la revanche de Dreyfus ! »

Dix ans plus tôt, Dreyfus était mort, au moment de la formation du Front populaire. Jean Guéhenno raconte :

« C'était le matin du 14 [juillet], à ces Assises pour la paix et la liberté qui se tinrent à Buffalo. Le président de la Ligue des droits de l'homme, Victor Basch, parlait. Il disait les raisons qu'avait eues la Ligue qu'il présidait de prendre part à ces Assises, à cette fête. Il rappelait les combats livrés par la Ligue pour les droits de l'homme, pour la justice, l'affaire Dreyfus. Dans l'instant même, on enterrait (et cela ferait croire que certains hommes ont vraiment leur destin qui règle comme il faut les péripéties de leur vie et jusqu'à la minute de leur mort pour que leur existence ait toute sa valeur) au cimetière Montmartre le colonel, le "capitaine" Dreyfus. Alors, soudain, d'elle-même et d'un seul mouvement, toute la foule qui peuplait l'immense amphithéâtre se leva, et, dans un silence qui saisissait le cœur, chacun pensa à ce mort. Voilà ce que de lui-même peut le peuple, la "cohue". Il n'est pas un de nous qui, à la limite des larmes, n'ait senti qu'il se faisait dans ce moment, d'une génération à l'autre, comme une transmission, une tradition de la justice[1]. »

1. Jean Guéhenno, *Entre le passé et l'avenir*, Grasset, 1979, p. 275.

La naissance du nationalisme

C'est à la fin du XIXe siècle que s'accrédite le mot « nationalisme », inventé sous la Révolution mais resté hors d'usage, sous la plume d'écrivains politiques comme Barrès, le premier à le remettre dans la langue commune, dans un article publié en 1892 [1]. Il existait, avant la lettre, un nationalisme républicain qui pourrait se définir par la formule : la République une et indivisible. Contrairement à l'hétérogénéité administrative, juridique, sociale de l'Ancien Régime – société de privilèges, individuels et collectifs –, les Constituants de 1789, suivis par les républicains de 1792 et des années suivantes, ont pratiqué une politique d'unification. Celle-ci était déjà largement entamée par plusieurs siècles de centralisation étatique due à la monarchie française, de sorte que Tocqueville a voulu présenter le phénomène révolutionnaire moins comme une rupture que comme un aboutissement, un achèvement. Le régime napoléonien qui a mis un terme à la Révolution, tout en stabilisant une partie de son héritage, a renforcé encore cette politique d'unification par de nouvelles institutions (par exemple la création des préfets) resserrant encore la centralisation séculaire.

La IIIe République, définitivement installée à la fin des années 1870, a repris les principes révolutionnaires pour approfondir encore l'unité nationale. Les fondateurs du nouveau régime – et notamment Jules Ferry, convaincu par les leçons d'Auguste Comte qu'à la religion catholique il fallait substituer un nouveau ciment spirituel, propre à l'âge positif que les progrès de la science annonçaient – ont misé sur l'instrument scolaire pour y parvenir. L'école gratuite, obligatoire jusqu'à 13 ans, laïque, devait être le creuset des âmes républicaines.

C'est l'école primaire qui permit la réalisation du vieux souhait révolutionnaire, d'unifier linguistiquement le pays. Ce que la Révolution ne put accomplir, faute de temps et faute de moyens, il revint à la IIIe République de le réaliser : une seule langue était autorisée dans les classes de l'école primaire obligatoire, le français. Un sévère contrôle de la part des institu-

1. Maurice Barrès, « La querelle des nationalistes et des cosmopolites », *Le Figaro*, 4 juillet 1892.

teurs, eux-mêmes surveillés par les inspecteurs d'académie, assura en quelques décennies l'universalité de la langue française à l'intérieur des frontières métropolitaines. Les familles qui utilisaient encore des langues minoritaires et des patois n'y firent aucun obstacle : la langue française était celle du progrès, comme elle était celle de l'administration pourvoyeuse en postes. Pendant longtemps ces familles furent bilingues : le français était parlé à l'école et dans la vie publique ; chez soi, on continua sur plusieurs générations à entretenir les anciens langages [1]. L'école, bien avant la radio et la télévision, avait enraciné le français dans tous les départements.

Cette politique scolaire eut aussi pour finalité d'enseigner la morale, l'esprit civique et, spécialement, le patriotisme. L'amour de la patrie, le respect de l'armée, mêlés à la fierté républicaine, ce fut largement l'enseignement de « l'histoire de France », auquel Ernest Lavisse consacra une grande partie de ses travaux [2] et qui les inculqua aux jeunes esprits. L'école, puis le journal quand la presse fut devenue entièrement libre (1881) et – grâce aux innovations techniques – bon marché, le service militaire obligatoire lui aussi firent avancer la culture savante au détriment des cultures régionales et populaires. Celles-ci furent peu à peu transformées en folklore, témoin d'un autre temps.

Cette culture nationale, centraliste, patriotique était nationaliste, dans la mesure où elle était traversée par un sentiment, sinon de supériorité, du moins d'excellence française : la France était la patrie des Lumières, la terre de la Révolution, la sentinelle du Progrès. Michelet n'a pas hésité à confondre l'histoire de la France avec celle de l'humanité, « parce que sa grande légende nationale, et pourtant humaine, est la seule complète et la mieux suivie de toutes, celle qui, par son enchaînement historique, répond le mieux aux exigences de la raison ». La patrie de Jeanne d'Arc et des soldats de l'an II était chargée d'une mission civilisatrice sur les autres continents,

1. Cf. Pierre-Jakez Hélias, *Le Cheval d'orgueil*, Plon, 1975 : « À l'église, on parle, on chante en breton, le catéchisme est en breton. Si le curé débobine du latin, du moins ne nous demande-t-il pas de l'apprendre. À l'école, nous n'entendons que du français, nous devons répondre avec les mots français que nous attrapons. Sinon, nous taire. »

2. Voir Pierre Nora, « Lavisse, instituteur national », dans Pierre Nora (dir.), *Les Lieux de mémoire*, I, *op. cit.*, p. 247-289.

ce qui justifiait la politique coloniale de la République. Les Français – officiellement – ne faisaient pas la conquête de terres lointaines pour faire du commerce, comme les Anglais. Ils avaient des colonies pour hisser les peuples inférieurs, retardés, attardés dans « l'âge théologique » s'il faut parler comme Auguste Comte, au niveau des peuples civilisés. Dans ces perspectives, du reste, les missionnaires républicains faisaient bon ménage avec les missionnaires catholiques : il s'agissait pour les uns et pour les autres d'apporter la bonne parole, celle des progrès médicaux, du développement économique, comme celle de la Sainte Mère l'Église.

Ce nationalisme républicain était, jusqu'à un certain point, un nationalisme ouvert [1], en raison même de la définition qu'il donnait de la Nation. Contrairement aux Allemands, pour lesquels la nationalité se définit objectivement, la langue – véhicule du *Volksgeist*, l'âme collective – en constituant le critère majeur, les Français avaient une définition héritée des principes révolutionnaires, et qu'avait illustrée la fête de la Fédération, le 14 juillet 1790. Ernest Renan, dans son discours prononcé à la Sorbonne en 1882, *Qu'est-ce qu'une nation ?*, en a donné la version la plus claire, transmise de génération en génération : « La nation est une âme, un principe spirituel. » Deux choses la constituent : 1. « La possession en commun d'un riche legs de souvenirs. » 2. « Le consentement actuel, le désir de vivre ensemble. » Donc, des souffrances en commun, des regrets, des deuils, tout un héritage de gloire et de malheur. En même temps, un vouloir-vivre ensemble, « le désir clairement exprimé de continuer la vie commune ». Et Renan d'arriver à sa célèbre formule : « L'existence d'une nation est [...] un plébiscite de tous les jours [2]. » Les Français opposaient ainsi leur « théorie élective » de la nation à la « théorie ethnique » des Allemands. C'est dire le flou du concept, largement tributaire des contingences.

L'idée implicite de peuple élu et l'idée explicite de peuple missionnaire ont été transmises de la France très chrétienne, fille aînée de l'Église, à la France républicaine. Nul mieux que

1. Voir Michel Winock, « Nationalisme ouvert et nationalisme fermé », dans *Nationalisme, Antisémitisme et Fascisme en France*, Seuil, « Points-Histoire », 1990, p. 11-40.

2. Ernest Renan, *Qu'est-ce qu'une nation ?*, rééd. Presses-Pocket, 1992.

Georges Clemenceau ne l'exprimera, le 11 novembre 1918, devant la Chambre des députés :

« En cette heure terrible, grande et magnifique, mon devoir est accompli [...] Au nom du peuple français, au nom de la République française, j'envoie le salut de la France unie et indivisible à l'Alsace et à la Lorraine retrouvées.

« Et puis, honneur à nos grands morts qui nous ont fait cette victoire [...] Quant aux vivants, que nous accueillerons quand ils passeront sur nos boulevards, vers l'Arc de triomphe, qu'ils soient salués d'avance ! Nous les attendons pour la grande œuvre de reconstruction sociale. Grâce à eux, *la France, hier soldat de Dieu, aujourd'hui soldat de l'humanité, sera toujours le soldat de l'idéal.* »

À ce nationalisme républicain a succédé ce que Raoul Girardet a appelé le « nationalisme des nationalistes ». C'est celui qui commence à prendre forme au moment du boulangisme, à la fin des années 1880 et qui s'épanouit avec l'affaire Dreyfus dix ans plus tard. Maurice Barrès et Charles Maurras s'efforcent d'en faire la théorie.

L'intuition fondatrice est un sentiment de peur : la France est en décadence. C'est l'idée que la nation est un corps organique menacé d'altération, de décomposition, de dégénérescence. Quelques symptômes : l'affaiblissement démographique, la destruction d'une ancienne civilisation rurale, le divorce, l'émancipation des femmes, la montée en force de l'individualisme, la sécularisation accélérée de la société...

Ces différentes « preuves » d'une prétendue décadence ont été avancées, du moins en partie, dès les lendemains de la défaite de 1871 et de la Commune de Paris. Deux auteurs, dont se réclameront peu ou prou les nationalistes, exercent alors une influence profonde : le Taine des *Origines de la France contemporaine* et le Renan de *La Réforme intellectuelle et morale de la France*. Ces savants, éloignés de la droite traditionaliste, reprennent à leur compte la critique de la démocratie, s'effraient de la marée populaire, de l'affaiblissement des élites, et récusent le suffrage universel. Pendant trente ans, la France traverse une « crise allemande de la pensée française » (selon l'expression de Claude Digeon) – crise qui va se nourrir de toutes les critiques portées contre le régime de la IIIe République, sa philosophie universaliste et laïque, et donner naissance à une idéologie nationaliste – le mot, cette fois, étant pleinement affirmé et assumé.

Les principales caractéristiques du nationalisme français sont les suivantes :

1. Prévalence de l'ennemi intérieur : l'État républicain parlementaire. Le nationalisme – que j'appellerais le nationalisme fermé, celui des antidreyfusards, celui des ligues, celui de l'Action française – se définit d'abord contre un ennemi. L'Allemagne de Bismarck puis de Guillaume II sécrète sans doute dans les rangs de cette tendance une germanophobie à tous crins, mais l'ennemi principal, l'ennemi immédiat, c'est à l'intérieur qu'il le situe. Le parcours de Paul Déroulède, président de la Ligue des patriotes, est démonstratif à cet égard. Lorsqu'il fonde sa ligue en 1882, le poète et ancien combattant Paul Déroulède est gambettiste. Sa ligue n'a qu'une finalité : préparer la Revanche. Justement, en 1886, Déroulède engage son mouvement dans la politique ; il s'est alors persuadé que le régime en place est dans l'incapacité de faire front à Bismarck. Pour être fort à l'extérieur, il faut d'abord être fort à l'intérieur. Conclusion : il faut en finir avec le régime parlementaire qui divise et affaiblit le pays. Déroulède préconise une des solutions nationalistes possibles (il y en aura d'autres) : renforcer le pouvoir exécutif par l'instauration d'une République présidentielle et plébiscitaire.

Le nationalisme, toutes tendances confondues, rêve d'unité. Le passé lui fournit deux modèles : 1. celui de la monarchie catholique (un roi, une religion, un peuple) ; 2. celui de la tradition jacobine (un corps de citoyens étroitement unifiés sous le règne de la volonté générale).

Or, contre cette image d'un peuple un, s'est constitué un régime de la division, de la concurrence des opinions et de la rivalité des partis, d'où s'ensuit l'affaiblissement du corps social et politique (« ce parlementarisme, écrit Barrès, dont notre patrie se meurt »).

À la recherche d'un principe unifiant, facteur de continuité et révélateur d'identité, les nationalistes revendiquent la catholicité. J'emploie ce terme de catholicité, et non celui de catholicisme, afin de distinguer la religion catholique et son instrumentalisation idéologique et politique par des écrivains et des publicistes qui sont souvent incroyants : c'est longtemps le cas de Barrès, c'est le cas de Maurras, c'est le cas de Jules Soury qui se revendique comme « clérical athée »[1]. Pour eux, les Évangiles seraient plutôt suspects (Barrès pourfend « l'idée que tous les hommes sont frères »[2], Maurras parlera des évangélistes comme des « quatre juifs obscurs », et déclarera se défier des « turbulentes écritures orientales »...). L'important n'est pas le contenu d'une foi, mais la religion prise comme structure d'ordre. Dans le cas français, le facteur structurant de la nation ne peut être la « race », ni la langue, ni une dynastie régnante – seule la religion, par sa permanence, peut identifier le corps national, le rattacher aux lointaines origines de la terre de France. Le catholicisme, d'autre part, est facteur d'unité par l'orthodoxie, la hiérarchie, l'influence qu'il exerce sur les mœurs. La République parlementaire, elle, s'affirme rationaliste, individualiste, laïque : à leurs yeux, elle travaille à la dénationalisation de la France.

Ce n'est pas par hasard si l'affaire Dreyfus se termine par une lutte frontale entre les forces laïques et l'Église – et finalement par la séparation des Églises et de l'État. L'Église officielle a été assez prudente au cours de la crise dreyfusienne, mais elle n'a pu ou su se démarquer des campagnes fanatiques menées par la presse antisémite du national-catholicisme (*La Croix*, *Le Pélerin*, et tout un foisonnement de feuilles des milieux catholiques sociaux et démocrates chrétiens). La politique de Défense républicaine menée par Waldeck-Rousseau à partir de 1899, plus encore celle du Bloc des gauches menée par Combes après les élections de 1902, vise les congrégations et finalement l'Église elle-même.

La grande majorité des nationalistes, même éloignés du catholicisme, se sentent spontanément ou finalement solidaires d'une institution, l'Église catholique, qui, au même titre que l'armée mais dans un autre ordre, assure la pérennité, la continuité, d'une identité française, plongeant ses racines en deça de la Révolution, dans une ancienne France, peu à peu édifiée, policée, consolidée par la religion catholique.

2. Les « quatre États confédérés ». Si, globalement, la République parlementaire est l'ennemie à abattre, les nationalistes

1. Voir Pierre Birnbaum, « La France aux Français », *Histoire des haines nationalistes*, Seuil, 1993.

2. Maurice Barrès, *Scènes et Doctrines du nationalisme*, *op. cit.*, p. 68.

n'ont cessé de détailler les soutiens, les alliés et, selon eux, les profiteurs de ce régime. Maurras a résumé le carré des adversaires travaillant à la perte de la France, à l'exploitation de ses richesses, à la dénaturation de son identité, sous la formule des « quatre États confédérés », à savoir : les protestants, les francs-maçons, les juifs et les métèques. Mais si Maurras est l'auteur de la formule, il n'a pas inventé ce quadruple rejet.

– Les protestants. En introduisant une religion dissidente, les protestants ont commencé par détruire l'unité religieuse de la France. Ensuite, par leur doctrine du libre examen, faisant de chaque fidèle son propre prêtre, ils ont introduit le principe d'un individualisme négateur du lien social. Les « idées suisses », comme Maurras désigne les écrits de Calvin et de Rousseau, ont sapé l'ordre collectif. Louis XIV était justifié à rétablir l'unité par la révocation de l'édit de Nantes. Maurras n'hésite même pas à faire du massacre de la saint Barthélemy un grand acte politique, et s'emploie à illustrer ses thèses à travers la monographie qu'il consacre aux Monod. L'affaire Dreyfus apparaît comme une affaire protestante autant que comme une affaire juive : la conscience individuelle l'emporte sur la discipline collective.

– Les francs-maçons. La maçonnerie est dénoncée comme l'inspiratrice de la République parlementaire, la pourvoyeuse de son personnel. Le complot maçonnique, depuis la Révolution, vise l'exclusion des catholiques de l'État et l'éradication finale du catholicisme en France.

– Les juifs. L'antisémitisme est inséparable du nationalisme français fermé, pour lequel le Juif, c'est l'Autre par excellence. L'étranger dans nos murs. Émancipé par la Révolution, il a partie liée à ses œuvres, à la République parlementaire et à ses profits. Apatride, il est favorable à l'idéologie universaliste qui sert ses desseins. Pour maint nationaliste, le Juif incarne le monde moderne : l'usine, la banque, l'Université, toutes les valeurs *mobilières* contre les valeurs *foncières*. La mythologie antijuive, dont Édouard Drumont, auteur de *La France juive* et directeur de *La Libre Parole*, s'est fait le vulgarisateur en France, était déjà bien en place avant l'affaire Dreyfus. Celle-ci, pour les nationalistes, apparaît comme une divine surprise, une confirmation éclatante de leur thèse. D'autre part, l'antisémitisme va tendre à fédérer le mouvement nationaliste, par ailleurs assez hétérogène, contre un ennemi commun, dont le mythe était plastique à souhait.

– Les « métèques ». La xénophobie est une autre expression du rejet de l'ennemi intérieur. La France est menacée d'invasion, d'infiltration, voire de submersion. Le nationalisme prêche le chacun chez soi.

On notera tout à la fois la diversité des solutions constitutionnelles du nationalisme et l'unité de ses aspirations psychosociologiques.

Le nationalisme français n'est pas un mouvement unifié, ni dans sa direction ni dans ses programmes. Retenons, pour simplifier, les deux tendances les plus nettes telles qu'elles s'affirment au cours de la crise dreyfusienne.

Une première solution est présentée par Paul Déroulède au moment de l'affaire Dreyfus. Lui se réclame de la Révolution, des grands ancêtres, des soldats de l'an II. Il fait confiance au peuple. C'est un *populiste*, en ce sens qu'il oppose le peuple, détenteur des vertus nationales, à une classe politique oligarchique et corrompue. Valorisant le suffrage universel, il préconise une république plébiscitaire, dans laquelle le chef dépendrait directement de la souveraineté populaire. Cette République nationale doit être fondée sur l'appel au peuple, à tous les niveaux, de la commune à l'État central. Pour y parvenir, Déroulède compte sur l'union du peuple et de l'armée, à partir de laquelle un coup de force deviendra possible.

À ce national-populisme, Maurras oppose ce qu'il appellera son *nationalisme intégral*, s'employant à démontrer qu'en bonne logique la conclusion nécessaire du nationalisme est la restauration monarchique. Lui aussi préconise un coup de force, lequel serait suivi d'une dictature royale transitoire, avant l'établissement d'un régime monarchique combinant un État fort et les libertés locales. L'Action française défendra ce programme *ne varietur*, jusqu'au soutien du régime de Vichy instauré par le maréchal Pétain en 1940 – régime où l'on retrouve bien des inspirations maurrassiennes.

En dépit de cette diversité politique, réduite ici à ses deux composantes principales au début du XXe siècle, le nationalisme français se caractérise principalement par la dualité holisme/individualisme. Des plus modérés (par exemple Brunetière et la Ligue de la Patrie française) aux plus radicaux (les racistes de la Ligue antisémitique), l'anti-individualisme est le mot de ralliement. On valorise au contraire tout ce qui cimente, unifie, organise. On se méfie de la société pluraliste qui rend impossible l'unité spirituelle de la nation. Nostalgique d'une hypothétique société ordonnée par des croyances communes, des traditions, une hiérarchie sociale légitime, une autorité politique indiscutée, le nationalisme s'affirme contre la société ouverte, celle qu'ont permise la révolution industrielle et la victoire du libéralisme. C'est pourquoi, au tournant du XIXe et du XXe siècle, il existe une alliance de fait entre le nationalisme et le catholicisme majoritaire, comme il y avait eu des liens étroits entre le catholicisme et la Contre-Révolution : l'œuvre d'un Barrès poursuit celle d'un Bonald, quand bien même il n'y aurait entre les deux auteurs aucune filiation en ligne directe.

Tandis que le nationalisme ouvert (celui d'un Michelet) s'affirme comme l'expression d'une confiance en soi, le nationalisme fermé (celui de Drumont comme celui de Maurras) est plutôt celle d'une hantise de la régression. L'un est dynamique, conquérant et sécrète une idéologie universaliste, éventuellement au détriment des cultures minoritaires (corse, basque ou bretonne) ; l'autre, maladivement obsédé par la destruction du Moi national, notamment par les effets d'une immigration qualifiée d'« invasion », conjugue ses efforts pour restaurer une société homogène, close et protégée.

L'affaire Dreyfus aura été le moment d'élaboration et d'expression d'une doctrine aux multiples visages, dont la principale et la plus vivante héritière jusqu'à la Révolution nationale du maréchal Pétain sera l'Action française, dont l'influence a, de beaucoup, débordé les limites de ses adhérents, et perpétué dans l'esprit public les éléments d'une culture politique radicalement opposée à celle que l'Affaire achevait de donner forme : la culture républicaine.

La culture politique républicaine

Les deux temps successifs de l'affaire Dreyfus, le combat des dreyfusards – en majorité des intellectuels – pour la révision du procès de 1894, puis, à partir du ministère Waldeck-Rousseau, l'union défensive du régime contre la menace nationaliste, suivie elle-même par la contre-offensive des gauches qui aboutira au ministère Combes et, finalement, à la loi de séparation des Églises et de l'État, en décembre 1905, ont vu, au-delà de l'affrontement purement politique, une dispute d'idées au cours de laquelle s'est approfondie la culture républicaine.

Celle-ci n'avait pas attendu l'Affaire pour naître : ses racines plongent dans la philosophie des Lumières, et elle s'est développée tout au long du XIXe siècle, depuis les Idéologues (Volney, Daunou, Destutt de Tracy) jusqu'aux fondateurs de la IIIe République (Gambetta, Ferry), en passant par les républicains de 1848 (dont Renouvier). La crise dreyfusienne a, cependant, enrichi et diffusé cette culture républicaine, en proie aux attaques les plus vives des courants nationalistes.

La première querelle de caractère philosophique a opposé, on l'a vu, les partisans du primat social (holisme) aux défenseurs des droits de la personne (individualisme). Il est notable que les premiers, comme Brunetière ou Barrès, ne se considèrent pas comme « antirépublicains », car la tradition républicaine, depuis 1792, a vu s'opposer une tendance libérale, favorable aux droits naturels, à l'individualisme, et une tendance jacobine disposée à limiter les droits individuels au profit de l'intérêt général. Les fondateurs de la IIIe République, pénétrés du positivisme d'Auguste Comte, entendaient bien, quant à eux, concilier l'impératif du droit naturel des grandes Déclarations révolutionnaires (1789, 1793) et le « point de vue social et collectif »[1]. L'œuvre scolaire de Jules Ferry, notamment, porte la marque de cette double exigence. Cependant, la défense de l'*individu* Alfred Dreyfus, au détriment de l'institution militaire, par des individus appelés *intellectuels*, atteste aux yeux des antidreyfusards les méfaits de l'Individualisme (Brunetière l'écrit avec une majuscule, et en fait « la grande maladie du temps présent »).

Ces attaques donnent l'occasion aux républicains de préciser ce qu'ils entendent eux-mêmes par « individualisme » et de montrer que celui-ci n'est pas la négation du « lien social ». Alphonse Darlu, déjà cité, en défend l'idée contre Ferdinand Brunetière : « Il apparaît tout de suite que les deux termes,

1. Claude Nicolet, *L'Idée républicaine en France (1789-1924)*, Gallimard, « Tel », 1994, p. 346.

l'individu et la société, ne peuvent être séparés l'un de l'autre, que la réalité de la vie humaine est faite de leur union, et que par suite la vérité ne se trouve pas dans l'un des deux pris séparément. » C'est pourquoi Darlu se prononce autant contre l'anarchisme que contre le socialisme.

Cet individualisme républicain, dont le principe est d'articuler les droits avec les devoirs, l'émancipation de toute autorité extérieure avec la conscience sociale, Émile Durkheim, maître de la sociologie française, engagé dans le dreyfusisme, était bien placé pour en faire la théorie. Dans un article de la *Revue bleue* du 2 juillet 1898, « L'individualisme et les intellectuels », il distingue l'individualisme de Spencer et des économistes, dépourvu de morale, de cet autre individualisme, issu de Rousseau et de Kant, traduit en formules « plus ou moins heureusement » par la Déclaration des droits de l'homme, et qui précisément rejette l'intérêt personnel comme objectif de conduite. L'individualisme républicain considère la personne humaine « comme sacrée » : « Quiconque attente à une vie d'homme, à la liberté d'un homme, à l'honneur d'un homme, nous inspire un sentiment d'horreur [...] Il n'y a pas de raison d'État qui puisse excuser un attentat contre la personne quand les droits de la personne sont au-dessus de l'État. » En même temps, Durkheim s'affirme aussi sensible « aux droits de la collectivité qu'à ceux de l'individu ». Celui-ci n'est qu'une partie de l'humanité, ce n'est pas l'individu « enfermé dans une sorte d'égoïsme moral », le « moi », qui est sacré, mais « la personne humaine, où qu'elle se rencontre, sous quelque forme qu'elle s'incarne ». En ce sens, l'individualisme, dans une société qui n'a plus de religion commune, et dont les membres ne partagent plus que leur « qualité d'homme », devient, comme « religion de l'humanité », le seul ciment collectif possible. Il revient à l'éducation d'apprendre aux futurs citoyens le bon usage de la liberté[1].

Déjà, Léon Bourgeois, dès avant l'affaire Dreyfus, préparait la synthèse du droit individuel et de l'impératif social, qui prend le nom de *solidarisme*. Membre du parti radical, plusieurs fois ministre avant de devenir président du Conseil en 1895, Bourgeois s'est attiré l'hostilité du Sénat par ses projets

1. Cet article est repris dans Émile Durkheim, *La Science sociale et l'Action*, PUF, 1987, p. 255-278.

de réforme (notamment l'impôt général sur le revenu), avant d'être renversé en 1896. La même année, il publie *Solidarité*, qui comptera plusieurs éditions dans les années qui suivent. Pour l'ancien ministre radical, l'individualisme républicain doit dépasser l'antagonisme du libéralisme et du socialisme par la notion de « quasi-contrat social », ce contrat qui eût été passé entre les hommes s'ils avaient bénéficié de la liberté et de l'égalité :

« Vivant enfin dans la liberté, les hommes se sont persuadés de deux vérités également nécessaires : d'abord que la liberté individuelle est la condition première de la vie et du progrès humain ; qu'il faut toujours et en tout cas la préserver contre toute atteinte ; et qu'il faut défendre, dans l'individu, non pas seulement la liberté de sa vie matérielle, de son travail et de son gain, mais celle de son esprit et de sa conscience, garantie de toutes les autres.

« Puis cette seconde vérité est apparue, que cette liberté ne serait pas assurée à chacun si tous ne reconnaissaient pas une limite à la leur, et que si chacun, profitant de la force personnelle et des avantages que le hasard a pu lui donner, se servait de la liberté en égoïste, sans conditions et sans limites, le résultat indirect serait de faire promptement disparaître, non comme autrefois par la tyrannie du souverain et de l'État, mais par la puissance acquise par quelques hommes, la liberté de tous les autres. »

Le solidarisme, adopté par les programmes du parti radical et radical-socialiste à partir de 1908, inspire et inspirera les diverses formes d'association, de coopération, mais aussi le réformisme d'État en multiples domaines (limitations du droit de propriété, gratuité future des différents degrés d'enseignement, impôt progressif sur le revenu, assurances sociales, lois de protection ouvrières, etc.)[1].

L'affaire Dreyfus a ainsi réaffirmé le caractère imprescriptible des droits de l'homme, sauf à les compléter par l'impératif indissociable des devoirs sociaux. Un groupe de dreyfusards ont l'idée de défendre ces principes en créant la Ligue des droits de l'homme, en juin 1898. Celle-ci, dont l'initiative est due à l'ancien ministre Ludovic Trarieux, se donne d'abord

1. Selon Claude Nicolet, le solidarisme « est à la base de toute pratique des transferts sociaux français », *op. cit.*, p. 374.

pour finalité la défense des principes de la Déclaration contre les entreprises de la contre-révolution. Son but précis est d'apporter aide et assistance à toute personne « dont la liberté serait menacée ou dont le droit serait violé ». Sous la présidence suivante de Francis de Pressensé, la Ligue élabore un programme de réformes qui élargit ses objectifs. Le concept de justice s'étend sans limitation : « À côté de la justice juridique, il y a la justice politique, la justice fiscale, la justice sociale... »

Ce ressourcement à l'éthique des droits de l'homme contribue au nettoyage dans les rangs de la gauche des préjugés antisémites. Ceux-ci, jusqu'à l'affaire Dreyfus, n'étaient absents ni des écrits ni des slogans socialistes ; ils n'étaient pas rares dans les rangs de la République radicale ou modérée. Jaurès lui-même, tout en admirant « la hardiesse de Zola », quelques jours après « J'accuse... », écrivait encore qu'il ne fallait pas « isoler son acte du milieu social où il se produit. Or, derrière lui, derrière son initiative hardie et noble, toute la bande suspecte des écumeurs juifs marche sournoise et avide, attendant de lui je ne sais quelle réhabilitation indirecte, propice à de nouveaux méfaits [...]. Et par une répercussion singulière, Zola, en abattant une partie des forces d'oppression, risque de restaurer une partie des forces d'exploitation[1] ». Dans les mois qui suivent, Jaurès, définitivement engagé en faveur de la révision, change nettement de vocabulaire, ainsi qu'en atteste son discours au Tivoli-Vauxhall, le 7 juin 1898. S'en prenant toujours au capitalisme, il dénonce ceux qui veulent enfermer le mouvement anticapitaliste « dans la forme antijuive », et invite aux distinctions nécessaires : « Dans l'agitation récente du procès Zola, pendant que le prolétariat juif et la petite bourgeoisie juive [ce ne sont plus les « écumeurs »] étaient d'un côté, la haute juiverie était de l'autre. M. de Rothschild a besoin de généraux pour défendre son capital avec le capital chrétien[2]... » Non sans approximations, Jaurès appelle au vrai combat, la lutte de *classe* et non la haine de *race*.

En devenant une des composantes essentielles du nationalisme en cours d'élaboration, l'antisémitisme est peu à peu repoussé par la gauche républicaine et socialiste. Certes, les

1. Jean Jaurès, « La Révolution », *La Petite République*, 22 janvier 1898.
2. *Ibid.*, 9 juin 1898.

militants de gauche antisémites se feront encore entendre. C'est ainsi que l'arrêt de la Cour de cassation rendu en faveur de Dreyfus en 1906 provoque dans *Le Mouvement socialiste* un article de Robert Louzon, au titre explicite : « La faillite du dreyfusisme ou le triomphe du parti juif ». D'autres exemples attesteraient le maintien d'un antisémitisme au moins larvé chez certains syndicalistes révolutionnaires de la CGT. Cependant, le discours des dirigeants des organisations républicaines s'interdit l'antisémitisme, relégué au niveau des idées reçues de la réaction.

Celle-ci est largement confondue avec le catholicisme. Un certain nombre de catholiques avaient manifesté leur sympathie pour la cause dreyfusienne[1] ; l'Église officielle, en tant que corps constitué, est restée prudente durant l'Affaire. Reste que l'immense majorité des publications d'inspiration catholique a redoublé de combativité contre les révisionnistes, le « Syndicat », les juifs en général, en donnant largement leur appui à la cause nationaliste. Un autre fait devait aiguiser l'anticléricalisme des républicains, qui observèrent que bon nombre d'officiers impliqués dans l'Affaire étaient sortis des « jésuitières », et plus généralement des collèges catholiques. Pour bien des esprits républicains, il fallait en finir avec l'influence néfaste des congrégations et pousser la logique de la laïcité jusqu'au bout, la séparation de l'Église et de l'État. Ce programme fut assumé par trois hommes politiques, loin de rester d'accord au gré des années : Waldeck-Rousseau, Combes et Briand. Le premier est à l'origine de la loi sur les associations de 1901, qui contraint les congrégations religieuses non déclarées à demander une autorisation. Le second applique la loi de son prédécesseur dans une logique de laïcisation intransigeante. Le troisième, enfin, devient le rapporteur de la loi de séparation des Églises et de l'État de 1905.

La laïcité, pierre de touche de la culture républicaine, avait ses organisations : franc-maçonnerie, Ligue de l'enseignement, libre-pensée ; elle avait été inscrite dans les lois scolaires des années 1880 ; l'affaire Dreyfus entraîne son triomphe, malgré les réserves et même l'hostilité de nombreux républicains qui

1. Jean-Marie Mayeur, « Les catholiques dreyfusards », *Revue historique*, avril-juin 1979.

voyaient dans le Concordat le meilleur moyen de soumettre la hiérarchie ecclésiastique à l'État.

De Waldeck-Rousseau à Émile Combes, on est passé d'un anticléricalisme de défense républicaine à un anticléricalisme de combat. Le premier s'est prononcé contre la manière dont le second appliquait sa loi visant les congrégations. Le second, cependant, a été largement soutenu par le Bloc des gauches, de sorte que le combisme ne peut être considéré comme une exaspération caricaturale de l'esprit laïque, mais plutôt comme un moment fort de l'affrontement entre l'idéologie républicaine et la tradition catholique. Ferdinand Buisson, rapporteur du projet de loi visant à interdire l'enseignement en France aux congrégations, expose clairement l'incompatibilité de la République avec celles-ci : « Ceux qui abdiquent leurs droits personnels et s'inféodent à un pouvoir religieux n'ont pas le droit d'enseigner. Qui n'est pas libre ne peut former des citoyens libres. L'État a le devoir de préserver la jeunesse de leur influence. La société monastique et la société démocratique sont antinomiques. »

La laïcité n'est pas le refus du fait religieux mais, en profondeur – et c'est pourquoi la loi de séparation en est finalement l'aboutissement logique –, le rejet de la tutelle ecclésiastique sur la société politique et sur la société civile. Comme le montre Jaurès, dans son discours à la Chambre du 3 mars 1904, ce n'est pas le Christ de l'Évangile qui est la cible du législateur, mais l'Église dans sa volonté de dominer l'État. Pour les républicains, l'Église romaine n'a cessé de s'opposer à l'émancipation politique des hommes, depuis la condamnation de la Déclaration des droits de l'homme jusqu'à la publication du *Syllabus*, refus explicite des libertés, de la démocratie, de la vie moderne. Sans doute, Léon XIII a-t-il, au début des années 1890, préconisé le ralliement des catholiques français aux institutions républicaines, mais pour mieux en changer la nature, de l'intérieur. Du reste, le Ralliement n'a été que partiel, et l'affaire Dreyfus a vu la majorité des catholiques adhérer à la réaction antidreyfusarde. La laïcité est devenue un combat contre l'intransigeance catholique ; elle devient la base de la culture républicaine.

Pour les catholiques, cette politique laïque et finalement la loi de séparation a pour but d'asservir l'Église. Quelques-uns sont prêts à courir le risque de la séparation, qui peut devenir facteur de reviviscence chrétienne, mais le gros de la presse catholique et, bientôt le pape Pie X condamnent la loi de 1905. Sur la défensive depuis longtemps, en particulier depuis la prise de Rome en 1870 par les patriotes italiens, l'Église romaine a tendance à inscrire les événements français dans un vaste complot antireligieux qui la menace. Dans une lettre confidentielle adressée, le 27 février 1906, par le secrétaire d'État à Mgr Montagnini, le cardinal Merry del Val écrivait : « Il s'agit de toutes les forces du mal de la maçonnerie internationale contre l'Église, et dans cette lutte, dans ce moment, la France se trouve au premier rang. » La sécularisation de la société et de l'État n'est pas encore acceptée par le magistère romain, resté attaché à l'idéal de chrétienté, d'alliance étroite entre le trône et l'autel, entre la loi civile et la foi catholique.

Dans cet affrontement, fantasmes, caricatures, débordements de tout genre se multiplient de part et d'autre. Avec l'antimaçonnisme des catholiques, une des formes les plus visibles de l'interprétation du malheur par le complot, rivalisent les expressions grossières, voire odieuses, d'un anticléricalisme débridé. À la Chambre même, le projet Briand est combattu sur sa gauche, comme trop favorable à l'Église. Le socialiste Maurice Allard, s'exprimant au nom de la libre-pensée, soutient un contre-projet : « Il faut le dire très haut : il y a incompatibilité entre l'Église, le catholicisme ou même le christianisme et tout régime républicain. Le christianisme est un outrage à la raison, un outrage à la nature. Aussi je déclare très nettement que je veux poursuivre l'idée de la Convention et achever l'œuvre de déchristianisation de la France... » (10 avril 1905).

Modéré ou excessif, tolérant ou intransigeant, l'esprit de laïcité se confond avec l'esprit républicain. La loi de séparation qui en est le produit finit, du reste, par apaiser la guerre religieuse séculaire. Restait cependant la question de l'école, point de fixation d'une querelle loin d'être vidée. Le législateur républicain, tout en refusant le droit d'enseigner aux congréganistes, avait rejeté le principe du monopole scolaire, au nom de la liberté d'enseigner. La France chrétienne et la France laïque continueront longtemps à s'identifier à travers la rivalité des deux écoles.

L'affaire Dreyfus met en lumière un autre attribut de la famille républicaine : son adhésion définitive au régime parlementaire. Les lois constitutionnelles de 1875 avaient été un compromis entre républicains et orléanistes : il n'y avait pas, au départ, de coïncidence entre République et Parlement, et notamment sous la forme du bicamérisme. Les radicaux avaient fait de la révision constitutionnelle un de leurs chevaux de bataille. Le boulangisme l'avait rendu obsolète. L'affaire Dreyfus achève d'installer un parlementarisme à la française, sensiblement différent du parlementarisme libéral à l'anglaise.

La crise du 16 mai 1877 avait consacré le repli du président de la République correspondant à la subordination de sa fonction au pouvoir législatif. En particulier, le droit de dissolution qui lui revient tombe en désuétude. Le gouvernement lui-même est l'émanation du pouvoir législatif, qui garde et utilise largement son droit d'interpellation et son droit d'initiative. « Si c'est le régime de discussion que vous croyez flétrir sous le nom de parlementarisme, s'exclame Clemenceau à la Chambre, le 4 juin 1888 à l'adresse des antiparlementaires, c'est la République sur qui vous osez porter la main. » La République ne sera ni césarienne ni plébiscitaire, mais le régime de l'osmose entre le gouvernement et sa majorité. Osmose particulièrement réussie à partir de 1900 et sous le ministère Combes, au moment où fonctionne la *délégation des gauches*. Jaurès, qui l'anime, s'emploie à cimenter le bloc des gauches ; il accepte de faire passer – chronologiquement – les revendications sociales des socialistes après l'œuvre nécessaire de laïcisation puis de séparation.

Vu l'importance électorale et politique que prendra le parti socialiste, unifié dans la SFIO en 1905, on doit noter à quel point l'Affaire a accéléré l'acceptation du régime parlementaire par les socialistes. Le « cas Millerand », sous Waldeck-Rousseau, divise les différents groupes socialistes, à cause surtout de la présence, au sein du même ministère, du général Galliffet. Jaurès soutient Millerand : « Que la République bourgeoise, à l'heure où elle se débat contre la conspiration militaire qui l'enveloppe, proclame elle-même qu'elle a besoin de l'énergie socialiste, c'est un grand fait ; quelle que soit l'issue immédiate, ce sera une grande date historique ; et un parti audacieux, conquérant, ne doit pas, à mon sens, négliger ces appels du destin, ces ouvertures de l'histoire [1]. »

1. *La Petite République*, 24 juin 1899.

Sans doute, d'autres tendances du mouvement ouvrier répugnaient-elles à se laisser intégrer dans le système parlementaire : c'était le cas des syndicalistes révolutionnaires de la CGT et, dans une certaine mesure, de la tendance guesdiste, marxiste, qui devait officiellement, théoriquement, l'emporter au Congrès international d'Amsterdam. La SFIO se constitue ainsi sur la base doctrinale du marxisme et de la lutte de classe. En pratique, la haute personnalité de Jaurès, sa culture républicaine, sa théorie de l'« évolution révolutionnaire », opposée à la culture blanquiste du coup de force, l'ont emporté. À l'occasion de l'affaire Dreyfus s'affirment les traits d'un « socialisme républicain », c'est-à-dire une des familles de la Gauche parlementaire. Évolution qui sera troublée, freinée, remise en cause par la révolution bolchevique et le congrès de Tours de 1920, mais dont la logique conservera les implications pratiques : défense républicaine et discipline du même nom seront encore actives au moment du Front populaire.

Enfin, l'affaire Dreyfus, centrée sur la question militaire – le statut de l'Armée dans la République, le rôle des conseils de guerre, l'idéologie des officiers –, a ouvert une réflexion sur le militarisme et le patriotisme. Les mesures prises par Galliffet, sous Waldeck-Rousseau, puis par André, sous Combes, visaient à républicaniser l'armée. À l'extrême gauche, jadis volontiers nationaliste, un fort courant d'antimilitarisme s'est diffusé, dont Gustave Hervé et sa *Guerre sociale* furent les illustrations. Syndicalistes et anarchistes étaient d'autant plus hostiles à l'appareil militaire que celui-ci était utilisé dans la répression des grèves. Jaurès, une fois encore, s'attache alors à définir une doctrine militaire des socialistes, qui reprend largement les idées républicaines du programme de Belleville (1869) et de la Commune de Paris. L'idéal du citoyen-soldat qu'il développe dans *L'Armée nouvelle* (1910) vise à concilier la démocratie et la sauvegarde de la patrie dans la perspective d'une guerre qui, pour être légitime, doit rester strictement défensive.

La théorie de Jaurès rencontre des défenseurs hors des rangs socialistes. Au-delà des mesures pratiques qu'il préconisait, et que d'aucuns jugeaient inapplicables à un pays étendu comme la France, l'idée de légitimité de la guerre défensive fait l'unanimité des républicains. La victoire de la gauche en 1914 se fait contre la loi des trois ans (de service militaire). Le devoir de défense nationale et le pacifisme doivent s'accorder. Ce sera la tâche d'un Léon Bourgeois de donner une traduction institutionnelle à ce double objectif. Il préconise la création d'un droit international et la mise en place d'une sécurité collective par la création d'une « Société des nations civilisées », dès 1907.

Au total, au lendemain de l'affaire Dreyfus, les composantes principales de la culture républicaine sont synthétisées en un ensemble cohérent[1]. Elles inspirent un régime politique original ; elles offrent un système de références propre à unir, en cas de crise, ou au moment des élections, les diverses familles de la gauche. Au demeurant, cette culture républicaine, nourrie par l'histoire, exclut le consensus. Une large partie des Français, dans la mouvance catholique ou/et dans la tradition monarchiste et autoritaire, n'y participe pas. Il en résulte l'impossibilité d'une véritable *alternance*. Celle-ci n'est réalisée qu'au sein même de la famille républicaine, qui se confond longtemps avec la gauche. Les obstacles historiques, religieux, idéologiques, à la formation d'une droite républicaine à vocation gouvernementale, discréditent l'identité même de *droite*, dont l'affirmation devra attendre le cadre de la Vᵉ République. Le *sinistrisme* (A. Thibaudet) qui en découle interdira jusque-là l'alternance entre gauche et droite comme elle s'organise dans les autres démocraties parlementaires. La séparation des Églises et de l'État n'a pu entraîner ce que Charles Péguy réclamait : la séparation de la métaphysique et de l'État.

1. Serge Berstein, « La culture républicaine dans la première moitié du XXᵉ siècle », dans Serge Berstein et Odile Rudelle (dir.), *Le Modèle républicain*, *op. cit.*

CHAPITRE 11

L'horizon de l'État

par Nicolas Roussellier

Au moment où les républicains parvenaient à gravir l'une après l'autre les marches du pouvoir politique (Chambre, Sénat puis présidence de la République), l'État présentait encore le visage d'une administration puissante et centralisée. Cette administration, d'origine consulaire et impériale, les républicains l'avaient longtemps considérée comme l'antithèse des libertés démocratiques. Sous le Second Empire, ils avaient présenté de nombreux projets qui visaient à en réduire le poids et l'influence, espérant émanciper la vie politique. Très vite, pourtant, avec la défaite devant la Prusse, la Commune de Paris et les responsabilités nouvelles du pouvoir, les républicains furent amenés à reconnaître les avantages d'un État administratif puissant, garant de la continuité et de l'unité de la nation. Au nom du nécessaire redressement de la puissance française, le principe de l'armée permanente fut maintenu. Au nom du rétablissement de l'ordre public, l'appareil judiciaire et préfectoral ne fut pas remis en cause. Comme dans les épisodes précédents (1815, 1830, 1848, 1851), la violente rupture politique qui, cette fois, fermait les portes d'un Empire pour ouvrir celle d'une République, n'avait pas interrompu l'histoire administrative française faite d'une accumulation de tradition, d'esprit de corps et de compromis. Les républicains de 1875 et 1877 furent d'abord des héritiers. Il leur restait à trouver les moyens de placer l'administration au service de la nouvelle République, de concilier l'autorité d'un État avec le programme d'une démocratie.

La continuité de l'État

Un quasi-immobilisme administratif

La modération affichée par les républicains concerna d'abord le poids de l'État dans la vie de la nation. Celui-ci devait rester modeste conformément à la tradition libérale du XIXe siècle. De fait, la ponction fiscale (administration centrale, départements et communes) n'excédait pas les 14 % du revenu national en 1893 [1] et l'État républicain restait ainsi condamné à la pauvreté relative de ses moyens : le budget annuel était maintenu aux alentours de 3,5 milliards de francs, assez facilement financés par les impôts traditionnels, notamment indirects. Plus modeste propriétaire encore, l'État ne disposait que des bâtiments administratifs, des établissements militaires, des rares monopoles (tabacs, allumettes, poudres), des forêts domaniales et, à partir de 1908, du réseau des chemins de fer de l'Ouest. Face à lui, les particuliers possédaient 98 % de la fortune de la France métropolitaine en 1913 [2]. Enfin, devant un franc défini sur un poids d'or fixe et face à une Banque de France puissante et autonome, véritable gouvernement monétaire de la France, l'État n'avait guère les moyens d'une très hypothétique volonté d'intervention.

Plus tangible pour les contemporains, toujours prompts à fustiger le pouvoir des « bureaux » et la paresse des ronds-de-cuir, fut la prudence des républicains en matière de créations administratives. Seuls la fonctionnarisation de nombreux enseignants et le doublement des employés de l'administration des Postes [3] avaient marqué un changement notable. Les domaines régaliens, quant à eux (défense extérieure et sécurité

1. Elle est trois fois plus élevée à la fin du XXe siècle.
2. Évaluée à 300 milliards de francs or. Selon Jacques Chastenet, *Histoire de la IIIe République. Jours inquiets et jours sanglants, 1906-1918*, Librairie Hachette, 1955, p. 155.
3. Entre 1873 et 1914, les effectifs du ministère de l'Instruction publique sont passés de 120 000 à 160 000 personnes. Entre 1873 et 1896, ceux des PTT sont passés de 33 000 à 70 000. Pierre Rosanvallon, *L'État en France de 1789 à nos jours*, Seuil, 1990, p. 289.

intérieure, diplomatie, justice et fiscalité), continuaient d'afficher une remarquable stabilité. Ce fut donc la croissance de certains services publics venus s'agréger au char de l'État plus qu'une véritable mutation de l'administration qui caractérisa l'avènement politique du régime républicain. Avec un chiffre que l'on peut évaluer à 450 000 fonctionnaires civils en 1914, la République s'était contentée d'une augmentation comprise entre 80 000 et 100 000 personnes en l'espace de quatre décennies. La fonction publique française n'occupait ainsi que 3 % de la population active contre 6 % en Allemagne [1].

Dans le même temps, les structures de l'administration avaient évolué à pas comptés. Seuls trois nouveaux ministères furent créés, l'Agriculture en 1881, les Colonies en 1893 et le Travail en 1906. Prudence que reflétait la stabilité des grandes directions administratives au sein des principaux ministères. À la Justice, la partition entre Direction des affaires civiles et Direction des affaires criminelles datait de la Convention [2] et les effectifs de son administration centrale n'avaient guère augmenté (de 11 000 à 14 000) [3]. Aux Finances, le plus gros employeur de l'État avec 120 000 fonctionnaires (1913), peu de modifications avaient été apportées au cloisonnement traditionnel hérité des régimes précédents entre le Trésor et les Finances et, à l'intérieur de ces dernières, entre les Directions générales des contributions directes, des contributions indirectes, des douanes et de l'enregistrement. Ce n'était d'ailleurs que le juste reflet d'un immobilisme fiscal symbolisé par le maintien des quatre contributions directes (foncière, mobilière, patente et portes et fenêtres) et le vote tardif de l'impôt sur le revenu (1914, appliqué à partir de 1917).

Au sein de ces administrations, les grades, les titres et les contenus des fonctions n'avaient pas été changés. Seules la fusion des trésoriers et des payeurs en trésoriers-payeurs généraux (réforme de 1865), la création d'une grande Direction

1. Eric John Hobsbawm, *L'Ère des empires 1815-1914*, Fayard, « Pluriel », 1989, p. 140.

2. François Burdeau, *Histoire de l'administration française. Du XVIIIe au XXe siècle*, Montchrestien, 1989, p. 125.

3. Frédéric Chauvaud, « L'insaisissable modèle. L'identité brouillée de la justice républicaine (1880-1940) », dans Marc Olivier Baruch, Vincent Duclert, *Serviteurs de l'État. Une histoire politique de l'administration française 1875-1945*, La Découverte, 2000, p. 328.

unique (affaires politiques et commerciales) au ministère des Affaires étrangères en 1907, la suppression de la Direction des cultes en 1911 (conséquence directe de la séparation des Églises et de l'État) ou bien, en matière de police, la création des brigades mobiles en 1907, avaient eu quelque influence dans leur domaine respectif.

Le conservatisme des républicains ne concernait d'ailleurs pas seulement les moyens mais aussi l'esprit des institutions publiques. Stabilisé, pérennisé, l'État administratif jouissait plus que jamais d'une position de commandement vis-à-vis de la société civile. Fortement nourri de la théorie de la puissance publique que développait la majeure partie de la doctrine juridique de l'époque, en concordance avec la notion de souveraineté nationale une et indivisible, l'État régalien développait une forme d'autorité verticale et sans partage à l'égard des individus. Nul corps intermédiaire ne devait s'insérer entre lui et le simple citoyen. Pour ce dernier, l'État se présentait principalement sous la figure de l'autorité et de l'obligation que cela soit celle du percepteur, du gendarme, du conseil de révision pour le service militaire ou bien même celle de l'instituteur. Épisodes limités dans la vie d'un individu, ses rencontres avec l'État prenaient la forme de devoirs à remplir plutôt que de droits à faire valoir. Seule la décennie qui précéda le déclenchement de la Première Guerre mondiale vit l'apparition de quelques prestations fournies par l'État, premières marques d'une redistribution sociale de type moderne (la loi sur les retraites ouvrières et paysannes en 1910). Elles étaient encore légères, décevantes et fortement critiquées.

Les raisons d'une modération

En matière de réformes de l'État administratif, les républicains des années 1870, 1880 et 1890 avaient renoncé à la plupart des projets préconisés du temps de leur opposition à l'Empire. Ni la séparation de l'Église et de l'État (elle n'intervient qu'en 1905), ni l'élection des juges[1], ni la suppression

1. Idée encore très vivace puisqu'un amendement prévoyant l'élection au suffrage universel de tous les juges est voté par 275 voix contre 208 le 10 juin 1882. Le projet de loi fut finalement rejeté en janvier 1883. Charles

des armées permanentes ou celle des préfets, ni la suppression du Conseil d'État ou celle de la préfecture de police de Paris, ni la remise en cause du dualisme judiciaire qui permettait à l'État d'organiser lui-même la gestion des litiges l'opposant aux administrés (la justice administrative) n'étaient passées dans les faits. Ces renoncements étaient, pour une part, le fruit des circonstances nouvelles. La perte de l'Alsace-Lorraine et le déclin de la France en Europe avaient imposé un revirement complet en matière d'organisation militaire. Plus que l'armée permanente, le principe de l'égalité dans l'obligation (1889) manifestait l'idée républicaine de la nation en armes tout en poursuivant l'objectif d'un puissant outil militaire. De même, sur le plan intérieur, les républicains avaient conservé l'appareil de surveillance et de répression face au risque, réel ou fantasmé, d'un retour des émeutes révolutionnaires.

Laissant aux libéraux anglophiles, les rêves de *self government*, les républicains étaient aussi les héritiers d'un État administratif territorialisé [1] ; un État dont les représentants directs – préfets, sous-préfets, ingénieurs des Mines, ingénieurs des Ponts et Chaussées, etc. – exerçaient leurs fonctions au plus près des citoyens de base : la commune (indirectement), l'arrondissement et le département. Ce cadre géographique demeura inchangé et s'identifia de plus en plus avec la République elle-même. L'adjonction d'un échelon régional, même présentée sous la forme d'un complément administratif du département, ne fut pas adoptée en dépit de nombreuses propositions et d'une fibre régionaliste présente chez certains républicains. La tutelle exercée sur les agents des cultes religieux, conquête et héritage des monarchies françaises, était prolongée pour mieux s'assurer une neutralité imposée et vérifiable des prêtres et des évêques. On préférait le risque d'un corps à demi autonome dans l'État à celui d'un magistère libre et puissant s'exerçant à l'extérieur de la puissance publique.

Finalement et au total, aucune révolution administrative n'avait eu lieu au cours des premières décennies du nouveau régime. En captant à son profit l'État administratif tel qu'il

---

Seignobos, *L'Évolution de la IIIe République (1875-1914)*, Librairie Hachette, 1921, p. 93.

1. La plus grande autonomie accordée aux pouvoirs locaux le fut à l'intérieur du cadre formé par l'État administratif. Cette question sera examinée au chapitre suivant.

existait, les républicains reproduisaient ce que les monarchistes modérés de la Restauration avaient fait une première fois (contre les rêves ultras d'une reconstitution de la monarchie ancienne) et les libéraux du milieu du siècle[1] – que cela soit Guizot avant 1848 ou Thiers avant 1873 – une seconde fois. Le conservatisme républicain peut s'expliquer par les pesanteurs propres à un ensemble de corps et de hiérarchies ancrés dans la légitimité et la routine d'une bureaucratie déjà ancienne. Mais, on ne peut oublier que les majorités parlementaires, après 1876 pour la Chambre et 1879 pour le Sénat, furent des assemblages composites dans lesquels figuraient d'anciens modérés et d'anciens orléanistes. À eux seuls, les purs républicains n'avaient pas « conquis » le pouvoir et n'avaient pu effacer les compromis et les renoncements partiels qui se trouvaient à la fondation du régime. Quand bien même ils l'auraient voulu, les républicains n'avaient pas les moyens parlementaires et politiques d'une révolution administrative.

Le conservatisme administratif fut aussi le fait d'une volonté délibérée des principaux fondateurs de la République. On l'a souligné[2], le choix de s'adapter aux circonstances avec souplesse et réalisme, cet « opportunisme », relevait non d'une simple habileté tactique mais d'un choix idéologique marqué par l'influence du positivisme et de la méthode expérimentale appliquée en politique. Auguste Comte et plus encore Émile Littré avaient été les mentors de Léon Gambetta ou de Jules Ferry.

Plus important encore était la conception que les républicains se faisaient de la politique, conception moins matérielle que morale, qui passait par la conquête des esprits plus que par le bouleversement des fonctions. Les républicains cherchaient avant tout à libérer l'expression de la souveraineté nationale, c'est-à-dire la conscience et la parole des citoyens. Priorité était donnée à l'émancipation des électeurs et à la dévolution du pouvoir par la procédure électorale : aussi, la mise en place d'un nouveau régime des libertés publiques

1. Les libéraux français privilégiaient la voie de l'État au détriment de celle de l'individualisme comme l'a fort bien montré Lucien Jaume dans *L'Individu effacé ou le Paradoxe du libéralisme français*, Fayard, 1997.

2. Claude Nicolet, *L'Idée républicaine en France*, Gallimard, 1982. Plus récemment, Jérôme Grévy, *La République des opportunistes, 1870-1885*, Perrin, 1998.

(la presse, les réunions, le code électoral) importait plus que la réforme du système judiciaire ; la définition d'un nouvel équilibre entre les pouvoirs publics (parlement et gouvernement) devançait l'hypothèse d'une décentralisation administrative. Du moment que les corps de l'État administratif s'enfermaient dans la servitude volontaire de l'exécution simple et neutre des lois, il n'était pas nécessaire de les bouleverser. De pouvoir faisant concurrence à la nation politique, l'État administratif était censé devenir, selon le vœu même de Gambetta, « l'intendant de la démocratie » (discours de Tours du 4 août 1881).

Les innovations républicaines et leurs limites

Les épurations

Contraints d'assurer la continuité des cadres et des fonctions de l'État, les républicains reportèrent leurs efforts sur la républicanisation du personnel. Un État des républicains à défaut d'un État républicain en somme. Cette tâche, apparemment plus facile, souleva pourtant de nombreuses difficultés. Elle était loin d'être achevée en 1914.

À défaut de soumettre les fonctionnaires au choix des citoyens, la République opéra le remplacement du personnel. L'épuration fut clairement un substitut à l'élection. Elle fut aussi une contre-épuration, une réponse aux épurations menées par les gouvernements conservateurs. Ainsi, à la suite de la victoire républicaine aux élections législatives d'octobre 1877, le nouveau mouvement préfectoral permit de rétablir des personnalités républicaines (en général modérées) victimes des révocations imposées par le gouvernement du 16 mai [1]. Au total, de 1877 à 1880, tous les préfets sauf un furent remplacés ainsi que les trois quarts des ambassadeurs et les quatre cin-

1. La moitié des préfets nommés en décembre 1877 par les républicains avaient déjà été préfets. J. Siwek-Pouydesseau, « Sociologie du corps préfectoral (1800-1940) », dans Jacques Aubert (dir.), *Les Préfets en France (1800-1940)*, Genève, Droz, 1978, p. 169.

quièmes des procureurs généraux [1]. Quelques années plus tard, en 1883, l'épuration de la magistrature du siège par la suspension pour trois mois du principe d'inamovibilité sanctionnait les magistrats qui s'étaient opposés à l'application de la lutte contre les congrégations.

La principale inquiétude des républicains se portait en effet sur la Justice. Considérée comme une simple « autorité administrative » et non comme un troisième pouvoir, elle devait être l'exécutant obéissant des lois votées par le Parlement, seul dépositaire de la volonté nationale. Gambetta l'avait bien dit dès 1878 : « Il n'est pas juste qu'un gouvernement sorti de la souveraineté nationale ne puisse pas examiner ce corps [celui des magistrats] et le soumettre à nouvelle investiture [2]. » La justice était placée dans la dépendance du pouvoir politique, comme branche de l'exécutif [3]. Faute d'avoir été soumis à l'épreuve de l'élection, les juges devaient se plier sans faille et sans ruse à la volonté exprimée par les représentants de la nation. Le garde des Sceaux, responsable devant le Parlement et parlementaire lui-même, conservait l'essentiel de ses pouvoirs en matière disciplinaire : il était le seul à pouvoir engager une mesure de sanction à l'encontre d'un magistrat et il saisissait pour cela le Conseil supérieur de la magistrature, celui-ci ne statuant que sur les faits qui lui étaient soumis. Les magistrats du parquet, ceux des colonies et l'ensemble des juges de paix ne jouissaient toujours pas du principe d'inamovibilité ou d'un statut d'avancement clairement établi. Au total, entre 1877 et 1883, 1 763 membres des parquets sur 2 148 et 2 536 juges de paix sur 2 941 furent touchés par l'épuration républicaine. La loi de 1883 épura 383 magistrats du siège.

Passé le temps de ces révocations et de ces mises au pas, vint le moment de l'apaisement ; les institutions traditionnelles ne furent plus attaquées, du moins plus directement. Devenus républicains par la foi sincère ou affichée de ses membres, les

1. V. Wright, « L'épuration du Conseil d'État en juillet 1879 », *Revue d'histoire moderne et contemporaine*, octobre-décembre 1972, p. 650.

2. Discours de Romans, 18 septembre 1878, cité par Jean-Pierre Machelon, *La République contre les libertés ? Les restrictions aux libertés publiques de 1879 à 1914*, Presses de la Fondation nationale des sciences politiques, 1976, p. 80.

3. Voir « L'imperfection durable de l'organisation juridictionnelle » dans Jean-Pierre Machelon, *ibid.*, p. 65-139.

corps de l'État – magistrature, préfectorale, diplomatie et armée – étaient mieux établis dans leur légitimité. Certes, les fonctionnaires étaient sous le contrôle à la fois professionnel, moral et politique de leur hiérarchie, mais sans que la surveillance prît l'allure d'une véritable inquisition. Directeurs, ministres et personnalités influentes du monde parlementaire, pouvaient aisément jouer sur des mesures de déplacement, ou sur des sanctions déguisées en promotion (respectant formellement l'inamovibilité des magistrats du siège) pour favoriser les plus républicains des fonctionnaires ou, au contraire, pour freiner la carrière des plus tièdes. On était loin cependant d'une situation de persécution ou d'une volonté d'uniformisation politique. L'uniformité républicaine n'existait pas pour la simple raison que le « parti » républicain était traversé de courants multiples, à la fois libéraux, modérés et radicaux. Par ailleurs, l'obéissance due au régime était facilitée par « l'anonymat des institutions républicaines [1] » qui donnait le sentiment de servir un régime « national » et non le représentant d'une dynastie contestée. Les officiers restés de cœur et de tradition monarchistes servaient ainsi la République et son armée sans être tentés par une aventure prétorienne. Le régime ne cessait du reste d'exalter les valeurs, les souvenirs et les cérémonies militaires, de placer l'armée au-dessus des querelles politiques et de lui offrir l'expansion coloniale comme théâtre de gloire et symbole de son redressement.

Un républicanisme de bon ton, de plus en plus conformiste sur le fond, pouvait assurer au fonctionnaire le déroulement normal de sa carrière. Les catholiques, obligés de circonscrire leur religion aux strictes limites d'une pratique privée, interdits de toute forme d'expression politique de leur croyance, pouvaient, à ce prix, mener de très belles carrières au sein de l'État républicain, que cela soit dans la diplomatie, l'armée, la magistrature ou les grands corps d'ingénieurs (mais guère dans la préfectorale investie d'un rôle électoral et politique).

Conséquence de la prudence administrative des républicains « opportunistes », le recrutement du personnel de la haute fonction publique ne fut guère démocratisé [2]. Pour évoluer dans la carrière, la richesse personnelle restait indispensable.

1. René Rémond, *Les Droites en France*, Aubier, 1984, p. 154.
2. On note cependant qu'à l'École polytechnique il y avait en 1901 20 %

Jusqu'en 1910, le premier échelon de la carrière judiciaire n'était pas rémunéré. Pour soutenir le train de vie et de réception d'un ambassadeur en 1900 comme en 1840, les émoluments et les indemnités versés par l'État se révélaient insuffisants. Une telle réalité se vérifiait, à des degrés divers, pour un membre du Conseil d'État (qui en moyenne disposait de 15 000 à 20 000 francs de revenus personnels par an [1]), un magistrat ou un préfet. Bien sûr les alliances matrimoniales et l'ascension sociale, par le biais de réseaux patiemment tissés, étaient toujours possibles, mais elles impliquaient des compromis d'ordre social et politique avec l'ancienne classe dirigeante. Les frères Cambon, par exemple, fils de la classe moyenne, ne disposaient au début de leur carrière ni de fortune familiale ni de relations personnelles. Quand Paul Cambon redevint préfet en 1876, il pouvait compter sur 15 000 francs de rentes auxquels s'ajoutait son traitement de 30 000 francs [2] ; il lui manquait, selon ses calculs, 10 000 francs de rentes pour faire face aux dépenses imposées par le train de vie officiel (les invitations, les dîners, les bals etc.), celui-ci ayant précisément pour but de se rallier les élites locales. Lors des repas de prestige à la préfecture de Lille, il empruntait l'argenterie de ses beaux-parents. Après de difficiles négociations, il avait obtenu la main de la fille d'un général bonapartiste dont la fortune s'élevait à un million de francs (et la dot à 120 000 francs) [3].

En dépit de ces difficultés, on notera que l'administration républicaine avait pu servir de moyen d'ascension sociale pour

---

de fils d'origine sociale modeste contre 8 % en 1860. D'une manière générale, la République des hauts fonctionnaires ne recrute plus au sein d'une caste endogame comme l'ont fait les régimes précédents : il y avait 41 % de préfets fils de hauts fonctionnaires sous le Second Empire, ils ne sont plus que 6,6 % en 1901. Christophe Charle, *Histoire sociale de la France au XIXe siècle*, *op. cit.*, p. 263.

1. Chiffres donnés par V. Wright, art. cité.

2. Rémunération d'un préfet de 1re classe. Un préfet de 3e classe reçoit 18 000 francs, un sous-préfet de 1re classe, 7 000 francs. Ces rémunérations ne changèrent pas entre 1873 et 1911. B. Le Clère, « La vie quotidienne des préfets au XIXe siècle (1815-1914) », dans Jacques Aubert (dir.), *op. cit.*, p. 143.

3. Laurent Villate, *Paul et Jules Cambon. Deux acteurs de la diplomatie française (1843-1935)*, thèse pour le doctorat d'histoire, sous la direction de Pierre Milza, Institut d'études politiques de Paris, 1999, vol. I, p. 135 et 245.

les plus méritants. Une partie des gouverneurs coloniaux, des ambassadeurs et des grands serviteurs de l'État étaient des produits de la méritocratie scolaire, fils des classes moyennes laborieuses et républicains fidèles. Toutefois, au total, le maintien des anciennes élites gouvernantes (armée, diplomatie) et les formes subtiles de transition d'une élite à l'autre, l'avaient emporté. Au Conseil d'État par exemple, l'épuration de 1879 avait ouvert une brèche sociale puisque l'on comptait parmi les nouveaux conseillers un fils d'épicier, un fils de mégissier et un fils de ferblantier. Mais, très vite, en raison des faibles rémunérations des échelons de base et de la réduction du nombre de nominations au tour extérieur, le recrutement social se fixa à nouveau sur une base à la fois élevée et étroite [1].

Les tentatives radicales à la Belle Époque

Ces limites imposées à la conquête de l'État par les républicains furent durement ressenties par les générations de parlementaires radicaux et socialistes qui accédèrent au pouvoir à la charnière du XIXe et du XXe siècle. Le thème de « bastilles à prendre » connut alors une forte diffusion. De fait, le personnel diplomatique offrait encore le visage de l'ancienne France et, plus que jamais, les familles de la noblesse avaient envoyé leurs fils dans les grandes écoles militaires, Saint-Cyr ou l'École navale. La politique du gouvernement Combes visant à républicaniser le personnel de l'État rencontra un large soutien auprès de l'opinion et ce, malgré l'affaire des « fiches » (1904) [2]. Les nombreuses adresses et encouragements reçus par Émile Combes démontraient la popularité des mesures d'épuration administrative et de surveillance politique destinées à museler les militaires et les fonctionnaires soupçonnés de déloyauté envers la République. Les syndicats ouvriers des arsenaux, par exemple, félicitaient le gouvernement pour l'introduction de la journée de 8 heures, mais aussi pour sa lutte anticléricale, moyen de mettre au pas la hiérarchie mili-

1. V. Wright, art. cité, p. 644.
2. Les dossiers des officiers contenaient des renseignements sur leurs convictions et leurs pratiques religieuses. Ces fiches avaient été élaborées avec l'aide du Grand Orient de France.

taire de la « Royale » remplie de « fils d'archevêques ». Un comité radical-socialiste de Lodève (Hérault) appelait à la lutte pour « la libération intégrale des esprits de la force oppressive de toutes les calottes, qu'elles soient capitaliste, militaire, judiciaire et cléricale[1] ». S'attaquer aux bastilles administratives et militaires, appliquer de manière effective l'égalité de l'accès aux places était encore considéré à cette date comme un progrès autant politique que social.

De 1899 à 1914, l'État administratif fut ainsi l'objet d'une seconde vague de républicanisation, plus radicale et plus systématique que la première. Elle chercha à républicaniser les corps de l'État que les opportunistes avaient ménagés par sens du compromis ou par impuissance. Elle tentait aussi d'apporter une réponse aux revendications de plus en plus puissantes des fonctionnaires. Ces derniers réclamaient des garanties statutaires, la reconnaissance de leur compétence professionnelle contre le système des faveurs, critiquaient la croissance des effectifs des cabinets ministériels et les nominations arbitraires qui favorisaient ensuite leurs membres[2]. Plusieurs réformes furent ainsi élaborées même si elles ne furent pas toujours confirmées. L'article 65 de la loi du 22 avril 1905 prescrivait la communication à tout fonctionnaire de son dossier préalablement à toute sanction disciplinaire. Une loi du 12 juillet 1905 offrait aux juges de paix « un début de protection statutaire[3] ». Mais, le décret Sarrien du 18 août 1906, qui posait le principe du recrutement par un concours et d'un tableau d'avancement pour les magistrats, fut abrogé par un autre décret du 13 février 1908[4].

Si aucun statut général des fonctionnaires n'avait pu être mis au point et si la question de la syndicalisation des fonctionnaires compliquait singulièrement la tâche[5], les années de la

1. Cité par Gérard Baal, « Combes et la “république des comités” », *Revue d'histoire moderne et contemporaine*, t. 24, avril-juin 1977, p. 276.

2. Steeg dénonça à la Chambre, le 8 mai 1907, le fait que sur 7 conseillers à la Cour de cassation qui venaient d'être nommés, 5 avaient été des directeurs de cabinets ministériels. Jean-Pierre Machelon, *op. cit.*, p. 94, note 145.

3. Jean-Pierre Machelon, *ibid.*, p. 86.

4. Jean-Pierre Royer, *Histoire de la justice en France*, PUF, 1996, p. 631.

5. En 1913, la Fédération des fonctionnaires comptait déjà environ 200 000 adhérents. Chiffre cité par Pierre Rosanvallon, *L'État en France de 1789 à nos jours*, *op. cit.*, p. 89.

République radicale furent clairement marquées par un véritable activisme réformiste en matière d'administration publique et d'organisation de l'État. Les résultats furent mitigés en raison, là encore, de la fragilité des majorités parlementaires. Cependant, la généralisation des concours comme mode de recrutement, la volonté de faire jouer les critères des diplômes et de l'âge dans le tableau d'avancement contre l'arbitraire et le favoritisme, avaient fait progresser le principe méritocratique.

Bureaucratie en voie de professionnalisation et de modernisation, vecteur de mobilité sociale ascendante pour les échelons inférieurs et intermédiaires, la fonction publique française, en passant d'un siècle à l'autre ne représentait plus un enjeu politique majeur. La séparation de l'administration et de la politique était considérée comme un fait acquis et un progrès décisif. Alors qu'elle était encore la proie d'une contestation ultra démocratique (l'élection des fonctionnaires, la suppression de certains appareils régaliens) au milieu du XIXe siècle et au début de la IIIe République, l'administration était dorénavant l'objet de débats et de controverses touchant son organisation et son statut internes. Les termes du débat portaient non plus sur l'absorption de l'État administratif par les procédures de la démocratie politique mais sur une réforme administrative qu'il fallait définir d'après les critères de la compétence, de la neutralité et de l'impartialité des agents de la puissance publique.

Magistères de l'État ?

Les incursions de l'État dans l'économie

Prudent, « opportuniste », parfois conservateur, l'État républicain se différenciait cependant du modèle libéral de l'État gendarme fondé sur la théorie du laisser-faire. Certes, les républicains de gouvernement, alliés aux milieux d'affaires [1], reje-

1. Voir Jean Garrigues, *La République des hommes d'affaires*, Aubier, 1997.

taient les formules d'étatisation[1] et les surenchères des socialistes. Mais ils étaient aussi soucieux de la cohésion sociale du pays, de l'assise de la République dans les campagnes, de la grandeur et de la puissance de la nation. Pour toutes ces raisons, ils pratiquèrent une prudente hétérodoxie par rapport au libéralisme économique et acceptèrent un certain élargissement des interventions de la puissance publique.

On le vit par le plan Freycinet dès 1879 qui permit à l'État de financer la construction de 18 000 km de voies ferrées (le total passant à 42 000) et la construction ou la rénovation de 18 000 km de voies navigables. On le vit par l'adoption du protectionnisme douanier[2] qui triomphait avec la loi de janvier 1892 et qui prouvait la capacité de la République à faire face à une crise, notamment agricole. On le vit aussi dans le domaine du logement social où l'État osait de plus en plus intervenir : en 1894 par la loi Siegfried s'amorça l'intervention financière de l'État (prêts consentis par la Caisse des dépôts ou par les Caisses d'épargne, exonérations fiscales, etc.)[3] ; en 1908 la loi sur les sociétés de crédit immobilier, dont le républicain libéral Alexandre Ribot fut le promoteur, facilitait l'accès à la propriété ; en 1912, la loi Bonnevay introduisit le principe du financement direct par les communes des habitations à bon marché.

La politique sociale des républicains et la rupture avec le libéralisme

Tout ceci ne constituait cependant pas un « secteur public » de l'économie. Seul le domaine de la politique sociale permettait d'entrevoir un véritable magistère de l'État, qui commençait à être pensé et coordonné comme tel.

1. En 1878, les républicains avaient signé des nouvelles conventions avec les compagnies de chemins de fer privées, rejetant la vieille idée républicaine de nationalisation.

2. Après des étapes prudentes au cours des années 1880, la loi de 1892 établissait un double tarif, un pour les États avec lesquels la France n'avait pas d'accord, l'autre avec les États partenaires (accords à court terme pouvant être révisés souvent). Voir Gabriel Désert, dans Maurice Agulhon, Gabriel Désert, Robert Specklin, *Histoire de la France rurale*, III, *Apogée et Crise de la civilisation paysanne, 1789-1914*, Seuil, 1976, p. 412.

3. André Gueslin, *L'État, l'Économie et la Société française XIXe-XXe siècle*, Hachette, 1992, p. 99.

Certes, dans un premier temps, les républicains privilégièrent les principes individualistes de la prévoyance et de l'accession à la propriété [1]. L'État se contentait de l'énoncé des règles juridiques et d'une action rationalisatrice (compte tenu de la grande diversité des formes de charité et d'assistance) ou de la possibilité d'un encouragement ; il n'avait en charge ni l'organisation ni la gestion. La construction du citoyen par l'usage de sa libre raison se reflétait dans le parcours social du travailleur qui devait d'abord s'aider lui-même, par l'épargne et la prévoyance individuelle, avant d'espérer les secours de la collectivité.

Selon un héritage qui tenait à la fois du libéralisme des années 1830-1840 et de la politique menée sous le Second Empire, les républicains opportunistes privilégièrent la promotion des sociétés de secours, des caisses de retraite, des mutuelles, des coopératives mais ne voulurent pas y substituer l'État. Même la loi du 21 mars 1884, qui autorisait la formation de syndicats professionnels, était conçue comme un moyen pour inviter les ouvriers à se discipliner eux-mêmes afin de résister à la tentation de la violence et de la grève [2], l'État étant ainsi dispensé d'intervenir de manière directe. Il s'agissait de *constitutionnaliser* les rapports sociaux à l'image de la construction politique du citoyen (garantir sa liberté d'expression, de réunion, d'intervention dans les affaires publiques), mais non d'ériger l'État en partenaire actif.

À partir des années 1890, des évolutions commencèrent à modifier la donne. Contrairement à leurs aînés – soucieux avant tout de résoudre la crise agricole – les républicains radicaux devaient faire face aux transformations de l'industrie en période de retour de la croissance, de mécanisation et de massification (usines plus grandes, machines plus complexes, accidents du travail plus nombreux) et donc définir des réformes sociales

1. La législation républicaine a eu pour souci constant de faciliter l'acquisition d'une propriété individuelle (propriété du logement familial, propriété de l'outil de travail, de l'exploitation agricole, de l'échoppe) par le plus grand nombre, visant par là un idéal de démocratie de petits propriétaires indépendants. Voir Serge Berstein, « La politique sociale des républicains », dans Serge Berstein, Odile Rudelle (dir.), *Le Modèle républicain*, *op. cit.*, p. 200 *sq*.

2. Le syndicat devait être la véritable « école de la classe ouvrière » selon l'expression de François Ewald dans « La politique sociale des opportunistes, 1879-1885 », Serge Berstein, Odile Rudelle (dir.), *ibid.*, p. 185.

plus audacieuses. Critiqués et contestés par une confédération syndicale (la CGT née en 1895) à la fois dynamique et maximaliste (anarcho-syndicalisme), concurrencés au sein même du Parlement par la progression des élus et des idées socialistes, ils devaient aussi répondre à un défi d'ordre politique.

Le premier effort porta sur la rénovation de l'appareil administratif avec la création du Conseil supérieur du travail secondé et informé par un Office du travail (loi du 20 juillet 1891), lui-même complété par la création d'un corps unique d'inspecteurs du travail (1892). Ces derniers constituaient l'avant-garde de la diffusion d'un droit du travail encore balbutiant mais qui tentait de s'imposer aux patrons [1]. Mieux informé par ses propres statistiques et ses propres enquêtes, l'État républicain était ainsi mieux à même de produire une législation sur le temps et les conditions du travail ouvrier et, surtout, d'en vérifier l'application (loi du 2 novembre 1892 fixant la journée maximale de travail à 11 heures pour les femmes et à 10 heures pour les adolescents).

La législation sociale des républicains se révéla plus audacieuse lorsque, en rupture avec la tradition libérale orthodoxe qui rejetait la « charité légale », elle introduisit l'obligation dans le domaine de l'assistance aux indigents : assistance médicale gratuite pour les malades indigents (loi de 1893), assistance pécuniaire pour les vieillards et les infirmes reconnus indigents (loi de 1905). Avec plus d'impact encore, puisqu'elle révisait une tradition ancrée dans le code civil (art. 1382), la conception de la responsabilité en cas d'accident du travail fut modifiée en 1898 (responsabilité pécuniaire de l'employeur et logique assurantielle) [2]. Cette notion moderne d'obligation de l'assurance contre les risques sociaux se trouvait aussi au fondement de la loi de 1910 sur les retraites ouvrières et paysannes. En dépit de cotisations modestes, de prestations faibles et surtout incertaines (après 65 ans et non 60 comme prévu initialement), cette loi consacrait un principe de grande portée. L'accès à une pension de retraite ne relevait plus seulement de l'effet d'une organisation bonne ou mau-

1. Vincent Viet, *Les Voltigeurs de la République. L'Inspection du travail en France jusqu'en 1914*, CNRS, 2 vol., 1994.

2. Voir le livre important de François Ewald, *L'État-Providence*, Grasset, 1986.

vaise de telle ou telle catégorie de travailleurs mais d'un droit universel. La perspective d'une retraite rémunérée ne devait plus être le compte rendu d'une prévoyance individuelle ou catégorielle mais la réalisation d'une solidarité collective.

Se prémunir contre les aléas de la vie en société (maladie, chute dans l'indigence, vieillesse impécunieuse) ne relevait plus de la récompense ou de la sanction des qualités de l'individu mais de l'obligation que la société se reconnaissait envers les individus et les familles[1]. C'était bien une manière de reconnaître que les aléas de la société industrielle (la probabilité d'un accident du travail indépendamment de la qualité et du sérieux de l'ouvrier, la probabilité d'une chute dans la misère indépendamment de la volonté et du sens de la responsabilité des familles, etc.) l'emportaient sur les incertitudes de la moralité individuelle (le mérite, l'épargne, le travail, ou, de l'autre côté, le sens de la charité). L'État républicain déployait une logique nouvelle[2], matrice du futur État-providence ; celle de l'*obligation*, une obligation imposée au nom du bien public, une obligation qui visait aussi bien les individus (domaine de l'assurance contre les risques sociaux), les entreprises (domaine de la législation sur l'hygiène et sur le temps de travail), que l'État lui-même. Celui-ci devenait la forme juridique d'une solidarité nationale (domaine de l'assistance). Les républicains avaient donc bien rompu, sur ce plan, avec la conception du libéralisme classique[3].

Certes, la législation radicalo-républicaine de la Belle Époque était encore loin de construire un véritable *État social*. Dans la vie courante, les ouvriers, les employés et les paysans avaient recours le plus souvent à des caisses sociales privées, à des mutuelles et à des coopératives plutôt qu'à des organismes publics. En 1913, la loi sur les retraites ouvrières et paysannes touchait moins de 50 % des 7 millions de personnes

1. La loi du 14 juillet 1913 prévoyait une allocation pour chaque enfant de moins de 13 ans, versée aux familles de plus de trois enfants dont les ressources étaient considérées insuffisantes.

2. Voir Robert Castel, *Les Métamorphoses de la question sociale. Une chronique du salariat*, Fayard, 1995, chap. VI.

3. Comme le montrent les contre-projets défendus par des députés libéraux au cours des nombreux débats des années 1890-1910. Voir Henri Hatzfeld, *Du paupérisme à la Sécurité sociale 1850-1940. Essai sur les origines de la Sécurité sociale en France*, Presses universitaires de Nancy, 1989, chap. II, p. 33-101.

théoriquement concernées. Pourtant, le retard français ne résidait pas tant dans les principes et la rupture avec le libéralisme du XIXe siècle que dans les moyens mis en œuvre, faiblesse qui reflétait d'ailleurs le rythme lent de l'industrialisation française. Le développement de la législation sociale ne s'était pas accompagné d'une véritable croissance bureaucratique, la délégation au profit de l'échelon départemental[1] et communal ayant été préférée à la centralisation, la coopération avec les œuvres privées (y compris religieuses) ayant primé la gestion directe par l'État[2].

Ces avancées économiques et sociales entre 1880 et 1914 furent donc moins négligeables qu'on ne l'a dit. Sans elles, on ne comprendrait pas la place occupée par l'État et les services publics dans la France du XXe siècle. Sans elles, le régime républicain n'aurait pu construire sa popularité et sa légitimité auprès des groupes sociaux jusque-là tenus à l'écart (paysans, artisans et petits commerçants, ouvriers de la première révolution industrielle). Nouvelles formes de « légitimation du politique[3] », c'est-à-dire de la capacité législatrice de l'État, ces réformes ne furent cependant pas toujours portées au crédit du régime tant elles demeuraient dispersées, mal financées et surtout fortement concurrencées (par les œuvres de l'Église, par la philanthropie privée, par les politiques sociales patronales et par les organisations de la mutualité et de la coopération entre salariés).

La révolution scolaire

Scolarisation et laïcisation

Plus que les insertions de l'État dans l'économie ou les débuts du droit social, la grande transformation voulue et réa-

1. La part des dépenses d'assistance dans le budget de l'Isère était passée de 10 % en 1873 à 17 % en 1895 puis 40 % en 1914. Pierre Barral, *op. cit.*, p. 351.

2. Colette Bec, *Assistance et République. La recherche d'un nouveau contrat social sous la IIIe République*, Éditions de l'Atelier, 1994.

3. Marc Lazar, « La République à l'épreuve du social », dans Marc Sadoun (dir.), *La Démocratie en France*, II, *Limites*, Gallimard, 2000, p. 341. Voir aussi, Pierre Rosanvallon, « Le tournant social-républicain », *L'État en France de 1789 à nos jours*, *op. cit.*, p. 167-183.

lisée par les républicains, pleinement réalisée, concerna le domaine de l'enseignement. En l'espace de quelques années, furent votés le principe de gratuité pour le primaire (juin 1881), base du principe d'obligation pour les enfants de 7 à 13 ans (mars 1882) et, surtout, les principes de laïcité des locaux, du personnel et du contenu de l'enseignement (1882-1886).

Pour les contemporains, cette transformation était bien de nature et de portée sociale. Combattre les inégalités de l'instruction et du savoir, c'était s'attaquer à la première des injustices sociales [1] et, parce qu'elle visait l'éducation des enfants, la réforme devait modifier la société par la base autant que par la promesse de son avenir. Les républicains concevaient ainsi la lutte anticléricale comme le préalable indispensable d'une future émancipation sociale, et non l'inverse, comme le feront les socialistes et les communistes du XXe siècle. De plus, pour le principal maître d'œuvre des réformes, Jules Ferry, l'objectif – puisé dans la lecture de Condorcet – consistait à faire triompher, au sein de la République moderne, le principe de la Cité antique où le droit public de l'éducation des enfants l'emportait sur le droit des parents, trop souvent synonyme, à ses yeux, d'emprise cléricale.

Les résultats de la politique scolaire furent impressionnants à la fois parce qu'ils achevaient le mouvement d'alphabétisation et de scolarisation [2] et parce qu'ils opéraient un transfert de responsabilité entre l'Église et l'État laïcisé. En 1876, à la veille de la révolution scolaire, on comptait 2,6 millions d'élèves dans les écoles primaires laïques (pour l'essentiel publiques) et 2 millions dans les écoles tenues par des congréganistes dont plus des trois quarts étaient des écoles congréganistes *publiques*. La concurrence entre les deux types d'écoles se déroulait ainsi à l'intérieur du système public. En 1901, au contraire, les deux écoles se retrouvaient séparées tant par le caractère laïque que par le caractère public de leurs établissements et de leur personnel.

Dans le transfert ainsi opéré, les écoles congréganistes

1. Antoine Prost, *Histoire de l'enseignement en France, 1800-1967*, Armand Colin, 1968, p. 191-192.

2. En 1900, on ne trouvait plus que 4 % d'enfants qui ne savaient ni lire ni écrire. Jean-Pierre Rioux, « Le socle primaire », dans Jean-Pierre Rioux, Jean-François Sirinelli (dir.), *Histoire culturelle de la France*, IV, *Le Temps des masses*, Seuil, 1998, p. 19-28.

avaient beaucoup perdu. Exclues de l'enseignement public, elles avaient laissé s'échapper 1,3 million d'élèves ; réorganisées sur une base privée, elles n'en avaient regagné que 700 000. Au cours de la deuxième offensive, sous les gouvernements de Défense républicaine et du Bloc des gauches (1899-1904), le transfert se déroula, cette fois, de l'école privée de type congréganiste, qui subissait de plein fouet la dissolution des congrégations, vers l'école privée « laïque » (souvent dirigée, en fait, par d'anciens congréganistes). Au cours de ce transfert, l'enseignement primaire confessionnel passa de 1,2 million à 900 000 élèves. La phase ferryste avait ainsi fait perdre à l'enseignement confessionnel un tiers de ses effectifs ; la phase combiste obtenait à peu près le même résultat. Pour continuer le combat contre l'école confessionnelle dorénavant réfugiée dans le statut de l'école privée, le parti radical réclama dès 1903 l'instauration du monopole de l'école publique. La lutte était loin d'être terminée.

Ainsi, par le principe de gratuité, par le programme de construction des écoles et la mise en place d'un personnel enseignant professionnel tant masculin que féminin [1], par le développement des moyens matériels accordés aux écoles publiques (les bibliothèques par exemple grâce à l'aide de la Ligue de l'enseignement) et finalement l'interdiction des congrégations enseignantes, les républicains s'étaient donné les moyens, non d'instaurer une concurrence « libérale » entre les deux écoles, mais de faire triompher l'enseignement laïque, le « premier des services publics », selon Jules Ferry [2], et d'abaisser voire de faire dépérir l'ancien magistère de l'Église.

Pour les Français, l'importance de cette transformation se traduisit dans les faits du quotidien. En 1883, tout village qui comptait plus de 20 enfants en âge d'être scolarisés était dans l'obligation d'ouvrir une école primaire publique et en

1. La loi du 9 août 1879 avait créé les Écoles normales de filles pour concurrencer les congrégations féminines qui scolarisaient encore la majorité des filles. En dépit des différences de contenu et de débouchés entre l'enseignement pour les garçons et l'enseignement pour les filles, le système républicain de construction d'une citoyenneté scolaire ne reproduisait pas le schéma de la citoyenneté politique caractérisé par la division entre les sexes.

2. Discours au Sénat, le 10 juin 1881, cité par Antoine Prost, *op. cit.*, p. 194.

1885 de larges subsides furent votés pour la construction des nouveaux locaux. Le ministère de l'Instruction publique fit passer son budget de 27 millions de francs à la fin du Second Empire à plus de 200 au tournant des deux siècles [1]. Au total, 17 320 écoles furent construites, 5 428 agrandies et 8 381 réparées [2]. Dans ces locaux, de nouvelles pratiques sociales se développaient et s'enseignaient : les horaires, la discipline, l'obligation et la langue unique du français. Une culture patriotique, une histoire laïque édifiante et une identité nationale s'y diffusaient, plus d'ailleurs par des accommodements successifs avec les identités locales que par une lutte frontale [3].

Avec les instituteurs et les institutrices, une profession type de la nouvelle vie sociale apparaissait ; pourvoyeurs des certificats d'études primaires qui permettaient d'accéder aux emplois subalternes de la fonction publique, très souvent secrétaires de mairie [4], ils incarnaient l'État républicain installé au cœur de la vie des Français. Ils rendaient concret l'idéal de promotion sociale dans un pays où la fonction publique représentait, bien plus que les carrières du commerce et de l'industrie, une forme d'ascension très attractive même si elle était réduite en nombre. À l'École normale de Saint-Lô, 53 % des élèves étaient des fils de paysans dès 1880-1884. Un peu plus tard, à la Belle Époque, dans le département du Nord, pour une population active composée à 62 % d'ouvriers, on comptait un fils d'ouvrier sur quatre instituteurs [5]. Dans les régions rurales pauvres notamment, l'obtention d'un diplôme ou d'un concours de l'État avait remplacé l'achat de terres ou l'acquisition d'une propriété comme garant d'un sentiment d'indépendance et de dignité sociale.

1. Depuis 1889, le paiement des instituteurs était à la charge de l'État.

2. Eugen Weber, *La Fin des terroirs. La modernisation de la France rurale (1870-1914)*, Fayard, 1983 (édition américaine de 1976), p. 446.

3. Voir Jean-François Chanet, *L'École républicaine et les Petites Patries*, Aubier, 1996.

4. Vers 1900, en Meurthe-et-Moselle, il y a 507 instituteurs secrétaires de mairie sur 596 communes. S. Bonnet, *Sociologie politique et religieuse de la Lorraine*, Armand Colin, « Cahiers de la Fondation nationale des sciences politiques », 1972, p. 70.

5. Christophe Charle, *op. cit.*, p. 202.

Guerre scolaire

Par son ampleur et la radicalité de son intention, la transformation scolaire déclencha une guérilla socio-culturelle très intense, même si elle fut variable selon les régions. L'enseignement laïque bénéficiait de la puissance de l'État, mais l'enseignement catholique avait pu se réorganiser sur des bases privées. Dans un département comme celui de la Mayenne, où la tradition royaliste et catholique était restée vivace, le nombre d'écoles privées passa de 57 en 1884 à 255 en 1914 [1] permettant aux catholiques d'établir avec succès un réseau d'écoles qui, n'ayant plus la force et la légitimité du caractère public, puisait sa vitalité dans sa nature de contre-système scolaire.

Constamment attisée, la guerre scolaire et plus généralement la question des rapports entre la politique et l'Église, restèrent pendant plus de deux décennies, jusqu'à la crise des Inventaires (janvier-mars 1906), la grande controverse politique. C'est elle qui, dans bien des départements, constitua la principale discrimination de l'époque entre « parti républicain » et « parti clérical », entre la gauche et la droite [2]. C'est elle, qui, en conséquence, détermina l'échec partiel du Ralliement des catholiques à la République entre les années 1890 et le déclenchement de la guerre de 1914. C'est elle qui, bien plus que les clivages purement politiques (la nature du régime et des institutions) ou que les clivages d'ordre socio-économique (la question sociale), déterminait le sort des luttes électorales. Le nœud de la controverse concernait deux systèmes philosophiques, deux morales antithétiques pour les enfants des écoles [3] : une morale laïque conçue comme la découverte méthodique et rationnelle par l'enfant de la loi naturelle face à une morale fondée sur la religion révélée, inscrite dans la tradition et présentée à l'enfant sous la forme d'impératifs moraux [4].

1. Michel Denis, *Les Royalistes de la Mayenne et le Monde moderne (XIXe-XXe siècle)*, Klincksieck, 1977, p. 460 *sq.*

2. Exemple très parlant dans le Vaucluse traité par Claude Mesliand, « Gauche et droite dans les campagnes provençales sous la IIIe République », *Études rurales*, n° 63-64, juillet-décembre 1976, p. 207-234.

3. La loi du 28 mars 1882 remplaçait l'instruction morale et religieuse inscrite dans la loi Guizot de 1833 par une instruction civique et morale.

4. Comme le disait Jules Ferry en 1880, les efforts de l'instituteur devaient consister « non plus à dicter comme un arrêt la règle à l'enfant, mais à la

Au total, de toutes les transformations qui marquèrent le rôle et la place de l'État entre 1880 et 1914, la mutation scolaire fut l'aspect le moins « opportuniste » de la politique des républicains. À côté des multiples compromis que l'on a soulignés dans les domaines de la législation économique et sociale, elle représentait le noyau de leur volontarisme politique. Dans d'autres pays, comme la Grande-Bretagne ou les États-Unis, le régime politique moderne avait ménagé la tradition religieuse ou s'était même appuyé sur elle pour unifier la nation, sans prendre le risque de l'exclusion. La France de 1880 héritait, elle, d'une déchristianisation plus ancienne et plus avancée ; le nouveau régime conquis par les républicains faisait face à une Église, unique ou presque, au magistère social autrefois sans rival et rêvant de le reconstituer. C'est pourquoi la IIIe République fut, de tous les États modernes de la seconde moitié du XIXe siècle, celui qui poussa le plus loin le principe de construction par l'État d'une nation culturellement unie [1], unie par et pour la politique, en lieu et place de la religion.

Entre 1880 et 1914, l'État républicain a donc bien, au moins en partie, transformé les conditions pratiques de la vie des Français. Il l'a fait par petites touches dans le domaine de l'économie, de manière tardive et cependant significative dans le domaine social (travail et protection) mais de manière massive, précoce et décisive dans le domaine scolaire. Dans ce dernier cas, il avait offert à la France le plus grand bouleversement social et culturel qu'elle ait connu depuis la Révolution française.

---

lui faire trouver ». Discours au congrès pédagogique du 8 avril 1880 cité par Yves Déloye, *École et Citoyenneté. L'individualisme républicain de Jules Ferry à Vichy : controverses*, Presses de la Fondation nationale des sciences politiques, 1994, p. 48.

1. Sur la question de la définition de l'État-nation moderne comme unificateur de la culture, voir le remarquable essai d'Ernest Gellner, *Nations et Nationalisme*, Payot, 1989 (édition anglaise de 1983).

CHAPITRE 12

Le système politique : représentation et déliberation

par Nicolas Roussellier

Les républicains n'ayant pas vraiment bouleversé les structures administratives de l'État, ils s'attaquèrent avec plus d'audace aux modes de légitimation politique, c'est-à-dire aux formes de désignation et de dévolution du pouvoir. Avant 1875, les régimes qui s'étaient succédé – à l'exception de l'éphémère Seconde République – avaient privilégié les désignations fondées sur l'hérédité ou l'autorité et non sur l'élection par les citoyens. Chef de l'État, ministres et pouvoir exécutif n'étaient pas désignés par le peuple : considérés comme les représentants de la nation à titre moral, ils incarnaient « l'intérêt général », forme laïcisée de l'ancienne légitimité attachée à la monarchie de droit divin. Les assemblées représentatives élues devaient se contenter d'un rôle consultatif ou subordonné.

La IIIe République marqua en ce sens un profond remembrement. Des pans entiers de l'État passèrent entre les mains de représentants élus (les administrations locales et la confection des lois nationales) ou, du moins, sous leur contrôle étroit et jaloux (le budget de l'État par exemple). Pour la première fois, d'une manière aussi nette, les élus du peuple devenaient des décideurs et non plus les simples porteurs des doléances civiles ; ils devenaient partie prenante du fonctionnement de l'État et de son administration. Pour la première fois, comme le disait Gambetta, la politique pouvait être déduite du suffrage universel.

L'avènement de cette première forme stable d'institutions démocratiques ne prit cependant pas la forme souhaitée par tous les républicains. Par conviction et par réalisme, les républicains « opportunistes » adoptèrent la technique du régime représentatif associée à celle du parlementarisme délibératif. La démocratie s'était ainsi circonscrite au mode de dévolution électorale, tandis que les délibérations en assemblée étaient maintenues et confortées comme technique gouvernementale. Cette alliance se retrouvait à toutes les échelles de la France politique, au sein de la commune, dans l'arrondissement et le département et, bien sûr, au cœur même de l'État. Les conseils locaux (municipaux, d'arrondissements et conseils généraux) comme le Parlement national (Chambre des députés et Sénat) élaboraient effectivement les décisions de l'État, mais celles-ci étaient affinées, précisées puis appliquées par l'administration. Les préfets, les juges, les ministres placés à la tête des administrations centrales, le président de la République, n'étaient toujours pas des élus du peuple. La IIIe République prolongeait ainsi, même si elle la déplaçait, la mixité de la France politique issue du Consulat et de l'Empire entre administrateurs de l'État et représentants du peuple, entre ce que la tradition juridique appelait pouvoir exécutif et pouvoir législatif.

Les compromis fondateurs eurent cependant pour conséquence le maintien ou le retour périodique des contestations. L'aspiration à des formes directes de démocratie, qui occupait une place importante dans la tradition de l'ancien « parti » républicain, n'avait pas disparu du jour au lendemain ; elle demeura très vivante tout au long des années 1870 et 1880, notamment au sein du courant républicain radical, rival des républicains de gouvernement. De même, l'aspiration à une forme d'autorité du gouvernement ou du chef de l'État face au Parlement, notamment en période de tension internationale, demeurait présente et populaire. L'épisode du boulangisme (1886-1889) en donna la preuve. Enfin, à partir de la seconde moitié des années 1890, la forme parlementaire de la République commença à susciter des critiques de plus en plus nourries, venues aussi bien des courants nouveaux (nationalistes et socialistes) que de partis installés au cœur du régime (modérés et libéraux).

À la veille de la guerre, que cela soit autour de la question du mode de scrutin (la représentation proportionnelle), de l'introduction de nouvelles formes de consultation (le référendum) ou de la modification des rapports de pouvoir (le renforcement du président de la République), le débat constitutionnel, sans être encore synonyme de crise, offrait le visage d'un chantier à ciel ouvert.

La révolution des pouvoirs locaux

Le recul de l'État administratif

La première des révolutions républicaines consista à faire reculer ces « masses de granit » que l'État administratif maintenait par sa base sur tout le territoire national. Mais il fallut près de quinze années, entre le vote de la loi du 10 août 1871 sur les conseils généraux et celle du 5 avril 1884 sur les maires et les municipalités, pour définir un nouvel équilibre. Fruits de compromis nécessaires, les réformes n'instauraient pas un régime de *self government* à l'anglaise et ne détruisaient pas, dans ses grandes lignes, le schéma d'une administration centralisée et territorialisée auquel restait attachée la majorité des hommes politiques. Elles permirent cependant d'appliquer certains projets favorables à la décentralisation qui avaient traversé le XIXe siècle, sous la monarchie de Juillet et sous le Second Empire notamment. Elles rejetaient dans le passé des régimes censitaires le spectre d'une France politique habitée par un « peuple d'administrés » (Royer-Collard), où l'exercice de la politique demeurait « l'amusement de la classe éclairée » (Prévost-Paradol), sans base et sans profondeur au sein de la société civile. À partir de l'application de ces réformes, ce portrait d'une France politique prisonnière d'une administration « napoléonienne », limitant la compétition démocratique à un jeu politique sans effectivité sociale, devenait en bonne partie obsolète.

Suivant les aspirations depuis longtemps formulées par les libéraux et par certains monarchistes, la première des réformes, celle des conseils généraux, en août 1871, fut votée par une majorité de conservateurs qui plaçaient leur confiance dans le dynamisme des autorités sociales et des notables locaux[1], rêvant encore de former une *classe gouvernante*, relais ou rivale des fonctionnaires de l'État. La loi créait ainsi une commission de 4 à 7 membres choisis parmi les conseillers géné-

1. Voir Daniel Halévy, *La Fin des notables*, Grasset, 1930, édition « Livre de poche », p. 50.

raux et qui assurait la permanence de la représentation départementale face au pouvoir administratif du préfet.

Une décennie plus tard, le nouveau modèle d'administration municipale fut, cette fois, l'œuvre des républicains tout en s'inspirant, elle aussi, du principe de l'émancipation des institutions locales. La loi du 4 mars 1882 consacrait le principe de l'élection du maire dans toutes les catégories de commune (Paris exceptée). La loi du 5 avril 1884 confirmait les importants pouvoirs du maire faisant de celui-ci une véritable figure de compromis entre l'avancée du principe démocratique (un agent de l'État *élu*) et le maintien de l'État administratif (le maire agit sous l'œil protecteur et vigilant du préfet). Dans les départements, comme dans les communes, c'était bien un système de cogestion et de surveillance partagée entre les élus locaux et les agents de l'État qui avait été finalement choisi. Il se révéla remarquablement durable jusqu'aux nouvelles réformes de décentralisation du début des années 1980.

Les feux de la politisation

Les conseils municipaux et généraux ne furent pas seulement l'enjeu d'un remembrement de l'État au bénéfice des élus. Ils furent aussi et surtout les foyers actifs de la politisation des Français. Mieux que les notables conservateurs, les républicains surent profiter de ces nouveaux espaces de politisation qui leur étaient ainsi ouverts. Et ils le firent très vite. Dès les premières élections cantonales du 8 octobre 1871, les deux tiers des 2 860 conseillers généraux étaient de tendance républicaine (le plus souvent modérée) [1]. Après les municipales de 1881, 20 000 des 36 000 communes pouvaient d'ores et déjà être considérées comme républicaines [2]. Symbole national de cette révolution, 13 000 maires se rendirent au grand banquet offert par la République lors de l'Exposition universelle de 1889. Il en vint 22 000 pour l'Exposition de 1900.

Cette conquête républicaine n'assurait pas seulement pour

1. Gabriel Hanotaux, *Histoire de la France contemporaine (1871-1900)*, I, *Le Gouvernement de M. Thiers*, Combet & Cie, 1903.

2. Jocelyne George, *Histoire des maires de 1789 à 1939*, Plon, 1989, p. 193.

plusieurs décennies le fonctionnement de la démocratie locale, elle conditionnait l'ensemble de la pyramide politique. Par le mode de scrutin indirect qui faisait bonne place aux délégués des municipalités, elle assurait le succès des républicains aux élections sénatoriales. Par le réseau des élus locaux qu'elle offrait aux candidats républicains pour les législatives, elle compensait l'absence de partis politiques organisés.

Une fois conquises, les assemblées départementales et municipales devenaient le foyer d'une politisation de la vie locale. Un conseil municipal, un maire ou un conseil général pouvait jouer un rôle essentiel en matière de révolution scolaire et de diffusion de la laïcité ou, dans le sens contraire, de résistance à la politique anticléricale [1]. Dans le bourg de Compreignac (2 256 habitants en 1875), en Haute-Vienne, le conseil municipal décida en 1892 la construction d'un nouveau bâtiment regroupant la mairie (au centre) et l'école (une aile pour les garçons, l'autre pour les filles). Acte de première importance pour une telle commune, puisque la dépense entraînait des remboursements sur une période de trente années, la mesure fut aussi un acte politique qui déchaîna un conflit avec le châtelain local, propriétaire du terrain visé par la construction, obligeant la municipalité à mener une procédure d'expropriation [2].

À des degrés de conflictualité divers d'une région à l'autre, cet exemple se reproduisit plusieurs milliers de fois au cours des trois dernières décennies du XIXe siècle. Maires et conseils municipaux républicains prenaient l'initiative de faire enlever les crucifix des salles de classe, d'interdire des processions religieuses sur la voie publique [3], de faire déplacer des croix pour cause de circulation [4], d'interdire au curé de la paroisse

1. Cas de l'Ille-et-Vilaine contre la politique du ministère Combes. Thiphaine Le Yoncourt, *Le Préfet et ses notables en Ille-et-Vilaine au XIXe siècle (1814-1914)*, LGDJ, 2001, p. 466 *sq.*

2. Pierre Vallin, *Paysans rouges du Limousin. Mentalités et comportement politique à Compreignac dans le nord de la Haute-Vienne (1870-1914)*, L'Harmattan, 1985.

3. Le maire de La Mure avait pu en 1895 faire condamner 11 pèlerins qui, revenant de La Salette, avaient traversé la ville en chantant « Halte-là, les cléricaux sont là ». Voir Pierre Barral, *Le Département de l'Isère sous la IIIe République, 1870-1940. Histoire sociale et politique*, Armand Colin, « Cahiers de la Fondation nationale des sciences politiques », 1962, p. 464.

4. Gérard Cholvy, Yves-Marie Hilaire (dir.), *Histoire religieuse de la France contemporaine*, II, *1880-1930*, Toulouse, Privat, 1986, p. 30.

de porter la soutane hors de son église. Ils pouvaient décider de donner un éclat tout particulier aux fêtes civiles, de voter l'achat de bustes de Marianne placés dans la salle de la mairie et à l'école, d'engager des dépenses pour élever une statuaire laïque et républicaine. Ainsi, selon la formule de Maurice Agulhon, le « civisme de la commune » avait souvent devancé et préparé le « civisme de la République »[1].

Les conseils généraux eux-mêmes devinrent des organes de délibération de nature politique. Passant outre la loi de 1871 qui leur interdisait toute discussion de politique nationale, ils avaient pris l'habitude d'émettre des « vœux » qui alimentaient la chronique politique au moment des vacances du Parlement. Ainsi, à Pâques 1905, un tiers des conseils avaient émis un vœu à propos de la séparation des Églises et de l'État (17 en faveur et 13 contre)[2], tous relayés par la presse locale et nationale.

Quand les querelles scolaires et laïques commencèrent à s'épuiser en tant que vecteur de la politisation, les nouveaux enjeux liés aux questions industrielles et sociales prirent le relais. Là encore les pouvoirs locaux devançaient souvent le Parlement. Ils furent les premiers à développer l'image d'une République édilitaire efficace. Dans le département de l'Isère, les élus de gauche n'hésitèrent pas à augmenter les impôts locaux et à contracter des emprunts pour financer des travaux publics soit d'échelle départementale (routes, chemins de fer du réseau dit secondaire, canaux), soit d'échelle communale (adductions d'eau et d'électricité, travaux d'hygiène). Le budget départemental était passé de 2,8 millions de francs en 1873 à 4,7 en 1895 pour atteindre 7,5 millions en 1914. De tels mérites, autrefois attribués aux intendants du roi (dont les préfets étaient les héritiers), rejaillissaient ainsi sur la République tout entière.

L'échelle municipale offrit aux socialistes leurs premiers succès et leurs premières responsabilités. Leurs initiatives ouvraient de nouvelles perspectives et de nouveaux champs d'action aux conseils municipaux. À Ivry, le maire de tendance guesdiste Ferdinand Roussel put, entre 1896 et 1908, organiser

1. Maurice Agulhon, Gabriel Désert, Robert Specklin, *Apogée et Crise de la civilisation paysanne, 1789-1914*, *op. cit.*, p. 504.
2. Charles Seignobos, *op. cit.*, p. 244.

des soupes populaires, créer des cantines scolaires gratuites, installer des crèches, un dispensaire médical gratuit et un bureau de placement [1]. Gratuité des fournitures scolaires, cantine à prix réduits mais aussi soutien logistique apporté aux ouvriers en grève ou aux coopératives étaient aussi pratiqués dans les municipalités socialistes du Cher. Certains emplois municipaux (concierge de l'hôtel de ville) permettaient de rémunérer les premiers cadres militants [2].

De fait, à partir du tournant du siècle, la progression de la législation sociale renforçait les responsabilités mais aussi les charges administratives des maires [3]. La fonction exigeait des connaissances sans lesquelles les maires risquaient de tomber dans la dépendance des services techniques de la préfecture. Dans de nombreux cas cependant, les maires et les notables municipaux pouvaient forcer le préfet à adopter une attitude de conciliation et de compromis : la légitimité acquise par trois décennies de suffrage universel depuis les lois de 1882 et 1884 pesait aussi lourd que la tradition administrative du commandement.

Le tiers état des élus républicains

La conséquence la plus spectaculaire de la révolution des pouvoirs locaux fut le renouvellement des élus du point de vue de leur origine et de leur situation sociale. Certes, dans les départements conservateurs, les notables traditionnels, propriétaires et rentiers, se maintenaient dans leur mairie rurale ou dans leur canton d'influence (1/7e des maires bretons étaient encore des nobles à la Belle Époque). Mais, là où le soutien idéologique de leurs électeurs n'allait plus de soi ou lorsque la force de la tradition familiale et patrimoniale était remise en cause, ils devaient invoquer la seule défense des intérêts locaux, faire valoir leur qualité d'intercesseur

1. Jocelyne George, *op. cit.*, p. 217.

2. Michel Pigenet, *Les Ouvriers du Cher (fin* XVIII*e siècle-1914). Travail, espace et conscience sociale*, Institut CGT d'histoire sociale, 1990, p. 361.

3. Barnett Singer, *Village Notables in nineteenth-century France. Priests, Mayors, Schoolmasters*, Albany, State University of New York Press, 1983, p. 63.

auprès des autorités publiques et déployer une sorte d'apolitisme conservateur[1].

Partout ailleurs, dans les pays républicains notamment, les classes moyennes et une partie des classes populaires firent leur entrée sur la scène de la société politique française à la faveur des conquêtes républicaine, radicale et socialiste. Autant la députation demeurait d'un accès difficile voire impossible pour un agriculteur[2], un ouvrier, un artisan ou un employé, autant la vie politique locale offrait des perspectives de plus en plus ouvertes. Dans les petites communes rurales, s'achevait ainsi une évolution amorcée dès la monarchie de Juillet. En Haute-Vienne, les « cultivateurs » représentaient en 1880 37 % des conseillers municipaux des communes rurales (leur part s'élevait déjà à 27 % en 1837)[3]. Pour la France entière, en 1882, on peut estimer que 70 % des communes de moins de 500 habitants avaient pour maire un exploitant agricole[4]. Pour la tranche des communes comprises entre 500 et 1 000 habitants (il peut s'agir de petits bourgs), la proportion était de 44 % en 1913[5].

Moins achevée mais déjà perceptible fut l'émergence des élus ouvriers en milieu urbain. On l'entrevoit au sein des conseils généraux. Ainsi, dans l'Allier, l'assemblée départementale ne comptait en 1879 aucun représentant des catégories populaires (sur 25 membres, le conseiller le plus bas sur l'échelle sociale était un huissier), mais, en 1901, sur cinq nouveaux élus, on comptait deux médecins, un agriculteur, un pharmacien (radical) et un ouvrier charpentier (socialiste)[6]. La promotion sociale, lente et fragile (elle reposait sur la progres-

1. Frédéric Chalaron, *Aspects du bonapartisme : l'exemple du Puy-de-Dôme de 1871 au début du XXe siècle (1902)*, thèse de troisième cycle, sous la direction de Jean-Jacques Becker, Université de Clermont-Ferrand, 1984, p. 375.

2. De même, un agriculteur-exploitant avait bien du mal à se porter candidat au conseil général car celui-ci se réunissait en session deux fois dans l'année, au moment des travaux agricoles (15 jours à Pâques, 15 jours en août).

3. Alain Corbin, *Archaïsme et Modernité en Limousin au XIXe siècle, 1845-1880*, Presses universitaires de Limoges, 1998, p. 975.

4. Jocelyne George, *op. cit.*, p. 194, reprenant les évaluations fournies par une enquête du CNRS menée sous la direction de Maurice Agulhon.

5. Christophe Charle, *op. cit.*, p. 156.

6. Georges Rougeron, *Les Administrations départementales de l'Allier. Le Conseil général (1871-1940)*, Montluçon, 1960, p. 64.

sion des socialistes et le bénéfice de la discipline républicaine avec les radicaux) avait fini par transformer le paysage de l'élite politique locale.

La promotion ouvrière était plus nette dans le cas des municipalités. Dans le canton de Lens, là où la moitié des électeurs travaillaient dans les mines, deux conseillers municipaux sur cinq étaient des ouvriers mineurs en 1911 [1]. En 1900, dans le Cher où l'on comptait 14 municipalités socialistes dont celle de Bourges, 40 % des 249 conseillers municipaux étaient ouvriers. En 1908, sur 113 conseillers municipaux membres de la SFIO, la moitié étaient ouvriers et un tiers agriculteurs [2]. La conquête des mairies dans des villes ouvrières marquait une véritable rupture historique et sociale comme à Montluçon en 1892 avec l'élection de Jean Dormoy, à Carmaux avec celle de Calvignac ou à Vierzon en 1900 avec celle d'Émile Peraudin, ancien ouvrier porcelainier. Elles manifestaient, au moins le temps d'une victoire électorale, la réalité du gouvernement du peuple par le peuple. Ces promotions n'empêchaient pas les maires socialistes de s'inscrire à leur tour dans les règles légales et traditionnelles liées aux fonctions qu'ils occupaient. Émile Basly, maire de Lens entre 1900 et 1928, ancien mineur et chef syndicaliste, soutenu par une base électorale ouvrière, joua un rôle de médiateur entre « sa » population, les autorités publiques et les compagnies minières ou industrielles [3]. Il était à son tour devenu un « notable », mais dans un cadre social profondément bouleversé.

Ainsi, avant les effets de la nationalisation de la vie politique qui intervint surtout après la Première Guerre mondiale, la France politique se vivait d'abord et principalement par les échelles locales de l'élection et de la participation aux affaires publiques. La gestion de ces dernières était dorénavant partagée entre l'administration, contenue dans sa sphère, évoluant des pratiques de commandement autoritaire vers des formes de délibération, et des cadres élus, à la fois représentants des doléances locales et administrateurs (les maires). Achevant un mouvement déjà ancien de démocratisation du personnel politique des conseils municipaux et des mairies, la période 1880-

1. Jocelyne George, *op. cit.*, p. 219.
2. Michel Pigenet, *op. cit.*, p. 359.
3. Jocelyne George, *op. cit.*, p. 220-221.

1914 voyait aussi les conseils généraux renouveler leur personnel en direction des classes moyennes et de la fraction supérieure des paysans et des ouvriers. Démocratie de proximité par la nature même des élections et par la similitude sociale qui rapprochait dorénavant une large partie des électeurs de leurs élus, cette République « agrarienne » (M. Agulhon) [1] et édilitaire, conditionna largement le succès de la République et des républicains au sommet des pouvoirs publics.

La République du gouvernement parlementaire

Les assises organiques et coutumières

De leur avènement au pouvoir jusqu'à la Première Guerre mondiale, les républicains gouvernèrent la France dans le cadre du parlementarisme libéral. Il y avait là une sorte de paradoxe car ce parlementarisme était loin de faire l'unanimité au sein du « parti » républicain, pas plus qu'il ne le faisait auprès des différentes fractions du « parti » monarchiste. La « Constitution » de 1875 [2] n'avait eu d'ailleurs ni pères fondateurs ni parti inspirateur. Elle n'était qu'un assemblage de lois votées après que l'Assemblée nationale eut rejeté la « dictature de la persuasion » exercée par Thiers et la solution de l'Ordre moral imposée par le gouvernement de Broglie.

En dépit de l'attente contradictoire des protagonistes, certains espérant une restauration monarchique, d'autres le retour de l'Empire, d'autres encore une révision dans un sens franchement républicain, la Constitution présentait un modèle relativement homogène. Elle était le résultat de la *constitutionnalisation* des quatre années de fonctionnement de l'Assemblée nationale entre 1871 et 1875 et consacrait ainsi une situation déjà largement inscrite dans les faits. De là aussi venait sa force.

1. Maurice Agulhon, Gabriel Désert, Robert Specklin, *op. cit.*, p. 504.
2. La « Constitution » comprenait en fait les trois lois constitutionnelles du 24 février (relative à l'organisation du Sénat), du 25 février (relative à l'organisation des pouvoirs publics) et celle du 16 juillet (sur les rapports des pouvoirs publics).

Écrite par les membres d'une assemblée, votée sous forme de lois successives, la Constitution donnait au Parlement une place centrale et finalement prépondérante parmi les organes de la décision publique. Le rôle du Parlement concernait à la fois la confection des lois et le contrôle politique exercé sur les ministres. À une époque où les textes de loi, encore peu nombreux, souvent précis et détaillés, laissaient peu de marge au pouvoir réglementaire (décrets et règlements d'administration publique), il était bien le lieu dans lequel s'élaboraient les principales décisions de l'État. Parce que les ministres étaient collectivement responsables devant lui, le Parlement était aussi le véritable lieu du contrôle permanent de l'action du pouvoir exécutif. Au sens que les contemporains donnaient à ce mot, le gouvernement était ainsi constitué des deux assemblées parlementaires et du conseil des ministres, lui-même de nature collégiale et composé presque en totalité de parlementaires.

À la prépondérance du Parlement correspondait la subordination du pouvoir exécutif. Au sens constitutionnel et juridique, les ministres et le président de la République ne formaient pas le « gouvernement » mais un simple organe d'exécution, obligé de demander le concours des Chambres pour pouvoir jouer un rôle effectif. Le président de la République demeurait dépendant de la contresignature obligatoire d'un ministre pour chacun de ses actes (le contreseing). Le président du Conseil, porte-parole des ministres plus que véritable chef, n'était pas même mentionné dans les lois constitutionnelles. En termes de droit positif, son existence était donc très fragile. De même, en termes de légitimité, le président de la République, élu par les seuls parlementaires, parlementaire lui-même, n'avait, en droit, rien à opposer à la « Représentation nationale », c'est-à-dire au Parlement.

La prépondérance accordée au législatif sur l'exécutif n'était cependant pas synonyme d'omnipotence. Le Parlement, en effet, était divisé entre deux assemblées selon le principe du bicamérisme. En raison des fréquents désaccords qui opposaient la Chambre et le Sénat et qui imposaient de longues délibérations et de difficiles transactions [1], le Parlement n'était

1. La coutume avait eu tendance à pérenniser et à renforcer les droits du Sénat dans l'examen des lois de finances et dans le droit indirect de renverser le ministère. Voir François Goguel, *Le Rôle financier du Sénat français.*

qu'exceptionnellement un organe uni et donc dominant dans l'État. Ce « jeu » qui s'instaurait pratiquement en permanence entre la Chambre et le Sénat, la majorité politique de l'une n'étant jamais la même que celle de l'autre, offrait une marge de manœuvre importante au président du Conseil, aux différents ministres et même au président de la République (lors du choix d'un nouveau président du Conseil). En ce sens, le régime parlementaire français entre 1880 et 1914 n'était ni un retour au régime de la Convention ni un régime d'assemblée.

Les caractères d'un tel régime parlementaire n'étaient cependant pas inscrits dans les seules lois constitutionnelles ; ils furent aussi confirmés et même accentués par l'évolution coutumière du régime. Entre 1875 et 1885, cette coutume parlementaire eut à surmonter deux épreuves successives, l'une qui posa la question d'un pouvoir exécutif fort au travers du président de la République, l'autre qui tenta d'acclimater en France le gouvernement de cabinet caractérisé par le rôle dirigeant du président du Conseil et l'existence d'une majorité parlementaire disciplinée.

La première hypothèque, incarnée par Mac-Mahon, fut rapidement levée, entre 1875 et 1877. Héritée d'une conception monarchique du pouvoir exécutif qui considérait le président de la République comme le représentant « moral » de la nation, aussi légitime et aussi puissant que le Parlement, la thèse défendue par le maréchal lors des élections législatives d'octobre 1877, se trouva défaite par la victoire électorale des républicains. La dissolution de la Chambre (le 22 juin), décidée à la suite du 16 mai (démission forcée du cabinet républicain), aboutit en fait à confirmer la majorité républicaine de la Chambre. Mac-Mahon dut assumer son échec par sa soumission politique puis, finalement, par sa démission en janvier 1879. Une telle déconvenue prouvait que, dans un pays qui depuis 1848 faisait l'apprentissage continu du suffrage universel, l'unique source de légitimité résidait dans le seul organe élu par les Français : le Parlement. Du coup, pour les républicains, la seule manière d'affirmer que le pouvoir appartenait au

Essai d'histoire parlementaire, Recueil Sirey, 1937, et Léon Duguit, « Le Sénat et la responsabilité politique du ministère », *Revue du droit public*, vol. 1, 1896, p. 426-433. Avant 1914, on ne compte qu'un seul cas de crise ministérielle provoquée par le Sénat (le gouvernement Bourgeois en 1896).

peuple dans le cadre des lois constitutionnelles votées en 1875, c'était d'affirmer qu'il appartenait aux Chambres.

Par sa tentative de restauration d'un pouvoir exécutif fort, Mac-Mahon avait d'ailleurs plus marché dans les pas de Napoléon III (l'Appel au peuple) que derrière le drapeau du comte de Chambord. Il avait renforcé à ses dépens la coutume républicaine du rejet du pouvoir personnel. Il avait discrédité l'arme de la dissolution qui ne fut plus jamais utilisée par la suite. Après lui, les présidents de la République, pour conserver une certaine magistrature d'influence, ne pouvaient plus compter que sur leurs qualités personnelles et sur le succès de leurs manœuvres en coulisses [1]. C'était ainsi l'inversion de l'ordre monarchique ; au lieu de demander aide et conseil à une assemblée exprimant les remontrances de la nation, le chef de l'État apportait ses conseils aux représentants de la nation souveraine (les ministres issus du Parlement). L'autorité du chef de l'État était d'ailleurs étroitement surveillée jusque dans le moindre détail du protocole ; quand Félix Faure voulut accueillir le tsar Nicolas II dans un « habit de satin bleu roi orné sur la poitrine et sur toutes les coutures de broderies d'or », le conseil des ministres s'y opposa et l'obligea à revêtir un frac noir [2], comme s'il devait porter le deuil de toute réminiscence monarchique. Le seul faste que développait le régime était de nature anonyme et collective (lors des expositions universelles ou des grandes manœuvres militaires) ; il devait rejaillir sur le régime et non sur une personnalité.

La deuxième hypothèque de nature constitutionnelle, moins spectaculaire, plus complexe mais peut-être plus déterminante pour l'évolution du régime, fut liée à l'échec de Gambetta. Le chef républicain était lui-même un partisan du régime parlementaire à l'anglaise [3] et un puissant organisateur de parti. Il espérait devenir le chef du gouvernement et le leader d'une majorité parlementaire disciplinée pouvant gouverner dans la durée en s'appuyant sur le rôle prépondérant du Cabinet c'est-

1. G. Wright, *Raymond Poincaré and the French Presidency*, Stanford University Press, 1942, ch. I « The Office ».

2. Récit dans Jacques Chastenet, *Histoire de la IIIe République. La République triomphante, 1893-1906*, Librairie Hachette, 1955, p. 101.

3. Jérôme Grévy, *Les Opportunistes. Milieu et culture politiques, 1871-1889*, thèse, sous la direction de Michel Winock, Institut d'études politiques de Paris, 1996, vol. 1, p. 41.

à-dire de l'exécutif[1]. Cette évolution de type britannique n'eut pourtant jamais lieu ; ni en 1877 après la victoire contre Mac-Mahon ni en 1881 au moment où la droite fut au plus bas ; ni au profit de Gambetta ni en faveur de Ferry ou, plus tard, des autres grandes figures républicaines, Waldeck en 1899, Clemenceau en 1906 ou Poincaré en 1912.

Le principal obstacle opposé à cette évolution fut l'incapacité des républicains à constituer un parti politique moderne ou même à rester libres mais unis. Héritiers de la conception du régime représentatif élaborée en 1789 qui voyait en chaque député le représentant de la nation entière et un « sage » placé au-dessus des intérêts locaux et des « factions », les républicains rejetaient l'idée d'un parti organisé prenant le pas sur la liberté individuelle du député. Plus encore, la majorité des républicains et des ralliés, héritiers de tout un siècle de combats parlementaires contre les pouvoirs exécutifs forts, défendaient les principes du régime de la libre discussion inventé par la Restauration et la monarchie de Juillet (de nouveau aperçu à la fin du Second Empire). À leurs yeux, les nouvelles chartes qui modifiaient le visage de la France (l'école et la laïcité, les institutions locales, les libertés publiques) devaient être le fruit de propositions et de transactions, non le projet sorti du cerveau d'un seul homme. Le rejet du style autoritaire de Gambetta, lors de sa très courte expérience gouvernementale (novembre 1881-janvier 1882), comme le rejet final de l'expérience Ferry (1883-1885), illustrèrent cette volonté farouche de défense de la prépondérance des droits collectifs du Parlement sur les initiatives individuelles, toujours soupçonnées de mener au « pouvoir personnel », celui qui avait fait les rois, les dictateurs et les empereurs.

La coutume parlementaro-républicaine se révéla ainsi très puissante. Elle le fut pour des raisons essentiellement négatives ; par rejet du pouvoir personnel, par la méfiance à l'égard des partis politiques et finalement par le rejet de la logique du gouvernement de cabinet. Dans ses grandes lignes, ce régime resta inchangé jusqu'à la Première Guerre mondiale.

1. Voir sa lettre à Henri Brisson du 20 octobre 1875 dans *Lettres de Gambetta 1868-1882*, recueillies et annotées par Daniel Halévy et Émile Pillias, Grasset, 1938, lettre 252.

Les caractères originaux de la vie parlementaire

Les règles de droit contenues dans les lois constitutionnelles de 1875 comme les prescriptions de la coutume n'auraient eu qu'une portée limitée si elles n'avaient pas correspondu aux caractères de la tradition parlementaire française. Ce quotidien du parlementarisme, on peut le saisir à travers le texte du règlement de la Chambre des députés qui, jusqu'à sa refonte en 1915, fut entièrement dévoué à la défense des libertés individuelles du député contre les empiètements du pouvoir exécutif. Seules les différentes étapes de l'examen d'un texte de loi et les modalités des scrutins étaient encadrées. Pour le reste, les débats étaient libres. Ni le temps de parole, ni la qualité des orateurs n'étaient limités ou réglementés. Il appartenait à la Chambre de manifester par un vote, à n'importe quel moment, sa volonté d'ouvrir un débat, de le clore et de passer au vote final. La Chambre comme le Sénat avaient la complète maîtrise de leur ordre du jour.

Le temps des délibérations était donc très variable d'un projet à l'autre ou d'une interpellation à l'autre. Ce qui ne voulait pas dire qu'il était nécessairement long. Un texte pouvait être examiné et voté rapidement si une majorité se manifestait clairement. Devant la masse des projets et propositions, ce cas était d'ailleurs le plus fréquent. Un débat ne devenait vraiment politique que lorsque la majorité s'annonçait incertaine et fragile. De manière implicite ou explicite, la question de confiance était alors posée ; la vie du ministère entrait en jeu. Une telle dramatisation intervenait à propos des lois les plus décisives ou des interpellations les plus controversées, celle sur l'expédition du Tonkin en mars 1885 qui provoqua la chute de Ferry par exemple. Ces joutes occasionnaient les plus grands morceaux d'éloquence et les duels oratoires les plus fameux, toujours en proportion des enjeux. Ils permettaient aussi la recomposition et la clarification permanente des clivages qui séparaient les différents courants politiques.

Ainsi, l'échange d'arguments contradictoires et les techniques de l'éloquence constituaient bien les méthodes principales de la prise de décision dans l'État, aussi bien au sein des commissions parlementaires qui jouaient un rôle primordial pour l'élaboration des textes [1] que dans le cours des séances plénières où les députés pouvaient ajouter des amendements, des contre-projets ou des propositions nouvelles. La confection de la loi de séparation des Églises et de l'État du 9 décembre 1905, aboutissement de plusieurs projets entrecroisés, en fournissait encore un bon exemple [2].

Le caractère toujours incertain des délibérations et des scrutins parlementaires s'expliquait par un phénomène de majorité original. À proprement parler, la majorité au Parlement ne pouvait jamais être une donnée assurée. Il n'existait ni fait majoritaire ni véritable majorité mais simplement un phénomène d'agrégation de tendances qui fluctuaient au gré de la confiance accordée au ministère en place. C'est dans cette perspective qu'il faut comprendre la répétition des « crises » ministérielles. Dans la plupart des cas, elles n'étaient ni des crises politiques ni de véritables crises gouvernementales ; elles ne concluaient pas un renversement d'alliance entre des partis constitués et ne traduisaient pas un mouvement de l'opinion publique [3]. En tant que crises liées aux fluctuations de la confiance et de la responsabilité, elles servaient simplement de méthode d'ajustement. Elles n'interrompaient pas le travail parlementaire car les ministres restaient souvent en place, poste pour poste [4]. L'examen des projets de réformes n'était pas arrêté mais au contraire relancé après le réajustement de l'axe majoritaire.

Les parlementaires ne traduisaient d'ailleurs pas la « valse » des présidents du Conseil comme un signe d'instabilité profonde du régime, du moins pas avant 1914 ou avant 1905. Au contraire, les changements de présidents du Conseil et les

1. Se substituant à l'ancien rôle du Conseil d'État. Voir Jacques Ellul, *Histoire des institutions*, V, *Le XIXe Siècle*, PUF, 7e édition, 1979, p. 330.

2. Véronique Bedin, « Briand et la Séparation des Églises et de l'État : la commission des trente-trois », *Revue d'histoire moderne et contemporaine*, t. 24, juillet-septembre 1977, p. 364-390.

3. Entre 1877 et 1914, seules deux crises furent clairement liées au résultat d'élections législatives, traduisant ainsi une nouvelle majorité (celle de Dupuy en 1893, celle de Méline en 1898). Voir Auguste Soulier, *L'Instabilité ministérielle sous la IIIe République (1871-1939)*, Paris, 1938, p. 64 *sq.*

4. Cette stabilité des ministres se faisait non pas *malgré* les crises mais *grâce* aux crises (le président du Conseil servant de fusible). Jacques Ollé-Laprune, *La Stabilité des ministres sous la IIIe République, 1879-1940*, LGDJ, 1962, p. 296. Freycinet conserva le portefeuille de la Guerre entre le 3 avril 1888 et le 10 janvier 1893.

replâtrages successifs assuraient une sorte de ronde perpétuelle entre un nombre limité mais toujours ouvert de présidents du Conseil et de ministres potentiels, ce qui soulignait le caractère collégial du pouvoir. Les crises n'étaient pas des facteurs d'instabilité *gouvernementale* (si on garde à l'esprit la définition donnée au terme gouvernement par les contemporains), mais un moyen d'assurer la continuité du phénomène majoritaire, un régulateur du système.

Pour pouvoir « gouverner » de tels phénomènes de majorités composites, les présidents du Conseil étaient choisis parmi des spécialistes de la conciliation parlementaire, tels Freycinet, Dupuy, Rouvier, Ribot ou Briand. Un chef de parti, une personnalité autoritaire se seraient mal prêtés à ce jeu. Avant 1914, aucun président du Conseil ne fut le délégué d'un parti ou le représentant d'une alliance constituée. Gambetta, pour avoir choisi les membres de son « grand ministère » au sein de la seule Union républicaine (ou presque), se fit accuser de vouloir imposer un ministère de « dictature ». Arbitre et non dirigeant des joutes parlementaires, le président du Conseil ne pouvait pas endosser le rôle de chef de parti et se présenter comme tel lors des élections générales. C'était contraire à la coutume. La séparation entre la vie parlementaire et la vie électorale était ainsi une caractéristique du système ; les électeurs désignaient leurs représentants sans pouvoir deviner qui serait le chef du futur gouvernement ni avec quelle majorité ni, surtout, pour quelle durée.

À partir de la fin du siècle cependant, les équilibres de la vie et du travail parlementaire commencèrent à se modifier. Tant que de larges majorités républicaines avaient pu délibérer sur les réformes touchant la laïcité, la révolution scolaire ou le nouveau régime de libertés publiques (réunion, presse, colportage), le travail parlementaire était resté efficace. Les lois étaient votées dans un délai assez rapide tout en intégrant des points de vue d'origines diverses. Mais quand la République parlementaire aborda les questions relevant de réformes économiques et sociales, telles l'introduction de l'impôt sur le revenu ou la mise en place d'un système moderne de retraites, le temps de délibération s'allongea et le crédit du parlementarisme auprès de l'opinion diminua d'autant.

Un tel changement intervint à la fois à l'intérieur de la machine parlementaire et depuis l'extérieur des assemblées.

Au sein même du travail parlementaire, l'avant-guerre vit s'amorcer un phénomène d'inflation législative largement commenté par les juristes de l'époque : à un nombre croissant de textes de lois qu'il fallait examiner, au risque d'un engorgement du travail délibératif et à l'exigence de plus en plus souvent formulée d'une plus grande *rapidité* dans le vote de réformes attendues (sur le terrain social notamment) répondit une série d'adaptations parlementaires. Laissant aux personnalités politiques de premier plan le soin des grandes synthèses, certains députés et sénateurs préférèrent se spécialiser dans un domaine législatif particulier. Cette première forme de division du travail entraîna la montée en puissance des commissions permanentes (législature 1898-1902) chargées de domaines spécifiques (finances, travaux publics, affaires étrangères, etc.) au détriment des anciennes commissions spéciales désignées pour l'examen d'un seul texte de loi. Adaptation progressive et réaliste aux nouvelles conditions du travail législatif, ce passage à un parlementarisme de commissions marquait le déclin de l'idéal du XIXe siècle où le parlementaire, orateur omniscient, représentant de la nation entière, était susceptible d'intervenir sur tous les sujets et toutes les réformes soumises à son approbation [1].

De l'extérieur du Parlement, avec la montée en puissance des partis politiques modernes vint une autre pression, elle aussi source de modifications. Entre 1902 (le Bloc des gauches) et 1914 (affrontement entre deux grandes coalitions électorales sur la loi de trois ans pour le service militaire), les élections semblaient pouvoir désigner de mieux en mieux une majorité issue des urnes. Ainsi, l'idée d'un gouvernement s'appuyant sur une majorité parlementaire solide, capable de tenir le temps d'une législature, progressait. Le gouvernement d'Émile Combes, un temps soutenu par une « délégation des gauches « (juin 1902-novembre 1904) qui était chargée de discipliner en coulisses les groupes parlementaires de la majorité, incarna les prémices d'une telle évolution. Un peu plus tard, le gouvernement Clemenceau qui dura du mois d'octobre

1. Avant la généralisation des commissions permanentes, le député qui faisait une proposition de loi était membre de la commission spéciale et faisait le rapport. Voir Jean-Marie Mayeur, *Un prêtre démocrate, l'abbé Lemire, 1853-1928*, Casterman, 1968, p. 366.

1906 au mois de juillet 1909 sembla en apporter la confirmation. En l'espace de dix années, de juin 1899 (début du gouvernement Waldeck-Rousseau) à juillet 1909 (fin du gouvernement Clemenceau), on ne compte que trois cabinets principaux [1], chiffre identique à celui des cabinets britanniques au cours de la même période.

Les partis politiques introduisaient une logique nouvelle. Les socialistes s'étaient unifiés en 1905. Le parti radical tentait l'expérience de l'organisation et de la discipline mises au service d'un *leader* (Joseph Caillaux) à partir de 1913. Le centre et la droite, entre l'Alliance démocratique, la Fédération républicaine et l'Alliance libérale populaire contribuaient aussi à cette évolution partisane. Tout cela laissait entrevoir à la veille de la guerre une possible transformation du phénomène de majorité en fait majoritaire, le passage du parlementarisme libéral à un parlementarisme fondé sur les partis politiques et sur le rôle des groupes. À partir de 1910, ces derniers servirent à la composition des commissions à la Chambre en proportion de leur importance numérique. Cependant, comme on le vit de manière très nette au cours des différentes expériences de la République radicale des années 1900-1910, de Combes à Clemenceau, et de Briand à Caillaux, certains obstacles continuaient de se dresser sur la voie des transformations institutionnelles. Les principales réticences venaient d'ailleurs des parlementaires eux-mêmes : leur système de valeurs était encore loin de pouvoir accepter les sacrifices exigés.

Les parlementaires : filières et univers mental

Face à la division en « partis », le monde parlementaire opposait la cohérence d'un véritable milieu social et culturel. En dépit de la proportion toujours importante de nouveaux députés élus à chaque renouvellement [2], le petit monde parlementaire savait entretenir et transmettre ses traditions et ses savoir-faire. Il existait, en effet, un noyau dur de spécialistes de la réélection qui pouvaient accumuler une longue expé-

1. Il y eut deux courts intermèdes (Rouvier et Sarrien) en 1905-1906.
2. 28 % en 1877, 34 % en 1881, 43 % en 1885, 44 % en 1889, 39 % en 1893, 38 % en 1898, 33 % en 1902, 30 % en 1906, 37 % en 1910.

rience parlementaire et s'en prévaloir au cours des débats, quelle que soit la famille politique à laquelle ils se rattachaient. Entre 1876 et 1940, les 2/5 des députés avaient ainsi effectué au moins trois législatures, un quart en avaient fait au moins quatre et encore 13 % au moins cinq [1].

De plus, la relative cohésion du monde parlementaire reposait sur les origines sociales de ses membres. Avec l'avènement des générations radicales et socialistes, l'élément nobiliaire et aristocratique avait largement cédé la place aux représentants des classes moyennes supérieures indépendantes (avocats, journalistes, médecins, négociants, etc.). À eux seuls, les hommes de loi (avocats, notaires, avoués et magistrats) comptaient à la Chambre 292 représentants en 1877, 193 en 1881, 186 en 1885, 174 en 1889, 175 en 1893 [2]. Les avocats seuls représentaient en moyenne 29 % des députés entre 1898 et 1914 (ils ne sont plus que 13 % sous la IVe République, chiffre qui avait été celui de la monarchie de Juillet [3]). La domination du modèle de l'avocat [4] était plus accentuée encore au sein des combinaisons ministérielles ; entre 1880 et 1914, 35 % des ministres étaient des avocats [5]. Les présidents du Conseil les plus marquants venaient du barreau : Gambetta, Ferry, Grévy, Waldeck-Rousseau, Viviani, Floquet, Méline, Millerand, Ribot et Poincaré.

Face aux avocats, les autres milieux professionnels (journalistes, hauts fonctionnaires ou enseignants [6]) étaient assez fai-

1. Mattei Dogan, « La stabilité du personnel parlementaire sous la IIIe République », *Revue française de science politique*, vol. 3, n° 2, avril-juin 1953, p. 319-348.

2. Mattei Dogan, « Les professions propices à la carrière politique. Osmoses, filières et viviers », dans Michel Offerlé (dir.), *La Profession politique XIXe-XXe siècle*, Belin, 1999, p. 171-199. Du même, « Les filières de la carrière politique en France », *Revue française de sociologie*, octobre-décembre 1967, p. 468-492.

3. En 1837-1839. Voir Laurent Willemez, « La "République des avocats". 1848 : le mythe, le modèle et son endossement », dans Michel Offerlé (dir.), *op. cit.*, p. 201-229.

4. Gilles Le Béguec (dir.), *Avocats et Barreaux en France*, Presses universitaires de Nancy, 1994. Yves-Henri Gaudemet, *Les Juristes et la Vie politique de la IIIe République*, PUF, 1970.

5. Jean Estèbe, *Les Ministres de la République, 1871-1914*, Presses de la Fondation nationale des sciences politiques, 1982.

6. En 1881, par exemple, il y avait 36 députés journalistes, 40 hauts fonctionnaires, 21 professeurs du supérieur ou du secondaire et 2 instituteurs. Ces chiffres n'ont guère évolué en 1914.

blement représentés. On note surtout qu'un écart s'était créé entre les élites économiques et sociales liées à l'industrialisation et au développement capitaliste du pays (en minorité dans les assemblées parlementaires) et la singularité de l'élite politique parlementaire issue en majorité de la bourgeoisie non entrepreneuriale (le monde du barreau, de la presse, de la médecine, du professorat et de la haute fonction publique). L'élite parlementaire jouait, de ce point de vue, un véritable rôle de mandarinat public pour reprendre le mot de Gabriel Hanotaux [1].

Le monde parlementaire trouvait aussi son homogénéité dans l'existence de véritables filières de formation au « métier » de parlementaire. Les différences d'origines sociales entre héritiers et méritocrates s'effaçaient dans la commune formation aux joutes de l'éloquence électorale et parlementaire (les conférences [2]). Un étudiant brillant montait à Paris faire son droit, intégrait le barreau parisien en passant par la conférence du stage, faisait ses premières armes au sein d'un cabinet ministériel et entrait à la Chambre après une première élection attendue et suivie par la grande presse, poursuivait son ascension par la fréquentation de salons politiques et intellectuels [3]. Pour le député de base, le cursus présentait de nombreuses similitudes. En restant dans sa ville d'origine, il suivait son apprentissage par la fréquentation des formes locales d'organisation politique (un comité, une association), par le travail dans une rédaction de journal et par la fréquentation d'un

1. Comparaison avec les mandarins chinois, c'est-à-dire une élite politique de l'État, recrutée et entretenue de manière spécifique par lui. Voir Gabriel Hanotaux, *op. cit.*, III (2), *La Présidence du maréchal de Mac-Mahon. La Constitution de 1875*, p. 394.

2. Même un Louis Marin qui n'a pas suivi la filière de l'avocature a pu exercé son talent oratoire dans le cadre d'une société d'étudiants catholiques du quartier Latin, le Cercle du Luxembourg. Voir Jean-François Eck, *Louis Marin et la Lorraine 1905-1914. Le pouvoir local d'un parlementaire sous la III*^e^ *République*, thèse de troisième cycle, sous la direction de Raoul Girardet, Institut d'études politiques de Paris, 1980, p. 35.

3. Des salons républicains ont imité cette forme de sociabilité aristocratique mais ont décliné vers la fin du siècle. Voir Sylvie Aprile, « La République au salon : vie et mort d'une forme de sociabilité politique (1865-1885) », *Revue d'histoire moderne et contemporaine*, t. 38, juillet-septembre 1991, p. 473-487. Voir la description du salon républicain de Jules Siegfried (vers 1885-1890) par son fils André Siegfried, *Mes souvenirs d'enfance*, Paris, 1957, p. 80.

mentor. Sa première élection au conseil général lui permettait d'acquérir les premières armes du métier. La constitution d'un réseau de soutiens, la multiplication des réunions publiques, la fréquentation des autorités locales (le sous-préfet ou le préfet) faisaient le reste.

Ainsi, les chiffres qui marquent la place des avocats et des professions juridiques au Parlement peuvent être révisés à la hausse si l'on tient compte des vecteurs de formation au métier parlementaire empruntés par la grande majorité des élus : apprendre les techniques juridiques, défendre les intérêts de sa circonscription, savoir intercéder auprès de fonctionnaires pour satisfaire les doléances de ses électeurs, défendre aussi les causes relevant de la politique générale (pour les plus doués d'éloquence). La naissance des premiers partis politiques n'avait pas fondamentalement remis en cause la prépondérance de ce modèle de l'avocature : avant que les talents « bureaucratiques » d'organisateur et de recruteur de militants ne l'emportent, les premiers congrès de partis fonctionnaient comme des parlements ; les qualités et le savoir-faire oratoires y conservaient toute leur efficacité.

Aux côtés de l'origine sociale et des filières de formation, la cohésion du milieu parlementaire lui venait enfin de la communauté de culture et de références intellectuelles [1]. Tant que l'essentiel des débats et des réformes engageaient des principes philosophiques formulés par le biais de techniques juridiques (les lois scolaires et de laïcité mais aussi les premières lois de réglementation sociale), la culture à dominante classique (langues anciennes, connaissances de l'histoire grecque et romaine, références à la Révolution française) assurait une forte communauté de valeurs ou en tout cas de références, y compris entre adversaires politiques, y compris chez nombre de députés socialistes à l'image de Jean Jaurès. Les parlementaires partageaient un véritable culte de l'éloquence qui fondait le prestige des grands orateurs. L'aptitude à gouverner était jugée à l'aune des qualités oratoires. Celles-ci encourageaient les transactions parlementaires quand elles ne les provoquaient pas. Elles facilitaient les fluctuations de la majorité et brisaient aussi la recherche d'une discipline à l'inté-

1. François Grèzes-Rueff, *La Culture des députés français (1910-1958). Essai de typologie*, Presses universitaires de Toulouse-Le Mirail, 1994.

rieur d'un parti ou d'un groupe parlementaire. L'éloquence n'était donc pas (ou pas seulement) un jouet que se disputaient des esthètes du sophisme parlementaire, mais une véritable méthode en même temps qu'une obligation de gouvernement.

Mais si, à la veille de la guerre, cette « camaraderie » parlementaire pouvait encore transcender les clivages politiques, elle était aussi une manière de conjurer les transformations du système. Elle pouvait aussi apparaître comme un réflexe de défense face aux critiques et aux contestations qui se multipliaient à l'extérieur du Parlement.

Les contestations de la République parlementaire

Les contestations du régime parlementaire n'avaient jamais disparu du paysage politique. En période de crise ouverte comme à l'époque du boulangisme ou de l'affaire Dreyfus, ou en période de calme apparent, l'antiparlementarisme accompagna toute la vie du régime parlementaire. Régime qui mettait en scène publiquement les divisions et les délibérations du Parlement, régime hostile à toute personnalisation du pouvoir, y compris en période de tension internationale, régime enfin qui examinait avec lenteur et prudence les réformes sociales, la République parlementaire ne cessa de nourrir déceptions et oppositions.

Les dissensions au sein de l'ancien « parti » républicain (1875-1886)

La première cause de fragilité de l'alliance entre République et parlementarisme venait des divisions formées au sein même du parti républicain. Les lois de 1875 avaient laissé hors de la majorité constitutionnelle l'aile gauche des républicains. Le compromis fondateur et donc la base juridique de la République parlementaire reposaient sur une conjonction des centres, entre des républicains modérés et des orléanistes conservateurs, non sur une formule négociée à l'intérieur du parti républicain. Le principe d'une Constitution véritablement républicaine, repoussé en 1875 pour des raisons d'opportunité, se reposait à nouveau, une fois les victoires électorales des républicains assurées et le danger d'une restauration monarchiste éloigné.

Entre 1875 et les débuts de la crise boulangiste (1886-1889), les grands moments d'union entre les républicains, telle que la victoire contre Mac-Mahon en 1877, ne doivent pas faire illusion. L'absence de consensus institutionnel nourrissait et exacerbait les tensions nées des joutes parlementaires. Ainsi, en 1881, sur les 82 radicaux élus à la Chambre, 80 avaient explicitement demandé la révision des lois constitutionnelles [1]. À Montmartre, Clemenceau avait défendu un « cahier des électeurs » qui comprenait notamment la suppression du Sénat et de la présidence de la République, la ratification de la Constitution par le peuple, l'élection des magistrats, le scrutin de liste, la limitation de la durée du mandat et « l'assimilation du mandat politique au mandat civil ». Les différentes tendances du radicalisme, renforcées par le retour des communards après l'amnistie complète du 11 juillet 1880, entretenaient les nostalgies d'une démocratie directe ou semi-directe.

La révision de 1884 menée sous l'égide de Jules Ferry n'avait pas répondu aux attentes de l'extrême gauche. En réalisant un toilettage républicain des institutions issues du compromis de 1875, en supprimant le principe des 75 sénateurs inamovibles mais en refusant le débat général sur les institutions, elle avait relancé plutôt que calmé les impatiences radicales. Le scrutin de liste adopté pour les élections de 1885 ajouta à la confusion ; il divisa encore un peu plus le parti républicain sans vraiment satisfaire les partisans du changement. L'effet de discipline partisane attendu, dont Gambetta avait beaucoup parlé une décennie plus tôt [2], ne s'était absolument pas transcrit dans les faits [3]. Cette situation trouble fut l'une des chances du boulangisme.

1. Jacques Kayser, *Les Grandes Batailles du radicalisme des origines aux portes du pouvoir 1820-1901*, Marcel Rivière, 1962, p. 116.

2. Il avait farouchement défendu l'inscription du scrutin de liste dans la Constitution. Il y voyait un moyen de faire élire une majorité indiscutable liée à son leader et permettant d'asseoir un gouvernement durable et fort (notamment en vue d'une politique extérieure et militaire de prestige). Voir Charles Seignobos, *op. cit.*, p. 78-80.

3. Par exemple, les 9 députés de Seine-et-Oise, tous radicaux, tous élus sur la même liste avec le même programme, n'avaient pas suivi la même

Dans la crise boulangiste

Dans l'arsenal des Constitutions ou des rêves de Constitution qui ont jalonné l'histoire du XIXe siècle, l'idée d'une République associant le suffrage universel et l'autorité du chef de l'État figurait en très bonne place. Partiellement appliquée en 1848, envisagée par les partisans d'un régime mixte sous le Second Empire (parlementaire et plébiscitaire), nourrie du prestige de la République américaine, la solution d'une République présidentielle flottait encore dans les années 1870-1880. Le jour de sa chute, le 24 mai 1873, Thiers n'avait-il pas proposé l'élection du futur président de la République par un collège électoral formé des parlementaires et des conseillers généraux [1] ? Une partie des gambettistes et des radicaux avancés n'opposaient-ils pas au modèle de République parlementaire le projet d'une République présidentielle ?

Entre 1886 et 1889, les idées personnelles de Boulanger et de ses plus proches conseillers (Naquet, Laguerre) penchaient vers une République présidentielle. Celle-ci devait rétablir un équilibre entre un pouvoir parlementaire limité à sa vocation législative et un pouvoir exécutif issu du suffrage universel (président élu par le peuple, ministres responsables devant lui), capable de mener une politique extérieure et militaire de prestige [2]. Même si les alliances nouées par le général avec les droites traditionnelles [3] brouillèrent le message de son révisionnisme institutionnel, le contexte de crise économique et sociale ainsi que la soudaine popularité du « général Revanche »

---

attitude au cours de la législature (votes opposés lors des scrutins). L'un d'entre eux devint même le chef de file local du boulangisme. Voir Janie Cara-Juillet, *Les Républicains de Seine-et-Oise. Députés, forces politiques et organisation, 1881-1900*, thèse, sous la direction de Philippe Vigier et Francis Démier, Université Paris-X Nanterre, 3 vol., p. 121-162.

1. Ce projet de Constitution avait été élaboré par Thiers et Dufaure. Il maintenait la nature parlementaire du régime et prévoyait la dissolution. Voir Odile Rudelle, *La République absolue. Aux origines de l'instabilité constitutionnelle de la France républicaine 1870-1889*, Publications de la Sorbonne, 1982, p. 27.

2. Voir le discours de Boulanger à la Chambre le 4 juin 1888. Jean Garrigues, *Le Général Boulanger*, *op. cit.*, p. 171.

3. Pour financer des campagnes de type plébiscitaire, à forts moyens publicitaires, Boulanger, sans fortune personnelle, utilisa un crédit de 3 millions de francs ouvert par la duchesse d'Uzès au nom du comte de Paris. Adrien Dansette, *Le Boulangisme*, Fayard, 1946.

lui apportèrent de nombreux partisans. On le vit lors des élections partielles dans le Nord[1], la Somme et la Charente-Inférieure le 19 août 1888 et dans la Seine le 27 janvier 1889. De la mêlée confuse ressortait l'idée que le suffrage universel pouvait et devait être la voie d'un sacre national[2] et non une simple technique de délégation indirecte.

En dépit de tels résultats ou en raison même de ses succès, le boulangisme prêta le flanc à la contre-offensive des républicains de gouvernement. Face aux radicaux antiopportunistes, aux chefs royalistes et à l'état-major des bonapartistes, la chance du régime parlementaire fut d'avoir à combattre cette association improbable de tous les révisionnismes et de toutes les prétendances. Les républicains surent se rassembler pour gagner les élections générales de l'automne 1889 (seuls 44 boulangistes furent élus) et le boulangisme fut battu parce qu'il avait été associé au spectre d'une restauration monarchique et au retour des nobles et des cléricaux, identifié à un risque de guerre et, finalement, presque ridiculisé par le comportement personnel du général (sa fuite en Belgique).

Incontestablement, l'épisode eut pour effet de discréditer le thème de la révision institutionnelle, que cela soit sous la forme plébiscitaire et bonapartiste ou celle défendue par une frange des républicains patriotes et radicaux. Le boulangisme avait associé dans les esprits la révision à la droite et la contestation antiparlementaire à un projet de dictature personnelle. Toute perspective de réforme ou même de modernisation des institutions apparaissait dorénavant suspecte. En ce sens, le boulangisme avait servi de ciment à la tradition républicaine restée encore imprécise jusque-là[3]. La légitimité républicaine se définissait dorénavant par la défense du *statu quo* institutionnel.

1. Où se sont additionnées 100 000 voix du milieu rural catholique aux 60 000 voix ouvrières. D'après Jean Garrigues, « Boulangiste (vote) », dans Pascal Perrineau, Dominique Reynié (dir.), *Dictionnaire du vote*, PUF, 2001, p. 114.

2. Philippe Levillain, « 1871-1898. Les droites en République », dans Jean-François Sirinelli (dir.), *Histoire des droites en France*, I, *Politique*, Gallimard, 1992, p. 192.

3. Contre le boulangisme mais aussi contre le risque d'une omnipotence parlementaire, Jules Ferry défendait dans ces mêmes années un usage non plébiscitaire de la dissolution comme régulateur des conflits et moyen de préserver la force du pouvoir exécutif. Voir son discours prévu et finalement non déclaré du 14 février 1889. Odile Rudelle, *op. cit.*, p. 240 *sq.*

Aussi soudaine que son irruption, la dissolution du boulangisme ne doit pas cependant être considérée comme la fin des contestations antiparlementaires. Exclue de la « citadelle du gouvernement indirect [1] » (le Parlement), la critique du régime n'en continua pas moins de prospérer aux marges du système, là où se recomposaient les familles et les sensibilités politiques qui ne participaient pas directement au pouvoir (droite d'origine royaliste, bonapartistes, droite catholique à demi ralliée, extrême gauche). À gauche, la chute du premier cabinet radical en avril 1896, provoquée par le Sénat, relança les critiques dirigées contre l'existence d'une seconde chambre. À droite, des organisations telle que la Ligue des patriotes de Déroulède tentait d'entretenir la flamme du boulangisme antiparlementaire. Au niveau local, les héritiers du bonapartisme, s'ils avaient abandonné le thème frontal de l'Appel au peuple, continuaient à défendre *mezzo voce* l'introduction du référendum et l'élargissement du collège électoral du président de la République [2]. Chassée de la vie politique « légitime » et des débats parlementaires, la contestation n'avait pas régressé dans l'opinion et dans le pays, bien au contraire. L'écho rencontré par le scandale de Panama au début des années 1890, sans conséquences parlementaires graves (10 parlementaires poursuivis, un seul condamné), fut indéniable auprès de l'opinion publique ; l'impact négatif sur l'image des parlementaires, traités de « voleurs », ne fut jamais réellement surmonté par la suite [3].

La nébuleuse nationaliste et contestataire de la Belle Époque

La contestation antiparlementaire connut une recrudescence au cours des années 1900 et 1910. Elle fut marquée par l'apparition de nouveaux protagonistes. L'Action française signa le retour d'un monarchisme autoritaire opposé en tous points à la République parlementaire. Certes, son importance comme mouvement militant resta faible. Son influence fut cependant

1. *Ibid.*, p. 289-290.
2. Cas du Puy-de-Dôme au cours des années 1890. Voir Frédéric Chalaron, *Aspects du bonapartisme : l'exemple du Puy-de-Dôme*, *op. cit.*
3. Adrien Dansette, *Les Affaires de Panama*, Perrin, 1934.

réelle surtout lorsqu'elle dénonçait l'impuissance législative et politique du Parlement et lançait des appels en faveur d'un pouvoir exécutif fort. Faisant écho aux difficultés réelles du fonctionnement de la République parlementaire, le magistère de l'Action française s'exerça au-delà des rangs néo-royalistes. En 1912-1913, pour la première fois depuis longtemps, certains observateurs et chroniqueurs de la presse parisienne envisageaient l'éventualité d'une restauration monarchiste avec une certaine crédibilité. Il ne s'agissait pas tant d'un retour de ferveur dynastique (orléaniste ou autre) que d'une adhésion à la solution nationale, militaire et politique du pouvoir d'un seul[1].

Les alliances nouées dans le camp de l'antidreyfusisme et surtout la répétition des crises internationales entre 1905 et 1914 avaient accrédité les critiques antiparlementaires venues de la nébuleuse nationaliste. De la Ligue de la Patrie française à l'Action libérale populaire jusqu'à certaines franges de la droite parlementaire (au sein de la Fédération républicaine), la thématique du renforcement de l'exécutif liée à la critique de l'impuissance parlementaire faisait recette. Elle n'était plus portée par un phénomène brutal d'opinion comme au temps du boulangisme, mais pénétrait des milieux plus divers, souvent proches des élites. Envisager un président de la République puissant, élu par un nouveau collège électoral (composé par exemple de l'ensemble des conseillers généraux), appeler à une réforme de l'administration au nom de la « compétence » et contre l'empiètement du pouvoir parlementaire, tout ceci pouvait être formulé de manière plus ou moins feutrée sans que l'on puisse y voir un appel au renversement du régime. Les nationalistes de 1900 avaient ainsi chassé le parlementarisme libéral du patrimoine idéologique des droites[2].

Si la République parlementaire en 1905, 1910 ou 1913 ne se mobilisa pas contre le révisionnisme et l'antiparlementarisme ambiant[3], comme elle avait pu le faire contre Boulanger

1. Eugen Weber, *L'Action française*, Fayard, 1985 (édition américaine en 1962), p. 105-106.

2. René Rémond, *Les Droites en France*, *op. cit.*, p. 155.

3. Qui a connu une forte poussée en 1906 lors de l'augmentation de l'indemnité parlementaire passée d'un seul coup de 9 000 à 15 000 francs par an (votée à la Chambre à main levée pour éviter la publication des listes des votants dans le *Journal officiel*). À la même date, un professeur de

et contre les antidreyfusards, c'était aussi parce que les critiques et les débats avaient lieu au sein même des partis constitutionnels. Des républicains de pure souche s'inquiétaient des lenteurs du travail parlementaire et proposaient certains remèdes (la réduction du nombre de députés, la suppression du droit d'initiative en matière de dépenses). D'autres, depuis les années 1890, soutenaient des projets de représentation des intérêts professionnels sous la forme d'une seconde chambre économique (le sociologue Durkheim, le juriste Duguit, le parlementaire Paul-Boncour)[1]. Plus massif, le débat sur la réforme du mode de scrutin avait considérablement relancé les controverses sur la nature de la démocratie parlementaire ; il connaissait son apogée en 1910-1911. Les partisans de la représentation proportionnelle qui recrutaient à droite (Action libérale populaire) comme à gauche (les socialistes) et au centre (l'Alliance démocratique) voulaient donner la primauté aux partis politiques et à leur discipline supposée, pour résoudre le problème de l'instabilité ministérielle. Sur un plan plus politique, la « RP » devait briser le clientélisme local et la technique de la discipline républicaine (le désistement entre républicains modérés et républicains radicaux ou socialistes au second tour) qui assuraient la prédominance du parti radical.

Là aussi, comme le nationalisme pour la droite, les critiques adressées à la République parlementaire ne restaient pas confinées à l'intérieur du petit monde politique. De l'intelligentsia d'Action française aux milieux parisiens du « monde » et des académies, circulait une représentation de plus en plus caricaturale du député moyen : un provincial, souvent méridional, accablé sous la charge de ses intercessions (lettres et placements divers), s'épuisant de ministère en ministère, de bureau en bureau, et non pas un sage et attentif législateur ; un homme politique sans compétence ni véritable spécialité, ne cherchant que sa réélection, esclave de ses électeurs, devenu un *politicien* vulgaire, indécis et sans caractère, incapable d'action et inconscient des dangers qui menaçaient la nation. L'antiparlementarisme pouvait être mondain aussi bien que populaire,

---

faculté gagnait de 6 000 à 15 000 francs et un conseiller d'État de 16 000 à 25 000 francs.

1. Pierre Rosanvallon, *Le Peuple introuvable*, *op. cit.*, chap. III « Sociologie et démocratie ».

académique autant que boulevardier. Difficile pour ne pas dire impossible de trouver dans les revues littéraires, dans les très sérieuses revues juridiques et politiques, dans les journaux parisiens (*Le Temps* compris), dans les pièces de théâtre et les romans contemporains une représentation positive du monde parlementaire.

Pour leur part, les socialistes et surtout les anarcho-syndicalistes dénonçaient un Parlement jugé trop lent et trop conservateur sur le plan économique et social. Théâtre d'ombres et faiseur d'illusions, le Parlement « bourgeois », comme la participation aux élections, étaient rejetés au nom de la préparation de la grève générale et de l'attente d'une révolution ouvrière.

Dans la France de 1914, le régime n'était cependant pas encore menacé. Toutes ces contestations de la République parlementaire étaient virulentes dans les villes, spectaculaires dans ses formes nouvelles d'expression et de conflictualité (manifestations et démonstrations de force), aisément relayées par les revues des élites conservatrices ou par la grande presse à sensation, mais n'avaient guère entamé l'ensemble de la France des campagnes et des villes petites et moyennes. Là, le régime républicain continuait d'engranger les bénéfices d'un développement continu des formes de participation des Français à la vie publique.

CHAPITRE 13

Les caractères de la vie politique dans la France républicaine 1880-1914

par Nicolas Roussellier

La volonté de faire accéder les masses à la vie politique était au cœur du projet républicain. Après les victoires électorales des années 1870 et 1880 et la consolidation des majorités républicaines au cours des années 1880, le nouveau régime des libertés publiques (liberté d'expression, liberté de réunion, liberté d'association en 1901) proposa l'épure d'une société politique idéale où l'ensemble des citoyens, libres et égaux, scolarisés et émancipés, engagés mais raisonnables, devenaient les acteurs d'une vie politique majeure. Le bulletin de vote était censé rendre illégitime et inutile le recours à la violence.

Bien sûr, cette pastorale républicaine ne correspondait que de loin à la réalité des années 1880-1914. Mais ce fut bien au cours de cette période que les masses accédèrent, au moins sous une certaine forme, à la vie politique. Elles le firent, non pas dans le cadre d'une société urbanisée et industrialisée moderne, mais dans le cadre d'une société agraire de petits et moyens propriétaires. Ce fut une spécificité de la France politique à la fin du XIXe siècle ; la modernité politique était venue s'inscrire dans un cadre économique et social qui restait à la fois rural, assez traditionnel et parfois même archaïque. L'émergence de partis politiques modernes comme la professionnalisation du personnel politique étaient retardées. La France politique offrait d'abord un visage multiple constitué d'une grande diversité de situations régionales, marquées par des formes souples d'encadrement et de socialisation politiques. Sans partis politiques organisés à l'échelle nationale, la vie politique se diffusa en quelque sorte par elle-même. La participation électorale progressa constamment entre la période de fondation et la veille de la guerre [1]. Depuis les régions où s'étaient maintenues les hiérarchies sociales traditionnelles (France de l'Ouest, une partie du Massif central) jusqu'aux régions d'égalité politique (le Midi viticole, le Limousin), la société politique française était loin d'être homogène. Dans la majorité des cas cependant, elle ne correspondait plus à une situation d'oligarchie ; la politique en France a bien été le reflet et l'adjuvant d'une émancipation relative des individus sur le double plan social et culturel.

Démocratie de proximité, République agrarienne, forme de socialisation politique par le verbe et le bulletin de vote, la société politique des républicains rencontra cependant ses propres limites au moment du développement de nouvelles formes d'action politique entre 1895 (environ) et 1914. Le premier idéal républicain supposait une expression individuelle des opinions politiques et reposait sur un idéal de citoyen à l'antique capable de s'extraire de ses appartenances sociales pour exercer son jugement. Passé 1900, de telles fondations furent contestées par la montée en puissance des formes de revendication et d'organisation collectives, dans les milieux urbains comme dans certaines campagnes. Le syndicalisme et le socialisme, l'action collective par la grève ou la manifestation, la mobilisation dans la rue et les agitations nationalistes donnaient à la France politique des années d'avant guerre un autre visage que le portrait radieux de l'acte électoral apaisé et du triomphe d'une vie réglée par les institutions républicaines.

Les nouvelles conditions sociales et culturelles de la vie politique

Le desserrement des allégeances sociales

Même si le changement n'était pas toujours synonyme de modernisation et de développement capitaliste, l'économie

1. 74 % en 1876 ; 80,5 % en 1877 ; 68,5 % en 1881 ; 77,5 % en 1885 ; 76,5 % en 1889 ; 71 % en 1893 ; 76 % en 1898 ; 79 % en 1902 ; 80 % en 1906 ; 77,5 % en 1910 et 77 % en 1914. Le taux sera de 83 % en 1924 et 84,3 % en 1936.

agricole et la société paysanne étaient loin de correspondre à des entités immobiles. La chance des républicains fut de « monter » à la conquête de régions rurales au moment où celles-ci voyaient s'abaisser les barrières et les hiérarchies sociales. Les grands rentiers du sol continuaient de subir le vaste transfert de propriété qui favorisait les fractions enrichies de la paysannerie. La France rurale voyait ainsi son corps politique composé d'un nombre croissant d'électeurs qui avaient conquis sur le plan économique et social une certaine indépendance. On le voit à l'échelle d'un grand nombre de départements. Dans le Loir-et-Cher par exemple, la proportion des chefs d'exploitations agricoles par rapport au corps électoral était passée d'un tiers en 1848 à près de la moitié en 1914[1]. On le voit aussi à l'échelle de la France entière où, sur un corps électoral d'environ 10 millions d'individus, on comptait 5,4 millions d'actifs agricoles dont 2,2 millions de propriétaires cultivateurs, 700 000 journaliers, 460 000 fermiers, 160 000 métayers et 72 000 propriétaires-exploitants.

Le déclin des grands propriétaires non-exploitants était lié à la baisse de la rente foncière (entre un quart et un tiers selon les régions entre 1870 et 1914[2]) et devenait un véritable phénomène d'ordre socio-politique quand il se couplait avec un absentéisme de plus en plus marqué. En Limousin, la communauté agricole de base affrontait plus souvent la catégorie intermédiaire et détestée des « fermiers » (sorte de régisseurs chargés de gérer la division en métairies d'une grande propriété) que la classe des grands propriétaires. Un continuum économique et social reliait les métayers, les petits paysans propriétaires ainsi que les artisans et les petits entrepreneurs permettant l'expression par le vote d'un sentiment d'unanimisme dirigé contre le monde des riches devenu extérieur à la communauté[3]. De même, dans l'Allier, l'ancienne allégeance envers une classe gouvernante à la fois présente et active, exerçant un rôle de protection et de commandement dans tous

1. Georges Dupeux, *Aspects de l'histoire sociale et politique du Loir-et-Cher 1848-1914*, Paris, La Haye, Mouton, 1962, p. 559.

2. Gabriel Désert, *Apogée et Crise de la civilisation paysanne, 1789-1914*, *op. cit.*, p. 402.

3. Alain Corbin, *Archaïsme et Modernité en Limousin au XIXe siècle, 1845-1880*, voir surtout le tome II, *La Naissance d'une tradition de gauche*, *op. cit.*

les secteurs de la vie, tendait à disparaître ; la paysannerie avait pu développer le sens de l'unanimisme communautaire entre égaux en le dirigeant contre le groupe social des « fermiers généraux »[1]. Même dans les régions restées fidèles au vote conservateur, comme en Mayenne ou en Vendée, là où « le prestige du rang et la fortune qui permet les aumônes » s'étaient longtemps maintenus et où le suffrage universel s'était contenté « d'homologuer la suprématie de fait des autorités sociales naturelles »[2], le vieil encadrement des paysans par la noblesse se fissurait en raison de la fuite des châtelains hors de leurs domaines et hors de leurs départements.

Mieux que les autorités sociales anciennes, les gouvernements républicains avaient d'ailleurs prouvé qu'ils pouvaient juguler les conséquences sociales de la grande dépression économique des années 1880-1890. L'adoption des mesures protectionnistes couronnées par la loi Méline de janvier 1892 permettait de maintenir dans les campagnes un bon nombre de petites et moyennes exploitations donnant à la République une figure de protectrice des intérêts paysans. Cela conforta dans de nombreux départements l'image du préfet et des ingénieurs de la République comme facteurs du progrès. En 1903, par exemple, fut créé au sein du ministère de l'Agriculture un nouveau Service des améliorations (futur Génie rural) qui comprenait un corps d'environ 50 ingénieurs capables d'offrir aux paysans une expertise gratuite en matière d'aménagement hydraulique, d'irrigation et de travaux agricoles divers. Les autorités publiques concurrençaient avec succès, quand elles ne les remplaçaient pas, les autorités sociales traditionnelles. Elles devenaient les garants du progrès économique et de l'ordre social. Parce qu'elles furent capables de jouer le rôle d'arbitre des conflits et des querelles, les autorités municipales, une fois placées entre les mains des représentants de la communauté paysanne, avaient peut-être ainsi fortement contribué au très net recul des violences rurales entre les années 1870 et les années 1930[3].

1. Jean-François Viple, *Sociologie politique de l'Allier. La vie politique et les élections sous la IIIe République*, LGDJ, 1967.

2. André Siegfried, *Tableau politique de la France de l'Ouest*, Imprimerie nationale, 1995, présentation de Pierre Milza (première édition en 1913), p. 89.

3. Alain Corbin, « La violence rurale dans la France du XIXe siècle et son

Les mesures législatives prises par la République encourageaient ainsi l'accession à la propriété ou la possibilité offerte d'un agrandissement de la petite propriété. De nombreux paysans réussissaient à franchir le seuil permettant de vivre de leur seule exploitation sans avoir besoin de louer leurs bras à un grand propriétaire en retombant dans le filet de la dépendance. Les catégories les moins autonomes au sein de la société agraire classique étaient d'ailleurs en net recul (domestiques agricoles, journaliers et métayers). En Isère, le nombre de journaliers logés était passé de 32 000 en 1862 à 18 000 en 1892 (il sera de 7 600 en 1929)[1]. En raison même de la raréfaction de la main-d'œuvre, les ouvriers agricoles restés dans les campagnes bénéficièrent d'une hausse de salaires ; près de 30 % entre 1890 et 1914. Les gages des domestiques agricoles augmentèrent de 38 % en Limousin, de 66 % dans les Hautes-Pyrénées et de 93 % dans le Morbihan[2].

Plus autonomes et plus émancipés, les paysans furent aussi plus mobiles. Dans de nombreuses régions, les migrants furent les vecteurs de la politisation, de la diffusion des idées et des attitudes nouvelles, contestant les hiérarchies héritées. Une double émigration bretonne par exemple, temporaire pour les paysans allant faire les moissons en Beauce, définitive pour ceux qui rejoignaient les foyers industriels du Havre et de Paris, contribuaient à faire circuler les informations du dehors. Celles-ci étaient d'autant mieux reçues qu'elles venaient d'individus appartenant aux mêmes groupes primaires que ceux qui les recevaient (familles, parents, voisinage immédiat).

Ainsi, même si le phénomène était loin d'être uniforme, la société rurale avait tendance à se simplifier au profit d'une classe relativement homogène de paysans propriétaires ; nombreuses furent les communes qui réalisaient le pari républicain d'une société politique entre égaux comme en témoignent le rejet des notables, la contestation des relations de hiérarchie socio-politique, la conquête des mairies voire du canton par des candidats paysans et l'accès aux postes subalternes de la

---

dépérissement : l'évolution de l'interprétation politique », dans Philippe Braud (dir.), *La Violence politique dans les démocraties européennes occidentales*, L'Harmattan, 1993, p. 61-73.

1. Pierre Barral, *Le Département de l'Isère sous la IIIe République, op. cit.*, p. 104-107.

2. Gabriel Désert, *op. cit.*, p. 450.

fonction publique. La conquête politique renforçait du même coup les causes économiques et sociales qui l'avaient favorisée ; une fois battus en politique, les nobles royalistes de la Mayenne ne trouvaient plus guère de raison de rester à l'année sur leur domaine, ils repartaient dans les villes (moins Paris que Laval ou Tours) et séjournaient sur la Côte d'Azur ou dans les villes d'eau. Ne jouant plus le rôle de vecteur de progrès dans le domaine agricole (engrais, amélioration des races d'élevage, travaux divers), ils perdaient encore plus leur influence socio-politique, se retrouvaient évincés de la direction du comice agricole[1]. Le desserrement des allégeances sociales marchait ainsi de pair, sans que l'on puisse réellement les séparer, avec l'émergence de nouvelles modalités de délégation et de représentation politique.

Certes, l'idéal républicain d'indépendance et d'émancipation individuelle convenait moins à l'environnement d'une ville industrielle moderne. Le système des valeurs se retrouvait cette fois décalé par rapport à la situation économique et sociale qui pesait sur les fractions prolétarisées de la classe ouvrière, encourageant le développement d'identités politiques concurrentes, par le syndicalisme et le socialisme notamment.

Mais de telles contradictions ne se développaient que lentement. Bien des départements n'étaient touchés que de manière marginale par la nouvelle phase de la « révolution » industrielle. Dans le Loir-et-Cher, le nombre d'ouvriers de l'industrie était de 2 000 en 1851 et de 4 000 en 1911. En 1880 comme aux environs de 1900, le monde industriel français évoluait encore dans le cadre de petits ateliers et de micro-entreprises : la population des villes moyennes et grandes était largement composée de ce « peuple » artisan, boutiquier et même ouvrier pour qui les valeurs de l'indépendance, de la propriété individuelle, de la promotion par l'école et la fonction publique et de l'émancipation étaient de vieilles revendications. Sur les 3 millions d'électeurs relevant du secteur industriel, le nombre d'ouvriers était à peine supérieur (1,6 million) à celui des patrons (1,4) lorsque le régime et donc le discours républicain se mirent en place (années 1870). Le nombre de patrons était passé de 2 millions en 1866 à 3,5 mil-

1. Michel Denis, *Les Royalistes de la Mayenne et le Monde moderne (XIXe-XXe siècle)*, *op. cit.*, p. 455.

lions en 1896 dont 2,5 n'employaient aucun salarié, signe d'une résistance à la prolétarisation [1]. Dans un secteur assez particulier, mais décisif pour l'extension des formes de sociabilité politique, le nombre de débits de boissons était passé de 365 000 en 1870 à 482 000 en 1911 ; cafés, petits commerces offraient ainsi une sortie de prolétariat à une fraction non négligeable des milieux ouvriers. Ce peuple de faubourgs avait fourni les rangs du « parti » républicain tout au long du XIXe siècle et continuait à le faire au profit des radicaux et des socialistes du tournant du siècle. Le discours comme les pratiques des républicains entraient ici en consonance avec ce système de valeurs. Ces classes moyennes populaires constituaient d'ailleurs le vivier d'une partie croissante du personnel politique local.

Par l'ensemble de ces signes d'allégement de la dépendance économique et sociale, le sens et la place du vote s'étaient subtilement modifiés en l'espace de quelques décennies. Sauf exceptions, le vote n'était plus le simple reflet de relations primaires à l'intérieur d'une société de tradition marquée par la dépendance économique directe et l'interconnaissance communautaire ; il devenait le vecteur de relations secondaires, objet de constructions et d'attributions intellectuelles : le vote en faveur d'un avocat venu de la ville, porteur d'un discours politique, appelant à se prononcer sur des valeurs et des représentations générales (un monde débarrassé des prêtres par exemple) autant que sur des intérêts matériels à défendre, n'avait pas la même valeur que le vote en faveur du notable traditionnel qui appelait simplement à réassurer les situations de dépendance inscrites dans le tissu des relations primaires.

Alphabétisation et politique

On ne comprendrait ni le rôle ni l'impact de ces évolutions sociales si elles n'avaient pas été doublées et comme relayées par les effets du progrès intellectuel. Les lettres rédigées par des anciens ruraux depuis les villes devaient pouvoir être ache-

1. Christophe Charle, *Histoire sociale de la France au XIXe siècle*, *op. cit.*, p. 181.

minées à faible coût[1] et surtout lues et transmises dans les villages d'origine. Cela supposait des formes d'accès à la lecture (même fragiles) ou, pour les illettrés qui écoutaient la lecture faite par d'autres, un éveil au monde extérieur, un changement de mentalités intervenu avant même l'étape de l'alphabétisation.

Dans ce domaine, comme dans d'autres, les républicains avaient capté un héritage déjà prospère. Dans le département du Cher, les métallurgistes au début des années 1870 étaient à plus de 80 % alphabétisés alors que la moyenne du département pour la population globale atteignait difficilement les 40 %[2]. Le nombre de conscrits illettrés dans le département de l'Isère était passé de 58 % en 1831 à 19 % en 1861 puis 9 % en 1877. En 1913, à la veille d'aller se battre, sur 808 conscrits, 4 étaient illettrés[3]. À l'échelle du pays tout entier, la courbe des conscrits qui savaient écrire leur nom continua d'augmenter sur sa lancée précédente ; de 85 % en 1877, elle atteignit 96,5 % en 1905. Les générations qui étaient nées et avaient grandi avec le régime républicain savaient lire et écrire dans leur quasi-totalité. Seules les générations les plus âgées rappelaient la situation ancienne (en 1911, 20 % des plus de 60 ans et 30 % des plus de 70 ans étaient analphabètes[4]). La République avait ainsi apporté aux plus jeunes le sentiment d'avoir progressé et dépassé les anciens.

Pour juger d'un prolongement des pratiques de lecture après le passage à l'école, la diffusion de la presse dans la France des années 1880-1914 offre une mesure indirecte mais spectaculaire. Dans les manuels de civisme républicain destinés aux enfants des écoles publiques, il était recommandé au futur citoyen de lire la presse tous les jours afin de construire son opinion personnelle et de mettre à distance toutes les formes d'influences sociales traditionnelles (cléricales et notabiliaires). « Le jour où tu seras électeur, ce sera ton devoir de

1. L'affranchissement d'une lettre passa de 25 à 15 centimes entre le début des années 1880 et le début des années 1890.

2. Michel Pigenet, *Les Ouvriers du Cher*, *op. cit.*, p. 228 et p. 392.

3. Le chiffre doit être pris avec précaution. Le conseil général estimait que 131 des 808 conscrits avaient une instruction élémentaire limitée. Pierre Barral, *op. cit.*, p. 292.

4. Jean-Yves Mollier, Jocelyne George, *La Plus Longue des Républiques 1870-1940*, Fayard, 1994, p. 279.

lire les journaux. Et, si tu es sage, tu n'en liras pas un seulement, celui qui défend l'opinion qui est la tienne et qui flatte les préférences de ton cœur : tu liras plusieurs journaux et tu n'oublieras pas ceux qui représentent un autre parti que le tien » (manuel de Bigot, 1884 [1]).

Pour rendre effectif un tel projet d'éducation continue par la politique, les républicains, dès les années 1880, avaient pu bénéficier de considérables améliorations technologiques touchant l'impression des journaux et le coût de l'acheminement et de la diffusion. De plus, la loi du 29 juillet 1881 sur la liberté de la presse, rejetant les objections des conservateurs, avait défini un régime de très large tolérance [2], soumettant notamment les délits de presse au jury, libérant les journaux du droit de timbre et du souci de l'autorisation préalable [3]. Elle était conçue comme une œuvre globale de l'affranchissement de l'écrit politique puisqu'elle concernait la librairie, le colportage et l'affichage. Les républicains considéraient une presse florissante comme l'indispensable tutrice du suffrage universel : « Ce n'est pas assez que tout citoyen ait le droit de voter ; il importe qu'il ait conscience de son vote, et comment l'aurait-il si une presse à la portée de tous, du riche comme du pauvre, ne va chercher l'électeur presque dans le dernier village », déclarait Eugène Pelletan en 1881 [4]. Économiquement, une fois le cautionnement supprimé, la fondation d'un journal était à la portée d'un groupe politique local, même peu fortuné, notamment par le truchement d'une société d'actionnaires. Le journal pouvait reprendre les articles de la presse parisienne pour les informations générales et confier les articles de politique locale à la plume du chef de file politique, sans avoir besoin de salarier un journaliste professionnel.

Le maillage du territoire politique par la presse nationale, régionale et locale atteignit son apogée entre 1880 et la veille de la guerre de 1914. La presse était présente à l'échelle de chaque département mais aussi, dans bien des cas, à l'échelle

1. Cité par Yves Déloye, *École et Citoyenneté. L'individualisme républicain de Jules Ferry à Vichy : controverses*, *op. cit.*, p. 127.

2. Remis en cause par des dispositions nouvelles (1893-1894) visant la répression de l'anarchisme puis de l'antimilitarisme.

3. Christian Delporte, *Les Journalistes en France (1880-1950). Naissance et construction d'une profession*, Seuil, 1999, p. 21.

4. Au Sénat, le 9 juillet. Cité par Christian Delporte, *ibid.*, p. 22.

de chaque arrondissement. Dans celui de Lisieux, il existait à la veille de la guerre deux organes de gauche et trois favorables au député républicain modéré Henri Laniel – il y avait même eu avant 1902 un journal orléaniste et un journal bonapartiste [1]. Dans le Doubs, département de politisation moyenne, il existait un journal pour chaque chef de file du parti républicain : un à Besançon, un à Montbéliard (pour Viette), un à Baume et un à Pontarlier [2]. Pour les régions les plus politisées, la panoplie des journaux était presque complète, assurant à chaque courant politique une solide diffusion. En 1889, dans le département de Seine-et-Oise, on comptait 9 organes opportunistes, 8 radicaux et boulangistes, 4 libéraux. La ville de Versailles en comptait 4 mais Étampes ou même Meulan en comptaient 2 chacune [3].

Une telle diversité semble avoir été le reflet autant que le vecteur du pluralisme qui caractérisait la vie politique de cette époque. Il n'était pas rare de trouver dans une simple ville de sous-préfecture, un journal radical, un pour les modérés et un organe de la presse conservatrice. En milieu urbain avancé, s'ajoutaient une ou plusieurs feuilles socialistes et des journaux de tendance nationaliste. Même dans les régions rurales arriérées, le journal à bon marché pénétrait les villages par l'intermédiaire des cafés. Ce fut notamment le cas à partir des années 1880 à Mazières dans la Gâtine poitevine, village de Roger Thabault [4]. Cette presse à un sou représentée par *Le Petit Journal* s'inscrivait dans l'héritage des « canards » et de leur recherche du sensationnalisme, mais elle introduisait aussi des informations sérieuses et vérifiables ainsi que le goût du raisonnement abstrait ou le rappel des valeurs morales. Elle permettait au lecteur de retrouver dans le journal ce qu'il avait appris à l'école [5], d'en confirmer ou d'en infirmer la validité. Au moment où les premières générations de l'école républicaine parvenaient à l'âge adulte vers 1900, les classes populaires furent à leur tour gagnées par la pratique de la lecture

1. Jean Quellien, *Bleus, Blancs, Rouges*, *op. cit.*, p. 243.
2. Louis Mairry, *Le Département du Doubs sous la IIIe République. Une évolution politique originale*, Besançon, Cêtre, 1992, p. 88.
3. Janie Cara-Juillet, *Les Républicains de Seine-et-Oise*, *op. cit.*
4. Roger Thabault, *Mon village. Ses hommes, ses routes, son école*, Presses de la Fondation nationale des sciences politiques, 1982.
5. Eugen Weber, *La Fin des terroirs*, *op. cit.*, p. 667.

du journal. Ces progrès assuraient le succès des pétitions de masse. De mars à juin 1913, une pétition contre la loi de trois ans, diffusée par les fédérations socialistes, put ainsi recueillir 700 000 signatures [1].

Certes, ces journaux avaient souvent une durée de vie éphémère mais leur multiplication constituait un impressionnant indice de dynamisme. À lui seul, le département de l'Allier avait vu la création de 93 journaux entre 1870 et 1914 (pour 28 entre 1914 et 1940), un peu plus d'un quart ayant survécu [2]. Pour une petite ville et un bassin de diffusion rurale, la fréquence de parution était espacée (hebdomadaire ou mensuelle). Mais, au moment de la préparation d'une élection, l'offre de la presse politique se retrouvait au complet : une élection municipale, cantonale ou bien sûr législative, avec ses réunions publiques, ses déclarations et ses programmes, faisait l'objet de comptes rendus nombreux et détaillés, oscillant du style truculent au ton pamphlétaire. Pour les élections législatives de 1889, dans le seul département de l'Allier, la presse de droite disposait de 15 journaux dont 4 quotidiens avec un tirage cumulé de 10 à 12 000 exemplaires. Celle de gauche lui opposait 11 journaux dont 2 quotidiens pour un tirage de 8 à 9 000 exemplaires [3]. Au total, la presse des deux camps « couvrait » près de 20 % des électeurs inscrits. À Grenoble en 1914, le tirage cumulé des 6 quotidiens locaux (73 000) « couvrait » un corps électoral de 66 622 inscrits pour les trois circonscriptions de Grenoble I, II et III et de 166 000 pour l'ensemble du département.

Il est bien entendu difficile d'évaluer l'intensité réelle de la lecture. Celle-ci pouvait encore être inégale selon les classes sociales comme dans le bourg de Compreignac en Haute-Vienne où les 20 exemplaires de journaux vendus quotidiennement (pour une population de 2 200 habitants) l'étaient à des fonctionnaires, des propriétaires-rentiers et des membres des professions libérales, les paysans préférant lire un hebdomadaire ou un bi-hebdomadaire [4]. Mais à en juger par l'impor-

1. Madeleine Rebérioux, « Le socialisme français de 1871 à 1914 », dans Jean Droz (dir.), *Histoire générale du socialisme*, PUF, t. II, 1982 (2e édition), p. 216.
2. Jean-François Viple, *op. cit.*, comptes faits à partir d'un tableau p. 166.
3. *Ibid.*, p. 262.
4. Pierre Vallin, *Paysans rouges du Limousin*, *op. cit.*, p. 189.

tance que les candidats et leurs agents électoraux accordaient à la diffusion d'un journal, on peut estimer que le vecteur de la presse avait permis de politiser des populations en l'absence de toute organisation partisane visible, en l'absence aussi de bouleversements économiques ou sociaux. Au Pont-de-Montvert (Lozère), le sous-préfet de Florac notait encore en 1871 qu'il régnait une « paix parfaite » sur le plan politique et qu'on ne comptait qu'un seul abonné de journal pour tout le canton. En 1889, son successeur notait que l'éducation politique s'était généralisée à la majeure partie de la population et dans un sens favorable au parti républicain[1]. Autant, sous la plume d'un préfet de l'Ordre moral, l'absence de politisation était un élément de satisfaction, autant sous la plume de préfets républicains, l'atonie et le désintérêt des masses paysannes pour la politique étaient déplorés et combattus.

Au total, le développement de la presse avait coïncidé avec la pratique du suffrage universel et le triomphe d'une scolarisation publique. Pour la seule presse quotidienne, le nombre d'exemplaires était passé de 2,7 millions en 1880 à près de 10 millions en 1914, chiffre qui rejoignait celui des électeurs inscrits à cette date (un peu plus de 11 millions). On peut considérer à ce titre qu'une bonne partie des Français avait été alphabétisés par la politique et non par la religion comme ce fut le cas des pays de l'Europe protestante. L'accès aux premiers biens culturels, aussi rudimentaires pouvaient-ils être, se confondait ainsi de près ou de loin avec la découverte de la politique ; le vocabulaire, la représentation du monde et de l'environnement social, la manière même de considérer les rapports sociaux quotidiens en avaient certainement été marqués en profondeur et pour longtemps. La manière d'exprimer les conflits et les solidarités de la vie économique et sociale se coulait dans le fleuve des arguments, des raisonnements, des symboles, des clichés et des préjugés que fournissait la politique. Il n'est pas certain que les identités professionnelles et sociales des Français à la veille de la guerre de 1914 ne devaient pas plus aux idées et aux croyances politiques qu'à la traduction objective des situations de domination et de répar-

1. Patrice Higonnet, *Pont-de-Montvert. Social Structures and Politics in a French Village, 1700-1914*, Cambridge, Harvard University Press, 1971, p. 117-118.

tition des richesses : un paysan cévenol croyait avec ferveur à la République du progrès même s'il continuait à vivre dans un environnement matériel arriéré [1], un petit propriétaire vigneron choisissait le vote radical ou même socialiste [2] et un employé des postes ou un instituteur revendiquait son appartenance au prolétariat intellectuel même s'il était à l'abri du besoin et de la précarité.

Le développement du civisme républicain

Les effets de l'alphabétisation politique eurent des conséquences profondes et pratiquement immédiates sur l'ancrage de la République dans les aspects quotidiens de la vie civile. La France politique entre 1880 et 1914 n'offrait plus le visage lointain de l'État ; elle endossait les vêtements d'une nouvelle civilité, rivale souvent victorieuse de l'ancienne vie religieuse.

Les pratiques du vote dans chaque commune étaient devenues des formes familières mais aussi en partie solennelles de la vie civique [3]. Inscrites dans un rituel dépouillé et simple, elles avaient acquis le statut de cérémonie publique. Même si les pressions et les intimidations diverses, les libations et les passages au cabaret [4], les bagarres et les démonstrations bruyantes, les charivaris politiques n'avaient pas disparu, comme en témoignent les appels répétés à la « moralisation » et à la « sincérité » du vote dans les textes officiels, le vote n'était plus le simple décalque de pratiques sociales antérieures (les défilés derrière le notable, le vote collectif derrière le patron de l'usine ou le vote communautaire unanimiste). Il tendait à devenir une mise à l'épreuve de l'électeur-citoyen en tant qu'individu. Le symbole en était l'isoloir introduit par la loi du 29 juillet 1913 « ayant pour objet d'assurer le secret et la liberté du vote » (modifiée par la loi du 31 mars 1914).

1. Il est « prisonnier de sa tradition politique », selon Patrice Higonnet, *ibid.*, p. 134.
2. Voir L. A. Loubère, *Radicalism in Mediterranean France. Its Rise and Decline, 1848-1914*, Albany, State University of New York Press, 1974.
3. Yves Déloye, Olivier Ihl, « La civilité électorale : vote et forclusion de la violence en France », dans Philippe Braud (dir.), *op. cit.*, p. 75-96.
4. Voir pour la Bretagne, Patrick Pierre, *Les Bretons et la République. La construction de l'identité bretonne sous la IIIe République*, Presses universitaires de Rennes, 2001, p. 82-85.

Par l'acte du vote, l'électeur était d'ailleurs invité à se familiariser avec les mairies, les écoles, autant de constructions devenues les symboles publics du régime républicain.

La conquête de l'espace et du décor tant urbains que villageois fut en effet une obsession constante des républicains. Sur les façades des mairies, sur le pourtour des fontaines, par le choix de la statuaire publique et celui des noms de rue, les symboles républicains devaient ponctuer le paysage quotidien de la France politique [1]. Les cérémonies publiques qui relevaient directement des initiatives du régime, telle la fête du 14 juillet [2], furent elles aussi lancées comme autant de vecteurs de politisation contre les cérémonies traditionnelles d'origine religieuse (processions, pèlerinages) [3]. Accepter ou refuser de participer à la fête républicaine, accepter ou refuser de pavoiser sa maison aux trois couleurs, constituaient autant de prises de position, visibles de tous, signes d'engagement politique dans la France des années 1880-1890 ; engagement sur la nature du régime, monarchie ou république, engagement sur la nature du magistère social, Église ou État laïcisé. Une famille dans un quartier, un quartier dans une ville (le nord et l'est de Paris contre l'ouest [4]), une ville « bleue » au milieu d'un bocage « chouan », se signalaient ainsi par le déploiement ou par le refus d'un geste. Là où le 14 Juillet était célébré avec faste et ferveur se marquait un « pays » républicain ; là où les cérémonies religieuses conservaient leur éclat et leur impact populaire, le 14 Juillet et avec lui l'esprit républicain demeuraient atone et minoritaire [5].

Au-delà de l'appel à la raison froide et individuelle de l'électeur, la fête républicaine était un moyen d'ancrer dans les cœurs le message républicain, par les couleurs, par la musique

1. Maurice Agulhon, *Histoire vagabonde*, I, *Ethnologie et politique dans la France contemporaine*, Gallimard, « Bibliothèque des histoires », 1988, p. 101-136.

2. Devenue fête nationale par la loi du 6 juillet 1880. Rosemonde Sanson, *Les 14 Juillet (1789-1975). Fête et conscience nationale*, Flammarion, 1976, p. 31 *sq.*

3. Celles-ci avaient été relancées sous le gouvernement de l'Ordre moral.

4. Dans les années 1880-1890 les VIIe, VIIIe, XIVe et XVIe arrondissements sont vidés de leurs habitants à chaque 14 Juillet. R. Sanson, *op. cit.*, p. 103-104.

5. Christian Amalvi, « Le 14 juillet », dans Pierre Nora (dir.), *Les Lieux de mémoire*, I, *op. cit.*, p. 397.

et par la liesse de toutes les classes sociales. Le 14 Juillet célébrait d'ailleurs une action collective, non la gloire d'un héros individuel ou d'une poignée de patriotes : la fête s'adressait en miroir au peuple républicain et non à telle ou telle incarnation. Ainsi, la tradition civique et festive du régime républicain ne définissait pas une nouvelle « religion », ou seulement dans un sens abstrait et détourné [1]. Ludique et conviviale (la place centrale du banquet), elle intégrait plutôt qu'elle n'excluait. Hors des régions qui avaient connu la guerre civile sous la Révolution, elle demandait un ralliement de faible intensité. Les autorités républicaines s'efforçaient de présenter les symboles et les souvenirs historiques (1789 et 1790 plutôt que 1793) sous un jour à la fois moderne, laïque et en général modérateur.

Mais le succès grandissant de la fête du 14 Juillet, auquel on peut rattacher celui des Expositions universelles, ne révélait pas seulement la victoire du « parti » républicain sur la France des prêtres et des aristocrates. Le « triomphe » républicain était dialectique et syncrétique. Par le culte associé de l'armée (le défilé militaire dans toutes les villes de garnison et, pour Paris, la grande revue de Longchamp) et l'acceptation de symboles républicains de plus en plus routinisés et apaisés (le choix d'une figure de Marianne à la chevelure sage, réconciliatrice plutôt que révolutionnaire), il devint de plus en plus difficile de faire la part entre les ambitions civiques de la République laïque attachée au souvenir de la Révolution française et les communions patriotiques nourries par les idées de Revanche, de fierté nationale et de vigilance militaire. À la veille de 1914, ces communions faisaient se retrouver dans un langage proche, catholiques et anticléricaux, républicains de gouvernement et conservateurs ralliés, nationalistes et républicains patriotes. Conçu pour conjurer la défaite de 1870 et pour exorciser le souvenir du soulèvement communard, le succès du civisme fut peut-être plus national que républicain. À sa manière l'aile avancée du mouvement ouvrier (syndicalisme, socialisme et pacifisme) en prit acte (surtout entre 1906 et 1914), puisqu'elle imposa sa propre contre-culture, son drapeau, son hymne, son

1. Ce paragraphe tente de résumer le beau livre d'Olivier Ihl, *La Fête républicaine*, Gallimard, 1996.

monument (le mur des Fédérés inauguré en 1883) et sa date commémorative (le 1er mai)[1].

L'ancienne France des notables

Les dernières forces

En dépit des progrès républicains et des mutations de la société, bien des « pays » vivaient la politique sur le mode de la tradition. Les grands notables n'avaient pas disparu du paysage politique français du jour où les républicains étaient arrivés au pouvoir. La France des notables se maintenait solidement dans le Maine, l'Anjou, la Vendée, la Bretagne intérieure et certaines hautes terres du Massif central, là où une classe dominante de grands propriétaires fonciers (surtout quand il s'agissait d'une noblesse résidante) entretenait une relation de face à face avec une petite paysannerie dont aucune catégorie intermédiaire n'avait réussi à s'extraire. Quand les structures économiques du régime agraire désignaient encore de telles autorités sociales, quand une bonne partie du corps électoral s'insérait dans des relations de dépendance directe ou indirecte vis-à-vis du grand notable, celui-ci demeurait assuré de son élection, simple confirmation organique de son influence sociale.

Doublée de l'appui des prêtres, la notabilité « verticale » résistait encore mieux aux ingérences de l'État républicain, surtout si la masse des électeurs n'attendait rien de l'administration[2]. Dans certains endroits, le grand propriétaire foncier demeurait le principal pourvoyeur de travail et le principal acteur de la charité traditionnelle (dons après une calamité agricole par exemple). Il se trouvait à la tête d'un « système de faveurs » bien plus efficace que celui auquel le préfet de la

1. Toutefois, le 14 Juillet restait de nature polysémique, fêtant à la fois la concorde nationale et le souvenir d'un soulèvement populaire. Il pouvait être encore célébré par les municipalités socialistes comme le premier acte de la République sociale.

2. C'était le cas de la paysannerie relativement aisée du pays de Caux. Voir André Siegfried, *Tableau politique*, *op. cit.*, p. 312.

République pouvait avoir recours. Là où l'instituteur laïque ne touchait qu'une minorité des élèves scolarisés et où la pratique religieuse touchait encore les hommes autant que les femmes, l'influence du notable était alors sans rivale. Sous la plume jalouse d'un préfet cela pouvait encore donner en 1910 : « M. Bougère ne doit sa situation électorale qu'à son frère, le député de Segré, et à sa grosse fortune dont il sait faire, au moment des élections, le plus judicieux emploi. C'est ainsi qu'il vient encore de verser des sommes assez considérables aux communes qui ont été victimes des inondations. La famille Bougère a des représentants électoraux dans toutes les communes et elle est en outre assurée du concours certain du clergé [1]. » Des votes de type unanimiste témoignaient d'une telle emprise. En 1893, dans la deuxième circonscription de Vannes, le candidat conservateur aux législatives avait obtenu 547 voix sur 568 à Grand-Champ, 124 sur 132 à Locquelras et 124 sur 126 à Locmaria [2]. Ces formes de relation politique encore encastrées au cœur de la vie économique et sociale assuraient la perpétuation de véritables dynasties, tels les Gérard, députés de la circonscription de Bayeux de père en fils entre 1889 et 1929.

Loin de masquer cette relation de nature dissymétrique qu'ils entretenaient avec leurs électeurs, les notables la revendiquaient haut et fort. Ils en tiraient prestige et argument pour réclamer les suffrages. Ils faisaient valoir l'ancienneté de leur implantation familiale, la valeur de leurs titres qui les distinguaient de leurs électeurs, la confiance que ceux-ci pouvaient leur accorder en raison même de cette supériorité, de cette richesse, de cette réputation et des services rendus. Dans ce schéma, l'organisation d'une « campagne » électorale était réduite au plus simple appareil. « Le docteur Monprofit, en raison de sa situation personnelle, et grâce à l'appoint complet des réactionnaires, est à peu près assuré du succès, sans même qu'il ait besoin de faire une campagne très active. Il est même possible qu'il ne se déclare qu'au dernier moment, pour ne pas

1. Archives du Maine-et-Loire, 1 M 3/1. On note cependant que la famille Bougère joue le rôle de banquier de la noblesse locale. Il ne s'agit plus du modèle du grand notable conservateur.

2. Alain Garrigou, *Le Vote et la Vertu. Comment les Français sont devenus électeurs*, Presses de la Fondation nationale des sciences politiques, 1992, p. 89.

avoir à faire de réunions contradictoires avec son concurrent », notait le préfet d'Angers en vue des élections de 1910[1]. Le fait de refuser toute réunion publique ou toute forme de propagande politique n'était pas signe de faiblesse mais moyen de révéler le sens véritable de l'élection ; celui d'un ascendant social confirmé et conforté, le compte rendu d'une autorité à la fois imposée et consentie. Les notables traditionnels récusaient le principe même de la « profession de foi » politique et présentaient rarement un véritable programme ; ils se contentaient de demander aux électeurs la réassurance d'une approbation personnelle et la confirmation de leur capacité à protéger le *statu quo* social (contre la hausse des impôts, contre les déficits budgétaires, contre les désordres venus des villes et des « rouges »). Seuls les contacts pris avec les autres notables du département et de la circonscription faisaient office de mobilisation politique : comme dans une forme de cascade notabiliaire, « on se contente d'entrer en contact avec les autorités sociales : maires, fermiers, gros propriétaires, et ceux-ci, par leur influence locale, font marcher la masse indifférente[2] ».

Mais, au fil du temps, une telle armature de dépendance, de déférence et de reconnaissance ne subsistait intacte que dans un nombre très limité de circonscriptions. Alors que quatre départements sur cinq avaient envoyé au moins un noble à l'Assemblée nationale de 1871 (soit 225 députés sur 675)[3], ils n'étaient plus qu'un sur trois en 1910 (soit 55 députés sur 580), situés pour l'essentiel dans certaines régions de l'Ouest. Une telle présence ne signifiait d'ailleurs pas forcément la persistance de l'ancienne relation notabiliaire verticale ; la force du souvenir d'épisodes anciens était bien plus pertinente. Risquons une évaluation ; seuls une vingtaine de députés, au maximum une trentaine, étaient encore, à la veille de la guerre, les représentants du monde ancien.

1. Archives du Maine-et-Loire, 1 M 3/1.

2. André Siegfried (à propos d'une partie de la plaine de Caen), *op. cit.*, p. 397.

3. Jean Bécarud, « Noblesse et représentation parlementaire : les députés nobles de 1871 à 1968 », *Revue française de science politique*, vol. 23, n° 5, octobre 1973, p. 972-993.

Les raisons d'un recul

Le principal choc qu'avaient eu à subir les notables monarchistes, bonapartistes ou conservateurs avait été le démantèlement du « triple patronage[1] » – le prêtre, le préfet et le propriétaire – qui faisait de ce dernier le sommet d'un triangle relayant son influence sociale personnelle, l'emprise de la tradition religieuse et l'appui des autorités publiques. Avant la IIIe République, ils avaient souvent marché de concert. Des années 1880 à la guerre de 1914, au contraire, des concurrences et des affrontements les opposèrent ; non seulement les autorités publiques contre ses deux anciens alliés mais aussi l'autorité du prêtre contre celle du châtelain.

L'ancien notable était ainsi menacé de toutes parts. Là où son autorité avait déjà subi les atteintes de la modernisation économique, la perte de l'appui des pouvoirs publics achevait de ruiner son prestige et sa légitimité. Là où l'élection reposait sur l'influence politique des prêtres (ce que Siegfried appelait le « cléricalisme »), plutôt que sur une domination économique profonde, le grand notable devait payer au prix fort les ruptures successives et complexes qui éloignèrent l'Église de la cause monarchiste (le Ralliement), puis de la pure défense du conservatisme social (l'émergence des tendances démocrates chrétiennes). Dans certaines régions de la Bretagne, celle du Léon notamment, la chute du grand notable s'était déroulée dans des conditions spectaculaires, non pas en raison de l'influence des fonctionnaires républicains mais par le mouvement de l'abbé Gayraud, soutenu par le bas clergé, contre le comte de Blois, candidat des nobles et des royalistes (1896).

Cette fin du triple patronage accentua aussi les difficultés du financement politique éprouvées par les notables. L'ancien bonapartiste Raoul-Duval écrivait à sa femme lors des élections de 1876, qu'en cas de défaite « il serait impossible de soutenir notre train de vie actuel sans aller à la ruine[2] ». Ne

1. André Siegfried, *op. cit.*, p. 295.

2. Bernard Bodinier, Claude Cornu, « Un précurseur de la "droite républicaine" : Edgard Raoul-Duval (1832-1887) », *Revue d'histoire moderne et contemporaine*, t. 46, n° 4, octobre-décembre 1999, cité p. 684. Dans le camp républicain, lorsque Paul Cambon (sans fortune personnelle) envisage la carrière parlementaire, Charles Ferry, le frère du chef républicain, lui

pouvant pas compter sur le mécanisme de la candidature officielle, les notables devaient trouver de l'argent frais pour combattre le préfet républicain et financer sur leurs deniers les campagnes, les journaux et leurs affiches. Ne bénéficiant pas d'une base de militants bénévoles, ils devaient stipendier leurs agents électoraux. Dans le Trégorrois, entre 1870 et 1900, André Siegfried constatait que pour maintenir le vote des fermiers et des journaliers, de moins en moins soumis, les candidats nobles devaient dépenser des sommes de plus en plus considérables, entre 40 000 et 100 000 francs [1].

D'une manière générale, le coût d'une campagne avait été multiplié par dix par rapport aux élections censitaires de la première moitié du siècle et par trois ou quatre par rapport à celles du Second Empire. De quelques centaines puis quelques milliers de francs, on était passé à 10 000, 20 000 et souvent 30 000 francs sous la IIIe République. Dans de nombreux départements, pour les élections législatives et plus encore pour les cantonales, on vit la droite renoncer à présenter des candidats, surtout après 1881 et à l'exception de l'année 1889 marquée par la fièvre boulangiste ; en attendant la concurrence entre modérés et radicaux et plus encore la généralisation des candidatures socialistes (juste avant la guerre), la crise économique et morale qui touchait les structures notabiliaires de la droite profitait à plein aux républicains qui pouvaient bénéficier d'élections sans concurrence.

Plus que l'élu républicain, le grand notable se devait de fêter son élection par des distributions en nature et des libations diverses [2]. Le coût d'une campagne électorale devint ainsi de plus en plus problématique au moment où les bénéfices politiques et symboliques que l'on pouvait en tirer paraissaient de plus en plus aléatoires. Placée en situation minoritaire, la voix des notables conservateurs ne comptait plus guère dans les décisions prises par les assemblées tant nationales que dépar-

---

écrit : « On n'a pas le droit d'être député quand on ne peut pas vivre de ses rentes » (1875). Voir Laurent Villate, *Paul et Jules Cambon. Deux acteurs de la diplomatie française (1843-1935)*, *op. cit.*

1. André Siegfried, *op. cit.*, p. 223.

2. Notamment dans les régions de montagne et en Bretagne. Voir Eugen Weber, « Comment la politique vint aux paysans : A Second Look at Peasant Politicization », *American Historical Review*, vol. 87, 2 avril 1982, p. 357-389.

tementales. S'ils restaient arc-boutés sur leur fidélité monarchiste et catholique, ils s'excluaient des cérémonies publiques ; ils perdaient ainsi leur rang et bientôt leur prestige.

Certains grands notables cependant avaient réussi à prolonger leur emprise. Mais de telles reconversions indiquaient le prix qu'il fallait payer pour compenser le déclin des votes de déférence. En Mayenne, le comte Elva devait son succès électoral en 1889 au fait qu'il avait « su très habilement conquérir la sympathie de la population ouvrière et commerçante par l'organisation de courses de chevaux, de régates, de fêtes locales [1] ». Rallié au régime sous l'étiquette de « républicain libéral », il se présentait en 1893 devant ses électeurs avec un nouvel atout : « Délégué au Conseil supérieur des colonies, je suis à même de pouvoir davantage encore vous être utile soit en ce qui concerne les intérêts que vous pouvez avoir à l'étranger, soit relativement à vos enfants envoyés dans les troupes coloniales ou la marine, soit enfin à ceux d'entre vous qui désireraient s'occuper de colonisation... Vous savez tous qu'un service qui m'est demandé est un service rendu si la chose est possible... Je suis à vous sans m'inquiéter de vos opinions religieuses, sans me préoccuper de vos préférences politiques [2]. » Il ne s'agissait plus ici de faire jouer les automatismes de l'obéissance sociale mais bien de se présenter comme le premier obligé de ses électeurs et comme une sorte d'intercesseur dépolitisé.

Pour se maintenir, il fallait allier de gros moyens financiers et accepter les obligations « démocratiques » qu'imposaient les campagnes politiques modernes. Le baron de Mackau démontra en ce domaine une grande souplesse et une grande habileté [3]. N'ayant plus le soutien de l'appareil préfectoral, il avait constitué son propre fichier portant sur 500 électeurs sénatoriaux avec mention de leur option politique. Pour contrer les républicains, il avait racheté dès 1878 *Le Journal d'Alençon* afin d'unir les droites (légitimiste, orléaniste et bonapartiste) de son département et constituer l'équipe de rédaction en une

1. D'après un rapport préfectoral cité par Michel Denis, *op. cit.*, p. 482.
2. *Ibid.*
3. Éric Phélippeau, « La fin des notables revisitée », dans Michel Offerlé (dir.), *La Profession politique* XIXe-XXe *siècles*, *op. cit.*, p. 69-92. Le talent d'organisateur du baron de Mackau lui valut d'être l'un des dirigeants nationaux de l'Union des droites (1884-1890).

sorte de contre-préfecture. Pour les élections de 1881, il disposait de 30 à 40 agents électoraux de niveau central et entre 100 et 200 agents d'échelle communale, souvent recrutés parmi les petits notables. Plus « moderne » encore, il acceptait de faire lui-même de véritables tournées électorales depuis qu'un adversaire (à la fin du Second Empire), soutenu par la noblesse locale, l'avait obligé à multiplier les visites auprès des notables de la classe moyenne. Ses tournées électorales cependant ne se déroulaient pas sous la forme de réunions en assemblées nombreuses mais en des relations de face à face ou en tout petit groupe.

Nouveaux fiefs, nouveaux notables

À terme, l'ancienne notabilité « féodale » poursuivait une transformation qui pouvait la mener au statut de notabilité de l'argent. Ici, les anciens notables conservateurs ne se distinguaient plus guère d'un certain nombre de républicains devenus eux aussi des titulaires de fiefs imprenables fondés sur le clientélisme économique. Les Alpes-Maritimes en donnent un bon exemple. Profitant de l'essor de leur département (culture florale et Riviera touristique), les deux « patrons » de la politique locale des années 1870-1880, tous deux républicains, l'un dans l'arrondissement de Grasse, Chiris, l'autre dans l'ancien comté de Nice, Borriglione, firent reposer l'assise de leur domination politique sur des systèmes clientélaires particulièrement efficaces. Élu sans concurrent à Nice-Ville en 1877 et 1881, battu par Flaminius Raiberti lors d'une partielle en mars 1890, Borriglione se fit élire à nouveau sans concurrent dans la circonscription voisine de Nice-Campagne en 1890 et 1893. Élu au Sénat (par 355 délégués sur 392) en janvier 1894, il fit élire sans concurrence un protégé dans sa circonscription législative. À Nice, le nouveau patron, Raiberti, fut réélu sans véritable concurrence en 1893 et 1898 et sans concurrent en 1902, 1910 et 1914 (il affronta deux concurrents en 1906). Enfin le banquier républicain Bischoffsheim, élu à Nice mais invalidé (il avait avoué la dépense de 138 000 francs pour sa campagne électorale), fut élu dans la circonscription de Puget sur des promesses d'améliorations matérielles (transports et adduction d'eau) en 1893, puis réélu en 1898 et 1902.

Il fut battu en 1906 (il avait 83 ans) par un homme-lige de Raiberti.

Contrairement à Nice et son arrière-pays, l'arrondissement de Grasse, une fois passé le temps de Chiris, connut un véritable processus de politisation. En effet, bien loin de rester prisonnier du système de clientélisme, la classe moyenne agricole, enrichie par les cultures florales et maraîchères, ayant réalisé sa propre émancipation sociale, mais devenue dépendante des cycles commerciaux, devint très attentive à la politique douanière du gouvernement. Elle utilisait les élections pour récompenser ou sanctionner ses représentants, qu'ils soient modérés (victorieux en 1902 et 1910) ou radicaux (victorieux en 1906 et 1914)[1]. Une lutte concurrentielle s'était développée entre républicains modérés et républicains radicaux.

Pour l'ensemble des cas de notabilité d'argent sur le territoire métropolitain, les évaluations se révélèrent délicates. On peut cependant estimer que, parmi les députés élus en 1914, après quatre décennies de diffusion des formes modernes de la politique, pas plus d'une quinzaine d'entre eux ne devaient leur élection à leur générosité financière et à la force pure d'un clientélisme économique. Quelques départements d'agriculture de montagne étaient concernés, comme les Hautes-Alpes ou les Hautes-Pyrénées où un sous-préfet notait que « la première des qualités [pour un candidat], c'est d'être riche, et si avec la richesse ce candidat est serviable et accueillant, il réunit alors en lui les principales conditions du succès[2] ». Mais, pour l'ensemble du Grand Ouest (Normandie, Bretagne, Anjou, Maine et Vendée), André Siegfried notait comme principal résultat de son enquête : « S'il y a des circonscriptions qu'on ne gagne pas sans argent, il en est d'autres – presque toutes – que tout l'or de la terre ne ferait pas voter contre leur idée[3]. »

1. Jacques Basso, *Les Élections législatives dans le département des Alpes-Maritimes de 1860 à 1939. Éléments de sociologie électorale*, LGDJ, 1968.

2. Sous-préfet d'Argelès en 1893, cité par P. Peltier, *Politique et Psychologie rurales dans les Hautes-Pyrénées depuis 1871*, mémoire, sous la direction de Charles Morazé, Institut d'études politiques de Paris, 1957, p. 78. En 1877, Henri de Breteuil avait dépensé la somme considérable de 2 millions de francs selon Jean-Yves Mollier. Voir Jean-Yves Mollier, Jocelyne George, *op. cit.*, p. 83 (d'après des archives bancaires).

3. André Siegfried, *op. cit.*, p. 43.

Entre l'ancien notable conservateur et le nouveau notable républicain, il subsistait toutefois une différence de taille. Le candidat républicain se présentait, en général, comme un modèle de promotion sociale, comme le « fils de ses œuvres » pour reprendre l'expression contemporaine. Il ne demandait pas la reconnaissance « naturelle » de ses électeurs en fonction d'une supériorité hautement revendiquée ; il faisait appel à la reconnaissance symétrique des similitudes sociales. Son emprise, souvent plus forte que celle du notable traditionnel, se masquait derrière une présentation de soi à la fois méritocratique et égalitaire. Dans le Calvados, le républicain Henri Chéron avait installé un système (le « chéronisme ») qui enserrait la vie politique (surtout à Caen) dans un réseau de clientèles où les couleurs politiques tendaient à disparaître (aussi bien sur sa droite que sur sa gauche avec les socialistes). Mais il présentait un visage de démocrate, il rappelait la modestie de ses origines (fils de représentant de commerce), il multipliait les réunions et les contacts directs et il se permettait même de recevoir Jaurès en septembre 1906 pour soigner la partie ouvrière de son électorat et se déclarer publiquement en accord avec une bonne partie du programme socialiste.

Un notable monarchiste des années 1870 et un néo-notable républicain des années 1900 pouvaient avoir le même niveau de fortune, la même ancienneté de leur ancrage local ou le même statut social ; le sens de la notabilité n'en avait été pas moins bouleversé. La politique était venue insérer son jeu propre sous la forme d'un voile pudiquement jeté sur l'univers des relations sociales mais aussi sous la forme de valeurs et de croyances qui promettaient de modifier l'environnement quotidien et collectif.

Après bien des résistances, surtout locales, pouvant renaître sous la forme transitoire du notable d'argent, le notable était bien en voie de disparition à la veille de la guerre. Si l'on peut continuer à employer l'expression, ce n'est plus pour désigner un homme qui a fondé sa carrière politique sur sa notabilité sociale mais un élu qui récolte les fruits d'une notoriété nouvelle par ses succès politiques. Au tournant du XIXe et du XXe siècle, c'était déjà le cas de la grande majorité des élus.

La France des comités

L'arsenal des républicains (congrès, comités et réunions publiques)

Quels qu'aient été les efforts des notables, les outils de la politique moderne appartenaient d'abord aux républicains. « Congrès », « cercles », « comités » et réunions publiques faisaient partie de la tradition du parti républicain [1]. La pratique était bien à l'opposé de celle des grands notables puisqu'il s'agissait de s'adresser directement aux électeurs de base.

La forme d'organisation utilisée par les républicains tout au long des élections partielles organisées depuis 1871 puis lors des premières élections générales de 1876 et de 1877 se révéla particulièrement efficace. Lors de la campagne électorale précédant les élections partielles du 2 juillet 1871 dans 47 départements, les républicains organisèrent des assemblées électorales chargées de désigner le candidat par élection à bulletin secret [2], de financer la campagne et d'organiser l'effort de propagande (presse, imprimerie, distribution des bulletins). 99 républicains furent élus contre 12 monarchistes. Les élections suivantes confirmèrent le caractère irrésistible de la conquête électorale républicaine.

Les comités permettaient de rassembler les militants républicains des échelons locaux de la vie politique ; ceux des cantons et parfois ceux des communes. Ils formaient les cellules d'organisation de la campagne électorale tant pour les réunions publiques que pour la propagande informelle de petit groupe en petit groupe, d'individu à individu. Ils eurent souvent leur siège au cœur des sociabilités du quotidien ; dans la salle de rédaction d'un journal pour les comités modérés, dans l'arrière-salle d'un café pour les comités radicaux et pour les

1. Voir le chapitre 8 de Raymond Huard.

2. Jacques Gouault, *Comment la France est devenue républicaine. Les élections générales et partielles à l'Assemblée nationale 1870-1875*, Armand Colin, « Cahiers de la Fondation nationale des sciences politiques », n° 62, 1954, p. 111.

comités socialistes [1]. À l'échelle de l'arrondissement ou du département (pour les élections au scrutin de liste de 1885), la réunion d'un comité, appelé parfois « congrès républicain », permettait la désignation du ou des candidats, ainsi auréolés d'une investiture de type démocratique. Là où l'influence et l'autorité sociale avaient désigné les notables conservateurs, le comité ou le congrès offrait ainsi aux candidats républicains un mode de sélection plus formalisé, procédure qui contribuait en retour au développement des appareils politiques locaux [2]. En théorie, le congrès accueillait tous les électeurs désireux de participer au choix du candidat. En réalité, les organisations locales imposèrent la désignation préalable des membres (conseillers généraux, maires et adjoints) et le choix d'un nombre restreint de délégués des comités locaux [3], à l'exclusion des simples électeurs qu'on craignait de ne pouvoir contrôler.

Même sous cette forme, le comité électoral aboutissait souvent à la désignation d'un candidat qui, par son origine sociale et géographique, se situait (ou prétendait se situer) sur un pied d'égalité avec les électeurs. Recruté parmi les « couches nouvelles » des avocats, des médecins et des petits patrons du commerce et de l'industrie, « fils de leurs œuvres » et enfants du « pays » [4], souvent au centre d'un réseau de sociabilités égalitaires, il s'opposait au grand notable conservateur. Même s'il finançait sur sa fortune personnelle une partie des dépenses électorales, il bénéficiait de l'aide financière de son comité et surtout de l'activité bénévole des militants (distribution des bulletins, affichage des placards, porte-à-porte). Les chefs républicains du Doubs trouvaient leurs meilleurs agents parmi les instituteurs, les juges de paix, les douaniers de la frontière

1. Constat fait pour l'Allier par Jean-François Viple, *op. cit.*, p. 83-85. Le comité socialiste de Moulins conserva son siège au café de l'Horloge de 1890 à 1939.

2. F. Miquet-Marty, *Aux origines du parti politique moderne. Les groupes sociaux à l'épreuve du formalisme démocratique. France 1848-1914*, thèse, sous la direction de Pierre Rosanvallon, EHESS, 1996, p. 54.

3. Mais le nombre de délégués était calculé en proportion du nombre d'électeurs inscrits et non en fonction du nombre de militants, différence essentielle avec le modèle du parti politique moderne.

4. Dans la Chambre de 1898, sur 442 députés (hors Seine) pour lesquels le lieu de naissance était mentionné, 284 soit 65 % étaient nés dans le département où ils avaient été élus (36 étaient nés dans un département limitrophe, 59 à Paris et 63 dans un autre département). Calculs faits à partir des Archives nationales, C*II 1051.

suisse, les marchands de vins, les horlogers et les colporteurs [1]. Dans les Hautes-Alpes, le rôle était joué par les gardes forestiers [2]. Dans une région républicaine avancée, là où les comités fleurissaient à l'échelle de l'arrondissement, du canton et même de la commune [3], la supériorité économique de l'organisation républicaine par rapport à la pyramide hiérarchique des notables était imparable.

Avec l'installation des républicains au pouvoir, la vie des comités évolua. Dans les départements définitivement conquis, la concurrence entre les républicains modérés et les radicaux entraîna la division des comités, le plus souvent par sécession de la fraction radicale. Dans bien des cas, les comités modérés évoluèrent vers un rôle de chambre d'enregistrement au service du candidat ou du député sortant, désigné à l'avance par cooptation entre les chefs républicains de l'arrondissement ou, parfois, directement par le préfet. Républicains mélinistes et gouvernementaux, notamment dans les régions de l'Est, de la Normandie et du Bassin parisien se retrouvaient dans cette situation de nouvelle notabilité. Dans le département des Vosges, au cours des années 1880 et 1890, la vie politique était constituée d'un « parti » républicain dominant, emmené par deux grandes personnalités politiques nationales (Jules Ferry et Jules Méline), secondées par un simple réseau de notables républicains (les élus locaux) et par l'appareil préfectoral ; la base militante était quasi inexistante (à l'exception des cercles de la Ligue de l'enseignement), les réunions publiques étaient formelles, les comités s'organisaient juste le temps des élections [4], les cas d'élection sans concurrence étaient nombreux [5].

1. Louis Mairry, *op. cit.*, p. 89.

2. Marcel Cachin, *Carnets 1906-1916*, CNRS, 1993, édition établie et annotée par Gilles Candar et Christophe Prochasson, sous la direction de Denis Peschanski, p. 394.

3. Vers 1906-1909, les radicaux avaient 4 comités cantonaux (sur 4 cantons) et 30 comités communaux dans le seul arrondissement de Gannat. Ils ne comptaient en revanche qu'un seul comité cantonal peu actif pour les deux circonscriptions de Montluçon devenues des bastions socialistes. Jean-François Viple, *op. cit.*, p. 95.

4. Gilles Grivel, *Le Parti républicain dans les Vosges de 1870 à 1914*, thèse, sous la direction de François Roth, Université Nancy-II, 1997, p. 241 *sq.*

5. Jules Méline a été élu sans concurrent en 1876, 1881, 1893 et 1898. Lors des élections cantonales, les candidatures uniques (presque toujours en faveur de conseillers généraux républicains sortants) concernaient la moitié

Les comités radicaux-socialistes puis les comités socialistes continuèrent de leur côté la tradition militante et démocratique. Grâce à de tels vecteurs, la Belle Époque constitue ainsi un véritable âge d'or de la politisation par le bas. Les comités avaient parfois l'initiative de la rédaction du programme que les candidats devaient accepter en partie ou en totalité, prolongeant la tradition de la démocratie directe. C'était le cas des comités ouvriers et socialistes de Montluçon dès les années 1880, s'inspirant de la pratique des comités radicaux les plus avancés. Au-delà de l'action électorale pure, ils jouèrent un rôle d'avant-garde dans l'agitation anticléricale. Le gouvernement d'Émile Combes reçut au cours de l'année 1904 des adresses de félicitations de la part de 5 921 comités radicaux, de 4 740 conseils municipaux, de sections de la Ligue des droits de l'homme (242 adresses), de loges maçonniques (205 adresses) et de réunions, conférences, banquets organisés pour l'occasion (1 024 dont 439 concluant un banquet du 14 juillet)[1].

Dans le cas des socialistes, la forme du comité permettait un financement collectif de la campagne ce qui facilitait l'émergence de nouvelles générations de candidats issus des petites classes moyennes et du monde ouvrier[2]. Les comités eux-mêmes intégraient des membres des classes populaires, artisans, boutiquiers, petits fonctionnaires ainsi que paysans et ouvriers. Comme dans le cas du radical-socialisme, le « parti » socialiste, avant même d'exister à l'échelle d'une organisation nationale, était né à plusieurs centaines d'exemplaires au niveau local. Les élus socialistes, de ce fait, jouissaient d'une forte autonomie aussi bien personnelle que politique, pour définir leur programme, leurs idées et leurs alliances, pour maintenir une certaine liberté vis-à-vis des instances nationales de leur parti, une fois celui-ci constitué et unifié.

Au total et si l'on se situe à la période de l'apogée du bleu et rouge manteau des comités qui couvrait la France républi-

des sièges à renouveler. De 1880 à 1910, sur 160 compétitions cantonales, 85 se firent sans concurrence.

1. Gérard Baal, « Combes et la "république des comités" », *op. cit.*, p. 260-285.

2. La campagne du candidat socialiste Alexandre Zévaès en Isère (1902) fut payée aux deux tiers par son comité électoral. Pierre Barral, *op. cit.*, p. 356.

caine, le nombre de militants pourrait être situé dans une fourchette de 1 à 5 % des électeurs inscrits[1]. Mais la véritable participation des électeurs doit se mesurer à l'aune du succès des réunions publiques. Organisées d'après la loi de 1881, selon une formule inspirée du Parlement national (élection d'un bureau avec un président, tour de parole entre les différents orateurs, vote d'un « ordre du jour » en fin de réunion), elles mettaient face à face, selon un principe de débat contradictoire, les deux principaux candidats. Dans bien des cas, les réunions publiques rencontraient un grand succès populaire et constituaient, en l'absence de partis politiques organisés, la principale forme de participation directe des électeurs à la vie politique. Points d'orgue des campagnes électorales, elles étaient l'une des rares formes de distraction et d'événement public dans les petites communes[2]. Dans le cadre du scrutin d'arrondissement où la circonscription pouvait être de faible étendue, il n'était pas rare de voir un candidat parcourir une bonne partie des communes pour se faire connaître par le visage et par la parole de la majorité de ses électeurs. Certaines circonscriptions comptaient quelques milliers d'électeurs et d'autres – nombreuses – ne dépassaient pas le chiffre de 15 000 ou 20 000. À raison de vingt à cinquante réunions électorales, en présence de 50 à 100, 200 ou 300 électeurs, le candidat pouvait toucher la majorité des citoyens dont il convoitait les suffrages. En milieu urbain, une seule réunion pouvait toucher une fraction importante de l'électorat. Ainsi, le 24 avril 1893, à Besançon, le candidat radical Beauquier, en débattant avec différents orateurs socialistes (dont Jules Guesde) devant 1 500 auditeurs, avait pu s'adresser à un futur votant sur cinq (élu au premier tour le 20 août, il avait obtenu les suffrages de 4 000 personnes contre 1 200 à son concurrent socialiste et 2 500 au conservateur).

Les réunions publiques avaient ainsi assuré la diffusion des

1. Évaluation qu'il faut prendre évidemment avec précaution. Elle est tirée des travaux déjà cités de Jean Quellien (Calvados), Louis Mairry (Doubs), Jean-François Viple (Allier), Jean Micheu-Puyou (Basses-Pyrénées), Raymond Long (Côte d'Or), Georges Dupeux (Loir-et-Cher), Pierre Barral (Isère), Janie Cara-Juillet (Seine-et-Oise).

2. Comme le note Eugen Weber, *La Fin des terroirs*, *op. cit.* p. 395. Un orateur doit savoir mettre les rieurs de son côté, répondre aux interruptions et aux contradictions, faire face parfois aux invectives et aux injures.

idées et des programmes, la politisation des classes moyennes, d'une partie des masses rurales et ouvrières, l'habitude de la discussion ou de l'invective politique, le fait de s'identifier à telle ou telle famille politique, telle ou telle représentation abstraite de la politique, avec une efficacité certainement plus grande que des partis de militants recrutant une minorité des électeurs. Les réunions, parfois proches de meetings, ouvraient sur le monde extérieur comme le prouvait la venue d'orateurs républicains et socialistes célèbres. Dans le Cher, par exemple, Louise Michel, Sébastien Faure ou Jean Jaurès rassemblèrent un public de près de 2 000 personnes [1]. Hors période électorale, des conférences contradictoires [2] contribuaient à la construction de positions politiques ou idéologiques, susceptibles de devenir des références partagées et diffusées. Une « guerre » des conférenciers opposa ainsi dans les années 1900 les principaux orateurs de la libre-pensée et des contradicteurs ecclésiastiques, tels les abbés Desgranges, Garnier, Naudet et Bergey [3].

Un signe qui ne trompait pas concernant le succès des comités et des réunions fut la nécessité pour les organisations conservatrices, là où la tradition du vote hiérarchique de déférence menaçait ruine, d'avoir recours à ces pratiques et de choisir des candidats issus des classes moyennes. On le vit en Mayenne ou dans le Loir-et-Cher où les « républicains libéraux » étaient recrutés parmi les avocats, les journalistes, les médecins et les petits patrons en remplacement des grands propriétaires fonciers et des notables de fortune [4]. Dans la France de l'affaire Dreyfus, les rapprochements entre républicains modérés, catholiques ralliés et anciens monarchistes ayant évolué vers le conservatisme républicain, prenaient ainsi pour base le même type de recrutement social des candidats (contre le grand notable traditionnel) et le même type d'organisation électorale.

1. Michel Pigenet, *op. cit.*, p. 396-397.

2. Entre Griffuelhes de la CGT et l'abbé Desgranges le 10 janvier 1907, entre Marc Sangnier et un auditoire d'ouvriers socialistes le 18 juin 1907 à Montluçon. Jean-François Viple, *op. cit.*, p. 53.

3. Jacqueline Lalouette, *La Libre Pensée en France*, *op. cit.*, p. 129.

4. Michel Denis, *op. cit.*, p. 440.

Les nébuleuses associatives

Aux côtés des comités et des réunions qui animaient les campagnes électorales, le secret d'une candidature réussie reposait sur le soutien direct ou informel d'associations, de ligues et de sociétés de diverse nature. Chez les républicains, la conquête d'un grand nombre de départements s'expliquait par la prise en main ou la création des sociétés d'agriculture, de sociétés pour l'amélioration de l'élevage, des comices agricoles, de caisses de crédit agricole et de tout ce qui pouvait permettre au député républicain et à ses relais locaux d'incarner de manière concrète les valeurs d'une République agraire et protectrice. Ailleurs, le combat scolaire et laïque fut la source essentielle du militantisme républicain (Ligue de l'enseignement, multiples organisations du Sou pour l'école, associations pour le développement des bibliothèques scolaires, etc.) travaillant en symbiose avec les autorités administratives. Le combat direct contre l'emprise de l'Église sur les actes de la vie civile (l'organisation des obsèques par exemple) fut le moteur principal de l'activisme des groupes liés à la libre-pensée dont le recrutement, dans les pays « avancés » (Paris et son Bassin, le Nord et le Pas-de-Calais, le trépied formé de la Provence, de l'axe rhodanien et du Languedoc), se fit sur une base démocratique[1]. Ni le domaine festif (multiples déjeuners et banquets) et récréatif (la création d'orphéons et de fanfares), ni le domaine des sociétés de tir et des amicales sportives n'étaient négligés. Un sous-préfet de Lisieux pouvait se vanter dans un rapport au ministère de 1910 d'avoir suscité la création d'une société de gymnastique qui « soustraira les enfants de nos écoles à l'influence dangereuse des patronages cléricaux toujours actifs[2] ». Parce que la fanfare de Charquemont dans le Doubs présidée par le curé de la paroisse avait refusé de jouer *La Marseillaise* le 14 juillet 1882, les républicains en constituèrent une autre, baptisée « La Démocrate »[3].

1. Les groupes sociaux les plus fortement représentés sont, dans l'ordre, les vignerons, les ouvriers urbains et les commerçants. Jacqueline Lalouette, *op. cit.*, p. 99-100.
2. Cité par Jean Quellien, *op. cit.*, p. 253.
3. Louis Mairry, *op. cit.*, p. 91.

Pour les droites, la nébuleuse associative joua aussi un rôle important, surtout pour les courants et les sensibilités nouvelles qui apparurent au tournant des deux siècles. À Hazebrouck, l'abbé Lemire, témoin du glissement du catholicisme social vers la démocratie chrétienne, ne disposait ni de fortune personnelle ni du soutien de sa hiérarchie. S'opposant à la notabilité conservatrice implantée de longue date dans sa circonscription, il dut bâtir son propre réseau de soutien composé de syndicats agricoles, d'une partie du bas clergé (utile pour le porte-à-porte bénévole), du bénévolat d'ouvriers tisserands et agricoles (pour la distribution des bulletins), de souscriptions auprès d'amis un peu fortunés (un médecin, un pharmacien, un professeur de collège en 1893) et de prêches politiques en flamand. Pour les élections suivantes, il bénéficia du succès national de sa Ligue du Coin de terre et du foyer (favoriser la possession d'un jardin par les ouvriers) qu'il avait fondée en 1897 [1].

Dans un autre style, le député nationaliste de Remiremont, Maurice Flayelle, élu en 1903, contrôlait le syndicat des employés, celui du bâtiment et du textile, une coopérative de consommation, une société de gymnastique, un groupe cycliste, une troupe de théâtre, une association d'anciens combattants sans oublier le patronage du curé [2]. Quant à Louis Marin, élu en 1905 lors d'une élection partielle en Meurthe-et-Moselle comme candidat de convergence entre les droites, il ne jouissait ni de la notoriété ni de la fortune d'un grand notable. Pour les élections suivantes, il dut construire par lui-même les bases de sa puissance politique. Pour cela, il ne fit pas appel aux autorités sociales établies (Église, industriels et grands propriétaires fonciers), mais développa des relations directes avec les syndicats agricoles, les groupes de défense des classes moyennes, vint en aide aux cheminots des Chemins de fer de l'Est et aux ouvriers de la Manufacture des tabacs de Nancy, se rendit aux réunions du Groupe des camionneurs et facteurs de la ville de Nancy [3]. Son inlassable activité législative (dans les domaines des douanes, des impôts, du com-

1. Jean-Marie Mayeur, *Un prêtre démocrate, l'abbé Lemire, 1853-1928*, Casterman, 1968.
2. Gilles Grivel, *op. cit.*, p. 518.
3. Jean-François Eck, *Louis Marin et la Lorraine 1905-1914. Le pouvoir local d'un parlementaire sous la IIIe République*, *op. cit.*, p. 200-215.

merce, des ouvriers d'État, etc.) lui permit de fonder son pouvoir local sur un réseau de relations avec les syndicats, les associations, les amicales relevant des classes moyennes du commerce et de l'artisanat, des employés et de certaines catégories ouvrières. Son action de mécénat (dont les faits et gestes étaient longuement énumérés dans ses professions de foi) compensait l'absence d'organisation partisane caractérisée par des formes directes de militantisme. Elle lui permettait aussi de transcender les clivages partisans. Elle devint d'autant plus efficace lorsqu'il glissa de l'opposition parlementaire vers l'arc majoritaire sous les ministères Briand et Barthou, obtenant ainsi l'oreille des ministres ; il put désamorcer l'effet de la lutte menée contre lui par le préfet depuis sa première élection en 1905.

Des évolutions et des réussites similaires caractérisèrent l'implantation des droites républicaines modérées à Lyon et dans le département du Rhône (nébuleuse centrée sur le noyau associatif catholique)[1], en Franche-Comté (rôle de la conférence Saint-Thomas d'Aquin, d'un syndicat agricole catholique et du succès local de l'Association catholique de la jeunesse française) ou dans le département de l'Isère (militantisme catholique) ou dans une partie de la Bretagne[2].

La force des intercessions

Entre les formes d'implantation des républicains et celles des différentes droites, les premières bénéficiaient d'un avantage important sur les secondes : l'aide du préfet et des sous-préfets. À la différence du conservateur ou, plus tard, de l'opposant nationaliste, l'élu républicain tirait les avantages d'un rôle d'intercesseur entre ses électeurs et les bienfaits distribués par l'administration (exemptions du service militaire ou plus souvent maintien sur place et affectation dans une arme souhaitée). Rien ne permet cependant d'exagérer l'ampleur

1. Mathias Bernard, *La Dérive des modérés : la Fédération républicaine du Rhône sous la IIIe République*, L'Harmattan, 1998.

2. Pour l'Isère, voir Pierre Barral, *op. cit.*, p. 248 *sq.* Pour la Bretagne, voir l'élection de Charles Daniélou en 1910 à Châteaulin : Patrick Gourlay, *Charles Daniélou (1878-1953). Itinéraire politique d'un Finistérien*, Presses universitaires de Rennes, 1996, p. 43.

d'un tel « système de faveurs », bruyamment dénoncé par l'antiparlementarisme. Un préfet nommait et révoquait les receveurs de bureaux de poste et les titulaires des bureaux de tabac, les chefs de corps des sapeurs-pompiers, les employés de la voirie ; il approuvait la nomination des gardes champêtres faite par les maires et plaçait les pupilles de l'Assistance publique dans telle ou telle famille. Mais, tout compte fait, s'il pouvait récompenser les militants républicains les plus en vue, son « système » ne pouvait toucher qu'une toute petite minorité d'électeurs même quand il subventionnait le journal républicain du département comme ce fut le cas en Lozère [1].

Sous la pression des ministères de la Belle Époque, les préfets devaient d'ailleurs s'abstenir d'une ingérence directe et proposer à leur ministre un travail plus « scientifique » d'évaluation et de pronostic électoral [2]. En Ille-et-Vilaine par exemple, après 1880, la préfecture offre un « parrainage officiel » aux candidats du parti républicain mais ne prétend plus être le directeur de la campagne : l'appareil préfectoral se met au service des comités politiques locaux mais ne peut se substituer à eux. Le choix des candidats, l'animation de la campagne et l'organisation des réunions, le succès comme l'insuccès, relèvent du parti républicain local plus que du préfet [3]. Sauf exceptions, il semble bien que les préfets n'étaient plus capables, à eux seuls, de « faire » l'opinion. Le résistible déclin des conservateurs ici, les victoires des nationalistes là, ou la progression des socialistes ailleurs, toujours obtenus contre la « machine » préfectorale, en apportaient la preuve dans maints départements.

Les faveurs de la République demeuraient impuissantes dans les régions restées fidèles au vote catholique ou au vote de déférence notabiliaire. Elles pouvaient s'avérer contre-productives auprès d'un électorat particulièrement soucieux de son indépendance, méfiant à l'égard des suggestions imposées d'en

1. Rapport du préfet de la Lozère au ministre de l'Intérieur, 27 août 1889. Archives départementales, M 12 597. De l'aveu même du préfet, ce journal, *Le Moniteur de la Lozère*, n'avait guère d'efficacité sur la masse rurale encore sous l'emprise du catholicisme.

2. Voir Jacques Aubert, « Introduction », dans Jacques Aubert *et al.*, *Les Préfets en France (1800-1940)*, *op. cit.*, 1978.

3. Thiphaine Le Yoncourt, *Le Préfet et ses notables en Ille-et-Vilaine*, *op. cit.*

haut et utilisant l'expression moderne du vote comme une manifestation de sa capacité à juger par lui-même [1].

L'action administrative comme l'action électorale ne venaient plus sanctionner l'état présent de la société et confirmer la domination des notables ; elles venaient s'insinuer entre les détenteurs de la puissance économique et sociale et le corps des citoyens mobilisé au nom des valeurs de la méritocratie, du progrès et de l'égalitarisme. En 1914, plus encore qu'en 1877 ou 1898, du fait de l'arrivée des générations radicales et des progrès enregistrés par les socialistes, la majorité des députés n'était plus issue des élites qui dominaient la vie économique et sociale. Au contraire, le suffrage universel avait séparé le pouvoir issu de la richesse économique individuelle du pouvoir que conférait la politique [2] ; le sens de l'égalitarisme avait poussé les électeurs à ne pas donner un levier politique aux puissants qui détenaient déjà les rênes de la domination économique. Tout ceci n'était qu'une tendance générale qui comprenait des lenteurs, des retards, des exceptions mais bien des députés et bien des sénateurs devaient dorénavant leur élection à la politique elle-même ; une politique qui au lieu d'être encastrée dans les liens sociaux primaires avait conquis sa force de transitivité et sa fonction d'autonomie.

La France des protestations

Les formes nouvelles de l'implantation politique à la Belle Époque

Entre 1880 et 1914, élection et participation n'épuisaient pas les formes prises par la vie politique démocratique. On le voit bien dans le cas des socialistes qui, même s'ils empruntaient les voies légales et républicaines du combat électoral, introduisirent des formes nouvelles de participation et d'action poli-

1. Cas du Marmandais étudié par Guy Bégué qui parle d'« électeur-juge » : *Les Déterminants du vote. Analyse du comportement électoral dans la circonscription de Marmande (Lot-et-Garonne) de 1848 à 1988*, Medusis, 2000, p. 380-381.

2. Pierre Barral, *op. cit.*, p. 100.

tiques. Dans les circonscriptions à majorité ouvrière, le vote socialiste brisait le patronage exercé par les candidats républicains issus des classes moyennes. L'identité d'origine sociale et de mode de vie économique entre le candidat socialiste et ses électeurs devenait le critère de la relation électorale. Le candidat répondait de son identité ouvrière tandis que son discours proposait une identité socio-politique dirigée de manière spécifique et parfois exclusive vers les milieux ouvriers. Dans sa version intransigeante, l'implantation locale du socialisme structurait ainsi un vote ouvrier en rupture avec la tradition de citoyenneté républicaine. L'élu socialiste n'était plus le représentant de tous les électeurs, mais le délégué d'un corps social particulier ; il ne portait plus sa contribution à l'exercice de la « souveraineté nationale », mais revendiquait un pouvoir séparé du reste de la nation.

Séparation et sécession relevaient cependant plus de l'incantation révolutionnaire que de la réalité. Dans la grande majorité des départements, les élus comme les électeurs socialistes épousaient des positions de compromis et ne rejetaient pas les pratiques et les institutions de la République parlementaire. Rares étaient ceux qui pouvaient se vanter de devoir leur élection au seul électorat socialiste de conviction et ouvrier de condition. Les élus socialistes de 1902, 1906, 1910 et 1914 devaient beaucoup au report des voix républicaines et radicales lors du second tour, nouvelle extension de la « discipline républicaine », alors que leur strict électorat ne s'élevait guère à plus de 30 ou 20 % des suffrages du premier tour. En 1914, sur les 102 élus métropolitains, 45 avaient été élus grâce à la discipline républicaine du second tour. On peut y ajouter une vingtaine d'élus du premier tour, candidats uniques de la gauche face à la droite (tel Jaurès dans la deuxième circonscription d'Albi)[1]. Ils étaient ainsi en majorité liés à la gauche radicale et, par là, au régime tout entier.

Au Parlement, sous l'impulsion de Jaurès, ils participaient aux combinaisons majoritaires (sous le Bloc des gauches) comme au jeu des propositions de loi et d'amendements, certains pouvant être pris en compte ou même votés. Ils s'étaient glissés dans le rôle de législateurs républicains au lieu de rester perchés sur une « montagne » parlementaire, confinés dans un

1. Calculs faits par l'auteur.

rôle d'opposition systématique. Le même phénomène se retrouvait dans les conseils généraux. On note ici la capacité de la République parlementaire – bien aidée en cela par un rythme de changement social qui évitait au pays les formes les plus bouleversantes de l'industrialisation et de l'urbanisation – à pouvoir intégrer et en quelque sorte désamorcer la force protestataire venue des milieux du socialisme ouvrier. Cette nature participative du socialisme français, né dans le cadre d'une République fondée sur le culte officiel de la Révolution française, pratiquant le suffrage universel et un large régime de libertés publiques (presse, réunion, association), prêchant les valeurs d'égalité et de fraternité, marqua pour longtemps l'histoire de la SFIO.

Le développement des formes de l'action collective

Si les aspects politiques du socialisme pouvaient s'intégrer à la République parlementaire, l'action du syndicalisme d'action directe posait un tout autre problème. Grèves, manifestations et mobilisations générales remettaient en cause les bases de la politique républicaine. Celle-ci considérait la voie électorale comme la seule expression légitime de la société. Entre les discours et les réunions électorales, la rédaction des programmes sous la surveillance des comités, les demandes d'intercession faites auprès du député et le bulletin de vote lui-même, les électeurs devaient pouvoir tout dire et tout exprimer.

Mais pour des individus soumis à des journées de travail de 10 heures, aux aléas de la vie industrielle et à l'instabilité géographique, au renforcement de la discipline patronale, la politique républicaine, qui supposait le temps, la disponibilité et la stabilité, n'était plus adaptée. Seules des formes nouvelles d'action collective, développées sur les lieux de travail et visant la nature même du monde industriel, pouvaient mener à une forme de politisation. Le critère de la citoyenneté républicaine se révélait d'ailleurs trop étroit pour de tels cadres. Il ne prenait en compte ni les femmes au travail ni la présence de plus en plus importante des ouvriers étrangers (environ 1 million en 1914). Les nouvelles formes de l'action collective ne visaient pas le même public ni les mêmes objectifs que la politique électorale des républicains. À Longwy, par exemple, les grèves de 1905 avaient fait éclater les rancœurs accumulées par des ouvriers qui avaient vu disparaître l'ancien système de l'atelier et de l'autonomie – les usines deviennent des casernes disciplinées – et les liens avec l'environnement rural (le recrutement local remplacé par l'introduction d'ouvriers italiens, la remise en cause de la double activité, le logement rural remplacé par la fixation dans une cité industrielle). Sans passé révolutionnaire, de sensibilité plutôt patriote, encore respectueux jusque-là de la tradition du paternalisme patronal, les ouvriers adoptèrent à partir de 1905 le drapeau rouge, l'Internationale, le rejet frontal du patronat. Monde agricole et monde ouvrier se retrouvaient dès lors séparés l'un de l'autre. Aux élections législatives de 1906, le candidat socialiste obtenait 40,7 % des voix à Saulnes ou encore 24,3 % à Thil, cités métallurgiques et minières, alors qu'il n'obtenait qu'entre 0,3 % et 4 % dans les cantons ruraux [1].

L'action collective ouvrière gagnait en force et en capacité de mobilisation. En étant à la fois plus nombreuses, moins violentes et mieux organisées, les grèves gagnaient en crédibilité. Entre 1864 et 1914, 56 % des grèves se terminaient par un succès des revendications ouvrières [2]. Moment de cristallisation et de fondation d'une organisation syndicale, la grève intégrait dans une action politique commune les femmes et les ouvriers étrangers (fort militantisme chez les ouvriers belges dans le Nord, grèves d'ouvriers italiens en Lorraine, activisme des dockers italiens de Marseille). Avec 438 000 grévistes, soit 1 ouvrier sur 16, à l'échelle nationale, le grand mouvement de grève générale de l'année 1908 marqua un tournant important. Porté par les milieux ouvriers de la deuxième révolution industrielle, ceux des grandes usines, coordonné et organisé depuis Paris, il permit d'exercer une pression directe sur le gouvernement autour d'un objectif rassembleur (la journée de 8 heures). Dans de nombreux cas, surtout après 1905-1906, l'envoi de la troupe donnait l'impression que le gouvernement avait choisi son camp, celui du patronat. L'État républicain perdait auprès des ouvriers l'image et la fonction d'arbitre.

1. Gérard Noiriel, *Longwy. Immigrés et prolétaires, 1880-1980*, PUF, 1984, p. 93.
2. Patrick Fridenson, « Le conflit social », dans *L'État et les conflits*, *op. cit.*, p. 383.

Le développement de la Confédération générale du travail (CGT) s'inscrivait dans ce contexte. Revendiquant la lutte frontale contre le patronat, la CGT avait proclamé son autonomie par rapport à la vie politique, y compris vis-à-vis des socialistes (Charte d'Amiens de 1906). Si elle n'avait pas adopté les moyens concrets de la lutte violente, elle avait voulu signifier son rejet de la tutelle bourgeoise incarnée par les partis politiques républicains. Le syndicalisme d'action directe qui signifiait tout autant la lutte que la négociation pour l'obtention de résultats concrets (sur les salaires et la durée du temps de travail) [1], se présentait ainsi comme une alternative à la politique républicaine, un rejet de la procédure délégataire, du régime électoral et parlementaire, un court-circuit du régime représentatif.

La grande révolte du Midi en 1907 participait à sa manière d'un tel rejet. Certes, dans sa forme, le mouvement resta non violent. Mais la mobilisation des vignerons avait réussi à rassembler des foules considérables (200 000 manifestants à Narbonne le 2 juin 1907 et peut-être 700 000 à Montpellier le 9) et à provoquer une double forme de désobéissance, civile (les maires apportaient soutien et secours matériel) et militaire (le 17ᵉ régiment de ligne sympathisa avec les manifestants de Béziers). Sans revêtir de caractère révolutionnaire, le mouvement démontrait que les frontières de la légalité politique (s'exprimer par le bulletin de vote et par lui seul) se déplaçaient sous la pression des formes nouvelles empruntées par l'action collective.

La manifestation comme la grève générale ou l'action paysanne entraient, à la veille de la guerre, dans les formes mêmes de l'expression politique. À ce titre, le régime des libertés publiques mis en place par les républicains ne pouvait plus faire figure de modèle d'avant-garde comme ce fut le cas dans les années 1870-1880. Il se révélait peu tolérant à l'égard des formes de l'action collective (absence de droit de manifestation) et peu ouvert à la revendication des suffragettes (le vote des femmes). Il se retrouvait décalé et contesté par l'émergence de phénomènes politiques qui, tel le « mouvement ouvrier », se situaient en rupture ou, au moins, en concurrence avec la vie politique traditionnelle. La nationalisation de la vie poli-

1. *Ibid.*

tique opérée par les grandes grèves ouvrières ou la révolte du Midi rouge se déroulait non par le biais de l'électoralisme républicain mais par les formes de contestation et de conflictualité. La modernité se trouvait ainsi plutôt à l'extérieur ou aux marges du régime républicain ; elle était incarnée par les adversaires et les contestataires du régime politique et social.

Mobilisation et activisme urbains : le cas des nationalistes

Les lacunes de la politisation républicaine furent aussi exploitées par le nationalisme et par les formes d'activisme spécifiques qu'il développait. Les différentes organisations de la Belle Époque ne donnaient pas la priorité à la compétition électorale mais à la contestation globale du système. Au sein de la Ligue des patriotes, le « corps de commissaires » réparti en trois brigades, soit en tout un millier d'activistes prêts à en découdre, avait été le fer de lance du coup d'État tenté par Déroulède le 23 février 1899 [1]. Dominant le camp des nationalistes à partir de 1906-1908, l'Action française réintroduisait, elle aussi, une stratégie de rupture de légalité. Cette « théorie de guerre civile [2] », bien loin d'être secrète et clandestine, était publiquement proclamée, plus annoncée que réellement préparée d'ailleurs. Elle servait de style, de mise en scène, de panneau publicitaire et de signe de ralliement. Les Camelots du roi (1908), qui regroupaient les étudiants et les jeunes de l'Action française, développèrent un nouvel activisme fait d'agitations organisées, d'échauffourées et de manifestations diverses aussi bien dans les amphithéâtres de la Sorbonne (contre les cours de Charles Andler ou de François Thalamas), les tribunaux ou dans les salles de théâtre (contre Henri Bernstein) ou lors de cérémonies publiques (Aristide Briand avait reçu une gifle lors de l'inauguration d'une statue de Jules Ferry). Aux côtés de la volonté de reconquête du monde intellectuel, se développaient ainsi des formes de mobi-

1. Zeev Sternhell, *La Droite révolutionnaire, 1885-1914. Les origines françaises du fascisme*, Seuil, 1978, p. 108 *sq.*
2. Eugen Weber, *L'Action française*, *op. cit.*, p. 48.

lisation et d'action politique nouvelles visant l'intimidation publique des adversaires et un usage gradué de la manifestation violente. Il est significatif que, là où les nationalistes réussissaient à s'implanter, dans le milieu des grandes villes et de leurs périphéries, les réunions publiques étaient souvent troublées par le chahut et l'obstruction. Elles n'offraient plus l'image policée du parlementarisme[1].

Certes les rixes et les bagarres avaient marqué toute l'histoire de l'implantation des pratiques électorales. De même, les violences exercées contre les étrangers avaient été nombreuses au cours des années 1890, à Aigues-Mortes en 1893 (7 Italiens tués) et à Lyon l'année suivante (mise à sac des magasins tenus par des Italiens après l'assassinat de Sadi Carnot par un Italien)[2]. Mais au moment où ces formes anciennes de violence déclinaient[3], au moment où l'acte électoral était défini comme un modèle de choix rationnel indépendant (lois de 1913 et 1914), l'activisme urbain offrait un cours nouveau et une sorte de fonction tribunitienne que la République parlementaire n'avait pas su maintenir en son sein. Certes, un nombre peu important d'élus était confronté à ces formes nouvelles et la grande majorité continuait de faire vivre la politique sous la forme classique de l'élection et de la délégation, sous l'égide du droit, de la loi et d'un patriotisme mesuré. Mais, l'idéal des républicains qui consistait à transposer le modèle du libéralisme politique à l'échelle du suffrage universel masculin, et non plus à une élite restreinte, rencontrait là une limite. Les gouvernements y répondaient par le renforcement de la surveillance et de la répression[4] plutôt que par la voie des lois et des réformes nouvelles.

Le bulletin de vote accordé à tous n'avait donc pas enterré

1. Cas de la Seine-et-Oise où le boulangisme avait servi de répétition générale. Voir Janie Cara-Juillet, *op. cit.*, p. 78.

2. Pierre Milza, *Français et Italiens à la fin du XIXe siècle. Aux origines du rapprochement franco-italien de 1900-1902*, École française de Rome, 1981, p. 97 et 103.

3. Par leur nombre et leur gravité, les incidents contre les étrangers diminuent entre 1896 et 1902 avec le retour de la prospérité économique. *Ibid.*, p. 815.

4. Le nombre des commissaires spéciaux des chemins de fer, tout spécialement chargés de la surveillance politique, avait quintuplé au cours de la Belle Époque, passant de 100 à 500. Voir Jean-Yves Mollier, *op. cit.*, p. 113.

l'expression conflictuelle de la société française. Face à l'apparition de l'ère des masses, les idéaux et les pratiques politiques issus du XIXe siècle commençaient à décliner avant même le déclenchement de la Grande Guerre.

CHAPITRE 14

Naissance des partis politiques modernes

par Serge Berstein

Les chapitres précédents du présent ouvrage[1] l'ont clairement montré, il existe des « partis » bien avant les débuts du XXe siècle, mais ceux-ci n'ont que des rapports assez lointains avec ce que le vocabulaire contemporain désigne sous le même terme. En fait, le mot « parti » a été utilisé dans l'histoire avec trois acceptions successives, mais qui ont en commun de désigner le rassemblement des partisans d'une même cause, avec une connotation péjorative qui fait de « parti » le synonyme de « faction » et sous-entend que le groupe qu'il désigne constituerait une dissidence de l'ensemble national portant atteinte à l'unité du tout[2].

Le premier sens du mot « parti » sert ainsi à qualifier les intrigues des grands qui n'hésitent pas à remettre en cause le principe de légitimité monarchique pour servir leurs intérêts. On parle au XVe siècle, durant la guerre de Cent Ans, d'un « parti bourguignon » et d'un « parti Armagnac » en lutte pour s'assurer le pouvoir, d'un « parti espagnol » à la fin du XVIe siècle ou, au XVIIe, à l'époque de la Fronde, d'un « parti des princes » ou d'un « parti du Parlement ».

C'est évidemment d'une tout autre acception que se réclame l'idée de parti au cours du XIXe siècle et le chapitre 8 a mis en évidence les données nouvelles introduites par la proclamation, sous la Révolution française, du principe de la souveraineté

1. Voir les chapitres 7 et 12.

2. Serge Berstein, « Le parti politique », dans René Rémond (dir.), *Pour une histoire politique*, Seuil, 1996.

nationale et par la constitution concomitante d'assemblées représentatives élues. On voit alors se former des tendances relativement cohérentes et permanentes de la société politique comprenant des élus nationaux et locaux, appuyés par des comités ou rassemblés autour de journaux, l'ensemble se trouvant en liens très indirects avec l'opinion qui les soutient et vote en leur faveur. Toutefois, cette nébuleuse ne constitue pas une organisation partisane au sens moderne du terme. S'y opposent d'ailleurs la tradition née de la Révolution française et les principes mêmes du droit qui en sont issus. Dans l'héritage multiforme de la Révolution française, l'individu est l'unité de base de la société et la préservation de ses « droits naturels » le but premier de celle-ci. C'est ce qu'exprime avec force la Déclaration des droits de l'homme et du citoyen qui est, depuis 1789, la charte des sociétés modernes. Dans cette perspective, la volonté de libérer l'individu des charges qui pèsent sur lui du fait des réglementations et des privilèges exclusifs dont bénéficient les corporations, jurandes et maîtrises conduit à leur suppression par le décret d'Allarde de mars 1791. Allant plus loin, la loi Le Chapelier du 14 juin 1791 étend la condamnation aux sociétés ouvrières, confréries et compagnonnages. Si les associations professionnelles sont ainsi interdites dès 1791, la Révolution voit la multiplication des associations politiques, clubs, sociétés populaires, groupements patriotiques, autorisés par la loi du 21 août 1790. Mais le caractère révolutionnaire de ceux-ci constitue une menace pour les pouvoirs en place qui tentent soit de supprimer, soit de restreindre l'activité de ces organisations, subversives par nature, puisque leur but est de faire pression sur la liberté de décision des représentants élus de la nation souveraine. Sous le Directoire, un arrêté du 27 ventôse an VII décide la fermeture de toute société politique. Après avoir hésité, au nom de la liberté, la France nouvelle fixe ainsi sa conception de la société : celle-ci ne peut être qu'une collection d'individus auxquels l'État s'adresse directement, ignorant et même interdisant l'existence de groupements qui rassembleraient les citoyens. L'Empire ira plus loin, en considérant les associations comme illicites et dangereuses et en pénalisant toute tentative de les organiser. Le célèbre article 291 du code pénal de 1810 prescrit en effet que « nulle association de plus de vingt personnes dont le but sera de se réunir tous les jours ou à certains jours marqués, pour s'occuper d'objets religieux, littéraires, politiques ou autres, ne pourra se former qu'avec l'agrément du gouvernement et sous les conditions qu'il plaira à l'autorité publique d'imposer à la société[1] ». Si le texte permet, sous condition d'autorisation préalable, la formation d'associations, il va de soi que celle-ci pourrait éventuellement être accordée aux associations philanthropiques, aux confréries religieuses, voire à la franc-maçonnerie sur laquelle l'État exerce son contrôle, mais en aucun cas aux sociétés politiques. Malgré quelques brèves remises en cause, en particulier lors de la révolution de 1848, cette législation subsiste dans toute sa rigueur jusqu'à la fin du XIXe siècle. Les partis, conçus comme organisations structurées, à existence légale, n'ont pas droit de cité dans la France politique du XIXe siècle. Et pourtant, comme on l'a vu, ils existent. C'est ce paradoxe que s'efforce de résoudre la IIIe République au tournant du XXe siècle, donnant ainsi naissance à une troisième acception du mot « parti », celle d'une organisation politique structurée regroupant une tendance cohérente de l'opinion publique.

La longue marche vers l'association politique

L'évolution des esprits et de la législation

À dire vrai, le maintien du principe de l'interdiction des associations paraît nettement en contradiction avec l'évolution des mœurs et les tendances profondes de l'évolution de la société française. Aussi est-il évident qu'en dépit des risques pénaux encourus, les citoyens tentent spontanément de s'organiser, même si l'organisation apparaît plus comme un état de fait que comme une structure solide. Et ce mouvement ne cesse de s'affirmer à mesure que les progrès techniques facilitent la communication entre les individus. Réduit aux associations autorisées et contrôlées par le pouvoir jusqu'à la fin du Second Empire, il exclut naturellement du champ légal les organisa-

1. Jean-Claude Bardout, *L'Histoire étonnante de la loi 1901. Le droit des associations avant et après Pierre Waldeck-Rousseau*, Lyon, Éditions Juris, 2001.

tions politiques qui paraissent dangereuses pour la stabilité des institutions. Ce qui, bien entendu, n'empêche pas les adversaires du régime en place de se rassembler autour des journaux ou des élus d'opposition, voire de se retrouver clandestinement pour préparer la chute du régime. Les périodes d'ouverture libérale favorisent, grâce à la tolérance dont fait preuve le gouvernement, la quasi-présence au grand jour de ces « partis » virtuels. Ainsi en est-il des débuts de la Seconde République ou de la phase libérale du Second Empire. Dans ce dernier cas, le régime relâche nettement la rigueur anti-associationniste en acceptant en 1864 de supprimer du code pénal le délit de coalition (autrement dit, de reconnaître aux ouvriers le droit de grève), en donnant en 1867 droit d'existence aux sociétés ouvrières de coopération, en autorisant en 1868 les réunions publiques, enfin en tolérant les Chambres syndicales par la loi du 18 mars 1868. Il en résulte une atmosphère nouvelle de libéralisation, à l'intérieur de laquelle s'inscrivent la création par Jean Macé en 1866 de la Ligue de l'enseignement et la multiplication des groupements syndicaux.

Mais c'est avec la IIIe République qui se réclame des principes de liberté de la Révolution française que l'interdiction des associations apparaît clairement en contradiction avec les valeurs proclamées par le régime [1]. Trois grandes lois marquent le cheminement des républicains vers la liberté d'association, lois auxquelles se trouve attaché le nom de Pierre Waldeck-Rousseau. Ministre de l'Intérieur du gouvernement Ferry, il fait adopter la loi du 21 mars 1884 qui autorise librement la constitution de syndicats ou d'organisations professionnelles. Et, aux parlementaires qui s'inquiètent de voir ainsi se créer des associations ouvrières qui risquent de troubler l'ordre public ou d'entraver les lois du marché du travail, Waldeck-Rousseau rétorque qu'il ne s'agit là que d'une des applications des principes de liberté et de démocratie. Désormais, la règle de l'interdiction des associations a du plomb dans l'aile. Il faudra cependant encore dix-sept années pour que les conséquences du vote de 1884 atteignent leur plein effet. Ce n'est

1. Pour l'histoire de la poussée associationniste à l'époque de l'interdiction légale des associations, voir le chapitre 7 du présent ouvrage et le livre fondamental de Raymond Huard, *La Naissance du parti politique en France*, *op. cit.*

en effet qu'en 1898, après une vigoureuse impulsion donnée par Waldeck-Rousseau dès 1881, qu'est adoptée la Charte de la mutualité qui donne un statut légal aux sociétés de secours mutuel. Enfin Waldeck-Rousseau va achever l'œuvre entreprise en faisant voter la loi du 1er juillet 1901 qui abroge la loi Le Chapelier, l'article 291 du code pénal et la loi restrictive de 1834.

Il ne s'agit en rien de restaurer le droit corporatif de l'Ancien Régime, mais de fonder l'association sur les principes de 1789 : tout individu peut librement adhérer à une association ou la quitter ; l'activité de l'association est limitée à l'objet qui justifie sa création ; tous les membres d'une association sont égaux entre eux et les dirigeants sont élus par les membres. Autrement dit, la création d'une association résulte d'un contrat de droit privé passé entre ses membres. Dans ces conditions, les associations peuvent se constituer librement, sans autorisation ni déclaration préalable, définir comme elles l'entendent leur objet dans le cadre des lois existantes, rédiger à leur guise leurs statuts. Mais si la liberté de création d'une association est totale, celle-ci ne jouit de la pleine personnalité juridique que si elle est reconnue d'utilité publique par le Conseil d'État, ce qui lui permet d'ester en justice, de percevoir des cotisations, de recevoir des subventions, de posséder des biens. Désormais, à l'aube du XXe siècle, le parti politique organisé, illicite durant la quasi-totalité du XIXe siècle, peut légalement se former [1].

Une tendance spontanée à la formation des associations politiques

La loi de 1901 sur la liberté d'association a davantage pour fonction de mettre le droit en rapport avec le fait que de lancer un processus inédit. En fait, on estime qu'au moment du vote de la loi existent déjà en France environ 40 000 associations de nature diverse, et parmi elles, d'assez nombreuses associations politiques. En d'autres termes, les partis politiques n'ont pas attendu pour s'organiser qu'une loi les autorise à le faire. Il est peu douteux que la mise en œuvre du suffrage universel

1. Jean-Claude Bardout, *op. cit.*, p. 122-169.

a eu comme conséquence directe la nécessité pour les tendances politiques de tenter de canaliser le vote des citoyens par des moyens autres que le contact personnel entre l'élu et l'électeur, concevable seulement avec un corps électoral réduit comme celui qui prévaut dans le système censitaire. Le phénomène est évident dès l'instauration du suffrage universel en 1848. Ministre de l'Intérieur du gouvernement provisoire en 1848, Ledru-Rollin prescrit aux commissaires de la République de constituer dans les départements des comités républicains, de manière à orienter le vote des citoyens dans un sens favorable au nouveau régime[1]. Désormais, le comité apparaît comme la forme rudimentaire du futur parti politique. Formellement, il n'est pas en contradiction avec la loi, puisqu'il peut comporter moins de 20 personnes et que son existence est éphémère, limitée à la période électorale. Simple structure de soutien des candidats, il apparaît moins dangereux qu'un parti national en raison de son champ d'action limité à une circonscription électorale.

Toutefois, cette innocuité peut s'avérer largement théorique en raison de l'évolution de la société française à la fin du XIXe siècle et au début du XXe siècle, qui aboutit à la constitution d'un espace politique national et au fait qu'animateurs de comités électoraux et rédacteurs de journaux permanents sont souvent les mêmes hommes, par ailleurs fréquemment candidats aux élections et souvent élus. Le comité apparaît ainsi comme la fraction émergée d'un parti virtuel, fondé sur des réseaux de sociabilité sous-jacents, dont l'existence est réelle, sinon légale. Ainsi le comité consultatif, créé dans la Seine en 1863 par des républicains comme Hippolyte Carnot, Garnier-Pagès, Charles Floquet ou Jules Ferry pour surveiller les futures élections au Corps législatif, comprend en fait une quarantaine de membres, noue des relations avec des comités de province, organise des réunions, entretient des correspondances régulières. Ces activités lui permettent de renaître lors des élections partielles qui suivent, de rassembler des fonds pour financer son action politique. Sans doute est-il l'objet de poursuites en 1864 (c'est le « procès des Treize »), mais son existence témoigne de la forte poussée vers l'organisation politique qui

1. Jacques Kayser, *Les Grandes Batailles du radicalisme 1820-1901*, Rivière, 1962.

se manifeste même aux périodes où la législation et la politique du régime sont défavorables à sa naissance [1].

Avec la fin du Second Empire (et surtout lors des élections de 1869 et du plébiscite d'avril-mai 1870) et les débuts de la IIIe République, on voit se multiplier les comités électoraux, organisés tant par l'opposition républicaine que par les partisans du régime impérial ou de l'Ordre moral. Le mouvement s'accompagne de l'activité renouvelée de la presse dont les congrès organisés sous l'Empire ou dans les premières années de la République apparaissent eux aussi comme des éléments constituants de partis politiques virtuels. Enfin, la même période voit proliférer les organisations politiques, en dépit de la législation, avec la création en 1864-1865 de la section française de la Première Internationale, à la fois parti politique et syndicat, qui se veut la représentante de la classe ouvrière et qui est d'abord tolérée par l'Empire [2] et celle des Alliances républicaines à Paris et en province, fondées après le 4 septembre. Mais, comme le signale Raymond Huard, cette floraison d'organisations politiques s'inscrit dans le contexte beaucoup plus large de la multiplication d'associations de tous ordres, qui témoigne que le rapprochement des citoyens au sein d'organisations qui traduisent leurs sensibilités ou leurs intérêts communs correspond à une tendance lourde de l'évolution sociale de la France : explosion des loges maçonniques, singulière fortune de nombreuses ligues, à l'exemple des pratiques britanniques, depuis la Ligue de l'enseignement jusqu'aux ligues pour la paix en passant par la Ligue de la décentralisation [3], formation de Chambres syndicales...

Ce qui rend inéluctable la formation des partis politiques est bien le fait qu'elle s'inscrit dans un mouvement d'ensemble de la société civile qui déborde largement le politique ou, comme on le verra, qui n'est qu'indirectement politique, mais dont le politique se nourrit. En cette fin du XIXe siècle, on entre dans une phase de transition où s'affrontent et coexistent deux âges différents des pratiques politiques dont les vues et les usages sont largement antagonistes : à la tendance nouvelle à

1. Raymond Huard, *op. cit.*, p. 130-132.
2. *La Première Internationale. L'institution, l'implantation, le rayonnement*, CNRS, 1968.
3. Raymond Huard, *op. cit.*, p. 132-152.

l'organisation structurée des partis politiques s'oppose la tradition individualiste du XIXe siècle, celle de l'indépendance absolue de l'élu du peuple, représentant, une fois désigné, non son parti ou sa circonscription, mais la nation tout entière et qui doit, sur chaque problème posé, exercer son esprit de libre examen et décider selon sa conscience, sans qu'aucune pression extérieure vienne interférer sur ses choix. Concrètement, la prise de conscience des plus lucides des hommes politiques, un Waldeck-Rousseau chez les progressistes ou un Gustave Mesureur chez les radicaux, sur la nécessité de rassembler et d'organiser pour agir efficacement et proposer à l'électeur des choix clairs pousse à la constitution de partis organisés ; l'attachement à leur entière liberté de personnalités de premier plan comme Poincaré ou Clemenceau agit au contraire comme un frein à l'organisation partisane.

On conçoit dès lors que les grandes familles politiques apparaissent jusqu'à la fin du XIXe siècle comme des nébuleuses, des agrégats mal structurés, peu organisés, aux éléments dispersés, même si chacun d'entre eux se réclame de la même culture politique, défend la même vision du monde, proclame les mêmes principes, se reconnaît dans les mêmes dirigeants. Mais si ces nébuleuses ne sont pas encore des partis, ils en comportent tous les éléments auxquels ne manque que le lien organisationnel. Noyaux durs de ces protopartis, le groupe des dirigeants, personnages de stature nationale, le plus souvent élus siégeant au Parlement, ministres ou ministrables dans les partis de gouvernement, parfois dirigeants charismatiques comme les prétendants monarchistes ou bonapartistes, voire le poète Déroulède pour le courant nationaliste. Mais il s'agit là de situations installées de longue date. Le fait nouveau, à la fin du XIXe siècle est probablement l'importance des structures protopartisanes dans la société civile, s'ajoutant aux « chambrées » mises en évidence dès le milieu du XIXe siècle par Maurice Agulhon pour le Var [1], aux cercles étudiés par Raymond Huard dans le Gard [2], qui forment la texture du « parti républicain », mais auxquels s'ajoutent désormais des comités électoraux plus ou moins permanents, des journaux locaux,

1. Maurice Agulhon, *La République au village*, Plon, 1970.
2. Raymond Huard, *Le Mouvement républicain en Bas-Languedoc*, *op. cit.*

départementaux et nationaux des diverses tendances de l'opinion et, selon les partis, des organisations non directement politiques, mais partageant les conceptions globales des associations politiques en gestation : loges maçonniques dont le rôle politique ne cesse de croître, sociétés de lecture, associations patronales du commerce et de l'industrie, syndicats, cercles ouvriers catholiques, sociétés de libre-pensée, sections de la Ligue de l'enseignement, du Sou des écoles publiques, de la Ligue des droits de l'homme après sa fondation en 1898, associations charitables, coopératives, sociétés de secours mutuel, etc.

Dans cette fièvre associationniste, les groupements politiques apparaissent comme les structures spécialisées dans l'action électorale d'un ensemble plus vaste qui constitue l'*hinterland* du protoparti et dont la communauté de culture politique avec la sienne conduit à considérer comme naturelle la capitalisation en termes électoraux de cette identité de conceptions. La force du courant qui pousse les tendances de l'opinion à se constituer en partis organisés repose donc largement sur cette politisation de la société, discernable à travers la prolifération des réseaux associatifs et qui est une des conséquences de la démocratisation de celle-ci, à cette réserve près qu'elle rencontre des obstacles non négligeables dans la tradition d'indépendance qui conduit l'individu à n'envisager qu'avec réserve d'aliéner sa liberté comme dans la méfiance des membres de la société civile envers une récupération partisane de leurs activités associatives.

C'est cette contradiction qui rend compte tout à la fois des tentatives entreprises à la fin du XIXe siècle pour la formation de partis nationaux organisés et structurés et de l'échec de ces expériences.

Les tentatives de structuration des partis politiques à la fin du XIXe siècle : les socialistes

En cette fin du XIXe siècle, il existe un incontestable retard français dans la structuration des organisations politiques par rapport à l'étranger et qui, comme l'a montré Raymond Huard, tient largement à la culture politique majoritairement individualiste des Français de l'époque. Dès lors que la nécessité de l'association partisane apparaît comme une évidence aux hommes politiques de tous bords, trois modèles de partis s'offrent à eux. Dans les rangs républicains, on admire l'efficacité du système de partis des États-Unis dont on met en évidence le caractère démocratique de l'organisation et la rentabilité électorale sans y discerner le rôle des « machines » tenues en main par les politiciens professionnels dont Ostrogorsky ne dénoncera le rôle qu'au tout début du XXe siècle dans son ouvrage *La Démocratie et l'Organisation des partis politiques*[1]. En fait, si les comités républicains sont d'accord pour une désignation démocratique des délégués aux comités électoraux, le modèle américain apparaît trop étranger aux traditions politiques françaises pour avoir quelque chance d'être imité. Ce sont deux autres exemples d'organisation politique qui inspireront les forces politiques françaises : le modèle libéral à l'anglaise qui fait du parti politique l'extension à l'échelle nationale du groupe parlementaire par le biais de la réunion des comités électoraux des candidats de ce parti dans les diverses circonscriptions et qui implique que l'objet de l'organisation soit de canaliser les suffrages des électeurs ; le modèle de la social-démocratie allemande qui est celui d'une formation solidement structurée, étroitement liée aux syndicats, qui se veut un parti de classe dont l'objet est la révolution sociale et pour qui l'élection n'est qu'un moyen de propagande au service de son objectif final et nullement le vecteur d'une conquête du pouvoir par le bulletin de vote dans la société bourgeoise.

Il est intéressant de constater qu'en France, c'est dans les rangs socialistes que naît l'idée d'un parti politique moderne, avec des paradoxes qu'il convient de souligner. En premier lieu, comme nous venons de le voir, les partis socialistes s'intéressent moins à la captation du vote des électeurs qu'à la mobilisation des ouvriers en vue de la transformation de fond en comble du système économique et social afin de substituer

1. Sur l'intérêt porté à l'organisation des partis américains, voir Raymond Huard, *op. cit.*, p. 164, qui cite à titre d'exemple le « Projet de règlement de la Ligue électorale républicaine de la Gironde » en 1872. Pour la critique des partis politiques américains, M. Ostrogorsky, *La Démocratie et l'Organisation des partis politiques*, Calmann-Lévy, 1903, et l'analyse qu'en fait Gaetano Quagliariello, dans S. Berstein, S.M. Lipset, H.C.G. Matthew, G. Orsina, P. Pombeni, G. Quagliariello, *Contro i Partiti, Saggi sul pensiero di Moisei Ostrogorski*, Rome, Borla, 1993 (Quaderni del centro di Metodologia delle Scienze Sociali, Luiss).

la propriété collective à la propriété privée, ce qui implique que la consultation électorale ne joue qu'un rôle marginal dans les moyens d'action de ces partis. Le second paradoxe tient au fait que le parti ainsi constitué a naturellement vocation à accueillir les masses ouvrières, sans quoi il aurait fort peu de chances de parvenir à atteindre ses objectifs. Or, force est de constater que, dans le dernier quart du XIXe siècle, il ne rassemble que des minorités, actives sans doute, mais divisées sur les moyens de réaliser le socialisme. D'abord, parce qu'un grand nombre d'ouvriers, séduits par le modèle républicain, trouvent chez les radicaux un projet réformiste qui leur agrée, en leur promettant une promotion sociale sans bouleversement par la voie du suffrage universel [1]. Ensuite, parce que le socialisme, loin de constituer en ces années un corps de doctrine cohérent est tronçonné en diverses chapelles, souvent méfiantes les unes à l'égard des autres et que cette situation aboutit, non à la réunion des ouvriers au sein d'un parti unique, ce qui est l'idéal de chacun, mais à la multiplication des écoles socialistes.

Du congrès de Marseille d'octobre 1879 qui rassemble les délégués des syndicats naît la Fédération du parti des travailleurs socialistes de France, à laquelle Jules Guesde et Karl Marx donnent en 1880 un programme collectiviste [2]. En dépit d'une solide implantation dans le monde des ouvriers du textile et de la métallurgie du Nord et du Centre, le dogmatisme marxiste du nouveau parti conduit à un échec électoral en 1881 et à une scission en 1883, qui voit se détacher autour de Paul Brousse une Fédération des travailleurs socialistes. Nettement réformistes, attachés à la République et assez proches des radicaux, les membres de cette organisation préconisent un socialisme du possible (d'où leur surnom de « possibilistes »), privilégiant l'action locale et les fédérations régionales. Héritiers des « journées » populaires de l'époque de la Révolution française et de la première moitié du XIXe siècle, les disciples de Blanqui, Granger, Eudes et Vaillant créent, après l'amnistie de la Commune, un Comité révolutionnaire central, destiné à préparer le « Grand Soir » qui mettrait fin à la République

1. Voir chapitre 9.
2. Claude Willard, *Le Mouvement socialiste en France 1890-1905. Les guesdistes*, Éditions sociales, 1965.

bourgeoise et ouvrirait les voies, au demeurant mal définies, de la société socialiste. De ces trois « partis », seul le premier, conduit par Jules Guesde, qui prend en 1893 le nom de Parti ouvrier français, connaît une réelle expansion. Les blanquistes, dont une partie s'est perdue dans l'aventure boulangiste, ne survivent qu'en se réorganisant en 1898 dans un « Parti socialiste révolutionnaire », désormais proche du marxisme des guesdistes. Quant aux « possibilistes », bien implantés à Paris, ils connaissent le déclin en province, et surtout, leur rapprochement avec les radicaux et leurs professions de foi nettement républicaines conduisent à une scission dans leurs rangs. Autour du typographe Jean Allemane, naît en 1890 le Parti ouvrier socialiste révolutionnaire qui voit dans les syndicats plus que dans les partis le véritable levier de transformation sociale, compte sur la grève générale pour y parvenir et professe l'antiparlementarisme, l'antimilitarisme, l'anticléricalisme.

Enfin, à ces quatre écoles socialistes, constituées en partis, il faudrait ajouter la nébuleuse des socialistes « indépendants », rétifs à toute adhésion partisane, mais souvent influents en raison de leur rôle politique ou de leur audience journalistique et intellectuelle, tels Benoît Malon, fondateur de la *Revue socialiste*, et ancien dirigeant de la section française de la Première Internationale, l'ancien radical Alexandre Millerand ou le modéré Jean Jaurès, ces deux derniers convertis au socialisme par la prise de conscience de l'urgence de la solution de la question sociale. Le socialisme de la fin du XIXe siècle comprend donc quatre partis plus une nébuleuse de personnalités. Or ces partis, peu nombreux en effectifs (le Parti ouvrier français de Jules Guesde, le plus important, ne dépasse pas 16 000 adhérents en 1898 et son électorat est inférieur à 300 000), se donnent, sur le modèle de la social-démocratie allemande, des structures solides, susceptibles d'accueillir un jour les masses espérées : conditions rigoureuses d'adhésion comprenant la connaissance du programme du parti et l'exigence de militantisme, paiement d'une cotisation, élection de la direction du parti par un congrès annuel dont les délégués sont désignés par les fédérations départementales au prorata du nombre d'adhérents ou de voix obtenues lors des élections, parfois désignation d'un comité directeur ou d'un conseil national chargé du gouvernement du parti dans l'intervalle des congrès. Enfin, tous les partis socialistes se trouvent affrontés au délicat problème de la place des élus locaux et nationaux dans des formations dont on a vu qu'elles ne considéraient nullement les élections comme un but important : convient-il d'admettre les élus dans les organes dirigeants au risque de leur donner un poids qui réduirait le parti à n'être que l'instrument d'une stratégie électorale ou parlementaire, ce qui signifierait une forme d'intégration à la République bourgeoise ? Faut-il, au contraire, les soumettre au contrôle rigoureux de la direction du parti, leur ôtant ainsi toute initiative et ramenant certaines personnalités prestigieuses et représentatives au rôle de simples pions dans un jeu dont les données stratégiques leur échapperaient ? Le problème ne sera, à vrai dire, jamais totalement résolu. Enfin, par quel moyen établir un lien permanent entre la direction nationale et les sections de base ou les fédérations régionales ? À cet égard, la solution paraît consister dans le développement de la structure, déjà existante, mais souvent embryonnaire dans certains départements, des fédérations départementales[1].

On constate donc que l'organisation partisane efficace et cohérente dont rêvent les républicains dans une perspective électorale est mise en œuvre, bien avant que la loi de 1901 ne l'autorise, par des écoles socialistes qui ne s'intéressent pas prioritairement aux élections. Sans doute ne faut-il pas s'illusionner sur la réalité de ces organigrammes qui apparaissent porteurs d'avenir, mais sont en totale contradiction avec la culture politique individualiste de nombreux dirigeants politiques, même si la poussée associative témoigne sur ce point d'un réel changement. À la base, bien des socialistes refusent de choisir entre les partis et ne discernent guère de différence entre les conceptions des uns et des autres. Le plus souvent, ils adhèrent à celui des partis qui est implanté dans leur lieu de résidence. Et il n'est pas rare que l'arrivée d'un dirigeant prestigieux fasse basculer une section ou une fédération de l'obédience d'un parti à un autre[2]. Mieux même, la frontière n'est pas toujours étanche à la base entre socialisme et radicalisme et on ne sait trop si certains comités républicains du

1. Raymond Huard, *op. cit.*, p. 197-205 et 268-288.
2. Jean-Marie Mayeur, *La Vie politique sous la IIIe République*, *op. cit.*, p. 142.

Midi de la France relèvent de l'une ou l'autre des appartenances, tant des termes apparemment précis recouvrent des réalités floues. Le comité radical de Chalon-sur-Saône ne s'intitule-t-il pas Union radicale, démocratique et socialiste[1] ? En dépit de ce flou qui caractérise un temps de transition, le socialisme français propose, à l'image de la social-démocratie allemande, un modèle de parti moderne, parti d'adhérents soigneusement encartés, parti de masse au moins potentiellement, parti discipliné, dont l'objectif est de bouleverser les fondements mêmes de la société.

La tentative de structuration des partis politiques à la fin du XIXe siècle : les républicains

Toutes les autres familles politiques s'éloignent de ce modèle pour se référer à l'exemple britannique avec des adaptations liées aux traditions historiques françaises. C'est le cas du parti républicain qui tend à s'organiser dès les débuts de la IIIe République en s'efforçant de structurer, au moins en période électorale, les multiples comités et associations qui forment la nébuleuse républicaine. Mais, en dépit de la volonté de Gambetta d'organiser autour de lui et de son groupe parlementaire de l'Union républicaine un ensemble relativement cohérent, il s'agit plus d'un mouvement tendanciel que d'un projet en voie de réalisation. La mort prématurée de Gambetta, la conquête du pouvoir par les républicains qui aboutit à révéler les divergences entre leurs conceptions, le retour au scrutin d'arrondissement qui estompe les enjeux nationaux, paraissent rendre inactuelle la constitution d'une organisation nationale républicaine. La notion de « parti républicain » fait désormais figure de fiction, sauf toutefois aux périodes où le régime semble menacé. Dès lors, deux réalités séparées constituent l'identité de ce secteur (majoritaire) de l'opinion publique. D'une part, les multiples sociétés politiques, parapolitiques ou métapolitiques dont la tolérance du régime permet la naissance, cercles républicains, sociétés de propagande, associations d'originaires à Paris, groupements divers d'inspiration

1. Serge Berstein, « La vie du parti radical : la fédération de Saône-et-Loire », *Revue française de science politique*, 20 (6), décembre 1970.

républicaine. D'autre part, les coteries organisées autour des chefs républicains et qui s'efforcent de rassembler autour de ceux-ci les tendances dispersées de l'opinion de province, concrétisant le portrait à charge qu'en dresse Jean-Jacques Weiss en 1893 :

« De minces factions ralliées autour d'une idole sonore, des salons qui médisent et intriguent, des clubs de banlieue, des réunions départementales où l'on exhibe devant les initiés de la province le grand homme de Paris... Des coteries académiques et des conférences parlementaires ne font pas un parti [1]. »

En fait, à mesure que s'approfondissent les divergences entre « opportunistes » et « radicaux », les associations de base tendent à choisir une affiliation, si bien qu'il se forme dans le pays, de manière assez spontanée un « parti radical », dépourvu de toute direction nationale et, de façon moins nette, car leur intérêt est de conserver l'unité du « parti républicain » qu'ils dirigent et au nom duquel ils gouvernent la France, un parti des républicains de gouvernement [2]. C'est la crainte salutaire de la perte du pouvoir après le premier tour des élections au scrutin de liste de 1885 qui va pousser les deux fractions du « parti républicain » à passer de la tendance d'opinion à la formation organisée. Dès 1886, le modéré Jules Steeg propose de jeter les bases d'un véritable « parti » au sens moderne du terme et un congrès national se tient à Paris en février 1887. De cette initiative sort le rassemblement de 240 comités républicains de cantons, d'arrondissements ou de départements dirigés par un comité national de 75 membres, pour la plupart élus ou anciens élus, les relations entre la base et le sommet se réduisant au paiement de cotisations par les comités et à l'envoi de conférenciers par l'instance nationale. Ce comité national républicain organisé, grossi en 1888 de l'Association du Centenaire de 1789, dominée elle aussi par des modérés, est la matrice de l'Association nationale républicaine, présidée successivement par Maurice Rouvier et Jules Ferry. En dépit de ses prétentions à représenter l'ensemble du « parti républicain », elle ne regroupe que les « opportunistes » qui prennent

1. Cité par Raymond Huard, *op. cit.*, p. 166.
2. Sur tous ces points, outre Raymond Huard, *op. cit.*, p. 226-244, Gilles Le Béguec, « Le parti », dans Jean-François Sirinelli (dir.), *Histoire des droites*, II, *Cultures*, *op. cit.*

le nom de « progressistes » dans les années 1890. Totalement dominée par les parlementaires qui n'ont réellement besoin des comités que pour leur réélection, elle ne tarde pas à sombrer dans l'atonie après les élections de 1889. Si bien que la rivalité, désormais exacerbée par « l'esprit nouveau », entre progressistes et radicaux pousse les premiers à reprendre le projet avorté de 1886-1887 et à s'efforcer de fonder, à partir de 1893, un véritable parti progressiste sur le modèle du parti conservateur anglais. Des hommes comme Paul Deschanel ou Pierre Waldeck-Rousseau prennent conscience de cette nécessité et vont tenter de rassembler les organisations nationales existantes qui se réclament du libéralisme : Union libérale républicaine, dirigée par le bâtonnier Barboux, à l'assise essentiellement parlementaire, Cercle Gambetta, Association nationale républicaine, surtout axée sur la propagande dans le pays. À quoi s'ajoute le Grand Cercle républicain créé en 1897 par Waldeck-Rousseau et Marcel Fournier, directeur de la *Revue politique et parlementaire*, à la fois club à l'anglaise, lieu de rencontre des parlementaires libéraux et organisme de direction du parti progressiste en gestation. Enfin, il faudrait ajouter à cet ensemble le Comité national républicain du commerce et de l'industrie, fondé en 1898 par des commerçants et des industriels, qui se charge de recueillir des fonds pour les progressistes, à charge pour ceux-ci de s'opposer efficacement au projet radical d'impôt sur le revenu. En cette fin du XIXe siècle, il existe bien un parti progressiste virtuel, encore marqué sans doute par la conception du parti-tendance d'opinion, mais dont tous les éléments organisationnels sont en place et auquel il ne manque que le ciment qui les réunirait.

Écartés en fait de ce « parti républicain » en voie de gestation, les radicaux vont jeter, de leur côté, les bases du leur. Dans les années 1880, leur souci est surtout d'organiser, de fidéliser et, si possible, de rendre permanents les comités locaux et quelques fédérations qui se reconnaissent dans leurs idées. La célébration du centenaire de 1789 va leur donner l'occasion d'aller plus loin. La Fédération de 1889 qu'ils fondent dans cette perspective en 1887 se transforme en une organisation politique qui dépasse largement son objectif commémoratif pour devenir la championne de la diffusion des idées radicales de séparation de l'Église et de l'État, de libertés communales, de développement de l'instruction et de l'assistance aux vieillards, de l'impôt progressif sur le revenu, de l'égalité devant le service militaire, etc. Forte de l'appui de 162 députés, 17 sénateurs, 53 conseillers municipaux de Paris et conseillers généraux de la Seine et de 10 journaux, elle a, comme ses concurrents progressistes, l'ambition de rassembler autour d'elle la totalité du « parti républicain » en fédérant adhérents individuels et groupes locaux qui conservent leur autonomie, mais manifestent leur allégeance par le paiement d'une cotisation. Et, comme chez les progressistes, on trouve un comité central de 40 membres représentant élus, journaux et adhérents de base. La Fédération connaît un certain succès en regroupant des comités locaux, des sociétés de libre-pensée, des loges maçonniques, avant de s'effacer en 1889 en raison de la crise boulangiste [1]. Toutefois, on constate chez les radicaux une pérennité de la volonté d'organisation qui se manifeste dans un certain nombre de départements. Le statut de parti républicain d'opposition aux progressistes qui devient le lot des radicaux durant les années 1890 explique sans doute cette volonté, qui n'est toutefois que médiocrement relayée par les groupes dirigeants du radicalisme, à la fois en raison de la crise provoquée en leur sein par la tentation boulangiste et de la méfiance des élus envers la constitution d'organismes qui pourraient avoir vocation à les contrôler.

Cependant, après les élections de 1893, le double effet de la poussée socialiste d'une part, des rapprochements esquissés par « l'esprit nouveau » de l'autre, qui pourraient conduire à la marginalisation des radicaux, vont pousser les notables à sortir de leurs atermoiements. De manière significative, deux initiatives se font jour en 1894. La première, réalisée sous le patronage des dirigeants parlementaires radicaux les plus en vue (Charles Floquet, Henri Brisson, Léon Bourgeois) est en réalité animée par de jeunes secrétaires parlementaires ou journalistes non parlementaires, à l'instar de René Renoult et de Louis Klotz, âgés l'un et l'autre de moins de 30 ans. Elle se fixe pour objet de coordonner la propagande radicale et de donner naissance à de nouveaux comités dans les cantons, les arrondissements, les départements. La seconde est issue des milieux parlementaires : 78 députés et sénateurs, conduits par le député de la Seine Gustave Mesureur et le député de la

1. Raymond Huard, *op. cit.*, p. 176-182.

Vienne Bazille, créent une Association pour les réformes républicaines. En novembre 1895, les deux organisations fusionnent pour donner naissance au Comité d'action pour les réformes républicaines, première ébauche d'un parti radical, qui peut compter sur l'adhésion de 70 comités locaux, 53 loges maçonniques, 62 journaux, 85 députés et se prévaut de 1 900 membres [1]. La formation en 1896 du ministère Méline dont la majorité comporte des catholiques ralliés, voire, dans certains cas, des conservateurs adversaires du régime républicain, stimule cet effort d'organisation. De nouveaux comités naissent en province, le comité d'action se dote d'un quotidien, *Le Voltaire,* resserre ses liens avec les francs-maçons du Grand Orient de France qui lui apparaissent étroitement liés et il s'assure la fidélité de 115 parlementaires. En dépit du relatif succès des radicaux aux élections de 1898 (201 députés se réclament du radicalisme), le projet, désormais clair, d'une organisation nationale des radicaux piétine, cependant que se multiplient les initiatives destinées à le sortir de l'inertie. En mars 1899, Alfred Mascuraud, président de la Chambre syndicale de la bijouterie forme un Comité républicain du commerce et de l'industrie, réplique du Comité national des progressistes, avec le même objectif, subventionner le Comité d'action. En juin de la même année, la franc-maçonnerie prend le relais : les radicaux francs-maçons Baudon, Lafferre, Périllier, Hubbard, députés ou anciens députés proposent de créer, sur toute l'étendue du territoire national, une Fédération radicale-socialiste de France.

Dans les rangs radicaux, comme dans les rangs progressistes, la situation semble mûre. Mais, du projet initial de faire du « Parti républicain » une organisation nationale, il ne reste plus grand-chose en cette fin du XIXᵉ siècle. Deux tendances rivales rêvent, chacune pour leur propre compte, de rassembler sous leur houlette la totalité de la nébuleuse républicaine.

1. Serge Berstein, *Histoire du parti radical*, I, *La Recherche de l'âge d'or*, Presses de la Fondation nationale des sciences politiques, 1980, p. 37.

Les tentatives de structuration des partis politiques à la fin du XIXe siècle : la droite

Si les socialistes, qui ont vocation à rassembler les masses ouvrières ou les républicains, qui entendent encadrer à leur profit le suffrage universel, ont une propension naturelle à constituer des partis, il n'en va pas de même des forces politiques, au demeurant hétérogènes, qui constituent la droite à la fin du XIXe siècle. Comptant sur les grands notables qui drainent le vote de leur clientèle dans les départements à forte tradition hiérarchique, les royalistes se soucient peu d'organiser les militants de base de leur cause, se sentant plus à l'aise dans la création d'organes de presse destinés à diffuser leurs idées dans les milieux cultivés. Plus liés organiquement au principe du suffrage universel, les bonapartistes, encadrés par d'anciens fonctionnaires du régime impérial, mettent en place des comités de l'appel au peuple et peuvent compter sur un réseau de journaux. Mais la faiblesse de ces partis dynastiques, outre leur opposition à une république qui est désormais consolidée, est de limiter leur programme à la restauration de régimes déchus dont les prétendants se trouvent à l'étranger comme le comte de Chambord ou le comte de Paris dans les rangs monarchistes, Napoléon III jusqu'à sa mort en 1873, puis le prince impérial pour les bonapartistes. Sans doute, les prétendants ont-ils des délégués en France qui s'efforcent d'organiser leurs partisans, mais ceux-ci ne disposent guère de marges de manœuvre et sont étroitement dépendants des monarques virtuels qu'ils représentent. Ainsi, le marquis de Dreux-Brézé, chargé par le comte de Chambord en 1872 d'organiser le parti légitimiste, tente-t-il de développer des comités locaux, mais les dirigeants de ceux-ci sont directement nommés par le prétendant qui s'efforce ainsi de contrôler un mouvement dont il redoute qu'il ne lui échappe. De même, le prince Victor exerce-t-il sur les structures du « parti bonapartiste » une influence décisive jusqu'à ce que la loi d'exil le contraigne en 1886 à quitter la France. Mais les divisions qui affectent les monarchistes comme les bonapartistes interdisent toute organisation partisane solide. En dépit de la « fusion », légitimistes et orléanistes (dont une partie est ralliée à la République) sont sans sympathie les uns pour les autres et la mort du comte de Chambord en 1883 verra nombre de légitimistes abandonner le terrain politique plutôt que de servir le comte de Paris.

Chez les bonapartistes, la mort du prince impérial en 1879 fait de son cousin Napoléon-Jérôme le prétendant bonapartiste. Posant à l'homme de gauche, anticlérical, ce dernier renonce en 1880 à toute prétention dynastique et rêve d'une élection à la présidence de la République qui retrouverait le pouvoir que lui avait reconnu la Constitution de 1875. Aussi les dirigeants du parti bonapartiste et, au premier chef, Rouher et le journaliste Paul Granier de Cassagnac, reportent-ils leurs espoirs sur son fils, le prince Victor, qui fait acte de prétendance en 1884, au nom des principes catholiques et conservateurs. Profondément divisé entre « jérômistes » et « victoriens », le bonapartisme s'achemine, comme le monarchisme, vers un inéluctable déclin [1]. La page de la restauration semble bien tournée.

En revanche, sur les ruines des partis dynastiques en voie de disparition émergent de nouvelles forces politiques, mieux adaptées aux problèmes de l'époque que les nostalgiques des régimes disparus et dont l'objet est moins de renverser la République que de modifier radicalement son contenu. Un premier symptôme de cette attitude nouvelle est manifestée par l'initiative d'un député bonapartiste qui a rallié le camp monarchiste en raison des idées avancées professées par le prince Napoléon-Jérôme, le baron de Mackau. Conscient que les divisions des adversaires de la République les conduisent à un inéluctable déclin, il organise en vue des élections de 1885 une « Union des droites » dont le succès au premier tour paraît menacer la majorité républicaine. Mais l'entreprise s'enlisera rapidement dans les ornières du boulangisme, monarchistes et bonapartistes soutenant le général par leurs subsides et leurs réseaux en espérant que l'action de déstabilisation de la République parlementaire conduite par Boulanger servira *in fine* leurs propres desseins. Aussi l'échec du boulangisme apparaît-il très largement comme un échec de la droite tout entière [2].

1. Bertrand Joly, *Les Forces nationalistes et conservatrices en France (1880-1900)*, diplôme d'habilitation à diriger des recherches, préparé sous la direction de Jean-Marie Mayeur, Université Paris-IV, 1999 ; Pierre Lévêque, *Histoire des forces politiques en France*, II, *1880-1940*, Armand Colin, 1994, p. 225-230.

2. Philippe Levillain, *Boulanger, fossoyeur de la monarchie*, *op. cit.*

Toutefois, le déclin des monarchistes et des bonapartistes laisse ouvert un héritage sur lequel vont prospérer à la fin du siècle catholicisme politique et nationalisme qui vont, l'un et l'autre, s'efforcer à leur tour de jeter les bases d'organisations permanentes. Étroitement lié au légitimisme, le catholicisme politique possède un profond ancrage dans la société civile qui lui donne les moyens de survivre à la quasi-disparition du parti monarchiste. Clairement opposé à la politique anticléricale des républicains, il a fondé des comités catholiques de défense religieuse, appuyés par les évêques et les notables catholiques qui s'opposent à la politique de laïcisation du régime et apparaissent comme une force d'opposition qui trouve des militants dans chaque paroisse. À ce profond enracinement dans la société catholique, s'ajoute après 1870 une dimension sociale inspirée du catholicisme allemand. Deux officiers royalistes, Albert de Mun et René de la Tour du Pin fondent en 1871 les Cercles catholiques d'ouvriers destinés à mettre en œuvre les conceptions de conciliation sociale et d'organisation corporative qui ont la faveur des milieux légitimistes, et ces organisations rassemblent 40 000 membres vers 1880[1]. Élu député, Albert de Mun forme le projet en 1885 de créer un grand parti catholique conservateur et social. D'abord découragé par le pape qui craint que ces perspectives de parti hostile à la République ne divisent les catholiques, Albert de Mun voit dans le Ralliement préconisé par Léon XIII en 1892 l'occasion de jeter les bases de cette formation qu'il appelle de ses vœux, comme de nombreux hommes de droite[2]. En fait, les nombreux plans échafaudés dans les années 1895 visent à canaliser les innombrables organisations catholiques qui existent dans la société civile, sociétés de Saint-Vincent-de-Paul, cercles ouvriers, syndicats, groupes de jeunes gens, tiers-ordres, sociétés de secours mutuel, coopératives, organisations agricoles, associations humanitaires, etc., pour en faire le soubassement et le vivier d'un parti conservateur catholique à fins électorales, désormais rallié au régime républicain et qui pourrait conduire celui-ci à abandonner la législation anticléricale. Une première tentative prend place avec l'Union nationale, fondée par l'abbé Garnier en 1893 qui se structure au plan national en 1895, crée

1. Pierre Lévêque, *op. cit.*, p. 231.
2. Raymond Huard, *op. cit.*, p. 247-251.

des comités dans de nombreuses régions de France et investit des candidats aux élections. Mais l'entreprise périclite dans les années qui suivent. D'abord parce que tous les catholiques ne se reconnaissent pas dans une Union nationale qui apparaît liée aux courants les plus conservateurs du monde politique français et que se réunissent dans le même temps (1893-1897) des congrès ouvriers chrétiens dont la dimension sociale est fondamentale, cependant que sur le plan politique commence à s'organiser la démocratie chrétienne, mais surtout parce que l'Union nationale ne parvient pas à dégager des structures et un programme autonomes et se laisse entraîner dans les assauts à courte vue menés par les ligues nationalistes contre la République parlementaire [1].

Si on peut considérer que les efforts avortés d'organisation du catholicisme politique jusqu'à la fin du XIXe siècle prennent le relais d'un monarchisme en plein déclin, c'est d'héritiers du bonapartisme de l'Appel au peuple que font figure les dirigeants des ligues nationalistes. À la différence importante toutefois que, si les ligues relèvent comme le bonapartisme de la démocratie plébiscitaire [2], bien des traits les distinguent d'un parti classique. En premier lieu, leurs objectifs limités qui les font apparaître davantage comme des groupes de pression politiques que comme des organisations ayant vocation à revendiquer le pouvoir en présentant des candidats aux élections. En second lieu, le choix de l'action directe dans la rue, conséquence naturelle d'un antiparlementarisme fondamental qui prône la démocratie directe, confondant volontiers avec l'opinion du « pays réel » les vociférations des manifestants et jetant l'opprobre sur le « pays légal » issu des urnes et décrété non représentatif. De fait, et c'est une troisième différence, les ligues conduisent une action limitée dans le temps, jouant le rôle de substitut des formations parlementaires classiques tout en se présentant comme leurs concurrentes et entrant en sommeil dès que celles-ci paraissent reprendre l'initiative. C'est dire que même si, à l'origine, les ligues ne sont pas naturellement liées à la droite (la plus importante d'entre elles, la Ligue de l'enseignement de Jean Macé, se situe clairement

1. *Ibid.*

2. Pierre Milza, « Les cultures politiques du nationalisme français », dans Serge Berstein (dir.), *Les Cultures politiques en France*, *op. cit.*

dans l'orbite républicaine), c'est à droite qu'elles ont trouvé leur véritable fonction en remplaçant ou en épaulant les tendances politiques qui combattent la République parlementaire et sa politique, mais ne parviennent pas à se structurer efficacement[1].

La chose s'explique aisément : née pour contester l'état de choses existant, la ligue se dresse naturellement contre le régime en place, c'est-à-dire depuis 1879 la République parlementaire ; se réclamant de la démocratie directe, elle rejette le parlementarisme considéré depuis 1877 comme le système politique qui s'identifie à la République ; utilisant des méthodes activistes, elle n'hésite pas à transgresser une légalité qu'elle juge illégitime. La ligue apparaît ainsi, à la différence des partis en voie de formation, comme un produit inachevé des mutations sociales qui expliquent les transformations du politique à la fin du XIXe siècle. Elle est le résultat des transformations de la société dans la mesure où elle a vocation à encadrer les masses, ce qui lui permet de s'affirmer plus représentative que les groupes de notables constitutifs de la plupart des partis parlementaires. Mais cette vocation est contrariée par la limitation de ses objectifs, le caractère éphémère de son action et des modalités d'action aux marges de la légalité dans un pays qui, depuis le 16 mai, a choisi le bulletin de vote plutôt que le coup de force pour trancher le débat politique. En acceptant de se servir des ligues pour défendre ses options, la droite d'opposition à la République montre qu'elle n'a pas saisi la nature des transformations qui ont affecté en profondeur la société française dans le dernier quart du XIXe siècle. La conséquence essentielle est qu'elle s'interdit de former de véritables partis, en dépit de la lucidité sur ce point de certains de ses dirigeants, comme Albert de Mun ou Jacques Piou. Rien n'illustre mieux ce processus complexe que les conditions de naissance et d'évolution de la Ligue des patriotes, première grande ligue nationaliste du XIXe siècle.

À l'origine, ce mouvement naît dans le milieu des républicains gambettistes, avec l'appui de Paul Bert, ministre de l'Ins-

1. Serge Berstein, « La ligue », dans Jean-François Sirinelli (dir.), *Histoire des droites*, II, *Cultures*, *op. cit.*

truction publique de Gambetta[1], autrement dit à gauche selon les classifications politiques de l'époque. En mai 1882, le député de la Seine-Inférieure, Félix Faure, le poète et dramaturge Paul Déroulède et l'historien Henri Martin fondent la Ligue des patriotes, afin de préparer la France à la revanche contre l'Allemagne et à la reconquête des provinces perdues d'Alsace et de Lorraine. Le succès est foudroyant, tant en ce qui concerne les adhésions individuelles que celles des sociétés de tir et de gymnastique, d'inspiration patriotique et paramilitaire. La mort de Gambetta en 1882, le rôle désormais central dans le camp républicain d'un Ferry qui se méfie des pulsions bellicistes de l'opinion et se montre hostile à toute aventure guerrière, l'adhésion de Déroulède aux vues du nationalisme positiviste de Taine et de Renan qui voient dans la défaire de 1870 la conséquence d'un déclin français dû à la pratique de la démocratie, vont conduire à transformer la Ligue des patriotes et son journal *Le Drapeau* en fer de lance du nationalisme. Or celui-ci voit dans le système parlementaire la cause institutionnelle de la faiblesse et de l'impuissance françaises.

Le mal étant identifié, le remède coule de source : il s'agit de remplacer le régime parlementaire par une République consulaire, dirigée par un homme fort qui saura redresser le pays et le préparer à la revanche. Évolution qui conduit à la rupture entre Déroulède et les dirigeants républicains de la Ligue, en particulier son président Anatole de La Forge qui démissionne en 1885, cependant que la plupart des sociétés de tir et de gymnastique cessent toute relation avec elle en 1887-1888. Le terme de la dérive de la Ligue des patriotes se situe dans cette dernière phase, avec l'adhésion de Déroulède au boulangisme qui provoque une scission en avril 1888. Désormais libre de ses mouvements, Déroulède rassemble dans son organisation les partisans d'un système plébiscitaire et les entraîne dans l'aventure du boulangisme. Le général apparaît alors aux dirigeants de la Ligue comme le prototype de l'homme fort capable de donner à la République cette autorité qui lui manque aux yeux des nationalistes. En échange, la Ligue des patriotes fournit à Boulanger l'organisation qui lui

1. Bertrand Joly, *Déroulède*, *op. cit.*, et du même auteur, *Les Forces nationalistes et conservatrices en France (1880-1900)*, *op. cit.*

fait défaut, avec son état-major, son service d'ordre, ses militants, devenant ainsi le bras armé du boulangisme et faisant sien son programme révisionniste et plébiscitaire, avec comme objectif le renforcement du pouvoir exécutif confié à un président élu au suffrage universel, devant qui les ministres, recrutés en dehors du Parlement seront responsables[1]. À cette machine de guerre contre la République parlementaire qui mêle manifestations de rue et utilisation plébiscitaire des élections partielles, dont l'objectif évident est de déstabiliser le régime, se joignent tous les adversaires de celui-ci, avides de participer à l'hallali et éventuellement d'en tirer bénéfice. Monarchistes, bonapartistes, catholiques qui ont échoué lors des élections de 1885 abandonnent leurs propres projets d'organisation pour tenter de profiter de l'assaut boulangiste. Mais le fiasco de l'entreprise, dû à la fois à la pusillanimité du général, aux poursuites engagées en 1889 contre la Ligue des patriotes et qui débouche sur sa dissolution, au semi-échec des boulangistes aux élections de 1889 et, surtout, au redressement économique qui prive le nationalisme de son principal aliment, le mécontentement de l'opinion, représente un grave échec pour une droite qui avait cru trouver dans l'activité de la Ligue en période de crise un moyen d'en appeler de ses déceptions électorales. La droite en revient donc à ses laborieuses tentatives d'organisation politique, gênée par ses divisions passées et présentes.

Retombée avec le redressement économique de 1889-1890, l'agitation ligueuse connaît un nouveau paroxysme avec la phase politique de l'affaire Dreyfus au cours de l'année 1898 et des mois qui suivent. Face à la montée en puissance du courant dreyfusard, les ligues font figure de championnes d'un antidreyfusisme dont elles constituent la branche activiste. Sans doute vont-elles infiniment plus loin que les républicains modérés du camp antidreyfusard rassemblés autour de Méline, mais ceux-ci se gardent bien de désavouer une agitation qui donne le sentiment que la rue est derrière eux.

Bien plus que le boulangisme, plus composite, la flambée ligueuse de l'époque de l'affaire Dreyfus est porteuse de ce

1. Serge Berstein, « La ligue », *op. cit.*, et Bertrand Joly, *Déroulède*, *op. cit.*

« nationalisme fermé » défini par Michel Winock [1], antiparlementaire et partisan d'un régime fort sans doute, mais aussi clairement antisémite, xénophobe, crispé sur la défense religieuse et rêvant ouvertement d'un coup d'État qui abattrait la « gueuse ». L'affaire Dreyfus ranime la vieille Ligue des patriotes, tombée en sommeil depuis l'échec du boulangisme. Elle infuse un sang nouveau à une Ligue antisémitique, jadis créée aux marges du boulangisme par le marquis de Morès, idole des bouchers de La Villette et qui avait développé un véritable terrorisme à l'encontre des juifs. Reprise en main après la mort de Morès en 1896 par son lieutenant Jules Guérin, un homme d'affaires douteux, disposant d'un hebdomadaire, *L'Antijuif*, elle se rebaptise Grand Occident de France pour mieux souligner son opposition aux francs-maçons du Grand Orient et reprend les méthodes de violence de Morès en procédant en France et en Algérie à des pillages de boutiques juives, des attaques de synagogues, des violences physiques débouchant parfois sur des morts. Ce mouvement ligueur d'agitation brutale ne recule pas devant la perspective du coup de force. Le 23 février 1899, à l'occasion des obsèques du président Félix Faure, un des remparts de l'antidreyfusisme, Déroulède tente d'entraîner le général Roget qui commandait les troupes de la garnison de Paris, venues rendre hommage au président défunt, à marcher sur l'Elysée avec ses troupes. Arrêté, Déroulède est acquitté par la Cour d'assises de la Seine.

Contre ces trublions incontrôlables, le gouvernement de Défense républicaine qui arrive au pouvoir en juin 1899, sous la présidence du progressiste Waldeck-Rousseau, va agir sans faiblesse. À nouveau incarcéré, Déroulède est déféré au Sénat, siégeant en Haute Cour de justice, et condamné en janvier 1900 à dix ans de bannissement. Des mandats d'amener sont lancés en août 1899 contre Jules Guérin et ses lieutenants, ainsi que contre ses bailleurs de fonds royalistes. L'état-major de la Ligue antisémitique ne sera finalement arrêté qu'après un siège de quarante jours de leur local de la rue de Chabrol, transformé en forteresse et baptisé par la presse le « fort Chabrol ». Condamné en janvier 1900 à dix ans de détention à

1. Voir chapitre 10 et Michel Winock, *Nationalisme, Antisémitisme et Fascisme en France*, *op. cit.*

Clairvaux, Jules Guérin disparaît de la scène publique pendant que son mouvement s'effondre [1].

Mais la flambée ligueuse de l'époque de l'affaire Dreyfus ne se résume pas à cette agitation brouillonne qui gêne la droite plus qu'elle ne la sert. Il n'en va pas de même d'une autre ligue qui paraît un moment devoir être le creuset du « parti national » suscité par l'affaire Dreyfus. En décembre 1898, trois professeurs et hommes de lettres, Gabriel Syveton, Henri Vaugeois et Louis Dausset créent la Ligue de la Patrie française. Son objectif, limité au départ, consiste à rassembler des intellectuels antidreyfusards afin de contester le « monopole de l'intelligence » dont se targue le camp dreyfusard depuis le manifeste du 14 janvier 1898. Sur ce plan, l'opération est un succès. Les fondateurs font patronner leur entreprise par quatre personnalités de premier plan du monde des lettres, le poète François Coppée, et le critique Jules Lemaître, nommés présidents, les écrivains Maurice Barrès (président d'honneur) et Ferdinand Brunetière. Des dizaines de milliers d'adhérents (on cite pour 1900 les chiffres, sans doute excessifs, de 300 000, voire 500 000) apportent leur soutien à une organisation à laquelle adhèrent 26 académiciens français, des membres de l'Institut et du Collège de France, des écrivains et des musiciens en renom, une cohorte d'avocats et de magistrats. Mais, à cette prestigieuse légion, il manque un programme précis, de véritables animateurs plus réalistes que Coppée et Lemaître dont les incantations plébiscitaires ne sont suivies d'aucun effet, des objectifs cohérents. Adversaires et partisans du coup de force s'opposent au sein de la Ligue, la démission des légalistes Brunetière et Albert Sorel précédant de peu celle de l'activiste Barrès et de ses amis. Finalement, la Ligue de la Patrie française décide de se vouer à la tâche normale d'un parti politique, la préparation des élections de 1902. C'est la première tentative de passage de la Ligue au parti, processus qui connaîtra de nouveaux avatars au cours du XXe siècle. Les médiocres résultats obtenus (sauf à Paris où la Ligue remporte un véritable succès aux élections municipales de 1901 et aux législatives de 1902) signent le déclin d'une organisation qui,

1. Serge Berstein, « La ligue », *op. cit.*, et Bertrand Joly, *Les Forces nationalistes et conservatrices en France*, *op. cit.*

faute de cohérence, n'a pas su unifier la droite nationale qui se retrouve dans le camp antidreyfusard[1].

Toutefois, l'épisode révèle qu'au-delà des positions conservatrices qui caractérisent la droite, fondées sur la défense religieuse, la protection de l'ordre social, l'appui sur les institutions établies et les corps constitués que sont l'armée, la haute fonction publique, la magistrature, il existe désormais une autre droite, populiste, recrutant dans les milieux ouvriers et les classes moyennes et qui, en période de crise, se tourne vers l'activisme nationaliste des ligues. Fort différente de la droite traditionnelle, d'origine monarchiste et catholique, cette droite populaire, baptisée par Zeev Sternhell « droite révolutionnaire[2] », se rapproche cependant de la démocratie plébiscitaire de type bonapartiste dans ses aspects les moins outranciers beaucoup plus que du fascisme dont le politologue israélien s'acharne à discerner les prémices dans son émergence[3]. L'histoire de la Ligue de la Patrie française montre que la droite, paralysée par ses divisions, mais légaliste dans sa majorité, n'est pas prête à assumer les excès populistes des ligues les plus activistes, même s'il lui arrive de les instrumentaliser. Plus que jamais, en ces années du tournant du siècle se révèle l'impuissance de la droite, en dépit de ses velléités d'organisation, à jeter les bases d'un parti véritable.

Il est peu douteux que, dans le dernier quart du XIXe siècle, la diffusion généralisée des opinions et de la culture politique dans la grande masse de la population, a favorisé un mouvement général de création d'associations politiques ou parapolitiques qui déborde très largement les structures politiques traditionnelles, consistant en la juxtaposition de groupes parlementaires, de journaux ou, à la base, de structures de sociabilité comme le cercle. Cette tendance que l'on peut constater dans tous les secteurs de l'opinion publique est cependant plus

1. Jean-Pierre Rioux, *Nationalisme et Conservatisme. La Ligue de la Patrie française, 1899-1904*, Beauchesne, 1977.
2. Zeev Sternhell, *La Droite révolutionnaire (1885-1914). Les origines françaises du fascisme*, Seuil, 1978.
3. Sur ce débat, outre l'ouvrage de Zeev Sternhell cité ci-dessus, on verra l'ouvrage, beaucoup plus convaincant de Pierre Milza, *Fascisme français, passé et présent*, Flammarion, 1987.

poussée chez les socialistes ou les républicains que dans une droite où, à l'exception d'un catholicisme profondément implanté dans la société civile, on compte davantage pour imposer ses idées sur l'influence des notables ou l'action brutale des ligues. Ce mouvement d'organisation accompagne la formation d'un espace politique national qui tend à se substituer au cadre local, jusqu'alors dominant. Mais il est entravé par la tradition individualiste de la société française qui, depuis la Révolution, tient en suspicion le « corps » organisé qui forme écran entre le citoyen et l'État, il est gêné par une législation, sans doute de plus en plus tolérante, à mesure que l'on s'achemine vers la fin du siècle, mais qui, jusqu'en 1901, tient pour illicite l'association de plus de vingt personnes, il souffre enfin des multiples divisions et concurrences qui affectent les grandes tendances de l'opinion. Ce n'est qu'au tournant du XIXe et du XXe siècle que la conjonction de l'évolution législative évoquée au début de ce chapitre et de la profonde crise politique de l'affaire Dreyfus[1] va lever les principaux obstacles et provoquer, avec un reclassement des forces politiques, la naissance des partis modernes.

Formation et inachèvement des partis politiques français

La crise de l'affaire Dreyfus va avoir, pour la formation des organisations politiques, une double conséquence. En premier lieu, l'assaut contre le régime opéré par ses adversaires, qui trouvent dans certaines congrégations religieuses (en particulier, celle des assomptionnistes et de leur journal *La Croix*) des structures d'encadrement et d'organisation, va pousser les républicains à voter enfin cette loi sur les associations en chantier depuis des décennies, avec le double but d'exercer un contrôle sur les congrégations et de mettre le droit en harmonie avec le fait en donnant un statut légal aux quelque 40 000 associations qui existent à la fin du XIXe siècle. Désormais, les partis politiques peuvent se créer, regrouper légalement des

1. Voir chapitre 10.

associations locales, prélever des cotisations auprès de leurs adhérents, se doter d'états-majors, posséder des biens. En second lieu, le sentiment d'une grande partie des républicains d'une menace sur un régime qui paraissait solidement implanté va les pousser à s'organiser afin de remporter les élections législatives prévues en 1902 et de mettre ainsi la République à l'abri de toute mauvaise surprise. C'est cette double conjoncture qui rend compte du fait qu'entre 1901 et 1902 chacune des grandes tendances de l'opinion publique se dote d'une organisation structurée, donnant ainsi naissance à un système de partis qui, dans ses grandes lignes, va perdurer jusqu'à la fin de la IIIe République.

La formation du parti radical

Si les antidreyfusards ont trouvé dans la structure extra-politique des congrégations un appui organisationnel précieux, les loges maçonniques ont joué le même rôle dans le camp dreyfusard. Possédant une véritable organisation nationale disciplinée et hiérarchisée qui fait défaut aux partis républicains, le Grand Orient en particulier est souvent apparu comme le véritable maître d'œuvre de la Défense républicaine et on a vu plus haut le rôle qu'il a joué en 1899 pour tenter de rassembler en parti les forces éparses du radicalisme. Le soutien déterminé qu'il apporte au gouvernement Waldeck-Rousseau conduit Frédéric Desmons, président du Conseil de l'ordre du Grand Orient, à décider la constitution d'une Ligue d'action républicaine dont l'objet est d'organiser le 14 juillet 1900 une grande manifestation républicaine unitaire à Paris [1]. L'incontestable réussite de celle-ci pousse le Grand Orient à franchir une étape supplémentaire : tenter d'organiser enfin en vue des élections de 1902 l'insaisissable « parti républicain ». C'est au Comité d'action pour les réformes républicaines qui sort de sa longue atonie qu'il revient de convoquer pour le 21 juin 1901 un « congrès du parti républicain radical » présidé par les trois

1. Sur la naissance du parti radical, nous nous permettons de renvoyer à Serge Berstein, *Histoire du parti radical*, I, *La Recherche de l'âge d'or*, *op. cit.* Une présentation beaucoup plus détaillée en est faite dans Gérard Baal, *Le Parti radical de 1901 à 1914*, thèse de doctorat d'État, sous la direction de Maurice Agulhon, Université Paris-I, 1991.

anciens présidents du Conseil radicaux, René Goblet, Henri Brisson et Léon Bourgeois, ces deux derniers dirigeants en vue de la franc-maçonnerie. 1 132 délégués sont représentés à ce congrès fondateur qui enregistre l'adhésion au nouveau parti de 78 sénateurs, 201 députés, 476 comités, 155 loges maçonniques, 215 journaux, 849 délégués de conseils généraux, d'arrondissement, municipaux et représentants de sociétés diverses. Il s'agit donc de rassembler au sein d'une même organisation les éléments constituants du « parti-tendance » de la fin du XIXe siècle avec sa nébuleuse d'élus nationaux et locaux, de journaux, de loges, de comités, d'associations de la société civile, mêlant individus et groupements, associations politiques et philosophiques, sociétés spécialisées et groupes de sociabilité. Or, il ne s'agit pas, pour les fondateurs de ce premier parti politique moderne, de mettre de l'ordre dans ce fatras, mais bien au contraire de n'exclure aucun des éléments constitutifs en faisant triompher la souplesse sur la clarté.

Ainsi en va-t-il du nom du parti en gestation qui s'intitule finalement parti républicain, radical et radical-socialiste, dévoilant la volonté des fondateurs de rassembler, sous une direction radicale, toutes les nuances du « parti républicain ». Ce qu'Henri Brisson, co-président du Congrès, explicite en ces termes : « Je pense qu'il faudrait profiter de ce que le titre du premier Congrès du parti républicain, radical et radical-socialiste contient ces trois appellations pour dire qu'il y a dans cette réunion, comme plus tard il y aura dans les travaux du comité et du parti à créer, indépendance complète pour ces républicains qui, sans avoir jamais reçu ni pris l'épithète de radical ou de radical-socialiste, se sont joints avec honneur, avec indépendance, aux radicaux et aux radicaux-socialistes pour livrer la bataille qui se livre depuis deux années... Nous dirons donc : Parti républicain, Parti républicain-radical, Parti républicain radical-socialiste, chacun conservant son autonomie et le droit de s'adresser à ses électeurs comme il l'entendra[1]. »

Même souplesse en ce qui concerne le programme du parti radical, défini de manière œcuménique par le plus grand dénominateur commun des diverses tendances du courant républicain, dans sa version dreyfusarde. Se refusant à être un « concile », le congrès de juin 1901 se veut celui de la défense

1. Cité dans Serge Berstein, *op. cit.*, p. 41.

républicaine et de l'action laïque, démocratique et sociale. Enfin, le même souci de n'écarter personne prévaut dans la mise en place des structures : il n'est pas question d'empiéter sur l'autonomie des composantes du nouveau parti qui s'organiseront comme elles l'entendront, mais simplement de les fédérer, et c'est pourquoi, durant ses premières années d'existence, nombre de radicaux ne dénommeront leur parti que « la fédération ».

Dans ces circonstances, il n'y a pas lieu de s'étonner que le laxisme prévale dans l'organisation du parti radical. À la base, les adhérents n'ont d'autre obligation que de payer une cotisation dont une partie doit être rétrocédée aux organes centraux. Au sommet, la direction du parti radical est assurée par un comité exécutif qui sera organisé en 1902, en principe constitué de délégués des départements élus lors des congrès à raison d'un pour 300 000 habitants ou fractions de 300 000.

Ce n'est que très progressivement que l'on passera de cette conception vague du parti au triple plan de l'organisation, du programme et des structures à un processus de constitution d'un parti moderne, processus inachevé cependant à la veille de la Première Guerre mondiale. Le flou volontaire sur le titre même du parti ne résiste guère à la prise de conscience par le monde politique du fait que les radicaux en sont bien les initiateurs et les bénéficiaires (ils feront élire en 1902 219 députés sur les 368 de la majorité dreyfusarde). Aussi les progressistes qui suivent Waldeck-Rousseau d'une part, les socialistes de l'autre, jettent-ils, dès 1901 et 1902, les fondements de leurs propres partis. Sans doute les choses sont-elles moins claires à la base et les quelque 2 000 comités, payant ou non leurs cotisations au parti, se parant d'étiquettes diverses où le terme radical n'apparaît pas toujours, dont on ne sait trop de quelle obédience ils relèvent, montrent que la clarification intervenue au sommet ne se répercute qu'imparfaitement dans le pays [1].

Certes, au fil des mois voit-on s'estomper, puis disparaître de l'organigramme radical les journaux, les sociétés spécialisées, les loges maçonniques (le Grand Orient s'inquiétant dès 1903 du risque d'absorption de l'obédience par le parti radical) et le comité devient-il progressivement l'unique cellule de base

1. Pierre Lévêque, *op. cit.*, p. 78, et Gérard Baal, *op. cit.*

du parti. Encore ses liens avec la direction radicale demeurent-ils flous en raison de l'autonomie proclamée par le congrès de 1901, si bien que les dirigeants du parti se sentent malgré tout tenus de mettre un peu d'ordre dans ce chaos au sein duquel eux-mêmes ne se reconnaissent pas. Si on peut admettre qu'à la veille du premier conflit mondial, la revendication par les radicaux de 800 à 1 000 comités rassemblant environ 200 000 adhérents est assez vraisemblable, l'effort de structuration qui permet de les inclure dans un ensemble cohérent porte sur la création de fédérations départementales dont les responsables constitueraient l'indispensable relais du centre dans les provinces. Mais cette volonté se heurte au désir d'autonomie des comités et à la tradition d'indépendance des élus, peu disposés les uns et les autres à admettre la création d'un organisme susceptible de les contrôler, si bien qu'à la veille de la Première Guerre mondiale, il n'existe pas d'organisation départementale véritablement constituée dans la majorité des cas (seules 16 ou 17 fédérations fonctionnent de manière à peu près satisfaisante)[1].

À l'échelle nationale, l'instance suprême du parti radical est, comme il convient dans une formation démocratique, le congrès annuel, réunissant, outre les journaux et les délégués des comités à raison d'un par 50 membres, un nombre important de membres de droit, parlementaires, conseillers généraux, conseillers d'arrondissement. Toutefois, dans les faits, cette démocratie apparaît plus formelle que réelle et cette assemblée nombreuse est finalement assez peu représentative, beaucoup de comités répugnant à engager les frais suscités par le déplacement de leurs délégués, si bien que les délégués des départements proches du lieu du congrès (qui se tient toujours à Paris l'année précédant les élections législatives) sont surreprésentés. De surcroît, la présence souvent imposante de professionnels de la politique, élus ou dirigeants du parti, qui connaissent bien les dossiers et le dessous des cartes, transforme fréquemment les adhérents de base en simple brigade d'acclamations qui laisse aux spécialistes le soin de prendre les vraies décisions. La même observation vaut pour le comité exécutif, parlement permanent du parti radical, désigné par le Congrès au prorata du nombre d'habitants du département,

1. Serge Berstein, *op. cit.*, p. 74.

mais dont les parlementaires sont membres de droit depuis 1909. Cet organe dirigeant du parti décide souverainement de la ligne politique et élit le bureau formé d'un président, de 16 vice-présidents (dont 8 parlementaires) et de 16 secrétaires (dont 8 parlementaires). Il est formellement constitué de plusieurs centaines de membres, supposés se réunir à Paris de manière hebdomadaire. Là encore, l'absentéisme aisément explicable des délégués provinciaux fait de ce centre dirigeant du parti la chose des parlementaires et des délégués parisiens, les plus fréquemment présents, mais aussi les plus rompus aux subtilités de la vie politique.

Enfin, il faut attendre 1907 pour que le parti radical qui a, en 1901, volontairement laissé subsister un flou artistique sur son programme afin d'en écarter le moins possible de républicains, se décide à le préciser au congrès de Nancy. La constitution en parti unifié des socialistes en 1905, la fin du combisme qui avait donné le sentiment que l'anticléricalisme suffisait à définir l'identité radicale, conduisent les radicaux à préciser le contenu de leurs idées et de leur programme à partir des travaux d'une commission dont le rapporteur est Édouard Herriot, élu tout récemment maire de Lyon. Même s'il est sans surprise, le programme de Nancy définit une voie de défense des institutions républicaines, de réformisme progressif et de solidarité sociale, de patriotisme de défense nationale rejetant à la fois le bellicisme des nationalistes et l'antimilitarisme de certains socialistes et syndicalistes [1]. Pour de longues années, l'esprit républicain va se confondre avec le programme radical et faire du parti qui l'incarne la clé de voûte de la vie politique française, la formation dans laquelle se reconnaissent nombre de citoyens français.

Ainsi, à la veille de la Première Guerre mondiale, le parti radical commence à se dégager de la gangue du radicalisme inorganique du XIXe siècle pour prendre peu à peu les traits d'un parti moderne. Sur le papier, il dispose d'une organisation structurée allant du comité de base au bureau du parti en passant par le congrès annuel, les fédérations départementales, le comité exécutif. S'il ne possède peut-être pas les 250 000 adhérents que revendiquent ses dirigeants, il rassemble plusieurs dizaines de milliers de notables qui sont autant

1. *Ibid.*, p. 55-67.

de relais de ses idées dans les départements. Chaque élection témoigne de son audience considérable dans l'ensemble national et le confirme dans son influence de premier parti politique français. Son programme, fixé au congrès de Nancy, répond sans aucun doute aux aspirations réformistes et progressistes d'une importante partie de l'opinion. Pour autant, sa structuration est, on l'a vu, inachevée. Nombre de comités ne sont que formellement radicaux et il n'existe aucun moyen réel pour la direction du parti de faire régner dans cet ensemble une quelconque discipline. Ce n'est qu'en 1911 que le comité exécutif interdit la double appartenance au parti radical et à l'Alliance républicaine démocratique. Les députés radicaux s'inscrivent généralement à la Chambre au groupe radical-socialiste dirigé par Camille Pelletan, un des chefs du parti, ou à celui de la Gauche radicale, beaucoup plus proche des modérés et conduit par Dujardin-Beaumetz. Au Sénat, ils sont généralement membres de la Gauche démocratique, fondée par Émile Combes en 1896, mais celle-ci comprend aussi nombre de sénateurs non radicaux. Il faut attendre 1913 et l'élection de Joseph Caillaux à la présidence du parti radical pour que celui-ci impose aux députés élus l'inscription au groupe radical-socialiste qui, avec 172 membres, devient le plus important de la Chambre. En d'autres termes, le premier parti politique français officiellement créé n'est encore que l'ébauche d'un parti moderne et conserve bien des traits des « partis » du XIXe siècle.

L'organisation des partis « modérés » : du centre droit aux catholiques ralliés

Si les radicaux s'estiment fondés en 1901 à revendiquer à leur bénéfice l'organisation du « parti républicain », c'est que leurs rivaux, les républicains de gouvernement ou progressistes, apparemment plus avancés qu'eux-mêmes dans la structuration partisane, ont vu leur unité compromise par l'affaire Dreyfus. Si le radicalisme est un agrégat assez peu structuré, que dire d'une droite républicaine, constituée de familles rivales par la tradition dont elles se réclament ou par leurs choix politiques ? L'épithète de modérés sous laquelle on les désigne communément ne doit pas faire illusion : la modération n'est guère l'apanage de la plupart de leurs membres et n'est qu'un terme commode pour désigner l'aile conservatrice du camp républicain, celui de droite étant, à l'époque, réservé aux monarchistes adversaires de la République.

En fait, la scission des progressistes, effective en 1899, est inscrite en pointillés depuis 1894. Une partie des progressistes, inquiets de la politique d'« apaisement » pratiquée par les présidents du Conseil issus de leurs rangs et de l'alliance avec les catholiques ralliés qu'elle entraîne, se regroupent autour d'Alfred Isambert dans le groupe parlementaire de l'Union progressiste. Ce qui n'est encore que fêlure s'accentue cependant après les élections de 1898 lorsque ce groupe refuse de soutenir le ministère Méline, cependant que des personnalités de premier plan comme Poincaré, Barthou, Jonnart ou Waldeck-Rousseau s'inquiètent d'une agitation nationaliste qui, au-delà des dreyfusards, vise le régime lui-même. En juin 1899, ils se joignent aux radicaux et aux socialistes pour faire tomber le ministère Dupuy et exiger un gouvernement de Défense républicaine [1]. C'est au progressiste Waldeck-Rousseau qu'échoit la tâche de le constituer et il le fait en rassemblant une majorité allant des socialistes à ses propres amis politiques qui se sentent comme lui-même « républicains modérés, mais non modérément républicains », en passant par les radicaux qui, poussés par la franc-maçonnerie, soutiennent du bout des lèvres un ministère dirigé par un de leurs adversaires politiques. Mais ce gouvernement qui va conduire une politique énergique contre les débordements nationalistes et se donner les moyens d'exercer son contrôle sur les congrégations religieuses est désavoué par l'aile droite des progressistes, conduite par Alexandre Ribot et Jules Méline qui reprochent à Waldeck-Rousseau d'avoir choisi l'alliance avec les radicaux et les socialistes plutôt que celle des catholiques ralliés. Les deux fractions du progressisme décident alors de s'organiser afin d'aborder, chacune pour leur propre compte, les élections de 1902 dans la position la plus favorable.

La plupart des associations créées par les progressistes dans les années précédentes étant demeurées fidèles à l'aile antidreyfusarde, ce sont les hommes qui suivent Waldeck-Rousseau qui éprouvent de la façon la plus urgente la nécessité

1. Pierre Lévêque, *op. cit.*, p. 25.

de l'organisation. L'initiative est prise par quelques députés qui fondent en mai 1901 (avant que ne se réunisse le congrès radical) l'Alliance républicaine démocratique, dans l'intention avouée de rassembler les deux grandes fractions du parti républicain, radicaux et modérés. De fait, le programme proposé « ni réaction ni révolution » est assez proche de celui des radicaux, son anticléricalisme, son opposition au collectivisme et au nationalisme, son choix d'accepter le progrès social constituent autant de ponts avec le radicalisme. Se dénommant eux-mêmes « républicains de gauche », les membres de l'Alliance ne se distinguent guère de l'aile modérée des radicaux, même si, par leurs méthodes, inspirées du prudent gradualisme de Ferry, ils diffèrent profondément du discours des radicaux les plus intransigeants[1]. En revanche, les raisons qui les ont séparés des mélinistes tiennent à des causes plus profondes que le simple événement conjoncturel des choix d'alliances opérés en 1899. À une époque où la question religieuse constitue une ligne de clivage fondamentale entre droite et gauche, les membres de l'Alliance s'affirment clairement laïques, même s'ils refusent de verser dans le militantisme antireligieux, là où la majorité des progressistes est prête à se rapprocher des catholiques. Et c'est la raison pour laquelle la scission perdurera bien au-delà de la période 1899-1902. Au catholique progressiste Charles Benoist qui souligne en 1912 à la Chambre l'identité de vues sur la plupart des questions politiques entre ses propres amis et les « républicains de gauche », Poincaré, alors président du Conseil, rétorque qu'ils sont en fait séparés par « toute l'étendue de la question religieuse ».

La principale faiblesse, mais aussi la force de l'Alliance républicaine démocratique, est d'être un rassemblement de brillantes personnalités, avec de faibles relais dans le pays, à la différence du parti radical. Aussi demeure-t-elle un « parti » au sens du XIXe siècle plus qu'une formation moderne. Sans doute se dote-t-elle de structures qui sont celles d'un parti avec un conseil supérieur qui désigne un président, Adolphe Carnot, frère de l'ancien président de la République, élit pour trois ans une commission exécutive dont le bureau gère la propagande,

1. Les débuts de l'Alliance républicaine démocratique ont fait l'objet de la thèse de doctorat d'État de Rosemonde Sanson, soutenue en 2000, encore inédite au moment où nous écrivons ces lignes.

l'administration, les relations extérieures et nomme un délégué général dans chaque département. Mais l'essentiel réside moins dans l'intention de fédérer, comme chez les radicaux, les organisations locales (assez rares au demeurant) que dans la distribution d'investitures pour les élections, même si, en 1911, l'ARD prend le nom, plus moderne, de « Parti républicain démocratique ». Il est à peu près impossible d'évaluer l'audience réelle dans le pays de l'Alliance républicaine démocratique à une époque où l'organisation partisane, encore inachevée, permet à des candidats de se réclamer à la fois de l'investiture radicale et de celle de l'Alliance, de même qu'elle laisse la possibilité aux élus jusqu'en 1910 d'adhérer à plusieurs groupes parlementaires. Selon les estimations de Pierre Lévêque[1], l'Alliance républicaine démocratique n'aurait jamais dépassé le million de voix aux élections législatives et le nombre de ses élus aurait toujours été inférieur à la centaine : une soixantaine en 1902, 90 en 1906, 72 en 1910, 54 en 1914. Peu importe au demeurant, car l'essentiel est ailleurs, résidant dans la pléiade de brillantes personnalités qui vont constituer un personnel politique de premier plan jusqu'en 1914, fournissant les deux présidents de la République élus dans la période (Fallières et Poincaré), six présidents du Conseil sur onze désignés entre 1899 et 1914 parmi lesquels Waldeck-Rousseau, Rouvier, Poincaré, Barthou, Caillaux, de très nombreux ministres et des parlementaires de premier plan, à l'image de Joseph Magnin, Eugène Étienne, Jules Siegfried. Alliée des radicaux dès 1899, l'Alliance républicaine démocratique partage avec eux la charge du pouvoir dans la France des débuts du XXe siècle, bénéficiant plus que les radicaux de l'aura de la modération et de la compétence technique, souvent déniées à ces derniers.

On pourrait porter sur l'aile méliniste du courant progressiste un jugement à peu près antagoniste de celui émis sur l'Alliance : on est en présence d'un véritable parti disposant de nombreuses organisations locales, mais le choix émis en 1899 le marginalise dans une conjoncture où, après l'affaire Dreyfus, l'adhésion publique à la laïcité vaut brevet de républicanisme. Lors de la scission de 1899 et des controverses qui s'ensuivent dans les années 1900 et 1901, la plupart des groupements fondés par les progressistes font le choix « anti-

1. Pierre Lévêque, *op. cit.*, p. 27.

ministériel ». C'est le cas de l'Union libérale républicaine, désormais présidée par le député catholique de Lyon Édouard Aynard, de l'Association nationale républicaine, dirigée par le député de la Loire Honoré Audiffred et, bien entendu, de l'Alliance des républicains progressistes formée par Méline en 1899. L'existence de ces organisations qui tiennent lieu de parti explique que le camp des progressistes antiministériels n'ait pas jugé nécessaire de s'organiser aussi précocement que les partisans de Waldeck-Rousseau. Ils remportent d'ailleurs un relatif succès aux élections de 1902 en faisant élire 127 des leurs, constituant ainsi la principale force d'opposition au Bloc des gauches victorieux. Ce n'est qu'au lendemain des élections et alors que le radical Combes conduit une politique violemment anticléricale qui suscite bien des réticences au sein de l'Alliance républicaine démocratique qu'ils jugent nécessaire de structurer leur action.

En novembre 1903 est ainsi créée la Fédération républicaine progressiste sous la présidence de l'industriel Eugène Motte. Elle rassemble les amis de Ribot et Méline, tout en fédérant de manière assez lâche, organisations, « partis » et associations progressistes locales. La plupart de ses dirigeants sont d'incontestables républicains, attachés au régime parlementaire, mais nombre d'entre eux sont également des conservateurs sociaux, politiquement libéraux et très hostiles à la politique anticléricale. La Fédération républicaine dispose de la sympathie de journaux élitistes comme *Le Journal des débats* et *Le Figaro*, mais aussi d'organes grand public comme *Le Petit Journal*, *Le Journal* et d'assez nombreuses feuilles de province. Même si certains dreyfusards (très minoritaires) adhèrent à la Fédération républicaine, celle-ci puise l'essentiel de ses forces dans le camp antidreyfusard. Et surtout, les frontières sont poreuses entre elle-même et les forces nationalistes d'une part, les catholiques ralliés de l'autre. Adversaires irréconciliables du radicalisme, les hommes de la Fédération apparaissent de ce fait comme une droite parlementaire à qui les radicaux et l'Alliance démocratique dénient l'étiquette républicaine que la Fédération revendique pourtant [1]. Elle peut compter sur l'appui

1. Sur la Fédération républicaine, on se référera à la thèse de doctorat d'État de J. Vavasseur-Desperriers, *La Fédération républicaine*, sous la direction de Y.-M. Hilaire, Université Charles de Gaulle-Lille III.

de groupes de pression patronaux dont les dirigeants se reconnaissent dans ses positions et figurent parfois au nombre de ses élus (Antoine Guillain, député du Nord, André Lebon, député des Deux-Sèvres, Auguste Isaac, député du Rhône). Plus étroits encore sont ses liens avec l'Union du commerce et de l'industrie pour la défense sociale, dont les présidents, Ferdinand Périer, Eugène Motte, Joseph Thierry, Paul Beauregard, sont notoirement des dirigeants du courant méliniste et de la Fédération républicaine. Fondateur de la Ligue des contribuables, Jules Roche, député de l'Ardèche, lui apporte une réelle audience parmi les classes moyennes. Enfin, la Fédération républicaine exerce une influence importante au sein des organisations agricoles de droite de la rue d'Athènes, dont Méline est l'une des idoles et dans la Ligue de défense de la liberté de l'enseignement, fondée en 1902, qui la rapproche des catholiques.

Bien entendu, dans nombre de ces organisations, les membres de la Fédération républicaine retrouvent leurs anciens amis progressistes désormais adhérents de l'Alliance républicaine démocratique, mais la position de ceux-ci au sein du Bloc des gauches où ils côtoient radicaux et socialistes les incite à une nécessaire retenue, si bien que la Fédération républicaine bénéficie au sein de ces organisations de son statut de force d'opposition légale à la majorité issue du scrutin de 1902. Toutefois, à partir de 1905, la chute de Combes, dont la politique jugée sectaire avait provoqué une opposition unanime au sein de la Fédération républicaine, l'arrivée au pouvoir de Maurice Rouvier, membre de l'Alliance républicaine démocratique et l'évolution antiministérielle des socialistes poussent une partie des élus de la Fédération républicaine à se rapprocher de l'Alliance démocratique. Le groupe de l'Union républicaine qu'ils forment à la Chambre autour de François Carnot et d'Étienne Flandin fait pratiquement scission et la plupart de ses membres rejoignent les « républicains de gauche ». Il en résulte une crise grave, marquée par un échec électoral en 1906 qui fait perdre à la Fédération républicaine la moitié de ses élus, par la démission du président Eugène Motte et du secrétaire général Frédéric Clément et par l'arrivée à la présidence de Joseph Thierry. Cette crise ne suffit cependant pas à réduire la fracture permanente qui oppose les dirigeants les plus politiques de la Fédération, partisans d'un rapprochement avec les

« républicains de gauche », voire avec une partie des radicaux autour du thème de la défense sociale contre la poussée socialiste et syndicaliste, à une aile fortement marquée à droite, proche des catholiques et des nationalistes et prête à en découdre à leurs côtés contre le sectarisme des radicaux et la volonté révolutionnaire de l'extrême gauche. Ce clivage rejouera à nouveau en 1911 lorsque Joseph Thierry lui-même abandonne la présidence, entraînant derrière lui une trentaine d'élus afin de créer une nouvelle « Union républicaine », décidée à appuyer Briand et sa politique d'apaisement. La présidence de la Fédération échoit alors à Charles Benoist, devenu le théoricien d'une réforme de l'État redonnant tout son poids à l'exécutif[1]. Campant en marge de la classe politique au pouvoir après l'affaire Dreyfus, la Fédération républicaine constitue un pont entre les partis de gouvernement, parti radical et Alliance républicaine démocratique, auxquels elle se joint lorsque le balancier politique oscille vers la droite (Poincaré sera élu en 1913 président de la République avec le soutien de ses parlementaires et, la même année, Joseph Thierry deviendra ministre dans le cabinet Barthou) et la droite catholique et nationaliste, clairement écartée du jeu politique républicain.

On ne saurait achever ce panorama de l'éventail politique de la droite républicaine sans évoquer le destin politique du catholicisme rallié à la République. L'enlisement de l'Union nationale de l'abbé Garnier, l'échec d'un parti démocrate-chrétien, fondé en 1897, mais bientôt emporté dans la dérive nationaliste et antisémite orchestrée par les assomptionnistes du journal *La Croix*, les menaces pesant sur les congrégations, conduisent les dirigeants de la droite républicaine, Jacques Piou et Albert de Mun à remettre sur le métier leur projet d'un parti catholique de défense religieuse et sociale. Quelques jours après le vote de la loi sur les associations qui concrétise leurs craintes, ils font connaître le 5 juillet 1901 leur intention de créer une Action libérale afin de résister à l'offensive anticléricale et de promouvoir des réformes préservant toutes les libertés et défendant les intérêts des travailleurs dans la perspective de la doctrine sociale de l'Église. C'est le 17 mai 1902 que naît officiellement l'Action libérale populaire qui ne se

1. Pierre Lévêque, *op. cit.*, p. 39-42, et Jean Vavasseur-Desperriers, *op. cit.*

présente pas ouvertement comme un parti confessionnel, faisant ainsi droit aux réticences de la papauté, bien que son inspiration incontestablement chrétienne la classe nettement à droite sur l'échiquier politique[1]. À l'image des autres organisations nées à la même époque, l'ALP se dote d'une structure partisane très centralisée autour d'un comité central composé de parlementaires et de représentants des groupes régionaux. C'est ce comité qui désigne le président du parti, Jacques Piou.

Le principal atout de l'ALP est de pouvoir recruter dans une société catholique numériquement importante et placée sur la défensive par la politique anticléricale du ministère Combes. Si les 1 500 comités et les 250 000 adhérents qu'elle revendique en 1906 paraissent nettement excessifs, il est peu douteux que son influence s'étend clairement au-delà de l'audience de la moyenne des partis français[2]. C'est qu'elle trouve dirigeants et militants dans les œuvres et les organisations catholiques, notamment au sein de l'Association catholique de la jeunesse française, fondée en 1886 par Albert de Mun et qu'elle peut compter sur l'appui des journaux catholiques appartenant au réseau de la bonne presse, *La Croix* et ses répliques de province, *Le Pèlerin*, mais aussi *Le Télégramme* de Toulouse, *Le Nouvelliste* de Bretagne, *L'Express* de Lyon, *La Liberté du Sud-Ouest*, etc. Enfin, bien que les femmes ne votent pas, les liens étroits entretenus avec la Ligue patriotique des Françaises, fondée en 1902, multiplient son influence. Il existe toutefois des obstacles à son développement qui rendent compte des résultats finalement décevants enregistrés par cette formation qui aurait pu devenir le grand parti catholique français. Le principal réside dans la pluralité d'opinion des catholiques et dans la méfiance des Français envers un parti dont, en dépit de sa volonté, l'image est cléricale. Mise en quarantaine par la majorité du Bloc des gauches qui voit en elle le visage masqué du cléricalisme, elle est aussi boudée par une majorité de catholiques dont le conservatisme se reconnaît davantage dans la Fédération républicaine et dans ceux qui n'acceptent pas le ralliement à la République et se tournent

1. Jean-Marie Mayeur, *La Vie politique sous la IIIe République*, *op. cit.*, p. 193-194.

2. Jean-Claude Delbreil, *Centrisme et Démocratie-chrétienne en France. Le parti démocrate populaire des origines au MRP 1919-1944*, Publications de la Sorbonne, 1990, p. 11-16.

vers le nationalisme et bientôt vers l'Action française. Elle est enfin suspecte aux yeux de la minorité des catholiques avancés qui se tournent vers la démocratie-chrétienne renaissante, et surtout vers la Ligue de la Jeune République fondée en 1911 par Marc Sangnier après la condamnation par le pape Pie X du mouvement « Le Sillon ». Pour ces chrétiens sociaux de gauche, l'ALP demeure un parti conservateur et rétrograde. En dépit de son enracinement dans la société civile de foi catholique, l'ALP est clairement répudiée par les républicains au pouvoir qui considèrent qu'il existe une incompatibilité entre la croyance en une religion révélée et la culture politique républicaine fondée sur le rationalisme. Aussi demeure-t-elle une force politique modeste qui ne rassemble jamais plus de quelques dizaines d'élus (40 à son apogée en 1910, mais 28 seulement en 1914). De surcroît, l'hétérogénéité politique de ceux-ci ne fortifie guère la clarté de son image publique : catholiques sociaux comme Albert de Mun, anciens bonapartistes comme les barons de Mackau et Reille y côtoient nostalgiques de la monarchie et notables conservateurs, l'ensemble n'étant uni que par le seul ciment de la défense religieuse. L'importance de l'Action libérale populaire réside donc moins dans son rôle propre que dans les jalons qu'elle pose pour l'avenir en préparant la réintégration des catholiques dans la société politique française.

Aux deux extrémités de l'échiquier politique, des partis en trompe l'œil

La transformation en partis des forces politiques qui se sont affrontées dans les grands débats de la fin du XIXe siècle paraît relever de l'ordre normal des choses, compte tenu de l'évolution de la législation et des mentalités signalée au début de ce chapitre. Plus surprenante parce que moins attendue est la nature de l'organisation partisane des familles politiques situées à l'extrême gauche, les socialistes, et à l'extrême droite, les nationalistes.

Si la structuration des écoles socialistes en partis organisés est, comme on l'a vu, précoce, on a pu constater que la nature réelle de ces partis les différenciait fortement de celle des formations que nous venons d'évoquer, puisqu'il ne s'agissait que très secondairement pour eux de solliciter le vote des électeurs. Il reste que si les plus ouvriéristes des socialistes dédaignent l'action électorale, la pénétration des idées socialistes dans l'électorat et la popularité de certains dirigeants donnent aux courants socialistes une audience importante. Lors du scrutin de 1893 une cinquantaine d'élus entrent à la Chambre des députés dont une grosse majorité de socialistes indépendants. Désormais les principaux dirigeants socialistes (Jules Guesde, Jean Jaurès, Alexandre Millerand, Édouard Vaillant) siègent au Parlement entourés de leurs lieutenants et, à l'exception des allemanistes qui se tiennent sur la réserve de crainte d'une intégration à la République bourgeoise, ils constituent un groupe unique. Mais ce succès est en lui-même porteur d'un angoissant problème : que faire de cette victoire électorale (qui s'accompagne de la conquête de municipalités en 1896) ? Le dédaigner pour se consacrer à la préparation de la révolution future ? Tenter de l'accentuer pour transformer la société dans la légalité par le suffrage universel ? En cette fin du XIXe siècle, le socialisme est à la croisée des chemins. Alexandre Millerand va prendre l'initiative de lui proposer une stratégie inspirée du second terme de l'alternative. Lors du banquet organisé à Saint-Mandé le 30 mai 1896, au moment des élections municipales, il préconise l'unification de toutes les tendances socialistes autour du projet de l'appropriation collective des principaux moyens de production, à mesure que ceux-ci deviennent « mûrs » pour cette collectivisation. Mais dans son mode de réalisation, l'essence du projet Millerand est réformiste, puisque c'est le suffrage universel et non l'action violente qui permettra la conquête des pouvoirs publics et que la substitution de la propriété sociale à la propriété individuelle se fera graduellement. En dépit des réticences d'une partie des socialistes qui conçoivent mal une révolution dans la légalité, et des réserves des plus modérés, proches en fait du radicalisme, ce programme minimum semble en mesure de servir de base à l'unification des groupes socialistes.

Dans un premier temps, l'affaire Dreyfus qui voit la plupart des socialistes (après quelques hésitations en 1898) rejoindre le camp dreyfusard pour défendre la République contre l'agitation nationaliste semble favoriser le processus d'unification. Un comité de vigilance réunissant les cinq courants socialistes est formé en octobre 1898, suivi en novembre d'un comité d'entente. En octobre 1899, à l'initiative de Jaurès, se réunit à Paris, salle Japy, un congrès préparatoire à l'unification au cours duquel les partis constitués, les fédérations autonomes, les syndicats, les coopératives qui se réclament du socialisme adoptent le principe de la lutte des classes comme fondement de leur doctrine et mettent en place un comité général, chargé de réaliser l'unification. Mais ces velléités unitaires volent en éclats devant les conséquences de l'entrée de Millerand dans le gouvernement de Défense républicaine de Waldeck-Rousseau, aux côtés du général de Galliffet (le « fusilleur de la Commune »). Elle révèle en effet le fossé qui sépare les réformistes, prêts à s'associer au pouvoir républicain pour défendre le régime et le faire évoluer pacifiquement, des révolutionnaires qui refusent toute entente avec la bourgeoisie. Guesde, Vaillant, Allemane rejettent le « ministérialisme », baptisé par eux « millerandisme ». Jaurès, Viviani, Brousse l'approuvent. Les divergences vont se creuser aux congrès de Lyon en 1900 et de Paris en 1901. À la suite de celui-ci, les guesdistes du Parti ouvrier français, les partisans de Vaillant rassemblés dans le Parti socialiste révolutionnaire, l'Alliance communiste révolutionnaire, issue en 1897 d'une scission du Parti ouvrier socialiste révolutionnaire allemaniste se rassemblent en septembre 1902 au sein du Parti socialiste de France (PSDF) qui refuse toute intégration à la République bourgeoise.

De leur côté, les réformistes, les Indépendants et les « possibilistes », membres de la Fédération des travailleurs socialistes de France, forment le Parti socialiste français (PSF) au congrès de Tours de mars 1902, membre de la majorité du Bloc des gauches issue des élections de 1902. Quant à Allemane et à son POSR, ils restent en dehors des deux formations socialistes. Toutefois, ce maintien des divisions, dû aux querelles des théoriciens et des dirigeants est mal perçu à la base, d'autant qu'au sein des deux partis socialistes, les tendances dominantes suscitent des réserves. L'autoritarisme et le dogmatisme des guesdistes est mal accepté par de nombreux adhérents du PSDF, cependant que l'approbation du réformisme de Millerand cède bientôt la place au PSF à des inquiétudes devant la politique du ministère Combes et son immobilisme social. L'exclusion de Millerand du PSF en 1903 lève une des hypothèques à la réunification. Mais c'est l'intervention du Bureau socialiste international, créé en 1902 pour servir d'organisme permanent à l'Internationale socialiste (la Seconde Internationale), née en 1889, qui va s'avérer décisive. À son Congrès de 1904, tenu à Amsterdam, les vives attaques de Guesde contre Jaurès trouvent un large écho auprès de la social-démocratie allemande qui domine l'Internationale, et se trouve confrontée depuis des années à l'entreprise de révision du marxisme conduite par Eduard Bernstein. Approuvant les vues de Guesde, l'Internationale exige que tous les socialistes, dans chacun des pays concernés, forment une seule organisation dont la stratégie sera fondée sur la lutte des classes et répudiera toute participation ministérielle avec les partis bourgeois. C'est sur cette base que les deux partis socialistes décident de fusionner lors du Congrès de la salle du Globe à Paris en avril 1905, donnant naissance au Parti socialiste unifié, section française de l'Internationale ouvrière (SFIO) [1].

Le nouveau parti adopte les structures très rigoureuses du Parti socialiste de France. Il est dirigé par un Conseil national tripartite : une commission administrative de 22 membres élus par le Congrès, des délégués des fédérations au prorata du nombre d'adhérents de celles-ci et une délégation de parlementaires dont le nombre ne peut excéder 10 % de l'ensemble du Conseil national. C'est affirmer clairement que les parlementaires ne constituent pas le groupe dirigeant du parti. En dépit du caractère majoritaire des délégués des fédérations (96 membres sur 130 au total), c'est la Commission administrative désignée au scrutin de liste proportionnel par le Congrès qui est le véritable gouvernement du Parti socialiste [2]. Cette victoire des principes d'organisation du guesdisme s'accompagne de celle de ses conceptions révolutionnaires sur les vues plus souples et plus réformistes de Jaurès. Le parti socialiste SFIO se présente donc comme un parti marxiste, révolutionnaire, répudiant toute participation ministérielle. Il quitte d'ailleurs la majorité du Bloc des gauches, refusant son appui aux successeurs de Combes. En fait, la formation de ce parti unifié à vocation révolutionnaire est très largement un trompe-l'œil.

1. Jean Droz, *Le Socialisme démocratique 1864-1960*, Armand Colin, 1966, p. 62-70.
2. Raymond Huard, *op. cit.*, p. 279.

D'abord parce que le parti socialiste SFIO ne rassemble pas, tant s'en faut, tous les socialistes. Un certain nombre de réformistes attachés à la défense de la République et à l'alliance avec les radicaux refusent de passer sous les fourches caudines du guesdisme. Des hommes comme René Viviani, Aristide Briand, Victor Augagneur, Alexandre Zévaès n'acceptent pas de rejoindre la SFIO et forment en 1907 un Parti socialiste indépendant qui prend en 1911 le nom de Parti républicain socialiste. À l'autre extrémité du spectre socialiste, les anarchistes récusent toute adhésion à un parti discipliné qui, de surcroît, accepte de jouer le jeu électoral, voire parlementaire. Or, nombre d'entre eux trouvent dans l'activité syndicale, au sein de la Confédération générale du travail, définitivement constituée en 1902, un terrain d'action selon leur cœur : ils y rencontrent la classe ouvrière et voient dans les Bourses du travail, rassemblant les divers syndicats d'une même localité, l'ébauche de cette société de producteurs échangeant les produits de leur travail qui constitue leur idéal d'organisation sociale. Aussi, lors du Congrès d'Amiens de la CGT en 1906, font-ils repousser la proposition guesdiste de liens organiques avec le nouveau parti socialiste et adopter la « Charte d'Amiens » qui constitue désormais la ligne du syndicalisme révolutionnaire français : les syndicats sont indépendants des partis et des sectes, ce qui ne signifie pas qu'ils sont apolitiques. Simplement, leur tactique politique n'est pas fondée sur l'action électorale et législative, méthode bourgeoise à leurs yeux, mais sur celle, propre au monde ouvrier, de la grève générale révolutionnaire qui paralysera l'État bourgeois avant qu'il soit abattu et remplacé par les « groupements de production et de répartition » que préfigurent les syndicats eux-mêmes.

Si le caractère unifié du parti socialiste est contestable, son orientation marxiste et révolutionnaire ne l'est pas moins. Sans doute, de congrès en congrès, les militants présents veillent-ils scrupuleusement sur la doctrine du parti, sous la surveillance des guesdistes, gardiens vigilants des Tables de la loi. Mais derrière cette façade rigide, des sensibilités variées se font jour chez les socialistes, favorisées par l'organisation de tendances représentées à la Commission administrative proportionnellement aux suffrages recueillis par leurs motions lors du congrès annuel. La SFIO conserve ainsi une aile réformiste qui inclut les anciens « possibilistes », des intellectuels comme Albert Thomas ou Charles Andler et d'assez nombreux dirigeants de fédérations, devenus des notables locaux. À l'autre extrémité des sensibilités partisanes, une extrême gauche proche des syndicalistes révolutionnaires, méfiante envers le suffrage universel et l'action parlementaire, considère les syndicats comme le véritable levier révolutionnaire. Ses dirigeants, Hubert Lagardelle ou Pierre Dormoy sont bientôt débordés par les socialistes de l'Yonne rassemblés autour de Gustave Hervé et de son hebdomadaire *La Guerre sociale,* proche de l'anarchisme, violemment antimilitariste et partisan de l'insurrection. Mais l'influence dominante au sein du parti socialiste est, depuis le congrès de Toulouse de 1908, celle de Jean Jaurès. Appuyé sur le journal qu'il a créé en 1904, *L'Humanité*, disposant du soutien d'Édouard Vaillant et de nombreux militants, il réussit à imposer une vision du socialisme qui, sans contredire les décisions du congrès d'unification, propose une synthèse entre république et socialisme, réformisme et révolution.

Considérant la République démocratique comme un progrès, il préconise la conquête du pouvoir par le suffrage universel plutôt que par la violence révolutionnaire. S'il admet comme objectif final (mais lointain) la révolution sociale prônée par Marx, il assortit ce but théorique à long terme d'un réformisme pratique permettant dans l'immédiat l'amélioration du sort de la classe ouvrière. Autour de cette ligne, adoptée par le congrès de Toulouse, le parti socialiste apparaît comme un parti républicain, légaliste, réformiste qui séduit désormais une large partie de l'opinion française. En témoignent à la fois les progrès de l'implantation socialiste dans le pays et l'audience électorale du parti. Le nombre des adhérents double entre 1906 et 1914, atteignant 90 000 à cette dernière date. Les suffrages obtenus aux élections législatives passent de 10 % en 1906 (877 000) à 16,8 % des suffrages exprimés en 1914 (1 413 000). Les députés socialistes qui étaient 53 en 1906 se retrouvent 78 en 1910 et 103 en 1914[1]. À la veille de la Première Guerre mondiale, le parti marxiste et révolutionnaire fondé en 1905 s'est mué dans la réalité en un grand parti parlementaire, intégré à la République, pratiquant la « discipline républicaine » (c'est-à-dire le désistement réciproque lors

1. Pierre Lévêque, *op. cit.*, p. 159.

des scrutins) avec les radicaux et profondément ancré dans la société politique française. Mais cette incontestable mutation n'est pas ouvertement reconnue, ni acceptée dans les congrès et les instances dirigeantes par les théoriciens et les militants les plus engagés. Jean Jaurès lègue ainsi au parti socialiste une insoluble contradiction entre la théorie et la réalité, qui va peser sur toute son histoire et que seuls son immense prestige et son éloquence réussissent à masquer jusqu'en 1914.

Si le parti socialiste SFIO n'est pas le parti dessiné par les motions de ses congrès, le même trompe-l'œil vaut pour la droite extrême. On a vu que, dans le camp de la droite, à côté des partis issus du camp républicain (comme la Fédération républicaine) ou des milieux catholiques ralliés (l'Action libérale populaire) avait été tentée autour de la Ligue de la Patrie française la formation d'un « parti national » antidreyfusard. Le relatif échec nationaliste aux élections de 1902 comme la volonté de respectabilité et le refus du passage à l'illégalité de la plupart des dirigeants et des plus connus des adhérents montrent tout à la fois que la Ligue ne saurait représenter le courant nationaliste et que l'hétérogénéité des participants et de leur culture politique lui interdit de dépasser le stade du groupe de pression à objectif limité (l'opposition à la révision du procès Dreyfus) qui constituait sa raison d'être. Aussi ne faut-il pas s'étonner que quelques-uns de ceux qui avaient placé leurs espoirs de voir naître autour de la Ligue un parti destiné à abattre la République parlementaire se détournent d'une organisation qui ne répond pas à leurs attentes pour jeter en 1898 les bases d'une formation davantage en phase avec leurs aspirations activistes. C'est dans ces conditions que naît l'Action française, fondée par Henri Vaugeois et Léon Daudet, avec l'appui du journaliste Maurice Pujo. À l'origine, si le positionnement antidreyfusard est évident, le programme est flou, oscillant entre le jacobinisme droitier de Vaugeois et l'anarchisme vague de Pujo. L'adhésion en avril 1899 de Charles Maurras, lui aussi dissident de la Patrie française, change profondément la donne. Il va en effet fournir au courant nationaliste la doctrine politique qui lui manquait en proposant sous le nom de « nationalisme intégral » une synthèse entre le monarchisme essoufflé, le traditionalisme positiviste de Taine et l'activisme brouillon des ligues. Mais, du même coup, en dépit de la création autour de la revue *L'Action française*, née en juillet 1899, puis devenue quotidienne en 1908, d'une Ligue d'action française, née en 1905, le nouveau courant est plus proche d'un parti que d'une ligue, bien qu'il n'en prenne pas le nom. Et ce malgré les pratiques d'action directe et l'usage de la violence dans la rue par les Camelots du roi, bras armé de l'organisation fondé en 1908.

L'Action française propose en effet au nationalisme une doctrine cohérente, soutenue par une réflexion intellectuelle rigoureuse à partir des postulats du traditionalisme positiviste, réflexion conduite par un Institut d'action française et diffusée par le journal, dont l'audience et le prestige dépassent largement le cercle étroit des adhérents. À la base des idées maurrassiennes, le postulat selon lequel le régime républicain est irréformable, non parce qu'il a pris la forme parlementaire, mais parce qu'il est issu de la Révolution française qui, en exaltant l'individu isolé, a détruit le corps social et privilégié l'économique par rapport au politique. À partir de là, le programme fixé au « nationalisme intégral » coule de source. Pour redresser la nation, il faut abattre la République et restaurer la monarchie. Il convient ensuite d'éliminer de la communauté nationale tous ceux qui y sont étrangers et en pervertissent l'identité, les « quatre États confédérés » qui, pour Maurras, constituent « l'Anti-France », les juifs, les francs-maçons, les protestants et les métèques (autrement dit les étrangers immigrés). Il faut enfin redonner toute son influence à l'Église catholique, ciment de la nation et gardienne de l'ordre social. À noter que le raisonnement se réclame d'une réflexion rationaliste et positiviste et non d'une quelconque fidélité dynastique ou d'une foi religieuse. Si l'Action française est monarchiste, c'est par principe, et elle entretiendra des relations difficiles et conflictuelles avec le bureau du duc d'Orléans et avec le duc lui-même, inquiet de voir lui échapper le contrôle de l'action de ses partisans et peu enthousiasmé par la violence verbale et physique du mouvement maurrassien. De même Maurras, personnellement agnostique, est-il hostile au message du christianisme dans lequel il ne voit qu'influence sémitique, rejetant l'enseignement des Évangiles, « œuvre de quatre juifs obscurs ». Enfin l'Action française propose à ses partisans un véritable projet de société : la restauration monarchique devrait entraîner la disparition du système parlementaire fondé sur le suffrage universel. À la loi du nombre mise en œuvre par ce dernier, il faut substituer celle de l'élite, représentée par une noblesse chargée d'assister le roi. En même temps que le parlementarisme, devront être rejetés les autres produits de la démocratie, l'étatisme, la centralisation, la bureaucratie et restaurés les corps intermédiaires, cellules naturelles de la société organisée, famille, province, corporation [1]. La doctrine maurrassienne de l'Action française trouve de fervents partisans dans une partie de la société civile qui ne se résigne pas à la victoire des républicains dreyfusards, membres du clergé, catholiques traditionalistes, étudiants, intellectuels libéraux conservateurs, organisations de jeunesse et organisations féminines qui recrutent dans l'aristocratie et la bourgeoisie, magistrature, armée. L'organisation dispose dans le pays d'un certain nombre de comités implantés dans l'élite urbaine des grandes villes, mais elle pénètre peu dans la masse de la société urbaine ou rurale. Son poids électoral est naturellement limité, tant par sa propre hostilité au suffrage universel et à l'action parlementaire que par le caractère restreint de son audience dans le pays. Moins que le mouvement pré-fasciste qu'a voulu voir en elle l'historien allemand Ernst Nolte [2], l'Action française est l'aboutissement des évolutions de la droite antirépublicaine de la fin du XIXe siècle, tirant sa force de la synthèse réalisée entre le monarchisme contre-révolutionnaire, l'appel au peuple et le césarisme plébiscitaire du bonapartisme, et les pulsions activistes, antisémites et xénophobes du nationalisme. Le climat propice à son action et à son épanouissement est celui de la crise politique et sociale durant laquelle elle peut aiguillonner les adversaires du régime pour tenter de déstabiliser la République et d'inspirer une formule de substitution conforme à ses vœux. Ce sont les crises successives qui affectent le modèle républicain qui tissent la trame de son histoire jusqu'en 1940.

Entre 1900 et 1914, le système des partis français, en gestation depuis les débuts de la IIIe République, se met donc en place, sous forme d'organisations structurées, tributaires d'une culture

1. Michel Winock, « L'Action française », dans Michel Winock (dir.), *Histoire de l'extrême droite en France*, Seuil, 1993.

2. Ernst Nolte, *Le Fascisme dans son époque*, I, *L'Action française*, Julliard, 1963.

politique spécifique, dotées d'un programme, d'une direction nationale, de comités ou de sections locales et de multiples associations satellites ou intermédiaires qui marquent leur enracinement dans la société civile. Comme on l'a vu, ces partis sont le produit d'une conjoncture, liée aux grands débats qui ont agité la société française au XIXe siècle, portant sur la nature et la légitimité du régime politique, sur les conceptions d'organisation de la société, sur la défense de vues philosophiques ou religieuses, sur la protection ou la promotion de certaines catégories sociales. Aussi ne faut-il pas s'étonner que ce système de partis trouve son achèvement et fonde son rôle de structuration des cultures politiques françaises à travers les enjeux du débat politique des premières années du XXe siècle.

Les enjeux politiques des débuts du XXe siècle et la structuration du système politique français

Au cours du dernier quart du XIXe siècle, les clivages de l'opinion, liés aux grands débats politiques, avaient été principalement liés à la question du régime. On avait vu s'opposer une gauche républicaine à une droite monarchiste et catholique, puis, avec sensiblement les mêmes protagonistes, les partisans d'une République parlementaire et les champions d'une République forte, présidentielle ou consulaire. En dépit de quelques nuances, les frontières entre gauche et droite paraissaient ainsi clairement tracées. Ce n'est que dans la dernière décennie du siècle que cette configuration relativement simple s'était complexifiée avec la montée en puissance d'un socialisme dont les objectifs strictement sociaux n'avaient qu'un rapport indirect avec les clivages antérieurs, mais dont la présence avait eu pour effet une redistribution des cartes et un déplacement des frontières entre droite et gauche. La République une fois consolidée, l'aile la plus modérée du parti républicain pouvait considérer que la défense de l'ordre social rendait pertinente et justifiée l'alliance avec une partie de l'ancienne droite antirépublicaine désormais ralliée au régime, cependant que socialistes et gauche républicaine se rapprochaient autour du double objectif de la défense républicaine et du réformisme social. C'est cette nouvelle configuration que la crise de l'affaire Dreyfus avait eu pour effet de consolider et dont l'évolution au cours de la première décennie du XXe siècle aboutit à la structuration du système politique français. Trois enjeux successifs marquent la mise en œuvre de ce processus créant des clivages majeurs autour de l'anticléricalisme, de la question sociale, du problème de la paix et de la guerre.

L'enjeu anticlérical : de l'anticléricalisme militant à l'apaisement

Au cours des luttes qui, durant le dernier quart du XIXe siècle, ont jalonné la naissance et l'implantation de la République, les catholiques, dans une très large majorité, ont constitué les gros bataillons des adversaires du régime. De manière corrélative, les républicains, dès leur arrivée au pouvoir, ont pris des mesures destinées à amenuiser l'influence cléricale sur la vie politique et la société : dissolution et expulsion des congrégations non autorisées, laïcisation du système et du personnel scolaires publics. Le rôle joué par les congrégations dans le camp antidreyfusard entraîne tout naturellement des mesures de rétorsion de la part du gouvernement Waldeck-Rousseau. Ce dernier intente un procès à la congrégation des assomptionnistes et à son journal *La Croix,* se défendant de vouloir attaquer l'Église, mais affirmant son intention de s'en prendre « aux moines ligueurs et aux moines d'affaires ». Le vote de la loi sur les associations de juillet 1901 lui fournit l'arme nécessaire puisque, si elle accorde une très large liberté aux associations de toute nature, constituées par adhésion volontaire et consciente de leurs membres, elle dénie ce caractère aux congrégations religieuses, tenues pour leur part de solliciter une autorisation délivrée par le Parlement, la congrégation étant tenue de fournir un état de ses dépenses et de ses recettes et un inventaire de ses biens. Tout en déplorant ce qu'il tient pour une loi d'exception, le pape Pie X, rassuré par les déclarations apaisantes de Waldeck-Rousseau qui promet une très large tolérance dans l'attribution des autorisations, permet aux congrégations non autorisées (60 congrégations masculines, 400 congrégations féminines) de solliciter l'agrément du Parlement.

Mais les résultats des élections de 1902 vont envenimer la situation. Elles s'opèrent bloc contre bloc. Le Bloc des gauches, qui rassemble la majorité de Waldeck-Rousseau, formée de l'Alliance républicaine démocratique, des radicaux et des socialistes de diverses obédiences, s'oppose frontalement à une droite qui a fait de la défense religieuse la clé de voûte de son programme. La victoire du premier qui remporte 368 sièges contre la seconde (222 élus) est une incontestable défaite politique pour les catholiques. Ils vont en payer le prix, d'autant que l'équilibre des forces au sein du Bloc des gauches s'est modifié en faveur des radicaux qui ont fait campagne pour une application intransigeante de la loi de 1901 et dont les 219 élus dominent les effectifs, beaucoup plus réduits, de l'Alliance démocratique (une centaine d'élus au plus) et la cinquantaine de socialistes. Dès lors, Waldeck-Rousseau démissionne en mai 1902, conseillant au président Loubet de lui donner pour successeur le sénateur radical de la Charente Émile Combes. La majorité se dote d'une structure permanente à la Chambre, la Délégation des gauches au sein de laquelle le socialiste Jean Jaurès joue un rôle fondamental.

Arrivé au pouvoir dans le cadre d'un combat sans merci contre la droite, le gouvernement Combes se veut un ministère de combat destiné à consolider la République en frappant ses ennemis. Avec l'appui de Jaurès et celui, plus réticent, de l'Alliance démocratique, le « combisme », relayé dans le pays par les comités et les élus radicaux, bénéficiant du soutien des loges maçonniques et de l'approbation des municipalités et des conseils généraux de gauche, procède à une épuration sévère de l'administration, de l'armée, de la magistrature, de manière à opérer une véritable relève des cadres du pays en remplaçant hauts fonctionnaires, officiers supérieurs, juges et procureurs, considérés comme peu favorables à la République, par des républicains incontestables. Mais c'est surtout par la politique anticléricale que se manifeste le « combisme ». À la grande colère de Waldeck-Rousseau qui l'accuse de transformer le texte sur les associations de « loi de contrôle en loi d'exclusion », le président du Conseil fait rejeter en bloc par le Parlement en juin 1902 les autorisations sollicitées par les congrégations, leur enjoignant de se disperser et de fermer leurs établissements. Dans le même mouvement, il décide, par décret, la fermeture des écoles non autorisées des congrégations autorisées. Enfin, franchissant un pas de plus dans l'escalade anticléricale, Combes fait voter en 1904 une loi qui interdit d'enseignement tout membre d'une congrégation, même autorisée, donnant aux écoles congréganistes un délai de dix années pour fermer leurs établissements. Si cette politique recueille, à quelques unités près, l'appui de la majorité parlementaire, elle suscite une forte résistance dans les populations catholiques. Des heurts se produisent dans l'Ouest lors des expulsions de religieux et la troupe doit intervenir. Officiers et magistrats catholiques préfèrent démissionner plutôt que de faire appliquer une loi que leur conscience réprouve. Même dans les milieux républicains, certains élus regrettent le sectarisme dont fait preuve le gouvernement et jugent maladroites les persécutions dont l'Église est l'objet. De leur côté, une partie des socialistes, suivant en cela Jules Guesde, dénoncent dans l'anticléricalisme militant un dérivatif qui permet aux radicaux d'éluder les réformes sociales. À l'automne 1904, le ministère est affaibli par les révélations sur l'utilisation par le ministre de la Guerre, le général André, de fiches d'information établies par la franc-maçonnerie sur les opinions politiques des officiers, afin de favoriser la promotion des républicains et d'entraver la carrière des catholiques. Clemenceau fustige le « jésuitisme retourné » que constitue à ses yeux le combisme et Paul Doumer prend la tête d'une opposition anticombiste au sein de la majorité de gauche. Ces désaveux auront raison du ministère Combes qui est renversé en janvier 1905.

Mais, à cette date, l'anticléricalisme militant aura eu la grave conséquence d'entraîner la rupture des relations avec le Saint-Siège et, de manière corrélative, la séparation de l'Église et de l'État. C'est la visite, organisée en mars 1903, du président Loubet au roi d'Italie à Rome (que le pape considère toujours comme sa capitale malgré l'annexion de la ville par l'Italie en 1871) qui met le feu aux poudres dans le contexte de tension lié à la politique anticléricale de Combes. Pie X ayant élevé une protestation, la France retire son ambassadeur auprès du Saint-Siège, affirmant sa volonté de ne plus respecter la « fiction surannée d'un pouvoir temporel disparu depuis trente ans ». Cette décision est suivie en juillet 1904 de la rupture totale des relations avec le Saint-Siège après la convocation par le Vatican, à l'insu du gouvernement, de deux évêques républicains.

Mais cette rupture rend désormais impossible le fonctionnement du Concordat de 1801 qui exige l'accord du Saint-Siège et du gouvernement pour la nomination des évêques. Aussi conduit-elle directement à son abrogation. Déposé en novembre 1904 un projet de loi de séparation de l'Église et de l'État n'est finalement voté qu'en décembre 1905, sous le ministère du banquier Rouvier, successeur de Combes et membre de l'Alliance démocratique. Il est le résultat de très longues discussions au sein d'une commission de la Chambre dont le rapporteur, le socialiste indépendant Aristide Briand, s'est attaché à trouver une formule équilibrée qui n'apparaisse pas comme une machine de guerre contre l'Église. La République assure la liberté de conscience et le libre exercice des cultes, mais ne reconnaît, ne salarie, ne subventionne aucune religion. Les biens ecclésiastiques sont transférés à des associations cultuelles qui en ont la jouissance gratuite et perpétuelle. En dépit du désir de conciliation d'une grande partie des évêques, le pape Pie X refuse ce compromis. La loi est condamnée par l'encyclique *Vehementer Nos* de février 1906, cependant que l'encyclique *Gravissimo Officii* de juillet 1906 interdit aux catholiques de constituer des associations cultuelles. Appliquée unilatéralement par l'État, la loi donne lieu à de nombreux incidents provoqués par les fidèles qui s'opposent à l'inventaire des biens d'Église rendu nécessaire par l'expropriation, entraînant l'intervention de la police et de l'armée qui doivent faire usage de la force pour se faire ouvrir les églises. Pour mettre fin à une agitation qui risque de dégénérer, Clemenceau, devenu président du Conseil en octobre 1906, décide de mettre fin aux inventaires[1].

Désormais, la vague anticléricale retombe, une partie des républicains, suivant en cela Aristide Briand, président du Conseil en 1909-1911, se montrant à sa suite, désireux de pratiquer « une laïcité raisonnable, tolérante, respectueuse de toutes les religions » et de mettre en œuvre un « apaisement » permettant de rétablir un consensus avec les catholiques au moment où la question sociale et les périls internationaux conduisent les hommes d'État républicains à rechercher l'union des Français pour préserver l'ordre social et défendre

1. Jean-Marie Mayeur, *La Séparation de l'Église et de l'État*, Julliard, 1966.

le pays en cas de conflit. Mais si la période de l'anticléricalisme militant est désormais révolue, il reste que la question religieuse maintient une frontière étanche entre droite et gauche. Pour les héritiers du dreyfusisme, un catholique, même rallié au régime, ne saurait être un véritable « républicain » puisqu'il ne partage pas les valeurs qui, depuis 1898, séparent héritiers des Lumières, admirateurs de la Révolution française, tenants de la prépondérance d'un Parlement représentant le peuple souverain, champions de la promotion sociale individuelle de ceux qui restent à leurs yeux suspects d'osbcurantisme, d'irrationalité, d'attachement à l'Ancien Régime, de nostalgie envers les systèmes dynastiques et d'élitisme social. En d'autres termes, en raison de la question religieuse, la légitimité de la République au début du XXe siècle se situe à gauche et l'alliance avec les catholiques ralliés apparaît pour la gauche comme une trahison de l'idéal républicain.

L'enjeu social : promotion républicaine contre collectivisme et insurrectionnalisme

Si la question religieuse trace en ce début du XXe siècle une frontière nette entre droite et gauche, c'est à l'intérieur de la gauche que la question sociale marque une fracture. L'un des éléments identitaires de la gauche réside indubitablement dans la volonté de tous ses membres d'améliorer le sort de la frange la plus modeste de la population. Mais sur les modalités de cette solution de la question sociale, les opinions varient et les nuances sont encore plus importantes que ne le laissent paraître les prises de position publiques. Les radicaux ont défini en 1907 leur vision du progrès social qui se situe dans le droit fil des prises de position de Ledru-Rollin dans les années 1840 et de celles de Gambetta au début de la IIIe République. Ils se différencient des socialistes par leur attachement à la propriété privée qu'ils tiennent pour la garantie de la liberté et de la dignité de l'homme et leur idéal social repose sur l'idée d'abolition du salariat pour fonder une société de petits propriétaires maîtres de leur instrument de travail. Pour autant, ils ne se considèrent pas comme de purs libéraux, rejetant « l'école du laisser-faire » au profit d'une intervention de l'État, au nom de la solidarité sociale préconisée par Léon Bourgeois, afin de protéger les plus faibles et les plus démunis par des œuvres d'assistance publique. À leurs yeux, l'État a pour mission de créer les conditions permettant à chacun des citoyens, pour peu qu'il y participe par son travail, son épargne, ses talents, d'améliorer sa condition et de commencer une marche ascendante dans l'échelle sociale. C'est cette démarche réformiste et graduelle que Georges Clemenceau, inspirateur du radicalisme à la fin du XIXe siècle, mais qui se tient en marge du parti organisé en 1901, entend faire prévaloir lorsqu'il devient président du Conseil en 1906. Il crée un ministère du Travail, confié au socialiste indépendant René Viviani et annonce son intention de lancer un vaste programme de réformes sociales, comportant la réduction à huit heures de la journée de travail. Pour s'en donner les moyens, il charge son ministre des Finances, Joseph Caillaux, de mettre en place un nouveau prélèvement fiscal, l'impôt sur le revenu.

Mais le réformisme radical va se trouver rapidement débordé par la poussée d'agitation sociale, dont le fer de lance est le syndicalisme révolutionnaire. Pour les syndicalistes, comme pour une partie des socialistes, la transformation de la société ne saurait résulter des progrès limités et graduels envisagés par les radicaux dans le cadre d'une économie de marché et de libre concurrence, mais d'une action révolutionnaire aboutissant à transférer la propriété des moyens de production à la collectivité. Si, derrière Jaurès, la majorité des socialistes accepte que le processus résulte d'une action légale suivant la conquête du pouvoir par le suffrage universel, il n'en va pas de même des syndicalistes révolutionnaires qui considèrent que seule l'action violente du prolétariat permettra d'abattre l'État bourgeois pour lui substituer la propriété sociale des groupements de producteurs. Or, après son congrès d'Amiens, la CGT se voue à la préparation du « Grand Soir » qui verra la réalisation de ces espoirs. Dès le 1er mai 1906, Clemenceau, encore ministre de l'Intérieur du gouvernement Sarrien doit réprimer la manifestation organisée par la centrale syndicale. Devenu président du Conseil, il ne cessera jusqu'en 1909 d'affronter des vagues successives de grèves de toute nature touchant l'industrie, l'électricité, l'alimentation, le bâtiment, les inscrits maritimes, les fonctionnaires, les cheminots, les carriers, etc. Le mouvement le plus inquiétant est, en mai-juin 1907, la révolte des viticulteurs du Languedoc, atteints par l'effondrement des cours du vin, qui provoque des affrontements sanglants à Narbonne, Perpignan, Béziers, l'incendie de la sous-préfecture de Narbonne et la mutinerie du 17e de ligne, envoyé pour rétablir l'ordre.

Or, s'il est prêt à envisager des réformes, Clemenceau n'accepte pas que l'ordre républicain soit troublé par l'agitation sociale et menacé par des visées révolutionnaires. Aussi pratique-t-il sans état d'âme apparent une répression sans faiblesse de l'agitation sociale, n'hésitant pas à recourir à la force. Aussi son gouvernement suscite-t-il dans les milieux ouvriers, socialistes et syndicalistes une haine farouche qui le fait qualifier de « gouvernement d'assassins », lui-même étant stigmatisé des épithètes peu flatteuses de « bête rouge » ou de « premier flic de France », titre dont il se glorifie d'ailleurs. Mais cette politique de fermeté accentue la dislocation du Bloc des gauches et déplace la frontière entre droite et gauche telle que l'avait fixée la politique anticléricale. Si les socialistes réprouvent dans leur majorité les violences du syndicalisme révolutionnaire, ils combattent la répression gouvernementale par solidarité ouvrière et se font à la Chambre les porte-parole de l'opposition au gouvernement dans ce domaine. Les joutes oratoires entre Clemenceau et Jaurès qui voient s'opposer les conceptions antagonistes du maintien de l'ordre et de la légalité républicaine contre l'idéal de transformation sociale émaillent la vie parlementaire des années 1906-1909. En fait, la frontière entre les deux visions passe au sein du parti radical lui-même, dont une aile droite appuie le gouvernement, réputé « radical » de Clemenceau, cependant qu'un courant de gauche s'inquiète d'une politique prioritairement répressive qui conduit à ajourner toutes les grandes réformes envisagées. Cette division de la gauche politique conduit à sa chute le gouvernement Clemenceau, renversé en juillet 1909, par une addition d'oppositions de gauche et de droite. Mais son successeur Aristide Briand, lui-même ancien socialiste et théoricien à la fin du XIXe siècle de la grève générale révolutionnaire, mettra fin par la fermeté répressive (sans effusion de sang toutefois) et par l'habileté négociatrice aux derniers soubresauts de la crise sociale. À partir de 1910-1911, on voit ainsi se constituer une majorité d'ordre allant des catholiques ralliés et du centre droit à une fraction des radicaux qui paraît enterrer définitivement un Bloc des gauches que l'enjeu social a fait éclater[1]. C'est ce glissement à droite de la République que vont accentuer les problèmes extérieurs, situés au cœur des enjeux politiques des années 1911-1914.

L'enjeu extérieur : défense nationale ou paix à tout prix ?

Les problèmes internationaux vont avoir pour effet d'accentuer les clivages nés de la prise en considération des questions sociales et de repositionner vers la droite l'ensemble du système des partis français. Depuis les années 1880, les républicains de gouvernement ont défini une position de politique étrangère fondée sur la volonté pacifique du régime. Sans renoncer aux provinces perdues en 1871, la France n'envisage pas de préparer une guerre de revanche et sa volonté de grandeur s'exprime davantage par l'expansion coloniale que par un quelconque bellicisme européen. Le développement du boulangisme et la pérennité du courant nationaliste qu'il catalyse conduisent à préciser encore la position des partis de gouvernement : ils entendent assurer sans faiblesse la défense nationale, mais rejeter tout bellicisme et tout chauvinisme au nom des valeurs universalistes du modèle républicain. Jusqu'au début du XXe siècle cette ligne est très largement partagée par les forces politiques républicaines d'autant que le problème de la guerre ne se pose pas véritablement, ce qui permet aux socialistes, hostiles par internationalisme aux guerres impérialistes, de n'avoir pas à se prononcer directement.

Les choses changent au début du XXe siècle avec les crises internationales nées de la volonté de puissance de l'Empire allemand ou des luttes d'influence dans les Balkans. La crise de Tanger de 1905 qui oppose la France et l'Allemagne au Maroc fait peser, pour la première fois depuis la crise boulangiste, la menace d'une guerre possible. Il en résulte la naissance d'un puissant réflexe patriotique dans le pays qui se traduit par une volonté de défense nationale, laquelle modifie insensiblement la nature et la priorité des enjeux politiques. Or cette évolution est d'autant plus affirmée qu'elle repose sur une mutation de

1. Serge Berstein et Pierre Milza, *Histoire de la France au XXe siècle*, I, *1900-1930*, Bruxelles, Editop, Complexe, 1999.

l'esprit public et des fondements philosophiques sur lesquels était construit le modèle républicain. On assiste à un recul du rationalisme, du positivisme et du scientisme au profit d'une réhabilitation de l'intuition, du vécu intérieur, des données immédiates. Ce courant trouve ses bases philosophiques avec Henri Bergson qui soutient en 1889 sa thèse intitulée *Essai sur les données immédiates de la conscience* et il conduit à la réhabilitation de valeurs qui paraissaient désuètes à l'âge scientifique comme la mystique religieuse ou l'attachement viscéral à la patrie. Le catholicisme, désormais séparé de l'État, retrouve une nouvelle jeunesse avec la conversion d'intellectuels de renom. Et surtout, la défense de la patrie menacée constitue désormais un thème mobilisateur. Ce mouvement de renaissance patriotique marque l'ensemble de l'opinion et, de la droite aux radicaux, l'idée de défense nationale s'impose comme une évidence absolue qui ne prête pas à discussion. Faut-il considérer qu'on est en présence, comme beaucoup l'ont affirmé, d'une poussée nationaliste de l'opinion française ? Sans aucun doute, si on donne au nationalisme l'acception de patriotisme. Certainement pas si on veut évoquer par là le courant qui, du boulangisme aux ligues antidreyfusardes, entendait remettre en cause la République parlementaire, même s'il ne fait pas de doute que le nationalisme est plus à l'aise dans ce climat de défense nationale pour affirmer ses vues que dans l'atmosphère pacifique des années antérieures.

Mais le retour aux valeurs patriotiques et la perspective de guerre plongent dans l'embarras la gauche socialiste et syndicaliste, déjà coupée des radicaux par la différence des vues sur la répression des menées révolutionnaires par les gouvernements Clemenceau et Briand. Si l'ensemble du parti socialiste SFIO est hostile à la guerre, c'est avec d'importantes nuances. Les amis de Jules Guesde refusent de prendre en considération les moyens d'empêcher la guerre qu'ils considèrent comme faisant partie intégrante de la nature propre du capitalisme et ils tiennent que l'essentiel est de préparer la révolution qui résoudra *ipso facto* le problème en faisant disparaître l'impérialisme. À l'autre extrémité du parti socialiste, une aile d'ultra-gauche, conduite par Gustave Hervé, et qui trouve de larges répondants dans la CGT syndicaliste révolutionnaire, se proclame antimilitariste et antipatriote et préconise de répondre à une éventuelle mobilisation par une insurrection généralisée qui permettra d'abattre la République bourgeoise. De son côté, Jaurès, qui tente de conjuguer préservation de la paix et défense nationale, souhaite que de fortes pressions de l'Internationale socialiste retiennent les gouvernements de se lancer dans l'aventure d'une guerre, mais il se heurte au retour en force des fidélités nationales au sein même du courant socialiste, les socialistes allemands épousant dans leur majorité les ambitions du gouvernement impérial. L'embarras des socialistes montre que la nouvelle conjoncture internationale et le risque de guerre sont sources de difficultés pour la gauche, menacée d'éclatement par les tensions qu'elles suscitent.

De fait, les années 1911-1914 modifient l'équilibre des forces au sein de la République en faveur des républicains modérés. La crise d'Agadir de 1911 illustre ce tournant. Pour avoir voulu à tout prix éviter la guerre en négociant avec l'Allemagne, le président du Conseil Joseph Caillaux est contraint à la démission en 1912, désavoué par un monde politique qui souhaite, comme l'opinion, une attitude de fermeté vis-à-vis du Reich. Il est remplacé par le modéré lorrain Raymond Poincaré qui incarne cette politique et qui sera élu en 1913 président de la République avec l'appui d'une large partie de la droite contre le candidat des groupes de gauche de la Chambre, le radical Pams. Président du Conseil ou président de la République, Poincaré prépare la France à une guerre possible en renforçant les alliances avec la Russie et le Royaume-Uni et en incitant son ami Louis Barthou, président du Conseil en 1913, à faire voter une loi portant à trois ans la durée du service militaire [1]. Contre ce qui leur apparaît comme un gage donné aux militaires qu'ils soupçonnent de vouloir déclencher le conflit, les partis de gauche se mobilisent. Les socialistes suivent Jaurès qui, dans son ouvrage *L'Armée nouvelle*, paru en 1910, se ralliait à l'idée de défense nationale, mais considérait que celle-ci devait être l'affaire de la nation tout entière et non de la seule caste des officiers et préconisait, pour ce faire, l'armée de milice qui en traduirait concrètement l'inspiration [2]. De leur côté, les radicaux se raidissent en 1913 contre le glissement à droite qu'ils constatent dans la politique de la République.

1. François Roth, *Raymond Poincaré*, Fayard, 2001.
2. Jean Jaurès, *L'Armée nouvelle*, présenté par Jean-Noël Jeanneney, Imprimerie nationale, 1992.

À leur congrès de Pau, ils se donnent le chef qui leur manquait en la personne de Joseph Caillaux, jusqu'alors membre de l'Alliance républicaine démocratique et s'efforcent de discipliner et de réorganiser leur parti. Dès cette date, les camps s'organisent en vue des élections de 1914. Le camp poincariste est organisé par Louis Barthou et Aristide Briand sous le nom de « Fédération des gauches ». Ce rassemblement de centre droit qui réunit l'Alliance républicaine démocratique et l'aile droite du courant radical se veut résolument laïque, partisan de la séparation de l'Église et de l'État, accepte l'impôt sur le revenu et les réformes sociales, réclame une réforme du mode de scrutin pour instaurer la représentation proportionnelle et souhaite une réforme administrative. Et surtout, au nom de la Défense nationale, il entend maintenir la loi de trois ans. Face à la Fédération des gauches, radicaux et socialistes, sans conclure d'alliance formelle, harmonisent leurs programmes sous la direction respective de Caillaux et de Jaurès, menant campagne autour de l'impôt sur le revenu et de l'abrogation de la loi de trois ans. On parle déjà, en cas de victoire de la gauche, d'un ministère Caillaux, soutenu par les socialistes et auquel, peut-être, Jaurès pourrait participer. L'avenir en décidera autrement. Si la gauche paraît l'emporter dans un scrutin dont les résultats sont assez peu clairs, Caillaux est hors d'état de jouer un rôle politique, éclaboussé par le scandale de l'assassinat par son épouse du directeur du *Figaro*, Gaston Calmette. De surcroît, le président Poincaré, décidé à sauver la loi de trois ans, est résolu à gagner du temps et il appelle à la tête du gouvernement le républicain socialiste René Viviani, homme de gauche, mais favorable à l'allongement de la durée du service militaire. Et surtout, la guerre qui se déclenche en août 1914 va modifier radicalement la nature et l'importance des enjeux politiques. L'histoire de la France politique aborde alors une phase toute différente.

Il reste que la longue structuration des forces politiques françaises durant le XIXe siècle parvient à la veille de la Première Guerre mondiale à un stade qui fixe pour longtemps les lignes de clivage entre elles. Nées des grands affrontements et des problèmes fondamentaux posés à la société française au cours du siècle, les cultures politiques auxquelles adhèrent les citoyens ont fini par donner naissance à des organisations qui leur assurent pérennité, efficacité et représentation au Parlement où se décide la politique de la nation. En fonction des grands enjeux que celle-ci doit aborder, elles se regroupent selon des frontières mouvantes qui témoignent des priorités de chacune d'entre elles. Et c'est, en dernière analyse, le peuple souverain qui tranche, dans les scrutins législatifs, entre les solutions qu'elles proposent pour résoudre les problèmes du pays. La naissance et l'organisation à l'aube du XXe siècle des partis modernes achèvent de faire de la République le modèle français de la démocratie libérale.

Conclusion

par Michel Winock

Il a fallu près d'un siècle à la France pour que la Révolution de 1789 trouve son point d'équilibre politique, dans la IIIe République. Entre-temps, une dizaine de textes constitutionnels s'y étaient essayés au gré des luttes sociales, idéologiques et religieuses.

L'échec de la monarchie constitutionnelle désirée par les députés de l'Assemblée constituante a été dû au divorce insurmontable entre l'exigence démocratique de la Révolution française et le refus que lui opposa le roi. La monarchie constitutionnelle est le résultat d'un compromis par lequel la souveraineté royale abandonne une partie de ses prérogatives de pouvoir à un Parlement représentatif. Les révolutionnaires de 1789, en instaurant la souveraineté nationale, retiraient la sienne au monarque, condamné à n'être plus que le premier fonctionnaire de l'État. La radicalité des Constituants et la résistance de Louis XVI rendirent impossible le compromis.

Les deux autres essais de monarchie constitutionnelle, entre 1814 et 1848, furent balayés, le premier faute d'avoir su définir les pouvoirs respectifs du roi et des Chambres, le second faute d'avoir su répondre aux aspirations de réforme de la société. Les régimes de la Restauration et de la monarchie de Juillet n'ont pas su apprécier, en définitive, ce que l'adresse des 221 du 18 mars 1830 appelait le « droit d'intervention du pays dans la délibération des intérêts publics ». Les abus de la prérogative royale sous Charles X, le refus du gouvernement Guizot d'élargir l'assise électorale de la représentation nationale, sont à l'origine des journées révolutionnaires de Juillet et de Février.

Un autre débouché de la Révolution, apparemment mieux

accordé aux réalités françaises, fut l'instauration d'un césarisme original. Par deux fois, en 1799 et en 1851, le coup d'État met en place un régime d'autorité légitimé par le suffrage universel. La France du 18-Brumaire et du 2-Décembre est celle d'un despotisme éclairé, acceptant le legs principal de la Révolution (égalité civile et souveraineté populaire), et appuyé sur les masses au détriment des corps intermédiaires : « Aujourd'hui, écrivait Louis-Napoléon Bonaparte en 1844, le règne des castes est fini : on ne peut gouverner qu'avec les masses ; il faut donc les organiser pour qu'elles puissent formuler leurs volontés et les discipliner pour qu'elles puissent être dirigées et éclairées sur leurs propres intérêts. » Le bonapartisme n'était une démocratie que de principe : l'« organisation » des masses impliquait la privation des libertés publiques et la mise en condition de l'électorat. Du moins était-ce un régime efficace, réformateur, fondateur a-t-on pu dire de la France moderne, centralisée, administrée, dotée d'un code civil exportable et d'un système de formation des élites qui se prolongera au-delà des deux Empires.

Instauré par le coup d'État, ce fut la destinée de l'Empire de périr par la guerre. Contrairement à la monarchie censitaire, pacifique, renversée par la Révolution, l'Empire, avide de prestige, finit dans la défaite militaire. La gloire posthume du premier empereur, la légende napoléonienne, ont permis le second essai de régime bonapartiste. Celui-ci, affaibli dans les années 1860 par la poussée de l'opposition républicaine, s'était ressaisi par un plébiscite victorieux en 1870. Est-ce à dire que le césarisme à la française susceptible de libéralisation aurait pu s'enraciner durablement ? Une contradiction le minait : l'empire affirme le principe de sa légitimité populaire, concrétisé par les urnes, tout en visant la fondation d'une dynastie héréditaire. Dans son essence, le bonapartisme a besoin du soutien populaire pour naître et durer, mais, dans son ambition, il rêve de se perpétuer à travers le droit du sang. Régime hybride de monarchie et de démocratie illibérale, le système napoléonien première et seconde manière a profondément marqué les mentalités : d'un côté, la nostalgie d'un gouvernement fort et d'un pouvoir personnel inspirera les tentatives boulangiste et nationaliste ; d'un autre côté, le rejet du pouvoir personnel cimentera la cohésion du parti républicain, attaché à assurer la prépondérance du pouvoir législatif sur le pouvoir exécutif.

Ce problème des relations entre les deux pouvoirs politiques, déjà posé sous la monarchie constitutionnelle, fut définitivement réglé par l'issue de la crise du 16 mai 1877. Le nouveau régime, la République sans illusion lyrique, résultat d'un accord de circonstance entre les orléanistes et les républicains modérés, scellé par les lois constitutionnelles de 1875, a pris ses véritables formes après les défaites successives des monarchistes à partir des élections de 1876. Celles de 1877, consécutives à la dissolution de la Chambre par le président Mac-Mahon, donnent définitivement la République aux républicains. L'abaissement du rôle présidentiel qui s'ensuit caractérise définitivement un régime républicain libéral et parlementaire.

La République repose sur le suffrage universel (masculin). Celui-ci avait été instauré en 1848, remis en cause par la majorité conservatrice de la Seconde République, rétabli par Louis-Napoléon Bonaparte, mais placé par lui sous surveillance – et privé de ses corollaires, les libertés de réunion et d'expression. Depuis l'arrivée des républicains au pouvoir, le suffrage universel bénéficie de la liberté de la presse (1881), de la liberté d'association qui autorise l'existence légale des partis politiques (1901). Dans les autres grands pays d'Europe, le suffrage universel n'existe pas. En Grande-Bretagne, on note un certain nombre de limitations (touchant au lieu de résidence) ; en Allemagne, si le Reichstag est bien élu au suffrage populaire, le gouvernement fédéral n'est pas responsable devant le Parlement – et les 25 États qui constituent le Reich sont dominés par la Prusse, dont le Landtag est élu au suffrage censitaire. En Russie, l'autoritarisme prévaut, malgré la réforme libérale entamée après la révolution de 1905 : en 1907, un nouveau système électoral favorise la constitution d'une Douma dominée par les grands propriétaires. La censure et la police politique restent les instruments du pouvoir. L'empire d'Autriche-Hongrie est divisé en deux : à l'ouest, la Cisleithanie, où le suffrage universel a triomphé en 1906 – mais sans régime parlementaire : le gouvernement n'est responsable que devant l'empereur ; à l'est, la Transleithanie a un régime parlementaire, mais le suffrage censitaire donne la suprématie à l'aristocratie hongroise. En Italie le suffrage universel ne sera définitivement établi qu'après la Grande Guerre. Bref, la France est la seule démocratie libérale parmi les grands États européens, avec la Grande-Bretagne.

Cependant, la République n'est pas seulement un système politique de non-monarchie, mais, positivement, un régime qui repose sur des principes – dont la laïcité est la pierre angulaire –, principes réaffirmés avec force au cours de la crise dreyfusienne. Ces principes plongent leurs racines dans l'héritage de la Révolution, et notamment dans la Déclaration des droits de l'homme et du citoyen. Plus qu'un système institutionnel, l'esprit républicain est une philosophie, une conception de la vie, une certaine foi dans le progrès – toutes choses qui unissent mais peuvent diviser.

La société politique, en effet, n'était pas pour autant apaisée. Trois types de contradiction centrale l'affectaient : la survivance des forces de l'Ancien Régime, recomposées, renouvelées, centrées largement sur la défense de l'Église catholique – il fallut attendre la loi de séparation des Églises et de l'État votée en 1905 pour en refroidir les excès ; l'essor d'un mouvement antiparlementaire, résultant non seulement des crises de corruption qui l'alimentent, mais de la demande d'État et d'autorité que ne peuvent combler les réalités du régime d'assemblée ; enfin l'exaspération de la critique sociale, canalisée par le mouvement socialiste et syndicaliste. Ces diverses oppositions, pouvant se combiner, créent des situations de crise qui nécessitent l'élan de défense républicaine. La dernière de ces crises, celle de l'affaire Dreyfus, achève l'établissement d'un régime républicain laïque par la séparation définitive du politique et du religieux.

La grande question de la religion dans ses rapports avec le pouvoir politique, née de la Révolution, était largement réglée. Cependant, la philosophie politique du régime républicain restait antinomique des valeurs enseignées par le magistère romain. Une grande partie des Français, les catholiques pratiquants, restaient en marge de la République « sans Dieu ». C'est une des raisons pour lesquelles la France restait éloignée d'un régime parlementaire à l'anglaise, fondée sur le bipartisme et l'alternance. La droite, malgré l'apport des progressistes, républicains laïques hostiles à la montée en puissance des collectivistes, restait largement illégitime : elle regroupait les ennemis du régime ; la gauche avait la mission de lui fermer les portes du pouvoir. L'alternance entre la droite et la gauche ne fonctionnait pas, comme en Angleterre celle des conservateurs et des libéraux. Les majorités se faisaient et se défaisaient plus sur des questions de personne que sur des questions de programme et de parti. La faiblesse même des partis, devenus légaux par la loi sur les associations de 1901, mais contrariés par l'individualisme parlementaire, et par là même mal organisés et indisciplinés, explique aussi l'inachèvement de la République parlementaire.

Malgré tout, la période ouverte par le ministère Waldeck-Rousseau, en 1899, et achevée par la guerre, peut être considérée comme l'âge d'or de la IIIe République. La durée des gouvernements, l'accord très large entre la société civile et la « République radicale », favorisé par la bonne conjoncture économique, paraissent confirmer que les Français sont enfin entrés dans une ère de stabilité institutionnelle. À la fin de la période, aux élections de 1914, s'amorce un bipartisme qui n'est plus fondé sur l'héritage ou le rejet de la Révolution : l'alliance renouvelée des radicaux et des socialistes face à une droite qui, dans son ensemble, accepte le régime et se fortifie des transfuges de gauche, pouvait être la promesse d'une modernité politique fondée sur des oppositions affirmées *à l'intérieur* du régime républicain, accepté par la grande majorité des Français. À droite, la contre-révolution était marginalisée ; à gauche, la révolution sociale s'intégrait dans le régime parlementaire. L'illusion de Barnave de 1791 selon laquelle la Révolution était « finie » – illusion régulièrement démentie par la suite – était devenue une réalité.

Cette évolution des régimes politiques de la France du XIXe siècle ne saurait cependant se comprendre sans prendre en compte les mutations qui ont affecté le peuple français, proclamé souverain en 1789, mais qui cherche à tâtons, durant tout le siècle, la formule magique permettant de mettre en œuvre cette souveraineté. Les inventions techniques, la conjoncture économique, les progrès des communications, l'industrialisation et l'urbanisation croissantes, les avancées décisives de l'alphabétisation ont profondément transformé les conditions de l'exercice politique par l'individu-citoyen. Le débat politique, pratiquement réservé aux élites de la fortune et de la culture depuis la fin du XVIIIe siècle, se diffuse progressivement dans le corps social. Le citoyen de base cesse d'être le spectateur passif d'un jeu qui se déroule sans lui pour assumer de plus en plus nettement le rôle d'acteur à part entière.

Alors que pendant la première moitié du XIXe siècle, son horizon est le plus souvent borné à son village, au mieux à sa province, il devient, vers la fin du siècle et au début du suivant, membre d'un espace politique national à peu près constitué, qui n'efface certes pas totalement et immédiatement les spécificités locales et régionales, mais les estompe et les relativise. Rétif, s'il n'est pas membre de l'élite, aux idées politiques abstraites exprimées par les lettrés et les dirigeants politiques, il adhère en revanche à leur vulgate et à leurs applications concrètes, telles que les présentent les cultures politiques. C'est par ce canal que le citoyen peut choisir et justifier ses choix, par référence à son existence propre et aux problèmes de la cité, entre traditionalisme et libéralisme politique, entre conservatisme et démocratie, entre socialisme et libéralisme économique.

La fièvre associative qui, en dépit des interdictions de la loi, saisit la population française dès l'époque du Second Empire, constitue un sûr témoignage de la manière dont la politique descend des élites vers le peuple, se diffuse dans la société tout entière, et baigne désormais une grande partie de ses activités, imprégnant non seulement ses choix électoraux, mais aussi la culture, les loisirs, l'assistance, la sociabilité... À cet égard, la création des grands partis politiques organisés à l'orée du XXe siècle est l'aboutissement de cette évolution issue de la base de la société plus qu'une impulsion venue des élites parlementaires au sommet.

Au total, à travers une longue acculturation à l'expression des idées, à la pratique du vote, à la délibération, à l'engagement, dont tous les régimes ont constitué les étapes successives, la théorie révolutionnaire du peuple souverain a fini par trouver son expression concrète. Le peuple français a inventé, pour son usage spécifique, au moyen d'une cascade de révolutions, de tensions, d'anathèmes, de guerres civiles larvées ou ouvertes, une forme de démocratie. Une démocratie, sans doute imparfaite et inachevée, certes différente de celle des autres grands États de démocratie libérale, mais qui a fini par incarner, dans la douleur, la prophétie utopique de 1789.

Comment ce pays si divers, si contrasté, si conflictuel, a-t-il pu résister au choc de 1914 ? C'est qu'au-delà des oppositions religieuses et des conflits sociaux, le patriotisme s'est affirmé comme le lien social naturel entre les citoyens de toutes convictions.

Au fur et à mesure que l'horizon s'est élargi (par le journal, le commerce, le service militaire, la mobilité professionnelle), les Français se sont découvert de nouveaux liens, des solidarités plus étendues. De plus, les élites, les classes dirigeantes, se sont entendues pour diffuser le sentiment national : l'école sans prêtre en a fait quasiment une religion de substitution ; l'école catholique a réconcilié la religion et la patrie. Les socialistes se sont méfiés de ce patriotisme qui pouvait détourner les prolétaires de la lutte de classe. Malgré un fort courant d'antimilitarisme et d'antipatriotisme présent dans la CGT et à la SFIO, les responsables et les militants socialistes se sont ralliés, à la déclaration de la guerre, pour une politique de Défense nationale.

En 1917, l'ancien antidreyfusard Maurice Barrès fait paraître *Les Diverses Familles spirituelles de la France* – un hymne à la diversité et à l'union des Français : « Nous sommes unis, en France, écrivait-il, parce que, depuis l'intellectuel jusqu'au petit paysan, nous avons la claire vision de quelque chose de supérieur à nos petits intérêts personnels et une sorte d'instinct qui nous fait accepter joyeusement le sacrifice actif de nous-mêmes au triomphe de cet idéal. » Faisons sa part à l'idéologie d'« union sacrée ». Reste que le sentiment d'appartenir à une même nation n'a sans doute jamais été aussi fort chez les Français qu'en 1914. En définitive, ce sentiment collectif, révélé par l'épreuve du feu, a largement contribué à une cohésion sociale, par ailleurs si aléatoire.

SERGE BERSTEIN : agrégé d'histoire, professeur des universités à l'Institut d'études politiques de Paris, directeur du cycle supérieur d'histoire du XXe siècle. Il est l'auteur, notamment, de : *Démocraties, Régimes autoritaires et Totalitarismes au XXe siècle* (Hachette, 1992), *La Démocratie libérale* (PUF, 1998), *La République sur le fil* (Textuel, 1998), *Les Cultures politiques en France* (Seuil 1999), *Histoire du gaullisme* (Perrin, 2001) et *Chef de l'État* (Colin, 2002).

RAYMOND HUARD : né en 1933, ancien élève de l'École normale supérieure de Saint-Cloud, professeur émérite d'histoire contemporaine à l'Université Paul-Valéry de Montpellier. Il est l'auteur, notamment, de : *Le Mouvement républicain en Bas-Languedoc* (Presses de Sciences Po, 1982), *Le Suffrage universel en France 1848-1946* (Aubier-Flammarion, 1991) et *La Naissance du parti politique en France* (Presses de Sciences Po, 1996).

JEAN-CLÉMENT MARTIN : professeur à l'Université Paris-I Panthéon-Sorbonne, directeur de l'Institut d'histoire de la Révolution française. Il est l'auteur de nombreux ouvrages sur la Vendée et la Révolution française.

NICOLAS ROUSSELLIER : né en 1963, agrégé d'histoire, diplômé de l'Institut d'études politiques de Paris. Maître de conférences à l'Institut d'études politiques de Paris, membre du comité de rédaction de *Vingtième Siècle, revue d'histoire*. Il est l'auteur du *Parlement de l'éloquence* (Presses de Sciences Po, 1997) et de plusieurs contributions à des ouvrages collectifs.

MICHEL WINOCK : professeur d'histoire contemporaine à l'Institut d'études politiques de Paris, membre des comités de rédaction des revues *L'Histoire* et *Vingtième Siècle, revue d'histoire*. Il est l'auteur, notamment de : *La Fièvre hexagonale. Les grandes crises politiques 1871-1968* (Seuil, 1986) et de *La France politique. XIXe-XXe siècle* (Seuil, 2001). Le prix Aujourd'hui a récompensé en 2007 sa biographie de *Clemenceau* (Perrin) et l'Académie française lui a attribué son grand prix d'histoire (prix Gobert) en 2010 pour *Madame de Staël* (Fayard) et l'ensemble de son œuvre.

Chronologie

1789-1815

1788 *Août*, convocation des États généraux pour mai 1789.
Automne-hiver 1788, campagne de pamphlets sur la composition des États généraux dans toute la France.
27 décembre, doublement des députés du Tiers.

1789 *4 mai*, messe inaugurale des États généraux à Versailles.
5 mai, ouverture politique des États généraux.
17 juin, constitution des États généraux en Assemblée nationale.
20 juin, serment du Jeu de paume.
12 juillet, renvoi de Necker.
14 juillet, prise de la Bastille.
« Grande peur ».
4-5 août, abolition des privilèges.
26 août, Déclaration des droits de l'homme et du citoyen.
5-6 octobre, marche sur Versailles, la famille royale installée aux Tuileries.
2 novembre, mise des biens du clergé à la disposition de la Nation.
19 décembre, création des assignats.

1790 *12 juillet*, Constitution civile du clergé.
14 juillet, fête de la Fédération.

1791 *Mars-avril*, condamnation de la Constitution civile du clergé par le pape.
14 juin, loi Le Chapelier.
20 juin, fuite du roi et de la famille royale.
17 juillet, fusillade du Champ de Mars.
27 août, déclaration de Pillnitz.

1792 *20 avril*, déclaration de guerre de la France aux rois de Prusse et d'Autriche.
20 juin, envahissement des Tuileries par une manifestation populaire.
11 juillet, « la patrie en danger ».

25 juillet, déclaration de Brunswick.
10 août, prise des Tuileries et suspension de la monarchie.
2-6 septembre, massacres de septembre.
20 septembre, bataille de Valmy.
21 septembre, réunion de la Convention.

1793 *21 janvier*, exécution du roi.
1er février, première coalition contre la France révolutionnaire.
Mars, insurrections populaires contre la « levée des 300 000 hommes » dans différentes régions.
10 mars, création du Tribunal révolutionnaire.
6 avril, création du Comité de salut public.
2 juin, éviction des députés Girondins de la Convention. Insurrection de Lyon.
23 août, levée en masse.
5 septembre, la terreur mise à l'ordre du jour.
17 septembre, loi des « suspects ».
27 septembre, loi du maximum des prix et des salaires.

1794 *26 février et 3 mars*, décrets de ventôse.
24 mars, exécution des hébertistes.
5 avril, exécution des « Indulgents ».
8 juin, fête de l'Être suprême.
10 juin, « la Grande Terreur ».
27 juillet (9 thermidor), chute de Robespierre, exécuté avec ses amis le lendemain.
16 décembre, exécution de Carrier.

1795 *1er avril*, manifestation populaire parisienne.
20 mai, manifestation populaire parisienne violemment réprimée.
Juin-juillet, débarquement de Quiberon.
22 août, proclamation de la constitution du Directoire.
5 octobre, répression de la manifestation royaliste.

1796 *Mai*, répression de la conjuration des Égaux.

1797 *4 septembre (18 fructidor)*, coup d'État cassant les élections où les royalistes ont été victorieux.
17-18 octobre, paix de Campoformio.

1798 *11 mai (22 floréal)*, coup d'État cassant les élections où les Jacobins ont été victorieux.

1799 *18 juin (30 prairial)*, coup d'État contre les Jacobins.
Août-octobre, soulèvements royalistes dans le pays.
9 novembre (18 brumaire), coup d'État dirigé par Bonaparte, instauration du Consulat.

1800 *14 juin*, victoire de Bonaparte à Marengo.

1801 *9 février*, paix de Lunéville.
15 juillet, signature du Concordat.

1802 *2 août*, le Consulat à vie approuvé.
1804 *21 mars*, exécution du duc d'Enghien.
2 décembre, couronnement de Napoléon Ier.
1805 *2 décembre*, bataille d'Austerlitz.
26 décembre, paix de Presbourg.
1807 *7 juillet*, paix de Tilsitt.
1812 Campagne de Russie.
22 octobre, tentative de soulèvement du général Malet.
1813 *16-19 octobre*, « bataille des Nations » de Leipzig.
1814 *30 mars*, entrée des armées alliées dans Paris.
2 avril, le Sénat dépose Napoléon.
4 juin, octroi de la « Charte constitutionnelle » par Louis XVIII.
1815 *1er mars*, Napoléon débarque sur la côte française.
20 mars, Napoléon entre à Paris.
18 juin, bataille de Waterloo.
14-22 août, Chambre « introuvable ».
24 septembre, ministère Richelieu.
20 novembre, deuxième paix de Paris.
1823 Expédition des « Cent mille fils de Saint Louis » en Espagne.

1815-1848

1815 *1er mars*, Napoléon débarque à Golfe-Juan. Début des Cent-Jours.
20 mars, Napoléon aux Tuileries.
30 mars, Louis XVIII en exil à Gand.
22 avril, publication de l'Acte additionnel aux Constitutions de l'Empire.
8-22 mai, élections d'une Chambre des représentants. Faible participation. Victoire des libéraux.
18 juin, Waterloo.
22 juin, seconde abdication de Napoléon.
25-26 juin, terreur blanche à Marseille.
7 juillet, les troupes alliées occupent les Tuileries.
8 juillet, ministère Talleyrand-Fouché. Le roi à Paris.
16 juillet, licenciement de l'armée.
24 juillet, ordonnance royale d'épuration.
14-22 août, élections à la Chambre des députés (72 000 électeurs inscrits, 48 000 suffrages exprimés) : la « Chambre introuvable ».
17 août, fournée de 94 nouveaux pairs, dont Chateaubriand.
21 septembre, le duc de Richelieu remplace Talleyrand à la tête du gouvernement.

16 octobre, Napoléon à Sainte-Hélène.
20 novembre, la France signe le second traité de Paris.

1816 *4 mai*, tentative de soulèvement à Grenoble contre les Bourbons.
5 septembre, dissolution de la Chambre introuvable.
18 septembre, *De la monarchie selon la Charte* de Chateaubriand.
25 octobre, défaite des ultras aux élections.
8 décembre, exécution du maréchal Ney.

1817 *5 février*, loi Laîné sur l'électorat et l'éligibilité.
20 septembre, renouvellement du premier cinquième de la Chambre des députés. Les ultras perdent 12 sièges ; leurs adversaires, les indépendants (Laffitte, Casimir Périer, Dupont de l'Eure...) disposent désormais de 25 sièges.

1818 *10 mars*, loi Gouvion-Saint-Cyr sur le recrutement de l'armée. Principe du volontariat et rétablissement partiel de la conscription (40 000 appelés sur 300 000 de la classe d'âge, possibilité de remplacement rémunéré). Effectifs de l'armée de terre : 240 000 hommes.
27 septembre-15 novembre, congrès d'Aix-la-Chapelle, qui examine une libération anticipée du territoire français.
8 octobre, fondation du *Conservateur*, par Chateaubriand, Montmorency, Villèle et Lamennais.
20 octobre, renouvellement du deuxième cinquième de la Chambre : nouveau recul des ultras qui n'obtiennent aucun élu et perdent 15 sièges.
30 novembre, évacuation du territoire français par les troupes d'occupation.
29 décembre, formation du ministère Dessole-Decazes, après démission de Richelieu.

1819 *5 mars*, nomination de 59 nouveaux pairs : le gouvernement retrouve une majorité dans la Chambre haute.
17 et 26 mai, *9 juin*, promulgation des trois lois Serre sur la presse.
1er juin, abrogation de la censure. *Le Constitutionnel* reparaît.
11 septembre, victoire de la gauche aux élections législatives. Élection de l'abbé Grégoire dans l'Isère.
20 novembre, ministère Decazes.

1820 *14 février*, assassinat du duc de Berry.
21 février, second ministère Richelieu.
27 février, rétablissement de la censure.
26 mars, loi suspendant la liberté individuelle (jusqu'à l'été 1821).
31 mars, promulgation de la loi Decazes limitant la liberté de la presse.

5 avril, l'entrée en vigueur de la censure entraîne l'arrêt de publication du *Conservateur*, de *La Minerve*, de *La Bibliothèque historique* et de *L'Aristarque français*. Deux journaux libéraux survivent : *Le Constitutionnel* et *Le Courrier français*.
29 juin, promulgation de la nouvelle loi électorale dite du double vote.
19 août, échec d'une tentative insurrectionnelle libérale. 138 arrestations.
29 septembre, naissance du duc de Bordeaux, « l'enfant du miracle ».
4-13 novembre, victoire électorale de la droite.

1821 *27 février*, ordonnance sur l'enseignement secondaire : les collèges sous la surveillance des évêques.
5 mai, mort de Napoléon à Sainte-Hélène.
26 juillet, la censure de la presse est prorogée jusqu'en 1822.
28 août, condamnation du pamphlétaire Paul-Louis Courier.
9 décembre, condamnation de Béranger pour un recueil de *Chansons*.
14 décembre, formation du ministère Villèle.

1822 *24 février*, échec d'une tentative insurrectionnelle du général Berton, chef de la « vente » carbonariste de Saumur.
17, 25 mars, nouvelles lois sur la presse supprimant la censure, mais allongeant la liste des délits passibles de poursuites.
19 mars, affaire des quatre sergents de La Rochelle, accusés de complot carbonariste. Ils seront guillotinés le 21 septembre.
1er juin, Mgr Frayssinous, grand maître de l'Université.
6 septembre, l'École normale supérieure (fondée en 1808) est supprimée.
12 octobre, suspension des cours de François Guizot et de Victor Cousin à la Sorbonne.
13-20 novembre, les ministériels et les ultras gagnent les élections législatives.
28 décembre, Chateaubriand ministre des Affaires étrangères.

1823 *4 mars*, expulsion de Manuel de la Chambre des députés.
5 mars, la Chambre vote les crédits militaires pour la guerre d'Espagne.
7 avril, les troupes françaises franchissent la Bidassoa.
23 mai, les Français entrent dans Madrid
31 août, prise du Trocadéro par les Français.
13 novembre, rentrée de Ferdinand VII à Madrid.
24 décembre, dissolution de la Chambre.

1824 *26 février-6 mars*, élections : la « Chambre retrouvée ». L'opposition libérale laminée (19 sur 430 députés).
6 juin, renvoi de Chateaubriand qui, à la Chambre des pairs, a refusé d'appuyer le projet de loi gouvernemental sur la conversion de la rente.
9 juin, loi de septennalité (la Chambre est élue désormais intégralement pour sept ans).
16 août, rétablissement de la censure.
16 septembre, mort de Louis XVIII. Son frère le comte d'Artois lui succède sous le nom de Charles X.

1825 *20 avril*, loi sur le sacrilège.
27 avril, loi d'indemnisation des émigrés.
29 mai, sacre de Charles X à Reims.
30 novembre, 100 000 personnes aux obsèques du général Foy.

1826 *8 avril*, la Chambre des pairs repousse le projet de loi rétablissant le droit d'aînesse.
17 mai, réquisitoire de Benjamin Constant contre le gouvernement Villèle.
20 septembre, Chateaubriand attaque la politique de Villèle dans un violent article du *Journal des débats*.

1827 *30 mars*, incidents graves aux obsèques de l'ancien député de la Constituante, le duc de La Rochefoucault-Liancourt.
30 avril, dissolution de la garde nationale de Paris.
24 juin, rétablissement de la censure par Villèle.
24 août, grande manifestation à Paris à l'occasion des obsèques de Manuel.
5 novembre, dissolution de la Chambre.
17-24 novembre, élections législatives ; Villèle sans majorité.

1828 *3 janvier*, démission de Villèle.
5 janvier, ministère Martignac.
16 juin, ordonnances sur les écoles secondaires ecclésiastiques, qui frappent les jésuites et les petits séminaires.
18 juillet, loi sur la presse qui abroge celles de mars 1822 dans un sens plus libéral.
10 décembre, nouvelle condamnation de Béranger.

1829 *9 février-8 avril*, échec du projet de réforme administrative.
1er juillet, premier numéro de la *Revue des Deux Mondes*.
8 août-23 août, formation du gouvernement Polignac.

1830 *3 janvier*, fondation du *National* par Thiers, Mignet et Carrel.
18 mars, adresse des 221.
16 mai, dissolution de la Chambre.
16 juin, débarquement des troupes françaises en Algérie.
23-30 juin, sévère défaite gouvernementale aux élections. Charles X refuse la démission de Polignac.

5 juillet, prise d'Alger.
24 juillet, les quatre ordonnances.
27-28-29 juillet, les Trois Glorieuses.
9 août, avènement de Louis-Philippe, « roi des Français », qui jure fidélité à la Charte révisée.
11 août, formation d'un nouveau gouvernement sans président du Conseil en titre.
14 août, proclamation officielle de la Charte de 1830.
15 août, troubles sociaux, qui durent jusqu'en octobre.
2 novembre, ministère Laffitte, homme du « Mouvement ».
14 décembre, assouplissement du régime de la presse.

1831 *Janvier*, le saint-simonisme sort de l'ombre.
29 janvier, Louis-Philippe trouve la formule du nouveau régime à Gaillac : ce sera le « juste milieu, également éloigné des excès du pouvoir populaire et des abus du pouvoir royal ».
14 février, mise à sac de l'église Saint-Germain-l'Auxerrois à Paris.
13 mars, ministère Casimir-Périer.
21 mars, loi municipale : les conseillers municipaux seront élus par les électeurs communaux. Le maire et ses adjoints sont nommés par le roi parmi les conseillers municipaux.
15 avril, loi sur les députés : incompatibilité entre certaines fonctions publiques et le mandat de député.
5 juillet, élections législatives.
27 juillet, pose de la première pierre de la colonne de Juillet.
4 août, intervention française en Belgique, menacée par l'armée hollandaise.
7 septembre, les Russes s'emparent de Varsovie, violentes manifestations à Paris.
20-22 novembre, révolte des canuts à Lyon.
28 décembre, les Pairs après les députés adoptent la loi abolissant l'hérédité de la pairie.

1832 *16 mai*, mort de Casimir-Périer, victime du choléra.
5 juin, les obsèques du général Lamarque donnent lieu à une émeute républicaine à Paris.
9 juin, la duchesse de Berry se réfugie à Nantes après avoir tenté de soulever la Vendée. Elle sera arrêtée en novembre.
27-28 août, procès des saint-simoniens.
11 octobre, formation du ministère Soult, avec Guizot à l'Instruction publique.
23 décembre, capitulation d'Anvers devant l'armée française.

1833 *28 juin*, loi Guizot sur l'enseignement primaire.
22 octobre, Publication du manifeste de la Société des droits de l'homme par Armand Marrast.

1834 *9-12 avril*, émeutes républicaines à Lyon. On comptera 129 morts du côté de la troupe, près de 200 morts parmi les insurgés.
13 avril, émeute républicaine à Paris.
14 avril, massacre de la rue Transnonain par les soldats de Bugeaud.
21 juin, élections législatives ; défaite républicaine.
18 novembre, formation du gouvernement du maréchal Mortier, après plusieurs crises ministérielles. Guizot toujours à l'Instruction publique.
1er décembre, lors de la réunion des Chambres, Thiers définit la droite orléaniste : « Nous sommes des ministres de la résistance. » Résistance et mouvement : la droite et la gauche.

1835 *12 mars*, second ministère Broglie.
5 mai, ouverture du procès des émeutiers d'avril 1834.
28 juillet, attentat de Fieschi, boulevard du Temple.
9 septembre, promulgation des « lois de septembre » contre les menées républicaines, qui entraîne notamment la disparition d'une trentaine de publications.

1836 *22 février*, gouvernement Thiers.
6 septembre, gouvernement Molé.
30 octobre, tentative de soulèvement de la garnison de Strasbourg par Louis-Napoléon Bonaparte.
5 novembre, *Affaires de Rome* par Lamennais, qui rompt avec l'Église.
27 décembre, nouvel attentat contre Louis-Philippe.

1837 *15 avril*, formation du second gouvernement Molé.
30 mai, traité de la Tafna entre Bugeaud et Abd el-Kader.
3 octobre, dissolution de la Chambre.
4 novembre, élections législatives.

1838 *24 août*, naissance du comte de Paris, premier enfant du duc Ferdinand et de la duchesse d'Orléans.
Novembre, appel lancé par Duvergier de Hauranne pour l'union des oppositions contre le gouvernement Molé.

1839 *2 mars*, élections législatives ; défaite du gouvernement.
8 mars, démission de Molé.
31 mars, formation d'un gouvernement de transition.
12 mai, insurrection de la Société secrète des Saisons, conduite par Barbès et Blanqui, qui sont arrêtés. Formation d'un nouveau ministère Soult.
12 juillet, Barbès condamné à mort est gracié par Louis-Philippe.

1840 *1er mars*, formation du ministère Thiers.
14-16 avril, Thiers soutient les revendications de Méhemet-Ali contre l'Angleterre.

16 mai, Thiers contre le suffrage universel et la réforme sociale.
1er juillet, banquet à Belleville en faveur de la réforme électorale.
28 juillet, le roi inaugure la colonne de la Bastille.
6 août, nouvelle tentative de Louis-Napoléon Bonaparte, à Boulogne.
15 octobre, attentat de Darmès contre le roi.
20 octobre, Louis-Philippe contraint Thiers à la démission.
29 octobre, formation d'un nouveau ministère Soult, avec Guizot aux Affaires étrangères, véritable chef du gouvernement.
15 décembre, retour des cendres de Napoléon.
26 décembre, Lamennais condamné à un an de prison.
29 décembre, Bugeaud nommé gouverneur général en Algérie.

1841 *13 juillet*, règlement de la question d'Égypte.
11 septembre, troubles avec drapeau rouge à Paris.

1842 *11 juin*, loi sur les chemins de fer.
30 juin, discours de Villemain, grand maître de l'Université, contre les jésuites.
9 juillet, élections générales favorables au gouvernement.
13 juillet, mort accidentelle de l'héritier du trône, le duc Ferdinand d'Orléans. Son fils le comte de Paris ne sera majeur qu'en août 1859.
30 août, loi sur la régence.

1843 *27 janvier*, Lamartine passe à l'opposition.
20 juillet, *Des jésuites* de Michelet et Quinet.
26 août, lancement de *La Réforme*.

1844 *3 juin*, mort du duc d'Angoulême, dernier fils de Charles X. Le comte de Chambord devient le prétendant de la maison de Bourbon.

1845 *1er février*, Salvandy remplace Villeman à l'Instruction publique.
2-3 mai, Thiers interpelle le gouvernement sur les congrégations religieuses non autorisées. Les jésuites sont visés.
6 juillet, fermeture de quelques-uns des établissements des jésuites.
16 août, *Les Juifs rois de l'époque* par Toussenel.

1846 *25 mai*, évasion de Louis-Napoléon Bonaparte du fort de Ham.
1er août, élections législatives favorables au gouvernement, sauf dans la Seine.
19 décembre, *Philosophie de la misère* par Proudhon.

1847 *6 mars*, rejet du projet de réforme électorale présenté par Duvergier de Hauranne.
30 mai, retour de Bugeaud en France.
8-18 juillet, affaire Teste-Cubières.
9 juillet, début de la campagne des banquets lancée par la gauche dynastique (Odilon Barrot).
18 août, le duc Choiseul-Praslin assassine sa femme, fille du maréchal Sébastiani. Le 24, il se suicide.
23 octobre, en Algérie, reddition d'Abd el-Kader.
28 décembre, discours du trône. Louis-Philippe écarte tout projet de réforme électorale.

1848 *2 janvier*, suspension du cours de Michelet au Collège de France.
21 janvier, large vote de confiance en faveur de Guizot.
29 janvier, discours de Tocqueville en faveur de la réforme électorale.
21 février, maintien du banquet prévu à Paris.
22 février, manifestations populaires à Paris.
23 février, démission de Guizot. Fusillade du boulevard des Capucines. Insurrection générale.
24 février, abdication de Louis-Philippe. Formation du gouvernement provisoire.
25 février, Lamartine fait maintenir le drapeau tricolore face aux partisans du drapeau rouge.
26 février, abolition de la peine de mort en matière politique.
4 mars, liberté de presse et liberté de réunion.
6 mars, Michelet réintégré au Collège de France. Organisation des Ateliers nationaux.
8 mars, ouverture de la garde nationale à tous les citoyens.
17 mars, manifestation populaire. Report des élections du 9 au 23 avril.
16 avril, manifestation et contre-manifestation.
23 avril, élection à l'Assemblée constituante au suffrage universel (masculin).
27 avril, décret sur l'abolition de l'esclavage.
4 mai, réunion de la Constituante. Proclamation officielle de la République.
9-10 mai, élection de la Commission exécutive et formation du ministère.
15 mai, manifestation d'extrême gauche. Invasion de l'Assemblée, tentative de coup de force en faveur d'un gouvernement révolutionnaire. Répression.
4 juin, élections complémentaires (Thiers, Hugo, Proudhon, Louis-Napoléon Bonaparte).

13 juin, validation de l'élection de Bonaparte, mais démission de celui-ci.
21 juin, décret sur les ateliers nationaux.
23 juin, insurrection ouvrière à Paris.
25 juin, mort de Mgr Affre.
26 juin, fin de l'insurrection.
28 juin, gouvernement Cavaignac. Suppression des ateliers nationaux.
4 septembre, début de la discussion sur la Constitution.
17 septembre, Louis-Napoléon Bonaparte réélu lors d'une élection partielle.
4 novembre, vote de la Constitution par l'Assemblée.
21 novembre, promulgation solennelle de la Constitution.
10 décembre, élection présidentielle.
20 décembre, proclamation du résultat : Louis-Napoléon Bonaparte président de la République. Formation du ministère Barrot-Falloux.

1849-1870

1849 *29 janvier*, l'Assemblée constituante vote sa prochaine séparation.
Mars, procès des militants poursuivis à la suite de la manifestation du 15 mai 1848 (Blanqui, Barbès, Albert, Caussidière, Raspail).
15 mars, loi électorale. Scrutin plurinominal majoritaire dans le cadre départemental. Vote au chef-lieu de canton (avec possibilité limitée de sectionnement).
25 avril, débarquement d'une expédition française à Civita Vecchia.
13 mai, élection de l'Assemblée législative. Le parti de l'ordre y obtient une nette majorité.
13 juin, manifestation de la gauche démocrate-socialiste contre l'expédition de Rome et le gouvernement. Elle est dispersée. 31 représentants montagnards sont poursuivis. Ledru-Rollin doit s'exiler.
15 juin, insurrection à Lyon.
30 juin-3 juillet, prise de Rome par l'expédition française, fin de la république romaine.
7 septembre, lettre de Louis-Napoléon à Edgar Ney. Il prend ses distances par rapport à la politique papale à Rome.
30-31 octobre, formation par Louis-Napoléon d'un ministère présidentiel.

1850 *11 janvier*, vote de la loi De Parieu sur l'enseignement primaire (le préfet reçoit la haute main sur les instituteurs).
10 mars, élections législatives complémentaires pour remplacer les 30 représentants déchus à la suite du 13 juin 1849. La gauche démocrate-socialiste et républicaine conserve 20 sièges.
15 mars, vote de la loi Falloux sur la liberté de l'enseignement.
28 avril, 3 nouvelles élections complémentaires. Eugène Sue, candidat démocrate-socialiste, est élu dans la Seine.
31 mai, nouvelle loi électorale : près de 3 millions d'électeurs perdent le droit de vote.
Juillet, voyage du président dans le Nord-Est et l'Est.
Août, vœux des conseils généraux en faveur de la révision de la Constitution.
26 août, mort de Louis-Philippe à Claremont, Grande-Bretagne.
20 septembre, la « fusion » monarchique, entente préparatoire à une restauration, avorte.
10 octobre, destitution du général Neumayer, chef d'état-major de Changarnier.
24 octobre, arrestation dans le Sud-Est (Vaucluse, Gard, Drôme, etc.) de nombreux militants accusés de complot.

1851 *3 janvier*, destitution de Changarnier, commandant des troupes de Paris.
Printemps, campagne de pétitions en faveur d'une révision constitutionnelle.
1er juin, discours de Louis-Napoléon lors d'un voyage à Dijon. Il est très critique à l'égard de l'Assemblée.
19 juillet, échec de la révision constitutionnelle à l'Assemblée.
été, nombreux vœux de conseils généraux en faveur de la révision.
4 novembre, message de Louis-Napoléon à l'Assemblée. Il propose de rétablir le suffrage universel.
13 novembre, l'Assemblée rejette à une courte majorité cette proposition.
17 novembre, vote sur la proposition des questeurs (elle autorise l'Assemblée à requérir directement la force armée). La proposition est repoussée.
Nuit du 1er au 2 décembre, coup d'État de Louis-Napoléon Bonaparte. Morny, ministre de l'Intérieur. Dissolution de l'Assemblée. Arrestation des principaux leaders parlementaires et de militants populaires. Rétablissement du suffrage universel. Annonce d'un plébiscite.

3-5 décembre, résistance parisienne au coup d'État. Mort du représentant Baudin le 3 décembre. Massacre des boulevards le 4 décembre.
4-15 décembre, résistance provinciale au coup d'État. Elle affecte particulièrement 16 départements.
20-21 décembre, plébiscite sanctionnant le coup d'État : 7 481 000 oui, 647 000 non.
Décembre-janvier, arrestation de militants républicains dans toute la France, chasse aux insurgés et membres de sociétés secrètes républicaines.

1852 *14 janvier*, promulgation de la nouvelle constitution.
Janvier-mars, jugement des insurgés d'abord par des conseils de guerre, puis par des « commissions mixtes » (préfet, procureur général, commandant militaire ou leurs représentants).
22 janvier, confiscation des biens des Orléans.
2 février, décrets organique et réglementaire concernant les élections : scrutin uninominal majoritaire à deux tours. Vote à la commune.
9 février, bannissement de 66 représentants.
17 février, décret organique sur la presse. Nécessité d'une autorisation préalable pour la publication d'un journal.
29 février-1er mars et 14-15 mars, élections au Corps législatif.
25 mars, décret sur les réunions qui soumet celles de plus de 20 personnes à autorisation.
7 juillet, loi municipale : tous les maires et adjoints sont nommés.
Septembre-octobre, voyage du président dans le Centre et dans le Midi.
9 octobre, discours de Louis-Napoléon à Bordeaux : « L'Empire, c'est la paix. »
7 novembre, sénatus-consulte révisant la Constitution : rétablissement de la dignité impériale en faveur de Louis-Napoléon (Napoléon III).
21 et 22 novembre, plébiscite rétablissant l'Empire : 7 827 000 oui, 253 000 non (France métropolitaine).
2 décembre, proclamation du Second Empire.

1853 *20 janvier*, mariage de Napoléon III.
1er juillet, Haussmann, préfet de la Seine.
Juillet, Victor Hugo : *Châtiments*.

1854 *1er mars*, funérailles de Lamennais.
27 mars, déclaration de guerre à la Russie (guerre de Crimée).
14 novembre, Morny, président du Corps législatif.

1855 *28 avril*, attentat de Pianori.
5 mai, nouvelle loi municipale. C'est la première grande loi municipale depuis celle de 1831.
26 août, soulèvement d'ouvriers ardoisiers à Trélazé. Découverte d'une société secrète, « la Marianne ».
8 septembre, attentat de Bellamare contre Napoléon III.
1856 *1er février*, préliminaires de paix entre les participants à la guerre de Crimée.
25 février-30 mars, négociation et adoption du traité de Paris concluant la guerre de Crimée.
16 mars, naissance du prince impérial.
14 avril, création des brigades centrales de police.
17 juillet, sénatus-consulte relatif à la régence.
1857 *5 avril*, attentat contre Napoléon III.
21-22 juin et 5-6 juillet, élections au Corps législatif. Cinq élus républicains.
6 août, condamnation de Tibaldi et de Ledru-Rollin.
1858 *14 janvier*, attentat d'Orsini contre Napoléon III (8 morts, 148 blessés).
1er février, décret instituant le Conseil privé.
17 février, sénatus-consulte imposant aux candidats aux élections un serment de fidélité préalable à l'empereur.
19 février, loi de sûreté générale : elle permet la déportation en Algérie d'anciens condamnés de 1851.
1859 *3 mai*, déclaration de guerre à l'Autriche.
4 juin, bataille de Magenta.
24 juin, bataille de Solférino.
12 juillet, signature des préliminaires de paix à Villafranca.
15 août, décret d'amnistie. Il permet le retour en France des condamnés de 1851 ou des exilés. Certains de ces derniers comme Victor Hugo ou Quinet refusent l'amnistie.
1860 *1er janvier*, entrée en vigueur du rattachement à Paris des communes limitrophes. Paris passe de douze à vingt arrondissements.
22 janvier, traité de commerce franco-anglais.
30 janvier, suppression du journal catholique *L'Univers* dirigé par Louis Veuillot.
24 mars, traité cédant Nice et la Savoie à la France. Ces annexions seront sanctionnées par des plébiscites.
24 novembre, décret accordant aux Assemblées (Corps législatif et Sénat) le droit d'adresse, en réponse au discours du trône.
1861 *2 février*, sénatus-consulte permettant la transmission quotidienne des comptes rendus de séances des Assemblées aux journaux.

3 février, le Corps législatif reçoit le droit de proposer des amendements aux lois.
10 mars, arrestation d'Auguste Blanqui (libéré en août 1869). Il est poursuivi pour délit de société secrète.
14 mars, Émile Ollivier, député républicain, déclare qu'il appuierait éventuellement un Empire libéral.
25 avril, fondation du *Temps.*
31 décembre, accroissement des pouvoirs du Corps législatif.

1862 *23 février*, leçon inaugurale de Renan au Collège de France.
Juin, début de l'expédition française au Mexique.

1863 *31 mai-1er juin et 14-15 juin*, élections au Corps législatif.
23 juin, Billault nommé ministre d'État pour défendre la politique du gouvernement devant le Corps législatif.
Novembre, parution des *Misérables* de Victor Hugo.

1864 *11 janvier*, discours de Thiers sur « les libertés nécessaires ».
17 février, manifeste des 60. Rédigé par Tolain, il réclame une représentation ouvrière.
2 mai, loi sur les coalitions (grèves). Elle ne sanctionne plus le fait de coalition en tant que tel, mais seulement les atteintes à la liberté du travail.
28 septembre, fondation de l'Association internationale des travailleurs à Londres.
8 décembre, publication par le pape Pie IX de l'encyclique *Quanta Cura* et du *Syllabus*, qui dénoncent les erreurs du « naturalisme », de la démocratie et de la libre pensée.

1865 *Janvier*, publication par Mgr Dupanloup, évêque d'Orléans de *La Convention de septembre et l'Encyclique du 8 décembre*, interprétation modérée des textes pontificaux.
26 janvier, mort de Proudhon.
10 mars, décès de Morny.
Octobre, congrès d'étudiants à Liège. Plusieurs étudiants français sont sanctionnés à la suite de ce congrès.

1866 *25 octobre*, dans le journal *L'Opinion nationale*, Jean Macé appelle à fonder en France une Ligue de l'enseignement.
6 avril, décision de rapatrier progressivement les troupes françaises du Mexique.
3 juillet, victoire de la Prusse sur l'Autriche à Sadowa.
18 juillet, sénatus-consulte qui élargit le droit d'amendement, et permet d'étendre au-delà de trois mois la durée des sessions parlementaires.
3-8 septembre, 2e congrès de l'AIT à Genève.
13 décembre, achèvement de l'évacuation de Rome par les troupes françaises.

1867 *19 janvier*, annonce de réformes. Le droit d'interpellation remplace le droit d'adresse.

20 janvier, Niel, ministre de la Guerre. Projet de réforme militaire.
Février, fin de l'évacuation du Mexique par les Français.
14 mars, sénatus-consulte accroissant les pouvoirs du Sénat. Il reçoit un droit de veto suspensif sur les lois.
10 avril, loi Duruy : elle facilite l'ouverture d'écoles gratuites par les communes. Celles de 500 habitants et plus doivent entretenir une école de filles.
24 juillet, nouvelle loi municipale ; elle se caractérise par une libéralisation très limitée.
12 juillet, discours d'Émile Ollivier contre le « vice-empereur » (Rouher).
3 novembre, les Français réoccupent Rome pour empêcher la prise de la ville par Garibaldi.

1868 *20 mars*, nouvelle condamnation (en appel) de la section française de l'Internationale.
11 mai, loi libéralisant le régime de la presse.
30 mai, parution de *La Lanterne*, de Rochefort.
6 juin, loi permettant les réunions publiques non politiques.
13 novembre, plaidoirie de Gambetta dans l'affaire de la souscription pour un monument à Baudin.

1869 *15 juin*, fusillade de la Ricamarie, Loire (13 morts).
23-24 mai et 6 et 7 juin, élections législatives : progrès de l'opposition républicaine et libérale.
12 juillet, démission de Rouher.
17 juillet, formation d'un nouveau ministère.
14 août, nouvelle amnistie.
6 septembre, nouvelles modifications constitutionnelles : elles renforcent les pouvoirs du Corps législatif. Le Sénat devient une seconde assemblée législative.
8 décembre, ouverture à Rome du concile du Vatican.

1870 *2 janvier*, ministère Émile Ollivier.
12 janvier, obsèques du journaliste Victor Noir tué par Pierre Bonaparte.
21 janvier, grèves au Creusot.
20 avril, sénatus-consulte établissant un régime « impérial et parlementaire ».
8 mai, plébiscite sur les réformes impériales (7 358 000 oui, 1 572 000 non).
2-13 juillet, affaire de la candidature Hohenzollern pour le trône d'Espagne. Elle se termine par la dépêche d'Ems, qui sert de prétexte à la guerre.
8 juillet, la section française de l'Internationale, condamnée pour la troisième fois, est dissoute.
19 juillet, la France déclare la guerre à la Prusse.

26 juillet, la régence est confiée à l'impératrice Eugénie.
4 août, défaite française à Wissembourg.
6 août, défaite française à Forbach.
9 août, Émile Ollivier est remplacé par Cousin-Montauban, comte de Palikao.
2 septembre, capitulation de Sedan.
4 septembre, le Corps législatif est envahi, déchéance de l'empereur, proclamation de la République, formation d'un gouvernement provisoire.

1871-1900

1871 *28 janvier*, armistice.
8 février, victoire monarchiste aux élections de l'Assemblée nationale.
17 février, Thiers est chef du pouvoir exécutif.
18 mars, début de l'insurrection parisienne.
10 mai, signature du traité de paix de Francfort avec l'Allemagne.
21-28 mai, répression de la Commune de Paris, « semaine sanglante ».
2 juillet, élections législatives partielles (large succès républicain).

1872 *14 mars*, loi interdisant l'adhésion à l'Internationale.
27 juillet, loi militaire instituant un service de cinq ans.
26 septembre, discours de Gambetta à Grenoble (les « couches sociales nouvelles »).

1873 *28 avril*, élection du radical Barodet contre Rémusat à Paris.
24 mai, chute de Thiers. Mac-Mahon, président de la République.
août-octobre, tentative de restauration monarchiste.
20 novembre, loi du septennat (mandat du président de la République).

1874 *16 mai*, chute du ministère Broglie.
22 mai, ministère Cissey.
Mai et juin, élections partielles favorables à des candidats bonapartistes.

1875 *30 janvier*, vote de l'amendement Wallon.
24 février, première loi constitutionnelle (sur le Sénat).
25 février, deuxième loi constitutionnelle (organisation des pouvoirs publics).
16 juillet, troisième loi constitutionnelle (rapports des pouvoirs publics).
30 novembre, loi électorale sur le scrutin d'arrondissement.

1876 *20 février-5 mars*, élections législatives (majorité républicaine).
9 mars, ministère Dufaure.
12 décembre, ministère Jules Simon.

1877 *16 mai*, Mac-Mahon renvoie Jules Simon (républicain).
17 mai, ministère Broglie (monarchiste).
30 mai, manifeste républicain des 363.
25 juin, dissolution de la Chambre des députés.
14-28 octobre, victoire des républicains aux élections législatives.
13 décembre, ministère Dufaure.

1878 *20 mai*, ouverture de l'Exposition universelle.
Mai, début du plan Freycinet de grands travaux publics.

1879 *30 janvier*, démission de Mac-Mahon, élection de Jules Grévy.
4 février, ministère Waddington.
20 octobre, congrès socialiste de Marseille (influence de Jules Guesde).
La Marseillaise, hymne national.

1880 *29 mars*, décrets contre les congrégations non autorisées.
Juillet, amnistie des communards.
14 juillet, célébration officielle de la fête nationale.
25 septembre, ministère Jules Ferry.

1881 *16 juin*, loi sur la gratuité de l'enseignement primaire.
30 juin, loi sur la liberté des réunions publiques.
29 juillet, loi sur la liberté de la presse.
21 août-4 septembre, large victoire des républicains aux élections législatives.
14 novembre, ministère Gambetta, création du ministère de l'Agriculture.

1882 *26 janvier*, chute du ministère Gambetta, ministère Freycinet (le 30).
28 mars, loi sur l'enseignement obligatoire et la laïcité de l'enseignement.
7 août, ministère Duclerc.
31 décembre, mort de Léon Gambetta.

1883 *29 janvier*, ministère Fallières.
21 février, ministère Ferry.
24 août, mort du comte de Chambord.

1884 *21 mars*, loi autorisant les syndicats professionnels (Waldeck-Rousseau).
5 avril, loi municipale.
27 juillet, loi sur le divorce.

1885 *30 mars*, crise du Tonkin, chute de Ferry.

6 avril, ministère Brisson.
4-18 octobre, élections législatives au scrutin de liste.

1886 *7 janvier*, ministère Freycinet avec Boulanger ministre de la Guerre.
Janvier, grève de Decazeville.
29 mars, création de l'Association catholique de la jeunesse française.
11 décembre, ministère Goblet.

1887 *Avril*, affaire Schnaebelé, popularité du général Boulanger.
30 mai, ministère Rouvier, le général Boulanger n'est plus ministre.
2 décembre, démission de Jules Grévy suite au scandale des décorations.
3 décembre, élection de Sadi Carnot à la présidence de la République.
12 décembre, ministère Tirard.

1888 *15 mars*, Boulanger mis en non-activité.
3 avril, ministère Floquet.
15 avril, Boulanger élu député du Nord à une élection partielle.
Printemps-automne, sommet de la vague boulangiste.

1889 *27 janvier*, Boulanger élu à Paris mais refuse de tenter un coup d'État.
13 février, rétablissement du scrutin d'arrondissement.
22 février, ministère Tirard.
1er avril, fuite de Boulanger à Bruxelles, chute de sa popularité.
5 mai, début de l'Exposition universelle (tour Eiffel).
22 septembre-6 octobre, élections législatives (échec du boulangisme).

1890 *17 mars*, ministère Freycinet.
12 novembre, « toast d'Alger » du cardinal Lavigerie.

1891 *1er mai*, émeute à Fourmies.
15 mai, encyclique *Rerum novarum* (rénovation de la doctrine sociale de l'Église).

1892 *20 février*, encyclique *Au milieu des sollicitudes* confirme le Ralliement catholique.
27 février, ministère Loubet.
6 décembre, ministère Ribot.
Février-mars, attentats anarchistes (Ravachol).
Automne, affaire de Panama.

1893 *4 avril*, ministère Dupuy.
20 août-3 septembre, élections législatives (premiers succès socialistes).
3 décembre, ministère Casimir-Périer.

1894 *30 mai*, ministère Dupuy.
24 juin, assassinat du président Sadi Carnot par Caserio.
27 juin, élection de Casimir-Périer à la présidence de la République.
Juillet, nouvelle « loi scélérate » contre la propagande anarchiste.
1895 *15 janvier*, démission de Casimir-Périer.
17 janvier, élection de Félix Faure à la présidence de la République.
26 janvier, ministère Ribot.
23-28 septembre, naissance de la CGT au congrès de Limoges.
1er novembre, ministère Léon Bourgeois.
1896 *29 avril*, ministère Méline.
30 mai, discours de Saint-Mandé d'Alexandre Millerand (programme des socialistes).
1897 *Avril*, fondation du comité Mascuraud.
Décembre, congrès des démocrates chrétiens à Lyon.
1898 *13 janvier*, publication du « J'accuse » de Zola dans *L'Aurore* (affaire Dreyfus).
9 avril, vote de la loi sur les accidents du travail.
8 et 22 mai, élections législatives.
4 juin, création de la Ligue des droits de l'homme.
31 août, suicide du colonel Henry (affaire Dreyfus).
1899 *18 février*, élection d'Émile Loubet à la présidence de la République.
23 février, tentative de coup d'État menée par Paul Déroulède.
22 juin, formation du ministère Waldeck-Rousseau avec le socialiste Millerand.
Août-septembre, procès de Rennes (affaire Dreyfus).
1900 *14 avril*, inauguration de l'Exposition universelle.
28-30 septembre, congrès socialiste de la salle Wagram à Paris.

1901-1914

1901 *Mai*, fondation de l'Alliance républicaine démocratique.
Juin, congrès fondateur du Parti républicain, radical et radical-socialiste.
Juillet, adoption définitive de la loi sur les associations.
1902 *Mars*, fondation du Parti socialiste français.
27 avril-11 mai, élections législatives, le Bloc des gauches l'emporte.
17 mai, fondation de l'Action libérale populaire.

Juin, formation du ministère Combes.
Septembre, à Montpellier, congrès de la CGT unifiant fédérations syndicales et Bourses du travail. Fondation du Parti socialiste de France.

1903 *Novembre*, fondation de la Fédération républicaine progressiste présidée par Eugène Motte.

1904 *Avril*, premier numéro de *L'Humanité* fondée par Jean Jaurès.
Juillet, les membres des congrégations, autorisées ou non, sont interdits d'enseignement. La France rompt ses relations diplomatiques avec le Vatican.
Novembre, révélation de l'affaire des fiches et démission du général André, ministre de la Guerre.

1905 *Janvier*, chute du ministère Combes et formation du ministère Rouvier.
Mars, loi ramenant à deux ans la durée du service militaire.
Avril, fondation du Parti socialiste unifié SFIO.
Décembre, vote de la loi de séparation de l'Église et de l'État.

1906 *Janvier*, Armand Fallières est élu président de la République.
Février, encyclique *Vehementer Nos* condamnant la séparation de l'Église et de l'État.
Mars, chute du ministère Rouvier et formation du ministère Sarrien.
Mai, élections législatives remportées par la gauche.
Juillet, la Cour de cassation proclame l'innocence de Dreyfus. Vote de la loi sur le repos hebdomadaire.
Août, encyclique *Gravissimo Officii* interdisant aux catholiques de former des associations cultuelles.
Octobre, adoption de la Charte d'Amiens au congrès de la CGT. Démission de Sarrien et formation du gouvernement Clemenceau.

1907 *Janvier*, suppression de la déclaration obligatoire des réunions publiques.
Février, Caillaux propose l'institution de l'impôt sur le revenu.
Avril-mai, conflit entre le gouvernement et les fonctionnaires syndiqués.
Juin, agitation des viticulteurs du Languedoc.
Octobre, à son congrès de Nancy, le parti radical adopte son programme.

1908 *Mars*, *L'Action française* devient quotidienne.
Mai, élections municipales.
Juillet, incidents de Draveil et de Villeneuve-Saint-Georges. Arrestation des dirigeants de la CGT.
Octobre, le congrès de Dijon du Parti radical refuse toute rupture avec les socialistes.

1909 *Mars*, grève des postiers.
Juillet, chute du gouvernement Clemenceau et formation du ministère Briand.
Octobre, discours de Périgueux d'Aristide Briand dénonçant le scrutin d'arrondissement.
Novembre, la chambre des députés rejette la représentation proportionnelle.

1910 *Avril*, vote de la loi sur les retraites ouvrières et paysannes.
24 avril-8 mai, élections législatives, la gauche recule légèrement.
Août, le pape Pie X condamne le Sillon, fondé par Marc Sangnier.
Octobre, grève générale des cheminots, brisée par le gouvernement.

1911 *Février*, démission du ministère Briand.
Mars, formation du ministère Monis.
Juin, chute du ministère Monis et formation du gouvernement Caillaux.
Juillet, crise franco-allemande au Maroc. Le général Joffre est nommé chef d'état-major général.
Novembre, convention franco-allemande mettant fin à la crise au Maroc.

1912 *Janvier*, démission du ministère Caillaux et formation du gouvernement Poincaré.
Mai, élections municipales. Paul Deschanel est élu président de la Chambre des députés.
Juillet, la Chambre adopte la réforme électorale instituant la RP.
Novembre, accord franco-britannique.

1913 *Janvier*, Raymond Poincaré est élu à la présidence de la République.
Aristide Briand forme son troisième ministère.
Mars, le Sénat rejette la réforme électorale et renverse le ministère Briand. Formation du ministère Barthou.
Juillet-août, adoption à la Chambre, puis au Sénat, de la loi portant à trois ans la durée du service militaire.
Octobre, au congrès de Pau, Joseph Caillaux est porté à la présidence du parti radical.
Décembre, chute du gouvernement Barthou et formation du ministère Doumergue.

1914 *Janvier*, création de la Fédération des gauches.
Mars, Mme Caillaux assassine Calmette, directeur du *Figaro*.
26 avril-10 mai, élections législatives favorables aux radicaux et aux socialistes.

Juin, le ministère Ribot est renversé dès sa parution devant la Chambre. Formation du gouvernement Viviani.
Attentat de Sarajevo.
Juillet, vote de l'impôt sur le revenu.
31 juillet, assassinat de Jean Jaurès.
Août, l'Allemagne déclare la guerre à la France.

Bibliographie

Ouvrages d'intérêt général

AGULHON, Maurice, *Marianne au combat (1789-1880)*, Paris, Flammarion, 1979.

–, *Coup d'État et République*, Paris, Presses de Sciences Po, 1997.

–, et DESERT, Gabriel, SPECKLIN, Robert, *Histoire de la France rurale*, III, *Apogée et Crise de la civilisation paysanne, 1789-1914*, Paris, Seuil, 1976.

BERSTEIN, Serge (dir.), *La Démocratie libérale*, Paris, PUF, 1998.

–, *La République sur le fil*, Entretiens avec Jean Lebrun, Paris, Textuel, 1998

BURGUIÈRE, André, REVEL, Jacques, *Histoire de la France*, 4 vol., Paris, Seuil, 1989-1993.

CHARLE, Christophe, *Histoire sociale de la France au XIXe siècle*, Paris, Seuil, 1991.

DARRIULAT, Philippe, *Les Patriotes. La gauche républicaine et la nation 1830-1870*, Paris, Seuil, 2001.

DEMIER, Francis, *La France du XIXe siècle, 1814-1914*, Paris, Seuil, « Points-Histoire », 2000.

DEWERPE, Alain, *Le Monde du travail en France 1850-1950*, Paris, Armand Colin, 1989.

DROZ, Jacques (dir.), *Histoire générale du socialisme*, 3 vol., Paris, PUF, 1972.

FURET, François, *La Révolution (1770-1880)*, Paris, Hachette, 1988.

–, et OZOUF, Jacques, *Lire et Écrire*, Paris, Minuit, 1977.

GIRARD, Louis, *Les Libéraux français*, Paris, Aubier, 1985.

GUESLIN, André, *L'Invention de l'économie sociale*, Paris, Economica, 1987.

KAYSER, Jacques, *Les Grandes Batailles du radicalisme 1820-1901*, Paris, Rivière, 1962.

LAVAU, Georges, MAYER, Nonna, GRUNBERG, Gérard (dir.), *L'Univers politique des classes moyennes*, Paris, Presses de la Fondation nationale des sciences politiques, 1983.

LÉVÊQUE, Pierre, *Histoire des forces politiques en France, 1789-1880*, Paris, Masson, 1992.

MANENT, Pierre, *Histoire intellectuelle du libéralisme*, Paris, Calmann-Lévy, 1987.

NICOLET, Claude, *L'Idée républicaine en France*, Paris, Gallimard, 1982.

NORA, Pierre (dir.), *Les Lieux de mémoire*, 7 vol., Paris, Gallimard, 1984-1992, rééd. 3 vol. « Quarto », 1997.

RÉMOND, René, *La Vie politique en France depuis 1789*, 2 vol., Paris, Armand Colin, 1969.

–, *Les Droites en France de 1815 à nos jours*, Paris, Aubier, 1982.

– (dir.), *Pour une histoire politique*, Paris, Seuil, « Points-Histoire », 1996.
ROSANVALLON, Pierre, *L'État en France de 1789 à nos jours*, Paris, Seuil, 1990.
SEIGNOBOS, Charles, dans E. LAVISSE (dir.), *Histoire contemporaine*, VI, *La Révolution de 1848. Le Second Empire* ; VII, *Le Déclin du Second Empire et l'Établissement de la IIIe République*, Paris, Hachette, 1921.
SIRINELLI, Jean-François (dir.), *Histoire des droites*, 3 vol., Paris, Gallimard, 1992.
WINOCK Michel, *La France politique XIXe-XXe siècle*, Paris, Seuil, « Points-Histoire », 1998.

Sur le suffrage universel

ALBIOT, Jules, *Annales du Second Empire, les campagnes électorales*, Paris, 1869.
BALLAND, R., « De l'organisation à la restriction du suffrage universel en France 1848-1850 », dans Jean DROZ (dir.), *Réaction et Suffrage universel en France et en Europe*, Société d'histoire de la révolution de 1848, 1963.
BASTID, Paul, *L'Avènement du suffrage universel*, Paris, PUF, 1948.
BLUCHE, Frédéric (dir.), *Le Prince, le Peuple et le Droit. Autour des plébiscites de 1851 et 1852*, Paris, PUF, « Léviathan », 2000.
BOUYSSY, Maïté, et FAURÉ, Christine, « En 1848 à Paris », dans *Encyclopédie politique et historique des femmes*, 1997.
GARRIGOU, Alain, *Le Vote et la Vertu. Comment les Français sont devenus électeurs*, Paris, Presses de la Fondation nationale des sciences politiques, 1992.
GEYWITZ, Gisela, *Das Plebiszit von 1851 in Frankreich*, Tübingen, 1965.
GIRARD, Louis, « Les élections de 1852 à Paris », *Revue historique*, n° 545, janvier-mars 1983.
– (dir.), *Les Élections de 1869*, Société d'histoire de la révolution de 1848, 1960.
GOUAULT, Jacques, *Comment la France est devenue républicaine. Les élections générales et partielles à l'Assemblée nationale 1870-1875*, Paris, Presses de la Fondation nationale des sciences politiques, n° 62, 1954.
HUARD, Raymond, *Le Suffrage universel en France 1848-1946*, Aubier, 1991.
–, « Le suffrage universel sous la Seconde République, état des travaux, questions en attente », *Revue d'histoire du XIXe siècle*, n° 14, 1997.
–, « Les pratiques électorales sous la Seconde République », *Actes du Colloque du cent cinquantenaire de 1848*, Assemblée nationale, 1998, à paraître.
–, « Aspects de l'opinion et de la pratique du suffrage entre 1849 et 1851. Le témoignage des élections partielles à l'Assemblée législative », *Revue d'histoire du XIXe siècle*, n° 22, 2001/1.
LACROIX, Bernard, « Retour sur 1848. Le suffrage universel entre l'illusion du "jamais vu" et l'illusion du "toujours ainsi" », *Actes de la recherche en sciences sociales*, n° 140, décembre 2001.
LAGOUEYTE, Patrick, *Candidature officielle et Pratiques électorales sous le Second Empire, 1852-1870*, thèse, sous la direction de Maurice Agulhon, Université Paris-I, 1990, 3 vol. plus annexes.

LANCELOT, Alain, *L'Abstentionnisme électoral en France*, Paris, Presses de la Fondation nationale des sciences politiques, 1968.
MÉNAGER, Bernard, *Les Napoléon du peuple*, Paris, Aubier, 1988.
NORD, Philip, *The Republican Moment. Struggles for Democracy in Nineteenth Century France*, Cambridge, Harvard University Press, 1995.
OFFERLÉ, Michel, *Un homme, une voix. Histoire du suffrage universel*, Paris, Gallimard, « Découvertes », 1993.
PISANI-FERRY, Fresnette, *Le Coup d'État manqué du 16 mai 1877*, Paris, Robert Laffont, 1965.
RENOUVIER, Charles, et FAUVETY, Charles (dir.), *Organisation communale et Centrale de la République*, 1851, rééd., Nîmes, Lacour, 1999.
RIOT-SARCEY, Michèle, *La Démocratie à l'épreuve des femmes. Trois figures critiques du pouvoir, 1830-1848*, Paris, Albin Michel, 1994.
RITTINGHAUSEN, M., « La législation directe du peuple ou la véritable démocratie », *La Démocratie pacifique*, 3, 8, 22 septembre 1850.
ROSANVALLON, Pierre, *Le Sacre du citoyen. Histoire du suffrage universel en France*, Paris, Gallimard, 1992.
–, *Le Peuple introuvable. Histoire de la représentation démocratique en France*, Paris, Gallimard, 1998.
–, *La Démocratie inachevée. Histoire de la souveraineté du peuple en France*, Paris, Gallimard, 2000.
ROUGERIE, Jacques, « La Commune de Paris », dans *Encyclopédie politique et historique des femmes*, Paris, PUF, 1997.
SCOTT, Joan, *La Citoyenne paradoxale*, Paris, Albin Michel, 1998.
THOMAS, Édith, *Les Femmes de 1848*, Paris, PUF, 1948.
TUDESQ, André-Jean, *L'Élection présidentielle de Louis-Napoléon Bonaparte, 10 décembre 1848*, Paris, Armand Colin, 1965.
WARTELLE, Jean-Claude, « L'élection Barodet, avril 1873 », *Revue d'histoire moderne et contemporaine*, octobre-décembre 1980.

Géographie politique

AGULHON, Maurice, *La République au village*, Paris, Plon, 1970.
Atlas historique de la France contemporaine, Paris, Armand Colin, 1966.
BOIVIN, Marcel, *Le Mouvement ouvrier dans la région de Rouen, 1851-1876*, Université de Rouen, 2 tomes, 1989.
BOUILLON, Jacques, « Les démocrates socialistes aux élections de 1849 », *Revue française de science politique*, janvier-mars 1956, p. 70-95.
BLUCHE, Frédéric (dir.), *Le Prince, le Peuple et le Droit. Autour des plébiscites de 1851 et 1852*, Paris, PUF, « Léviathan », 2000.
CHALINE, Jean-Pierre, *Les Bourgeois de Rouen. Une élite urbaine au* XIXe *siècle*, Paris, Presses de Sciences Po, 1982.
CONSTANS, Émilien, *Le Département du Var sous le Second Empire et au début de la Troisième République*, thèse DE, Aix, 1977.
CORBIN, Alain, *Archaïsme et Modernité en Limousin au* XIXe *siècle, 1845-1880*, Rivière, 1975.
DAGNAN, J., *Le Gers sous la Seconde République, la réaction conservatrice, février 1848-2 décembre 1851*, Auch, 1928.
DAUMARD, Adeline, *Les Bourgeois de Paris au* XIXe *siècle*, Paris, 1970.
FAURY, Jean, *Cléricalisme et Anticléricalisme dans le Tarn*, Toulouse, Presses universitaires de Toulouse-Le Mirail, 1980.

FAVRE, Pierre, *Naissances de la science politique en France*, Paris, Fayard, 1989.
GAILLARD, Jeanne, *Paris, la Ville, 1852-1870*, Paris, L'Harmattan, 1997.
–, *Communes de provinces, Commune de Paris, 1870-1871*, Paris, Flammarion, « Questions d'histoire », 1971.
GEORGE, Jocelyne, *Paris-province. De la révolution à la mondialisation*, Paris, Fayard, 1998.
–, *Les Maires du Var de 1801 à 1940*, thèse DE, Université Paris-I.
–, « Région, nation, traditions. Six thèses sur le Var de 1800 à 1945 », *Revue historique*, 5, 1991.
GEYWITZ, Gisela, *Das Plebiszit von 1851 in Frankreich*, Tübingen, 1965.
GIRARD, Louis (dir.), *Les Élections de 1869*, Paris, 1960.
–, *La Seconde République et le Second Empire*, dans *Nouvelle Histoire de Paris*, Paris, Hachette, 1981.
GOGUEL, François, *Géographie des élections françaises sous la IIIe et la IVe République*, Paris, 1970.
GOUAULT, Jacques, *Comment la France est devenue républicaine, 1870-1875*, Paris, Armand Colin, 1954.
GUICHONNET, Paul (dir.), *Histoire de la Savoie*, Toulouse, Privat, 1973.
HELLO, Y., et REGOURD, F., « Un long XIXe siècle de 1793 à 1946 », dans *La Vendée des origines à nos jours*, Bordessoules, 1982.
HÉROLD, Ferdinand, *Le Vote des villes, étude de statistique électorale*, Paris, 1864.
HINCKER, Louis, « La politisation des milieux populaires en France au XIXe siècle, constructions d'historiens, esquisse d'un bilan », *Revue d'histoire du XIXe siècle*, n° 14, 1997.
HUARD, Raymond, *Le Mouvement républicain en Bas-Languedoc*, Paris, Presses de Sciences Po, 1982.
JACQUEMET, G., *Belleville au XIXe siècle*, Paris, EHESS, 1984
JARDIN, André, TUDESQ, André-Jean, *La France des notables*, II, *La Vie de la nation*, Paris, Seuil, 1973.
JUDT, Tony, *Socialism in Provence 1871-1914*, Cambridge University Press, 1979.
LACOSTE, Yves (dir.), *Géopolitique des régions françaises*, 3 tomes, Paris, Fayard, 1986.
LE BRAS, Hervé, *Les Trois France*, Paris, Odile Jacob, 1986.
LÉVÊQUE, Pierre, *Une société en crise, la Bourgogne au milieu du XIXe siècle*, EHESS-Touzot, 1983.
– (dir.), *La Côte d'Or de la préhistoire à nos jours*, Bordessoules, 1996.
MAC PHEE, Peter, *Les Semailles de la République dans les Pyrénées-Orientales, 1846-1852*, Publications de l'Olivier, 1995.
MARTIN, Jean-Clément, « La Vendée région-mémoire », dans Pierre NORA (dir.), *Les Lieux de mémoire*, I, *La République*, Paris, Gallimard, 1984.
MARGADANT, Ted W., *French Peasants in Revolt. The Insurrection of 1851*, Princeton University Press, 1979.
MÉNAGER, Bernard, *Les Napoléon du peuple*, Paris, Aubier, 1988.
–, *La Vie politique dans le département du Nord de 1851 à 1877*, 3 tomes, Lille, 1982.
QUELLIEN, Jean, *Bleus, Blancs, Rouges. Politique et élections dans le Calvados, 1870-1939*, Caen, Cahier des Annales de Normandie, n° 18, 1986.
RINAUDO, Y., *Les Vendanges de la République. Les paysans du Var à la fin du XIXe siècle*, Lyon, Presses universitaires de Lyon, 1982.

ROUGERIE, J., *Paris libre, 1871*, Paris, Seuil, 1971.
SALMON, Frédéric, « La "gauche avancée" aux élections de 1849 », *Communisme*, 1991.
SEIGNOBOS, Charles, *La Seconde République et le Second Empire*, Paris, 1921.
SIEGFRIED, André, *Tableau politique de la France de l'Ouest*, Paris, Armand Colin, 1965.
TÉNOT, E., *La Province en décembre 1851. Étude historique sur le coup d'État*, Paris, 1868.
VIGIER, Philippe, *La Monarchie de Juillet*, dans *Nouvelle Histoire de Paris*, Paris, Hachette, 1991.
–, *La Vie quotidienne en province et à Paris, pendant les journées de 1848*, Paris, Hachette, 1982.
VOVELLE, Michel, *Géopolitique de la Révolution française*, Paris, La Découverte, 1992.

Partis et forces politiques

AMANN, Peter H., *Revolution and Mass Democracy. The Paris Club Movement in 1848*, Princeton, 1975.
APRILE, Sylvie, « La République au salon : vie et mort d'une forme de sociabilité politique (1865-1885) », *Revue d'histoire moderne et contemporaine*, t. 38, juillet-septembre 1991.
BAAL, Gérard, *Histoire du radicalisme*, Paris, La Découverte, 1994.
BARDOUT, Jean-Claude, *L'Histoire étonnante de la loi 1901. Le droit des associations avant et après Pierre Waldeck-Rousseau*, Lyon, Éditions Juris, 2001.
BERSTEIN, Serge, « Les partis », dans René RÉMOND (dir.), *Pour une histoire politique*, Paris, Seuil, 1988.
–, LIPSET, M.S., MATTHEW, H.C.G., ORSINA, G., POMBENI, Paolo, QUAGLIARIELLO, Gaetano, *Contro i partiti, Saggi sul pensiero a Moisei Ostrogorky*, Roma, Borla, 1993 (Quaderni di Metodologia delle Scienze Sociali, Luiss).
–, *Histoire du parti radical*, I, *La Recherche de l'âge d'or*, Paris, Presses de la Fondation nationale des sciences politiques, 1980.
BOUTRY, Philippe, « Des sociétés populaires de l'an II au "parti républicain", Réflexions sur l'évolution des formes d'association politique dans la France du premier XIXe siècle », dans M.T. MAIULLARI (dir.), *Storiografia francese e italiana a confronto sul fenomeno associativo durante XVIIIe-XIXe secolo*, Turin, Einaudi, 1990.
CHARLOT, Jean, *Les Partis politiques*, Paris, Armand Colin, 1971.
CHEVALLIER, Pierre, *Histoire de la franc-maçonnerie française*, Paris, Fayard, 1974, t. 2.
DELBREIL, Jean-Claude, *Centrisme et Démocratie-chrétienne en France. Le parti démocrate populaire des origines au MRP 1919-1944*, Paris, Publications de la Sorbonne, 1990
DREUX-BRÉZÉ, Marquis de, *Notes et Souvenirs pour servir à l'histoire du parti royaliste, 1872-1883*, Paris, Perrin, 1895.
FITZPATRICK, Brian, *Catholic Royalism in the Department of Gard, 1814-1852*, Cambridge, 1983.
GRÉVY, Jérôme, *La République des opportunistes*, Paris, Perrin, 1998.

HUARD, Raymond, *La Préhistoire des partis. Le Mouvement républicain en Bas-Languedoc*, Paris, Presses de Science Po, 1982.
–, *La Naissance du parti politique en France*, Paris, Presses de Science Po, 1996.
–, « Le souvenir des sociétés politiques de la Révolution dans les débats parlementaires du XIXe siècle », dans *Mélanges Michel Vovelle*, Paris, 1997.
–, « Montagne blanche et Montagne rouge en Languedoc-Roussillon sous la Deuxième République », *Droite et Gauche en Languedoc-Roussillon de 1789 à nos jours*, Montpellier, 1975.
–, « Le centenaire de 1789 et les origines du parti radical, la fédération de 1889 », dans *Le XIXe Siècle et la Révolution française*, Créaphis, 1992.
KENT, Sherman, *The Election of 1827 in France*, Cambridge, Harvard University Press, 1975.
–, *Electoral Procedure under Louis-Philippe*, Cambridge, Harvard University Press, 1937.
LAMBERT, P.A., *La Charbonnerie française, 1821-1823. Du secret en politique*, Presses universitaires de Lyon, 1995.
LÉVÊQUE, Pierre, *Histoire des forces politiques en France*, I, *1789-1880*, et II, *1880-1940*, Paris, Armand Colin, 1992 et 1994.
LALOUETTE, Jacqueline, *La Libre Pensée en France, 1848-1940*, Paris, Albin Michel, 1997.
MARGADANT, Ted. W., *French Peasants in Revolt. The Insurrection of 1851*, Princeton, 1979.
MAYEUR, Jean-Marie, *Des partis catholiques à la démocratie chrétienne, XIXe-XXe siècle*, Paris, Armand Colin, 1980.
–, *La Vie politique sous la IIIe République, 1870-1940*, Paris, Seuil, 1984.
MILZA, Pierre, *Fascisme français, passé et présent*, Paris, Flammarion, 1987.
NOLTE, Ernst, *Le Fascisme dans son époque*, I, *L'Action française*, Paris, Julliard, 1966.
OFFERLÉ, Michel, *Les Partis politiques*, Paris, PUF, 1987.
OSTROGORSKI, Moïse, *La Démocratie et l'Organisation des partis politiques*, Paris, Calmann-Lévy, 1903.
PERREUX, Gabriel, *Au temps des sociétés secrètes. La propagande républicaine au début de la monarchie de Juillet, 1830-1835*, Paris, Hachette, 1931.
PILBEAM, Pamela M., *Republicanism in Nineteenth Century France 1814-1871*, Londres, Macmillan, 1995.
Première Internationale (La) l'institution, l'implantation, le rayonnement, CNRS, 1968.
REBÉRIOUX, Madeleine, « Le socialisme français de 1871 à 1914 », dans Jean DROZ (dir.), *Histoire générale du socialisme*, Paris, PUF, t. II, 1974, 1982 (2e édition).
RIOUX, Jean-Pierre, *Nationalisme et Conservatisme. La Ligue de la Patrie française, 1899-1904*, Beauchesne, 1977.
TCHERNOFF, Ioura, *Le Parti républicain sous la monarchie de Juillet. Formation et évolution de la doctrine républicaine*, Pédone, 1901.
–, *Le Parti républicain au coup d'État et sous le Second Empire*, Pédone, 1906.
TUDESQ, André-Jean, « Les comportements électoraux sous le régime censitaire », dans Daniel GAXIE (dir.), *Explication du vote*, Paris, Presses de Science Po, 1989.

WEBER, Eugen, *L'Action française*, Paris, Stock, 1962.
WEILL, Georges, *Histoire du parti républicain en France 1870-1914*, Alcan, 1900, rééd. Slatkine, 1980.

Idées et cultures politiques

BELLANGER, Claude *et al* (dir.), *Histoire générale de la presse française*, t. I, II et III, Paris, PUF, 1969.
BERSTEIN, Serge (dir.), *Les Cultures politiques en France*, Paris, Seuil, 1999.
–, RUDELLE, Odile (dir.), *Le Modèle républicain*, Paris, PUF, 1992.
BLAIS, Marie-Claude, *Au principe de la République, le cas Renouvier*, Paris, Gallimard, 2000.
CHATELET, François, DUHAMEL, Olivier, PISIER, Évelyne (dir.), *Dictionnaire des œuvres politiques*, Paris, PUF, 1986.
DANSETTE, Adrien, *Histoire religieuse de la France contemporaine. De la Révolution à la IIIe République*, 2 vol., Paris, Flammarion, 1948.
DROZ, Jacques (dir.), *Histoire générale du socialisme*, t. 1 et 2, Paris, PUF, 1974.
FERRY, Jules, *Discours et Opinions*, Paris, Armand Colin, 1898.
MANENT, Pierre, *Les Libéraux*, 2 vol., Paris, Hachette, « Pluriel », 1986.
MAYEUR, Jean-Marie, *Des partis catholiques à la démocratie chrétienne, XIXe-XXe siècle*, Paris, Armand Colin, 1980.
ROSANVALLON, Pierre, *Le Moment Guizot*, Paris, Gallimard, 1985.
THIBAUDET, Albert, *Histoire de la littérature française de 1789 à nos jours*, Paris, Stock, 1936.
TOUCHARD, Jean, *Histoire des idées politiques*, Paris, PUF, t. 2, 1959.
–, *La Gloire de Béranger*, Paris, Armand Colin, 2 vol., 1967.
WILLARD, Claude, *Le Mouvement socialiste en France, les Guesdistes*, Paris, Éditions sociales, 1965.
WINOCK, Michel, *Le Socialisme en France et en Europe XIXe-XXe siècle*, Paris, Seuil, « Points-Histoire », 1992.
– (dir.), *Histoire de l'extrême droite en France*, Paris, Seuil, 1993.
–, *Le Siècle des intellectuels*, Paris, Seuil, 1997.
–, *Les Voix de la liberté. Les écrivains engagés au XIXe siècle*, Paris, Seuil, 2001.

Biographies

BARRAL, Pierre, *Jules Ferry, une volonté pour la République*, Nancy, Éditions Serpenoise, 1985.
DUROSELLE, Jean-Baptiste, *Clemenceau*, Paris, Fayard, 1988.
GAILLARD, Jean-Michel, *Jules Ferry*, Paris, Fayard, 1989.
GARRIGUES, Jean, *Le Général Boulanger*, Paris, Olivier Orban, 1991.
GIRARD, Louis, *Napoléon III*, Paris, Fayard, 1986.
HAUBTMANN, Pierre, *Pierre-Joseph Proudhon. Sa vie et sa pensée (1809-1849)*, Beauchesne, 1982.
JESSENNE, Jean-Pierre, *et al.*, *Robespierre, de la Nation artésienne à la République et aux Nations*, Lille, Université de Lille-III CRENHO, 1993.
JOLY, Bertrand, *Déroulède, l'inventeur du nationalisme*, Paris, Perrin, 1998.

LE BOZEC, Christine, *Boissy d'Anglas*, Privas, Les Presses de la Fédération des œuvres laïques de l'Ardèche, 1995.
LEVILLAIN, Philippe, *Boulanger, fossoyeur de la monarchie*, Paris, Flammarion, 1982.
ROTH, François, *Raymond Poincaré*, Paris, Fayard, 2001.
STERNHELL, Zeev, *Maurice Barrès et le Nationalisme français*, Paris, Armand Colin, 1972.
WATSON, D.R., *Georges Clemenceau, a Political Biography*, Londres, Eyre Methuen, 1974.

Révolution

BAKER, Keith, *The Political Culture of the Old Regime*, Oxford, Pergamon Press, 1987.
BACZKO, Bronislaw, *Comment sortir de la Terreur*, Paris, Gallimard, 1989.
BÉLISSA, Marc, *Fraternité universelle et Intérêt national (1713-1795). Les cosmopolitiques du droit des gens*, Paris, Kimé, 1998.
BERGERON, Louis, CHAUSSINAND-NOGARET, Guy, *Les Masses de granit*, Paris, EHESS, 1979.
BERGES, Louis, *Valmy, le mythe de la République*, Toulouse, Privat, 2001.
BERTAUD, Jean-Paul, *Les Amis du roi*, Paris, Perrin, 1984.
–, *La Révolution armée*, Paris, Laffont, 1978.
–, *Le Duc d'Enghien*, Paris, Fayard, 2000.
BILLARD, Jacques, *De l'école à la République*, Paris, PUF, 1998.
BRELOT, Claude-Isabelle, *La Noblesse réinventée*, Paris, Les Belles Lettres, 1992.
BROWN, Howard G., *War, Revolution and the Bureaucratic State*, Oxford, Clarendon Press, 1955.
BRUNEL, Françoise, *Thermidor*, Paris, Gallimard, « Archives », 1988.
BUGEAUD, Maréchal, *La Guerre des rues et des maisons*, présenté par M. Bouyssy, Paris, Jean-Paul Rocher éd., 1997.
BURKE, Edmund, *Réflexions sur la Révolution française*, Paris, Hachette, « Pluriel », 1989.
CASTRIES, duc de, *Les Hommes de l'émigration*, Paris, Tallandier, 1979.
CERTEAU, Michel de, REVEL, Jacques, JULIA, Dominique, *Une politique de la langue*, Paris, Gallimard, 1975.
COUDART, Laurence, *La Gazette de Paris*, Paris, L'Harmattan, 1995.
DUPRAT, Annie, *Le Roi décapité*, Paris, Cerf, 1993.
DUPUY, Roger, *La Garde nationale et les Débuts de la Révolution en Ille-et-Vilaine*, Paris, Klincksieck, 1972.
–, *De la Révolution à la chouannerie*, Paris, Flammarion, 1988.
–, et MORABITO, Marcel (dir.), *1795. Pour une République sans révolution*, Presses universitaires de Rennes, 1995.
–, et MORABITO, Marcel (dir.), *Le Tournant de l'an III*, Presses universitaires de Rennes, 1996.
–, *Les Chouans*, Paris, Hachette, 1997.
FARGE, Arlette, *Dire et Mal-dire*, Paris, Seuil, 1992.
FURET, François, *La Révolution (1770-1880)*, Paris, Hachette, 1988.
–, et OZOUF, Mona, *Dictionnaire critique de la Révolution française*, Paris, Flammarion, 1992.
GENDRON, Françoise, *La Jeunesse dorée sous Thermidor*, Paris, PUF, 1983.

GODECHOT, Jacques, *La Prise de la Bastille*, Paris, Gallimard, 1969.
–, *Les Révolutions*, Paris, PUF, 1970.
–, *La Grande Nation*, Paris, Aubier, 1983.
GODINEAU, Dominique, *Citoyennes tricoteuses*, Paris, Alinéa, 1988.
GOULEMOT, Jean-Marie, *Le Règne de l'Histoire*, Paris, Albin Michel, 1996.
GRIFFITHS, Robert, *Le Centre perdu*, Presses universitaires de Grenoble, 1988.
GROSS, Jean-Pierre, *Égalitarisme jacobin et Droits de l'homme*, Paris, Arcantères, 2000.
GUENIFFEY, Patrice, *Le Nombre et la Raison*, Paris, EHESS, 1993.
GUIOMAR, Jean-Yves, *La Nation entre l'Histoire et la Raison*, Paris, La Découverte, 1990.
HENKE, Christian, *Coblentz, Symbol für die Gegenrevolution*, Stuttgart, Thorbecke Verlag, 2000.
HIGONNET, Patrice, *Class Ideology and the Rights of the Nobles*, Oxford, Clarendon Press, 1981.
HUNT, Lynn, *Politics, Culture and Class in the French Revolution*, California University Press 1984.
– (dir.), *The History of Pornography*, New York, 1993.
JAUME, Lucien, *L'Individu effacé ou le Paradoxe du libéralisme français*, Paris, Fayard, 1997.
JESSENNE, Jean-Pierre, *et al.*, *Du Directoire au Consulat, Brumaire dans l'histoire du lien politique et de l'État-Nation*, Universités de Lille-III CRENHO et de Rouen GRHIS, 2001.
JOURDAN, Annie, *Les Monuments de la Révolution, 1780-1804*, Paris, Honoré Champion, 1997.
JULIA, Dominique, *Les Trois Couleurs du tableau noir*, Paris, Belin, 1981.
KAPLAN, Stephen, *La Fin des corporations*, Paris, Fayard, 2000.
KOSELLECK, Reinhart, *Le Règne de la critique*, Paris, Minuit, 1978.
LANDES, Joan, *Vizualizing the Nation, Gender, Representation, and Revolution in Eighteenth Century France*, Cornell University Press, 2001.
LANGLOIS, Claude, *Les Sept Morts du roi*, Paris, CNRS, 1993.
LEFEBVRE, Georges, *La France sous le Directoire*, Paris, Éditions sociales, 1984.
LUCAS, Colin, et LEWIS, Gwynne (dir.), *Beyond the Terror*, Cambridge University Press, 1983.
LUZZATO, Sergio, *Il Terrore ricordato*, Turin, Einaudi, 2000, nouvelle édition.
MARTIN, Jean-Clément, *La Vendée et la France*, Paris, Seuil, 1987.
–, *La Vendée de la Mémoire, 1800-1980*, Paris, Seuil, 1989.
–, *Contre-Révolution, Révolution et Nation*, Paris, Seuil, 1998.
– (dir.), *La Contre-Révolution en Europe, XVIIIe-XXe siècle*, Presses universitaires de Rennes, 2001.
MAYER, Arno, *La Persistance de l'Ancien Régime*, Paris, Flammarion, 1982.
MÉLONIO, Françoise, *Naissance et Affirmation d'une culture nationale*, Paris, Seuil, « Points », rééd. 2001.
MOULINAS, René, *Journées révolutionnaires à Avignon*, Nîmes, J. Chambon, 1988.
OZOUF, Mona, *La Fête révolutionnaire, 1789-1799*, Paris, Gallimard, 1976.
OZOUF-MARIGNIER, Maria-Vic, *La Formation des départements*, Paris, EHESS, 1989.
PUYMÈGE, Gérard de, *Chauvin, le soldat-laboureur*, Paris, Gallimard, 1992.
RAO, Anna-Maria (dir.), *Folle Contro-rivoluzionarie*, Rome, Carocci, 1999.

REINHARD, Marcel, *La Chute de la royauté*, Paris, Gallimard, 1969.
RIALS, Stéphane, *Révolution et Contre-Révolution au XIXe siècle*, Paris, DUC-Albatros, 1987.
ROCHE, Daniel, *Les Républicains des Lettres*, Paris, Fayard, 1988.
SOBOUL, Albert, *Les Sans-Culottes*, Paris, Seuil, 1972.
SOREL, Albert, *L'Europe et la Révolution française*, Paris, Plon, 1906.
TACKETT, Timothy, *La Révolution, l'Église et la France*, Paris, Cerf, 1986.
–, *Par la volonté du peuple*, Paris, Albin Michel, 1997.
TASSIER, Suzanne, *Histoire de la Belgique sous l'occupation française*, Bruxelles, 1934.
THOMAS, Chantal, *La Reine scélérate*, Paris, Seuil, 1989.
VAN KLEY, Dale, *The Religious Origins of the French Revolution*, Yale University Press, 1988 (trad. fr. Seuil, 2002).
WAGNER, Mickael, *Gegenrevolution und England*, Munich, Oldenbourg, 1994.
WAHNICH, Sophie, *L'Impossible citoyen*, Paris, Albin Michel, 1997.
WEULERSSE, Georges, *La Physiocratie à l'aube de la Révolution*, Paris, EHESS, 1985.
WOLOCH, Isser, *Napoléon and his Collaborators. The Making of a Dictatorship*, New York-Londres, Norton et Cie, 2001.
WOOLF, Stuart, *Napoléon et la Conquête de l'Europe*, Paris, Flammarion, trad. fr., 1990.

Consulat et Empire

HOCQUELLET, Richard, *Résistance et Révolution durant l'occupation napoléonienne en Espagne, 1808-1812*, La Boutique de l'histoire, 2001.
JOURDAN, Annie, *Napoléon, imperator, mécène, libérateur*, Paris, Flammarion, « Champs », 2000.
LENTZ, Thierry, *Le Grand Consulat, 1799-1804*, Paris, Fayard, 1999.
LYONS, M., *Napoleon Bonaparte and the Legacy of the French Revolution*, Londres, Macmillan, 1994.
PETITEAU, Natalie, *Napoléon. De la mythologie à l'histoire*, Paris, Seuil, 1999.

Monarchie censitaire

BERTIER DE SAUVIGNY, Guillaume, *Ferdinand de Bertier et l'Énigme de la Congrégation*, Paris, 1948.
CARON, Jean-Claude, *Générations romantiques. Les étudiants de Paris et le quartier Latin (1814-1851)*, Paris, Armand Colin, 1991.
CHALINE, Jean-Pierre, *La Restauration*, Paris, PUF, « Que sais-je ? », 1998.
CHANGY, Hugues de, *Le Soulèvement de la duchesse de Berry*, Paris, DUC-Albatros, 1986.
GILMORE, Jeanne, *La République clandestine, 1818-1848*, Paris, Aubier, 1997.
GUIZOT, François, *Du gouvernement de la France depuis la Restauration et du ministère actuel*, Ladvocat, 1820.
PINKNEY, David, *La Révolution de 1830 en France*, Paris, PUF, rééd. 1988.
LATTA, Claude, « L'insurrection de 1839 », dans *Blanqui et les Blanquistes*,

Société d'histoire de la révolution de 1848 et des révolutions du XIXe siècle, Paris, SEDES, 1986.
RANCIÈRE, Jacques, *La Nuit des prolétaires*, Paris, Fayard, 1981.
ROSANVALLON, Pierre, *Le Moment Guizot*, Paris, Gallimard, 1985.
–, *La Monarchie impossible. Les Chartes de 1814 et de 1830*, Paris, Fayard, 1994.
TOCQUEVILLE, Alexis de, *Œuvres complètes*, III, *Écrits et Discours politiques*, texte établi par A. Jardin, Paris, Gallimard, 1990.
TUDESQ, André-Jean, *Les Grands Notables en France*, Paris, PUF, 1964.
–, et JARDIN, André, *La France des notables 1815-1848*, dans *Nouvelle Histoire de la France contemporaine*, n°s 6 et 7, Paris, Seuil, « Points-Histoire », 1973.
WARESQUIEL, Emmanuel de, YVERT, Benoît, *Histoire de la Restauration*, Paris, Perrin, 1996.

Seconde République

AGULHON, Maurice, *Les Quarante-Huitards*, Paris, Gallimard-Julliard, « Archives », 1975.
–, *1848 ou l'Apprentissage de la République*, Paris, Seuil, nouv. édit., 1992.
APRILE, Sylvie, *La IIe République et le Second Empire 1848-1870*, Paris, Pygmalion, 2000.
–, « Autour de 1851 », *Revue d'Histoire du XIXe siècle*, n° 22, 2001/1.
GIRARD, Louis, *La IIe République*, Paris, Calmann-Lévy, 1968.
MERRIMAN, J.-M., *The Agony of the Republic. The Repression of the Left in Revolutionnary France 1848-1851*, New Haven et Londres, Yale University Press, 1978.
PIMIENTA, R., *La Propagande bonapartiste en 1848*, E. Cornély, 1911.
TRAUGOTT, M., *Armies of the Poor, Determinants of Working Class Participation in the Parisian Insurrection of June 1848*, Princeton University Press, 1985.
VIGIER, Philippe, *1848, les Français et la République*, Paris, Hachette, 1982.

Second Empire

OLLIVIER, Émile, *L'Empire libéral*, Garnier Frères, 14 vol., 1895-1915.
PLESSIS, Alain, *De la fête impériale au mur des Fédérés 1852-1871*, dans *Nouvelle Histoire de la France contemporaine*, n° 9, Paris, Seuil, « Points-Histoire », 1973.
–, « Napoléon III, un dictateur ? », dans Maurice DUVERGER (dir.), *Dictatures et Légitimité*, Paris, PUF, 1982.
TCHERNOFF, Ioura, *Le Parti Républicain au coup d'État et sous le Second Empire*, Pédone, 1906.

Troisième République

AGULHON, Maurice, DÉSERT, Gabriel, SPECKLIN, Robert, *Histoire de la France rurale*, III, *Apogée et Crise de la civilisation paysanne, 1789-1914*, Paris, Seuil, 1976.

–, *Histoire vagabonde*, I, *Ethnologie et politique dans la France contemporaine*, Paris, Gallimard, « Bibliothèque des histoires », 1988.

–, *Marianne au pouvoir. L'imagerie et la symbolique républicaines de 1880 à 1914*, Paris, Flammarion, 1989.

AMALVI, Christian, « Le 14 juillet », dans Pierre NORA (dir.), *Les Lieux de mémoire*, I, *La République*, Paris, Gallimard, « Quarto », 1997 (première édition en 1984).

AUBERT, Jacques (dir.), *Les Préfets en France (1800-1940)*, Genève, Droz, 1978.

BARRAL, Pierre, *Le Département de l'Isère sous la IIIe République 1870-1940. Histoire sociale et politique*, Paris, Armand Colin, Cahiers de la Fondation nationale des sciences politiques, 1962.

BARUCH, Marc Olivier, DUCLERT, Vincent (dir.), *Serviteurs de l'État. Une histoire politique de l'administration française 1875-1945*, Paris, La Découverte, 2000.

BASSO, Jacques, *Les Élections législatives dans le département des Alpes-Maritimes de 1860 à 1939. Éléments de sociologie électorale*, LGDJ, 1968.

BEC, Colette, *Assistance et République. La recherche d'un nouveau contrat social sous la IIIe République*, Éditions de l'Atelier, 1994.

BÉGUÉ, Guy, *Les Déterminants du vote. Analyse du comportement électoral dans la circonscription de Marmande (Lot-et-Garonne) de 1848 à 1988*, Medusis, 2000.

BERNARD, Matthias, *La Dérive des modérés : la Fédération républicaine du Rhône sous la IIIe République*, Paris, L'Harmattan, 1998.

BERSTEIN, Serge, RUDELLE, Odile (dir.), *Le Modèle républicain*, Paris, Presses universitaires de France, 1992.

BIRNBAUM, Pierre (dir.), *La France de l'affaire Dreyfus*, Paris, Gallimard, 1994.

BONNET, Serge, *Sociologie politique et religieuse de la Lorraine*, Paris, Armand Colin, « Cahiers de la Fondation nationale des sciences politiques », 1972.

BURDEAU, François, *Histoire de l'administration française. Du XVIIIe au XXe siècle*, Paris, Montchrestien, 1989.

CARA-JUILLET, Janie, *Les Républicains de Seine-et-Oise. Députés, forces politiques et organisation, 1881-1900*, thèse, sous la direction de Philippe Vigier et Francis Démier, Université Paris-X Nanterre, 3 vol.

CASTEL, Robert, *Les Métamorphoses de la question sociale. Une chronique du salariat*, Paris, Fayard, 1995.

CHALARON, Frédéric, *Aspects du bonapartisme : l'exemple du Puy-de-Dôme de 1871 au début du XXe siècle (1902)*, thèse de troisième cycle, sous la direction de Jean-Jacques Becker, Université de Clermont-Ferrand, 1984.

CHANET, Jean-François, *L'École républicaine et les Petites Patries*, Paris, Aubier, 1996.

CHASTENET, Jacques, *Histoire de la IIIe République. Jours inquiets et jours sanglants, 1906-1918*, Paris, Librairie Hachette, 1955.

–, *Histoire de la IIIe République. La République triomphante, 1893-1906*, Paris, Librairie Hachette, 1955.

CHOLVY, Gérard, HILAIRE, Yves-Marie (dir.), *Histoire religieuse de la France contemporaine*, II, *1880-1930*, Toulouse, Privat, 1986.

CORBIN, Alain, « La violence rurale dans la France du XIXe siècle et son dépérissement : l'évolution de l'interprétation politique », dans Philippe

BRAUD (dir.), *La Violence politique dans les démocraties européennes occidentales*, Paris, L'Harmattan, 1993.
–, *Archaïsme et modernité en Limousin au XIXe siècle, 1845-1880*, II, *La Naissance d'une tradition de gauche*, Paris, Rivière, 1975.
DANSETTE, Adrien, *Le Boulangisme*, Paris, Fayard, 1946.
DÉLOYE, Yves, *École et Citoyenneté. L'individualisme républicain de Jules Ferry à Vichy : controverses*, Presses de la Fondation nationale des sciences politiques, 1994.
DELPORTE, Christian, *Les Journalistes en France (1880-1950). Naissance et construction d'une profession*, Paris, Seuil, 1999.
DENIS, Michel, *Les Royalistes de la Mayenne et le Monde moderne (XIXe-XXe siècle)*, Paris, Klincksieck, 1977.
DUPEUX, Georges, *Aspects de l'histoire sociale et politique du Loir-et-Cher 1848-1914*, Paris, La Haye, Mouton, 1962.
ECK, Jean-François, *Louis Marin et la Lorraine 1905-1914. Le pouvoir local d'un parlementaire sous la IIIe République*, thèse de troisième cycle, sous la direction de Raoul Girardet, Institut d'études politiques de Paris, 1980.
ESTÈBE, Jean, *Les Ministres de la République, 1871-1914*, Paris, Presses de la Fondation nationale des sciences politiques, 1982.
EWALD, François, *L'État-Providence*, Paris, Grasset, 1986.
FRIDENSON, Patrick, « Le conflit social », dans André BURGUIÈRE, Jacques REVEL, *Histoire de la France*, III, *L'État et les Conflits* (Jacques Julliard, dir.), Paris, Seuil, 1990.
GAILLARD, Jeanne, *Communes de province, Commune de Paris, 1870-1871*, Paris, Flammarion, « Questions d'histoire », 1971.
GARRIGOU, Alain, *Le Vote et la Vertu. Comment les Français sont devenus électeurs*, Paris, Presses de la Fondation nationale des sciences politiques, 1992.
GARRIGUES, Jean, *La République des hommes d'affaires*, Paris, Aubier, 1997.
–, *Le Général Boulanger*, Paris, Olivier Orban, 1991.
GAUDEMET, Yves-Henri, *Les Juristes et la Vie politique de la IIIe République*, Paris, PUF, 1970.
GEORGE, Jocelyne, *Histoire des maires de 1789 à 1939*, Paris, Plon, 1989.
GOGUEL, François, *Le Rôle financier du Sénat français. Essai d'histoire parlementaire*, Paris, Recueil Sirey, 1937.
GOUAULT, Jacques, *Comment la France est devenue républicaine. Les élections générales et partielles à l'Assemblée nationale 1870-1875*, Paris, Presses de la Fondation nationale des sciences politiques, n° 62, 1954.
GRÉVY, Jérôme, *La République des opportunistes, 1870-1885*, Paris, Perrin, 1998.
–, *Les Opportunistes. Milieu et culture politiques, 1871-1889*, thèse, sous la direction de Michel Winock, Institut d'études politiques de Paris, 1996.
GRÈZES-RUEFF, François, *La Culture des députés français (1910-1958). Essai de typologie*, Toulouse, Presses universitaires de Toulouse-Le Mirail, 1994.
GRIVEL, Gilles, *Le Parti républicain dans les Vosges de 1870 à 1914*, thèse, sous la direction de François Roth, Université Nancy-II, 1997.
GUESLIN, André, *L'État, l'Économie et la Société française XIXe-XXe siècle*, Paris, Hachette, 1992.
HALÉVY, Daniel, *La Fin des notables*, Paris, Grasset, 1930, édition « Livre de poche ».
HAMON, Léo (dir.), *Les Opportunistes. Les débuts de la République aux*

républicains, Maison des sciences de l'homme, « Les Entretiens d'Auxerre », 1991.

HANOTAUX, Gabriel, *Histoire de la France contemporaine (1871-1900)*, 4 vol., Combet & Cie, 1903-1908.

HATZFELD, Henri, *Du paupérisme à la Sécurité sociale 1850-1940. Essai sur les origines de la Sécurité sociale en France*, Presses universitaires de Nancy, 1989.

HIGONNET, Patrice L.-R., *Pont-de-Montvert. Social Structures and Politics in a French Village, 1700-1914*, Cambridge, Harvard University Press, 1971.

IHL, Olivier, *La Fête républicaine*, Paris, Gallimard, 1996.

KAYSER, Jacques, *Les Grandes Batailles du radicalisme des origines aux portes du pouvoir 1820-1901*, Paris, Marcel Rivière, 1962.

LALOUETTE, Jacqueline, *La Libre Pensée en France, 1848-1940*, Paris, Albin Michel, 1997.

LE BÉGUEC, Gilles (dir.), *Avocats et Barreaux en France*, Presses universitaires de Nancy, 1994.

LEVILLAIN, Philippe, « 1871-1898. Les droites en République », dans Jean-François SIRINELLI (dir.), *Histoire des droites en France*, I, *Politique*, Paris, Gallimard, 1992.

MACHELON, Jean-Pierre, *La République contre les libertés ? Les restrictions aux libertés publiques de 1879 à 1914*, Paris, Presses de la Fondation nationale des sciences politiques, 1976.

MAIRRY, Louis, *Le Département du Doubs sous la IIIe République. Une évolution politique originale*, Besançon, Cêtre, 1992.

MAYEUR, Jean-Marie, *La Séparation de l'Église et de l'État*, Paris, Julliard, « Archives », 1966.

–, *Un prêtre démocrate, l'abbé Lemire, 1853-1928*, Paris, Casterman, 1968.

MILZA, Pierre, *Français et Italiens à la fin du XIXe siècle. Aux origines du rapprochement franco-italien de 1900-1902*, Rome, École française de Rome, 1981.

MOLLIER, Jean-Yves, GEORGE, Jocelyne, *La Plus Longue des Républiques 1870-1940*, Paris, Fayard, 1994.

NICOLET, Claude, *L'Idée républicaine en France*, Paris, Gallimard, 1982.

NOIRIEL, Gérard, *Longwy. Immigrés et prolétaires, 1880-1980*, Paris, PUF, 1984.

OFFERLÉ, Michel (dir.), *La Profession politique XIXe-XXe siècle*, Paris, Belin, 1999.

OLLE-LAPRUNE, Jacques, *La Stabilité des ministres sous la IIIe République, 1879-1940*, LGDJ, 1962.

PELTIER, Philippe, *Politique et Psychologie rurales dans les Hautes-Pyrénées depuis 1871*, mémoire, sous la direction de Charles Morazé, Institut d'études politiques de Paris, 1957.

PERRINEAU, Pascal, REYNIÉ, Dominique (dir.), *Dictionnaire du vote*, Paris, PUF, 2001.

PHÉLIPPEAU, Éric, *L'Invention de l'homme politique moderne. Mackau, l'Orne et la République*, Paris, Belin, 2002.

PIGENET, Michel, *Les Ouvriers du Cher (fin XVIIIe siècle-1914). Travail, espace et conscience sociale*, Montreuil, Institut CGT d'histoire sociale, 1990.

PROST, Antoine, *Histoire de l'enseignement en France, 1800-1967*, Paris, Armand Colin, 1968.

QUELLIEN, Jean, *Bleus, Blancs, Rouges. Politique et élections dans le Calvados, 1870-1939*, Caen, Cahier des Annales de Normandie, n° 18, 1986.
REBÉRIOUX, Madeleine, « Le socialisme français de 1871 à 1914 », dans Jacques DROZ (dir.), *Histoire générale du socialisme*, t. II, Paris, Presses universitaires de France, 1982 (2e édition).
RÉMOND, René, *Les Droites en France*, Paris, Aubier, 1984.
RIOUX, Jean-Pierre, SIRINELLI, Jean-François (dir.), *Histoire culturelle de la France*, IV, *Le Temps des masses*, Paris, Seuil, 1998.
ROUGERIE, Jacques, *Paris insurgé, la Commune de 1871*, Paris, Gallimard, « Découvertes », 1995.
–, *Paris libre 1871*, Paris, Seuil, 1971
–, *Procès des Communards*, Paris, Julliard, « Archives », 1965.
ROUGERON, Georges, *Les Administrations départementales de l'Allier. Le Conseil général (1871-1940)*, Montluçon, 1960.
ROYER, Jean-Pierre, *Histoire de la justice en France de la monarchie absolue à la République*, Paris, PUF, 1996.
RUDELLE, Odile, *La République absolue. Aux origines de l'instabilité constitutionnelle de la France républicaine 1870-1889*, Paris, Publications de la Sorbonne, 1982.
SADOUN, Marc (dir.), *La Démocratie en France*, Paris, Gallimard, 2000.
SANSON, Rosemonde, *Les 14 Juillet (1789-1975). Fête et conscience nationale*, Paris, Flammarion, 1976.
SEIGNOBOS, Charles, *L'Évolution de la IIIe République (1875-1914)*, Paris, Librairie Hachette, 1921.
SIEGFRIED, André, *Tableau politique de la France de l'Ouest*, Paris, Imprimerie nationale, 1995, présentation de Pierre Milza (première édition en 1913).
SINGER, Barnett, *Village Notables in nineteenth-century France. Priests, Mayors, Schoolmasters*, Albany, State University of New York Press, 1983.
SOULIER, Auguste, *L'Instabilité ministérielle sous la IIIe République (1871-1939)*, Paris, 1938.
STERNHELL, Zeev, *La Droite révolutionnaire, 1885-1914. Les origines françaises du fascisme*, Paris, Seuil, 1978.
THABAULT, Roger, *Mon village. Ses hommes, ses routes, son école*, Paris, Presses de la Fondation nationale des sciences politiques, 1982.
VALLIN, Pierre, *Paysans rouges du Limousin. Mentalités et comportement politique à Compreignac dans le nord de la Haute-Vienne (1870-1914)*, Paris, L'Harmattan, 1985.
VIET, Vincent, *Les Voltigeurs de la République. L'Inspection du travail en France jusqu'en 1914*, Paris, CNRS, 2 vol., 1994.
VILLATE, Laurent, *Paul et Jules Cambon. Deux acteurs de la diplomatie française (1843-1935)*, thèse pour le doctorat d'histoire, sous la direction de Pierre Milza, Institut d'études politiques de Paris, 1999.
VIPLE, Jean-François, *Sociologie politique de l'Allier. La vie politique et les élections sous la IIIe République*, LGDJ, 1967.
WEBER, Eugen, *La Fin des terroirs. La modernisation de la France rurale (1870-1914)*, Paris, Fayard, 1983 (édition originale en 1976).
–, *L'Action française*, Paris, Fayard, 1985 (édition originale en 1962).
WINOCK, Michel, *La Fièvre hexagonale. Les grandes crises politiques 1871-1968*, Paris, Seuil, « Points-Histoire », 1987.

–, *Le Socialisme en France et en Europe*, Paris, Seuil, « Points-Histoire », 1992.
–, *Nationalisme, Antisémitisme et Fascisme en France*, Paris, Seuil, « Points-Histoire », 1990.

Index

Table

2. Violences et politique 1791-1794

3. Administration, gestion et manipulation 1794-1814

4. Les solutions impossibles

DEUXIÈME PARTIE

L'aube de la démocratie 1848-1880

5. La poussée démocratique 1840-1870

par Michel Winock

6. L'affirmation du suffrage universel masculin 1848-1880

par Raymond Huard

Cartes

TROISIÈME PARTIE

La naissance du modèle républicain 1870-1914

9. La synthèse démocrate-libérale en France 1870-1900

par Serge Berstein

10. Le moment Dreyfus et l'approfondissement d'une culture politique républicaine
par Michel Winock

11. L'horizon de l'État
par Nicolas Roussellier

12. Le système politique : représentation et délibération
par Nicolas Roussellier

13. Les caractères de la vie politique dans la France républicaine 1880-1914

par Nicolas Roussellier

14. Naissance des partis politiques modernes
par Serge Berstein

RÉALISATION : IGS-CP À L'ISLE-D'ESPAGNAC
IMPRESSION : NORMANDIE ROTO IMPRESSION SAS À LONRAI
DÉPÔT LÉGAL : JANVIER 2008. N° 91267-7 (1703182)
IMPRIMÉ EN FRANCE

Collection Points

SÉRIE HISTOIRE

DERNIERS TITRES PARUS

H220. Le Haut-Empire romain.
Les provinces de Méditerranée orientale,
d'Auguste aux Sévères, *par Maurice Sartre*
H221. L'Empire romain en mutation, des Sévères à Constantin
(192-337)
par Jean-Michel Carrié et Aline Rousselle
H225. Douze Leçons sur l'histoire, *par Antoine Prost*
H226. Comment on écrit l'histoire, *par Paul Veyne*
H227. Les Crises du catholicisme en France,
par René Rémond
H228. Les Arméniens, *par Yves Ternon*
H229. Histoire des colonisations, *par Marc Ferro*
H230. Les Catholiques français sous l'Occupation
par Jacques Duquesne
H231. L'Égypte ancienne, *présentation par Pierre Grandet*
H232. Histoire des Juifs de France, *par Esther Benbassa*
H233. Le Goût de l'archive, *par Arlette Farge*
H234. Économie et Société en Grèce ancienne
par Moses I. Finley
H235. La France de la monarchie absolue 1610-1675
par la revue « L'Histoire »
H236. Ravensbrück, *par Germaine Tillion*
H237. La Fin des démocraties populaires, *par François Fejtö*
et Ewa Kulesza-Mietkowski
H238. Les Juifs pendant l'Occupation, *par André Kaspi*
H239. La France à l'heure allemande (1940-1944)
par Philippe Burrin
H240. La Société industrielle en France (1814-1914)
par Jean-Pierre Daviet
H241. La France industrielle, *par la revue « L'Histoire »*
H242. Éducation, Société et Politiques.
Une histoire de l'enseignement en France de 1945 à nos jours
par Antoine Prost
H243. Art et Société au Moyen Âge, *par Georges Duby*
H244. L'Expédition d'Égypte 1798-1801, *par Henry Laurens*
H245. L'Affaire Dreyfus, *Collectif Histoire*
H246. La Société allemande sous le IIIe Reich
par Pierre Ayçoberry
H247. La Ville en France au Moyen Âge
par André Chédeville, Jacques Le Goff et Jacques Rossiaud

H248. Histoire de l'industrie en France
du XVIe siècle à nos jours, *par Denis Woronoff*
H249. La Ville des Temps modernes
sous la direction d'Emmanuel Le Roy Ladurie
H250. Contre-Révolution, Révolution et Nation
par Jean-Clément Martin
H251. Israël. De Moïse aux accords d'Oslo
par la revue « L'Histoire »
H252. Une histoire des médias des origines à nos jours
par Jean-Noël Jeanneney
H253. Les Prêtres de l'ancienne Égypte, *par Serge Sauneron*
H254. Histoire de l'Allemagne, des origines à nos jours
par Joseph Rovan
H255. La Ville de l'âge industriel
sous la direction de Maurice Agulhon
H256. La France politique, XIXe-XXe siècle, *par Michel Winock*
H257. La Tragédie soviétique, *par Martin Malia*
H258. Histoire des pratiques de santé, *par Georges Vigarello*
H259. Les Historiens et le Temps, *par Jean Leduc*
H260. Histoire de la vie privée
1. De l'Empire romain à l'an mil
par Philippe Ariès et Georges Duby
H261. Histoire de la vie privée
2. De l'Europe féodale à la Renaissance
par Philippe Ariès et Georges Duby
H262. Histoire de la vie privée
3. De la Renaissance aux Lumières
par Philippe Ariès et Georges Duby
H263. Histoire de la vie privée
4. De la Révolution à la Grande Guerre
par Philippe Ariès et Georges Duby
H264. Histoire de la vie privée
5. De la Première Guerre mondiale à nos jours
par Philippe Ariès et Georges Duby
H265. Problèmes de la guerre en Grèce ancienne
sous la direction de Jean-Pierre Vernant
H266. Un siècle d'école républicaine
par Jean-Michel Gaillard
H267. L'Homme grec
Collectif sous la direction de Jean-Pierre Vernant
H268. Les Origines culturelles de la Révolution française
par Roger Chartier
H269. Les Palestiniens, *par Xavier Baron*
H270. Histoire du viol, *par Georges Vigarello*
H272. Histoire de la France
L'Espace français, *sous la direction*
de André Burguière et Jacques Revel

H273. Histoire de la France
Héritages, *sous la direction*
de André Burguière et Jacques Revel
H274. Histoire de la France
Choix culturels et Mémoire, *sous la direction*
de André Burguière et Jacques Revel
H275. Histoire de la France
La Longue Durée de l'État, *sous la direction*
de André Burguière et Jacques Revel
H276. Histoire de la France
Les Conflits, *sous la direction*
de André Burguière et Jacques Revel
H277. Le Roman du quotidien
par Anne-Marie Thiesse
H278. La France du XIXe siècle, *par Francis Démier*
H279. Le Pays cathare, *sous la direction de Jacques Berlioz*
H280. Fascisme, Nazisme, Autoritarisme, *par Philippe Burrin*
H281. La France des années noires, tome 1
sous la direction de Jean-Pierre Azéma
et François Bédarida
H282. La France des années noires, tome 2
sous la direction de Jean-Pierre Azéma
et François Bédarida
H283. Croyances et Cultures dans la France d'Ancien Régime
par François Lebrun
H284. La République des instituteurs
par Jacques Ozouf et Mona Ozouf
H285. Banque et Affaires dans le monde romain
par Jean Andreau
H286. L'Opinion française sous Vichy, *par Pierre Laborie*
H287. La Vie de saint Augustin, *par Peter Brown*
H288. Le XIXe siècle et l'Histoire, *par François Hartog*
H289. Religion et Société en Europe, *par René Rémond*
H290. Christianisme et Société en France au XIXe siècle
par Gérard Cholvy
H291. Les Intellectuels en Europc au XIXe, *par Christophe Charle*
H292. Naissance et Affirmation d'une culture nationale
par Françoise Mélonio
H293. Histoire de la France religieuse
Collectif sous la direction de Philippe Joutard
H294. La Ville aujourd'hui, *sous la direction de Marcel Roncayolo*
H295. Les Non-conformistes des années trente
par Jean-Louis Loubet del Bayle
H296. La Création des identités nationales, *par Anne-Marie Thiesse*
H297. Histoire de la lecture dans le monde occidental
Collectif sous la direction de Guglielmo Cavallo
et Roger Chartier

H298. La Société romaine, *Paul Veyne*
H299. Histoire du continent européen
par Jean-Michel Gaillard, Anthony Rowley
H300. Histoire de la Méditerranée
par Jean Carpentier (dir.), François Lebrun
H301. Religion, Modernité et Culture
au Royaume-Uni et en France
par Jean Baubérot, Séverine Mathieu
H302. Europe et Islam, *par Franco Cardini*
H303. Histoire du suffrage universel en France.
Le Vote et la Vertu. 1848-2000, *par Alain Garrigou*
H304. Histoire juive de la révolution à l'État d'Israël
Faits et documents, *par Renée Neher-Bernheim*
H305. L'Homme romain
Collectif sous la direction d'Andrea Giardina
H306. Une histoire du Diable, *par Robert Muchembled*
H307. Histoire des agricultures du monde
par Marcel Mazoyer et Laurence Roudart
H308. Le Nettoyage ethnique.
Documents historiques sur une idéologie serbe
par Mirko D. Grmek, Marc Gjidara et Neven Simac
H309. Guerre sainte, jihad, croisade, *par Jean Flori*
H310. La Renaissance européenne, *par Peter Burke*
H311. L'Homme de la Renaissance
Collectif sous la direction d'Eugenio Garin
H312. Philosophie des sciences historiques,
textes réunis et présentés, *par Marcel Gauchet*
H313. L'Absolutisme en France, *par Fanny Cosandey*
et Robert Descimon
H314. Le Monde d'Ulysse, *par Moses I. Finley*
H315. Histoire des juifs sépharades, *par Esther Benbassa*
et Aron Rodrigue
H316. La Société et le Sacré dans l'Antiquité tardive
par Peter Brown
H317. Les Cultures politiques en France
sous la direction de Serge Berstein
H318. Géopolitique du XVIe siècle
par Jean-Michel Sallmann
H319. Les Relations internationales
2. De la guerre de Trente Ans ans à la guerre de succession
d'Espagne, *par Claire Gantet*
H320. Des traités : de Rastadt à la chute de Napoléon
par Jean-Pierre Bois
H323. De Nuremberg à la fin du XXe siècle
(tome 6, Nouvelle histoire des relations
internationales/inédit), *par Frank Attar*
H324. Histoire du visuel au XXe siècle, *par Laurent Gervereau*

H325. La Dérive fasciste. Doriot, Déat, Bergery. 1933-1945
par Philippe Burrin
H326. L'Origine des Aztèques, *par Christian Duverger*
H327. Histoire politique du monde hellénistique
par Edouard Will
H328. Le Saint Empire romain germanique, *par Francis Rapp*
H329. Sparte, histoire politique et sociale
jusqu'à la conquête romaine, *par Edmond Lévy*
H330. La Guerre censurée, *par Frédéric Rousseau*
H331. À la guerre, *par Paul Fussel*
H332. Les Français des années troubles, *par Pierre Laborie*
H333. Histoire de la papauté, *par Yves-Marie Hilaire*
H334. Pouvoir et Persuasion dans l'Antiquité tardive
par Peter Brown
H336. Penser la Grande Guerre, *par Antoine Prost et Jay Winter*
H337. Paris libre 1871, *par Jacques Rougerie*
H338. Napoléon. De la mythologie à l'histoire
par Nathalie Petiteau
H339. Histoire de l'enfance, tome 1
par Dominique Julia et Egle Becchi
H340. Histoire de l'enfance, tome 2
par Dominique Julia, Egle Becchi
H341. Une histoire de l'édition à l'époque contemporaine
XIXe-XXe siècle, *par Elisabeth Parinet*
H342. Les enjeux de l'histoire culturelle, *par Philippe Poirrier*
H343. Le Monde des révolutions en Amérique
et en Europe à la fin du XVIIIe siècle, *par Jacques Solé*
H345. Histoire culturelle de la France, tome 3,
par Antoine de Baecque et Françoise Mélonio
H346. Histoire culturelle de la France, tome 4,
par Jean-Pierre Rioux et Jean-François Sirinelli
H347. L'État chez lui, l'Église chez elle
par Jean-Paul Scot
H348. La Résistance française : une histoire périlleuse
par Laurent Douzou
H349. Histoire culturelle de la France, tome 2,
par Jean-Pierre Rioux & Jean-François Sirinelli
H350. La France et les Juifs de 1789 à nos jours, *par Michel Winock*
H351. Historiographie de la guerre d'Algérie,
par Raphaëlle Branche
H352. L'Armée de Vichy, *par Robert O. Paxton*
H353. La Guerre froide 1917-1991, *par André Fontaine*
H354. Le Modèle politique français, *par Pierre Rosanvallon*
H355. Les Origines religieuses de la Révolution française
par Dale Van Kley
H356. Une histoire du Chat, *par Laurence Bobis*
H357. À la recherche du Moyen Âge, *par Jacques Le Goff*

H358. Les Quatre Parties du monde, *par Serge Gruzinski*
H359. Histoire des peurs alimentaires, *par Madeleine Ferrières*
H360. Le Grand Voyage de l'Obélisque, *par Robert Solé*
H361. La Vie à en mourir. Lettres de fusillés 1941-1944
par Guy Krivopissko
H362. Bleu. Histoire d'une couleur, *par Michel Pastoureau*
H363. Mitterrand, une histoire de Français, *par Jean Lacouture*
H364. Le Siècle des intellectuels, *par Michel Winock*
H365. Histoire des paysans français
par Emmanuel Le Roy Ladurie
H366. La Plus Vieille Cuisine du monde, *par Jean Bottéro*
H367. Histoire de la France politique
1. Le Moyen Âge, *par Philippe Contamine*
H368. Histoire de la France politique
2. La Monarchie, entre Renaissance et Révolution
par Joël Cornette
H369. Histoire de la France politique
3. L'Invention de la démocratie
par Serge Berstein, Michel Winock
H370. Histoire de la France politique
4. La République recommencée
par Serge Berstein, Michel Winock
H371. Le Fascisme en action, *par Robert O. Paxton*
H372. Louis XIV. Les Stratégies de la gloire, *par Peter Burke*
H373. Ressentiment et Apocalypse, *par Philippe Burrin*
H374. Jésuites. Une multibiographie, t. 1, Les Conquérants
par Jean Lacouture
H375. Jésuites. Une multibiographie, t. 2, Les Revenants
par Jean Lacouture
H376. Sexe et pouvoir à Rome, *par Paul Veyne*
H377. Le Petit Livre des couleurs
par Michel Pastoureau & Dominique Simonnet
H378. Les Droites aujourd'hui, *René Rémond*
H379. Les Chamanes de la Préhistoire
par Jean Clottes & David Lewis-Williams
H380. Chronologie du XXe siècle, *par Bernard Phan*
H381. S'amuser au Moyen Âge, *par Jean Verdon*
H382. La Conversion d'Hermann le Juif, *par Jean-Claude Schmitt*
H383. Une histoire de pirates. Des mers du Sud à Hollywood
par Jean-Pierre Moreau
H384. Histoire de la beauté, *par Georges Vigarello*
H385. Chronologie du Moyen Âge, *par Michel Zimmermann*
H386. L'Étoffe du diable, *par Michel Pastoureau*
H387. La Bataille de Paris, *par Jean-Luc Einaudi*
H388. Quinze cent quinze et les grandes dates
de l'histoire de France
par Alain Corbin